New Feminist Study Temporality and Spatiality:

A Sympathetic Interpretation of International Hot Topics

on Gender and Feminism

新女学时空

——中外女性、性别热点问题共情阐释

王红旗——著

New Feminist Study Temporality and Spatiality:

A Sympathetic Interpretation of International Hot Topics on Gender and Feminism

中国出版集团 现代出版社

图书在版编目（CIP）数据

新女学时空：中外女性、性别热点问题共情阐释 / 王红旗著. -- 北京：现代出版社，2023.7

ISBN 978-7-5231-0313-5

Ⅰ. ①新… Ⅱ. ①王… Ⅲ. ①女性-社会生活-中国-文集 Ⅳ. ①D693.968-53

中国国家版本馆 CIP 数据核字 (2023) 第 076531 号

新女学时空：中外女性、性别热点问题共情阐释

作　　者：王红旗
责任编辑：张　瑾
出版发行：现代出版社
通信地址：北京市安定门外安华里 504 号
邮政编码：100011
电　　话：010-64267325　64245264（传真）
网　　址：www.1980xd.com
印　　刷：北京建宏印刷有限公司

开　　本：710mm×1000mm　1/16
印　　张：32.25　　字　　数：526 千
版　　次：2023 年 7 月第 1 版　　印　　次：2023 年 7 月第 1 次印刷
书　　号：ISBN 978-7-5231-0313-5
定　　价：88.00 元

女性文化，不是风景

性别平等，是关乎人类文明的终极问题

新女学时空，是女性生活经验与生命体悟聚升的精神性存在

——题记

目 录

导言　探索，永远在路上

——中国女性文化建构“三次浪潮”概释

首次提出“三次浪潮”，是我们首都师范大学中国女性文化研究中心、中国女性文化研究基地，2010年“中国女性文化建构研究”的科研专项，旨在考察改革开放以来中国女性文化发展研究的流变史脉，试图站在21世纪起点上，以中国社会与文化转型为背景，对中国女性文化建构的本土化生成，进行一次经验史、精神史的整体梳理。本项目以36位“五代同堂”的女性、性别研究学者和在校硕博士生，组成一个跨学科、跨专业的学术团队，以出版《21世纪中国女性文化本土化建构研究报告集成》《21世纪中国女性文学批评理论与实践文选集成（2001—2012）》为结项成果，呈现中国女性文化建构“三次浪潮”的演进样态。

从宏观层面讲，中国女性文化建构的“三次浪潮”，与中国社会政治经济体制的改革大潮相生相伴，与国际女性解放运动的蓬勃发展密切相关，走过了一条艰难坎坷而充满辉煌的路。从改革开放初期，女性遭遇爱情婚姻、生存发展问题，发起承接五四精神的女性思想解放运动，到联合国把社会性别平等主流化纳入“全球性策略”，国家将男女平等作为一项“基本国策”，性别平等理念逐步进入社会体制结构各个领域，建立完善男女平等的政策法律制度，具体设计并落实监测标准与评估系统。数十年来，全面推进男女平等和谐发展的先进性别文化建设，是一场可持续性发展的中国女性文化建构的伟大实践。

因而，“三次浪潮”不仅是对被全球化裹挟的“他者化”焦虑的反拨，更是反思现代性的一种民族国家共同体意识的重构。因为文化是一个民族国家的魂魄，文化认同是产生精神凝聚力的根基，借鉴西方必须以其互为独立的精神文化价值为前提。从而重新认识曾经对中国女性解放经验的轻视与质疑，汲取人类文明的文化母乳、古圣先哲的思想智慧，以及多元女性理论的丰富经验，有针对性地挖掘中国女性解放历史资料，厘清其与当代女性精神解放之间的肌理关系，创构中国女性 / 性别文化研究的新知识、新理论体系，是一种知识女性的社会责任与时代使命。

我们首都师范大学中国女性文化研究中心、《中国女性文化》学刊，以“中心”与“学刊”为学术交流园地，以女性写作、性别批评与社会实践为思想载体，在国内外女性、性别文化研究的差异性互动，多样性经验共享时空过程中，发现了由经验向理论精神升华的碰撞与博弈、并行与融合，生长出改变世界文化形态的意识能量，深切感受到中国女性在数千年文明“母土”之上，创生出独立坚韧与亲和包容的博爱人格与精神超然。

点滴感悟常常以似梦非梦之在场，令我沉思默想，深夜无眠，仿佛受到一种召唤，要我回述“三次浪潮”的潮涨潮落，捡拾女性时空灿若星辰的心果。但因学养辄浅，也只能是不完整的自我之见。

第一次浪潮：女性意识觉醒

第一次浪潮，发生在20世纪70年代末至80年代，伴随中国社会改革开放，经济体制结构新变的“阵痛”，被“文革”禁锢扭曲的人性，在这片“百废待兴”而充满“希望的田野上”，生发了一场承接“五四”精神“主体启蒙与人性反思”的思想解放运动。女作家们关注女性生存发展现状的社会焦点问题，扬起追求自由平等爱情、婚姻的理想旗帜，揭示女性情感、事业与家庭多重角色的尖锐矛盾，批判男权性别观念歧视女性的集体无意识。女作家张洁、张抗抗、张辛欣、谌容、舒婷、伊蕾、翟永明等人，是行走在最前沿的发起者。这是在全球化语境下发生于中国本土，源自女性个体的生命体验，是对深潜于社会制度结构、文化心理层面的封建父权等级制观念的犀利批判，是对女性主体意识、社会身份与家庭角色的重新定位，更是女作家“因女性沉默太久”，争取社会性别平等话语权的自觉赋格，标志着新时期女性意识的再次觉醒。

到了西方文化如潮涌进的“85 观念年”，中国女性觉醒的精神诉求与西方多元女性主义性别理论相遇，因为，东西方女性相似的历史命运，以及社会性别视角本来就潜存于中国传统文化、女性解放历史与现实研究的经验理论之中，从而达到一种精神性融合。在未能对中国女性解放经验历史深入勘察、研究，资源匮乏的情况下，一方面，大批女性研究者对西方女性理论以自觉不自觉过滤的“拿来主义”，运用于中国女性解放运动的研究实践，对百年中国女性解放经验从马克思主义“人的解放”的宏观视野，结合社会性别视角，从宏观微观及女性个体生存命运深入开拓，为中国女性研究探求认识世界的多种新理论与新方法，形成了有些杂乱的“百家争鸣”；另一方面，有些研究者陷入对西方社会性别理论成说的仰视与照搬，认为“自上而下”的中国女性解放，是一种“被解放”，导致了中国女性独立自我的“未完成”，甚至出现了性别对立的极端情绪、偏见与“迷失”现象。

从历史唯物论回望“十七年”，新中国以政令制度推行的“男女平等”“男女同工同酬”，使广大城乡女性“一夜间”走出家庭，拥有了与男性同等的经济收入、社会地位与话语权，是世界女性解放史上前所未有的奇迹。那时“时代不同了，男女都一样”的男女平等，虽然存在以男性为标准的偏颇，却再次唤醒了近现代大革命时期女性“家国同构”的“女国民意识”，转化为社会主义建设时期的“女主人翁意识”，女性以社会建设者、主人翁的姿态，投身于社会主义建设的集体洪流，体现出社会“大我”的女性集体意识觉醒。如果说，此时存在女性独立自我的“未完成”，恰好说明女性精神生命觉醒，不是一蹴而就，而是以千万次面对经验现实，穿越时光隧道的一次次“新生”的过程。

通过分析20世纪80年代初女作家作品可以发现，女性主体意识从社会的、集体的外在社会“大我”，正在向自我的、心灵的内在“大我”延展。这是女性作为一个“完整的人”的精神生命宇宙生成的发端，具有如自然宇宙“天人合一”、深邃广远的无限性明媚。从心灵意识层面，绝不可以“小我”视之。尤其“三张一谌”的小说创作，从表面看，是冲破爱情禁忌，挑战传统婚姻，家庭的私我情感空间，就本质而言，是千年沉积的男权文化观念与女性解放思潮撞击下，灵魂深海的“惊涛拍岸，卷起千堆雪”的精神壮美。女性以个体生命价值的深度体验，揭开了现实世界的人文关怀、性别情感生态与女性生存发展理想境界的云泥之别。

张洁的《爱，是不能忘记的》（1979年），以撕裂的剧痛自我反省，要求女儿把爱情（信物）和我一起埋葬的决绝，竖起女性自我主体意识的心旌；张抗抗的《爱的权利》（1979年），以女性爱情被政治阴影“冷冻”，心有余悸的“我的解冻感”，唤醒那个时代的爱情权利。她曾在《女性写作的深化与拓展》

中写道："要从传统的两性关系、家庭关系进入女性和社会的关系、女性和历史的关系、女性和人类的关系，而不再是孤立的、悬浮的，应该置身于复杂的、沉重的社会历史情境之中，这样才是有依托的。"表达出一代女作家女性意识觉醒的真实心态。

谌容的《人到中年》(1980年)，张辛欣的《在同一地平线上》(1981年)，将性别平等诉求嵌入社会制度结构层面，凸显中国知识女性事业与家庭的多重困境。谌容的《人到中年》中医生陆文婷拖着疲惫多病的身体，支撑着事业与家庭，面临的却是耗损健康的生命危机，然而女医生的社会身份地位却难以被认可。张辛欣的《在同一地平线上》，在一个家庭"二保一"的就业制度下，女性只能退回家庭，是女性在失去社会身份地位之后，在家庭父（夫）权压抑下自我反抗的精神觉醒。女诗人舒婷的《致橡树》(1979年)，是自觉要求"以树的形象与你站在一起"的女性爱情宣言，翟永明的《女人》(1986年)组诗，追溯母亲与女性自我的来路直指源头，伊蕾的《独身女人的卧室》(1988年)组诗，女性渴求精神独立的愿望如心灵海底的骤雨狂飙。从女性生命时空爆发出的性别批判之声，犹如霹雳雷电，凤凰涅槃……

20世纪80年代中后期，女作家以原生态的女性身体性欲叙事、女性为主体的性爱经验，消解男权神话性爱意识的历史盲点。王安忆的"三恋"(1986年):《荒山之恋》《小城之恋》《锦绣谷之恋》，铁凝的《麦秸垛》(1986年)、《棉花垛》(1989年)及《玫瑰门》(1989年)，以宇宙生命原初法则，极尽展示赞美男性来自女性，女性是男性的源泉，以天地山川做证，完成女性对男性一次次"性"征服的凯旋，实现了从社会、家庭、心理层面，对男权文化压抑女性集体无意识的"破冰之旅"。

女作家、女诗人群体，以自我灵魂与身体献祭的生死超越，探寻把女性抛进生命深渊或社会涡流的种种原因，追求独立尊严的自我与男性"并立于世"。

她们与家国风雨同舟，携带身心伤痛而负重前行，推进着新时代的人性重塑与性别平等社会伦理文明，催生了中国女性文化建构的第一次浪潮：女性意识觉醒。

第二次浪潮：性别意识觉醒

第二次浪潮，发生在20世纪90年代。90年代是中国社会改革开放走向纵深，从经济到文化全球化的特殊时代。一方面市场经济的迅猛发展，呈现出文化思潮的迭起与物质生活的繁荣；另一方面各种意识形态话语的杂陈与喧哗，商业消费物欲潮水的浸淫与漫延，“以混乱不堪却又生机勃勃的姿态敲打着历史之门”[①]。改变着每位国人的生命价值观、爱情婚姻观，金钱崇拜、道德下滑与精神失落，成为一种社会心理焦虑症。尤其国家安置就业的计划经济模式被解除，人们面临产业结构调整带来的“下岗潮”，由于掌握财富与话语权的决策者的男权意识，女性首先遭遇下岗失业以及婚姻情感危机的“生存大地震”。这同时亦是中国女性解放之路上一段精神生命的“至暗时刻”。

虽然80年代末“女性回家论”的论争一直延续至90年代，但是其焦点已不再是单纯的女性回家与就业问题，而是女性如何面对“自谋就业出路”，寻找生存发展机遇的新挑战。那么综观百年女性解放史，为什么总是发生“女性回家论”的激烈论争，而从未有过一次“男性回家论”的论争？其背后遮蔽了怎样的社会性别不平等现象，不言而喻。然而数以万计的中国女性，在解决生死存亡问题的抉择里奋起，以“九万里风鹏正举”之勇气，冲破心理焦虑与社会性别束缚的层层罗网，随着“下海潮”“出国潮”，走向沿海，走向城市，走向边缘，走出国门，为重建新的生存发展方式，经历再启航、再创业的生命淬炼，在多元文化海天时空直挂云帆，乘风破浪，激发自我生命的潜在智慧，汇聚而成浩繁叠嶂的卓越案例，为女性写作／性别文化研究提供了真实鲜活的经验参照。

尤其“95世妇会”（1995年在中国北京召开的世界妇女大会），在联合国提出“把社会性别平等纳入决策主流”的国际背景下，中国政府把男女平等提升为一项基本国策，成为世界上唯一把男女平等写进《中华人民共和国宪法》与“基本国策”的国家。在“95世妇会”召开期间，中国女性在与各国女性“集体狂欢”的“高潮体验”、精神共享的心灵对话中，开阔了眼界，进而把“性别平等主流化”的思想，引入女性写作、女性社会文化学、女性教育、女性历史、女性哲学、女性传媒，以及日常生活情感的各个方面。并且，从中国古典生命哲学理念审视社会性别在政治经济、种族阶层、家庭个体的深层结构演变，

① 杨匡汉：《多种途径和选择的可能性——九十年代文学观察丛书》总序，楼肇明：《繁华遮蔽下的贫困——90年代散文之路》，山西教育出版社1999年版，第1页。

挖掘中国文化思想史上社会性别平等与差异的独特内涵，在比较中发现了西方社会性别理论的二元对立陷阱与偏见，跨越封建父权等级制历史，在原生文化起点从“原型母神”的母爱人本意识，发现了女性聚积了数万年的不可抗拒的超性别力量。在重新认识“男女都一样”的同时，转向建立于中国文化母体的“男女不一样”，迈向社会性别平等与差异的双重建构。

在女性学科建设与性别文化研究方面，90 年代诸多大学成立了妇女问题 / 女性文化 / 性别研究中心，开设了女性学、性别学、女性文化学的公共选修或专业课程，女性写作 / 性别文化的研究、教育与传播成为一种“显学”。在北京，北京大学最早成立了中外妇女问题研究中心，由老一辈女革命家创建的新中国妇女职业学校更名为中华女子学院。接着中国人民大学成立了女性研究中心，中央民族大学成立了中国少数民族妇女研究中心，首都师范大学成立了妇女理论研究会，中国农业大学成立了农村妇女研究所；在全国，由北京、天津、上海陆续扩展，近百所高校、科研院所的女性 / 性别文化研究机构与行业协会宣布成立。中国妇女研究会在全国妇联的主导下成立于 1999 年 12 月。中国女性 / 性别文化研究，无论是社会文化教育的影响力还是学科化建设的丰富性，都进入了一个崭新的发展阶段。

然而 90 年代的女性写作，女作家“不惜以自恋自虐甚至自戕自焚式的举动来争得一份属于她们自己的话语权利，表明她们心底的不甘和颠覆的决绝”①。林白的《一个人的战争》（1994 年），女性“逃回”自我身体内，只能自己嫁给自己；陈染的《私人生活》（1995 年），一位“逃离”了男性的女性，患上了两个自我的精神分裂症；张抗抗的《银河》（1997 年），狄总因下海赴南方创业而离婚，欲返围城而不得；林白的《说吧，房间》（1997 年），老黑与南红去深圳闯天下，屡遭男权从肉体到精神的凌辱，老黑在巨大的男权意象下一直没有找到工作，南红则因宫外孕而死亡；徐小斌的《双鱼星座》（1997 年）、池莉的《云破处》（1997 年），以“杀夫”场景，杀死了“夫、父权”的象征形象；铁凝的《无雨之城》（1997 年）、徐坤的《厨房》（1998 年），两位离异的知识女性，遭遇的是被权、钱“阉割”了的所谓精英男性；王安忆的《弟兄们》（1998 年）、池莉的《小姐你早》（1998 年），以迥异的叙事拆解

① 徐坤：《双调夜行船》，山西教育出版社 1999 年版，第 69 页。

了姐妹情谊方舟的虚妄……

一部部“以血代墨”的歌吟，揭示出女性搏击灵魂黑海的经验感悟。以自省自强的性别批判，击碎“物质时代”的爱与善被物欲征服的人性悲剧。以超越性的致命飞翔群体突围，于废墟绝地寻找人之存在、创造重生的“精神根基”。以清醒的性别意识直指男权文化，不仅压抑女性亦压抑男性、压抑所有的人性。以男女“一无所有”的创痛，呼唤两性平等关怀的性别伦理。了解此情景，才会理解当初诸多学者采访女作家的第一问：“你的写作是否受到了西方女性主义的影响？”回答是众口一词的否定。

90 年代末，女作家与女性研究学者群体，在面对“经验现实”的艰难跋涉的问题时不谋而合，他们不仅认识到女性社会政治、经济地位的解放，是一个最基本的前提，女性独立精神自我的完成，在于全社会性别平等的生存之境，更在于女性自我心灵的性别意识彻悟，而且还认识到，虽然男权文化“阉割”男性精神而堕入庸俗，但是男性处于既得利益者的优势，而集体无意识。因而从女性全面发展解放，或者说从男女两性作为“人的全面发展解放”的深度和广度，女性 / 性别研究的专著、女性文学写作与批评，形成了 90 年代“超越以往任何时期盛势”的繁荣，敲开了新世纪之门，呈现出席卷全国的中国女性文化建构第二次浪潮的勃兴：性别意识觉醒。

第三次浪潮：超越性别的人类意识觉醒

第三次浪潮发生在 21 世纪至今，是新全球化语境下全方位推进社会性别平等纳入决策主流的新阶段。中国女性文化建构浪潮汹涌澎湃，经久不衰，于 21 世纪 20 年代达到高峰。中国政府提出“四个自信”与“多元共生”的发展理念，为女性 / 性别研究提供了跨学科、跨历史、跨文化、跨国界的新契机。在“百年未有之大变局”的新全球化格局下，我们必须穿越历史时空，以新的人类理念、新的人类关怀意识，重塑新的社会性别伦理，重建新的男女生存方式，尊崇自然宇宙和谐之律，探寻人类性别平等、世界和平的共同精神诉求。这主要表现在两个方面。

其一，从人类的历史文化遗存资源获取思想理念。20 世纪 90 年代末，全国高校、妇联、科研机构与社科重大项目立项，“四位一体”的联动体系基本形成，21 世纪初从中国文化元典、女性神话、民间文化和宗教信仰等方面，寻找伴随人类文明历史演变进程，在社会生产关系与家庭伦理秩序的历时性建构中，逐步生成的不同时代的性别制度与多样性的意识形态，在女性研究界蔚然成风。

尤其通过对远古女神谱系、古圣先贤宇宙生命哲学的文化“心灵考古”，发现了携带着男女性别之间的历史性、现实性与原初性而融合、冲突与博弈的文化张力。它们以多种形态渗透在整体的人类生活经验与精神心理结构深层，以盘根错节的错综复杂，昭示人类新文明的元根性意义。因而本人在《爱与梦的讲述——著名女作家心灵对话》里，提出了性别文化三原色理论，红是爱的颜色，黄是家的颜色，蓝是梦的颜色；以“原型母亲”女娲，抟黄土以造人、建笙簧立婚姻与炼五色石以补天的创世壮举，阐释远古“母神文明”的母爱人本。女娲是原始母系社会的第一位女领袖，她以女性母爱人本，治其家、创其国、子其民的历史真实，从中认识到女性母爱人本，是人类之爱的心性之根，也是超性别的世界性价值，进而从儒道先哲“物吾一体”“阴阳合一”“天人合一”的生命美学，与“母神文明”的精神传承关系，领会建构两性平等关怀与和谐伦理的可能性，以及对救赎当代世道人心的“母乳”意义。

其二，以理论与实践结合的方式，沟通女性历史、现实与未来，拓宽女性文化研究与传播领域。从历史与现实构成的“共时性”问题出发，关注女性生存发展，性别文化热点，婚姻家庭文化裂隙，关注城市与乡村底层打工女性，以及女性被商品化、欲望化、工具化的沉渣泛起，所引发的种种性别歧视或暴力现象。从整体社会结构分析女性的文化位置，辨析现代男权意识与传统父权等级制思想之间的史脉联系，避免“单一性别批判”的空泛肤浅。如何以性别批判、反思与关怀、从“为女性”至“为人类”的超性别意识，从女性 / 性别出发而不“唯女性 / 性别”的多维路径，播撒人文关怀与“灵根自植”的种子。

在女性写作方面，经历了 20 世纪 90 年代女性寻父、寻母、寻找姐妹方舟的灵魂黑夜，以男性形象集体坍塌、女性乌托邦彻底溃散的生命文化经验，发现女性“走进了一片幽暗的森林，要说明这片森林的荒野、艰险、难行，是多么困难”！但是必须勇往直前，因为只有“我”自己。这一个赤裸裸的女性独立自我的诞生，带着性别关怀最温柔、最具震撼力的悲悯睿智，踏进了 21 世纪之门。以现代与传统文化精神的“亲缘性”，深入城市与乡村的民间生活，世俗日常烟火，表现不同时代、不同阶层女性的生存状态与精神生命之理想。

21 世纪第一个 10 年的重要代表作，如徐小斌的《羽蛇》(2000 年)、蒋韵的《我的内陆》(2001 年)、张洁的《无字》(2002 年)，以数代女性的生命记忆，描绘人类文明长河里女性的前世今生；张抗抗的《作女》(2002 年)、徐坤的《爱你两周半》(2004 年)，讲述当代女性走出世俗婚姻的羁绊、钱权交易的"情人陷阱"，按照自我愿望自由放飞生命；迟子建的《额尔古纳河右岸》(2005 年)、铁凝的《笨花》(2006 年)、叶广芩的《青木川》(2007)、崔曼莉的《琉璃时代》(2009 年)，在不同时代性别伦理之变的复杂情态下，以男女形象的"和声重塑"，树立起男性 / 女性并存的群体形象；徐坤的《八月狂想曲》(2008 年)，以听将令的奥运场馆写作，以万年狂想曲般的激情，塑造了象征"青春中国"的男性形象，构筑起孕育人类共同精神的"鸟巢"。

21 世纪第二个 10 年的重要代表作，如张悦然的《誓鸟》(2010 年)、徐小斌的《天鹅》(2013 年)，以"心眼"与"超验"的神性之爱，救赎被繁华物欲吞噬了灵魂的人们；林白的《北去来辞》(2013 年)、孙惠芬的《后上塘书》(2014 年)，在半个世纪历史激变的"急湍""猛浪"里，发现乡土之上性别意识的慢慢苏醒；葛水平的《活水》(2018 年)、迟子建的《烟火漫卷》(2020 年)、王安忆的《一把刀，千个字》(2020 年)、蒋韵的《北方厨房》(2021 年)，书写的"生命之轮"，转向往返乡村与城市的家族史、母族心灵史，转向华夏先祖农耕文明的初始时代，转向俯仰天地宇宙的生态荒野灵性之思，开始向人类精神之源泉活水回归，以多元汇流的浩瀚气势，构成一个 21 世纪文学的"她世纪"。

并且，在全国"四位一体"的近 200 家女性 / 性别研究中心（基地）的专家学者，与女性文学创作批评群体，"天下同归而殊途，一致而百虑"(《周易・系辞下》)，构成中国女性文化建构的第三次浪潮：超越性别的人类意识觉醒。

21 世纪的女性写作与女性文化研究，从现实的女性生命丰富体验，试图建构两性平等与差异的完美关系与和谐时空。从"一间只属于自己的房间"的独白，到两性对峙的"性别战争"，进而打开"门窗"展开性别对话。在穿越到历史的源头，仿佛找到了那一棵"远古女神树"，找到了"东方女性社会远古思维"的神迹，发现了性别平等和谐关系的原初状态，"母性思维对性别界限的超越"①。进而在理论与实践研究、个体精神生命体验嬗变过程中，认识到女

① 夏国美、刘潼福：《女性主义的东方之路》，上海人民出版社 2015 年版，第 102、122 页。

性意识、性别意识与人类意识在最高境界上是融为一体的。这是几代中国女性“外在大我＋内在大我＝独立大我”的超性别人本的“重生”。

也许是我对女性文化研究的魂牵梦萦，2017 年 4 月 26 日，曾梦见原型母亲“鲲化鹏”的彩色梦；2018 年 3 月 16 日，梦见向“高山举目”的原始信仰图腾：我从没见过的银色明耀，也不知道离我有多远，一座需要用光年才可以丈量的山峰；2021 年 2 月 6 日，我再次被彩色梦惊醒，八千年前的姐妹“彩波”来看我，她是从我家的大玻璃窗飞进来的，那银色的披肩长发，直垂到她的大红皮鞋的粗鞋跟上，听她讲着似懂非懂的很遥远的话，却也感觉儿时似曾相识。当不得不离开我的那一刻，她怎么也不忍心转身告别，眼睁睁地看着我，后退着飞出去，此时，窗外林立的楼群消逝得无影无踪，她的银色长发飘逸到西山之上，与天地相接，忽然吹来一阵风，银发染成了金黄，化作一道瑰丽的彩虹。这时，她望着我笑了，我也笑醒了。

梦境仿佛引着我，一次次回归人类文化的源头，以个体生命体验的启示性对话，从“灵海”深处获得袅袅而升的意识顿悟。从此种意义上讲，女性文化，不是风景；性别平等，是关乎人类文明的终极问题；新女学时空，是女性生活经验、生命体悟聚升的精神性存在。中国女性文化建构的“三次浪潮”，从女性意识、性别意识，到超越性别的人类意识的三次觉醒，数以万计的女性和男性发起、参与，改变社会制度与文化观念中的性别不平等，不仅是一场中华民族的灵魂重塑、文化重建的集体实践运动，而且对新全球化时代的世界民主和平，构建人类的共同精神家园，具有深远的国际性意义。

探索，永远在路上。

第一章

重构 · 共时之思

探寻新时代中国女性 / 性别研究的文化源泉与方略

21 世纪，人类文明进入政治、经济、文化与科技的新全球化时代，国际女性解放理论经验与女性 / 性别发展研究凸显为真正的前沿问题。因为性别平等，不仅关乎实现中华民族伟大复兴的中国梦，而且关乎占据世界人口二分之一的女性的生存发展与全面解放，关乎个体人性、民族灵魂与人类心性的精神重塑，进而关乎人类社会整体的人与自然、人与人、家与国、国与国之间“和而不同”“多元共生”的文化重建。

尤其在探索中西方女性理论与经验的实践中，对“自上而下”与“自下而上”的女性解放模式，进行多维度具体化的比较研究，发现了全世界女性在自我的精神成长、事业与情感、婚姻与家庭方面共存的“四大困惑”，发现了女性意识、性别意识、家国意识与人类意识于最高境界的一致性，发现了全人类心灵里，永存着渴望自由、平等与和平、美好的生活理想。

一、性别平等，是关乎人类文明的终极问题

马克思主义妇女观，从“人的本质对象化”“人的个体解放价值”阐释男女关系是人类社会最自然、最根本、最基础、最密切的关系，并且把女性解放提升到衡量人类整体解放的高度，指出“在任何社会中，妇女解放的程度是衡量普遍解放的尺度”①。马克思认为，是人类社会的制度结构私有制的产生，导致了性别分工的奴役形式与父权家长制，彻底“异化”了人与自然、人与人之间的相互关怀情感，“资产阶级撕下了笼罩在家庭关系上温情脉脉的面纱，把这种关系变成了纯粹的金钱关系”②。从人类发展历史，揭示男女不平

① 《马克思恩格斯选集》第 3 卷，人民出版社 1975 年版，第 300 页。
② 《马克思恩格斯选集》第 2 卷，人民出版社 1975 年版，第 34 页。

等秩序的存在本质与变化机制，是社会不平等制度结构体系所导致的“在路上”的问题。

如今，习近平主席提出的新全球化发展理念——构建人类命运共同体，被国际社会誉为“人类在这个星球上的唯一未来”[①]。习近平主席在全球妇女峰会上提出：“妇女是物质文明和精神文明的创造者，是推动社会发展和进步的重要力量。没有妇女，就没有人类，就没有社会。”在认识论意义上，与马克思把女性作为“人的存在”的妇女观，体现出相通性的“人类共同精神”价值。尤其习近平主席针对中国和世界发展的大趋势，从人类社会的物质生活与精神诉求层面，强调男女平等不仅是女性自身价值实现的需要，而且是推动人类文明发展无可替代的力量。

习近平主席关于妇女和妇女工作的重要论述，开拓了马克思主义妇女解放思想的新途径。他指出，在中国人民追求美好生活的过程中，每一位妇女都有人生出彩和梦想成真的机会。中国将更加积极贯彻男女平等基本国策，发挥妇女“半边天”作用，支持妇女建功立业、实现人生理想和梦想。中国妇女也将通过自身发展不断促进世界妇女运动发展，为全球男女平等事业做出更大贡献。从女性自身发展与更深层的心理关怀，为激发中国女性潜在精神能量，获得身心全面解放指明了方向。

在全面贯彻执行男女平等基本国策，推进性别平等主流化进程中，新时代的中国女性/性别研究，应该建立于中国文化母体之上，汲取古圣先哲“万物平等”“天人合一”的原根性理念，纳融多元女性研究的理论与方法，对百年中国女性解放实践经验，进行理论性提升与精神性萃取。从“为女性”迈向“为人类”的超性别境界，建构男女平等、和谐共生的人类关怀文化体系。为促进世界妇女运动发展、推动全球性人类新文明，奉献中国女性的思想智慧。

二、宇宙生命观，是女性/性别研究的原根母乳

从人类文化学而言，中国文化“宇宙是一个大生命”，是原始初民以生命认知，视宇宙万物为一个“统一的生命大家庭”。此源自“母神文明”时代，

---

① 第七十一届联合国大会主席彼得·汤姆森：《“构建人类命运共同体”为什么被写入联合国决议？》。

原型母亲“把自己经验为宇宙万物生命的母亲”的血缘情感。中国原型母亲女娲以博爱、创生、孕育、济世之精神，不仅创建了人类氏族部落联盟的社会之家国，而且找到了人类精神生命的最原始土壤——以生命体验的宇宙之爱在于母性，推演出人类生命之爱与关怀之人本思想。这就是人类社会的人与自然、人与人、人与民族国家“人伦秩序”“情感文化”的最初源头，亦是中国传统文化哲学思想体系的原始根基。其最高境界是人与自然同生共存的“万物平等”、共情合灵的“天人合一”。

比如，儒家学派以宇宙之道创构社会制度与人伦秩序，孔子以“立天之道，曰阴阳；立地之道，曰刚柔；立人之道，曰仁义”（《孔子·易传》），以“温柔敦厚”的仁爱之心，为君子人格之首要；道家学派以宇宙之道化为心用，老子视“道”为先天地而生，“独立而不改，周行而不殆”的“万物之母”“玄牝之门”（《老子·六章》），庄子言：“天地者，万物之父母也。合则成体，散则成始”（《庄子·达生》），老子以“知其雄守其雌”“上善若水”，庄子以“鲲化鹏”之逍遥、“庄周梦蝶”之物化，内心向宇宙万物之爱敞开，以天地之心启，超脱外在形欲生死而抵达生命自由境界。其中蕴含着宇宙之母的生命之爱与关怀的原初伦理。

综观中国文化结构体系，如果从中剔除封建等级制“在路上”对女性不合情理的压制与规约，那么儒道先哲的“一阴一阳谓之道”，本是“阴阳合一”的“生命一元论”宇宙观，即是遵循宇宙生命本质，自然万物性别的天然两极之交融，质能互变、刚柔并济的雌雄同体。并且以“万物之生”与“人类之生”的生命性别意识，形成了一个“从宇宙万物到人类社会”的独特文化谱系。其“阴阳和合”“天地合德”的核心内涵，不仅蕴含人类文化原初的、母性情感型思维的宇宙生命之爱，而且“宇宙生命形象”阴阳互补共生发展的特性，生成中华民族魂之性别关怀与人类意识的精神因子，从氏族家庭、部落联盟开始实践，经历万年社会进化嬗变，呈现一种贯穿民族国家、地球村、全宇宙文明，人类的存在与发展的明哲至理。

如果说“人类意识根植于宇宙论”，那么从初始源头吮吸“宇宙是一个大生命”的原根母乳，发现其蓬勃的生机与活力在新全球化时代，更呈现世界性与未来性的意义。从而认识到构建人类命运共同体，是据中国文化精髓宇宙生命之爱法则，开辟人类走向更高层级文明的“美美与共”“多元一体”的社会人伦秩序。这才是中外女性、性别研究的文化源泉与理论基础。

三、多样性实践，提炼女性生存经验与生命体悟的精神性存在

目前，全国高校的女性/性别研究中心、跨学科的诸多女性学科建设、各级妇联妇女研究机构及各领域的工会妇女组织，已经形成了互动互促的“四位一体”。中国女性解放历史经验叙事、女性生存发展现实社会焦点问题，以及中外女性/性别文化比较研究的女性研究学术专著、系列图书卷帙叠嶂。但是，在学术与生活、理论与实践方面仍存在自说自话的脱节问题，以课题完成结项为目标的学术研究，缺乏“匡谬正俗”的社会责任，忽略社会现实复杂的、隐形的性别歧视，及家庭生活日常的生存伦理不平等现象。

新时代的中国女性/性别研究，要呼吁举全社会之力，推进性别平等主流化，在各个领域落实男女平等基本国策，深入社会各阶层并具体到家庭日常生活。要对女性在新民主主义革命时期、社会主义革命和建设时期、改革开放和社会主义现代化建设新时期的重要贡献和发展经验，尤其要对中国特色社会主义新时代的女性心拥家国情怀与时代使命，在科技前沿创造的最新成果，女性领导力艺术刚柔并济的亲和之道，在国内外获得的卓越成就，进行追根求源性的整合升华，提炼女性生存发展经验与生命体悟的精神性存在。从三方面进行考察实践，以此架起女性历史、现实与未来的精神桥梁。

其一，中国文化源头的考古实践。考古中国创世神话，诠释“母神文明”时代人与自然、人与人的平等和谐的原初样态，及超越性别界限的母性思维的现实性文化价值；考古儒道哲学浩瀚宏深之下潜藏的性别平等与生命意识，穿越封建父权等级制藩篱的表象，拆解其社会与家庭结构的内部肌理，打捞恒存的人类生命之爱与关怀，推动社会文明、人性至善的历史精神遗存。以发掘性的文化灵魂考古，对其进行当代价值转换，以此夯实中国女性/性别研究的文化基石。

其二，中国女性解放经验的考察实践。考察百年中国女性解放运动，与中国社会主义革命、建设与改革发展命运始终相伴，构成女性精神生命觉醒的全息历史。厘清“自上而下”的中国女性解放的精神觉醒走向：女性主体意识—民族国家意识—女主人翁意识—人类解放意识。分析中国女性心理身份认同，深植于家族、家庭与社会组织的集体主义结构之原因，探测中国女性在承担社

会与家庭角色时，内在的集体主义意识与关爱包容的责任自觉。尤其发掘“自上而下”的中国女性解放理论经验的独特性规律，对于全世界女性解放、人类文明发展的重要价值。

其三，性别平等讲堂的开拓实践。把男女平等、互补共生、和谐发展的性别教育，提升为文化强国、重铸民魂的全民教育高度。编写深入浅出的性别平等普及教材，建立高校、社会、家庭的多种性别平等教育讲堂。凭借党中央以县为核心的乡村振兴的契机，充分运用网络传播优势，组织多种形式的讲师团，以“线上线下”面向企业、城乡、基层，联合当地女性发展、家庭文化建设等，针对不同人群把性别平等理念，具体落实到实践行动，展开一场全民性的性别平等意识教育运动。

中国社会转型对婚姻家庭文化变迁的影响

20 世纪 80 年代以来，随着中国社会的改革开放、商品市场经济的深入发展，政治法律制度的逐步完善、物质与精神文化生活的不断丰富，中国人的核心价值观、思想道德伦理观念正在发生历时性与共时性的剧变。中国社会转型期由于经济体制改革与多元文化博弈的相互影响，婚姻家庭文化作为社会文化的基本细胞，呈现出纷繁复杂的样态。从家庭结构关系来看，一方面呈现出传统与现代、过去与未来、民族与世界对接的现代新型家庭。比如，跨国婚姻组成的国际型家庭（多色人种家庭）、结婚而不生育子女的丁克家庭、拥抱爱情拒绝婚姻的独身家庭、离异之后的单亲家庭、选择离婚不离家的“蜗婚家庭”，等等。另一方面仍然存在着本土的、民族的、世代相传的传统家庭模式。正是这种古今中西与新旧并存的婚姻家庭生活方式，以更多元、更深刻的方式重构着中国人的婚姻家庭文化观念。从而构成传统性与时代性相结合的新婚姻家庭文化风景。

因为从传统的“家国同构”理念讲，家是最小国，国是千万家。整体梳理中国社会从传统农业社会向现代化工业社会转型、从原有计划经济体制向社会主义市场经济体制转型的新鲜经验与时代特征，对于践行“社会主义核心价值观”，构建平等、和谐与幸福的新家庭伦理文化，实现中华民族伟大复兴的中国梦，具有重要的历史与现实意义。

一、社会经济体制改革的影响

20 世纪 80 年代，中国社会经济体制改革，是党中央领导下的一场社会主义现代化建设的重大实践，其宗旨为“强国富民”。古人云“欲治其国者，先齐其家”。数千年来“中国人的社会和生活是在家族制度的基础上组织起来……

这个制度支配着中国人的整个生活状态”①。由此，中国人尤其重视婚姻家庭文化建设。婚姻家庭文化可以说是人们共同的物质生活、精神生活内容与方式的总和，其发展变化必然会受到社会经济制度变革的影响；而且，人们的思想观念、价值取向、道德伦理与行为规范等精神生活方式的变化，会促进婚姻家庭文化建设的创新发展，从而推动整体社会的物质文明与精神文明的发展。

那么，经济体制改革是影响婚姻家庭文化创新发展的第一决定性因素。也就是说，商品市场经济的全面启动与发展繁荣，为创建新家庭文化提供了优厚的物质基础。正如马克思所言：“人们在自己生活的社会生产中发生一定的、必然的、不以他们的意志为转移的关系，即同他们的物质生产力的一定发展阶段相适合的生产关系。这些生产关系的总和构成社会的经济结构，即有法律的和政治的上层建筑竖立其上并有一定的社会意识形式与之相适应的现实基础。物质生活的生产方式制约着整个社会生活、政治生活和精神生活的过程。”② 换言之，经济领域的系列变革，对于婚姻家庭文化的影响是根本性的。具体来说，党中央启动的大规模经济体制改革，建立以市场经济为核心的多种经济体制共同发展，带领全民走共同富裕、全面奔小康的道路。首先市场经济制度就业模式多样化，调动起人们劳动的积极性，家庭生产功能的增强，经济收入的提高，使家庭生活日益丰富多彩，所带来的人生观、价值观、婚姻观、家庭观不同层面的新变化，构成了富有鲜明时代特征的新家庭文化风景。据此，可以反映出整个中国社会主义核心价值体系的变迁与重组过程。

（一）农村经济体制改革给婚姻家庭文化带来的巨变

从 1978 年全国首次实行“家庭联产承包责任制”在安徽凤阳县小岗村的成功，到以家庭为单位的土地承包制度的实行，建立了以公有制为基础，集体所有制、个体经济等多种经济体制并存的新经济格局。不仅提高了农民生产的积极性，而且提高了农业产品的价格效益，增加了农民的经济收入，农民生活逐步脱贫走向富裕。尤其是农民家庭物质生活条件改善后，渴望更高层面的精神生活，自我价值的实现成为在农村土地上发家致富的农民的人生理想。孙慧

① 林语堂:《人生的盛宴》，湖南文艺出版社 2002 年版，第 78—79 页。

② 《马克思恩格斯选集》第 2 卷，人民出版社 1975 年版，第 82 页。

芬这样描写改革开放时期农村的现实状况：上塘村有“高打墙，阔盖房，不如谁家有个好儿郎”，家家比着过日子的“形而上”的好传统变得越来越时尚。“家家比着过，看谁家日子过得好，看谁家能培养出大学生，学成后回农村建设家乡。”正是这样的婚姻家庭观念，加快了20世纪90年代乡镇企业即“新体制经济”的崛起。其中一部分农村妇女，或通过与丈夫一起承包土地，或到乡镇企业工作，或学习新的农业、手工业技术，都通过在乡镇企业、村办企业、个体企业工作或自主创业，改变了传统的“男主外，女主内”的劳动分工模式，改变了农村家庭的经济结构与生活方式，促进了家庭夫妻关系的性别平等和谐，更使农民的婚姻家庭消费观念发生了新的变化，同时诞生了具有时代特征的新家庭文化。

其一，家庭重新成为基本生产单位，家庭成员的婚姻家庭意识大大增强，构成一个家庭经济命运共同体，作为家庭核心的夫妻关系，不仅是家庭日常生活的伴侣，更是在工作事业上齐心协力、共谋发展、相互尊重的合作伙伴。其二，经济富裕之后，人们更注重家庭建设、日常生活消费，住房开始讲究宽敞舒适，家庭生活设施变得个性化、有情趣。其三，随着与外面世界交往圈的不断扩展，人们越来越认识到知识的重要性，家庭建设方面更注重自我身心发展的精神需求，农民家里建立起家庭书屋、家庭书架，读书学习文化知识、科学技术，滋养精神，成为学习型的家庭。其四，更加重视子女教育培养，为子女选择好的教育环境、学校，教育消费常常排在第一位。

虽然，农村家庭的姻亲关系仍然是围绕“血地缘”的传统聚族而居。但是，从建设社会主义新农村，到夫妻共同决策家庭大小事务；从为孩子选择好学校，到购买家具电器、购买住房，自己建立家庭读书室。家庭和谐奔小康，家风淳朴日日上，生活气象日日新。

21世纪以来，随着城乡建设一体化的速度加快，各种经济政策制度的分层级变化，涌向城市的“民工潮”导致农民劳动角色的具体分化。一部分农民向非农经济转移，在自己的土地创办了更多的、以家族结构为主体的乡镇企业、村办企业和个体企业。另一部分农民流动到城市，成为新的就业大军。离开农村的家和土地，到城市“打工”谋生。个体农民与城市不同体制企业、雇主建立起劳动合同关系，农民进城的意义完全超越了谋生，进而成为城市现代化的建设者。农民家庭从丈夫进城打工，农村剩下留守妇女与儿童，到丈夫和妻子一起进城工作，再到夫妻带着子女一起进城，子女还可以到打工子弟学校读书。离开家乡故土流向城市的农民，在商品经济大潮的冲击下，经历了一场传统与现代的心理蜕变，具体经历了在人生观、价值观、性爱观、婚姻观、家庭观等方面前所未有的挑战。

农民就业的多元化和城乡之间的流动性，使得农村家庭、居住在城市的农民家庭，摆脱了封建传统文化家庭伦理道德的束缚，更崇尚从自由恋爱走向婚姻，更向往夫妻关系的平等和谐，事业工作与家庭生活方面的相互支持，更看重精神情感、文化生活，更注重对小家庭的夫妻共建。但是，婚姻家庭文化仍存在重物质、轻精神的复杂现象。由于农民进城引起的夫妻情感破裂，离婚案件也逐渐增多，甚至有的夫妻把子女长期留在农村和爷爷奶奶一起生活，部分“留守儿童”失去父母的呵护，“空巢”老人失去儿女的赡养，还要照顾远离父母的第三代，因而造成经济、精神与情感多重孤独的“贫困”，家庭缺少了最珍贵的亲情之爱。

（二）城市经济体制改革带来的婚姻家庭文化纷杂之态

城市经济体制改革，首先要解决的是计划经济导致的国有企业活力不足。产业结构调整，扩大企业自主权，实行企业自主经营的新模式，是为了卸掉国企机制的沉重翅膀，有效调动广大职工的积极性，提高企业的经济效益。但是，市场经济体制意味着由政府安排就业的理想模式不复存在，在社会失业养老制度并不健全的情况下，部分职工打破“铁饭碗”就面临下岗失业的生存困境，尤其是城市公有制企业的女职工难以再就业造成家庭生活贫困，出现了当代就业历史上从未有过的下岗失业队伍。政府试图以调整家庭角色分工来缓解城市严重的就业压力，出台了双职工家庭实行以家庭为单位的工资改革应对制度，即“二保一”[①]。因“二保一”制度下岗失业造成家庭经济贫困与家庭情感矛盾。张辛欣的小说《在同一地平线上》、王海鸰的小说《中国式离婚》都是反思的例证。当然，在这场家庭角色分工的大变革中，大多数知识分子无论是下海经商还是自主创业，都能感受到知识就是力量，时间就

① “二保一”是指夫妻中某一方为照顾家庭牺牲升学或升职的机会，从时间和财力上保证另一方全力以赴升学和升职。通常是妻子作出牺牲以保丈夫升学和职业、职务的升迁。

是效益，依靠知识和技能找到自我价值实现的舞台，成为改写自我命运、创造物质财富与精神财富的佼佼者，但却未必是美满婚姻与幸福家庭的耕耘者。在城市或城乡接合地带，曾经绝迹的嫖娼卖淫死灰复燃，拐卖妇女儿童、女童遭性侵案件时有发生，“家庭暴力”比较严重，婚外恋与情人现象造成性与情感、性与婚姻的分离，并且出现了20世纪80年代、90年代、21世纪初的三次“离婚潮”。

特别是沿海地区实行对外开放，创建沿海经济开发特区。政府对沿海港口与城市开发区实行不同的优惠政策，发展开放型经济，引进先进技术和管理模式。沿海地区作为前沿阵地为妇女就业创造了良好机会。以女新闻工作者为例，根据国家新闻出版署2010年的统计，女新闻工作者在京津唐、江浙、江汉平原、珠江口等沿海发达地区比例为57.8%，比例超过男性，可见其市场竞争能力之强。也就是说，女新闻从业者，经历沿海“千帆相竞”的市场竞争，摆脱了对政府“依赖”的就业心理，对男性“依赖”的性别心理，获得自我独立的精神人格成长，获得生存能力与智慧的全面发展。一批精英知识女性重新评估自我生命价值，择偶观、婚恋观、家庭观念都发生重大变化。

一方面，自主选择独身生活方式的知识女性逐渐增多。就传统婚姻观而言，“嫁汉嫁汉，穿衣吃饭”。当女性有独立的社会经济地位，有强大的自我内心力量，对婚姻的态度会相应改变，有的就会主动选择不结婚，或找不到适合自己的就不婚而选择独身生活。据统计，社会上选择独身生活的女性比例大大超过独身男性。另一方面，有的即使选择婚姻也选择不生孩子，而是注重夫妻二人的生活质量、情趣品位，更注重婚姻生活的自由，夫妻之间的精神对话，更注重事业与家庭的共谋与平衡发展，家庭消费方式的多样，当然也存在不同群体的不同爱好的追求。

二、思想启蒙运动与西方文化思潮的影响

所谓社会文化因素是指整个社会思想文化价值体系。社会是由家庭组成的，社会文化思潮的激荡必然引起婚姻家庭文化的剧烈变化。伴随改革开放对内搞活的经济政策实施，国家采取了对外开放的发展策略。中国社会有着以家国为基本结构的传统，直到现在维系这种结构的仍然是家国伦理道德秩序。20世纪80年代初期，党中央发起的“实践是检验真理的唯一标准”的大讨论，

是对被十年浩劫摧毁的社会文化思想价值体系的重建宣言，是一次文化思想解放启蒙运动。此时随着经济政治的对外开放，西方多种文化思潮也鱼贯而入，人们的自我主体的重新发现，尤其是女性独立意识、性别平等意识的觉醒，以及西方自由主义、个人主义与性解放思潮，等等，更是在不同程度上影响着中国人的婚姻家庭文化价值观，冲击着传统的婚姻家庭文化体系。“以前所未有的方式把我们抛离了所有类型的社会秩序的轨道，这种断裂正在改变我们日常生活中最熟悉和最带个人色彩的领域”①。如吉登斯所言，“家庭始终是传统与现代性之间斗争的场所”②。

（一）思想解放启蒙运动催醒对婚恋与家庭的主体意识

思想解放启蒙运动，标志性的仪式就是载入社会文化史册的两场文化大讨论。其一，是关于“实践是检验真理的唯一标准”的大讨论。主要是批判“两个凡是”，冲破个人崇拜与教条主义的政治思想枷锁，重新确立实事求是、具体问题具体分析的民主与科学精神。从这个层面上讲，“真理标准”的讨论，可以说是中国特色社会主义核心价值观的思想基础。其二，是关于“人道主义和异化问题”的大讨论。一方面是承接五四运动精神，倡导爱情婚姻平等、个性自由解放，反对“异化”，五四运动是一次解放社会生产力、解放人性的思想启蒙运动。另一方面是使社会文化摆脱极“左”路线政治的控制，开始建立尊重人性、尊重人的思想，保护人的尊严，以人为本的文化价值观体系。

两场历史性的思想解放大讨论，其要义是倡导“人”的全面解放，可以说是当代中国社会文化历史上第一次人的自我主体意识的觉醒。人不仅从极左政治樊篱中解放出来，更深层的解放是从封建伦理观念的束缚中解放出来，成为有独立尊严、人格与自我主体精神的人。对于人们反思自我人性弱点，树立正确的婚恋观、家庭观，起到价值导向作用。追求自由美好的爱情、美满的婚姻与幸福的家庭受到年轻人的青睐。择偶标准不会再考虑阶级成分和家庭出身，而是注重对方人品与自我情感。尤其女性追求爱情婚姻的性别平等。如张洁的《爱是不能忘记的》，对女主人公与老干部的爱情关系进行了审视；张抗抗的

---

① ［英］吉登斯：《现代性的后果》，田禾译，译林出版社 2000 年版。

② 郑曦原、李方惠：《通向未来之路：与吉登斯对话》，四川人民出版社 2002 年版。

《爱情的权利》，对女主人公被政治阴影“冷冻”下的爱情进行了反思；舒婷的诗歌《致橡树》是女性渴望平等爱情的呐喊。从整体上看，是社会文化经历了深刻的思想讨论动荡之后，人们在思考，在贯彻男女平等基本国策的前提下，什么是真正的爱情，婚姻的基础是爱情还是金钱，离婚究竟是不是社会的进步，女性应该全面发展还是退回家庭“相夫教子”？娜拉出走何处是归宿？婚恋与家庭方面的诸多问题众说纷纭。

1977 年全国统一高考招生的恢复作为改革开放序曲，为全国考生提供了平等竞争权利与命运转折的机会。被录取的学生除了当年的应届高中毕业生外，还有工人、农民、上山下乡和回乡的知识青年、复员军人。年龄相差十几岁，女生人数极少。而且，大多已经结婚成家、生儿育女，有的已经订婚或正在谈恋爱。两场历史性的思想解放大讨论，激发了大学生以真正的爱情为基础，建立婚姻家庭的积极性。因为大学梦的实现，社会政治身份的改变，燃起年轻人更多的理想激情，敢于走出政治化的婚姻、不幸福的家庭生活，追求自我的爱情理想，择偶对象从政治化转向知识化，不太看重对方的经济条件，也不太在乎对方来自城市还是农村。大学校园悄然出现的“离婚风”“恋爱潮”，充分反映在校大学生的爱情观、婚姻家庭伦理变化、文化思想的解放。张抗抗的《北极光》、舒婷的《致橡树》等，反映婚姻家庭主体的文学作品均被搬上大学校园的话剧舞台。

而且婚姻家庭文化观念，随着人们生存环境与视野的国际化，更加开放。20 世纪 80 年代初，国家向世界发达国家公派留学生，可以出国创业和工作。此时 77、78 级刚毕业的大学生成为“出国热”第一潮的主力军。此后因一波波风涌的“出国热”，跨国婚姻家庭越来越多。21 世纪以来“东女（男）西嫁（娶）”与“西女（男）东嫁（娶）”的跨国婚姻比比皆是，跨国婚姻家庭文化，更有东西方文化的跨地域、跨国界特点。旅美女作家严歌苓说，婚姻生活中的夫妻感情是如亲骨肉一样的爱情。旅欧女作家林湄说，婚姻是一间房屋，带着东方优秀文化的女性会影响世界。旅英作家罗露西说，在婚姻家庭生活中东西方文化是不可沟通的。这几种观点形象生动地表达了海外新移民女性的婚姻家庭观念。

（二）西方文化思潮对人们性与婚恋观的改变

改革开放初期，西方的自由主义、个人主义、性解放文化思潮等被译介涌人，在呼唤知识阶层的独立意识、自我意识和权力意识，以及重新发现和肯定个人价值观念的影响下，人们的婚姻家庭观念变得自由开放起来，自由恋爱蔚然成风。1981 年 1 月 8 日在《人民日报》下面刚创刊的《市场报》上，刊登了四川教师丁乃钧的征婚启事。全国媒体开始转载，引起了巨大的反响。新华社就此对外发了英文通稿，被认为是中国改革开放的象征。之后还诞生了更多的征婚方式，如婚姻介绍所，网络征婚、电视征婚节目等。但是，自由主义在伦理上要求绝对保障个人价值的观点，却是对家庭伦理中的忠诚与责任的漠视。应市场经济而生的个人主义思潮，不仅倡导在经济领域个人价值的凸显，在社会文化领域也鼓励个性张扬和自我价值的实现。一方面，打破至高无上的父为子纲的陈旧家庭观念，人们成为独立的社会自我。另一方面，个人主义与中国传统的家庭文化以“家”为重的观念不同，在家庭关系中过分强调个人权利。在这一点上与自由主义如出一辙，从而会造成家庭成员中以自我为中心的个人主义的滋生。在家庭关系方面，传统家庭以“孝”为核心的观念被淡化，取而代之的是市场经济所推行的以个人为中心的契约自由原则，尊老敬老的“代际关系”逐渐被“平权关系”所取代，夫妻关系之间感情意识逐渐被契约意识所代替。家庭成员间亲情渐淡，功利化渐浓，呈现了家庭关系急剧世俗化的倾向。

“性解放”思潮的影响。西方文化关于性自由的理论对我国家庭文化的影响最大。西方起初性解放运动是反对性别歧视，主张婚姻自由，争取妇女与男子享有平等社会地位和政治经济权利的女权运动。而后演变成为倡导极端性自由的“性开放”和“性泛滥”。所谓的“性自由”主要包括以下四点内容：①性欲是人类一种自然的本能和欲望，应该去满足它，而不是压抑它。②婚姻的存在只是为了解决人对性的需求，所以当婚姻符合两人的意愿时可以延续；反之，则可以随时变更。③爱情的对象可以不断地进行更换，爱情不管婚内还是婚外都是“合法”和“合理”的。④性生活不应受任何约束[①]。它是 20 世纪中叶以来西方发达国家流行的一种关于两性关系的理论思潮，代表人物有霭理士、罗素、弗洛伊德等人。在这种思潮的影响下，两性的结合与离异是与“性”有关的个人的事，不应该受到社会道德和法律的束缚。性自由观过度追求个人性欲的无条件满足和自由，而忽视了男女关系中美好的爱情和家庭中应当承担的责任。

① 周晓燕：《对当代中国几种婚恋观的思考》，《中国青年政治学院学报》1991 年第 3 期。

“性解放”思潮，对中国人“解放”的婚姻观与“保守”的性观念而言，是更深层的灵魂与身体的解放。人们开始敢于公开谈“性”和了解“性”知识，批判封建传统文化的“贞节观”“性禁忌”，反思在严酷政治高压之下谈性色变的情感扭曲和“无爱无情无性”的两性关系。但是，性观念的解放对中国家庭文化影响是极大的。由于很多人在初次接触性自由观念时缺乏理性合理的鉴别，变成不惜一切代价满足个人性欲，甚至有的以“性解放”为借口进行性交易，导致了“婚外情”“第三者插足”“包二奶”“非法同居”“傍大款”等不良社会现象出现。

三、男女平等的法律制度体系建设的影响

男女平等权利立法思想实践的影响。改革开放初期为加强民主与法制建设，确保在社会和家庭中男女平等的公民权利，党中央在致力于经济体制改革的同时，修改颁布实施了一系列重要的法律法规，如《中华人民共和国宪法》《中华人民共和国选举法》《中华人民共和国婚姻法》《中华人民共和国刑法》《中华人民共和国刑事诉讼法》《中华人民共和国继承法》《中华人民共和国民法通则》《中华人民共和国义务教育法》《中华人民共和国民事诉讼法》《关于严惩拐卖、绑架妇女、儿童的犯罪分子的决定》等。这些重要法律法规均在各自领域的条文中赋予了“男女平等”的权利。1982 年颁布的《中华人民共和国宪法》，在 1954 年《中华人民共和国宪法》的基础上，再一次以国家根本大法的形式确认了“男女平等”的法律地位，强调了对妇女权益实行特殊保护。1992 年颁布实施的《中华人民共和国妇女权益保障法》，实现了妇女的政治权利、文化教育权益、劳动权益、财产权益、人身权利、婚姻家庭权益等各项权益的全面保障。

《中华人民共和国宪法》《中华人民共和国妇女权益保障法》《中华人民共和国婚姻法》等重要法律，规定公民“在法律面前人人平等”，男女在政治、经济与文化上享有同样的权利，实行婚姻自由，禁止包办、买卖婚姻。夫妻、父母、子女在家庭中有平等的地位和权利，妇女、儿童的权益受到保护。这种男女平等的立法思想，从法律层面为婚姻家庭文化建设规定了具体的政治标准，为清除社会文化中的男女不平等观念、歧视妇女的行为提供了法律依据。这不仅规约了人们的日常行为，而且对全社会的婚姻家庭稳定起到了重要作用。

《中华人民共和国婚姻法》的修改对婚姻家庭文化的影响。家庭是由连接

家人之间的关系构成的，包括婚姻关系、亲子关系、手足关系等。如果说家庭是一个庞大的系统，其核心就是婚姻关系。婚姻关系不仅关系到公民的切身利益，还与社会公共利益密切相关。中国学者认为合法性是婚姻的本质属性，即“婚姻是为当时的社会制度所确认的男女两性互为配偶的结合”。[①]那么，《中华人民共和国婚姻法》就是在一定历史时期对婚姻关系衍生出的一系列问题的法律规定。因为，婚姻是家庭的根本，家庭是社会的细胞，国家是家庭的保障。婚姻稳定和家庭幸福，是社会安定、国家文明的重要标志。

（一）1980年《中华人民共和国婚姻法》修改对婚姻家庭文化建设的影响

改革开放以来，人们的婚姻家庭观念发生了深刻的变革，酝酿着《中华人民共和国婚姻法》的修改。《中华人民共和国婚姻法》的两次修改，分别是在1980年和2001年。而且2001年至2011年，针对婚姻家庭出现的新问题，出台了《中华人民共和国婚姻法》的三次司法解释。以法律法规的方式调整婚姻关系、规范婚姻观念与行为，引导人们树立积极健康、平等和谐的婚姻家庭观念，从而适应社会的发展。

1980年9月10日，第五届全国人民代表大会第三次会议正式通过了新修订的《中华人民共和国婚姻法》（新婚姻法），并宣布自1981年1月1日起开始实施。1980年《中华人民共和国婚姻法》的修改颁行，秉承一夫一妻、男女平等的基本原则，汲取传统家庭关系的优秀文化，关注新时期商品经济下婚姻家庭的具体情况，对1950年的《中华人民共和国婚姻法》进行了相应的修改。在法律体系结构上，1980年的《中华人民共和国婚姻法》由1950年的《中华人民共和国婚姻法》八章二十七条改为五章三十七条，具体条款有了明显加注。在具体章节上，把1950年《中华人民共和国婚姻法》的第三章“夫妻间的权利和义务”与第四章“父母子女之间的关系”，合并为“家庭关系”一章；将1950年《中华人民共和国婚姻法》第六章“离婚后子女的抚养和教育”与第七章“离婚后的财产和生活”，并入“离婚”一章。具体内容的修改变化主要集中在以下三个方面：

其一，在总则中删去废除了“男尊女卑”以及禁止“纳妾”“童养媳”和

① 杨大文主编：《婚姻家庭法》，复旦大学出版社2002年版，第3页。

“干涉寡妇婚姻自由”，而在保护妇女、儿童合法权益一款中增加了“保护老人的合法权益”“实行计划生育”，“三代以内的旁系血亲”禁止结婚，即表兄妹、堂兄妹不能结婚，以及“男方也可以成为女方家庭的成员”的条款。

其二，结婚年龄与离婚程序的修改。在结婚年龄方面，修改后的新婚姻法规定，男不得早于22周岁、女不得早于20周岁，男女各比1950年婚姻法的法定结婚年龄推迟了两岁。在离婚程序方面，提出“感情确已破裂”的离婚条件，还保留了“男女一方坚决要求离婚的，经区人民政府和司法机关调解无效时，亦准予离婚”的规定。

其三，在夫妻关系与亲子关系方面，关于夫妻关系，保留了原来夫妻平等权利的规定，增加了“夫妻双方都有实行计划生育的义务”。删除了原规定的“夫妻为共同生活的伴侣”和“夫妻有互爱互敬、互相帮助……”等规定。关于亲子关系，除重申亲子之间互有抚养教育和赡养扶助的义务外，增加了“父母不履行抚养义务时，未成年的或不能独立生活的子女，有要求父母付给抚养费的权利”。“子女不履行赡养义务时，无劳动能力的或生活困难的父母，有要求子女付给赡养费的权利。”同时明确规定“父母有管教和保护未成年子女的权利和义务。在未成年子女对国家、集体或他人造成损害时，父母有赔偿经济损失的义务”。还增加规定“子女可以随父姓，也可以随母姓”。并将收养关系和继父母与继子女的关系单独列出为第二十条和第二十一条。将祖父和兄弟姊妹关系列入新婚姻法的调整范围，即第二十二条“有负担能力的祖父母、外祖父母，对于父母已经死亡的未成年的孙子女、外孙子女，有抚养义务。有负担能力的孙子女、外孙子女，对于子女已经死亡的祖父母、外祖父母，有赡养的义务”。第二十三条“有负担能力的兄、姊，对于父母已经死亡或父母无力抚养的未成年的弟、妹，有抚养的义务”。[①]

1980年婚姻法的修改，有两个重要内容对婚姻家庭文化的变化影响深远。首先是“实行计划生育”，一方面有效降低了人口增长速度，另一方面极大地改变了人们的家庭结构和生育观念。把妇女从无节制的生育中解放出来，可以参与社会劳动和其他各项活动，妇女的生活方式和生命周期均发生了很大的变化。“保护妇女、儿童和老人的合法权益”，为1992年的《中华人民共和

① 张希坡:《中国婚姻立法史》，人民出版社2004年版，第232页。

国妇女权益保障法》的出台提供了法律基础依据。1980 年新婚姻法的出台又带动了社会上一次离婚高峰。调查研究显示，“仅 1981 年一年人民法院审理的离婚案件就达到 673926 件，其中婚姻家庭案件占 346618 件，较上年上升 27.3%”[①]。1980 年新婚姻法在总结过去 30 年的经验基础上，明确把“感情确已破裂”作为离婚的理由。人们根据新婚姻法，解除了自己感情破裂的婚姻，同时为能够重新获得和谐美满的婚姻提供了可能性。其次是对于养育子女和赡养老人问题的进一步规定，从法律层面上要求人们必须履行养育和赡养的责任和义务，保障了儿童和老人的权益。从某种意义上来说，法律层面的变革，更有利于促进和谐的婚姻家庭关系的建立。

（二）2001 年《中华人民共和国婚姻法》的修改为婚姻家庭案件提供了制度保障

如果说 1980 年《中华人民共和国婚姻法》的修改是为了修正 1950 年颁行的《中华人民共和国婚姻法》长期存在的问题，那么，2001 年《中华人民共和国婚姻法》的修改则真正是为了适应改革开放的发展要求。在社会发生转型的同时，婚姻家庭方面也出现了各种各样的问题：重婚、非婚同居、婚外情、家庭暴力现象呈上升趋势；离婚率逐年攀升，有些妇女即使是婚姻中无过错一方，合法权益也得不到保障；离异家庭的子女抚养也成了一大社会问题；随着夫妻财产数量的增多、财产种类扩大，夫妻之间离婚时的财产纠纷问题越来越严重。针对婚姻家庭方面的新情况和新问题，加之在离婚审判实践过程中，发现 1980 年婚姻法确有诸多不能适应现实需求的地方，立法机关在广泛征求各方意见的基础上，开始对 1980 年新婚姻法进行修改完善。

2001 年婚姻法其修改的要点是在体系结构上，将原来的五章三十七条修改为六章五十一条，增加第五章“救助措施与法律责任”。条文经过调整增删，净增十四条。有关“总则”的修改包括：其一，第三条第二款，在“禁止重婚”之后，增加“禁止有配偶者与他人同居。禁止家庭暴力”。其二，增加一条即第四条：“夫妻应当互相忠实，互相尊重；家庭成员间应当敬老爱幼，互相帮

① 参见 1950 年 4 月 14 日中央人民政府法制委员会“关于婚姻法起草经过和起草理由的报告”，载西南政法学院民法教研室编：《中华人民共和国婚姻法教学参考资料（第一辑）》，西南政法学院内部印刷，1984 年版，第 259—260 页。

助，维护平等、和睦、文明的婚姻家庭关系。”① 其中，禁止家庭暴力的规定是一项重要突破，也是新婚姻法一项指导原则。有关“家庭关系”的修改包括以下几个方面：其一，将第十三条改为第十七条，明确列出夫妻共同财产的 5 项内容。其二，增加第十八条，具体列出归夫妻一方财产的 5 项内容。其三，增加第十九条，关于夫妻约定财产的若干规定。其四，第十五条改为第二十一条，在“禁止溺婴”之后，增加了禁止“弃婴”的内容。其五，第十七条改为第二十三条，将原规定“父母有管教和保护未成年子女的权利和义务”，修改为“父母有保护和教育未成年子女的权利和义务”。将“父母有赔偿经济损失的义务”，修改为“父母有承担民事责任的义务”。其六，第十九条改为第二十五条，将第二款“非婚生子女的生父，应负担子女必要的生活费和教育费的一部分或全部”，修改为“不直接抚养非婚生子女的生父或生母，应当负担子女的生活费和教育费”。其七，第二十二条改为第二十八条，在“对于父母已经死亡”之后，增加“或父母无力抚养”的；在“对于子女已经死亡”之后，增加“或子女无力赡养”的，也应有抚养、赡养的义务。其八，第二十三条改为第二十九条，增加以下规定：“由兄、姐扶养长大的有负担能力的弟、妹，对于缺乏劳动能力又缺乏生活来源的兄、姐，有扶养的义务。”其九，新增加第三十条，补充规定了子女应当尊重父母再婚的权利②。

2001 年婚姻法的重点着墨之处，是明确规定了夫妻共同财产的范围，关于夫妻财产制的规定已经趋于完善，避免了许多家庭纠纷。另一个创新点，是确立了家务劳动的经济地位，还增加了重婚罪的界定、离婚过错赔偿制度。从法律权威角度强化了家庭中的男女平等意识和夫妻互敬互爱的家庭理念。

2001 年修订的婚姻法施行之后，最高人民法院先后出台了三次婚姻法司法解释。2001 年修订的婚姻法施行之后，针对审判实践中遇到的法律适用疑难问题，最高人民法院于同年 12 月 24 日出台了《最高人民法院关于适用〈中华人民共和国婚姻法〉若干问题的解释（一）》，针对婚姻法修改后的一些程序性和审判实践中急需解决的问题作出了解释，包括“无效婚姻”和“可撤销婚姻”的处理程序及法律后果、提出中止探望权的主体资格、子女抚养费、离婚

① 张希坡：《中国婚姻立法史》，人民出版社 2004 年版，第 249 页。
② 张希坡：《中国婚姻立法史》，人民出版社 2004 年版，第 249—250 页。

损害赔偿等问题。2003 年 12 月 25 日，出台了《最高人民法院关于适用〈中华人民共和国婚姻法〉若干问题的解释（二）》[以下简称《婚姻法司法解释（二）》]，主要针对彩礼应否返还、夫妻债务处理、住房公积金及知识产权收益等款项的认定、军人的复员费及自主择业费的处理等问题，提供了具有可操作性的裁判依据。婚姻法律的完善为处理婚姻家庭纠纷案件提供了具体合理的制度保障。据统计，2008 年全国法院一审受理婚姻家庭纠纷案件共计 1286437 件，2009 年为 1341029 件，2010 年为 1374136 件，呈逐年上升趋势。2010 年全国法院一审受理离婚案件 1164521 件，受理抚养、扶养关系纠纷案件 50499 件，受理抚育费纠纷案件 24020 件，受理婚约财产纠纷案件 24676 件。案件相对集中地反映出婚前贷款买房、夫妻之间赠予房产、亲子鉴定等方面的问题。为更好地贯彻落实婚姻法，国家需要推动司法和执法进程，进一步明确法律适用标准。

（三）2011 年《关于适用〈中华人民共和国婚姻法〉若干问题的解释（三）》对婚姻家庭文化的利弊影响

2011 年 8 月 13 日，最高人民法院颁布实施《关于适用〈中华人民共和国婚姻法〉若干问题的解释（三）》[以下简称《婚姻法司法解释（三）》]，重点是对结婚登记程序中的救济手段、亲子关系诉讼中当事人拒绝鉴定的法律后果、夫妻一方个人财产婚后产生收益的认定、父母为子女结婚购买不动产的认定、离婚案件中一方婚前贷款购买不动产的处理、附协议离婚条件的财产分割协议效力的认定等问题做出解释。当时该解释的颁布引起公众热议。

婚姻法律制度经历多次修改完善，在社会转型、多元文化冲撞与新旧观念博弈的过程中显示出民主、公正与关怀的时代特性，对解决婚姻家庭价值观困惑的社会心理，对家庭生活产生了全方位的影响，使婚姻观念与家庭文化更加丰富而趋向成熟，也产生多方面弊端。《婚姻法司法解释（三）》对婚姻法律制度的思考与争论焦点，主要围绕其婚前与婚后房产的归属问题展开。2004 年 4 月 1 日开始施行的《婚姻法司法解释（二）》规定，婚前由一方父母出资购买的房产，产权登记在出资人子女名下的，除有特别约定赠予夫妻双方的以外，可视为对自己子女的一份赠予；婚后由一方父母出资购买的房产，产权登记在出资人子女名下的，除有特别约定赠予自己子女个人的以外，可视为对夫妻双方的共同赠予。然而《婚姻法司法解释（三）》明确规定，婚后一方父母出资为子女购买的房产，且产权登记在自己子女名下的，应认定为夫妻一方（即父母是出资方）的个人财产。而且，由双方父母出资购买的房产，产权登记在一方子女名下的，按照双方父母的出资份额共有。多数人认为，该规定兼顾了中国国情与社会常理，有助于纠纷的解决，更符合实际情况。

支持这项规定的认为，《婚姻法司法解释（三）》对于婚后财产的认定，为法官在受理离婚案件时，关于财产特别是房产分割上提出了明确的法律依据。资深婚姻律师、北京长安律师事务所合伙人王秀全认为，《婚姻法司法解释（三）》的出台可以使父母出资购房真实意图的判断依据更为客观，便于司法认定及统一裁量尺度，也有利于均衡保护婚姻双方及其父母的权益。但是，对这项规定持质疑态度的认为，该项条款貌似中立，实际上是对婚姻中弱势或财力弱的一方的歧视，特别是对女性利益的损害。有专家认为，这种损害不仅是立法对弱势群体的利益的盲视，也是对弱势群体的间接歧视。比如对于家庭妇女，特别是农村的家庭妇女，她们没有工作，每天做家务照顾孩子，她们可能是受影响最大的一群人。

其实如果从性别角度审视，男性更多地支持上述规定，女性更多地持保留意见。因为传统约定俗成的婚姻规则，大多是男方负责买房，女方的财产主要是嫁妆，即家电、汽车等。也就是说，《婚姻法司法解释（三）》离婚时的房产分割规定，实际上更多保护的是男方及其父母的权益，而女方的嫁妆投入只属于动产和消费品。这显然有失公允。如果说《婚姻法司法解释（三）》对婚后财产的认定条例，注重对婚姻家庭个人权利的明晰与保护，强化人们在婚姻家庭中对于个人产权的重要性，避免离婚造成的财产损失。比如婚前要公证、财产要协议，还要留下证明材料。这也许对未来的市场经济主宰的社会伦理、契约式婚姻有利。但是，这种从个人理性的角度看待婚姻家庭，把夫妻之间的经济关系定性为一种合伙关系，不仅彻底改变了中国传统的婚姻家庭伦理和文化风俗，而且会淡化夫妻双方爱的情感关系，瓦解“理想家庭是爱情与婚姻的统一”的婚恋观念。尤其是在房价越来越高的今天，出现了过于重视财产的婚恋现象，是值得我们警醒的。

改革开放以来，商品市场经济日益发展，人们的物质财富也日益增加，婚姻生活方式发生极大变化。平等、权利等现代法治观念逐渐深入人心，同时带来了对原有婚姻家庭观念的挑战。中国婚姻家庭“重和谐”“重群体”的精神传统，使家庭婚姻有很高的稳定性。面对市场经济的种种法则，中国人开始重视婚姻质量，关注婚姻中个人的权利，强调个人感情的价值。而且对婚姻的态度越来越理性。这些婚姻家庭观念在不同层面的变化，都会引起法律的调整。但是，法律解决的是争端，保障的是人的权利，而真正维系婚姻家庭的根本动力，是家庭成员之间的爱的情感和人伦道德，家庭幸福之爱会涌动源源不绝的精神能量。

因为人生活在家庭中，家庭是人的心灵港湾，一个个家庭构成了社会。中国的社会生活和公共秩序需要家庭建构，家庭的稳定在很大程度上影响着国家的稳定。家庭与社会是一个有机联合体，家庭的不稳定是对社会转型中弊端的反映，而家庭的不稳定又进一步激化社会潜在的不安定因素。因此，和谐的家庭对于中国社会发展有着至关重要的作用，这也是所谓的“家和万事兴”。

无论是在传统社会还是在现代社会，家庭文化建设事关每个人的生活质量和幸福指数，事关民族的进步、社会的发展、国家的繁荣和稳定。在当前经济体制深刻变革、社会结构深刻变化、思想观念深刻转变的形势下，建设和谐家庭文化显得尤为重要。家是孕育生命之爱的巢，“家教与家风”是中国人古往今来培育家庭亲情之爱的伦理规范，作为一种丰厚的家庭文化财富，滋养着中国人的精气神与民族性。尤其在当前党和政府提出要“注重家教家风”的传承与创新，增强“文化自信”与人类命运共同体意识。那么，构建适应时代发展需要的新家庭文化体系，对培育中国人的家国情怀、提升人类意识，更有一种重要的现实意义。

“注重家教家风”的家庭文明建设，关键在于汲取传统家庭文化精华，剔除封建男权糟粕，厘清哪些是这个时代应该继承发扬的，才不至于在生活中误入“性别怪圈迷阵”。因为两千多年前适用于农耕社会的家庭制度、伦理观念，并非完全适应当代社会所需，必须进行改革与创新。但是，当今社会恰恰有些人打着复兴国学的幌子，把“男尊女卑”“三纲五常”“三从四德”“贞节妇德”“礼孝妇道”“夫贵妻荣”“母以子贵”“相夫教子”“贤妻良母”等传统家庭伦理中对女性压迫与歧视的繁缛礼节，以精华的方式出现在所谓国学班的讲堂。如在广州某国学班，甚至出现了“想要做女强人，就要割掉子宫”的恶言。

因此，在家风、家教与家庭文化的建设中，要以社会主义核心价值观为指导，进行传承与创新，家庭伦理关系要以平等和谐的性别关爱伦理为核心，把学习爱与被爱作为家庭文化建设的生命课程，把倾斜的、愚孝的、错位的家庭矛盾，转化为血缘亲情之间相互关怀的支持力量。当爱的情感灵性互动达到溢满的状态，爱就会逾越家庭的围墙而以爱对待他人。这就是亲情、友情、爱情的生活体验，也是当代社会新家庭文化建设永不枯竭的源头活水。

虽然在丰富物质财富遮蔽下仍存在精神贫乏的普遍现象，有的婚姻破碎，亲子反目，兄弟姐妹成仇，有的亲情的纠葛沉重而烦恼，但是，爱并没有走远，它永驻人们的心灵里而需要唤醒。从这个层面上讲，需要一场全国性的手暖着手、心连着心的新家庭文化共建运动，把性别关怀意识融入家庭与社会日常生活，甚至延伸到深远的宇宙时空，在“万紫千红、层林尽染”的秋色里，化作沐浴人类精神的暖阳，沁人觉悟，唤醒每个人内心深处潜藏的母性，引发每个人感情深处沉睡的、永远令人亲近的善与爱意。那时每个人都会有被爱唤醒、被爱拥抱的感觉。受宇宙生命之律的启示，母爱是宇宙万物之爱的本原。在重建男女性别观念方面，承认差异，自我反省，继续探寻两性互补共生的“比翼齐飞”“鱼与熊掌兼得”之路径。为实现性别平等和谐幸福的家庭之梦，实现中华民族伟大复兴的中国之梦，实现世界和平的“各美其美、美美与共”的人类之梦，奉献一份智慧和力量。

女性生活方式建构与女性生存发展解放

——第三期中国妇女社会地位调查北京与全国报告比较

一、建构女性生活方式的社会背景

（一）女性的“三次解放”与“女性塑造”

改革开放30年来，由于中国社会政治经济文化的繁荣发展，人们的社会生活方式发生了巨大变化。而女性随着生活活动空间的逐渐扩展，生活方式选择的自由度越来越高，其生活方式也呈现出丰富的新样态。女性以自己践行的生活方式，凝聚成了“女性塑造”的文化力量，不仅改变着千百年来男权意识对女性性别的既定认同，而且使女性从更深的精神生活层面获得了不同程度的“第三次解放——心灵的解放”。

在全球化的背景下，人们的生活方式受到社会制度、意识形态、生产方式、文化思潮的影响而发生多方面的变化。女性生活方式的建构同样如此。新中国的成立，提出了“时代不同了，男女都一样”，虽然有“以牺牲女性特征为代价”、造成女性社会与家庭角色分裂的弊端，但女性从家庭走向社会、参与各个领域的社会主义建设活动，却从根本上改变了传统的女性社会生活方式。女性社会生活范围的扩大，女性社会身份的被认同，标志着女性社会政治地位的提高，成就了女性社会政治身份的“第一次解放”；20世纪80年代后，随着经济的迅速崛起，大众文化的多元发展，女性欲望叙事的书写，女性身体在“被看”中得到肆意张扬。女性作为情爱主体，在寻找“灵肉合一”爱情的过程中，虽然生命里留下不可磨灭的内伤与疼痛，却真正认识到女性在职场、情场与男性平等的主体位置的重要性，成就了女性的“第二次解放——身体解放”。

1995年第四次世界妇女大会在北京召开，明确宣布“把男女平等作为促进我国社会发展的一项基本国策”,《北京行动纲领》《北京消灭性别歧视公约》的颁布，向全世界昭告了中国女性发展解放的目标。“政府以《中华人民共和国宪法》为基础，以《中华人民共和国妇女权益保障法》为主体，包括《中华人民共和国婚姻法》《中华人民共和国继承法》《中华人民共和国劳动法》《婚姻法司法解释（三）》等法律法规的制定，女性权益有了充分的法律保证。”[①]性别平等主流化促使社会上诸多女性发展组织机构的诞生。21 世纪，中国女性经历了“第三次解放”，其社会地位、社会生活空间、家庭生活空间、情感生活空间等等，显现出了全方位的新内容、新生态。这些独具魅力的女性的生活方式，组成了当代的女性文化风景。这些非常值得研究。

（二）女性生活方式多元选择的“困境”

因为女性生活方式不仅是一种生活方式，更是一种女性自我生产的文化方式。女性生活方式建构的倡导，充分证明了当今中国女性的解放程度，正在从宏观的社会生活（公共领域的政治、经济解放）层面，向日常生活深处（私人领域的自我、心灵解放）延伸转型。女性以双重生活的自我认同、自我选择、自我实现的个体经验，梳理自我生命的精神追求与现实生存发展困境之间的文化关系，探索自我塑造完善的理想人格、灵魂自由与解放的途径，以此来满足更高境界的自我物质与精神诉求。

但是在社会转型期，一方面，女性生活方式建构必须是在中国传统文化结构之上的，需要厘清其思想结构形式哪些是对两性平等发展有益的，是滋养人类文明的中国文化精华；哪些是带有男权意识“烙印”的，对女性歧视的，最顽固、最深层的男权中心主义的单极文化。另一方面，客观认识当代女性主义文化思潮对女性生活方式的影响，理性分析“前卫”“先锋”的女性生活方式，以及女性自我选择的依赖性的“不解放”。正视女性生活方式呈现出的复杂多变、新旧交替、东西并存的现象。诸如在现实社会与日常生活微观层面的性别歧视现象，当下“少女文化心态”的流行，傍大款或当“小三”的依附性寄生，演艺圈里女性明星被与自愿被“潜规则”的行为，生活消费上“炫富”的奢靡

① 李静之:《论党的领导、政府支持和妇女解放的关系》，谭琳、刘伯红主编:《中国妇女研究十年》，社会科学文献出版社 2005 年版，第 570 页。

之风。洞察种种世相，才有建构真正意义上的女性生活方式系统的可能性。

那么，什么是最佳的女性生活方式？要想从纷繁复杂的当代女性生存场景里提取出女性生活方式的系统性范式，就必须检视不同阶层的女性，在不同时期的不同生存发展状态，厘清中国女性社会地位的演变轨迹。依据马克思主义的女性解放理论："人和人之间的直接的、自然的、必然的关系是男女之间的关系，而人和人之间的关系直接就是人同自然界的关系。从这种关系性质就可以判断人的整个文明程度，看出人在何种程度上成为并把自己理解为类存在物——人。"本文以男女性别关系为参照之镜，从当代女性社会的、日常的、微观的、内在的、具体的生活方式变化，来考察其解放程度。

（三）第三期中国妇女社会地位调查的契机

本文试图通过考察男女两性的社会生活和日常生活，从其存在的具体问题与细节里，发掘出种种以性别为特殊规定性的性别心理、性别观念、性别角色期待、性别歧视等不平等的性别文化"痼疾"，进一步求索女性发展解放的新路径。本文以全国妇联与国家统计局联合组织实施的第三期中国妇女社会地位调查报告为依据，对全国与北京市妇女社会地位调查报告的生活方式部分进行性别、城乡差异分析，考察女性生活方式的变化和出现的新形式、新问题。为研究女性生活方式建构寻找理论与实践支撑。

中国妇女社会地位调查是由全国妇联和国家统计局联合组织的第三期调查，时间为 2010 年 12 月。前两期分别于 1990 年和 2000 年进行。调查采用抽样调查的方法进行数据收集。第三期北京市妇女社会地位调查，按照此次全国妇联领导小组制订的实施方案，调查采用入户模式，有效问卷共计 3011 份。

本文以一个基本理念、三种意识、三层对比、三种分析方法为研究思路。一个基本理念：探索性别平等和谐、女性生活方式建构的新路径。三种意识：女性意识与家国意识和人类意识的关系，"和而不同"意识，问题意识。三层对比：纵向对比，以 2010 年第三期北京市妇女社会地位调查报告的数据与 2000 年的第二期北京市妇女社会地位调查报告数据做纵向对比；横向对比，以 2010 年第三期北京市妇女社会地位调查报告的数据与 2010 年第三期中国妇女社会地位调查报告数据做对比；因素对比，女性的受教育程度、经济状况、婚姻家庭、性别观念等对生活方式建构影响较大的因素做对比。三种分析方法：

第一，性别文化分析；第二，城乡差异分析；第三，不同阶层分析。

二、女性生活方式建构关注的问题

女性生活方式，是指女性作为生活主体生存与发展活动方式的总和。女性能够通过社会工作劳动与日常生活活动，达到运用自主的方式分配和利用各种生活资料，来满足自身的物质生活与精神生活需求。其形成的过程与社会物质基础与文化意识形态有着密切联系。建构女性生活方式完善体系是一个漫长的、变化的、复杂的动态衍变过程。本文根据第三期中国妇女社会地位调查报告涉及的生活方式的重要内容来具体考察，包括生活活动半径、时间分配比例、消费结构状况、网络资源利用、宗教信仰情况 5 个方面，对 10 年来的北京女性生活方式演变与女性发展解放程度做出一种文化评述。因为，“文化是对一种特殊生活方式的描述，文化是人类完善的一种状态或过程”。

（一）女性生活半径扩展　在国内外社交经验卓著

女性的生活活动半径，实际上是女性在社会生活中承担多重角色的交际范围。从世界整体来看，政坛上涌现出了数十位女国王、女总统、女总理、女部长，等等，经济文化领域涌现出了数以万计的女 CEO、女导师、女校长、女军官、女总裁、女总经理、女教授、女作家、女艺术家、女编剧、女导演、女出版家、女媒体人、女博士、女硕士，等等，数不胜数。女性在家、国家交际领域的角色形象，已经远远超越了“妻子”与“母亲”。她们的社会工作与日常生活的友善与平等、大爱与责任，预示着人类社会未来发展“善与爱”情感理论的不可替代性。正如伯特兰·罗素所说：“让人相信未来的是情感而非理性的论证。”[①]

21 世纪的“她时代”，中国在政治经济文化方面的综合实力对世界影响扩大，为女性创造了更多社会交往与竞争的舞台。女性的社会交往活动圈急剧扩展，她们在家庭、职场和外交场合游刃有余地完成着自己的交际任务。无论是日常生活的亲情友情交往，民族、国家内部的交往，还是国际之间的交往活动，都能够充分施展女性的交际智慧与思想才情，而不辱家国使命。女性以独特文

---

① 伯特兰·罗素（Bertrand Russell）：英国哲学家、数学家、社会学家，《我为什么不是基督》，1927 年 3 月 6 日在巴斯特市镇大厅发表的演说词。

化魅力穿起了亲情、友情、国情之社会温暖链条。从某种意义上讲，女性生活交际圈的扩大，不仅是女性以自我的生存能力建构起的生活方式，更是一种治家兴邦的文化力量。

北京作为首都，北京女性的交际活动更具有国际性与文化前沿性。从北京女性的生活半径范围来看，依据 2010 年第三期北京妇女社会地位调查报告数据与第二期数据作纵向比较发现，首先，北京女性出国成为知识女性学习、工作与旅游休闲的一种生活方式，女性高层人才群体尤其如此，与北京的男性相比较性别差异并不显著。其次，北京在职女性中 65.4% 最远一次出行的目的是旅游，如果把学习、工作、走亲访友的女性加在一起计算，93.6% 的女性分别出过境，出过省，出过市等；比 2000 年的调查数据中的 83.4% 的人到过外省的大中小城市，增长了 10.2 个百分点，其中城镇女性为 69.7%，农村女性为 35.5%；而且比 2000 年的调查数据中的 5.6% 到过境外有很大提高。同类项目，依据 2010 年第三期中国妇女社会地位调查报告数据横向比较显示，北京女性的生活半径比全国的调查数据高出 20.2 个百分点。关系国家大事一项调查显示，北京女性 98% 关心国家、国际上的大事，有积极主动的日常生活的交际心态与行为。与全国比较分析表明，北京女性的生活活动半径范围较广，因此视野比较开阔，社会地位与解放程度也比较高。

这充分说明，北京女性在社会生活里与男性的地位相比，整体差别并不显著，尤其是女性高层人才群体，尽管还存在诸多问题。女性生活半径的扩展，以及她们在国内外社交的卓著经验，为女性生活方式体系建构提供了新的现实参照。

（二）时间分配比例　女性家务劳动负担较重

女性工作劳动时间在公共领域主要体现为工作时间，即有酬劳动时间；在私人领域主要则是家务劳动时间，即无酬劳动时间。无酬劳动时间还包括做家务时间、学习时间、休闲时间。虽然，当代社会为女性提供了广泛的就业机会，绝大多数女性有自己的工作岗位。但是，无论有酬劳动时间还是无酬劳动时间的分配比例均存在显著的性别差异。

从北京女性的时间分配比例来看，依据 2010 年第三期北京妇女社会地位调查报告数据与第二期数据做纵向比较，北京市的男女时间分配比较发现，在工作日，北京在职女性从事有酬的工作劳动或经营活动时间为451分钟，工作劳动学习的往返路途时间为54分钟，从事家务劳动的时间为111分钟，学习时间为24分钟；北京在职男性用于这几项的时间分别为488分钟、66分钟、47分钟和22分钟。在休息日，北京在职女性的休闲时间为283分钟，北京在职男性为315分钟。值得关注的是，在从事有酬工作劳动或经营活动时间、工作劳动学习的往返路途时间、学习时间上男女性别差异并不显著，而在从事无酬家务劳动时间上女性要比男性多64分钟。调查说明北京女性在与男性同等参加社会工作的情况下，仍在承担比较多的家务劳动。

与2010年第三期中国妇女社会地位调查报告横向比较看：工作日北京女性的总劳动时间比全国女性的574分钟，要多66分钟。在休息日，北京在职女性的休闲时间比全国女性的240分钟，要多43分钟。这说明北京女性在休闲时间方面水平相对比较高。

从时间分配的角度，可以把休闲时间描述为一种工作之余的自由时间。也就是指“在尽到职业、家庭与社会职责之后，让自由意志得以尽情发挥的事情。它可以是休息，可以是自娱，可以是非功利性的增长知识、提高技能，也可以是对社团活动的主动参与”。那么，休闲时间自由度能够体现其生活水平。

从女性休闲方式看，2010年第三期北京妇女社会地位调查报告数据与第二期数据做纵向比较，发现82.6%的女性进行体育锻炼，经常锻炼的占31.5%；比2000年的调查数据中参加体育锻炼的占46.5%，降低了15个百分点；40.2%的女性参加过村社区街道的文体活动，比2000年的调查数据中参加村街文体活动的28.7%高出11.5个百分点。从休闲时间看，2010年第三期全国妇女社会地位调查报告数据做横向比较，北京女性进行体育锻炼的比全国的55.2%高出27.4个百分点。比较女性的时间分配比例的合理性，北京女性好于全国的水平。

经过纵横比较，发现女性家务劳动负担较重。无论北京女性还是全国女性，在无酬劳动时间家务劳动均多于男性1个多小时，而休闲时间则少于男性近1小时。而休闲形式的具体数据显示，大多数男性在收费场所度过休闲时间，大多数女性在免费公共场所或家里度过休闲时间，甚至晚上一边看电视一边锻炼身体。这说明，女性在日常家庭生活领域仍存在沉重的双重负担，其中隐喻着对女性“男外女内”的角色限定。要走出性别观念的文化困境，就必须重新审视显存文化里的生活方式内涵。恩格斯曾断言，“妇女的解放，只有在妇女可以大量地、社会规模地参加生产，而家务劳动只占她们极少工夫的时候，才有可能”[①]。尤其要建构真正意义上的女性生活方式。

（三）消费结构状况　提升女性生活质量与形象

当代社会，市场经济彻底改变了传统生产与消费的含义。拜金主义、消费主义极大地改变了人们的生活意识与消费理念，甚至把人们的生活意义全部纳入对物质利益的追求与消费之中。有学者说：“物欲精神化、消费审美化，原来的物欲与精神、消费与审美、世俗与超越、亵渎与神圣的明确界限，奇迹般地被遮蔽了。现代消费主义的包装术、整容术，令沉浸在物欲异化中的消费大众，茫然无知，竟然从物质的消费中还感受到一丝精神救赎和审美快感。”因为消费主义的生活观念，一方面不再以衡量商品的物质使用价值为标准，而是关注其所谓的“时尚价值”。另一方面消费在某种程度上成为消费者炫耀地位、展示身份的重要方式。这样就扭曲或遮蔽了消费作为一种生活方式的本质意义。实际上，从人类生存与发展的角度来看，合理消费是一项衡量人们生活质量、生活品位与审美情趣的有效指标。

从消费结构状况看，2010 年第三期北京妇女社会地位调查报告数据与第二期数据做纵向比较，排在第一位的是购买服装、服饰，与 2000 年调查报告数据中的购买服装，多了服饰，说明北京女性经济地位和生活品位的提高。排在第二位的是购买美容美发保健、健身等用品，个人交往消费品与 2000 年调查报告数据中 85.8% 为经济适用，7% 的人为体现个性，3.1% 为时尚，有了显著的提高。而且，休闲娱乐，买书报学习，日常交通成为众多女性的日常生活行为。

消费结构根据近 3 个月的个人消费看，具体是：服装 / 服饰、美容 / 美发、抽烟 / 喝酒、保健 / 健身、旅游 / 休闲娱乐、买书报 / 学习、日常交通、个人交往、看病吃药等，存在显著差异。并且对影响消费结构因素的性别、城乡、教育程度、性别观念，即对自己的能力有信心、很少依赖他人，主要靠自己、经常觉

① 恩格斯：《家庭、私有制和国家的起源》，《马克思恩格斯选集》第 4 卷，人民出版社 1972 年版，第 17 页。

得自己很失败、在领导岗位上男女比例应大致相等，做比较结果显示，差异显著的有性别、对自己的能力有信心、受教育程度三个因素。可以看到：女性更倾向于在服装 / 服饰、美容美发方面进行消费；对于受教育程度较高的人，在美容美发和买书看报方面的消费更高。

知识女性自愿参与的休闲方式比较多元化，如逛街购物、阅读书报、看电影、看戏剧、听音乐、唱卡拉 OK、与家人聊天、健身、美容、聚餐、旅游、上网、泡吧等，健身房成为大多白领女性健身休闲的场域。这说明：身处不同阶层的女性，均比较注重自身外在的气质和内在的修养，需要从这两个方面同时提升自我。说明多样化的日常生活消费，已经成为不同阶层、特别是知识女性的一种时尚生活方式。与大众媒体肆意宣扬塑造的“消费女性”形象截然不同，并且是一种抵御，为建立适合女性身心健康的生活方式体系提供了现实基础。

（四）网络资源利用　性别差异并不显著

21 世纪以来，“互联网就像迎面而来的卡亚克斯飓风，以 20 英尺高的浪潮袭击我们，这场暴风雨经过太平洋数千英里的能量积蓄，足以使你腾空而起，再将你重重摔下。……互联网影响着我们每一个人的生活。”[①] 互联网对人类生活的最大改变是它创造了一个网络空间（虚拟空间）和一种虚拟生存方式，使人类可以在信息化、数字化的虚拟环境中体验人生、创造自我、沟通未来。而且，网络已经改变并将继续改变着女性的生活方式。因为网络淡化了性别差异，为女性搭建了自由发展的平台，提供了更多的机会。无论在社会生活还是在日常生活方面，女性都可以全方位地呈现自己，可以与男性平等共享网络资源，使人生更丰富多彩、更有价值。如在《虚拟的声音》中，美国著名科技作家和分析家 Esther Dyson 说：“互联网简直是为妇女量身定做的表达自己意见的场所。”而且她指出对于那些在公司环境里感到压抑的妇女，网上企业家的迅速涌现给具有商业头脑的妇女提供了许多机会，而这一切仅仅在 10 年前还不存在。使用网络已经成为知识女性主要的生活方式。

的确，依据 2010 年第三期北京妇女社会地位调查报告数据与第二期数据做纵向比较，41.7% 的女性上过网，比 2000 年的调查数据中有过上网经历的占

① ［英］约翰·诺顿：《互联网——从神话到现实》，江苏人民出版社 2001 年版。

11.6% 高出 30.1 个百分点。比全国的 29.1% 上过网的女性，高出 12.6 个百分点。根据相关检验的结果，年轻人上网的目的，更多的是学习、工作、购物、发表言论、交友聊天和娱乐。网络深深地嵌入年轻人的日常生活之中，而由于年轻人更加熟悉计算机操作，从而参与了更多领域的网络生活。高收入者更多的时间在网络平台里炒股投资和学习工作，一些有资产性收入的个体更多的是以投资为目的上网，将网络作为进一步投资和学习的工具。而且，教育程度越高，越有可能将网络作为工作和学习的工具，而教育程度较低的个体更倾向于将网络作为娱乐的方式。从上网时间段的选择与长短方面比较，不同年龄、不同阶层的差异显著，城乡差异也存在显著性，性别差异也存在显著性。知识女性在利用网络资源上，与男性不存在明显差异。这也许说明在网络资源利用上比较均等。

早在 1995 年在对全国女新闻出版工作者的现状与发展调查研究中就发现：女新闻传媒工作者对自己工作的满意度是比较高的。认为“能充分施展自己的才能”的占 73%，“主动采写的稿件经常会被采用”的占 86%，“对自己的工作拥有主动权”的占 61.9%，感到“工作富有创造性，有成就感”的占 60.0%。充分表明，女记者认为自己与男记者在掌握现代采、编、播、译新技术（如计算机）的能力方面没有明显差异，也就是说，在使用计算机新技术方面，女记者可能与男记者在同一起跑线上。而且，女新闻出版工作者在使用计算机与网络处理稿件时，与男性相比还有更多优势。

但是，在各个网络的内容设置上却存在显著性别差异，甚至存在显性与隐性的性别歧视。这也表现出传统性别观念对女性生活方式与女性发展解放的影响。如果要在网络上建构女性与男性平等的身份，就必须建构与男性平等的女性生活方式，从性别文化观念的现实层面做起。

（五）宗教信仰现状　反思女性精神活动方式建构

人类为了在有限的生命时空获得超越死亡的“永恒的生命”，以“彼岸”与“天堂”创造了宗教。宗教信仰，已成为人们追求一种精神存在的生活方式。而从宗教与性别的关系来看，宗教信仰是否会受到男女不同的社会化影响造成性别差异？前提是，如果性别角色社会化区别不大，也就是男女相对平等的国家，在宗教信仰上的差异应该是缩小的。而传统性别角色占主导地位，女性的主要角色被限制在家庭圈子里，性别对宗教信仰的影响会更大。我国社会正处于向性别平等和谐转型期。由于不同阶层的女性掌握的生活资源不同、生活心理不同，在宗教信仰的观念、原因等方面出现了差异。2010 年第三期北京妇女社会地位调查报告数据与第二期数据做纵向比较，对北京宗教信仰和信教行为方面的性别差异与传统的性别态度之间的关系，以及多种原因进行分析，数据显示，北京无宗教信仰的女性占 95%，有宗教信仰的女性占 5.0%，男性有宗教信仰的为 3.7%。与全国女性有宗教信仰的为 12.6% 相比少 7 个百分点，与全国男性有宗教信仰的为 8.3% 相比少 4.6 个百分点。与全国的城乡分别为 10.1% 和 15.4% 差异显著相比，北京农村宗教信仰的比例明显高于城市。

以上数据反映出在农村基层社会，各种民间宗教流行，传统民间信仰，甚至是邪教和迷信重新复活。另一种情况是，经济越发达、生活越富裕的地区，庙里的香火越旺盛。表现出人们在经济繁荣后的精神失落，是一种潜在的信仰危机。

通过多重响应频率的统计分析可以看到性别、城乡等在宗教信仰中的状况。男女两性在宗教信仰状况（基督教、伊斯兰教、佛教）均不显著，在无宗教信仰变量上面则呈现出显著性差异。

在北京男性无宗教信仰的人数显著多于女性。女性信教的比男性多 1.9 个百分点。虽然差异并不明显，但也反映出其不同的心理与精神状态。在调查报告中对信教原因：受家庭 / 民族传统影响、本人或家人患病、亲人亡故、婚姻不幸、他人劝说、缓解压力、充实生活、结识朋友、好奇心驱使等方面进行了简要分析，发现更多女性信教的原因，是社会性别观念影响结识朋友而信仰某种宗教，或者是为了摆脱不幸婚姻、身体疾病、生活贫困等。真正想以宗教为心灵皈依，寻找一种精神生活方式的女性很少。这样即使参与宗教活动，也得不到自我灵魂的安顿。表现出女性对生活的迷惘、对未来不确定的恐惧与无奈。

如何丰富女性的精神生活？如何建构崇高的、有品位的、幸福的女性生活方式？女性的精神活动方式，应该引起足够的重视。

三、建构女性生活方式的思想基础

中国社会转型期人们的生活方式，一方面呈现出历史与当代、过去与未来、民族与世界对接的现代性；另一方面存在着本土的、民族的、世代相传的、古典的“中国样式”。这种纷繁复杂性，隐含着诸多的不确定性、即逝性因素。正如吉登斯所言：“全球化就是以一种非常深刻的方式重构我们的生活方式。”

建构女性生活方式，首先应该从女性生活出发。这里的“生活”当然是指女性的社会生活与日常生活。

其一，挖掘女性文化的“责任哲学”与“情感伦理”思想。就女性文化特性而言，“女性的生活（包括许多有特色的生活和有特色的经验）”，不仅能为我们提出有关这些生活的新的关键问题提供起点，而且能为我们提出有关男性的生活和主要被男性指定为“人性”服务的社会制度的新的关键问题提供起点①。因为历史证明，女性在生活中的关爱心理与行为，是女性从“母神文明”的“原型母亲”那里世代传承的勇于担当的责任意识。“原型母神”，“体验着女性自我身体强大的创造力，把自己经验为自然万物生命的伟大母亲，与她的子民和大自然有着浑然一体的坦率、浪漫与绚丽”。这种宇宙价值观、世界观体现了既是责任的又是情感的文化特性，在东西方有天然的相似性。恩格斯曾反思说：“我们不要过分陶醉于我们对自然的胜利，对于每一次这样的胜利，自然界都报复了我们。”②特别是近代以来，男权主义带着“人类中心主义”的偏执胎病，对自然资源肆意掠夺，对人们思想的政治统治，造成人类生态与精神的双重危机。男性生活方式受到越来越多的质疑与批判。艾斯勒在《圣杯与剑》中强调用“女性价值”的导向来建立一种新型的人类关系：由亲缘为基础决定的“伙伴关系”来取代长期以来以男性价值为导向的、以暴力为基础的“等级制关系”③。卡罗尔·吉利根也曾这样描述，“女人是在与他人的亲密关系中唤起自己的认同”，“她们对他人的需要十分敏感，承担着关怀的责任”，“在妇女的心理发展过程中，充满了对他人的关怀与关切”④。在当代世界，通过从事国际交流的策略与方法，信守承诺的相互尊重，平等和谐的温暖氛围，取得的国际舆论与事实效果等，女性的生活方式逐步受到崇尚与重视。

女性生活方式作为女性文化的一种样式，就是以女性生命经验和文化体验为切入点，改变男权文化的单极与偏斜，为生命探索一种更理想的境界，为人类寻找一种形而上的人性完善图景。对男权文化的“绝对理性”，以及其征服、

① 董美珍：《女性主义科学观探究》，社会科学文献出版社 2010 年版。

② 中共中央马克思恩格斯列宁斯大林著作编译局：《马克思恩格斯全集》第 4 卷，人民出版社 1972 年版，第 24 页。

③ 理安·艾斯勒：《圣杯与剑——男女之间的战争》，社会科学文献出版社 1995 年版。

④ 卡罗尔·吉利根：《不同的声音》，中央编译出版社 1999 年版。

统治与等级的本质而言，可以说是一种深刻修正与革命。因为，女性强调与交往对象的伙伴关系，通过平等的对话、诉说与倾听达成共识，以分享代替统治，以互利取代依附。既重情感又重物质，两者相互补充与融合，构成女性生活活动的主体与客体关系。

其二，揭示女性在发展解放方面遇到的社会性别问题。中国传统文化里“男尊女卑”“男主女从”“男外女内”等性别观念，经历等级严格的结构化与制度化的主流文化数千年传承与内化，直到现在还深深影响着人们对两性关系的认同，对建构女性生活方式产生着重要影响。第三期北京与全国妇女社会地位调查报告数据显示，在被调查者中，87.2% 的北京人认同“女人的能力不比男人差”，91.5% 的北京人同意“男人也应该主动承担家务劳动”，93.7% 的北京人赞同“男女平等不会自然而然实现，需要积极推动”，但是，只有 53.8% 的北京人认为目前我国男女两性的社会地位差不多。全国女大学生状况调查发现，高校女生学习成绩优良的比例为 62.4%，87.5% 的女生希望在事业上有所作为，83.8% 的女生愿意为了成就一番事业付出艰辛的努力。但是，调查在有求职经历的女大学生中，24.7% 的人遭遇过不平等对待。北京女性高层人才状况调查显示，女性高层人才具有大学本科及以上学历的占 81.4%，比男性高 7.1 个百分点。95.9% 的女性高层人才“能够主动进行知识、技能更新”；93.7% 的女性高层人才“能够经常与同事、同行交流对工作、专业的想法”；79.1% 的女性高层人才“对自己的发展有明确规划”。但是，最近 3 年女性高层人才所在单位中，20.6% 的单位存在“只招男性或同等条件下优先录用男性”的情况；30.8% 的单位存在“同等条件下男性晋升比女性快”的情况；47.0% 的单位存在“在技术要求高、有发展前途的岗位上男性比女性多”的情况。

因此，女性在发展解放方面遭遇到的人生精神理想与现实生存困境的矛盾体现在：一方面是提高两性的性别平等和谐观念，男女互相塑造，才会共同全面发展。这是两性应该深刻反思的问题。在某种层面上，性别关怀与批判同等重要。另一方面是考察修订含有对女性显性或隐性的性别歧视的现行法规制度，对女性生存发展的现实问题与困惑给予政策支持，对多元媒体“围剿”女性突破传统，建立自我生存方式的行为给予文化关怀，是刻不容缓的。如“剩女”与“独身”、“闪婚”与“离婚”、家务劳动的焦虑、职场上无形的“玻璃顶”限制，等等，对女性生活方式建构与女性发展解放，会形成新的障碍。

回眸北京女性文化教育 30 年历程

一、北京女性教育的新世纪风景

中国这个历经沧桑的东方文明古国，经历近 30 年改革开放的洗礼，政治、经济、民生和社会结构发生了巨大变化。与国家民族命运紧密相连的中国女性的生存命运也发生了空前的改变。全社会关心女性事业、贯彻男女平等的基本国策得到了长足发展。同样，北京市的女性文化教育事业，在 1978—2008 年的 30 年间，取得了辉煌成就，创造了丰富的经验，实现了跨越式的迈进。

正像顾秀莲大姐在中国妇女第十次全国代表大会上讲的，我们“亲历了国家经济社会发展的日新月异，亲历了党中央对妇女事业的高度重视，亲历了妇女运动的繁荣发展”。

亲历 30 年，我们欣喜地看到，由北京市妇联各区县的妇女干部及政企界的女性精英，北京各高等院校女性（妇女）研究中心的教师及人文社科研究机构的专家学者，以及行走在文化前沿的作家与评论家组成的女性教育队伍规模逐渐庞大。她们以生命温暖生命，以心灵感化心灵，在相互鼓励与搀扶中教学相长，取得了丰硕成果。她们为提高女性整体素质，促进男女性别平等，创建两性和谐文化，作出了前所未有的贡献。

目前，在北京市妇联领导、组织和协调下，成立了各种女性发展的行业协会，北京市妇联的妇女理论研究会不仅在各区县成立了分会，而且与北京市属与部属的重点高等院校，如北京大学、中国人民大学、中央民族大学、北京师范大学、首都师范大学、北京外国语大学等，共同建立了七个“女性 / 性别文化研究基地”，陆续举办女性理论学习班与实践经验研讨会。从更广阔的文化领域探讨女性的历史境遇、现实生存与未来发展前景。全方位检审文化如何构造女性，如何构造男人与女人文化心理与人格的复杂性。虽然女性教育因专业差异具体内容与方法有所不同，但是，厘清传统文化里落后的性别意识，消除性别歧视，弘扬“自尊、自信、自立、自强”的女性精神，推进男女性别平等，已成为这个跨领域的女性教育体的核心与宗旨，成为女性文化教育向学科化和社会化方向蓬勃发展的内在动力。

20 世纪 70 年代末 80 年代初，北京女性文化教育的第一个浪潮，是由北京女作家发起而波及全国的。当时，女作家以自我的生命体验，反思“十年文革”的文化禁忌，反思女性自我文化处境，承接五四新文化运动精神，重新踏上“人——女人”的探索之路，体现了当代女性意识的觉醒。20 世纪 80 年代中期，思想解放运动的“人性大讨论”，引起的“娜拉出走何处是归程？”的文化论争，再次催生了女性意识的进一步觉醒。在此期间，北京市妇联凭借首都北京的地理、文化、资源和政策优势，不仅抓紧恢复与重建在“十年文革”中残缺的各区县妇女组织，而且针对改革开放初期出现的一系列女性生存权益问题，召集行业一线女性代表、女知识分子和著名教育家研究应对策略。教育女性如何转变观念，如何克服困难，如何解决好家庭问题，引领女性在首都现代化建设中发挥“半边天”的作用。从而女性文化教育初步形成了社会文化和政府（市妇联）同行并存的教育形态。

1985 年被称为当代文化史上的“观念年”。被多年隔绝于国门之外的西方女性主义与社会性别理论涌入中国。在诸多外来文化口号与主张因水土不服不能生根而昙花一现的情况下，因与中国女性相似的文化处境，在缺乏理论资源和研究方法的基础上，一批女性研究专家学者，开始“把西方女性主义理论运用于中国女性文化研究实践”，以“拿来主义”的方式对传统的男性中心文化的历史叙事进行解构与颠覆，试图摆脱女性数千年以来被压抑的话语沉默与精神羁绊。特别是 1995 年第四次世界妇女大会在北京的隆重召开，成为中国女性文化教育、性别意识觉醒的“高峰体验”。在大会召开前后，数以万计的女性文学、女性学、女性史、女性心理学等理论与实践的作品问世，“社会性别”被女性研究、女性文化教育课堂、报纸杂志和影视网络传媒广泛使用，性别文化教育成为“显学”。

21 世纪中国经济发展举世瞩目，科技与信息“云时代”的到来，为北京女性提供了挑战与机遇同在的发展空间，北京女性的社会地位得到很大程度的提高，生存命运得到真正的改写。她们在遭遇了一场生存“大地震”后，面临

"下岗"与"下海"的严峻考验，无论是遭遇顺境，还是逆境、困境、绝境，都具有笑谈苦难悲欢的非凡韧性。她们以全球性的文化视野，挑战传统女性角色定位，克服女性性别弱点，发挥自身的聪明才智；把性别劣势转化为优势，一次一次打破有形与无形的"玻璃顶"，创造出独特的生存发展经验。认识到自己的智慧与创造潜力，进一步催生了女性超越自我、超越性别的独立"大我"意识。女性文化教育因此也有了更鲜活的实践经验，促使北京女性文化教育与学科建设形式更加丰富多样，更重视全球性与本土性、学术性与实用性的互动与融合，更重视自我文化的独立性的灵根自植，更重视从整体文化中理性分析女性的文化位置。

如今，具有文化独立意识的北京女性知识精英，在反思性别文化教育得失，跨出"他者化"的过程中，以各自的思想与智慧，从大文化视野、跨学科角度思考如何绘制女性文化教育的地图，与世界文化进行平等对话的自信姿态，展示出中国女性精神的风采，主动参与中国现代性文化历史的进程。

二、女性意识的觉醒成为思想解放的重要尺度

（一）北京女作家发起重新审视男女平等问题

20 世纪 80 年代初，北京女作家发起的第一个女性文化教育浪潮，承接五四精神的女性意识的觉醒，反思"男女都一样"的男女平等对性别的遮蔽，批判"文化大革命"时期的性别泯灭。北京著名女作家张洁、张辛欣和谌容，是当代女性意识觉醒的开先河者。张洁的小说《爱，是不能忘记的》（1979 年），还有后来的《沉重的翅膀》，冲破爱情禁忌，挑战传统婚姻，发出渴望真爱的呐喊。女性被压抑已久的情欲与性欲望，尽管还拖着沉重的翅膀，但已作为一种愿景、一面旗帜第一次张扬出来；当时正在中国戏剧学院读书的青年女作家张辛欣，发表了小说《在同一地平线上》（1981 年），直指知识女性遭遇事业发展机会不平等的社会现实；历经坎坷回到北京的女作家谌容发表了小说《人到中年》（1980 年），那个就像"一滴水那样普通"的女主人公陆文婷（实际上就是作者自己），亦柔亦刚，以女性的坚韧，直击女性爱情、事业与婚姻家庭的三重困惑。著名女诗人舒婷的名作《致橡树》（1979 年）发表在北京的《诗刊》上，在北京诸多大学校园里、在女大学生与青年知识女性的朗诵会和读书会上

传诵，当时对一代人审视爱情的位置产生了极大影响。“我如果爱你——/ 绝不像攀援的凌霄花 / 借你的高枝炫耀自己 /……/ 我必须是你近旁的一株木棉 / 作为树的形象和你站在一起 / 根，紧握在地下 / 叶，相融在云里……”“木棉”与“橡树”并肩而立，表达了诗人对两性平等关系与平等爱情的内心向往。女作家以鲜明的女性立场与亲历的生活经验叙事，揭示出“在同一地平线上”的生存现实真相，反映了知识女性爱情观与人格价值观的觉醒。这不仅震撼了正在接受高等教育的新一代知识女性，更在全社会引起巨大轰动。这种社会文化对女性教育，特别是对女大学生，也包括对男大学生教育的影响是空前的。这实际上是一场精英知识女性的自我教育运动，而 30 年来的女性“自我教育运动”在不断延伸，由精英知识女性到更多的知识女性，再到不同阶层的大众女性，各阶层女性主体意识逐步觉醒。

（二）北京市各级妇联的组织重建与教育实践

就在同一时期，全国妇联号召省市各级妇女妇联重建与完善被“文化大革命”摧垮的妇女组织机构，呼吁建立中国女性教育的女性学科。北京市妇联不仅恢复和健全了各级妇联组织，在全市组建起一支热爱妇女工作、有一定工作能力和文化水平、朝气蓬勃的妇女干部队伍，并带领这支队伍关注“优化组合妇女下岗”、女性回家、家庭危机等一系列妇女问题。在女性（妇女）教育的策略上有了全方位的设计和实施，“一方面积极维护妇女的合法权益，教育妇女正确处理恋爱婚姻家庭问题；一方面大大提高妇女素质，努力创造有利于妇女成才的社会环境”。北京市妇联主席李钢钟在 1983 年的北京市第七次妇女大会的讲话上就提出了女性教育的重要性，并且表扬了首都北京在教育、科技文化方面的优秀女性。指出“她们以拼搏精神克服各种困难，为提高中华民族的科学文化水平呕心沥血，作出了重大贡献”。

到了 80 年代后期，中国经济体制改革起步，社会主义市场经济启动。却引起“80 年代中国妇女今不如昔”“妇女解放何去何从”“女人的出路在哪里”等热门话题的大讨论。女性从自我生存现实，更感觉到女性解放的距离之遥远，而看不到理想的未来前景。由反思“男女都一样”的女性解放转入男女差异性平等的倡导，由女性意识转化为社会性别意识的再认识，女性对自我生存三大困惑开启了全方位的文化探究。

其一是事业与家庭双重角色的矛盾困惑，当代女性如何处理事业与家庭的矛盾冲突，如何面对下岗失业的“生存大地震”。其二是婚姻爱情方面的矛盾困惑。由于商品经济文化和几千年传统观念的影响，当代女性的婚姻爱情呈现出复杂化的形态。情与性的分裂，家庭的破裂，感情危机等，仿佛把生来就为了寻找理想婚姻爱情的当代女性拖入了“涅槃之城”。其三是来自女性内心的根本困惑。在某种意义上，自我才是自我的最大敌人。因而如何战胜自我，仍是制约女性解放的一个根本问题。

面对生存与发展的新问题、新挑战与新机遇，北京市妇联开展了各系统女性解放思想、更新观念、提高素质、把握机遇、施展才华，为建设改革开放的新北京做贡献的教育活动。北京广大妇女的精神面貌焕然一新。她们克服重重困难，刻苦学习，提高思想素质，掌握经营就业技术；她们依靠自己的能力，劳动致富；她们敢于毛遂自荐，承包企业使其扭亏为盈；她们自强自立，在苦难历练中成长成熟。特别是她们对市场经济的逐步了解，对当代政治经济体制相关联的价值、效益、竞争和信息等观念都有了自己的认识与理解，新的妇女观、婚姻观和家庭观正在初步形成。各个系统涌现出一批批卓越的女性精英。

正是在这样的社会文化大背景下，北京市各级各类行业女性协会和女性研究机构如雨后春笋般出现。北京市家庭教育研究会，是全国第一个以家庭教育研究为宗旨的群众性学术团体，即提高家长对子女教育水平、交流家长的教子经验，使家庭教育与学校教育、社会教育更好地结合；北京市婚姻家庭研究会，由从事婚姻家庭研究的专家学者、理论工作者和新闻媒体工作者组成，研究会成立以后，多次与北京电视台、中外妇女杂志社、《北京晚报》等单位联合举办家庭问题讲座、研讨会、座谈会、演讲会、培训班等，并且编写出版《北京市婚姻家庭的演变》《家庭伦理三字经》《婚姻家庭心理漫谈》《北京市婚姻问题探讨》等作品。

北京妇女问题理论研究会还创办会刊《妇女理论研究动态》，并连续举办“理想、事业、家庭”论坛，以及面向不同阶层女性的培训班，分别从社会学、历史学、法学、伦理学、心理学、教育学、美学等不同学科，就妇女运动历史、改革开放与妇女两个文明建设与妇女问题进行研究探讨；北京大学和中华女子学院（原名中华全国妇联管理干部学院）成为北京市乃至国内最早把女性文化教育纳入女性学课程的高校。北京大学开设国外女性研究的专题讲座，中华女子学院首先设立妇女运动专业；同一时期，首都女新闻工作者协会、北京市女建筑师学会、北京市女企业家协会、北京市三胞妇女联谊会等民间女性社会团体纷纷成立，举办丰富多彩的女性文化活动，真可谓凤飞燕舞，展示了女性的文化自觉和参与现实的才能。

（三）北京市女性文化教育的成就与特点

在这一时期，女性文化教育取得了改革开放以来的重大成就。首先是女性的社会、政治、经济与家庭地位有了很大提高。女性在事业上取得的优异成绩得到社会各方面的重视和认可。第一，表现在女性参政方面，北京市出席中国共产党第十三届全国代表大会的女性代表有 14 名，占北京代表团总人数的 23%。北京市第九届人民代表大会有女性代表 217 名，占代表总数的 24.7%。并且两位年富力强的优秀女性当选为北京市副市长，揭开了首都妇女参政历史上新的篇章。北京市第七届政协委员女性委员有 177 名，占总人数的 25.8%。第二，表现在女性素质的提高方面，据不完全统计，北京市有 9 万名女性取得了大专学历。还有许多女性自学成才。有的写出了具有一定影响力的论文，有的成了改革创新的能手，在行业技术评比中名列前茅。第三，表现在妇联干部队伍的素质方面，北京市 19 个区县的妇联专职干部，50 岁以下的有 211 人，其中大专以上文化水平的 124 人，占总人数的 59%；高中、中专文化水平的有 124 人，占总人数的 36%。北京市妇联现有机关干部 66 人，其中大专以上文化水平的有 54 人，占总人数的 82%。市区县的妇联专职干部中，有律师职称的 13 人。还有不少干部学习了社会学、心理学和教育学等专业知识，业务水平有了较大提高。第四，表现在家庭地位上，城市工作的夫妻双方，在事业方面能够相互理解和支持，在生活上能够互相体贴和帮助，并且共同分担家务。有的家庭丈夫甚至扔掉“铁饭碗”，甘愿为妻子当助手。

这里要特别强调一下 1990 年 6 月 13 日至 15 日，北京妇女问题理论研究会、北京市妇联、《妇女研究》杂志联合举办了北京妇女理论研究信息交流会。参加这次会议的有来自 16 个省市的社会科学、高等教育、新闻出版、妇联等系统的妇女理论研究学者 150 人。对新时期出现的妇女问题，进行了探讨，对妇女理论进行综合研究与分析，已经在学术界、教育界、妇女界形成热潮，成立了一批妇女理论研究与教学组织，开展了大量的学术活动，涌现出可喜的成果。在学科建设上，如妇女心理学、女性伦理学、妇女史学、女性社会学、女性文学、女性人类学、女性美学、女性人才学等方面都有了一定的建树。对现实妇女问题的调查研究方面，如妇女就业、妇女参政、妇女教育、女性犯罪、妇女立法、妇女社会保障、婚姻家庭等方面都有了长足的发展，这次会议促进妇女理论研究队伍的系列化，形成了妇女理论研究的整体意识。对女性文化教育学科化在北京高等院校、人文科研机构和全国各大城市的横向联合有着重要的历史意义。

女性主体意识、性别意识的觉醒，推动了各种有领导、有规划的专业性女性团体机构的建立。1991 年 3 月，成立了北京市总工会女职工委员会；1994 年 3 月成立了首都女教授联谊会；1995 年 2 月成立了北京市女检察官协会；1995 年 2 月成立了北京市女美术家协会。女性研究组织和女性行业协会的相继问世，充分证明了女性文化教育发展到 90 年代，不仅女性理论研究已经转化为以女性为主体，注重理论与实践经验相结合，向着跨学科、跨系统的综合性方向发展，而且为女性文化教育开拓出了更广阔的领域。因为北京市的妇女理论研究和行业团体机构，从上到下都是由北京市妇联统一领导，这就为女性文化教育与研究影响力、进入决策主流打下了良好基础。

北京市当代女性性别意识的觉醒，是几代思想者对两性性别身份、文化处境的理性洞察，是女性对自己生存现实状况的心灵感知，以及与中国经济现代化“天然相遇”后，经历经济体制改革与转型后的自我主体价值的发现。改革开放之初，由女作家发起的女性性别文化自我教育，传播到更广大的知识女性教育，一直到大众女性教育，像滔滔汩汩的女性文化潜流，在人们的意识里改变着自我的文化观念。应当说，这是思想解放在女性事业这一层面的生动体现。

三、男女平等国策的文化诉求与实践经验

（一）20 世纪 90 年代中期女性文化教育的第二次浪潮

党中央和国家领导一直高度重视女性的生存发展和男女平等问题，这是中国女性解放在世界范围内的最大优势。1990 年，江泽民同志提出“全党全社会都要树立马克思主义妇女观”。1995 年，联合国第四次世界妇女大会在

北京召开，开幕式上，江泽民同志代表我国政府庄严承诺：“我们十分重视妇女的发展与进步，把男女平等作为促进我国社会发展的一项基本国策。”2003年，胡锦涛总书记在与中国妇女第九次代表大会的部分代表座谈时再一次强调：“各级党和政府一定要充分认识妇女的作用和妇女工作的重大意义，坚决贯彻男女平等国策。”这就为推动男女平等提供了其他国家无可比拟的坚实保障。

1995年，在北京成功举行联合国第四次世界妇女大会后，中国政府为实现《北京宣言》和《北京行动纲领》，先后制定了1995—2000年、2001—2010年《中国妇女发展纲要》，在“把男女平等作为促进我国社会发展的一项基本国策”的方针主领下，策略性地将教育列为妇女发展须重点突破的领域之一，力图通过教育来实现女性的自我解放、社会的和谐建构。教育对于面临着根深蒂固的传统文化困惑的中国女性来说，或许是一条最为现实的解放之路。国家将女性教育纳入国家的教育发展规划，并指出：“在课程、教育内容和教育方法改革中，把社会性别意识纳入教师培训课程，在高等教育相关专业中，开设妇女学、马克思主义妇女观、社会性别与发展等课程，增强教育者和受教育者的社会性别意识。”因此，在高等院校开展社会性别教育，增强教育者和受教育者的社会性别意识，增强知识女性的主体意识和自强精神，已成为高等教育适应时代发展潮流的必然选择。

（二）一次前所未有的“高峰体验”与集体狂欢

1995年9月4日至15日，联合国第四次世界妇女大会在北京隆重召开。中国女性在亿万世人瞩目之下感受了一次空前绝后的集体狂欢。中国女性写作不仅经历了一次前所未有的“高潮体验”，也为中国女性文化教育与研究的勃兴带来了难得的契机。这次大会的主题是：以行动谋求平等、发展与和平，次主题是：健康、教育、就业，大会制订了加速执行《内罗毕战略》、提高妇女地位的《北京宣言》和《行动纲领》的计划。大会的辅助性会议非政府组织论坛（NGO论坛）于1995年8月30日至9月8日在北京怀柔召开。参加论坛的有来自全世界在联合国具有咨商地位的组织和个人共3万多人。在怀柔举办的论坛共有100多个会场，5000多场研讨会，其中由中国女性NGO组织主办的研讨会有47个，内容涉及妇女与人权、妇女与教育、妇女与文化、妇女与科技、妇女与就业、妇女与环境、妇女与人口、家庭暴力等多个领域。

在怀柔举行的NGO论坛“妇女与教育”系列专题研讨会（由中国非政府教育论坛工作组主办）共有“女童教育与发展”“二十一世纪妇女教育面临的挑战”“女教授与女大学生”“农村妇女成人教育”“妇女与高等教育”“城市妇女与成人教育”等六个专题。此次系列论坛涉及女性教育的各个部分、各个层面，每个专题论坛既有不同的分工和侧重，办出了各自的特色，又显示出中国妇女教育的整体效果。参加论坛的代表有1200余人次，其中中国代表400余人次，中方做专题发言的共30余人。同时，NGO论坛还举行了“女教授与女大学生”专题研讨会（首都女教授联谊会主办）和“妇女与高等教育”专题研讨会，从不同角度，用深入的分析，具体的数字，展示了改革开放后中国知识女性为社会进步所做的贡献，以及向世界展示了我国和北京市女性文化教育的亮丽风景。

人们看到“95世妇会”后的北京，各种妇女国际研讨会不断举行，女作家作品研讨会接连召开，女性（文化）研究学术专著、女作家文集竞相出版，女性文化与生活的大众读物成批涌现，快速全方位地把“社会性别平等”理念引入了女性写作、教育与研究的各个领域。

这似乎预示着一个女性文化写作、教育与研究的新时代的到来。

（三）多元教育形式与理论成果异彩纷呈

在“95世妇会”召开之前，北京市的几所重点大学就成立了女性（妇女）理论研究中心或研究会，为北京市的女性文化教育在大学校园里的全面开展建立了平台，更为女性（文化学）学科的建设凝聚了丰富的人才与理论资源。1990年，北京大学最早成立了中外妇女问题研究中心，陆续开展女性理论与实践问题研究，包括女性学基本理论、性别社会学、妇女与经济发展、妇女法学、女性教育、女性心理、女性人口、妇女健康、妇女与环境、中外女性文学、中国妇女史、女性现实问题的调查与研究等。出版了《女性学概论》及译著《危险的愉悦》《妇女心理学》及相关论文数十篇，1993年，中国人民大学成立了女性研究中心，主要研究女性角色发展与角色冲突；妇女在社区发展中的作用及女性教育，出版了《中国女性角色发展及冲突》《一个贫困村的变迁——妇女在农村发展中的作用》《性别平等论》等。1993年，中央民族大学成立了中国少数民族妇女研究中心，关注中国少数民族妇女现实问题，从多学科、多角度开展中国少数民族女性理论研究。出版了《中国少数民族妇女问题研究》《妇女与发展》《第二届妇女发展国际研讨会论文集》等；1994 年，中国农业大学成立了农村妇女研究所，主要研究方向是妇女与环境、农业科技信息与农村妇女发展、农业信息技术与农村妇女发展、“农村妇女参与村乡社区发展的作用与存在的问题研究”“农村妇女对农业科技信息需求的调研与分析”“北京郊区外来务农妇女的现状、问题及对策的研究”等。2004 年，中国传媒大学成立了媒介与女性研究中心，出版了《中国媒介与女性研究报告（2005—2006）》，2006 年 11 月，北京外国语学院成立了社会性别与全球问题研究中心，出版了《女性主义国际关系学》。

首都师范大学是北京市属的唯一一所师范院校，在女性文化教育与研究方面作出了独特的贡献。1993 年，首都师范大学成立了妇女理论研究会，2000 年成立了中国女性文化研究中心，2002 年，整合成立首都师范大学妇女问题研究中心，致力于应用性研究，主要有妇女工作、婚姻家庭、女性健康、女性学及相关学科研究，以及中国女性文化教育与传播。首都师范大学出版了《新时期女性文学的回巡与思考》《女性实用讲演与口才》《性伦理学新论》《女性学》《中国女性在演说》《中国女性在对话》《中国女性在行动》《中国女性在追梦》，发表在各类刊物上的论文有 60 多篇，完成和在研的重大项目约 10 项，吴宗惠的国家课题《中国女性文学发展史》，梁景和的国家社会科学基金项目《现代中国陋俗文化嬗变研究（1919—1949）》和北京市教育委员会人文社会科学研究项目《新中国初期婚姻家庭文化嬗变研究（1949—1966）》，王红旗、李琳承担了教育部人文社会科学研究规划项目《性别的颜色——当代女性文学形象研究（国内与海外 1985—2005 年）》，李琳、王红旗承担的市教委课题《1980—2005 中国女性写作及女性主义本土化互动中相关问题研究》，吴来苏承担的市教委课题项目《中华美德与大学生人格教育》等。“中心”在各级领导的支持和关心下，创办了国内第一本女性文化与文学研究辑刊《中国女性文化》，多年来对中国女性的生存与发展现状和文化处境有着比较前沿的关注与研究。“中心”与人民网联手举办“温暖阳光传播活动”，与北京大学、清华大学、中国人民大学、北京师范大学、北京外国语大学、中华女子学院等多所大学的本科生、硕士生、博士生开展“来自大学校园的文化与人生理想 / 婚恋观大讨论”，在大学生中引起强烈反响。

（四）最新成就与达到的目标指数

现在，北京近百所高等院校都成立了女性（妇女）理论研究与实践调查的组织机构，面向本科生、研究生、社会精英女性和大众女性，开设了 20 多门女性（文化）学的专业课、必修课、公选课与性别文化讲座。由政府为主导，高校教育为龙头，民间女性文化团体协作，全方位的女性文化教育格局，在北京市委市、市政府的领导与支持下，在北京市妇联的具体指导下，为推进男女平等基本国策的实施，取得了实质性的进展。北京市政府结合本地区实际情况制定实施了《北京妇女发展规划》和《北京儿童发展规划》，促进了妇女教育事业与经济社会的协调发展。2003 年北京市统计监测资料显示，《妇女纲要》可量化的 34 项指标中，北京市已有 31 项提前达到《妇女纲要》2010 年的目标要求，达标率为 91.2%，尤其是 10 年来妇女受教育水平不断提高，8 项量化指标全部达到《妇女纲要》2010 年的目标要求，特别是“高等教育女性毛入学率”远远高于《妇女纲要》的目标，2004 年达到 48% 的高水平。

中等专业在校生中女生 6.3 万人，占 53.5%；普通高校女大学生达到 21.7 万人，占在校学生总数的 43.5%，女研究生达到 2.1 万人，占在读研究生的 32.9%，其中攻读博士学位的女生达 4830 人。北京女性接受高等教育比例创造多项历史纪录。各类学校不仅开设女性（文化）学的教学课程，更关注男女平等意识的教材建设。北京市各高校女性（妇女）研究中心和性别研究机构，经常在北京市妇联的组织下，探讨有关妇女教育问题和女性文化教育教材中是否有性别平等的思想。北京各高校有社会性别意识的教师，积极创建形式多样的男女平等课堂，将性别平等教育纳入各类课程的设置当中，全面培养女大学生的学习动机、态度和能力，增强女大学生的“四自”（自尊、自信、自立、自强）意识，使男女大学生在比较中接受性别平等教育。进一步培植男女平等的受教育环境。实践证明，女性享有良好的受教育的机会，是全面建设小康社会的一项目标，也是女性进一步解放与发展的必要条件。提高女性的教育水平，关系到经济生产率的发展，关系到女性就业率和参政率。女性文化教育在实现人类社会可持续发展中起着很重要的作用，男女两性的文化素质，性别观念的共同提高，是建立和谐社会的根本基础。

除了普通高校，我们还不能不注意到成人教育和乡村教育对提高女性文化素质的巨大作用。改革开放 30 年来，成人教育迅速发展。目前，全市成人教育中接受高等教育的人数为 26.1 万人，其中女生人数为 12 万人，所占比例为 46.0%，略高于普通高校的女生在校生比例。成人中等专业学校在校生为 5.9 万人，其中女生为 3.2 万人，占 54.2%，成人中专 2000 年招收女生占比 56%。各类职业技术学校开展了多种形式的适合女性特点的继续教育、职业教育和转岗培训，提高了妇女的科学文化水平和职业技能水平。

再看城郊农村，目前在京郊妇女已有 150 多万人接受了专业技术和实用技术培训，其中近 6 万名农村妇女获得绿色证书，3.4 万名农村妇女取得专业技术职称，90% 以上的农村妇女掌握了 1 至 2 门农业实用技术。在“九五”时期各级政府就已经拨专款共扶持建立以妇女为主体的生产基地 2522 个，郊区农村妇女的经济收入大幅度增加，年收入万元以上的妇女有 20 万人，年收入在 10 万元以上的妇女有近 8000 人，拥有百万元以上资产的“女状元”“女能人”屡见不鲜，每年都有新的资产大户脱颖而出。至今有的女性实业家经济积累达上亿元，她们事业辉煌，家庭幸福，子女成才，是广大女性的骄傲与楷模。

全市女性接受各个层次的教育机会明显增多，女性整体素质的明显提高，使北京市女性文化教育位居国内领先水平，接近 20 世纪 90 年代末期发达国家的平均水平。教育出人才，出成果，也使一批有知识、有才干的女性走上领导岗位，同男性一起担当改革开放的重任。据北京市妇联的人才数据显示，截至 2007 年底，我市共有局级干部 2096 名，其中女干部 426 名，占 20.3%；共有局级后备干部 618 名，其中女干部 122 名，占 19.7%。

2000 年、2004 年、2007 年北京市局级和局级后备女干部所占比例情况见下表：

时　　间	局级女干部比例（%）	局级后备女干部比例（%）
2000 年底	15.7	25.7
2004 年底	20	20
2007 年底	20.3	19.7

再来分析一下局级女性领导人才学历分布及与男性的对比。426 名局级女干部中，中专 1 人，占 0.2%；大专 49 人，占 11.5%；大学 207 人，占 48.6%；

研究生以上169人，占39.7%，其中硕士47人，占11%，博士22人，占5.2%。局级女干部和男干部学历分布情况见下表：

学　　历	局级女干部		局级男干部	
	人数	所占比例（%）	人数	所占比例（%）
高中、中专	1	0.2	8	0.5
大专	49	11.5	277	16.6
大学	207	48.6	782	46.8
研究生	169	39.7	603	36.1
硕士	47	11	214	12.8
博士	22	5.2	119	7.1

大专以下学历局级女干部占全部局级女干部的11.7%，男干部同比为17.1%，比例高于女干部；大学、研究生学历比例男干部低于女干部。

男女平等的基本国策是全面推进中国特色社会主义现代化的必然要求，也是我国对国际女性解放运动的重大贡献。北京市改革开放30年来，男女平等的思想与理念一直指导着女性文化教育事业的不断发展。由于有此文化诉求与实践，北京女性的整体受教育程度大幅度提高，也促进了女性的文化自觉和积极参与建设和谐社会的热忱，对我国经济与文化的双重文明有着杰出的贡献。

四、在再反思与再学习中持续探索发展之路

北京市女性文化教育的30年历程，使广大女性成为改革开放新时代的受惠者与建设者。30年在历史长河中不过是弹指一挥间，但是这一段时间，为女性的全面发展和未来前景积累了弥足珍贵的经验财富。从反思中我们更深切体悟到：

（一）加强“四位一体”相结合教育方法与制度保障

30年来，北京市始终把文化教育放在优先发展的战略地位，认真贯彻落实教育改革的各项法规，全面加强基础教育，大力发展职业教育和成人教育，稳步发展高等教育，促使女性教育的各项指标圆满完成，女性整体受教育程度居全国首位。但是在性别平等文化教育方面仍需要加大力度，特别要强化广大

男性男女平等观念的素质教育，才能建立两性平等和谐的社会关系、爱情关系、家庭关系，这既是女性发挥创造才能的最佳环境，也是构建和谐社会的基础。特别是在高等院校，应该针对当代大学生的性别认知现状，通过普及性别文化知识，反思历史和现实中的性别歧视现象，回应大学生的性别困惑和人生选择问题，在高校大学生中建构两性平等、尊重性别差异的文化观念，引导大学生树立自尊、自信、自立、自强的人生观，是女性文化教育的重要任务。

（二）在母体文化的基础上建立中国女性文化理论

为了北京乃至全国的女性更深层的精神解放，西方女性主义的理论和经验值得借鉴，但是，必须建构中国自己的女性文化理论体系，才能解决中国女性的问题。北京市充分利用自身高等教育的优势和教育与研究的互动，许多专家学者在自觉或非自觉的本土化过程中，对中国女性解放的历史经验重新审视，对中国男女平等、女性性别身份有再认识，对中国女性生存与发展有新思考，一大批为女性立言的著作问世，成为广大女性自身发展的精神支持与动力，也在全国开风气之先河。但是，又可以看出“在充盈而杂乱、深厚而沉重的中国妇女理论遗产和西方女性主义面前，我们的研究缺乏超越与原动力。我们的女性学理论往往变成了他人理论概念的‘元件组装’”（魏国英教授语）。要真正建立现代中国女性文化理论体系，对人类共同关注的性别文化问题发出自己的声音，并影响全球女性解放的进程，就必须跨出“他者化”，超越“自我”与“他者”，吸收本土与异质女性文化的精髓，而建立于中国女性文化母体之上，才具有更广阔的空间，更科学的境界和更长远的意义。

（三）针对女性生存与发展的现实问题与精神诉求

回首 30 年，女性卓著的成就令人鼓舞，女性对爱情婚姻、生活方式、就业领域、事业发展，以及人生理想已经可以多元选择，女性的智慧与才能也普遍能够被承认。但是，在北京地区的现实生活中，男女平等与法律规定的男女平等还有一定距离，妇女的发展和权益的保护仍然面临一些困难。比如，男女平等基本国策在公共政策的制定和执行过程中尚未得到完全贯彻，同一些国家相比，北京市女性参政的水平还有待提高；女性遭受家庭暴力等恶性案件时有发生；女性的观念和行为在女性就业等方面依然存在。这些问题的产生和存在，既有几千年封建社会遗留下来的重男轻女传统观念的影响，也与处于并将长期处于社会主义初级阶段的基本国情有着密切的关系。所以，为女性平等享有权益提供最充分的物质保障的任务还十分艰巨，女性在占有资源和拥有技术方面的相对弱势状况不可能在短期内发生根本改变。由于市场经济追求效率和利益的最大化，客观上将会使社会公平问题日益突出，推进男女平等依然任重道远。对此，必须有清醒的认识。

结语：两性平等　和谐发展

30年来北京女性文化教育的实践证明，以人为本、男女平等和两性和谐，是科学发展观的核心。今天，当我们分享改革开放30年精神与物质文明的伟大成果时，能够真正感受到男女两性共同创造的智慧和力量。我们也清楚地看到，女性的价值与社会地位，是通过自己对社会的价值来获得的。当女性的创造与劳动真正融入中国社会现代化进程的大潮，其身姿不仅没有被遮蔽，而更显示出其卓越风采，当女性的话语与时代语境的声息相通相融时，才能凸显出其无法忽视与无可替代的价值魅力。女性的聪明才智是推动社会进步的力量源泉。

虽然，广大女性正在以其丰厚的实绩，抛掉几千年前农耕时代铸就的“第二性”角色。但是，由于社会文化里落后性别观念的影响，在女性的生存现实里，总会出现诸多不平等的状况，女性经常会处于经济文化变革中的弱势，女性的本原性内质使其文化素质和利益诉求，成为促进社会发展的重大课题。路漫漫其修远兮，北京市的女性文化教育，将继续与全国各地的姐妹一起努力，以“共建”和“共享”的统一，两性和谐发展的新姿态，学习新知识，创造新环境，真正融入全面建设小康社会的大目标中去。我们坚信在不久的将来，这一目标会成为更加鲜亮的现实图景。

中国女性领导力与家庭协调发展的现状与挑战

——首届女性领导力与家庭研究中德论坛

随着全球化语境下新媒体时代的到来，女性受教育程度的普遍提高，尤其在现代经济、高端科技方面的突出贡献，逐步改变了传统男权文化“男优女劣”“男强女弱”的陈旧观念，女性的才华与智慧在更广泛的领域被认可而得到尊重。虽然女性高层领导者仍然凤毛麟角，但是在各个领域的基层组织，涌现出数以万计的卓越女性管理者、领导者。在中国的广大新农村“两委”的女村干部，即女书记与女村主任，在管理村务方面所积累的实践经验，为建设小康型新农村、小康社会提供了丰富的、鲜活的现实参照。

我们以“京津冀”新农村为代表性试点抽样，以60名优秀女村干部为考察对象，以圆桌座谈会、个人访谈等多种方式，联合地市妇联，深入农村进行调查研究，整合总结其女性领导的经验智慧。从女村干部的选举制度、社会环境，自我参政意识、执政理念与方法，性别观与婚姻观，家庭支持、村民认同等方面，研讨女村干部领导力生成的综合因素，了解她们如何挑战传统男权观念对女性领导者的刻板印象与偏见，如何由被动到主动，一步步突破性别的“玻璃天花板”，如何协调自我、社会与家庭的角色转换。尤其是受“家国同构”传统的影响，把女性的治“小家”之道，爱与关怀的亲和力，用于新农村“大家”的集体管理与人际关系之中。通过对女村干部领导力与家庭平衡发展的多维分析，发现新农村女村干部基层政权参与的“渐变与突围”图景。在某种意义上，这代表一种女性领导力生成的东方之路。

一、基层女性参政比例指标性的实施，为女村干部施展领导力提供舞台

目前，中国已在多部法律中规定，保障基层政权中女性领导者占据一定比

例。全国妇联将推动"女性进村'两委'"作为工作重点，并要求村"两委"的女性参政比例达到10%。截至2014年，在全国范围内的村委会领导班子成员中，女性所占比例达到22.8%，"两委"村支委书记、村委会主任中，女性比例达到12.3%，基层女性参政状况有了显著提高。调查发现，北京市门头沟区作为全国妇儿工委的示范区，共有178个村。截至2015年底，村委会女委员154名，占36%，支委女委员79名，占25.65%，新农村女性基层管理者在北京市名列第一位。但是，村"两委"的女支委书记、女村主任全区共145名，约占9.5%，还差0.5%没有达到目标。

政府对新农村基层女性参政比例的目标性实施，是赋权农村女性的重要方式，是改善新农村政治生态环境的有效举措。一方面，增强新农村女性管理者的性别自信，激发为建设新农村的责任与使命感；另一方面，女性领导力柔中带刚与亲和包容的特性，在女性参政与基层政权民主制度的相互促进中，可以推动新农村民主制度建设的逐步完善。

在交谈中女村干部们一再强调，自己之所以能够当选村干部，首先是"女性进村'两委'"的女性参政政策的推力。这种国家政治赋予的基层女性参政权利，是政府倡导的"自上而下"的性别平等主流化策略，对于长期存在男权传统意识的新农村，同样具有必须执行的力度。几位女村干部在谈到自己如何当上村干部时，都谈到干部政策的女性参政机制，为女性施展才华、实现梦想、成为领导者提供了机会。村党支部书记兼妇女主任田淑芝谈道："农村女性政治参与的自主热情普遍高了，这种新现象很值得关注。"在调查过程中发现，有两位女村支委放弃在外务工的高薪，三位女村支书放弃比较赚钱的生意，都选择了回家乡参加竞选，当上了女村干部，她们把建设现代化的新农村、带领乡亲致富奔小康作为自己的人生理想。

女性参政与基层政权民主制度的相互促进，由"自上而下"的政策支持与观念导向，到基层女村干部"自下而上"、由内而外身体力行，不仅能够改变新农村女性的命运轨迹，而且女村干部的实际经验证明，为农村女性赋权、增能，使基层女性领导力，不断突破性别角色的传统定型，女村干部参与基层管理的方法更加多样化，柔性策略辅助硬性举措，情理并用的方式，都发挥着重要作用。她们尤其注重"村里的组织和民主制度建设"的理念与方法，召开"两委"班子会议、全体党员会议、村民代表会议，通过听取民意、制定工作目标和具体任务，凝聚“两委”班子的信任度。不仅从根本上解决了女性领导者“内生性动力不足”的问题，而且更有利于促进新农村政治生态向着公平公正的民主化发展。

二、寓情于理，亲和、沟通与协调的方法；刚柔相济，果敢、担当与坚韧的精神

何谓女性领导力？是否存在一种有别于男性领导力的女性领导力？在对女村干部领导力的独特性讨论中，女村干部的鲜活经验表明，女性领导力的特点，应该是寓情于理的沟通与协调方法，刚柔相济的果敢、担当与坚韧的精神。女性领导力是汲取了“女性领导风格”与“男性领导风格”的优良基因而产生的。尤其在人类“从力到智”本质之变的信息时代，由于新农村的网络、微信、QQ 等新媒体的应用，当代农民生活方式与价值观念已经发生了巨大的变化，女村干部的领导方法也因此而变得更丰富多样，这要求她们在不同情境下更需采取不同的策略。

更重要的是女村干部治理乡村的意识，常常会把乡村集体当作一个“大家”，把乡亲当作像家人一样的亲人，大事小情处处为这个“大家”的每个人的切身利益着想，善于运用耐心细致的沟通方式。她们创造出了更加“人性化”的政治生态、更丰厚的社会经济效益的双赢业绩。在女村干部领导力与家庭的研究中，其独特之处还在于，她们并不因为“大家”而舍弃“小家”，而是在工作与家庭的困境中突围，在管理“大家”与“小家”的互动中，让社会文化重新定义了“好妻子”“好妈妈”。

村党支部书记石雪廷认为，做好村干部首先要改变观念，当好村民的好管家，用诚心、热心与耐心，为这个“大家”服务。正是用这种理念，她无论遇到多大的事都“不冲动”“不莽撞”，先倾听村民们的意见，随后分析利弊，动之以情，晓之以理，她在十几年的工作中没有大冲突发生。这充分说明“亲和柔性的领导策略”，可以将矛盾化解在萌芽状态。另一种情况是，当群众切身利益受到损害时，有些村民会不惜以命相搏。村党总支书记周淑梅认为，获得村民的“认可”是至关重要的，要在坚持原则的基础之上，“用真情实意去打动、用实际行动证明自己的确是为村民办事”，问题也就迎刃而解了。尤其她在洪水暴发的大灾难面前为保家乡的当机立断，显示出非凡的智慧与领导力。

在谈到“工作与家庭生活平衡”时，女村干部解决工作与家庭矛盾方面的生活经验，正在改变农村延续多年的“好妻子”“好妈妈”的传统观念。担任村支部书记、村委会主任的杨宝玲女士，以她的实际工作成绩不仅赢得了村民的认可，也逐渐得到了丈夫的理解和支持，有领导力的母亲也成为孩子学习的榜样。村委书记周淑梅谈道，在家人的眼里，她是一个好妻子、好母亲，其原因是她的丈夫、孩子看到她给村里带来的真实变化，获得乡亲们的拥戴。每当她在工作中遇到困难，她读初中的儿子就会写日记表示，“要跟妈妈一起努力，都要进步，都要克服困难，渡过难关”。家人的相互理解、相互激励成为女村干部内在的精神动力。在讨论中女村干部们坚信，她们是可以鱼与熊掌兼得的。

因为，从家庭关系上讲，有领导力的女性，会在分享和沟通中使家庭关系更民主、更积极向上。就自己的领导工作而言，也会在处理家庭矛盾中得到更多启发。女村干部工作与家庭的平衡艺术，由冲突到和谐，是女性自身或是家庭的问题，为解决这一问题就需要新文化观念的重建和社会制度的进一步优化、落实。

总而言之，女村干部领导力与家庭的协同发展，与女性农村基层组织参与者本身、婚姻家庭和社会制度等因素之间，存在着相互作用的复杂关系，需要文化观念和制度多方面的不断革新，不断提高女性个体的素质和能力，给予她们更多的参政机会，才能改变女性领导者“交际圈子比较小，眼界比较狭窄”的劣势。更重要的是，女村干部工作与家庭的平衡艺术，由冲突到和谐，也充分证明女性走出家庭、走向社会公共领域，在经营新农村整体利益的集体协作中，可以建立起男女两性平等和谐的性别文化和新的女性自我生命价值体系，可以提升女性自身全方位的领导能力。令人鼓舞的是，女村干部以自身的工作创新经验，不断改变着基层农村的政治生态与发展环境，也不断挑战和突破着传统基层治理的逻辑，推动着农村基层政权参与，振兴乡村，带领农民向着小康前行。

拯救现世与承载历史的雌性力量

——严歌苓《妈阁是座城》与张翎《阵痛》的性别比较

2014年第1期《人民文学》杂志发表了严歌苓的最新长篇《妈阁是座城》。同时，人民文学出版社出版了《妈阁是座城》的单行本。2014年第2期《中国作家》杂志发表了张翎的最新长篇《阵痛》。同时，作家出版社出版了《阵痛》的单行本。两个大型文学月刊和文学出版社不约而同地推出女性文学作品的原因，暂且不去探究。但是，笔者在阅读中发现这两部小说惊人相似的“神性同构”。在《妈阁是座城》和《阵痛》里，女性个体生命独特经验的“记忆”，不仅在小说的叙事结构中占据着核心的位置，而且，在重构今天与过去的历史言说里，在阐释人性善与恶的纠葛、意识的愚昧与文明的冲突中，塑造的性格迥异的女性形象，其内在灵魂里共存的女性生命之爱，即母爱精神，成为一种拯救现世与承载历史的巨大力量，是值得认真研究的。

严歌苓在《妈阁是座城》里，塑造的赌场“女叠码仔”梅晓鸥，超越其以往作品中女性以弱势求生存的屈辱与顺从，在“以赌码为街道，以贪婪为楼群，以大款为能源”的澳门妈阁赌城，蜕变成操控赌场里赌徒们生死权的职业掮客。梅晓鸥能够准确发现每位赌徒潜藏在人性深处的赌性，无数赌徒在她的发掘下走向身败名裂，甚至毁灭，而她自己的财富却积累成山。她以极端个人主义的仇恨心理，以开发精英男人的赌性为报复手段，在构筑经济王国的过程中沉沦为一个比赌徒还有赌性的异化女人。

但是，从另一方面讲，梅晓鸥拯救老赌徒情人与小赌徒儿子力挽狂澜似的行为，却在其生死存亡的危难之际爆发出人性的善良与慈母之爱心。她无私包容的爱情观，把嗜赌如命、债台高筑的老赌徒史奇澜拯救出赌场，使其得到重生而回归自己的家庭。她疯狂的母爱，采取纵火焚烧公寓、放弃赌场和掮客的职业、带着儿子离开妈阁赌城、迁居加拿大的方法，将未成年儿子的赌性消灭于萌芽。严歌苓以其内在心理的惊涛裂变，宣示了真正的爱情与母爱的救世力量。

探究梅晓鸥“多面的、复杂的”人性基因，不仅可以追溯到她家族的上五代祖爷爷梅大榕，她贪婪的赌性与辨识男人赌性的一双慧眼，是梅大榕赌性血缘的遗传；而且她拯救情人与儿子的大无畏行为，与当年上五代祖奶奶梅吴娘举家搬离被赌博污染的家乡一样，她带着儿子永远离开了妈阁赌城。她在善与恶、情与理的纠缠与搏斗中，走出人性恶的黑海之域，完成了拯救“他人”与自我救赎的精神旅程。

《阵痛》的结构与《妈阁是座城》不同。《妈阁是座城》是以纵向家族历史为架构，体现女性拯救现世危机的价值。而《阵痛》的结构是横向的，是从母系家族历史中截取“抗战”“文革”“9・11”三个不同形态“乱世”的横断面，讲述上官吟春、孙小逃、宋武生三代女性成为母亲后，在战争的枪炮声中独自生育的“阵痛”，呈现出女性以匍匐隐忍的姿态孕育生命，承载着灾难历史而前行的意义。当然其中深含一种社会文化之隐喻。

尤其是第一代母亲上官吟春，她不仅要担起为整个陶氏家族传宗接代的责任，要隐瞒被日军强奸而怀孕的事实，还要忍耐她丈夫“大先生”的所有无理要求，而且还要背负她在百死不成之后，把肚子里的孽种生到这个世界上的耻辱。这位被“五座大山”压顶、被国恨家仇撕扯得四分五裂的女人可以选择死，但是，她似乎把整个“乱世”都背在自己的身上，匍匐向尘埃里融进大地，承受常人难以想象的、不可忍受的耻辱而卑贱地活了下来。

她在山洞里自己“用石头砍断了脐带”，才生下女儿孙小逃。这样的“阵痛”仍然在第二代、第三代母亲身上重演。孙小逃在“文革”中生下女儿宋武生，宋武生在美国“9・11”的爆炸声里把女儿杜路得生在了路上。从中国到海外，无论社会多么动乱，生活多么艰辛，三代母亲匍匐着的疲惫的身体永远是子女最温暖的床。张翎将一代代母亲以生命之爱承载人类家国灾难的历史，形象化为一种隐喻，揭示出人类现代性文明的战争拓殖、掠夺霸权的“顽疾”。

《妈阁是座城》与《阵痛》这两部小说，以女性亲历的生命疼痛感知与深度价值体验故事，昭示出人类社会文明发展进程中的“世界性困惑”。无论是社会现世的拜金赌性所导致的种种人性危机，还是历史上人为制造的重重战争灾难“乱世”，虽然女性是个体受害者，但是女性更是苦难与灾难的承载者与拯救者，是人类文明薪火的传递者，是她们的爱升起了灾难废墟上的希望。

《妈阁是座城》里，祖爷爷梅大榕嗜赌如命，毁灭了自己和家庭，是祖奶奶梅吴娘，为了斩断梅氏家族赌性的根，亲手掐死自己刚生下的男婴，举家搬离被赌博污染的家乡，才使家业得以延续与发展。正如严歌苓所言："梅家人——其实就是梅家女人，因为梅家上溯五代的男人都不作数。"事实上，从梅吴娘到梅晓鸥，是两个女性的独立、坚韧与智慧改变着这个家族的命运。在《阵痛》里，三代母亲的男人，中国男人"大先生"死在抗日战场上，越南男人黄文灿为回国参战最终客死异乡，美国男人杜克死在"9·11"惨案的废墟之中。虽然三代母亲历尽"乱世"苦难，仍然独自哺育孩子成长，维持家族使其延续。

其根本原因在于女性的母性特质，也就是以母亲生命之爱为核心的关爱伦理精神。而且，重建人类世界人与自我、人与人、人与自然、男人与女人的伦理秩序，"赌场""乱世"才能逐步转变而成为人类诗意栖息的家园。这其中蕴含着两位女作家灵魂深处新的女性观、历史观、道德观与使命感。

如果说赌性是一种人性恶的膨胀，"妈阁"可以说是一座人类社会赌场的隐喻。追溯"东方男人身上都有赌性"的遗传基因，从一百多年前，在美国旧金山依靠淘金、卖苦力谋生的梅大榕，在回国返乡的船上一次又一次把准备成亲的血汗钱输得精光，一次又一次地断指饮血、盟誓戒赌却欲罢不能，最终把钱赌光而投海自尽。再到当代的"高级"赌徒，北京的房地产业大鳄段凯文、木雕艺术家史奇澜、国家某部委科技人员卢晋桐等。赌性使一批批精英男性堕落为"人渣"而不能自拔，而唯一能够得救的史奇澜，是因为梅晓鸥用爱情唤醒了他灵魂深处的自我。那么，这些房地产大鳄、权贵政要、科技精英……为何都争先恐后跻身于"妈阁"，以豪赌的方式，想要获得更巨额的财富？原因是试图在当今世界政治经济文化全球化之下，为拿到权威身份重新排序的"巨人"通行证。

而《阵痛》讲述的是女性生命阵痛与社会创痛纠结的历史，即非正义战争、恐怖主义暴行导致的自然与人文生态的双重"阵痛"。这些制造人类灾难"乱世"的"狂人"，呈现的仍是一种人性恶的赌性，只是与前者的表现方式不同而已。无论在东方还是在西方，有赌性的男性是人类文明世界的毁灭者，小则是自我、家庭与家族，大则是国家与人类。也就是说，人类赌性的蔓延是灾难与苦难发生的根源。女性的母性或者说具有母亲慈爱精神的人，才是现世与历史的拯救者、创造者。两位女作家从不同层面质疑了男性血缘谱系的家族延展。

笔者认为，女性文学是以女性个体生命的主体体验与文化经验，探索女性生存发展命运，塑造女性审美形象主体，建构一个多元互补共生的人类理想世界。尤其这两位海外的女作家，以性别视野与跨文化书写，讲述家族与国家历史的方式，生成了直击地心式的深度写作。

首先，《妈阁是座城》和《阵痛》，构成一种女性经验和人类文化相统一的"集体记忆"，改写了以往由男性经验代表整个人类经验的历史错误，其更深层的多重隐喻不言而喻。其次，以数代女性个体生命的创痛记忆，尤其是母亲在"阵痛"中崛起与担当的惊世传奇，来构建女性自我文化之根、生命之树、精神之翼的历史叙事，以此来改变人们的思维方式与性别价值观念，以女性生命之爱的母爱关怀哲学思想，来重建现代人性品格的内涵。最后，小说塑造的卑微的母亲形象群，所揭示的女性精神主体与母爱文化力量，如灵魂的"不死鸟"，构成与"实际发生的"经验相关联的、超越真实的真实意象，不仅镌刻于女性文学史之上，而且，两部作品以丰富内容对雌性力量的独特诠释，对人类社会未来发展的趋势而言，具有真诚的大悲悯与人类终极关怀。

探索中西文化多元共生的人类和平之道

——以10位欧洲华裔女作家的中、长篇小说为案例

进入21世纪以来，海外华人女作家的小说创作，不约而同地从女性意识转向性别意识、家国意识和人类意识；从社会现实批判的“性别战争”，转向历史重构的女性生命价值重估，性别关怀的互补共生，以及整个人类未来新文明“文化、情感纽带的深刻联结”。她们运用考古式的史料挖掘与个性化的审美想象，穿越东西方物质繁华所遮蔽的“家园暗夜”，把混沌、破碎甚至纠缠“无序”的性别日常生活体验，民族国家悲欢的文化记忆，在时空隧道里“孕化”为两性精神生命之花绽放的“灵魂和合”，或者是整体人类共同精神生命进化历史中的一幅幅“创世图景”，不同维度的文学诗性智慧之光，呈现出世界华文女性文学创作的一种新特质，即探索人类未来新文明的“中西合璧”与多元共生的和平之道，人与自然、社会生态之和谐。

此文以本人比较了解的10位欧洲华裔女作家，21世纪以来发表的长篇小说为例：林湄（荷兰）、黄晓敏（法国）、虹影（英国）、方丽娜（奥地利）、刘瑛（德国）、谢凌洁（比利时）、倪娜（德国）、山飒（法国，作家、画家）、颜向红（奥地利）、海娆（德国）。方丽娜和刘瑛，选取的作品虽然是中篇小说集，但在结构上有一个共同的特点，将中篇整合在一起均可成为一部长篇小说。我与颜向红和海娆在这次会上相识，她俩每人送给我一部长篇小说。下面从三个方面来浅谈一下阅读心得。

一、以多重“边缘”视角，表达未来人类寓言

荷兰华裔女作家林湄的长篇小说《天望》《天外》，是以特殊的“边缘”视角，将“第二自我”放置于超越世俗的宇宙大自然之中，《天望》是坐在“飒飒的白杨树顶上”俯视苍生的天问，《天外》则是神游于广袤的宇宙之外，洞

察宇宙天地的深层规律，揭示当代社会现实人类生存的精神困境，以爱与希望照亮世道人心。她为什么选择“高处”、更“高处”？她认为攀向更高处，才能看到人类航船被波涛遮住的地平线的方向，才能从大地表层观察到地底深处的陷坑和裂缝，才能彻底审视人类自身的迷失而接近或者抵达人类精神唯一的高原巅峰——天极。她俯仰天地的“边缘”视角，其实是一种直视自然宇宙中天极地心的自由视角，既有中国文化的金木水火土生成镜像，又有西方多元混血儿的人性构成。这和她信奉基督教有很大关系。她如同一个预言家，作品里对人类未来发展图景的隐喻比比皆是。

如果说《天望》以“东女西嫁”的华人妻子微云，以真爱使丈夫弗来得的生命得以复活，“隐喻”真爱是人类最强大的力量，可以征服最先进的科技，最邪恶的暴力，诠释中西方文化互补、互识与融合的种种可能，那么《天外》则是揭示一对新移民华人夫妇的中年情感危机，他们在传统与现代、家庭情感与人生理想的灵魂博弈中实现精神蜕变。以丈夫郝忻被撕裂的“一体二魂”折磨得痛苦不堪，从个体生命“小宇宙”的深层，撕开中西方传统经典与文化伦理对人性的压抑与羁绊。尤其是小说结尾，《天望》里“救火”“救人”的场景，《天外》里蓝色“天眼”的意象，以哲学的洞察与思考，以虔诚的宗教救赎情怀，播种着人类之爱的精神信仰。因为，她将发生在欧洲小城A镇的微观事件，演绎成宏观的西方整体世界的文明衰落历史，其世界性寓言之意义可鉴。

黄晓敏是从事中文、法语文学创作与研究的学者型作家。她的小说集《香水之都》，书写生活在法国南部城市的华人女性故事。其作品文风真切、生动、简洁、明丽，是女性曾经的现实，也是女性过往的历史，还有自己初到法国南部城市尼斯的影子。如果说女作家作品常是女作家自我的精神自传，那么她笔下的知识女性形象有鲜明的主体意识，独立而勤奋，面对异国漂泊之艰辛，内心充满积极乐观之精神，其理想主义的能量能够自我化解异国生存之困惑、情感的阴云，活出别样的风采。也可能因为我们是同龄人，这一代知识女性有着相似的灵魂底色，我阅读她的小说如遇知音。

尤其是她的中篇小说《三色太阳》，描述海外华人女性不同的生命颜色，感人至深。她并没有把叙事者置身于一个特殊的“边缘”，而是一种“身在其中”的直接体验叙事。但是，海边、落日的意境，三色太阳的意象，却赋予人类创世图景的神奇诗意。因为中国文化里人人耳熟能详的“女娲抟土造人”，就是在古冀州的海子边、夕阳下。再追溯这篇小说发表的时间，《收获》杂志 1996 年第 5 期，正是"新千年"的"世纪末的喧哗"之时，西方"世界末日"论笼罩之际，在法国南方蓝色海岸的沙滩上，三位华人女性佳妮、好晴和辛迪，面对"夕阳正在向海里沉落"的瞬间，"三个人抱膝而坐，凝望远方"。她们的"凝望"，看到的不是末日，而是包含理想与希望的"三色太阳"。

到了小说的结尾，在月亮又圆又亮的中秋节之夜，仍然是法国南方蓝色海岸的海滩上，三位华人女性手舞足蹈的轮廓，"好像一台皮影戏"。目睹剪影，我突然想到上古岩画里，播种谷物和喜庆丰收的女神。她们受宇宙之律的启示，不仅从爱情婚姻、事业与金钱的困惑里走出，完成从"凝视"到"播种"的自我救赎，而且她们正以播种精神的"三色太阳"，燃起未来人类的希望。举重若轻的简洁白描，表达的是多元共生的文化精神，人与自然的大美寓言。

林湄与黄晓敏，两位女作家的文风迥然不同，却表现出向天、向海"天地人神合一"的自觉意识，上下求索重构着中西方文明历史的共生性，揭示出人类现实与未来的共同精神诉求。

二、以重塑灵魂"新我"，展示文化融合之境

英国华文女作家虹影，她的《饥饿的女儿》《好儿女花》与《米米朵拉》自传体小说，是书写母与女灵魂轮回转世的三部曲。其早期作品《饥饿的女儿》，笔锋锐利如剑，以女儿为主体形象，在双重饥饿时代，母女关系之间的"结"，是刻骨铭心的"痛"；《好儿女花》则是以母亲为主体形象，以女儿参加母亲葬礼时的忏悔反思，把"无我"的母亲推到历史前面，表现母亲坚韧、独立与智慧的生命状态，塑造出母亲人本之爱的"新我灵魂"。小说尾声里那个大蝌蚪对小蝌蚪说，"前世你做我的母亲，来世你做我的女儿"。当然这预示着母亲在世时心愿的实现。

历史的书写由生活的精彩瞬间创构而成，虹影的奇幻小说《米米朵拉》，女儿再次成为主角，一个小女孩儿在山洪暴发后寻找"母亲"，然而这个女儿正是自己母亲的转世。三部小说母与女在"从罪成肉身，到罪身成道"的黑暗里，蝶化为相互的爱与和解，其融合之境，既是对中国历史"急转弯处"，个人生命与社会时代"共振"的涅槃与新生之后，自觉的反思批判，自我重塑的精神凯旋，又是经历数代母亲文化历史的寻觅，找到"原本就是根本"的家园，

诠释母亲的生命之爱的人本思想，对于人类未来家园的要意。

德国华人女作家倪娜的《一步之遥》，也是一部自传体小说。开篇与结尾均为长诗叙事。小说表现了单亲母亲羽然“东女西嫁”的婚姻生活和追求自我生命理想“永不言弃”的勇气与意志。作者试图在异国家庭，社会角色，文化差异的冲突、隔膜、痛苦与无奈的情感体验中，对不同文化的融合提出“一步之遥”的质疑与追问。舒婷曾在《致橡树》里写道：“我必须是你近旁的一株木棉，作为树的形象和你站在一起。”那么，“近旁”与“一步之遥”，仿佛有着异曲同工之妙。然而，延伸到更高的精神层面，小说的情节推进与细节描写，羽然这位离异华人女性，因为寻找真爱，携女儿出走“家国”，在跨国婚姻的家庭生活中，面对德国丈夫的误会、女儿的成长叛逆，却常常以关怀与包容达成了爱的和解，而彰显出羽然独立坚韧与宽容的人格魅力，她“在路上”对自我精神生命“融合之境”的重建，会给人多方面的启示。

奥地利华文女作家颜向红，笔名命若琴弦。她的《萨尔茨堡有张床》是一部自己与奥地利残疾丈夫相濡以沫的生活史和情感史。小说描写了她的真实的跨国婚姻生活，她以自己饱满的热情为经，以生活在家庭周围至爱亲朋的生活故事为纬，以美丽的奥地利人文与自然风景为诗意场景，营造出中西方文化的融合之境。这也许是作者超越苦难、孵化温暖的心灵成长叙事，但是其内心深处付出了怎样的代价，她以西绪弗斯的生存困境作比，由自我体验向人类经验延伸开去，人类不正是如西绪弗斯“推石头”的前行，再后退，再前行吗？从而赋予萨尔茨堡的这张“床”特别的哲学意味，不仅象征两个爱的灵魂“和合”的婚床，幸福家庭亲情相拥的温床，而且深含女作家孕育、创造中西方文化“融合之境”的人文理想。

三、以重构女性与战争历史，呼唤人类世界和平

法华双语女作家山飒的近作长篇小说《裸琴》，以一个女人和她的孩子作为基本意象与经验主体，书写中国南北朝时期二三百年周而复始的暴政与战乱。古琴、少妇母女、造琴人与战乱的历史，多重悬疑纵横延展，铺陈成野蛮与文明的殊死较量。其历史重构的文脉，是山飒赋予那位地下墓穴里肉体已死去而灵魂不愿意死去者的精神复活，她的生命能够穿越数百年时空，是因为女性与世界生死与共、荡气回肠的浩然大爱，男女两性经历无数战争灾难，淬炼

出的永恒爱情。南北朝数百年的“城头变幻大王旗”，男性为夺皇位统治权父子手足相残，百姓生灵涂炭，连年战乱，女性在战争中孕育呵护新的生命。山飒说，她仿佛听到那位少妇的召唤，那近乎本体性的赤裸之身，挣脱缠绕着她的层层纽带，急切地奔向她的笔下诉说，蕴含对人类旧文明的强烈批判。那么，这张裸古琴，是蔡文姬当年弹奏《胡笳十八拍》的琴吗？它与伏羲造琴、女娲立笙簧有着怎样的基因联系？一切历史记忆都成为女作家重构想象的微缩胶片而被照亮，亘古的琴声，讲述着“礼乐”为人性之根的人类文明进化史，创生出融合民族性与人类性、多元共生的“新我灵魂”。

比利时华文女作家谢凌洁的《双桅船》，以美国二战老兵个体生命自我救赎的坎坷心路，挖掘出欧洲平民战后的日常生活真相。其作品以大海为床，以宇宙万物相伴共生，天下无霸的哲学思想，诠释了人类民族国家的政治意识和伦理秩序。她坚信：只有反思东西方文化的弊端，汲取其文明精华，才能构成创建人类新文明的“合力”。然而这样的发现，谢凌洁在后记中写道，在漫长的创作期间，她的先生约瑟陪伴她到过无数的博物馆与图书馆，查阅翻译了多语种的资料和文件，还带她去过旧大陆各国的战地公墓、百姓坟场。更重要的是，她先生的“20 年里保存完好的采访录音”，点燃了她深埋在心中的火种。也就是说，这部隐喻“人类命运共同体”的力作，原来是海外华人女作家与欧洲丈夫“中西合璧”的重要成果。谢凌洁以“瀚世浮生、绝不迷航”的执着自信，书写出战争对个体老兵所造成的难以治愈的灵魂创伤，以此反思战争灾难的难以根除的后遗症。

然而，无论是《裸琴》探索中国古代的黄土文明历史，还是谢凌洁的《双桅船》对西方近代蓝海文明历史的重构，惊人相似的是，她们都有对战争历史的批判与世界和平的呼唤，绽放出其“新灵魂”“新精神”，也有人类之爱的觉醒意识。

四、以“双重”生态危机，探寻人类“诗意栖居”

读奥地利华文女作家方丽娜的中篇小说集《蝴蝶飞过的村庄》，最深刻的印象是，她用“乡愁”记忆追寻人类精神生态的流变。她的《夜蝴蝶》尤其令我震撼。小说揭开了“函镇”封闭而黑暗的双重生态危机，函镇的女人，非死即疯，还有的走向犯罪，函镇的男人均死伤于煤矿屡屡塌方的矿难。函镇是一个精神与自然生态集体塌方、混乱愚昧的“无序世界”。作者把叙事者“置换”为男性逃离者“我”。陆雪，是一个纯朴善良、聪慧美丽的山村女孩儿，她渴望得到爱情，并且真爱“我”，甚至多次求“我”带她走出函镇，最终变成因爱情怀揣仇恨，“以恶制恶”的预谋杀人犯。其原因是多方面的：函镇人性观念里愚昧的“处女情结”，对金钱的贪欲，对上级的谎言，对亲友的冷漠，以及人与人之间失去信任的伪善。在“信任的鸿沟”与金钱权势“看不见的控制”下，函镇人在个体生命意识深处与生存世界的意识生态，在展开传统与开放、传统封闭与现代、物质与精神惊心动魄的博弈过程中毁灭与迷失。这种精神与自然生态的危机，不只是个体的生存精神困境、函镇人的生存精神困境，更是全人类的生存精神困境的缩影。

德国华文女作家海娆的长篇《早安，重庆》，以锐利的目光，反讽与调侃的原生态语言，兜拢“生命意义在场”的一个个真实生活片段，揭示故乡高速发展的城市化进程中的阴影。从表面上看，小说表现郑长乐面临婚姻与下岗双重困境的乐观个性，实际上是把他作为贯穿全篇的线索人物，通过他的离婚、结婚，再离婚、再结婚的折腾，二手房顶的菜园，以浪漫怀疑、啼笑皆非的方式，揭示出当下社会存在的种种弊端，尤其是性与爱情、婚姻、家庭的分裂，“非婚同居”，“家庭暴力”，农村的荒芜，城市的污染，家庭社会伦理秩序的混乱。这种人文与自认生态的危机，让人如鲠在喉、疼痛在心。但是在社会现实生活里举步维艰的是底层的母亲、离婚女性。然而，海娆并没有直接讲述，而是经过郑长乐这样一位生活在社会底层的男性，无奈的乐观、自鸣得意地与之对话，在审美和伦理的新视野下表现出来，进入描述离我们最近的历史文本的核心地带。小说巧妙的历史叙事显示出海娆在文学创作方面的个性与智慧。

德国华文女作家刘瑛的中篇小说集《不一样的太阳》关注的则是东西方文化差异下的人文精神生态。《生活在别处》是从初到德国的华人母亲、知识女性佳颖遇到女儿受教育的难题开始，女儿霖霖所在学校的语言班，布置了一次特别的家庭作业《介绍你的国家》，然而在德国能找到介绍中国的资料少之又少，甚至很多德国人对中国的认识还停留在20世纪70年代，甚至是清末，从而揭示出中德文化交流生态的不平衡。《不一样的太阳》《大维的叛逆》《梦颖经历的那些事儿》，从教育、情感与青春期心理，以及处理问题的方式，讲述家庭里母亲与子女之间激烈的矛盾冲突，提出母亲要在“亦师亦友”相伴成长中重塑自我，刘瑛以多重差异中的反思与重构，打开了中德文化精神对话的一扇窗，她的写作在“第二故乡”的时空之下，仍然继续建构人类“融合共生”的历史。

林湄近百万字的两部鸿篇巨制《天望》与《天外》从更宏大的全球化视野，揭示出人类精神与自然生态的危机。她对欧洲旧文明的质疑与反思饱含着大悲悯的人文关怀。她认为，欧洲的“古典圣景”已不复存在，宗教信仰已渐近式微，威胁着人类精神走进坟墓的不是温饱问题，而是战争、贪婪与物欲，和随之而来的冷漠、空虚与恐怖感。科技与物质的极度开发激发人类创造能力。她刚出版的散文集，命名为“点亮高处的灯”，再次诠释了她的文学创作思想与理想追求。

在欧洲华裔女作家们色彩斑斓的多元叙事里，可以发现点燃爱与希望，是人类最高境界的伦理与使命。这是“四世同堂”的欧洲华裔女作家群，她们长期生活的西方世界，已经转化为其生命的“第二故乡”，在经历了“故乡”与“第二故乡”的冲突之痛，多重边缘身份的恐惧焦虑，以及异质文化的认同危机，离散与漂流的“连根拔起”“灵根自植”的自我重塑之后，正在以跨时空、跨文化与跨种族的多元视野，超越“自我”与“他者”文化身份经验束缚的内心“广阔性”，把那些经过长期或世代相传的女性个体生命、母系家族史话，以及民族国家命运浮沉，所遗留下来的多面历史碎片，进行一种创造性的重构，在与“元历史”或“元事件”难以预测的内在互动张力之下，直指当代人类现实与未来的独特的“历史性真实”。站立在世界华文文坛上，智慧讲述中国故事、缔造中国历史、塑造中国形象，更诞生出“千羽合翼”“中西合璧”的新灵魂、新形象，在全世界不同的国家，集体树起了一面世界华文女性写作“为人类”寻找“诗意栖居”的精神旗帜。

“她”的声音日渐响亮

——论当代女新闻出版工作者的社会影响力

近年来，中国新闻出版体制改革与重组向纵深挺进。在图书、报刊、电子等新闻出版各条战线上，占全行业总人数 49.3% 的女新闻出版工作者，发挥着“半边天”的作用。220 多万名知识女性，构成的女编辑、女记者、女主编、女总编、女社长等新闻出版群体，以自我主体性的文化自觉，以现代传媒技术的精妙创意，蕴含家国情怀、爱与梦想的智慧叙事，显示出当代新闻出版文化穿透时空的绚丽多姿与明媚温暖。由党中央批准设置的全国优秀新闻出版工作者的最高奖——中华全国新闻工作者协会主办的长江韬奋奖，该奖获得者如郭梅尼、樊云芳、杨青、韩小蕙、陆小娅等 42 位知识精英女性相继当选，充分展示了当代知识女性对中国新闻出版事业的卓越贡献。

一、双重影响：职业精神与媒体技术

21 世纪以来，中国政府极力推动性别平等决策主流化，女性全面接受国内外高等教育，其生存命运与文化境遇得到了前所未有的改变。特别是先进科技与新媒体时代的到来，女新闻出版工作者开拓出了更宽阔的发展空间。根据新闻出版总署出版产业发展司 2009 年 10 月至 2010 年 5 月在全国范围内开展的首次新闻出版产业调查：“2009 年，全国新闻出版业直接就业人数为 449.7 万人（不包含数字出版单位就业人员），其中男性 227.8 万人，女性 221.9 万人，分别占全行业直接就业人数的 50.7%、49.3%。”这说明，不仅女新闻出版工作者的“从业比”与男性相比创历史新高，而且她们以亲历实践，创造着具有中国特色的女性生存学、成功学与生命哲学的新女学文化风景。这些基于自我文化母体之上的，女性用心血和生命凝聚而成的新鲜经验，正在悄悄地改变着当代中国新闻出版文化的内在结构与意识形态。

新闻文化之根深叶茂更在于实践。因为工作的场域更接近社会生活现实，更接近活生生的人与事件，也就更容易生成一种新的文化样态。

一方面，女新闻出版工作者的性别平等意识，强烈的社会责任感，温暖与包容的职业精神，逐渐积淀而成型，显示出一种独特的气度与分量，重铸着当代女性精神：信念是真正的脊梁，知识是真正的财富，独立是真正的人格，柔韧是真正的智慧，创造是真正的幸福，成功是真正的追求，快乐是真正的收获。

如电视节目主持人李瑞英、敬一丹、杨澜、海霞、张越等，她们在《新闻联播》《焦点访谈》等节目中，以媒体人特有的人文关怀精神、个人魅力与社会责任感，赢得了广大观众的尊重与喜爱。又如《每周质量报告》唯一的“暗访”女记者刘薇，在中央电视台的屏幕上留下了难忘的个性形象。通过她的调查与镜头，让老百姓能够及时、准确、全面地了解事实真相。她在车祸营救现场，用自己的生命忠实履行了一名新闻工作者的神圣职责和庄严使命。

在抗震救灾英模事迹报告团的巡回演讲中，中央电视台记者张泉灵说：“一份帮助，乘以 13 亿就能帮灾区渡过难关！一份关爱，乘以 13 亿就会变成爱的海洋！一份信心，乘以 13 亿就是中国人的脊梁！而在灾区奋战的记者，就是要用手中的笔、手中的话筒、手中的镜头去做好这个乘法！大灾难中，我们用最快的速度，让全世界都看到了，一个古老而又新生的民族，万众一心，共赴国难！大灾难中，我们用最人性的方式，让全世界都看到了，一个国家的坚韧与大爱！这就是最真实的中国，我的祖国！”这是新闻工作者中一位优秀代表的心声，她们体现了当代中国女新闻出版工作者的职业精神。

另一方面，女新闻出版工作者运用新媒体技术的独特创意，更体现其策划、构思与编辑活动的高效率与时代性。卜卫在《媒介与性别》调查报告中谈道：“1995 年全国女新闻出版工作者调查表明，女记者认为自己与男记者在掌握现代采、编、播、译新技术（如计算机）的能力方面没有明显差异。也就是说，在使用计算机新技术方面，女记者可能与男记者在同一起跑线上。”而且，女新闻出版工作者在使用计算机与网络处理稿件时，与男性相比还存在更多优势。在对女新闻出版工作者的现状与发展调查研究中发现：女新闻传媒出版工作者对自己工作的满意度是比较高的。认为“能充分施展自己的才能”的占 73%，“主动采写的稿件经常会被采用”的占 86%，“对自己的工作拥有主动权”的占 61.9%，感到“工作富有创造性，有成就感”的占 60.0%。她们创造的业绩，无论是职业精神境界还是新媒体技术的操作，均得到新闻出版界的肯定与赞誉。

特别是 20 世纪 90 年代以来，在新媒体多元化的激烈竞争中，女新闻出版工作者队伍不断发展壮大，涌现出大批的成熟女记者、女编辑及女决策者、女领导人，其社会文化影响力越来越强。据不完全统计，目前在电视广播、电台从事采访、编辑、翻译、播音和节目主持行业的女新闻工作者越来越多。尤其是在报刊图书行业，一些编辑部女性比例占到了 80% 以上，甚至一些编辑部"清一色"是女编辑。当代新闻媒体编辑工作者的研究，如果不研究女新闻出版工作者的社会作用，就不能呈现完整的当代新闻出版历史。

二、性别心理：三种特质与天赋优势

当代社会的女新闻出版工作者，无论在电视、广播、报刊、图书，以及各种媒体行业，都可以领略到她们的矫健身影与睿智才情。也许女性生来就有从事新闻出版行业的独厚天资，也许比拼智力女性很有机会出类拔萃，当有形与无形的"玻璃顶"被打破，女性的潜能就会脱颖而出，新闻出版编辑工作者的"女性化"趋向，已成为一个普遍的社会现象。因此，从性别心理特质来探讨女新闻出版工作者的职业优势尤为重要。

其一，女性生来具有坚韧与博爱的心理特质。从性别心理而言，女性生命之爱即母爱，不仅是一种本然的、永恒的爱，而且是人类一切爱的源泉与起点。女子本不弱为母则更刚，女性孕育生命的母爱情感世代传承，涵养塑造着人类生命的肉体与灵魂，推动着人类社会文明前行。具有母性人格的人有着无比强大的力量，其源自"母神文明"时代女娲原型母亲"以母爱子其民"的文化"母乳"。因而女性生命结成的母子之爱，会转化为家之爱、国之爱、人类之爱。

在母子情感生活中，母亲孕育生命的沉重与艰辛、幸福与快乐，赋予母亲体验着"他人"需要的关爱与责任，并且在复杂的生存关系网中形成了"利他"的价值观念，使女性成为人生苦难的先知者与承担者，温馨包容之爱的情感氛围的创造者，进而更擅长于绝境中创生出希望。这不仅体现出人类如何超越苦难与困境的普世智慧，而且能够看到整个世界，母性智慧的力量会使女性超越自我性别本身，使女性与生俱来就有着成为杰出的新闻出版工作者的天资。第六届长江韬奋奖获得者《光明日报》副刊主编韩小蕙，在领奖台上接受主持人采访时谈道："新闻职业是一个以天下为己任的职业，新闻工作者应该为推动天地人心的进步而努力。"的确，无论是在她的新闻报道里，还是在她的散文里，总能让人感受到一种强烈的责任心和使命感。

其二，女性善言重情，以人际看待世界与评价自己。就性别差异而言，现代科学证明这些天赋的女性特质，成为她们孜孜不倦，巧言善辩，动之以情，晓之以理，显示出言辞的智慧与情感的力量。青海人民广播电台的王越，在"5·12"汶川特大地震发生后，第一时间联络共青团青海省委等十多家单位，联合举办了"江源献爱——青海省团员青年支援四川灾区捐款仪式"现场直播，并参与主持策划抗震救灾的《诗歌祈福会》，用真情大爱凝聚力量、鼓舞士气、坚定信心，表现出女新闻工作者特有的组织才能与情商指数。

其三，女性思维敏锐、想象丰富，以关键细节书写历史。这些性别心理优势，赋予女性敏锐的洞察力。使女性能够准确捕捉到有独特价值的新闻热点，发现事件的关键细节。曾为《光明日报》记者的樊云芳，她的新闻报道高屋建瓴、文笔流畅、细腻生动，用女性独特的想象力，打开自己创造性思维的翅膀。"追求在新闻作品中能奉献给读者那么一点点只属于我的独特的感受、独特的文采、独特的构思、独特的新意。"这是她作为女新闻工作者的神圣理想。

就某种层面而言，"细节"决定成败。抓到关键细节，往往事半功倍，达到牵一发而动全身的精神力，需要一种深入绝地的洞察智慧。无论是获取新闻热点，还是把握书稿精要、文章心脉，细节如同一粒粒深藏的珍珠，非沉思者的敏锐视察与想象而不可得。如今许多女新闻出版工作者在学习和磨炼中成熟，成为新闻媒体行业决策人、领导者。她们在各个方面不同的、个体的显著成就，犹如一个个细节点，正在书写着当代新闻出版业的大历史。

也许正是女新闻工作者的天赋优势，以及不断探索新媒体技术的执着，使得她们在实现个人价值的同时，也影响和推动中国新闻出版事业向着更明丽、温暖而深刻的方向发展。

当代新闻出版业中的“女性塑造”

在提升国家文化“软实力”的历史进程中，新闻出版业正日益发挥重要的作用。与此同时，人们普遍关注到，女性从业者在新闻出版业中的比例越来越高。由此，一些忧虑的声音开始出现，认为女性从业者将把新闻出版业带向阴柔，或者因为女性成为最重要的消费对象，将导致新闻出版业越来越走向清浅和娱乐化。但是，如果回溯历史并真正进入现实来进行考察，却发现女性在我国新闻出版业的发展史上具有独特的地位，其天然特质又为现代新闻出版业注入了深刻思想与新鲜内容。

一、女性从业人数的两次高峰

回眸中国新闻出版业的百年历史，会发现新闻出版业中女性从业人数有两次高峰。第一次高峰发生在 19 世纪末与 20 世纪初。其时，伴随民国初年改良浪潮，女性从家庭走向社会，从数千年来的默无声息走向呼喊自由的集体爆发。据考证，裘毓芳凭借 1898 年 5 月 11 日与其叔父创办《无锡白话报》，成为近代第一位女报人。在其之后，康同薇（康有为的女儿）、李蕙仙（梁启超的夫人）1898 年 7 月 24 日以“中国妇女会”的名义，在上海创办“第一份”中国女性报纸《女学报》。1902 年，陈撷芬创办了《女报》。1904 年，丁初我创办了《女子世界》。1907 年 1 月 14 日，秋瑾创办《中国女报》并任主编和主笔。受内地女性创办报刊的浪潮影响，吕碧城 1904 年成为香港《大公报》的女主笔，何震于 1907 年 6 月 10 日在日本东京创办了“女子复权会”的机关报《天义》①。

据不完全统计，仅 1902 年到 1912 年间，就出现了近 40 种女性报刊；担

① 王红旗：《中国女性在演说》，中国时代经济出版社 2003 年版，第 271 页。

任报纸主笔的女性有数百人。尤其是康同薇、李蕙仙在上海创办的《女学报》，旗下有22位女性担任主笔。中国新闻出版历史上这一次女性从业者分布地域之广，数量之多，言辞之激烈，政论之精辟，社会影响力之大，堪称“三千年中国史之冠”。究其所表达的思想内容而言，既相当广泛，涉及家庭社会及女性生活的诸多方面，又相对集中，主要凝聚在倡导“女性独立”和“女国民意识”，以及对变法改良的支持。

就新闻出版文化史而言，此时期最大的贡献在于三个方面：一是将“人”的观念尤其是“女人”的观念引入社会层面，使传统观念下被“忽略”的女人跃升为引人注目的一个社会群体、一支社会力量。二是不仅极大地促进了人们对女性认知的改变，更体现了女性作为“国民”的社会作用。如丁初我创办的《女子世界》，把“改铸女魂”作为刊物宗旨；秋瑾更进一步地号召参与社会变革，“吾今欲结二万万大团体于一致，通全国女界声息于朝夕，为女界总机关，使我女子生机活泼，精神奋飞，绝尘而奔，以速进于大光明世界”。三是为中国新闻史增添了独特的女权视角。出自女主笔之手的文章不仅文采独特，而且诸多的新闻话题也因女性的参与而走向纵深。她们对“国民”的阐释，既强调社会作用，又细分深入家庭教育、生活习惯、性别特征等。

第二次女性从业者人数的高峰，出现在20世纪80年代中后期至今。如此判断，原因主要在于，第一次高峰期绵延到20世纪30年代，分化为两个路向：一是感性路向，如前期的丁玲、张爱玲等，将女性感觉引入内心世界；二是革命路向。这一路向随着“救国与启蒙”的历史，迅速向“社会型娜拉”转变，即社会革命、社会角色的方向。“社会型娜拉”投入革命和战争，并按照“战争与革命”的逻辑，自20世纪50年代开始越发异质化。

第二次高峰的到来，最重要的历史契机在于“改革开放”成为国家战略和国家观念。社会风尚中的宽容、思想文化中的自由，为女性以“千帆相竞”地重“跃”高峰，创造了最好的语境。创办的女性报刊有50多种，女性各类图书每年近万种。担任报刊、出版社、电视台、网站等媒体的女社长、女总编、女主编、女导演、女编辑、女编导等，近30年来女性新闻出版从业者比例持续攀升。据统计，截至1995年全国从事新闻出版工作者近20万人，拥有新闻编辑职称的共8.7万人，其中女性2.8万，占32%。在报刊业，女性占全部编辑、记者的27.5%[①]。截至1999年，新闻出版业女性从业人员的比例上升到34.8%。10年后的2009年，据新闻出版总署公布的数据显示，在全国新闻出版业直接就业人数为449.7万人（不包含数字出版单位就业人员），其中男性227.8万人占50.7%，女性221.9万人占49.3%[②]，形成了当代新闻出版业鲜明的“女性塑造”。

在比例上升的同时，女性新闻出版从业者更体现出向两个“高端”集中的特征。一是女性向发达地区这一市场竞争能力更强的“高端”集中。新闻出版业中女性的分布地区，有57.8%在京津唐、江浙、江汉平原、珠江口等发达地区，有28.6%分布在次发达地区，8.4%分布在欠发达地区，5.2%分布在甘肃、陕北、川西、大别山、太行山等不发达地区。无须多说，经济发达程度与从业者竞争激烈程度基本相辅相成。女性从业者在经济发达地区的比例竟然超过男性，其竞争能力之强可以想见。二是女性向工作满意度的“高端”集中。调查显示，女性新闻出版工作者认为“能充分施展自己的才能”的占73%，“主动采写的稿件经常会被采用”的占86%，“对自己的工作拥有主动权”的占61.9%，感到“工作富有创造性，有成就感”的占60.0%。[③]

因两个“高端”趋向，我们在对女性新闻出版从业者赞叹的同时，其更深层的问题也引人深思，在竞争激烈的发达地区，女性竟然显示出如此之强的竞争力，且对工作的满意程度如此之高，那么，女性与当代新闻出版业究竟达到了怎样的契合？是新闻出版业因女性而改变，还是当代新闻出版业出现了鲜明的“女性塑造”？

二、“女性塑造”的五个特征

阐述当代新闻出版业中的“女性塑造”，女性从业者的精神史脉与历史契机不可不提。在20世纪80年代初期，作家谌容的《人到中年》第一次呈现了改革开放初期当代中国女性“哀而不伤”的内涵。小说主人公陆文婷既不同于“娜拉”、秋瑾、丁玲一脉的革命派，又不同于张爱玲、萧红一脉的感伤派，也

---

① 卜卫:《媒介与性别》，江苏人民出版社2001年版，第126页。

② 《2009年全国新闻出版业基本情况》，于2009年10月至2010年5月在全国范围内开展的首次新闻出版产业调查。新华时政网，发表日期2010年7月29日。

③ 卜卫:《媒介与性别》，江苏人民出版社2001年版，第103页。

不同于冰心等的温润派，从“文革”历史进入“改革开放”的陆文婷，既综合了百年中国女性的各式矛盾和精神史脉，又锻造出一种“高尚而可亲的平衡”状态。这种既背负又化解历史痛苦，既负载又出新的女性形象，对当代女性近30年来的走向产生了极大影响。正是因为陆文婷式的精神指引，20世纪90年代中期北京举办的联合国第四次世界妇女大会，尽管在一段时间内曾鼓舞起“女权主义”的浪潮，但当代女性在生存发展“双重角色”的困惑中，仍然逐渐并入了“高尚而可亲”的“陆文婷式主调”。

“陆文婷式主调”近30年来遇到的真正挑战，其实不仅在于“女权主义”或者“男女平等”的生命价值诉求，还在于互联网带来的消费主义。以“无国界、自由性”为特征的互联网，一方面为女性隐藏的智慧、情感带来了无限的释放空间；另一方面也以“完全释放”的特性，让女性迎面撞见了纠结于“消费”和“被消费”的多重矛盾。“消费女性”和“女性消费”不仅是各家新闻出版媒体的重要主题，也成为当前新闻出版业丰富的内容之一，而催生出女性新闻出版从业者挑战自身特质与女性被消费的“女性塑造”，显示出五个方面的特色。

一是女性从其天然的爱心和温润特质出发，为当代新闻出版业创造出了“零距离”的对谈风尚。从1985年到1995年，主持央视“七巧板”栏目10年的“鞠萍姐姐”几乎成了一代人的文化记忆，也成了当代女性在新闻出版业创造的一个文化品牌。尽管鞠萍已经不再主持这个栏目，但“鞠萍姐姐”所包含的亲切、知心、趣味，至今依然深入人心。“鞠萍姐姐”在电视、图书、期刊等广泛延伸，出现了诸多作品，如倾向于家庭教育的《中国少年报》的“知心姐姐——卢勤”，推出了一系列广有影响的教育读本。即使是以虚构文学作品见长的秦文君、杨红樱，也莫不是凭借着与中小学生生活的极度贴近、知心交流，而成为畅销书作家。如果再巡视各地电视台，主持对谈、访谈栏目的大多是女性主持人，而倾心相谈的姿态、娓娓道来的叙述方式，与“鞠萍姐姐讲故事”栏目风格又莫不有着内在的神似。

二是女性凭借其善言辞、重情感，常常从人际关系来看待世界与评价自己的特性，进一步高扬了当代新闻出版业人性化、“以情动人”的特性。现代科学认为，“女性在语言测试上比男性强。女性的大脑组织方式使她们较能接受大范围的感觉信息，能够灵巧地将它们组合起来，她们注重人际关系，重视与人沟通。文化影响或许会强化这些品质，但这些优势本身是天生的。”[①] 这些天赋女性的性别优势，成为女新闻出版工作者在行业中重要的职业素养。

中央人民广播电台《中国之声》主持人向菲，用耐心和爱心劝导、感化了 5 名在逃多年的杀人案嫌疑人投案自首。北京电视台政法记者徐滔，曾经头戴钢盔，身穿防弹衣，多次随警作战。一次在北京西站候车室，歹徒手持炸弹和尖刀劫持一名女售货员，并提出只想和记者对话，她从容不迫地与歹徒周旋了 9 个多小时，不但稳定了歹徒的情绪，还用小型摄像机近距离拍下歹徒手持爆炸物的型号，为警方制订应急方案提供了重要依据。蒙古族记者山丹在抗击“非典”期间的《天职》《誓言无声》《阳光总在风雨后》等系列报道，之所以感动无数人，恰如山丹所说，作为女记者，“对新闻事业要钟情，对采访对象要真情，对生命有激情，对生活有热情”[②]。

三是女性凭借其细腻敏锐的洞察特质，更加注重新闻出版的“细节”。当然重视细节，从细节中发现微言大义，不仅是女性特质，男性同样拥有这样的能力。然而从心理学角度发现注重细节是一种女性的天生优势。中央人民广播电台民族之声记者伊丽娜，就做出了很好的报道。其时，她正带着孩子回新疆老家休假，在一家餐馆吃晚饭的她，听说楼下有两对新人正在举行婚礼，一对是汉族，一对是维吾尔族。参加婚礼的有汉族、蒙古族、维吾尔族、哈萨克族同胞 200 余人。婚礼进行中，有人提议将婚礼现场中间的屏风拆掉，两家婚礼一起办，结果婚礼变成了一场民族大联欢。伊丽娜从日常生活中这一细节敏锐地意识到其中的意义。

她连夜整理录音做成节目，通过海事卫星发回台里，赶在第二天早晨的《新闻与报纸摘要》及维吾尔语新闻节目中，独家播出了《一场特殊的婚礼》。这个节目通过广播传播到新疆及中亚地区，又通过网络传播到世界各地。新疆喀什、和田、伊犁的听众打电话表示，节目真实地反映了生活在新疆的各民族团结友好的关系。一场小小的婚礼，真实自然、生动形象地反映了新疆各民族团结友爱、心灵相通、社会稳定和谐的重大主题。同样，《三联生活周刊》能够持续扩大发行量，引起读者的普遍共鸣，也与其擅长从细节入手的

---

① ［英］安妮 · 莫伊尔、戴维 · 杰塞尔：《脑内乾坤——男女有别之谜》，上海译文出版社 2003 年版，第 10 页。

② 中国记协网，中国新闻长江韬奋奖名单信息资料，发布时间 2010 年 9 月 2 日。

文风有关。而以细节制胜的好文章，正如《三联生活周刊》的朱伟所说，“大多出自女记者之手”[①]。

四是女性凭借锲而不舍的执着精神，在履行社会责任方面往往为新闻出版业带来“传奇特色”。文化属性的新闻出版业，以客观、真实为灵魂，虚构性和想象力为辅助，尤其在新闻领域，真实与虚构甚至是一对矛盾。也许正是因为新闻的自身要求，传奇性报道并不多见。但是近些年来，新闻“传奇”不仅频频出现，而且还出自女性之手。2001 年美国攻打阿富汗塔利班，凤凰卫视的闾丘露薇孤身奔赴前线，成为全球首位进入阿富汗腹地喀布尔采访的华人女记者。2003 年伊拉克战争爆发，又是闾丘露薇，成为唯一在巴格达战场上进行现场报道的华人女记者。2008 年汶川地震、2010 年的玉树地震，央视记者张泉灵用大量现场报道，证明了自己是央视优秀的外经记者之一。

闾丘露薇的“战地玫瑰”和张泉灵的“灾区女王”称号，不仅是对二人工作的肯定，更是为当代新闻报道谱写了一段“新闻传奇”。受其影响，电视媒体的“现场报道”以及还原历史场景的“情景再现”节目，成为一时之盛。网络媒体也以视频、微博等形式，向其靠拢。在图书出版业，近些年来蜂拥呈现的“口述史”图书，其出版思路也是以亲历者的姿态，将静态的文化引入历史的传奇之中。如“口述实录”体的创造者之一，《北京青年报》女记者安顿，从 20 世纪 90 年代撰写的第一部《绝对隐私》，到 2010 年出版的新作《原色》，以“田野调查”的亲历写作，呈现出当代中国人婚恋观念的变迁史、情感心灵史。

五是女性凭借其爱和美的天性，不断调整着当代新闻出版业中的“消费主义观念”路径。

毋庸讳言，如今图书出版业品种数量暴增，不再追求精神深度而以生活实用、浅淡娱乐为特征的“轻阅读”，已经成为当前阅读的重要内容。有人将这一状况归结为女性阅读群体的增加。中国出版科学研究所的国民阅读调查显示，截至 2006 年，女性阅读率首次超过男性，男女阅读比例为 12∶13；当当网上书店“青春文学”类 2008 年 2 月畅销书榜上，销量排名前 100 的图书中，有超过 70 种是明显以女性读者为购买主体的品种。但是，以女性阅读为主要

① 《三联生活周刊十年：一本杂志和他倡导的生活》，三联书店 2009 年版，第 2 页。

对象的《时尚》杂志，却给出了不同的答案。在《时尚》看来，女性阅读正将出版业以及国民阅读的倾向引向“更加专业化”“更加细分化”的路径。

就女性生活阅读来说，有亲子教育、家庭生活、婚姻生活、身体保健、美容、休闲、旅游等种种大门类。从更细的美容来说，又有气质美容、美容技巧、美容产品、美容锻炼等等。尽管这些看似与通常所说的精神追求无关，但女性阅读的“专业化、细分化”需求，对当代新闻出版业的发展，却恰恰提出了挑战——一直以来以“宏大叙事”、粗放管理为特征的新闻出版业，缺乏的恰是以“专业化、细分化、品质化”为内涵的科学管理和发展理念。[①] 事实上，当女性成为当代新闻出版中正在勃然壮大的消费群体之时，她们也正将新闻出版引入更为科学、良性的发展轨道。

总之，在当代新闻出版业发展中，女性以其特有的性别心理优势，坚韧与博爱的女性人格，百折不挠的奋斗意志和爱岗敬业的奉献精神，为新闻出版业注入崭新的内涵。因为，21 世纪的“她时代”，行动在各行业的女性新闻媒体出版工作者，以平等与友善、细致温柔、亲和爱心等情感质素，以独特的文化魅力穿起了亲情、友情、国情之间的温暖链条。从某种意义上讲，女性的良好素质和人格魅力运用于新闻出版行业，不仅是女性以自我生存能力建构的一种生活方式，更是一种“女性塑造”的文化力量。

---

① 王坤宁:《女性读物成出版业淘金新市场》,《中国新闻出版报》, 2010 年 3 月 8 日。

试论报刊编辑的“再创造”意识与性别策略

再创造策略是一种思想与艺术的综合美追求。从某种程度上讲，报刊编辑的“再创造”意识与策略，是一种巨大的内在潜能源，持续地开发和利用，关系到报刊的生存发展。人类社会编辑活动的历史，与用文字记录信息和知识相伴而生。从夏商竹木、甲骨纂成的“典”“册”，春秋孔子修编的《诗》《书》，唐宋类书、别集编撰和诗词编选，到最后一个封建王朝《清史稿》的纂辑，中国数千年浩如烟海的文化成果，彰显了编辑的“再创造”意识与策略在社会思想发展史上的重要作用。而且，从中国编辑史上“第一位编辑人”孔子，到唐代“士人”形成的编辑职业群，再到近现代鲁迅、邹韬奋、叶圣陶等一代编辑大家，其在编辑活动中所表现出的不同层面的“再创造”智慧与经验，世代传承，如今已经成为编辑史上巨大的精神财富。

现代编辑学，把编辑的“再创造”意识与策略，视为其主体性自觉与创造性思维之本，是由编辑活动的本质特性决定的。就报刊编辑而言，其编辑工作是指编辑者运用创新性和创造性的独特创意，在报刊宗旨、风格、读者宏观定位决策之后，对其栏目、内容、主题、重点、布局、结构、封面等各个环节具体设计的创新理念与方法，甚至包括对报纸多层次、多样性细节“画龙点睛”式的艺术构想。并且要在编辑活动实践中一以贯之。编辑的“再创造”意识与策略，对报刊编辑的实践活动而言是第一重要的。正像邹韬奋先生指出的：“编辑最重要的是要有创造精神。”[①]

在笔者看来，报刊编辑的“再创造”意识与策略，体现的不仅是“洞察人类社会和文化发展的规律，汲取历史的经验和教训，顺文化演变之势，加以引

① 丛林：《中国编辑学研究述评（1983—2003）》，齐鲁书社 2004 年版，第 153 页。

导，使文化在传统的基础上结合时代特点的”文化自觉[①]，更是编辑多维度创新的智慧体现。这样的报刊编辑才能够从纷繁的来稿中慧眼识珠，伯乐识马。就微观而言，就是指编辑要从原创稿件、已发表稿件中，从同类观点或不同观点中，发现新问题、新启示、新感觉，寻求适合报刊表达的最佳形式。正如皇冠出版社的资深主编马雷克谈到报刊编辑创新时说："最好的编辑所代表的不是最多的编辑或最少的编辑，而是编辑到什么程度最能使作者的作品放出最耀眼的光彩。"[②]而这种审美的共鸣与互动，构筑起的编辑、作者与读者的内在精神友谊之"场"，是报刊可持续发展的另一种生产力。

一、"再创造"意识与策略的理论基石

古往今来，编辑家也无不身怀"文武之政，布在方策"。孔子编纂《诗》《书》，有感于"礼崩乐坏"；司马迁编纂《史记》"为时而著"；司马光编纂《资治通鉴》，旨在"删削冗长，举撮机要，专取关国家盛衰，系民生休戚，善可为法，恶可为戒，为编年一书"。[③]现代邹韬奋先生编辑《生活》周刊，仍与当时社会的时事政治密切相关。也就是说，关注国家民族兴衰、推动天地人心向善，是中国历代编辑家坚守的文化传统。因此，一个好的报纸编辑，必须能够准确把握主流意识与时代脉搏，关注党和国家有关方面的政策，以及社会行为规范与道德伦理秩序。这种社会政治意识，是其"再创造"意识与策略的思想性与方向性的理论基石。

因为报刊内容与形式的思想倾向，对读者的阅读心理有着潜移默化的引导与影响。报刊编辑在对稿件进行筛选刊用时，必须旗帜鲜明地衡量其思想价值。比如弘扬什么，批评什么，如何实现"火眼金睛"的科学预见，展示"再创造"意识与策略的诗意魅力，需要报刊编辑的政治智慧和业务能力的完美结合。

首先，作为一个报刊编辑，必须努力学习马克思列宁主义、毛泽东思想和邓小平理论，尤其是党中央关于开展新闻工作出台的重要指示和论述，提高思想觉悟和业务理论的与时俱进性，以高素质的政治理论修养，敏锐的洞察与新

① 丛林：《中国编辑学研究述评（1983—2003）》，齐鲁书社2004年版，第161页。
② ［美］格罗斯、齐若兰：《编辑人的世界》，中国工人出版社2006年版，第93页。
③ 丛林：《中国编辑学研究述评（1983—2003）》，齐鲁书社2004年版，第145页。

见，揭开社会复杂现象的假面，去探索事物的内在本相，把好报刊的政治方向。

要有推动新文明的人类意识。思考中国形象与文化精神在世界文化大格局中的位置，在中国母体文化与各种异质文化的对话中，探索独特的民族精神价值，为人类寻找一种人性完善的理想路径。以包容性与超越性的心态，为托起未来人类新文明的太阳，作出一份应有的贡献。历史实践证明："即使从商业的角度来看，最好的编辑也是那些能敏感地把握社会脉搏的人。"①

其次，报刊编辑的"再创造"意识与策略，表现在洞察社会万象、切中时弊的问题意识和批判精神。其重要性正如爱因斯坦所说的，提出一个问题往往比解决一个问题更重要，因为解决问题也许仅是数学上的或实验上的技能而已，而提出新的问题，新的可能性，从新的角度去看问题，却需要编辑的创造性的想象力，而且标志着科学的真正的进步。社会政治、经济、文化与生活的流动，有着其"不确定的统一"的独特形态，尽管每一代人都在告别过去，每一次爬上坦途都会永别一些风景，而正是这些汇聚成了人类文明进程的大秩序。而这个时代的文化"症候"，精神信仰的缺乏，金钱物欲的膨胀，导致人们价值观的扭曲与人性伦理道德的下滑。众多报刊联手推出了一系列具有警世性与批判性的新栏目。

比如《人民日报》的言论专栏"今日谈"创办于 1980 年，至今一直关注社会焦点问题。这是报刊编辑在思想定位上强调党报特色、民生权威的结果；《参考消息》除原有的名专栏"外国人看中国"外又增添"问题与建议""海外视角""参考论"等栏目，都具有极强的时代性、批评性和参考价值；1995 年 1 月，锐意进取的《中国青年报》推出了一个让人耳目一新的专栏"冰点"，该专栏以普通视角关注普通人的命运和想法，体现其"逆潮流"的新闻特点。这些栏目数十年来能够成为报业界的佼佼者，与其敏锐的问题意识与批评理念是分不开的。而《生活周刊》从文化生活前沿、《人物周刊》从精英人物弘扬时代精神与文化旗帜。正如茅盾所说："编辑的批判性也显示着创造性，有助于作者的精神生产及作品的完善，批判与批评力是编辑固有的本色。"② 当然，这需要报刊编辑更高境界的政治意识、社会责任和"再创造"意识与策略的融合创新。

① ［美］小赫伯特 · S. 贝利（Herbert S.Bailey, Jr.）：《图书出版的艺术和科学》，王益译，北京中国书籍出版社 1995 年版，第 87 页。

② 丛林：《中国编辑学研究述评（1983—2003）》，齐鲁书社 2004 年版，第 165 页。

二、栏目版面编辑中实现“再创造”价值

报刊版面的内容编辑和版式设计，是报刊编辑显示胆略、展露智慧、驰骋才情最理想的场所。而报纸编辑的“再创造”意识与策略，是报纸编辑根据总体策划的既定方针，对自己所主持的版面从内容到形式一丝不苟的具体精心构思，然后有目的、有重点、有针对性地编排文稿图片等，将自己独特的艺术理念，渗透到编辑报刊的过程中去，使报刊以别样的风格在众多同类报纸中脱颖而出，独具魅力。因为“编辑策划就是要着力找出不同于其他期刊的特殊性，竖起一杆标新立异的旗帜。这种特殊性是其赢得读者、安身立命的根本”。[①] 这段对报刊独创性策划的阐释，把与读者的关系提高到了“安身立命”的高度。那么，报刊编辑运用“再创造”意识与策略，进行版面、栏目布局的艺术，是关系报纸赢得更多的读者而“安身立命”的关键。

从内容上讲，主要体现在对读者阅读期待的认真分析和准确把握上。选择怎样的文章，设置怎样的栏目，运用怎样的方式，才能吸引读者的视线，敲击读者的心扉，激发读者的兴趣，唤起读者的美感，引起读者感情的共鸣，从而最大限度地满足读者的求知需要和精神愉悦。从形式上讲，报刊的版式设计是报纸文字、图片和装饰图案等，与内容编排布局的一种整体表现形式。报刊编辑版面的“再创造”意识与策略，集中体现其用心灵的美学，精湛的技术，创造出内容和形式的和谐统一。

编辑运用变体正文、刊头、图片等一件件精美的部件，像画家绘画一样，在有限的版面空间中表现出无限的版面艺术语言，形成自己报纸版式设计的独特风格。所以说，版式设计是一种美的追寻与创造，如统一中的整体美，配置中的组合美，比例中的差异美，对称中的平衡美，节奏中的韵律美等，可以说，报纸编辑的主体价值从内容到形式都在“再创造”中发挥到了极致，是最为理想的效果。如《北京青年报》《中国妇女报》《南方日报》等，就具有图文并茂的独特风格，充分传达出视觉、感觉和知觉的多重效应。在“厚报”时代，这些设计精美、文图并茂的版面，加上全彩印刷，就仿佛给了报纸鲜活的生命。笔者编辑《中国女性文化》学刊时，亲自策划栏目，对此感触更深，如每个 2

---

① 王灿发:《报刊编辑与策划》，中国广播电视出版社 2008 年版，第 192 页。

级栏目里的5篇文章，都以一篇为重心，其他文章都围绕这个重心纵深、横铺成长为方形的女性文化精神餐桌，亲近读者的心灵；每个1级栏目组合起来就组成了女性文化的精神餐厅。10个不同内容的1级栏目，就构成知识女性文化精神的“十全十美”的家园。

在新媒体创意时代，创新策划已经成为报纸编辑的职业灵魂。综上所述，报纸编辑的“再创造”意识与策略，就是以自己独特的慧眼去发现美，创造美，并且还要“用自己的眼睛看别人看过的东西，在别人司空见惯的东西上能够发现出美来”[①]。因此，这种再创造策略是一种思想与艺术的综合美追求。从某种程度上讲，报纸编辑的“再创造”意识与策略，是一种巨大的内在潜能源，持续地开发和利用，关系到报纸的编辑出版和生存发展。目前，一大批最前沿的专栏作家的加盟，势必会提升报纸的权威性。但是，任何新的内容都要在编辑的策划之下才能呈现，报纸编辑的“再创造”意识与策略，仍是一种永无止境的编辑创造精神，是报刊形象富有鲜活生命力的源头。

① ［法］罗丹、葛赛尔：《罗丹艺术论》，傅雷译，天津社会科学出版社2009年版，第98页。

性别关照下刊物的编辑策划创意

——以《中国女性文化》学刊为例

一、背景：生命经验的文化之境

21世纪多媒体、科技与信息“云时代”的到来，为女性提供了机遇与挑战同在的发展空间。中国女性社会地位得到前所未有的改变，女性的受教育程度、参与决策和管理的程度不断提高，政治参与意识和主动性不断增强，尤其在婚姻家庭重大事务决策上与男性更为平等，男女共同分担家务的观念得到更多认同，从而生存发展命运得到了真正的改写。女性挑战传统角色定位与性别弱势偏见，发现自我聪明才智与内在潜力，打破有形与无形的职业“玻璃顶”，以追求卓越的职场实绩，创造出丰富鲜活的女性文化实践经验，催生了女性理论本土化的多样形态，呈现出女性自觉建构性别平等和谐文化的新世纪风景。

就是在这样的背景下，随着政府对打造中国“文化软实力”的重视，国家社科基金与教育部人文社科项目的逐年增多，女性/性别文化研究在如文学、历史、哲学、艺术，社会学、心理学、教育学、传媒学等的跨学科、跨领域的交叉延伸拓展而成为一门显学。应高校女性研究与学科建设的需要，首都师范大学中国女性文化研究中心应运而生，并于2000年10月创办了国内第一份以中国女性文化研究为核心的连续出版物——《中国女性文化》学刊。

以“性别”为文化学刊命名，在中国社会文化历史上还是第一次，可以说这不仅彰显了学刊倡导性别平等和谐的“本土中国”特色，而且标示出“以性别平等的文化视野，以女性生命的价值体验与文化经验为切入点，展示女性在政治、经济、文化与各个领域中的创造谋略，探索女性事业、爱情、婚姻家庭方面，自我的生命意义与精神支点”的文化理念。从更深层面而言，是以女性生命感知体验为出发点，关注家国与人类命运。

二、实践：性别批评的独特视野

性别批评，是一种男女性别差异的分析理论，最初见于国外各类女性理论的论述中，20 世纪八九十年代，随着诸多西方理论的涌入，西方女性主义性别理论传入中国。其主要内涵是通过对男性 / 女性的生物性别与社会性别差异的研究，揭示既定社会文化结构中的男权主义本质。生物性别，是指人生来分为男性和女性，是人的自然属性；社会性别，是指男性 / 女性的气质与社会角色，是社会文化生成的。社会性别把男 / 女性别差异由身体转向社会文化的差异的研究，发现了男权文化结构中性别不平等的权利关系，有一种深刻的文化批判精神。性别批评的意义在于，重新打开一扇审视中国女性历史与现实生存处境的独特之门。

《中国女性文化》学刊在千禧年伊始确立"中国女性文化"的概念，以性别为文化命名，以性别批评视野探索历史、关注现实的特殊定位，不仅会使其在众多研究性刊物中脱颖而出，独树一帜，而且更重要的是树起这面标新立异的文化旗帜，在大学校园里有了为女性造梦、为女性立言、为女性文化立标而安身立命的"半亩方塘"。其办刊主旨更强调性别"在场"与自我文化"在场"，立足于中国文化母体汲取国外女性 / 性别研究的有益经验，将学刊办成一个女性文学批评和性别文化研究的"连体儿"。

在初创时期的编辑活动中，笔者以建构中国女性文化理论为目标，努力寻找其独特性价值。在审视中国文化语境与多元女性理论异同的比较中，梳理中国传统文化、国外多元女性理论、男权性别文化历史之间的复杂关系，认识西方女性主义理论与方法的种种局限，明确中国女性文化研究的终极目标，并不是要建构一个以女性为中心的文化体系，而是要与男性共同改变男权性别文化的单极偏斜，创造两性平等、互补共生的和谐文化，迎接未来的人类新文明。

因为与西方女性解放"自下而上"的解放模式相比，中国女性解放有着"自上而下"的独特性。百年来中国女性解放不仅与整个国家民族解放风雨相伴，而且进入 21 世纪，中国政府第一次把"男女平等"真正写进基本国策，从全国妇联到地方各省市妇联，都在有组织、有力度地推行性别平等主流化的决策。但是，从研究现状的特殊性而言，根深蒂固的男权传统造成的性别意识盲点，仍是两性共同解放的困惑与障碍，20 世纪 90 年代女性研究"拿来主义"的"他者化”繁荣，造成对女性本土化理论与经验的轻视与遮蔽，极端的“性别战争”对男性非理性排斥的女性话语霸权，甚至代替了理性的批判，造成女性文化研究思想的迷失而无法抵达更高的哲学层面。

因此，性别关照下的《中国女性文化》学刊编辑活动，不仅要求编辑要有鲜明的性别平等意识自觉，更需要以高屋建瓴的学术眼光，超越国内外多元女性理论，呈现中国女性理论的本土化建构。在对中国女性历史、生存现实的考察与反思过程中，剖析男女两性作为现代社会的文化产品，是如何被塑造、被虚构、被异化、被复制的，而不只是女性被生成就变得尤为重要。

三、创新：栏目设计的灵魂艺术

《中国女性文化》学刊，具有图书与刊物的双重特性，既要关注女性/性别文化研究的学术性，又要关注女性生存发展的现实性，更要思考女性文学/文化/艺术的审美特质，栏目内容的设计与创意，不仅要考虑到既有图书的专题性、纵深性，又要有刊物的连续性、延展性，更要有文化的前沿性、包容性，以及阅读的思想性、知识性与趣味性，既要发表女性社会学的论文，也要刊载文学性、趣味性的美文；既关注女性物质与精神生活现状，也关注女性文学、影视与艺术等领域的研究；既能体现其作为连续出版物的一贯性人文立场，又能突出每辑的鲜明特点。那么，如何设计出能够全方位体现其宗旨与定位的栏目，如何开拓女性/性别批评的创新编辑思路，笔者提出逐步建构“性别编辑学”的文化理念，突出“女性塑造”的文化导向。因为学刊的栏目设计可以说是其内容编辑的思想艺术的灵魂。

既然《中国女性文化》学刊是建立于中国母体文化之上，在多元文化矛盾的冲突与融合中，吸纳本土与异质文化精华，建构与传播平等和谐的性别文化——男女平等，两性和谐，互相尊重，共同发展。首先，栏目设计强调的性别批评，就不能仅仅是性别批判，更重要的是性别关怀，性别平等基础上的和谐文化建构。也就是说，栏目设计可容纳不同观点的争鸣，通过作者的创造新见、独特判断、多重视角、新颖的切入点，以及开放的表现形式，打开新视野，明辨新理论，发现新问题，共享新成果。《中国女性文化》学刊每辑设置八个固定栏目，即“前沿 · 感受冲浪思潮”“对话 · 共享心灵盛宴”“性别 · 体验流动颜色”“人物 · 活出灿烂梦想”“赏典 · 领略多元视野”“画廊 · 触摸艺术灵感”“读吧·遇见真实自己”“沙龙·信游思辨海天”，为“四级”呈现内容，“四级”即理论、评论、经验、作品，每辑栏目内容既有变化，又能表现其整体一致性，集中反映中国女性文化的发展与现状，对构建两性平等的和谐社会有着重要的理论价值和现实意义。

就设置具体栏目而言，“前沿”“性别”是理论栏目，为第一级；“赏典”“画廊”，是评论栏目，为第二级；“对话”“人物”“沙龙”是经验栏目，为“第三级”；“读吧”是作品阅读，为“第四级”。既有学术价值颇高的论文，也有文学性、趣味性很强的美文；既关注女性物质与精神生活，也关注女性文学、女性艺术，如电影、美术、绘画、雕塑等，可谓各具特色，异彩纷呈，并且每辑均由文坛的当代重量级作家撰写卷首语。

如该刊第 11 辑，前有当今文坛知名女作家徐坤的卷首语，后有当代文学评论界代表人物白烨的评介文章。“前沿”作为每辑的首个栏目，既从女性生存热点话题来针砭时弊，又是贴近社会生活与女性精神诉求的新鲜理论。本辑既有徐小斌、蒋韵、魏微、戴来、盛可以、崔曼莉等三代著名女作家对当今消费文化语境下女性生存现状的反思，又有乐黛云、朱虹、饶芃子、刘思谦、陈俊涛、汤淑敏、阎纯德、盛英等资深评论家对当代女性文学 30 年发展历程中最难忘的历史细节的回眸，还有紧贴当今女性生活的网络跨性别“女性情感”、全球视野下“代孕母亲”面面观和“剩女”现象及其悖论等热点话题的讨论。这种前沿话题思辨，对人生理念具有认识层面上的启示与借鉴。再如“画廊”是“第二级”的评论栏目，是本学刊文图并茂四色彩印部分，具有理论与欣赏兼备的性质，是对当代女性艺术的性别、历史与哲学等多元阐释。本辑有著名画家、艺术评论家王璜生、郭晓燕等对女画家喻红新作品的友情评述等。其所产生的前沿性与思想性、精神性与经验性的阅读“场”，会让读者感受到不同层面的生命启迪。

为使《中国女性文化》学刊每一层级、每个栏目都独具思想与阅读传播魅力，笔者所遵循的设计原则是，将当代重要文学、绘画、雕塑和影视艺术作品，通过专家学者的精辟解读，使读者感受到不同层面的学术精神与艺术生命，从编辑运用心灵的美学和精湛的技术，创造出内容与形式、画面与文字的和谐统一美中，使读者领略到多维度的性别文化新生态。更重要的是，对性别与超性别理念之间的关系，历史性、现实性、未来性与共时性的流动变迁的清醒认知，在具体的创意编辑活动中不断完善与提升其学术性与精神性。因而《中国女性文化》学刊特别关注女性 / 性别文化研究的前沿问题，女性生存与发展实践的新鲜经验；展示女性在政治经济文化建设中的谋略和成果；探索女性在事业与爱情婚姻家庭追求中的精神新质；重新发现历史中女性不可忽视的创造价值；重视中国本土的女性文化理论建设，对不同国家的多元女性理论“择善而用”，试图为丰富、深化中国女性 / 性别文化理论的研究与建构，传播先进性别文化做出有益的贡献。

根植母土·多元纳融·开拓传播

——首都师范大学中国女性文化建构研究、传播与发展报告

在首都师范大学各级领导的支持关怀下，中国女性文化研究中心（以下简称“中心”），作为全国唯一的中国女性文化研究学术机构，始终坚守“根植母土、多元纳融与开拓传播”的发展理念。以编辑出版《中国女性文化》学刊、女性研究系列丛书为载体，以女性文学 / 文化学术研讨会议、性别热点问题论坛等方式为学术交流传播平台。

针对中国女性现实生存发展、婚恋家庭问题，以女性个体生命价值体验为切入点，深入历史与现实的文化体制结构，及日常生活不同层面，探究从男女“双重生产”的自然分工逐步形成的男性统治，造成的社会性别差异。特别考察中国女性 / 母爱文化生生不息的历史潜流、社会主流文化与男权遗存文化的复杂变迁，塑造中华民族精神人格的存在真相，甚至跳过封建等级制男权社会的数千年历史，以“灵魂考古”，汲取“母神文明”时代男女平等互补、天人合一的根源性“母乳”。以批判、反思与关怀的生命意识、问题意识，建构具有中国特色两性平等和谐的女性 / 性别文化体系。

一、在初创中确立“根植母土”的社会形象（2002—2005 年）

因为 21 世纪被人类未来学家预言为“她世纪”。尤其中国女性在经历 20 世纪八九十年代经济体制改革的社会转型，“铁饭碗被打破”的“生存大地震”砥砺，“95 世妇会”国际女性解放集体狂欢式的“高峰体验”之后，中国女性意识、性别意识得到一次次顿悟和觉醒。但是，因世界女性相似的“第二性”命运与身份认同，形成多元女性主义思潮“各种差异相互冲突而又携手并进”的国际学术形态。在中国女性研究界，出现了对西方“自下而上”的女性解放经验、女性主义性别理论的仰视、照搬，有时会质疑“自上而下”的中国女性

解放模式的“不彻底”，甚至出现极端情绪化的“性别战争”，使女性文化 / 性别研究未能达到更高的哲学层面。面对此种现状，中国女性 / 性别文化研究，如何多元容纳而坚守自我文化主体价值，建立于中华文化母体之上，探究自我女性解放经验与生命历史记忆，成为当务之急。

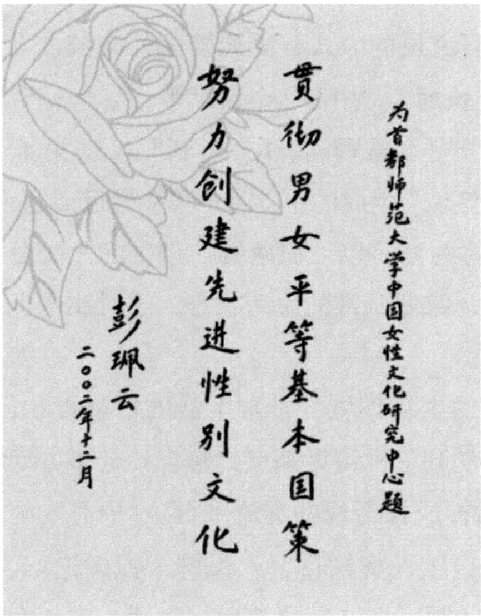

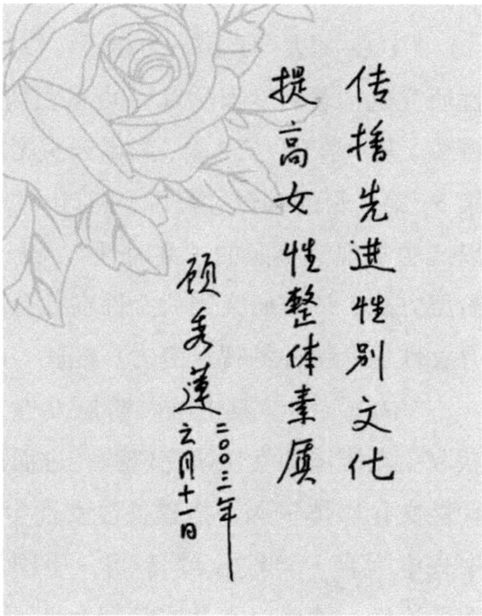

2003 年，时任全国人大常委会副委员长的全国妇联彭珮云主席、顾秀莲副主席，为“中心”和“学刊”题词：“贯彻男女平等基本国策，努力创建先进性别文化”（彭珮云），“传播先进性别文化，提高女性整体素质”（顾秀莲）。并叮嘱我们要“注意质量，把握观点，使这套书成为传播先进性别文化的优秀书籍”。特别是彭珮云主席，在审阅“学刊”后转给我一封信，针对中国妇女研究的理论创新，作出重要指示。即“我国的妇女理论研究遇到的问题究竟是什么？指导思想到底应该是什么？所谓与国际接轨的含义是什么？目前还处于学术边缘的原因是什么？下一步到底应该怎么做，包括大学的女性学学科建设。理论研究必须从不同观点的比较、争辩中才能弄明白，才能发展”。

两位主席的教诲与关怀，不仅为“中心”发展与“学刊”编辑指明了方向，而且强化了我们对中国女性 / 性别文化研究理论创新的本土意识、历史意识与问题意识。我们在女性文学 / 文化学术研讨会设专题讨论，学者们一致认为中国女性解放理论研究，首先必须建基于中华文化母体之上，梳理百年中国女性解放运动的独特经验与理论价值，以及存在的问题。其次必须以马克思主义妇女观为指导，放置于中国革命、建设与改革的历史进程之中，根据百年中国女性解放实践经验，借鉴国际女性理论有益成果，坚守中国优秀文化的核心价值，建构两性平等、和谐互补的“先进性别文化”，为世界女性解放运动做出应有的贡献。

“中心”以“学刊”为纽带，以特邀研究员的方式，凝聚国内外高校、女性研究机构著名专家学者，300 多位研究员长期为“中心”会议献策，为“学刊”撰稿。从“学刊”第 3 辑，彭珮云主席应邀担任名誉顾问。在“学刊”第 3、第 4、第 5、第 6 辑的编辑过程中，我们以“多元汇流”生成的主体性，调整栏目话题，以历史与现实鉴照的“共时性”，设计具体内容，以“抓两端、带中间”的分阶层方式，调查研究当代女性在社会职场、家庭日常的生活状态，于对比中探寻女性生命精神的智慧潜力、经验与问题。

“中心”为考察中国各阶层女性不同的生存环境，日常生活的情感现状，获取主流媒体的女性研究资源，进而以“学刊”栏目为基点，整合社会多方面女性文化媒体资源，搭建关注女性生命精神成长历程的交流平台。“中心”与中央电视台·《半边天》节目，中国妇女报·人物栏目，人民网·强国论坛、女性论坛·情感时空共同策划女性 / 性别话题，举办专题论坛与对话，聚焦女性职场、爱情、婚姻与家庭，并特设“百年女性画廊”的女性史栏目。

例如“学刊”第 4 辑，“相约面对面”栏目，从中央电视台半边天《2003 女性记录》中选编，刊发主持人张越与国际象棋大师谢军的对话：《微笑着给生活一个“吻”》，主持人李潘与黑龙江省佳木斯市副市长吴国华的对话：《性别与年轻不是从政绊脚石》等；“同一地平线”栏目，刊发全国妇联李海蓉撰写的《小手艺成就大事业——关注下岗女工二次创业》，中国妇女报记者刘佳的《当“村官”咋就这么难》；“母亲河”栏目，选载《中国妇女报》编导阎晓明的《在那遥远的小山村——农妇窦中兰和她的美国斯坦福大学的儿子》。同时，开启“寻找时代新女性——寻找女性生命的精神支点”的征文活动。

马克思主义认为，女性的社会地位归根结底是由其在社会生产中的地位所决定的，“只要妇女仍然被排除于社会的生产劳动之外而只限于从事家庭的私人劳动，那么妇女的解放，妇女同男子的平等，现在和将来都是不可能的”。那么，在男女平等为基本国策的社会转型之际，我们“中心”与

“学刊”女性研究的核心理念，就是“根植母土”记录其生命精神的新鲜经验，捕捉数以千计的中国女性面对事业与家庭的双重困境，激发内在自我的生命潜力与智慧才情，在传统与现代之间开拓出一条自我解放之路，探究中国女性生存发展遇到种种挑战的新问题。如伍尔夫所言“伟大的灵魂，都是雌雄同体的”。

尤其，改革开放以来是婚恋观大变局的时代。强大的物质欲求猛烈冲击着人们的传统婚恋观，物质爱情和金钱婚姻，房子、车子和票子成为时尚潮流。更有西方文化汹涌而来“无过滤”的、五花八门的“性自由”的思潮，前所未有地震荡着国人传统的性观念，摧毁着纯美情爱与理想婚姻，“婚外情”“婚外恋”“婚外性”“包二奶”“同居屋”，“蜗婚”“闪婚”“裸婚”形式多样。更有甚者，越来越多的年轻人陷入这样或那样的婚恋困惑而迷失自我，认为“婚姻是世俗留下的东西”，而“感情是神圣的”，甚至认为性与爱情、婚姻毫无关系。婚姻、爱情、性三者的割裂，是这个时代婚恋观变化最剧烈的产物。

当时，不仅“人造美女”“木子美”成为一种社会现象，而且诸多媒体世俗文化“污称”高学历的女性，为“第三性”“剩女”，女博士为“灭绝师太”。为抵制性别歧视与侮辱性的“物化”风潮，“中心”与北广传媒·《星空下的女人》节目，共同策划“当代女大学生情感话题”，邀请北京大学、北京外国语大学、北京师范大学、首都师范大学的硕士生、博士生，开展大学校园的爱情观、择偶观讨论，以及讲述西藏阿佳高原红爱情故事，并发表在“学刊”上，向全国听众与读者辨析当下的多元婚恋观的本质，呼吁当代青年要树立平等、真诚、以爱情为基础的婚恋观念。

《星空下的女人》是夜间谈话直播节目，讲述女性职场、情场性别热点话题，年轻的收听者甚众。同学们在演播厅讲述自己的爱情体验、婚恋观，还可以和提问题的听众对话互动，能够真切感受到数万女性的真诚，尽管她们遭遇不同形式的爱情、婚姻伤痛，有时表述也很情绪化，但仍然渴望真诚的爱情，追求人生共同的理想与灵魂的相拥，在彼此的爱与付出中，成就自我而成就彼此的成长。在“学刊”发表了韩贺南、陈方举办的性别热点论坛《“人造美女”挑战内在美是也非也？》后，中国社会科学院研究生院的博士们展开了网络公共空间中的禁忌与狂欢——“木子美现象”引起的思考的讨论。

2003 年 4 月，我们借全国妇联召开国际妇女研讨会之际，在北京建国好苑饭店与全美妇女组织理事会主席马莎、全美妇女政策研究所所长海迪、全美女总裁协会的总裁、副市长、媒体人，以及老年协会等20位女性，召开了“中美两国妇女的生存现状”座谈会，不仅增强了两国女性间的理论互动与学术交流，而且对美国的女性主义有更真实客观的认识。

2003年6月，中国女性文化大系丛书之一“女性·社会焦点问题报告”——《中国女性在演说》《中国女性在对话》《中国女性在行动》《中国女性在追梦》，在中国时代经济出版社出版。彭珮云、顾秀莲两位主席的题词，赫然呈现于每本书的卷首。72位作者均为著名作家、教授、研究员，还有关注女性生存发展的青年实力派学者组成矩形方阵，在女性/性别文化研究文坛立言发声。在人民网·强国论坛回答众多网友的提问，《中国妇女报》《南方都市报》《光明日报》《中华读书报》的记者，以大篇幅、整版面发表新闻报道与书评文章。这套丛书两次获全国妇联与中国出版协会的女性优秀图书奖。

在社会文化观念变革的背景下，为了重塑人们善与爱的情感观念，人类关怀意识，在《人民网·强国论坛+情感时空》，连续数月举办“温暖阳光传播活动”。“中心”组织中国传媒大学、北京师范大学、中央民族大学、中国社会科学院研究生院的硕士、博士研究生，特邀影视演员张光北夫妇、歌唱家关牧村夫妇、海外华侨刘诞丽夫妇，文学评论家林非先生、诗人汪国真、儿童文学作家冉红、女作家徐坤、女画家申玲，军事家张召忠，歌唱家王结实、文化学者张宝瑞等，为“温暖阳光传布大使”。如林非先生的“母爱与家庭”，张召忠先生的“爱情、亲情与家庭”，张光北先生的“爱情的细节”等，16场论坛备受欢迎。对海外女作家，即美籍作家严歌苓，旅美作家吕红、罗露西，荷兰籍作家林湄，旅加作家张翎，旅英作家虹影，法籍作家山飒，日本学者藤田梨娜等，以“海外人生与华文小说创作”“跨国婚姻与爱情”为主题，12场访谈受到青睐。分别选编在多辑“学刊”上。

2005年初，“中心”和学校工会、机关党总支的领导、老师，与贫困女大学生“面对面”，举办关注女大学生心灵成长、成功女性经验讲述活动。2005年12月，“中心”从2003年开始的“寻找时代新女性——寻找女性精神支点征文竞赛”，与全国总工会中国教科文卫工会女职工委员会、《中国妇女报》、国际女性发展促进会联合，拉开在全国各领域寻找时代新女性征文活动的序幕，受到各省市女性的积极响应。

“中心”在初创阶段，得到学校各级领导和老师们的鼎力支持，以及全国妇联、全国总工会、北京市妇联、《中国妇女报》、中央电视台《半边天》、人民网等领导单位、主流媒体的热情帮助与具体合作，产生了广泛社会文化影响，基本确立了“中心”的社会形象，为未来发展壮大奠定了现实基础。特别是，学校有关领导要求“中心”坚守女性文化研究的学术路线，并每年拨给“中心”学刊出版费用，可以申请会议经费。这是“中心”能够可持续发展的根本保障。

二、在发展中建构“多元纳融”的文化视野（2006—2010年）

“中心”从田野考察收集经验到思想创造的淬炼，是一个中国女性/性别文化建构、研究与传播的理论生成过程。因为理论不只是规律性的结构范式，而且是一种精神生命体的诞生标志。只有生命才能够真正赋予生命，赋予中国特色社会主义女性理论、性别文化研究以精神性与世界性。这就要求广大学者不仅要寻找东西方文化的“共通性”源头，而且必须认识到任何一种文化的蓬勃生命力，都源自既有民族性的特殊价值，又具全球性的普适价值，要在不同文明形式与文化结构的交汇点，寻找其“和而不同”的对话契机，吸纳融合各民族的文化精髓，发现人类心灵永远跳动的渴求和平的愿望，才能真正发现“自上而下”“自下而上”的两种女性解放模式，在追求社会平等公正与精神境界的目标统一性。

2006年3月，“中心”在首都师范大学出版社的支持下，召开“寻找时代新女性——中国女性文化百年寻根”圆桌论坛。一方面，在“学刊”开设的“寻找时代新女性——寻找女性生命的精神支点”征文竞赛的基础上，2005年末与全国总工会、中国妇女报等单位联合开启的“寻找时代新女性征文活动”在各省市开始了初审；另一方面，因为社会转型期的意识形态多元，物欲膨胀、消费文化与娱乐狂潮，大众传媒把“时代新女性”演绎为美女与房子、汽车、时装，甚至倡导“性自由”“性游戏”的所谓前卫时尚引领者。

针对当下世俗性的精神沉沦，某些女性陷入乱象迷失自我，本次会议宗旨是凝聚知识女性与关注女性生存发展的男性志士，为“时代新女性”立标。当然这绝不是一蹴而就的，而是一项漫长而艰巨的工程。会议从回眸女性百年历史而走进现实，因为在中国，“新女性”源自五四运动，新女性是在启蒙的过程里被启蒙的，同时又承担启蒙者的双重身份者。男性是女权运动的倡导者，有很多先觉者又变成启蒙者来倡导新女性。如今“时代新女性”应涵盖各个社会层面，具有女性主体意识并有自己的实力，有实现自己某种价值的领域。五四时期的新女性是文化型、知识型。如今的“时代新女性”应该是智慧型，具有对现实的认知力、感受力，可以和社会对话，和主流话语对话，以及富有哲学思辨力量。

经过数十位专家，从社会性别、文化与人性角度，对“寻找时代新女性”活动各抒己见，对百年中国女性生命精神历史，从理论与实践层面，历史与现实互映，打开了多维空间的意识反思。虽然这次会议很难统一标准，但是最关键的不在于给“时代新女性”一个具体定义，而在于寻找过程中的发现，确立了“中心”与“学刊”贯穿十多年女性 / 性别文化研究，对国内外女性精神发育成长历史的持续关注。

同时，为 2006 年 12 月将要收官的“寻找时代新女性”征文评选活动提供了一个极富参照价值的综合性尺度。这场男女两性共同参与的征文竞赛，历时一年，收到参赛文章 600 余篇，在两次初评的基础上，由四家单位联合组成终审评委会总结审定，揭晓评比结果，评出征文活动“创新组织奖”10 个，“优秀组织奖”20 个；征文一等奖 10 篇，二等奖 20 篇，三等奖 30 篇和优秀奖 40 篇。获奖名单在《中国女性文化》学刊第 9 辑、中国教科文卫体工会的网站（http://jkwwt.acftu.org）公布。

并且，我们在“学刊”的“相约面对面”“记录追梦”“海外女人”“百年女性画廊”等栏目，连续 8 辑推出历史与现实的“时代新女性”传记，寻找“时代新女性”征文的优秀作品，书写活跃在世界各地的华人女性，展示她们作为大写的人的女性主体意识与社会责任，获得的卓越成就，更发现了“时代新女性”特质：家国情怀、独立意识、仁爱品格、创新智慧、诚信责任、自我理想、柔韧毅力、决策实力、青春时尚、优雅美丽……正在重塑当代女性的精神生命。寻找时代新女性活动，不仅从百年历史寻根走向社会现实，而且从中国本土走向国际社会。

2007 年是中国女性解放理论、女性 / 性别文化研究的转型之年。党中央在《中共中央关于构建社会主义和谐社会若干重大历史问题的决定》中指出：“建设和谐文化，是构建社会主义和谐社会的重要任务。社会主义核心价值体系是建设和谐文化的根本。”那么，依据马克思主义两性关系是人类社会最自然、最根本、最基础关系，构建和谐社会与和谐文化，“两性和谐文化”是最重要的基础关系。这就对中国女性文化研究提出新的要求，即以中国女性生存发展经验为核心，不仅要推动性别平等进入决策主流，而且要推进两性和谐融入社会日常生活，以及家庭生活的方方面面。

因为中国社会伴随经济转型与文化繁荣，多元价值观念的冲撞，多种生活方式的共存，男女伦理关系发生了前所未有的变化。两性平等和谐的“先进性别文化”，作为男女互尊共荣的新文化生成，标志“她世纪”男女性别关系、伦理秩序的新发展。这关系到全面推进男女平等基本国策，中华民族精神的完善，以及中国式现代化社会的进步。在此背景下“中心”由对百年来性别文化历史的系统梳理，进入加强国际女性发展经验与性别文化比较研究，探索一种以性别平等和谐为核心，东西方女性理论经验相融合，富有人类性意义的女性 / 性别文化理论，提出“以两性和谐促家庭和谐，以家庭和谐促社会和谐，以社会和谐促世界和谐，建立民主和平幸福的人类地球村”。试图把中国女性解放经验理论、女性 / 性别文化研究，向更国际化的视野延伸。

2007 年 7 月 28 日至 8 月 8 日，由“中心”发起，全国总工会、《中国妇女报》、国际女性发展促进会、全美妇女组织董事会、全美女总裁协会、全美妇女政策研究所联合召开寻找时代新女性——首届国际女性发展经验论坛。来自中美两国的文化界、经济界、新闻界、出版界、学术界的 50 多位专家学者，参加本次论坛。

开幕式以创造性别平等和谐为主题，首都师范大学党委书记张雪、中国教科文卫体工会副主席何力克、北京市妇女联合会副主席尹玲珍、全美女总裁协会执行官琳希，在论坛开幕式上分别致辞。张雪讲道，要加强中美两国女性在经济、文化、个人发展方面的经验交流，传递女性的仁爱智慧、独立自强的时代精神，探讨当代知识女性事业、生活与家庭的和谐经验，以架起中美女性交流与合作的友谊桥梁，共同推进社会和谐与人类和平。

论坛以分享性别智慧经验为主题，全国妇联妇女研究所所长女性研究专家谭琳教授，论述道“将性别平等的理念落实在日常生活之中”，将性别平等理念和知识，灵活运用于个人和家庭生活，有利于家庭和谐幸福。中美双方 20 多位教授、专家、学者、新闻、卫生、文化工作者和女企业家，分别围绕个人创业、发展做了精彩演讲。闭幕式以加强合作、传递友情为主题，中国教科文卫体工会女职工委员会主任汪林仙总结讲话：女性爱和谐，友谊行万里。呼吁广大女性继续发扬“四自”精神，为推进社会性别平等、促进家庭和谐、社会和谐做出贡献。

在首都师范大学开坛后，陆续在钓鱼台国宾馆、山西省妇联、内蒙古财经学院、蒙古国总统府、蒙古国首都乌兰巴托中心区委会、蒙古国女法官协会，举办了 6 场分论坛，两场座谈会，充分体现了性别平等是全世界女性共同的追求。我们来自不同文化区域，但是共同理想使这次会议具有宝贵的价值。尽管语言上有障碍，但是我们面对国家、全球经济以及社会挑战时，表现出来的热情，使我们之间产生了强烈的同盟感。尤其在蒙古国总统府召开的三国“性别平等与女性生存发展论坛”，感受到蒙古国法学会的女性强烈的参政意识，而且这个国家女性受教育的比例高于男性，因为父母认为男孩子力气大，很小就让他们去放牧，女孩子力气小，从小就让她们去读书。但是结婚后女性仍然常遭受丈夫家暴。女律师们希望通过性别平等文化传播，推动法律制度改革，改善女性生存发展环境。

2008 年是中国奥运年，“中心”与中国体育总局竞技体育司、中国教科文卫体女职工委员会与《中国妇女报》，在首都师范大学出版社策划出版了《巅峰之道——中国女奥运冠军成长奥秘》。中国教科文卫体工会女职工委员会主任汪林仙，国家体育总局竞技司副巡视员、中国教科文卫体工会女职工委员会常委王鹏鹏，首都师范大学出版社商富荣，及知名记者代刚、贾静、刘平平、贾玲玲等，成立“中国女奥运冠军”成长研究课题组，对邓亚萍（乒乓球）、周继红（跳水）、王军霞（田径）、王旭（摔跤）、刘璇（体操）、马艳红（体操）、冯坤（排球）、罗雪娟（游泳）、刘春红（举重）、杨扬（短道速滑）、张怡宁（乒乓球）等十二位女冠军的成长经验进行全方位调研。展示女奥运冠军的成长故事，记述她们在竞争激烈的国际赛场上的靓丽风采，激励广大青少年，弘扬“女奥运冠军”柔美而坚韧的拼搏精神，并总结家庭教育对孩子成长的积极影响。为中国北京奥运会献上了一份女性精神文化礼物。同时，“中心”还出版了《名作欣赏——世界女性文学专刊》《中国女性文学》年度精选等女性系列丛书。

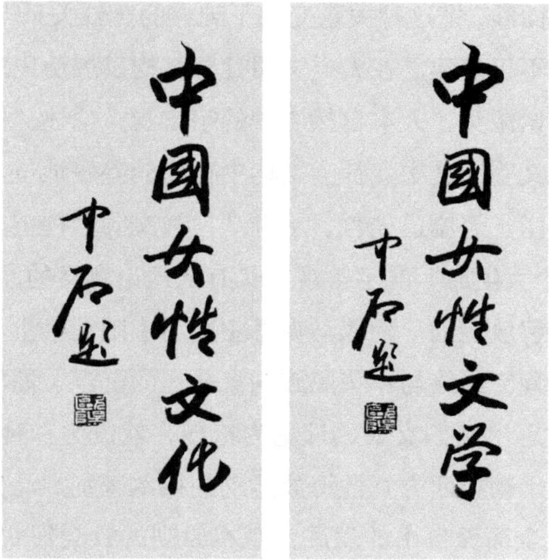

首都师范大学著名书法家、教育家欧阳中石先生，为“中心”《中国女性文化》《中国女性文学》学刊书写题名

2009 年 11 月 8 日，按照学校领导“走出去”的发展理念，欧阳中石先生为“学刊”《中国女性文化》《中国女性文学》题写刊名。“中心”与社会科学文献出版社联合召开“共建性别和谐文化研讨会”，原来在我校出版社出版的《中国女性文化》学刊，改为由社会科学文献出版社出版。并向前来参会的北京大学、中国传媒大学、南开大学、中华女子学院、天津师范大学等多家女性研究机构，赠送新改版的“学刊”。从而“中心”开始走向更开阔、更深远的“多元纳融”之路。

“中心”在跨国界、跨文化、跨学科与跨行业的发展过程中，逐步拓宽理论深度与文化关怀的时代需要，了解到无论在发达国家还是在发展中国家，都存在性别不平等的现象。但是，中国“自上而下”地推动性别平等主流化的政策规定与实践经验，使女性受教育程度越来越高，女教授、女科学家、女教育管理者，女企业管理者、女领导者等逐渐形成强劲势头，女性以自己的行动改变着性别文化的偏见。马克思曾深刻反思，私有制的产生导致了性别分工的奴役形式与父权家长制，现代性工业文明以攫取最大经济利益为目标的“自我中心”霸权体制，以征服暴力彻底“异化”了人与自然、人与人之间的爱与关怀的情感关系。在男女性别伦理方面，恩格斯曾言“资产阶级撕下了笼罩在家庭关系上温情脉脉的面纱，把这种关系变成了纯粹的金钱关系”[①]。可见马克思主义妇女解放理论，不仅是建立在人类文明社会结构发展历史之上，而且是从人类与自然关系的初始源头，人本自然之子的宇宙观，论述“人”的本质，诠释男性与女性在人类文明演进中、社会结构中存在的差序地位。这一点与中国孔子、孟子、老子、庄子等儒道先哲，承继“母神文明”精神，万物平等的爱与关怀，“宇宙是一个大生命”的宇宙观，具有认识论意义的原根共通性。

百年中国女性解放运动，随着马克思主义与中国社会主义革命、建设与改革相结合的实践进程，始终与中华民族国家命运的沉浮、涅槃、新生与发展相生相伴。其以马克思主义妇女解放理论为指导，就成为一种必然的历史选择。这是中国女性解放运动与西方女性解放运动的根本区别。马克思把共产主义表述为“以每个人的全面而自由的发展为基本原则的社会形式”。那么在社会主义初级阶段，女性生命价值实现的全面自由发展，参与社会主义建设与改革，以其特有的“人本关怀”，在社会生活实践中建构两性平等和谐的“先进性别文化”，是对马克思主义妇女观的继承与发展。

因为“先进的性别文化是男女平等的社会关系在意识形态上的反映。它公正评价妇女在创造人类文明、推动社会发展中的作用，认为妇女与男子应该具有同等的人格和尊严、同等的权利和地位，提倡男女平等相处，相互尊重，共同进步，协调发展”[②]。当然，这也是对国际女性解放运动的一种理论经验的贡献。其核心内涵简而言之，是女性作为“人的存在”，参与社会生产劳动，取得社会政治经济地位，主张以家务劳动社会化解放女性的家庭负担，并且以改造“异化”的不平等父权世界，构建两性平等和谐、相互关爱的伙伴关系，实现全人类的平等和自由解放为终极目标。这就更需要在古今中外“多元纳融”“异中求同”，在文化交流对话中走向理论创新至境。

三、在实践中开拓理论创新与传播途径（2010—2017年）

2010年3月，“中心”被北京市教委以高等教育专项批准为“科研基地—科技创新平台—中国女性文化研究”。2013至2017年，获批北京市教委高等

---

① 《马克思恩格斯选集》第2卷，人民出版社1975年版，第34页。

② 2003年8月26日，彭珮云主席在中国妇女第九次全国代表大会上的讲话。转引自徐伟新：《马克思主义妇女解放与发展概论》，中国妇女出版社2008年版，第145页。

教育两个专项，即“中国女性文化本土化建构研究专项”“中国女性文化理论与实践研究专项”。“中心”试图以北京中国女性 / 性别文化研究为核心，整合国内外学术资源，梳理中国女性的生命经验历史和生存发展困惑，开拓中国女性文化理论本土化研究的新领域。考古中国古圣先贤“天人合一”的经典哲学、生命美学经论，探索中国女性 / 性别文化的源头活水，吸纳世界现代文明的科学智慧，国际女性研究的理论经验，关注女性双重生活现实，提升中国女性 / 性别文化研究的学术理性，向国内外多维度延展开去，重铸民魂，影响世界。

2010 年 7 月 16 日至 18 日，“中心”以“推动男女心灵解放，共创性别平等和谐”为宗旨，召开“首届中国女性文化研究基地启动仪式暨中国女性文学论坛”。首都师范大学党委书记张雪、副校长王晓霞，中国作协副主席，国务院参事张抗抗，全国妇联妇女研究所所长、中国妇女理论研究会秘书长谭琳，北京市妇联党组书记、主席赵津芳，以及国内外专家学者出席启动仪式并讲话，来自国内外 22 所高校和科研机构的专家学者，为建设“女性文学 / 文化精神花园”做了精彩发言。12 家媒体的记者如《妇女研究论丛》、《名作欣赏》、《文艺报》、《中国日报》、《中国文化报》、《中国妇女报》、《中国青年报》、《中国新闻出版报》、《北京青年报》、《光明日报》、《科学时报》中国网等，亲临现场并进行新闻专题报道，被誉为“一个中国女性文化研究新地标的诞生”。

2011 年 4 月 16 日，由首都师范大学中国女性文化研究中心和北京市妇联共同举办“第二届中国女性文化研究基地学术研讨会暨当代中国婚恋热点问题论坛”，北京市妇联主席赵津芳、首都师范大学党委书记张雪，和论坛现场的百名硕士生、博士生，就个人成长、爱情与婚姻等话题贴心交流。《北京青年报》著名记者安顿、著名青年作家崔曼莉，美国华文“文心社”总社社长施雨，分别以采访北京外来务工女性生存与情感的收获与感悟、女人有一个问题叫作“我是谁”、跨国婚恋面面观为题，纵论女性面对“爱”与“家”的困惑，并且亮出不同阶层、不同年龄、不同地域的女性所持有的打开幸福之门的“金钥匙”。中国婚姻家庭研究会副会长、中国政法大学夏吟兰教授，全国妇联《妇女研究论丛》杂志副主编姜秀花研究员，对诸位作家的演讲做精彩点评。该论坛被诸多专家学者及媒体记者评论为“高校学子婚恋教育大讲坛”，这是一场寻找“爱”与“家”的幸福之门的校园行动。

2012年“中心”获北京市三八红旗集体奖。

2012年3月，“中心”荣获“北京市三八红旗集体”。4月17日，“中心”召开“第三届中国女性文化研究基地发展策略研讨会”。“中心”倡议建立“中国女性文化研究首都高校联盟”，得到北京大学、清华大学、北京师范大学、中国人民大学、中国政法大学、中国传媒大学、中央民族大学、中华女子学院、北京外国语大学、北京语言大学、北京电影学院等参会学者的一致赞同。大家认为，首先，要关注知识女性的生存与发展现状，厘清社会文化环境中的男权文化意识、制度弊端等；其次，关注女大学生的就业现状，考察其在就业过程中遭遇的显性与隐性的歧视，弘扬知识技能对就业的决定性作用。同时宣布，《21世纪中国女性文化本土化研究报告集成（2001—2012）》作为“基地”课题立项，并邀请“首都高校联盟”学者共同完成。

2013年1月22日，“中心”召开“第四届中国女性文化本土化建构研究报告会”，来自16所高校女性/性别研究学者，以及中外知名学者，对2012年基地立项课题以自己的研究专题做了学术报告，最终结项成果以《21世纪中国女性文化本土化研究报告集成（2001—2012）》为书名出版，同时由青年学者、博士生整合编辑了《21世纪中国女性文学批评理论与实践文选集成（2001—2012）》，以女性文学/女性/性别文化为切入点，以中国改革开放30多年的社会与文化转型为背景，对新世纪中国女性文学/性别文化“本土化生成与转型”的史脉流变，进行了学术经验史的梳理。

2014年5月17日，“中心”为推动国内外华文女作家新文本的性别批评研究，举办“第四届中国女性文化研究基地学术研讨会暨新锐批评家论坛”，以“性别视域下的华文女作家文本批评”“理论融合·本土生成·方法创新：

性别批评与文本实践”为话题，来自各研究机构与高等院校的18位中青年新锐派批评家，对国内外当代女作家作品的个性特点、主题结构、叙事方法、性别视域与人类意识，进行了多维度的文本细读分析。

（首都师范大学著名书法家、教育家欧阳中石先生为中心、基地书写题名）

2015年6月26日至27日，首都师范大学中国女性文化研究中心、中国女性文化研究基地、世界华文文学学会女性文学委员会，联合主办“第五届中国女性文化研究学术研讨会暨国际女性文学论坛”。来自国内外35所大学、15个女性研究机构与杂志社的专家学者，汇聚一堂，各抒己见，紧紧围绕“性别、文学、经典”“女性文学经典化与跨界书写”进行了热烈讨论。本次大会主席首都师范大学党委书记郑萼，中国作家协会副主席、国务院参事张抗抗，北京市妇女联合会党组副书记副主席陈玲，美国威尔斯利学院妇女研究中心副主任佩姬·麦金托什，中国社会科学院文学所研究员、中国世界华文文学学会监事长杨匡汉教授，加拿大蒙特利尔康迪亚大学段炼教授，南开大学文学中文系主任、中国当代文学研究会女性文学委员会主任乔以钢教授，分别在开幕式发表致辞、演讲。杨匡汉先生提出女性文学研究应该本着“全球视野，本土立场，性别视觉，跨界打通”的学术态度，推动性别平等与和谐发展。郑萼书记为美国威尔斯利学院的佩姬·麦金托什女士颁赠中国女性文化研究基地荣誉教授聘书。这是“中心”又一次大规模国际性的文学/文化交流活动。

“中心”为推动中国女性 / 性别文化理论与实践的本土化研究，分别和京外 8 所高等院校，海南师范大学妇女 / 性别研究与培训基地、济南大学文学院、云南大学人文学院、云南民族大学少数民族女性 / 性别研究基地、南开大学文学院、上海大学妇女研究中心、杭州师范大学人文学院、陕西师范大学妇女博物馆，签署合作协议书，共建中国女性 / 性别文化研究教育实践基地。以“女性领导力与家庭”“高校知识女性职业发展与家庭”“我的性别观与婚恋观”“我的青春与梦想”为主题，召开形式多样的座谈会。高等院校知识女性的生活经验，富有鲜活性、经验性、体验性，一个个活生生的生命体的倾诉、撞击、交汇，让女性走在精神成长的路上，最鲜活的女性生存发展经验与精神诉求，获取传播两性平等和谐的“先进性别文化”第一手思想资源。

“中心”为了多角度探索理论创新之路，从 2010 年起与中国网签订协议，共创中国网 · 中国女性文化论坛。如“纪念三八国际妇女节 100 周年”、“用女性意识的暖流影响人类世界”、“当代女性回家论的社会历史与文化成因”、“女德教育剖析与性别关爱伦理建构”、“社会选择与自我认同的女博士后论坛”、中国人民大学徐悲鸿艺术学院教授闫平“母亲节话说母亲与母爱”、三位当代著名女艺术家肖鲁、李心沫与张笑蕊谈“当代中国女性主义艺术与生活理想”、著名画家韦红燕、汪港清教授夫妇，青年画家黄河、曹海梅、程敏，谈论“女艺术家的创作、生活与精神现状”、当代中国女作家徐小斌《炼狱之花》论坛、海外华文评论家陈瑞琳的对话“新世纪海外女性文学走向的世界版图”、旅加女作家张翎作品“女性在灾难中承载历史的力量——从《余震》到《阵痛》”、“荷兰华裔女作家林湄长篇新作《天外》研讨论坛”、“旅美女作家王正军《哈佛之恋》研讨论坛”、“加拿大华文作家李彦《红浮萍》论坛”、“美国华文作家江岚《合欢牡丹》论坛”等，五年来举办文化 / 文学论坛共 39 期。

2016 年“中心”承担“‘京津冀’新农村女村干部领导力与家庭现状研究”课题。根据北京市“京津冀一体化”发展战略，走进京津冀基层，进行女性 / 性别文化本土化研究的具体田野考察，深入了解乡村振兴战略实施下新农村基层女性参政的社会作用。在北京市妇联、天津市妇联的支持下，召开了门头沟区女村干部会议座谈会，天津市各区女村干部代表座谈会。经过调研发现，在“京津冀”新农村“城乡一体化”建设过程中，女村干部的才华与智慧被广泛认可并得到尊重，展现出女村干部领导力与家庭的平衡艺术。她们以民生为重点的治村理念、廉洁自律的治村制度体系、亲和细腻的情理治村方式，在矛盾调和以及纠纷处理方面，更显稳定性与亲和力。女村干部管理村务所积累的修身、齐家、爱岗与敬业，开放自主的性别意识，推己及人的思维模式，伦理、法理、人情与规矩相融合的新经验，以及对未来工作的新思考，为建构男女平等和谐互补共存的社会关系、婚姻家庭关系，建设小康型的社会主义新农村，提供了丰富的、鲜活的现实参照。

2016 年 10 月 20 日，“中心”与建立数年交流关系的德国不来梅应用科技大学——不来梅孔子学院，联合举办了“首届女性领导力与家庭研究中德论坛”与“德国女总裁协会经验交流的圆桌论坛”。出席会议的德方人员有来自联邦、不来梅州的官员，研究院所和大学的专家学者，德国西门子、奔驰公司等企业的一线实践者，也有刚开始在德国创业的中国大学毕业生，中国驻汉堡总领事代表出席了开幕式，北京市妇联研究室主任、北京妇女理论研究会秘书长韩桂华女士，北京外国语大学国际关系学院教授、社会性别与全球问题研究中心常务副主任李英桃教授，在会议上分别做了主旨发言。

韩桂华主任代表中方妇女组织，以“北京妇女发展状况及婚姻家庭中的性别平等关系”为题，从经济、教育、健康、社会保障等方面向德国与会者介绍，“北京经济社会的良性发展为妇女发展提供了较好的基础和环境，妇女事业在平等、和谐、安定、有序的社会环境中稳步健康发展，建立现代、平等、民主基础上的夫妻关系，越来越成为家庭领域的主流”。李英桃教授以“女性领导力与家庭：国际视角”为题，介绍了全球政商界女性领导的状况：整体来看，参与权力与决策、担任高级管理职位的妇女比例仍然不高，在福布斯世界 500 强企业中女性 CEO 的比例仅占 4%—5%；接着分析了女性领导人数量少的主要原因，无论对亚洲还是欧洲妇女而言，双重负担都是阻碍妇女在职业生涯中追求更高职位的主要障碍。

本人题为“中国女性领导力与家庭协调发展的现状与挑战”的主旨演讲，强调事业与家庭双重角色的矛盾冲突，是全世界职业女性面临的共同困惑。并指出，当代中国女性领导力与家庭的共存性发展情况是多面向的，中国女性越来越多地步入政治、科技、工商与学术界各个领域，担任管理者、领导者。这种女性社会角色与生活方式的多样化，是中国女性全面发展的新经验、新路径。

德方发言涉及多方面内容。中国经济顾问、原德国工商会北京办事处德国经济代表鲁玉棠（Jutta Ludwig）女总裁，原西门子公司驻北京金融服务公司代表 Kirsten Frohnert，结合自己在中国工作的经验，介绍了自己与中国妇女合作的经验和感受。她们在华工作期间，无论中国还是德国商界女性比例都有较大提升。汉堡世界经济研究院院长、劳动教育与人口研究所所长 Christina Boll 结合自己的长期研究，谈男性和女性工资薪酬的差距问题，两性收入的平均差距达到 20% 以上，在收入越高的职位上女性的占比越小。与会的德国专家学者对中国经济和妇女发展取得的成就大加赞赏。她们第一次亲耳听到来自中国的学者在德国讲述中国妇女发展的故事。

这是“中心”继召开“寻找时代新女性——首届国际女性发展经验论坛”之后，又一次国际女性解放经验与生存智慧的在场研究。“寻找时代新女性”主题活动，从百年女性历史寻根到中国女性生存发展现实，从中国女性 / 性别文化研究的本土化建构，迈向国际社会与多国女性的心灵对话，真正发现了中西女性共同的精神理想，不同肤色的女性追求纯净正直的生命境界的相似性，并且从多层面观察到，“国际妇女组织迎接并重塑全球化”的重要作用。

结论

21 世纪人类文明进入政治、经济、科技与文化转型的“新全球化时代”，国际女性解放理论、女性 / 性别文化的研究凸显为全球视野下真正的人类问题。不仅关乎中华民族伟大复兴与繁荣富强的中国梦，更关乎个体人性、民族灵魂与人类心性的精神重塑，人与自然、人与人、家与国、国与国之间和平对话与“多元共生”的文化重建。因而，只有将中国女性解放理论、女性 / 性别文化建构研究，根植于“中国人精神”的整个思想体系结构中，才可能产生改变现实灵魂的精神力量。“每个社会群体都是围绕着一系列的文化意义建立起来的，并以之为其中心与灵魂，以之为联合的纽带和存在的理由。”①

那么我们的女性 / 性别文化研究，要进入社会体制、文化结构的不同阶层，是一个改变与创造社会现实心灵的实践过程，即启发人们的思维习惯、人生理

① ［美］索罗金（P.A.Sorokin）:《当代社会学理论》,（*Sosiologicadl Theories of Today*）, Harper & Row, London, 1956 版。

想、价值观念、情绪倾向等，超越“歧视”女性与“阉割”男性的陈规成见，生长出“新我”的精神成长过程。如马克思所言，“一个人的本性是由他（她）的行为决定的，他（她）所面对的现实是他（她）自己的产物”。因而，我们既需要从中国文化“母乳之泉”里汲取养分，也要认识到，马克思主义妇女解放理论从社会发展与人的解放两个方面，对女性社会地位与解放路径做出的精辟阐释，其“永葆青春”的鲜活生命力，更在于它的时代性与实践性。

回望“中心”16 年发展历程，在首都师范大学领导的长期支持下，在全国妇联、北京市妇联领导的教诲关怀下，在国内外女性 / 性别文化研究学者、作家、媒体记者及各界朋友的帮助下，“中心”承办学术女性文学 / 文化学术研讨会 22 次、在人民网·强国论坛、情感时空、中国网·中国女性文化论坛，举办女性文学 / 文化、性别热点话题论坛、讨论会议共 62 期、国际女性文学 / 文化论坛 10 期、世界华文女性文学论坛 4 期。承担主持教育部、全国妇联、北京市教委、北京市妇联等科研课题 10 项。出版“学刊”共 21 辑，专著 15 部。2009 年“学刊”获第三届女性文学特别奖，2012 年“中心”获北京市三八红旗集体奖，2016 年，本人获北京市三八红旗奖章。

如今必须充分认识到，女性的自身解放与人格独立，只是从生存走向发展的基础，女性作为“人”的自由全面发展解放是“无止境”的。从而需要逐步建立生命价值实现的目标信仰。全面研究“中国式”女性生存发展经验与存在问题，正确理解中国女性“女主人翁意识”的觉醒，激发出个体内在的智慧潜能，诞生出个体女性生命意识与国家主人翁意识共生的时代新女性价值观。因为女性解放的核心思想是“每个人的自由发展是一切人的自由发展的条件”①。我们坚定地走在探索女性更深层精神解放的路上。

① 马克思、恩格斯：《共产党宣言》，中共中央马克思恩格斯列宁斯大林著作编译局编译：《马克思恩格斯文集》第 2 卷，人民出版社 2009 年版，第 53 页。

第二章

合翼·精神之境

当代中国人婚恋情感"口述实录"的创造者

——从安顿《原色》谈论中国人婚恋观的30年剧变

精神在场:《原色》的生命意象

王红旗: 安顿,是《北京青年报》记者、纪实文学作家。她的新作《原色》,作为"当代中国人情感口述实录"系列之一,与此前的《绝对隐私》《回家》《情证今生》《绝无禁忌》等作品相比,呈现出一种温暖的生命亮色、生活的精神境界。这是她和她的采访对象,共同创造的一种丰盈的精神意象。我们今天特意邀请安顿做客论坛,谈谈她的"口述实录"创作。

《原色》塑造的这群怀揣梦想,在城市里奋斗的草根族,直面生存艰辛的坚韧站立,乐观向上的心理状态,对在物质生活里浮沉的人们,是一种灵魂的救赎之光。从你的《绝对隐私》到《原色》,更是一种新的发现与超越,向个体人性深处的审美求索。这是否与你的理想主义情愫有关?

安　顿(《北京青年报》记者、作家): 我是在跑动过程中工作的人,真正静下来想一件事情,把它说清楚的机会很少。说起《绝对隐私》的写作,是个很"诡异"的事情。一位评论家讲,每个作者的作品免不了的命运就是被误读,到今天为止围绕着"绝对隐私"这几个字的采访,即"当代中国人情感生存状态的个案调查",进行了16年,其中几乎有13年是在被误读。

1998年出版《绝对隐私》,那时我们对互联网基本一无所知,获取信息的渠道非常少,人们对婚姻感情上的事,不像今天可以公开谈论,把它摆在谁都能看到的地方,成为透明的谈资,因此就叫了那样的一个名字,这份工作天然和窥视相连,必然导致这本书的文化价值完全被淹没在"炒作"当中,令我无法辩解,我采取的方式就是不停地做,以量的积累最终达到一个规模。我坚信当规模足够大就会产生质变。1995年我开始做"口述实录"专栏,一直到现在经历了被模仿、被复制，甚至还有人在做假，但是我和我的栏目到现在为止“一以贯之”。十几年的坚持给我的回报就是终于有机会坐下来讲我在追求什么。

王红旗：《原色》里有着鲜活生命的草根族形象，是你能够真正走进这群人的真实生活，在同一生命线上体验这群人的昨天、今天和未来，洞察这群人的精神世界。这群草根族默默地生活在城市的边缘或底层，其弱小的声音很容易被忽视，甚至被城市的喧嚣吞没。如今城市的现代化进程正在使乡村逐渐边缘化，乡土精神真诚朴实的善与爱的缺失，让都市人孤独、彷徨与迷惘，蓦然回首，那个充满善意与爱心的乡土世界，就存在于你创作的《原色》里。这是《原色》的震撼之处。

请问，为什么这些草根人群引起了你的关注？你是如何从他们心里掏出了这些感人故事的？

安　顿：我对记者职业一直特别喜欢。在做记者的过程当中有好多选择，好多诱惑。比如写名人和草根难度上比起来，前者远远低于后者，名人的公共信息多，社会资源也更多，采访名人相对要简单，不会面对叙述上的障碍。采访草根要打破两个人的信任屏蔽，非常难。我觉得作为记者，对社会生活、历史事件或一个历史时期人们的精神状态，描述和记录是需要耐心和虔诚的，即对人生真相的追求。

“真相”通过细节获得。迄今为止所有口述实录作品中，我避免判断而强调呈现细节，每个故事都是小格局的叙述。因为社会由每个个体组成，每个个体对于细节的追述，对个人生命历程的进一步追问，放在一个宏大背景下就是社会历史的一部分。这种工作方式和我的阅读经历有关。

王红旗：随着时间的积累，就呈现出一种集体历史。这种多样性历史的海量细节，能够形成一种文化张力，比宏大叙事更具体真实。当年读《绝对隐私》就有这种感觉，重心在揭示物欲膨胀的年代，都市情感家庭婚姻的危机，还引起了“隐私文化热”的讨论，的确遮蔽了你对情感生活更深层的精神呼唤。如今来看，你那时所彰显的年轻男女的爱情观、婚姻观与价值观的变化，更具有社会情感史、精神心理学上的多重意义。

安　顿：现在看《绝对隐私》，它还是我特别喜欢的书，不仅因为它是我记者生涯的处女作，更重要的是它见证了我的年轻岁月和思考过程。二十七八岁时的我充满理想主义，缺少深刻而不缺少激情、善意和理想，对我来说那是有梦的作品。我采访的那些人，有的人现在已经50岁，到了知天命之年，回访他们的时候，坐在一起非常感慨，现在还会不会像那时把感情当成那么大一件事情？从《绝对隐私》一起走过来，感情这件事在当年就是那么严重，严重到要人命。

至于说到情感史学、精神心理学，我坚定地认为，社会史即个人史的汇总，关注和研究社会必须从研究最鲜活的个人开始。我没有能力站在更高远的位置来看我们的社会生活、观察人的精神和情感世界，但我有能力从每一个细胞开始，不停地探究，就像集腋成裘。

王红旗：《原色》与《绝对隐私》最大的不同，是讲述者与草根族双重的精神在场。1998年出版的《绝对隐私》，是你从1995年为做“口述实录”栏目，考察当代中国人情感状态开始的一项调查，在400多个形形色色的调查对象中，被选入书中的仅有20个，《绝对隐私》的命名，虽然存在你与出版社为“炒作”卖点的不情愿的合谋，但是“中国人情感口述实录”的表达方式，把当代纪实文学推向了极致。你那时为什么会选择“情感”主题和“口述实录”的叙事形式？

安　顿：我觉得，做记者是一个成长的过程。最初，我知道报纸办给所有人看，可以从里面读到公共信息、社论、政策法规等，这是媒体的大概念。那时我有条件接触到一些西方的记者同行，看到国外的一些报纸，又做过一段时间国际新闻的翻译，我想有没有可能有一份报纸上哪怕有一个词，一段感慨，一段故事能够触动不同的人？

后来看到著名的《美国梦寻》，记者采访普通美国人，走很长的路，遇到人就聊，让他谈他的美国梦。再后来我找到了他的另外一本书《纳粹子女访谈录》，巨大的历史感，悲怆的人文精神，绝对第一手的材料。这些个人化的作品背后是宏大的历史背景，能让我们看到时代的脉络和一个特定历史时期人们的精神面貌。每个个体的叙述都体现了细节的力量，也体现了社会环境的直观的影响。我认为这些非常珍贵，需要有人去记录。

研究情感状态研究的是什么？我认为本质是人性。作为一个人，作为有思想的高级生物，灵魂深处的强大与弱小、善与恶、光明与黑暗都在对峙，最终这一切体现在感情选择里面。这些个案的情感对我来说，是他们最珍贵的不同于任何人的生活逻辑。作为记者我觉得特别幸运，因为有机会看到这些。

身体解放与多元婚恋观剧变

王红旗：那时读《绝对隐私》的第一感觉，是你的勇气。在向往人性绝对自由的狂欢中，短命的爱与性成为时尚前沿的新宠，但是，遭遇爱情破碎、婚姻破碎、家庭破碎、灵魂破碎，甚至是文化破碎，身心承受着血淋淋疼痛的人们，在经历着自我生存方式的多种选择，对外来文化的仰视，对金钱、权力、欲望的崇拜，产生的“准绳”断裂后的困惑、痛苦与挣扎，真假是非丑恶无序难辨，你能鼓足勇气，大胆表现这个纷乱迷离的“正在进行时”，反映伦理道德与社会现实行为的激烈冲突，人性的战栗与滑落，人对生命尊严的彷徨与坚守。这种人文关怀的底色，标示出你的极其自信和清醒的内心。并且，一个个悲剧生命故事的背后都站立着一个活生生的真实原型，成为一个时期社会文化意识形态的缩影。作为一名年轻记者，当时支撑你勇敢前行的力量是什么？能否回忆一下《绝对隐私》里，对女性情感影响比较大的故事？你如何看待那时的所谓“性解放”？

安　顿：每一个时代道德判断的变化都是双刃剑。《原色》里面的一个妈妈一直在问女儿到底经历多少男人是正常的？过去，两个人一辈子，我的父母一代就是这样。现在想那个时代的生活，觉得两个人一辈子特别美好。如果在当今这个时代，两个人固守一辈子，婚姻里面会不会藏污纳垢？这又是问题。

王红旗：女性的“第三次解放”，即身体解放的历史原因是复杂的。正是这种复杂性，直接造成女性生存与文化处境的种种悖论。在沉默中封闭的性，在秘密中进行的性，个体冒险被社会责难甚至绳之以法的性，一时间都被公开、被书写。性无处不在地改变着人们的婚恋观念和行为方式。解放了的性，让男性 / 女性的灵与肉快乐的同时，也带来了性与爱混淆与分裂的空虚、寂寞与痛苦。尤其男权传统婚恋观中对女性“贞操”的双重标准，使女性身体再次陷入被看与被消费。

安　顿：就“贞操观”而言，假定一名女性一生唯一选择的男性，刚好性无能，她要不要忠诚于他，要不要一生固守？这个时代的进步在于，女性能够主宰自己的身体。20 世纪六七十年代的美国，年轻男女随身携带安全套，因此觉得他们性开放到如此程度。但如果从另外一个角度看，这是不是比没有安全套更好？人在支配自己身体的同时保护自己，这是不是进步？我们国家在这几年才在少男少女中提倡，才开始有正当的性教育。

1998 年，我采访的很多人都在谈性方面的痛苦。被采访者遇到了她不爱的人，但是婚姻决定他们的性是合法的，这是一种性侵害，因此她很痛苦，影响了她的婚姻生活。回想我的少女时代，有关性的教育是一片空白。我记得非常清楚，生理卫生课从头讲到脚，只有到了该讲生殖系统这天把男生和女生分开了。老师自己都特别害羞，即使我们心里有很多问题，也不敢去问。

我在工作过程中，经常面对由于性无知，决定遇到的第一个男人就必须成为丈夫的女性。这种传统性观念影响着很多人，挖出去是不可能的。前几天我采访一个美容院的女孩子，她跟丈夫离婚了，我说你们当时怎么在一起的，她说没办法，没结婚就住在一起了，别人不会要我，只能先跟他。那个时代根深蒂固的意识笼罩着她，让她没办法去选择。事实证明美国 20 世纪六七十年代垮掉的一代人已经回归了。而中国的 80 后，相当一部分人在选择生育时非常负责任，已经有了很大进步，一个社会滚动式的前进也需要人们有耐心。

王红旗：是的，人类文明进步所有狂想都来自情感触动。现在社会的问题是，自我主体的张扬，物质欲望的膨胀，夸大了婚恋观念的实用与功利主义，失去了崇高的真爱基础。这是令人忧心的。

安　顿：我认为，《原色》这个人群目前是主流，不是因为他们人数众多，而是因为他们代表了社会的价值判断中最积极的部分，他们体现着一个精神动荡时代的亮色。有人问我“口述实录”系列给读者带来什么，你在倡导什么，是不是呈现婚姻和感情最悲观的一面。我说我是在告诉你，小红帽是天真纯净的好孩子，她走进大森林会有两种可能，一种是高高兴兴走到外婆家，一种是遇见大灰狼。我和我的受访者用亲身经历告诉你，遇到大灰狼的时候要懂得拿枪。

王红旗：《原色》有一个很强大的精神支撑，就是对于现代情感困惑提出了新的命题，重释边缘人群、底层草根精神，重释情感暖色对生命的意义。你的写作证实了你的精神诉求。

安　顿：我很认同你的概括，在所有这些书里面整体的基调是亮色的，情感是温暖的。

情感境界：超越“同情”的灵魂共鸣

王红旗：在我看来，《绝对隐私》与《原色》最大的不同是，前者以破碎的方式呈现破碎的心灵；后者是检视精神碎片缝合而成的生命原色。前者你手持的是手术刀，重在撕破，揭开一个个生命的情感遭遇、历险真相；后者你手里握的是一根细小的针线，重在缝合，缝合一个个生命的情感碎片，编织生命原色的群像。这种变化是否与经历的岁月有关？古人云“四十不惑”，但是我觉得，女性到了40岁才真正开始“惑”。你曾讲过“40岁之前，我的问题都是提给他人的，你为什么，你怎么可以这样，你怎么可以做这样的事情……40岁之后最大的改变就是开始问自己，我怎么可以让我的婚姻这样，我怎么可以这样对待我的家人，所有的疑问都回归自己了”。从这个意义上讲，《原色》是你人生与创作的一个里程碑。是怎样的经历成就了你的回归，能举几个例子吗？

安　顿：这是一个变化非常快的时代，物质生活空前稳定，但是人们的精神世界发生了震动，甚至是激烈的动荡。我自己也面临很多精神冲突。做记者的好处，在于有一个通行证，可以深入不同的社会角落，接触更多的人群，一直挖掘。在采访《原色》和《一百个中国人的梦》之前，我已经接触过很多不同层次的人，我以为这就是我认识的社会。

但是开始做《原色》，采访这些底层普通劳动者，我发现我不认识这个社会了，他们给我带来很多震动。我过去不喜欢说阶层这个词，但是我内心都知道阶层是存在的。在知识阶层，对于人的出生背景和教育背景划分更清晰。当年有人说《绝对隐私》也许是打开了人性的屏障，是一幅社会的全景图。当进入《原色》采访，我发现那些评价有可能是溢美之词，那只是生活中温饱不是问题，物质生活不成为问题的一群人追求更高的生活质量时的思考。实际上更多的芸芸众生，奔波在求食的路上，他们的感情在生存当中所处的位置会很不同。我发现普通劳动者的婚姻更稳定，进入《原色》采访的时候，我发现底层妇女非常勇敢，这部分人敢爱敢恨，让人特别感动。

那时正好有机会，采访一个艾滋病女孩儿。也许拥抱她是我工作的需要，但绝对不是我内心的需要，我成不了圣徒，没有那样的牺牲精神。我记得，去的时候我带了个水杯，我想她用的东西我不碰。我把所有起承转合都设计好了。

女孩子特别漂亮，我们进了咖啡店坐下来。她拿出来一个杯子，一次性的，她说："你喝你喜欢喝的东西，我用我自己的杯子。"最后我问她杯子怎么处理，她说她烧掉。从她内心的善里面可以照到自己，当时我觉得她照见了我心里的恐惧。后来又有一个细节，她送我一朵纸的红玫瑰，做得很漂亮，上面盘了胸针，她当时特别想给我别在毛衣上。她已经站起来了，很可能因为我的往后一靠决定了她重新坐下。我想人和人之间的亲密和隔阂，往往就因为一个细节，一个非常非常小的细节。玫瑰进了小口袋，小口袋进了我的书包。我一路开车回来，有好几次掉下眼泪。她的经历非常曲折，也很惨，当时我在想，如果没有这份工作，我可能永远不知道这世界上有这样一个人，在过着这样的生活。

到今天为止，采访过程中这么多不愉快的经历，我没有疯掉，大概是因为每一次采访都可以看到动人的东西。

王红旗：从某种意义上讲，人类不丢失原色自我，才能不断成长与完善。我感觉"原色"在照亮你的创作一直往前走，迈向人性更美善、更幸福、更文明、更崇高的境界。因此你的作品有一个共通的灵魂，这群被讲述的人物无论遭遇什么磨难，被压抑到什么程度，他们都能够超越绝望，坚定地行走在生活的路上。这就是你认为的人生原色吧。我的助理王唯阅读《原色》的感受是："整个《原色》读来像是个魔方，它有六面：男人、女人、孩子、婚姻、钱、情感，六面组成的是立体的生命和生活，所以故事也是立体的。《原色》讲述了形态各异的十七个魔方，十七个魔方又成了一个大魔方，看似什么都在变，但有些并未改变，这可能就是生活的原色，看似平淡无奇，却绝不平凡的人生。"

她的感受，代表了大学校园里的青年读者。《原色》的文字是简洁轻松、富有诗意的。你把以往的冷峻锐利化为圆润的温存，把以往的沉重苦难化为乐观的生活担当。看似男人、女人、孩子、婚姻、钱等的家庭日常生活的情感叙事，隐喻着一个精神本体向上的攀岩跋涉。《原色》不仅是草根族生活原生态的原色，还是一种人类生命哲学与审美意义上的原色。《绝对隐私》可以说是在情感困惑中的探寻，《原色》则是对生命本色的阐释。能否谈谈你写作《绝对隐私》和《原色》时，创作理念、创作心态的变化。

安　顿：我想说语言的一个变化。过去在我的写作过程中，因受西方文学影响，加上多年学外语，天然喜欢用激情饱满的大长句子，读起来酣畅淋漓。当时我就觉得这种喷发很有力量。多年以后的《原色》采访，对文字力量有了一个新的认识：化繁为简，简洁就是力量。当一个人有大喜大悲的时候，他的表达往往是简单的，甚至简单到只有一个字。在《原色》中，跟我聊天的这些人，都是来自社会底层的女性，她们直奔主题。这反而让我感觉到语言背后的人格力量。我现在再看很多东西，会觉得在深入语词的密林时，我们偷换了多少概念？我经常有这种感觉。

王红旗：简洁是才情的姐妹，你创作理念的改变促成你语言风格的成熟。更重要的是，对这些人群的内在认识，你已经超越了化她们的痛苦为自己的痛苦的“同情”阶段，而是进入人格灵魂平等的审美境界。

安　顿：在与她们的互动中，我受到了救赎和洗涤。做记者容易给自己优越感，有时候会表现为同情，现在我觉得同情非常廉价。比如说电视记者采访一个放羊的孩子，前面的采访都是客观的，到最后总结一定要加上“在如此艰苦的生活环境下，他们保持乐观的心态”。因为我自己真正在卖馒头的大姐身边买馒头，吃三轮车夫给我的烧饼夹肉，我能感觉到“子非鱼，安知鱼之乐”。这些普通劳动者，不需要同情，我从他们身上能够感受到一种真正的生命力。

王红旗：人的内在力量，在某种程度上与知识、财富是无关的。这是我在与乡村母亲的谈话中常常感受到的。她们的大爱、承担与乐观，是生命内原本就存在的神性力量，她们对生活的理解甚至更透彻。

安　顿：这种被同情是不尊重人的。也许这个放羊的人比我幸福，在他的世界里，今年草地非常好，羊很肥，他很幸福。人在什么位置上，就有什么样的追求。

这些劳动者身上特别可贵的一点，更多的是与命运的和解。他们特别乐观，容易概括的记者又会说“这是他们乐天知命”“这是他们自强不息”。我觉得都不是，这是对自我命运的认同和拓展。这才是生命的力量，他不依赖任何人，自己创造条件。我在做中国“草根梦”采访的时候，越来越觉得中国梦和美国梦是不同的，中国梦的根基是努力让自己活得更美好，更像人。

王红旗：这让我想到，2007 年首都师范大学中国女性文化研究中心、国际女性发展促进会与蒙古国的女律师协会，在蒙古总统府贵宾厅召开的国际女性发展经验论坛。全美妇联组织主席玛莎·伯克、全美女总裁协会的执行官琳希对她们说，我们帮助你们去竞选总统。

安　顿：我采访的那些人，她们说不出来“修身齐家治国平天下”，但是她们身体力行。一开始要求孩子好好学习，做善良的人。你是女孩儿，你长大就是好媳妇，好妈妈；你是男孩儿，长大就要当好丈夫。农村的离婚率低，她未必认为婚姻里面有什么东西要委曲求全，物质生活水平决定了精神追求层次的高度。我真的没有办法判断别人的生活，作为一个记者我只能呈现。也许多少年以后，我当不动记者了，跑不动了，就去写小说，但是我仍然是一个作不出判断的作者。

王红旗：每天在采访中接触不同生活状态的人，与其说你救助别人，或者说从物质上救助别人，是你的付出，倒不如说你在和他们的沟通当中，得到一种精神共鸣，他们淳朴的感情、他们的价值观，对你的灵魂是一种洗涤和救赎，也就是你说的“动人的东西”。我在读你的书时这种感觉很强烈，不然你就捕捉不到那种生命的真实细节。

母亲：生命之爱的分量与隐忧

王红旗：我发现在《原色》的故事里，“母亲”叙事占了很大的比重。如全书首篇的《活得有声有色有尊严》，讲述的就是三代女人的故事：奶奶—母亲—女儿。开场如同女性历史大幕里的三个大特写，奶奶是被男权文化异化的女人，妈妈是被奶奶逼疯而“自杀”了的女人，女儿是逃出家庭到北京来打工的三姐妹。奶奶被物化到“无我”（传宗接代的工具），妈妈为反抗“无我”（传宗接代的工具）付出了生命的代价，第三代的女儿们“彻底明白了女人这辈子最该相信和依靠的人其实是自己，而可以依靠的自己要靠知识来打拼”。

这让我想到你的《绝对隐私》电视电影系列里的女主人公，比如，《生死劫》里，被借腹生子的女大学生嫣妮，受骗猛醒后仍然自强自立地生活着；《陈越的婚纱》里，年轻女孩儿陈越为供自己心爱的人上大学打工挣钱却被抛弃时的无奈；《渴望一份真爱的感觉》里的萧萧，《人在北京》里的玫瑰；等等。她们如同活在当代文化里的女性生命形象，经历生活的风雨沧桑后，长大了，成熟了，成长为“彻底明白”了女性生命意义的“女儿们”。实际上《原色》是一种“女性塑造”，全书首篇在重新审视女性的“他塑”与“自塑”问题。在当前的文化境遇里，女性的反省“自塑”是否显得尤其重要？

安　顿：你读得真仔细。性别特征一定会在所有作品中有潜在体现。《绝对隐私》系列访谈的时候，出于对所占有的资源和素材客观性的追求，我当时有意识地让男性和女性受访者在数量上保持基本平均的状态。伴随着我的成长，我对女性命运的关注更强烈，更关注女性的生存状态和文化传承。一个国家的文明程度，实际上在于它的女性受教育程度。一个孩子诞生后最初的一切，对世界的认知和教育全部来自母亲。

王红旗：《原色》里的母亲群像非常深刻。《离禅最近》里的母亲说："妈现在跪着做事，指望着你将来能站着做人。"读到这里时，我真的流泪了。仿佛读懂了所有母亲对生命尊严的理解。母亲的教诲把人格精神一次次融入血缘文化的基因里，朴实的母爱滋养子女的成长，子女的未来是母亲生活的希望，这成为母亲生命中的"禅"。还有在《时代的缺陷 VS 个人的美德》里，丈夫困惑地问妻子"什么能比钱的力量更大"，这位年轻的母亲毫不犹豫地回答"是文化"。《扎实的幸福》里的母亲日复一日地做小时工、当保姆，就是为了供养孩子好好读书，读出真金白银来，实实在在改变自己生活的处境。这些母亲坚挺身躯，奉献着爱心，用辛劳实现着自己与子女们的读书梦。知识改变命运的观念深深流淌在母亲的意识里。这就是母亲"形而上"的精神。如今你也做了母亲，能否谈谈你的女儿、你的母亲对你的影响？

安　顿：我奶奶是童养媳。奶奶到最后是给爷爷送终的人，但他们很长时间不在一起。奶奶是三寸金莲，去世的时候没有鞋给她穿，只能去定做。后来我奶奶来北京跟我爸爸妈妈一起生活，她洗脚不让我看，我那时候特别想看，故意选择她洗脚的一天，破门而入。我看到的一切特别令人难过，那几乎已经不是一双脚。我当时想这样的一双脚怎么能走过 80 多年？而且在后来，我家特倒霉受冲击的时候，她怎么劳动？我看到她的脚，觉得这就是她的命运，她根本没法选择。

我这些年特别喜欢鞋就是因为我奶奶，我十几岁了奶奶还给我洗脚，她想摸一双健康的脚。后来我上班第一个月发工资，买了一双最小的皮鞋，十几块钱。我希望她能穿上，她在包好的脚上试了一下，就收起来了，最后这双鞋成了我奶奶的遗物。我记得那时说出国给她带好东西，她说不要带鞋，带鞋没有用，穿不了。《绝对隐私》出版之后，法国电视记者采访我，是在埃菲尔铁塔。我那时候穿的是香奈儿皮鞋，他问我"妇女解放"对我来说意味着什么，我说对我来说就意味着有一双健康的脚，能带着我去我想去的地方。当我走远路看这个世界的时候，我是替我奶奶在走、在看。

说到我妈妈，她是由于社会政治方面的原因，无法选择她喜欢做的事情。很多那个时代的妈妈会把她的理想放在孩子身上，她逼着自己的孩子做她想做的事。后来我写了一篇作品，其中提到，我爸爸妈妈特别希望我做一棵白菜，我最后长成了一个萝卜。我出现在电视上，我爸爸看着电视上的我说："其实当时没有想让她成为这个样子。"

我生活在这样开放的时代，可以按照自己的理想去生活。所以我不再避讳有关性别的话题，反而更注重与女性有关的采访和写作。《原色》提出很多社会问题都与女性生存状态有关，比如说底层劳动妇女的生存保障、社会福利、法律援助、精神伤害和补偿……这是快速经济发展过程中必须关注的问题，关注这些问题就是关注下一代的成长，关注下一代中国人的生存质量。因为她们是母亲，关注母亲就是关注孩子，就是关注社会发展。命运很有意思，开始关注女性命运的时候，我怀孕了。我生的是女儿，我想我没有理由不认真做事，不认真生活。有一天我会把全部的人生经验，甚至我走过的弯路、犯过的错误全部告诉她，和她分享。我希望她有成功的人生，做比我称职的母亲。现在对我来说这不仅是工作，更像是使命。

王红旗：在《原色》里，大多数母亲对自己的婚姻家庭都不满意，又没有能力改变，就把自己再活一次的希望寄托在女儿身上，女儿过得幸福就是自己的重生，让女儿替自己做个成功和幸福的女人。但是，因为两代人的人生观、价值观、婚恋观不同，冲突也相伴而来。《幸福的变与不变》是母子之间关于儿子婚礼形式的冲突；《"无能"母亲》是母女之间在生活方式、教育方式上的矛盾；《不敢离婚》是母女对"离婚"的不同看法，而女儿反驳母亲"现在跟那个时候不一样了，离婚不是新鲜事，这么被一个男人欺负才叫人瞧不起"。当下社会的婚礼形式越来越多，特别个性化，你如何理解"婚礼形式"与未来婚姻生活的幸福之间的关系？针对女儿反驳母亲"不敢离婚"的话，你对年轻人的"闪婚""闪离"有什么看法。

安　顿：我采访的很多女人，都有离婚经历。女人的觉醒在于她对自己身份的选择。《原色》里，40 岁左右的母亲，作出离婚的选择。即使在非常穷的情况下，也选择离婚，接纳未来的困难，做自己希望做的事。这是一个很大的变化。这个世界上有再多貌似强大的意识，也不能控制你。我希望那些读到这部作品的人，能知道自己是谁，爱自己，首先是为自己活着，才会有一切。

王红旗：很精辟。另一类母亲，是遭遇丈夫“婚外情”的女人。这类母亲经历了婚姻情感的隐忍苦痛后，宁愿接受种种伤害，甚至接受被抛弃后与子女相依为命的生活，她们很豁达，很乐观，丈夫反而被搁置在边缘的位置。如《剁不断，越剁越乱》里，写了母亲因丈夫有了“婚外女人”，想要断手自残，但是为了孩子，为了保住这个温暖的家，她宽容到与这个“婚外女人”相安无事地交往。她觉得这样做，“自己是个善良的人，渐渐也会是一个完美的人”。她理直气壮地说：“我比她好，我拿着钱、拿着房子、拿着车、拿着结婚证，还有儿子，她有什么？”

《一辈子最好的东西》里的母亲，仍是一位遭遇丈夫“婚外情”的女人。由于丈夫不能生育而没有孩子，她竟然把丈夫“婚外女人”的女儿当亲女儿抚养。任由丈夫与“婚外女人”如夫妻一样出双入对，而自己甘愿与“婚外女人”的女儿生活在一起，并滋生出超越血缘的母女真情。这两位母亲对“第三者”的宽容都是自己的主动选择，女性受害者的、弱者的、对丈夫的依赖心态，在不同程度上被现实生活消匿得无影无踪了。她们很清楚自己在婚姻中的位置和生活权利；如今“第三者”现象越来越普遍，其文化温床到底是什么？你弘扬这些母亲多元包容的婚姻家庭观念，你理想的婚姻质量是什么？

安　顿：我感动是因为这种胸怀只有这个人群里的女人才有。你也可以说她迫于生活需要，考虑到离婚损失大。但是我觉得很大程度上是出于对人生的善意，她爱丈夫，虽然他是个“王八蛋”。她心疼那个女人，觉得人家多不容易，长得挺好，受这么多苦。她心疼孩子，就是没想她自己。知识女性能不能做到？至少我做不到。

“第三者”是个挺复杂的群体，也要具体问题具体分析。我的原则基本上多年来没有改变，不管你有多么充分的理由和多么深厚的感情，哪怕你自己觉得爱得惊天地泣鬼神，那也是你自己的事，只要你以此为依据出来拆别人的家、拿别人的钱、让别人的孩子不能父母双全，那这感情就不那么美好、不那么高尚、不那么善意了，可能我保守，但这是我对这个人群接纳的底线。

王红旗：《两代女人的命运不能跌进同样的深谷》里，讲述的是母女不同的贞操观。传统贞操观念给母亲的婚姻带来不幸，母亲对自己的婚姻已经绝望，老公已经与“第三者”同居生了儿子，“我是自己从心里觉得跟这个人离婚了，没他了，办不办手续没啥不一样”。而自己的女儿“跟了一个又一个男人”，频繁地换男朋友的行为，让母亲心存隐忧。更暗示的是，无论传统的“性禁忌”还是现代的“性解放”，都有可能酿成女性生存命运的悲剧。从一位母亲作为亲历者、目睹者来讲述，具有一种女性母爱与经验叙事的双重意义。“频繁地换男 / 女朋友”已经成为当代年轻人恋爱期的普遍现象，还美其名曰是为了获得更多的男女相处的经验，其实背后反映了很多问题，谈谈你的看法。

安　顿：就是这个妈妈，她说女孩子到底跟了很多男人好，还是只跟一个男人好呢？她问我，我说也许她跟了一个不合适，再跟另外一个还不合适。可是这样一路跟下去，就合适不了。她说她已经麻木了，不知道自己是什么样的人。从正面看，她是在追求自己的爱情最恰到好处，有最饱满的情感体验，但是反过来说，也许这个过程中付出的感情代价成本会非常高。这完全取决于她个人，这并不触犯法律。

爱情婚姻：都市草根族的影响力

王红旗：2002 年《绝无禁忌》的出版，可以说是你的“当代中国人情感口述实录之四”，你寄给我的书我是连夜读完的，扼腕叹息书名没有使用“代序”的名字“青春墓地”。因为“青春”与“墓地”直指生命与死亡、传统与现代的形而上，我一直难忘书前那坟头上亮着的一盏盏橘黄的蜡烛。你以决绝的姿态对所谓“新新人类”离经叛道的时尚生活方式进行理性的分析和严肃的批判。

我记得 9 位采访对象，年龄都在 25 岁以下，有的还是在校的大学生。他们不约而同地从自己的角度诠释了对“禁忌”这个概念的看法。康小明跨过 18 岁的年龄差距，“跑到又像情人又像母亲的女人怀里”；周晓燕说服了感情不和的父母自愿离婚；向云一把火点着了哄骗她的体育老师的宿舍……他们蔑视成年人定下的“规则”。还有“另类”青年的“另类”追求，比如女孩子为了过上优越的物质生活，把一个个男人变为自己通往“幸福”的阶梯；读大学的男生为了“从那些寂寞的女人身上挣钱”竟然对“陪聊”生涯乐此不疲；等等。你刚开始说这个情感是一个很大的事情吗？一个男人不爱我，我就会死，针对出现这种情况就会打一个大大的问号，真正的感情是什么，生命是最可贵的。

请问你是如何让这些充满反叛意识的年轻人接受你的采访的？他们对爱情婚姻的“另类”理解是什么？

安　顿：感情真的是一个最大的事情。这么多年过来，我也经历过恨不得跟人家私奔的情感，我觉得只要你愿意，只要你爱，你能承担，能负责任你就去做。在这点上我是特别开明的。我很尊重这种选择，自己也是这样过来的。我看到现在的女孩子做的很多事情，都是我想做却没敢做的，所以我都能理解。当我们看到这些的时候，能给这些孩子什么？我特别渴望知道，她们在20年以后再读到《绝对隐私》的时候，会嘲笑这些老古董吗？她们也有这种感情，这种纠结，这种内心的挣扎。我觉得一定不会，因为她们和老古董没有什么不同。这古今中外都是非常一致的。

王红旗：你说《绝无禁忌》"是一本描写所谓新新人类的生存和情感的书"，也是一本"描写在现实社会中初出茅庐的青年人充满了颠覆意识和反叛意识以及对混乱、无序的生存探索的书"。可见旨在探索社会文化转型时期，前卫、时尚、现代性的情感生活方式，金钱财富欲望对人性情感的性别变量的影响。你想通过他们"与传统决裂"后的迷失再认识传统的意义，还是想揭示中国人的情感世界从"绝对隐私"发展到"绝无禁忌"的两极的利弊关系？

安　顿：今天来说《绝无禁忌》这本书很有意思，因为其中的那些叫我"老老人类"的"新新人类"已经成长到为人父母。用今天的断代方式来说，他们就是80后。当年他们的情感表达方式、自我价值的确认方式和对传统道德的颠覆，具有石破天惊的效果，但是今天他们当中更多的人开始回归，或者说他们开始重新认识传统并吸纳其中的一些具有经典意味的精华为己用。从而回归到一切能让人活得更舒适、更愉快、更身心健康的生活方式中来。

王红旗：《时代的缺陷VS个人的美德》是一个很温暖的故事。其中有一段对家的描述："他觉得男人与女人的亲密接触是美的，这里面没有欲望和钱，有爱。然后成家，这爱绵延起来，绵延到女儿身上，三个人手拉着手，成一个环。女儿生日，他亲自设计了蛋糕上的花，就是这么一个环，也叫家。"我曾读过诸多社会精英对现代型婚姻家庭的种种困惑，甚至恐惧。你在这篇文章的题眼里讲道："虽然他没能改变环境，至少还坚持独善其身。这一点和很多普普通通、忙于生计也迫于生计的小人物一样，他们的缺陷是整个时代的缺陷，而他们的某些美德，的的确确只属于个人。"

面对都市里越来越多元的家庭新形式，"高知高职高龄"女性的生存现状，"家"的概念是否也应该重新理解啊？

安　顿：用我采访的一位大姐的话来说吧："我不认为这个时代不好，有坏人那是没错的，天堂里还有抢位子把别人挤对出去的坏分子呢，臭虫是害虫，啥时候都有，关键是咱不能当臭虫，咱是人，人有脸皮，坏事做了被人抓住了要打脸，寒碜！”

你说的那种“三高”女性就是社会上所说的“剩女”吧？“剩女”从来不是一个社会现象，也绝对不是一个代表了大多数女性的人群，只是一些对生活质量要求比较高或比较特别的人。“剩女”被研究、被关注，甚至被认为是亟待解决的问题，在某种意义上说也是女性的另一种被消费。我挺支持敬重那些坚守原则、对婚姻和另一半宁缺毋滥的女性，因为她们一旦选择就会很理性、很负责，将是婚姻大军中最稳定的那一群人。

王红旗：集中讲述爱情婚姻刻骨铭心记忆的，还是 2000 年出版的《情证今生》。如果说《绝对隐私》《回家》都是讲述的当下，而《情证今生》则是现实与历史的结合。不仅有年轻恋情的单纯与真诚，有恩爱夫妻相濡以沫的悲欢，还有知天命的女人对自己和母亲情感世界的回忆，把中国人的丰富情感记录拉回到 20 世纪的前半叶。还曾有批评家和读者质疑其真实性，当初你为什么要选择这样的人群来采访？是否想借此来抵御当时“中国人紊乱的情感世界”？你对爱情天生“命短”如何解释？

安　顿：《情证今生》是比较特别的一本书，当时的背景是想做一本和情书有关的故事，很多受访者其实就是我喜欢的某一封情书的作者，我采访的是情书背后的故事。正好那一年是 1999 年，这么多的 9，仿佛在说天长地久。而且那时候我每天都沉溺在悲剧爱情故事的采访中，我想这个主题会给我一些不一样的色彩。事实证明也的确如此，这本书的采访过程也是我接受洗涤的过程，就像前面我们说的，两个人一辈子，那个并不遥远的时代，爱只与爱本身有关，和钱、和物质没有关系。这本书也许能提供另一种对感情的诠释，也许在反叛、自我、个性解放之外，包容、隐忍、坚持、忠贞不渝，也是一种坚守爱情的方式。

王红旗：你委婉地指出，爱情并非天生“命短”，只是现在的爱不纯粹而导致。《原色》的每个故事里都写了婚姻，男人和女人因婚姻命运多了悲欢离合的未知。呈现出北京大都市里的边缘世界的矛盾、徘徊与生命本体的脉动。这群小人物是处于边缘的，生活没有连续性的，从乡村到城市，从贫穷到富有，一切对他们来说都是很陌生的未知，角色不断转换，让他们失去了太多安全感。

他们徘徊于传统与现代之中，处于冲突与蜕变之间，有一种诱惑中无从选择的迷惘。但是，这些人的故事，你选取了生命与人性爱与善的朴实光亮，讲述她们的自救与完善自我精神成长，其实是在叙述一种生活的可能性，一种“活着”的生命经验。

故事不仅仅属于主人公，也是你的、我的、她（他）的，属于每一个人心灵深处的永在与渴望。《中国妇女报》记者代刚，以“为草根树传，为社会之根树传”为题，讲到你是“通过自己的努力弥合着城乡差别、职业差别”。的确，当我们每个人都自觉成为“他们”中的一员时，人类社会的“原色”文明才能够全方位诞生。请问你面对前行的路会终止还是继续？

安　顿：这些我之前想得不是很清楚。《原色》是什么，是人与人之间的平等与亲近。当把所有外在因素全部解构掉，我们看到的是对自身的担当，是情感中爱与善的选择，是人与人亲近是灵魂的互相吸引。虽然我是记者，她是卖馒头的，当卖馒头的和记者的身份不存在的时候，我们是两个女人，共同走过这个时代，《原色》的意义在这里。

王红旗：《原色》的启迪在于，让我们重新思考究竟什么是生命的原色意义，抽离了社会化的、外在的符号，让两个灵魂赤诚相见。这是“口述实录”叙事艺术深层的精神魅力。它不仅是呈现，更是人物、作家与读者共同构成的、涤荡与唤醒美好人性的“灵魂场域”。

《北京青年报》2011 年 1 月 18 日那篇《过年不回家》，是书写从农村考上大学的大学生，进入城市后的情感、身份与生存困境，对我影响很深。虽然你对这个群体仍是以情感为切入点，但是男孩儿刘炳然“第一个不回家的春节”“第一次跟女朋友回家过年”“第一次带女朋友回家过年”的讲述，却体现出你多维度的人文关怀。是否想对城市女孩儿的婚姻价值观提出一种反思与批评？你主要从哪几个方面来关注他们？

安　顿：我关注三个点，一个是成长记忆，这些人的成长记忆全部都集中在他们的家乡生活、故土的生活；另外一个是文化教养，他接受的是城市转移到乡村的教育，是城市对他的影响和辐射；接下来他走出农村，走进城市之后遇到身份认同问题。我关注这一部分人就是因为在研究这三点。最重要的是，前面这两部分会对他的身份认同带来困扰和难题。而且他的成长记忆越厚重，文化教养越深入，他的身份认同就越艰难。这里也有城市对来自乡村人的接纳程度的问题。一个发达城市的宽容程度到底有多大？身份认同不光在北京、上海、广东是这样，在美国、日本的城市也是这样的。对于大都市的融合，对于外省青年，他有多么难融入，融入之后，他距离乡村故土又有多远？

王红旗：谈到婚恋观的问题，现在无论是乡村还是城市，都把物质金钱作为联姻的重要标准，甚至是唯一标准，给年轻人的情感生活带来的是幸福还是困惑？就像那位男生称自己是“熊样”缺乏自信一样，不管你来自农村还是城市，当你把物质作为婚恋择偶的唯一标准时，无论你有多少知识，精神上都是贫瘠的。我觉得从80后情感的方式和对婚姻家庭观念的变化来说，大众媒体专门夸大一些问题而失去生活真实，《原色》忠实于现实和细节，田野调查式的原生态方式，是难能可贵的。

安　顿：这是比较可怜的。我们那时候可以纯粹为爱活着，但是他们在爱前面要加上钱。以前说没有钱不要紧，你学理工的，可以修拖拉机，我学中文的，可以当老师，我们照样可以相爱生活，但是现在不行。有些事情需要阅历的积累，才会有清晰的想法。

我是第一线的记者，细节忠于历史，事件忠于时代，这个特别重要。《原色》里有个母亲是修皮鞋的，女儿跟一个岁数大的男人同居。这个妈妈到家里来看了住的环境，就一句话，你跟妈回家。采访的时候我听着觉得特揪心。还有什么比这个更有力量。妈妈就是这个念头，就直观地表达。

王红旗：这群普普通通的草根，简洁的语言，朴素的生活哲理，有着很强的影响力。你以二十多年的坚守，数百万的文字，海量的真实细节，构筑起当代中国人爱情婚姻的变迁历史。在中国当代纪实文学史上有着不容替代的位置。当代中国人的情感，从“绝对隐私”到“绝无禁忌”，到自主的“多元选择”；从渴望爱情海誓山盟的永恒，到“爱情天生短命”的识悟；从追求爱与性“灵肉合一”的完美理想，到性与爱分裂的身体享乐；在情感的“涅槃之城”里经历了人性灵魂的涤荡沉浮，有再生的精神亮色，也有迷惘的灵魂黑夜。

作为一位记录者，请你从整体上谈谈你的创作，对当代中国人现实与未来情感史的文化意义。

安　顿：记者就是为一个时代进行记录的人。我做的是忠实记录当代中国人的情感状态。当代，是一个时间概念；中国人，是对我采访的人群一个地域上的界定；情感，是采访的主题和领域；口述实录，是指操作的技术和运用的方法。实际上这才是这本书的真正主题所在。

也许《绝对隐私》终会淹没在现在的种种潮流之中，也许以后过了很多年，后人还想知道他们的前辈从闭塞到开放、从自我禁锢到自我释放与完善，曾经走过了一个怎样的历程，或者“口述实录”可以成为一个窗口。

我想，没有一个人可以把广阔的社会图景尽收眼底，我认为对一个人、一个个体的深入、细致、本质化的剖析，在一定的程度上就是对一个社会和一个历史阶段的深入剖析。我更愿意做的，是在社会的大变革、大转折时期忠实地记录一个独特人群的独特历史。因为研究个体的情感状态就是在研究人性，关注情感就是在关爱人类自身。

王红旗：事实上，“口述实录”反映了很多正在逐渐被人们认识到的社会现象，现代生活中存在的心理和精神问题，是至关重要的。因为个体的健康和成熟，才能最终形成社会的健全和文明。请谈谈你正在创作的《100个中国人的梦》的进展情况。

安　顿：《100个中国人的梦》和《原色》差不多吧，也是为草根做传。但主要的渠道在海外，不以中文市场为主，目的是“向世界说明中国”，想通过展现100位普通中国人的生存、情感、奋斗、失败、思考，等等，让更多的外国人看到当代中国人的精神风貌。我现在正在采访的是“中国文化人、艺术家的文化中国梦”。

人类精神与情感的共生性审美诗意

——美籍华人女作家罗露西诗集英文版《漫游》三人谈

王红旗：罗露西是一位美国新移民华人女作家。她创作的诗歌、散文与小说，书写海外华人女性异国生活的精神砥砺与跨国婚恋故事，始终带着女性的个体生命意识，呈现出对自我的心灵理想的追求，构成一种照亮现实生活的独特风景。罗露西的诗集《浪迹天涯》，2007 年在中国文联出版社出版，我们在《人民网·情感时空》进行对话。当时我就讲道，诗歌是人类心灵相通的语言艺术，罗露西的诗歌纯美、温暖的主色调，在感觉到挫折的刹那间，更能够感受到超越性的力量。尤其她的爱情诗如爱的暖流，可以温暖自己，更能够温暖那些在情感黑夜里寻找真爱的人。这本诗集会越来越被更多中外读者认可与关注。

令我们欣喜的是，美国黑人诗人、作家与记者温森特教授，将《浪迹天涯》翻译为英文，其英文版本被命名为《漫游》，并于 2021 年 10 月在美国出版，受到世界各国读者，尤其是青年大学生的喜爱。并且 2022 年 2 月 14 日情人节，北美最大的连锁书店“Barnes & Noble”，把《漫游》作为“情人节”的礼物，奉献给了全世界渴望爱、寻找爱的读者。2022 年 3 月 27 日，《漫游》将进入《纽约时报》新书推荐榜。因而促成了我们三人的这次“云上对话”。

首先请温森特教授谈谈，你为什么要翻译诗集《浪迹天涯》，而且命名为“漫游”？

温森特（Vincent F. A. Golphin 教授，美国黑人诗人、作家、记者）：我赞赏罗露西诗歌的感性。她的诗歌轻松地引导读者进入她经历的意境。男人和女人都可找到自己曾有的时刻。我很荣幸翻译她带有激情和观察力的作品。同时，她的文字中的异域句式，也带出了作者的个性。诗集涵盖了作者在中国国内、国外许多地方的精神感受。诗集，即感受。漫游，作为一位女性的宿命，环球移动性深度探索她的特性。

王红旗：是的。中文版诗集《浪迹天涯》，记录了罗露西 10 年行走世界的脚印，即她的女性主体意识生成、寻求真爱的精神生命成长史。异国风情和异质文化的精神撞击，在慰藉心灵的同时，更有一股直面现实困境的坚韧勇气。经历 15 年岁月流转，英文版的诗集《漫游》出版，诗人“沉重的翅膀”仿佛御风飞翔到更高境界，将经历化为精神的俯瞰，呈现诗人“知天命之年”超越的洒脱，童心的真在。

《诗刊》主编李小雨在对话上曾讲道，《浪迹天涯》的最鲜明的特点不同于国内诗人的作品，“爱情诗写得非常明亮和阳光，无论经历了多少挫折。让人感受到的不仅仅是漂泊者的失落、迷茫和挫折感，更重要的是其中有精神，有美丽、自信、自由，还有可爱的灵魂”。

在翻译过程中，两位肯定有过无数次的沟通，请罗露西谈谈你们之间发生了怎样难忘的切磋细节。

罗露西（Lucy Luo，美籍华人作家、画家、艺术策展人、杂志出品人）：2005 年刚到美国时，我在一次诗会上认识了温森特先生。当时他是大学教授。以后我常在诗会上听他读诗，也很喜欢他的诗。回想起来，这已经是十几年前的事了。诗集刚在中国出版时，我曾经问过他，是否愿意一起翻译诗集《浪迹天涯》，他说可以试试。其实，我心里一点没底。那时，我们都住在纽约州，不久他退休搬到佛罗里达州，享受那里的阳光了。虽相距遥远，但交流没有间断。诗集翻译陆陆续续近十年，于 2021 年完成，最终在美国出版。总之，温森特先生是一位极有耐心的学者。他教书，出书，讲学，为杂志报纸撰稿，一直都在忙碌着……

王红旗：美国“短篇小说之王”爱德华·霍克，在中文版诗集《浪迹天涯》序言中，谈到诗歌通常比散文更容易跨越和融合不同的文化。他认为：“罗露西在旅英期间写的精美诗文，传达出的对大自然、季节的更迭和向往爱情的信息，是带有普遍性的。从中国到英国、又到美国，她写作的广度和深度基于她在三大洲的经历。我认为，正是在这些诗里，她才真正展示了最好的自己。姗姗到来的春天、萧瑟的秋雨、对朦胧爱情将至的渴望，不论在哪个国度，这些情感对于我们每个人都不陌生。”他精辟阐释了罗露西诗歌的超时空、跨国界的艺术魅力。

请问温森特先生，你的人生经历也很丰富，在翻译《漫游》时，哪几首诗歌触动了你？

温森特：《忘年恋》《吉卜赛之歌》《紫》对我触动很深。主要是诗歌表达的心境、场景，以及情感浓郁的色彩。

王红旗：也许是受中国文化影响，罗露西提出“诗养心”，她在诗歌里从不回避迷惘与风雨，写的更多的是企盼，带有异国情调的坚贞；无论是游历英国、法国、瑞士、俄罗斯、美国等地的感受，还是倾诉爱情、亲情、友情的体验，都是真诚的，温暖的，平静的，有时是激情澎湃的。如《等待分手》中：“生活会更加绚烂 / 微笑地面对世界 / 黎明的太阳 / 会给人全新的感觉。”对爱情受挫的平静叙事，上善之爱的温馨哲思。其实，“诗养心”的文化传统，不仅养育了我们的爱情观、价值观，而且使我们对崇高精神境界产生了敬畏。

请温森特教授谈谈你认为的物质与精神的关系。

温森特：物质与精神如阴阳，永恒对立但保持和谐平衡。在中国的哲学里尽人皆知——完全对立的因素包括：光明和黑暗，雄性和雌性，真理和谎言，一定会互补存在，一方揭示另一方。在《漫游》里，混合了雄性雌性创作的精神，不同寻常的强烈和深刻。

王红旗：记得咱们上次对话，你谈到美国人的价值观时说，美国人一切都围绕着赚钱。社会的方向就是赚钱，人们要寻找各种方法来赚钱。对大多数美国人来说拥有的钱越多，就能拥有越多的东西。在中国有一个界限，我有了一些东西觉得就够了，但是在美国不会。那么现在美国女性在职场，发展情况如何？

温森特：女性在美国也有很多不同的等级，可能还没有得到平等，和男性同工同酬还没有得到解决。就如同上面有一层玻璃天花板，女性可以看到这个很好的工作，但是很难得到。因为，所有的职位并不面向所有人开放。

因为美国家庭都忙着工作赚钱，可能父母不经常见到他们的孩子，一周也就见一两次。因为公司雇用女性的薪酬比较低，雇用一个男性需要的钱，可以同时雇用两个女性。如果你去公司会发现有很多的女性，但是在上层很少有女性，基本是男性控制。

罗露西：我认为物质与精神的关系是，在基本物质需求满足的情况下，追求更高更完美的精神生活，这也许是理想的人生。

王红旗：罗露西的诗，在不幸中认识生活，在磨难中探索生命真谛，读她的诗，心里会热乎乎地明亮起来，有对于生活的强烈憧憬，有精神生命被唤醒的感觉。温森特教授作为一位美国知名诗人，请谈谈你的诗歌创作。

温森特：我常常写诗，是为了我的灵魂之旅。我的第一本诗集《像一片干枯的土地：中东的精神之旅》，反映我在约旦、沙特阿拉伯、以色列和叙利亚的经历。我们的团队有一个主题，因为当时美国人侵伊拉克。我在不同杂志发表了多首诗作。第二本诗集，收集了 2009 年、2010 年、2011 年，我在中国北京首都师范大学，还包括其他城市，作为访问学者写的诗作。在中国除了讲学，我还参加诗歌大会、杰出中国诗人见面会和欢送会。

王红旗：和罗露西的诗歌相比较你们的写作有何异同？

温森特：我们相同的是，都寻求让读者进入各自的境遇感受中。我更加注重政治，希望多写政治的流动性反映在日常生活里的诗作。

王红旗：读罗露西的诗，若是串联起来又可以发现新的秘密。比如《女孩》："看到你，似乎看到曾经的我，好羡慕你，拥有的年轻。"《30 岁的女人》："希望成熟 / 又惧怕老去 / 眷恋青春 / 却无法阻挡生命的年轮。"《女人 40 岁》："再回首 / 不必感伤逝去的一切 / 向前看 / 应该珍惜曾经的拥有。"还有《家的感觉》《寒夜的夫妻》，这些诗放在一起时，就能够理解一个女性复杂的情感心理，对青春、爱情与婚姻理想的沉思反省，是女性生命体验孕育出来的诗篇。其中深藏女性为爱而独立还是女性为爱失去独立的诘问。

请问温森特教授，在翻译《漫游》时，你是否意识到不同性别写作的特点？

温森特：绝对的，存在性别和文化的不同。翻译也会失去一些作者精神层面的含意。诗歌的翻译要找出词语的本意。我尽我所能，传达出生长在东方的罗露西，如何探索和冲破她自己的围城。作为男性，我不带评判，接纳她的观点和情绪。翻译拓展了我对生活的理解。

王红旗：你谦虚了。其实找出不同语言表达的"词语本意"，是一种本质上思想审美的合一。请问你怎样看待社会现实中，越来越多的跨国婚姻？

温森特：科技使得不同文化的人们融合增加是必然的。有人说，分享一段跨文化婚姻是困难的。如果我要和别国的人结婚，或和一个本国不同文化背景的人结婚，都会有关于未来的讨论。我或许要学习配偶的语言，对方或许也要学习我的语言。我要了解配偶的家庭传统，对方也应了解我的家庭传统。我们要讨论宗教或不讨论宗教，还要制订养育孩子的计划。理想的状况是，双方能够懂得对方的语言和文化。不同文化背景的婚姻要注重彼此的承诺，而不是别人如何看待他们。

王红旗：诗集《漫游》里还有诸多大自然意象，高山、瀑布、大树、玫瑰、云雨等，如《尼亚加拉大瀑布》《精致蓝色方盒子，蓝色的丝绸》会给读者丰富想象，引发人们产生敬畏、激动、奋发、喜悦的独特生命情感潮汐。如“你的幸福就是我的幸福，我知道世界另一端有一个人的心，和我一起跳动”。这种情感写的是小我，表现的是“大我”与“大爱”。尤其罗露西的爱情诗，是超越私我的、广义的。如《自由》抒发的女儿与母亲的感受，“我愿像空气 / 自由自在 / 飘浮在任何地方 / 我愿像流水 / 无拘无束 / 流过无数个村庄 // 我愿像燕子 / 不断地寻找 / 美丽的故乡 / 我不愿属于你 / 大地 / 你使我牢牢地依附在你的身上 / 无法飞翔 / 无法实现我的梦想”。诗里的“瀑布”“蓝色”“母亲”成为不同的象征意象，隐喻更多重的文化意义。

如今，罗露西从青春走向“知天命”，追求自我事业、爱情婚姻的理想，已经化为真实生活。再回眸寻找家园之路上创作的诗歌，从《浪迹天涯》的孤独漂泊者，蝶变为《漫游》的凌空飞翔者，体验诗歌不同语言的表达艺术，从文脉深处涌出来的人类心灵相通的精神共鸣，你如何评价自己的人生？

罗露西：我出生在20世纪50年代末期。当社会改革开放，最大的渴望就是去看看外面的世界，我一直向目标努力。从走出去，站稳脚，到是否能做些事，从这个角度来说，我对自己满意。在外面从受排斥，到融入被接纳，再到影响他人，还有很长的路。希望能做到令自己满意。

王红旗：温森特教授从认识罗露西，至2010年到我校首都师范大学访问讲学，我们有过关于美国女性的职业、婚恋与家庭的对话，再到把诗集《浪迹天涯》翻译成英语版的《漫游》，相对了解到更多的中国文化。根据你在中国的讲学经历，谈谈你对中国女性的看法。

温森特：无论是在大学的学生还是同事，中国女性给我的印象是，聪明、热爱自己的国家、向往未来的生活。学生是开朗的，渴望学习美国文化。同时，她们教我中文、中国历史、中国传统习俗时，还很有耐心和见地。因为中国对我来说就像家一样。我有很复杂、温暖的感觉，认为中国就是未来，很有发展前景。希望中国不要犯美国曾经犯过的错误。如果中国失去了本土文化，就会失去中国。

王红旗：请你谈谈美国女性的爱情观、婚姻观。

温森特：爱情是稀有的，仅存在于日复一日的艰苦奋斗中。通常，人们满足于缺乏真正的事情，如浪漫，激情，欲望，独立或安全。他们终结于契约，但没有成就。寻找真爱、要求互信的约定，把对方放在重要的位置。

但是，她们结婚以后需要生孩子，又想去工作挣钱，家庭又呼唤她回到家庭生更多的孩子。因此有许多年轻女孩子不想结婚，也不想要小孩儿。很多人看起来比较成功，她能成为教授，成为比较高层的领导人，但是她们没有丈夫，没有固定的性伙伴。

王红旗：现在中国女性有自己选择的自由。到大学校园里读硕士、博士都是自己的选择，有选择结婚的、独身的、结婚不生孩子的，也有离异的、单亲的，生活方式也是多种多样。

温森特：中国女性的生活方式，相对还是比较完整的。但选择是存在被动的，是父母喜欢、社会认可的，没有自己真正的选择。因为中国有比较传统的观念，但是在美国没有。在美国女人和男人都忙着工作，没有人告诉他们作为男人应该怎么做、作为女人应该如何做，文化只是告诉你，你可以做成任何事，可以完成任何事，你可以成为你想成为的人。在中国离婚了别人会对你有歧视，工作会有影响，但是在美国没有人会在意这个。

因为男性和女性的个人价值不同，结婚以后女性做得更多，男人做得更少，一个女性哪怕是大学教授，回到家里也还是要照顾家庭，在单位工作 8 个小时，回到家也还是同样要照顾家庭，美国很多男人就像孩子一样。美国和中国对婚姻的观念不一样，中国结婚要见双方父母亲戚朋友，但是在美国可以今天登记结婚明天就离婚。49% 的离婚率还是很高的。其实所有的女性都对婚姻有一种憧憬，社会提供了很多规则。在美国一个女人离了婚，再婚以后会忘记了原来的家庭。

王红旗：请问美国女作家会更关注自己的生活，还是更关注国家命运前景？你说很多女作家在写畅销书，什么样的内容才是畅销书？

温森特：她们写什么取决于出版社，现在回忆录很流行，它的畅销度是决定性的因素，最主要的是她们写这个能获得多少稿酬。回忆录，真实的事情，罗曼史之类的，很多人写，也有很多人看。理论书籍并不是很流行，曾有一本最畅销的书是《规则》，两个女性写的，告诉读者遵循这些守则的话就可以有很好的婚姻，20世纪50年代真正的好妻子应该做些什么。比如男性给你打电话几次可以回，几次可以不回，其实这是愚蠢的事情。爱读的好多女性都是想怎样抓住男人的心，但是她们仍然没有得到很好的婚姻。

王红旗：你还了解哪些美国华裔女作家的创作？

温森特：谭恩美——华裔女作家，是中国文化和美国文化的混合的女性。她创作的小说好几部被拍成了电影，正因为她不是传统的中国女性。她的第一本书《喜福会》，让美国人知道了什么是中国人真正的家庭关系，当女性到了美国，有了不同的生活环境，想让别人了解她的成长心路，从她的小说就可以知道。华裔年轻人不想了解中国传统，而老一代移民怀念过去。书里的女性，她们可能并不爱自己的丈夫，结婚就是为了能够让自己的家庭移民。传统的，个性独立的，完全抛弃了中国传统家庭观念的，谭恩美把这三种融合在一起让美国人了解，是一本很有力量的小说。

汤婷婷——广东华裔女作家，加利福尼亚大学伯克利分校教授。曾获得国家艺术奖章（奥巴马颁奖）、国家人权精英奖（克林顿颁奖）、美国文学艺术奖和国家图书基金终身成就奖，她是夏威夷活着的珍宝。

维多利亚 · 常——中国台湾华裔女作家，生于密西根底特律。作为非白人女性作家，她着力探索女性的禁锢和现实。2017年，美国社区图书馆收藏了她的书《常芭比》。她最新的回忆录《写下的文字，静默和悲伤》已出版。

王红旗：这几位都是用英语写作的华裔女作家。罗露西的中文版诗集《浪迹天涯》，由你翻译成英文版《漫游》，赢得广大美国读者或者说英语语系读者的喜爱，不仅语言表达方式发生了变化，亦是你付出近十年的辛勤智慧，融入你对中美文化、审美情趣的理解的再创作过程。在华裔女诗人与西方翻译者的思想碰撞切磋中，不仅扩展了诗歌世界性审美意识，而且提升了诗集从女性/性别写作，走向超越性别的人类视野。这次谈话也让我们对美国女性的生存现状有了更进一步的了解。感谢二位！

等待绽放和超越：对话山西新生代女性创作

刘媛媛（主持人、太原学院教授）：三位老师好！很荣幸邀请到三位配合我们这次访谈。我们本次谈话的主题是山西新生代女性创作的现状及未来展望。这场对话是关于山西女性创作对话的第三场，前面两场分别访谈了蒋韵、葛水平两位，她们两位是著名作家，也是山西女性创作的领军人物。从代际看，她俩分别属于50年代、60年代。按照一些学者对文学代际划分的理论，也为了讨论的方便，我们在这里将70后、80后、90后的作家统称为新生代作家。在这批新生代女性作家中，70后陈年、小岸、李心丽、李燕蓉、苏二花，80后孙频、白琳，90后顾拜妮等作家崭露头角，取得不俗成绩，引起文坛关注。纵观山西女性文学创作，可以说从改革开放以来一直都十分活跃，因此才有了国内首个以性别为标识的山西女作家协会。女作协刚完成换届，水平接棒蒋韵成为第二任主席，在这里恭喜水平。请问三位老师对山西女性创作的现状有什么看法？

王红旗：从当代中国文学史看，“新生代作家”是评论界在20世纪90年代中期，为60年代出生，80年代末或90年代崛起于文坛的一批作家的群体命名。你借来用于概括山西70后、80后、90后女作家群，这话题本身就构成了一个山西女性文学思想与情感、精神与艺术的历史长廊。山西女作家我比较熟悉蒋韵与葛水平。蒋韵的小说平静深邃的理性叙事潜隐着一种荡气回肠的哲思温情，读她的小说《心爱的树》，这种感觉尤其强烈。葛水平“原生态”的乡土叙事深藏现代救赎之隐喻。蒋韵曾为我主编的《中国女性文化》学刊赐“卷首语”《辉煌的金顶》，她以亲历体验写道：“写作之于我，就是漫漫长旅中突然现身的那一片金顶（五台山的北台，华北最高峰），辉煌安静，美不胜收，那是一个永远吸引我的故乡般的地方。”她视写作为生命信仰的创作理念，如修行之走笔，对每位写作者都很有启发意义。葛水平小说缔造的乡村女性形象群，质朴善良的生命之爱，孕育和庇护着大山深处的乡土文明，是“挂”在太行山上的小山村里坚韧而宽厚的脊梁精神。虽然两位女作家的创作风格与“攀缘跋涉”的步履各有不同，却蕴含着相似的审美灵魂与艺术追求。

刘媛媛：蒋韵与葛水平在当下的文坛都是标识度非常高的作家，她们确实是山西女性的骄傲。而你作为中国女性文化研究基地的创建者，多年在这一领域潜心研究，成果丰硕，也是我们山西女性的骄傲。

葛水平（著名作家、山西大学教授）：红旗老师好！好多年不见了，总会想起你说起童年事，生命中留下盘根错节的童话，没有人想过童年是否是另一个世界的存在。11 月份日子照常，我却忙得团团转。突然想起“日月如驰”，人也流动得欢。谢谢媛媛发起这场谈话！你的问题在我的微信里搁置了很久，一直没有履行诺言，许多事做得不太妥当，人就显得忙乱而无序，抱歉之余想到女性的惺惺相惜也就对此坦然了。人的坦然居然如此可以辩解。你总是一个首先站在女性角度提说文学的女子，我们不说话，对视的眼睛一定很温暖。想想大街上横着走的人中的一部分，都是初具规模的人生“赢家”，这里边横着走的人永远都少女性。女性是社会中的窈窕者，那就做窈窕者吧，也是很好的样式，所以女性不争。但这不等于不珍惜自己的性别。说到这里，我突然发现历史上最好的文学人都没有做什么大不了的事，尽管他们都满腔热情，想度苍生。女性文学写作者，根本就不想度苍生，只想度自己。这也就是山西女作家协会的存在理由，她存在，从小处着笔，没有方向，她开阔，干净透明，但四处辐射，写到细处见他，写到大处无我。也许不做什么，但期待做什么时总是快乐的。

上面的几位作家的作品，我虽然没有全部阅读过，但是零碎有些翻书式阅读。小岸有通过秘密的编程把古典化为她的小说的叙述材料的能力；李心丽有对人情敏锐的洞察力和悲悯情怀；苏二花有较强的审察世态的能力，关注本土文化经验，其文学创作的体积和写作速度以及对写作的敬畏之心令人相信，她会一如既往地写出好作品；陈年，令人在阅读中有盛唐洛阳赏牡丹的惊艳之感；李燕蓉对女性角色的审视往往给人一种深入骨髓的痛彻感。80 后的孙频，其女性的视角呈现了这个世界的暗处之美，表达了她对这世界的圣洁爱意，具有独特的文学价值；白琳，细腻而不乏锋利，她的许多直接取材于成长经验的散文作品常常让人有涉身险境之感。90后的顾拜妮，我想在孙频离开山西之后，是不是会有我们期待的惊喜出现呢？女作家中还有不少有才华的，这里恕不一一列举。

王红旗：水平好！其实读你的文字，那种把朴素的生活酿成诗、把无尽的苦难化成甜的神性女人，是我最深切的感受。在我的意识里，神性是人的精神性，真正的女作家是有精神性的神女。女性写作，可以说是与人、与自然万物启示性对话的修行，“自度”而“度人”。我小时候看见的“别人看不见的”各种神灵形象，仿佛就住在我的生命记忆里，随岁月蝶变成我的彩色梦，启我面对社会生活现实自省，或度我重生。

你非常了解山西的女性写作，我开始了解更多的山西女作家，是傅书华教授推荐了一组山西女作家“走山西”散文，及他撰写的评论《导读：黄土地上的七色花》。我特意设计“读吧”完整呈现张雅茜、卢静、唐雅婷、陈威、曹向荣、葛水平、珍尔、史枫、蒋殊、刘锁爱、李怡萍11位女作家的游记散文，编辑研读时的感动至今铭记。因为，山西是我的家乡，细品文中的山川朔风、寺庙道观、高塔流云、骆驼道、丹霞山、民间神话、风俗人情等，内心有一种“被点燃”的亲密感。这组散文以文化考古的方式，汲取人类永恒存在的艺术精神火种，诗化为笔下鲜活的思想、优美的文字与动人的韵律，可以洗去世俗私欲、功利贪念，照亮物质时代人类心灵之混沌，在“自觉”与“不自觉”之间生成不同层面的性别批判、反思与关怀，对女神、女人、母亲的历史回溯，对女性生命爱情命运的诗性诠释，如同一群穿越时空隧道的誓鸟，以飞翔的姿势丈量黄土高原之上的人文古迹，试图沟通“我心”与“天心”“地心”“人心”“神心”连接的“天人合一”，“采集”人类生命之爱亘古的精神花朵。

山西女作家队伍“五代同堂”，多种体裁创作成果颇丰，在历史与现实、传统与现代、物质与精神的多向度审美“延伸”的开拓中，以寻根文化“母乳”而铸魂，是其作品超越代际的、共同的灵魂底色——尽管并不太明晰。

王姝（山西省作家协会创研部正处级调研员）：首先要祝贺葛老师接棒，成为山西女作协主席。纵观山西文坛，女作家之所以能形成今天这样蔚为大观的作家群，与有蒋韵老师、葛水平老师这样有成就、有影响的领军人物是分不开的。早在20世纪末，一个以“晋军”宿将蒋韵为旗手的女作家群就已经开始渐具雏形，出现了一批以小说创作为主的女作家。进入21世纪，特别是

2007年以蒋韵的《心爱的树》和葛水平的《喊山》双双获得鲁迅文学奖为标志，山西女作家的创作活力和创作影响力都进入了一个新的层次。时至今日，不仅在山西文坛，即使放在全国文坛，山西女作家群亦有它不可小觑的力量。

首先表现为门类齐全代际有序。除了在文学传统大项小说方面不断有优秀的作品和作家涌现，山西女作家在散文、诗歌、报告文学、文学评论、儿童文学、影视文学、网络文学等各个领域均有不俗的建树。如果按照代际划分，当前的山西文坛，同时活跃着从50后到90后五代女作家，无论她们从何时出发，时至今日都仍然颇具活力，不断创新，佳作迭出，共同构筑起一道亮丽的文坛风景线。

其次表现为富有活力，影响广泛。山西女作家在创作数量、创作经验和创作实力等方面整体处于一个比较高的水准。她们的创作起点普遍比较高，不仅善于在创作中寻找新的角度，而且体现出一种文学上的自觉；不仅长于从熟悉的身边故事切入，以女性特有的敏锐和细腻的笔触书写世俗男女和人间烟火，也敢于向着人性更幽微的深处和时代更敏感的细部掘进，抒发情感，思考人生；不仅从题材和表现手法等方面开拓了山西文学的表现空间，而且在生活思考、艺术探索等方面也均有突破，取得了新的审美效果。蒋韵的《心爱的树》获第四届鲁迅文学奖中篇小说奖，《行走的年代》获第二届郁达夫小说奖中篇小说奖，《朗霞的西街》获老舍文学奖中篇小说奖，《你好安娜》被评为2020年中国十大好书之一。葛水平的《喊山》获第四届鲁迅文学奖中篇小说奖，《空山草马》获第七届花城文学奖中短篇小说奖，《石碾碌干爸》获第二届花城文学奖、第一届海鸥杯青岛文学奖。山西女作家在冰心儿童文学奖、孙犁散文奖、鄂尔多斯文学奖、鲁彦周文学奖、中国小说排行榜、中国散文年度奖等全国性奖项上，均有斩获。

刘媛媛：王姝在作协机关工作，果然对山西女性创作有宏观的把握。相比于文坛熟知的以男性为主导的“山药蛋”派，山西女性创作显然没有形成明确的地域或者风格流派，尽管我们有女作协，每年出版“三晋女书”丛书，但题材内容上并没有统一要求。曾经有评论者认为水平的创作继承的是赵树理的衣钵，对此水平本人怎么看？新生代对乡土题材的关注似乎相对较少，苏二花对乡土题材的处理表现出和水平不同的视角。而蒋韵在当年“晋军崛起”队伍里就是一个异类，放在当代文学史里同样属于“孤魂野鬼”。我倒是觉得80后孙频的创作延续了蒋韵的风格，尽管两个人从主题到语言看上去完全不同，但骨子里都是时代的叛逆者和人群里的异数。小岸、李心丽、李燕蓉、白琳等都关注现代人在都市至少是城镇的生存状态，在这样的创作变化里，存在哪些共性和差异？新生代的这些特征与国内外女性创作有没有呼应？

葛水平：“山药蛋”就不说了吧，虽然这是带着爱去界定一方水土。赵树理先生是一个高度，后人无法超越，他的文字清水长流如没有被污染过的从前的沁河。蒋韵姐“孤魂野鬼”一说，是源于她的文学创作自始至终都与当代的文学主流有着一定的疏离感。她曾经说过，“我是一个无法被归类的人，如果有所谓的文坛，那我就是文坛的孤魂”。语言最大的魅力就在于它的准确，语言使蒋韵接近自己并了解自己。我告诉你们一个蒋韵的小秘密，她最近在收藏各种杯子，不可遏止地，怀揣偷偷的隐秘之情。文字飞翔，可以让她藏匿大地。

我还想说一下雅茜姐。最近一次见她，她看上去明月清风，风平浪静的样子，文字给了她多大的滋养，该有多好的心肠，我想我到她这年龄一定是一派大势已去的颓唐。雅茜姐的文字好，如同她自己一样，生活如此继续，春天如期来临。还有东黎的文字不可忽略。有人曾经和我聊天说：“东黎代表一个美好火热的年代。”不过，她的生活状态和她的文字一样都很瓷实。手段遮蔽了目的，并常常将自身化为目的的时代，东黎对生活奉献的是由衷的敬意。

新锐的年轻力量的作品出现了新的特点：一是起点很高，往往一开始写作就是长篇；二是市场化程度更高，文学作品生产贴近市场规律，文学价值观念和语言程式其实都是沿袭传统的精英的文学体系。虽然我对她们的阅读和关注已经非常努力，但对她们的“新锐的年轻力量”我读得还是不太多。我会努力。

刘媛媛：蒋韵姐在收藏杯子？这会不会又引发新的作品？我最近也见张雅茜大姐，越发的丰神萧散，东黎的文字如清水芙蓉，耐人寻味。

王红旗：其实，在世界向“多元一体”转型的全球化新时代，特别是联合国此前发布消息，中国汉语以全球使用人数巨多、积淀历史长久与文化底蕴深厚，正式被列为“全球通用语言”，为全世界最大的文坛——华文文坛的全球性发展提供了前所未有的契机。那么“山药蛋”派，不仅曾是当代中国文学的一个时代坐标，更是山西文学一个时代的骄傲，其对后世文学的影响是一种深邃的、根性的本质存在，因为乡土文学是中国乡土文明的精神之根。然而早在百年前李大钊就对东西方文明弊端一语中的地解释道：“东洋文明既衰退于静止中，而西洋文明又疲命于物质之下，为救世界之危机非有第三新文明崛起不足以渡此危崖。”如今在文化多元化与文明多样性的语境下，整个人类的现代性文明均“疲命于物质之下”。那么山西女性文学创作，不仅要传承“山药蛋”派的核心精神，而且更重要的是基于黄土地之上，冲破各种现象性束缚与人为性藩篱，而达到超越地域的宏阔辽远之境。

谈到同饮一条沁河水，生活在不同时代、不同性别的赵树理与葛水平，虽然均有“民间立场”与“乡土文学”的相似性，但是更有迥异的风格特点。赵树理的《小二黑结婚》《李有才板话》，还有最后一部《十里店》，不仅核心形象以男性为主体，而且人物命运、情节推进与时代、政治与现实密切关联，性别意识比较模糊。葛水平有清醒的女性主体意识，从《甩鞭》《地气》《狗狗狗》《喊山》《黑脉》《黑口》等中篇小说，到长篇《裸地》，其作品塑造的人物形象主要是乡村女性，以朴素传统叙事与现代情景隐喻，挖掘地气里永存的、富有“神性”的母性力量，指向未来的光明。以土得掉渣的语言“化腐朽为神奇”，勾画乡村与城市生活方式之差异，人性之嬗变。如《地气》在物质贫乏的大山里，地气因女人的存在而鲜活起来，温热起来，灯一样亮起来。翠花、李苗和李修明三个女性形象，完全超越了男权文化对女性被动的欲望化书写。三个女人与一个男人性与爱的想象，不仅有本真的对男性身体欲望的主动性，而且具有女人味的暖爱，连绵的大山都会为之动容。因为在她的意识里，乡村女性是一部负载着文明气息的大书。她的创作理念与思维方式是携带着乡土根恋情感的超越与飞翔。

刘媛媛：“根性”“暖意”，王老师这两个词用得准确而传神。

王姝：进入 21 世纪以来，社会生活急剧变化，社会生态、文学生态都发生了巨大的改变，各种观念相互碰撞，各种手法相互交织，各种趣味相互杂糅，影响文学的因素也越来越多，写作也更加世俗化、个性化、多元化。像“山药蛋”派那样从写作题材、写作风格到创作理念都形成统一的群体性风格，越来越难。所以现在对作家群的命名不是以代际划分，就是用地域来标识，鲜有能旗帜鲜明地提出一个什么流派。现在的作家主观上好像也没有这种被“一体化”的意愿。但同时也不可否认，当你以群体的形象出现的时候，就会形成一种不容忽视的氛围和阵势，构建出一个更健康、更有力量，也更有利于个人成长的文学氛围和文学环境。特别是对于女作家来说，以群体的力量形成这样一种有益于女性创作的环境和氛围还是很有意义的。所以这种既有群体归属感，形成合力，同时又保持个性特点，自由发展的形态也许更有益于大家的发展。

具体到山西女作家的创作，新生代作家与乡土的疏离是必然的，城市化进程对于包括文学审美在内的精神生活的影响力度在不断地加强，即使是有乡村生活经验的作家，影响她们写作的生活资源，乡村生活也不再是唯一。整体上看无论是创作主题还是叙述方式、审美趣味，山西女作家可以说是百花齐放，各美其美。

蒋韵的小说始终保持着与主流、流行的距离，秉持着对过去那个年代的回望和钟爱，延续了爱与幻灭、尊严与人性、罪与罚、死亡与救赎的主题，从“挽留逝去的诗意”和“完成个体精神乌托邦的建构”守护着自己独特的精神底色。葛水平的小说从太行山出发，用她兼具原始野性和女性柔情的独特语言写出了自己眼中乡土的万种风情和万千气象。李燕蓉的小说善于在平凡中挖掘不凡，于无声处听惊雷，在最稀松平常的日常生活中呈现现代都市人生命中那些悬浮又暧昧不清的状态。陈年的小说写矿区，但并不涉及煤炭经济、转型升级、产业改革等宏大叙事，也少有戏剧化的矛盾冲突，只是非常安静、耐心地描摹她所熟悉的或者是记忆中的矿区人的日常生活、生命体验、世俗欲望和内心世界。小岸则更多地关注都市女性的生存困境、情感困境、精神困境。苏二花的小说在城市与乡村间往返，在爱与恨、逃离与难舍中交织。白琳的写作带有跨文体写作的特点……因为受阅读量所限，我也很难尽述其中的共性和差异，但是一叶知秋，从这些女作家身上可以看到她们对现实人生的关注，对个体生命的尊重，以及对于文学的自觉和虔诚。

刘媛媛：我们注意到 2021 年的诺贝尔奖女性身影很引人注目，文学奖颁给了一位女性诗人，物理和化学奖有三位女性获奖，有人做过统计，从 1901 年诺贝尔奖设立以来的 120 年间，上千位获奖者中有 53 人为女性，仅占获奖人数的 5%，而今年共有 11 位获奖者，女性占了 4 位，占比 36% 还多，远远高出平均值。再看 2021 年国内影响力较大的影视作品，《三十而已》《乘风破浪的姐姐》都以彰显女性力量为主题——女性主义在当下的主导话语是什么？在当下多元的社会环境里，是否还存在性别差异？在新生代女性文本里，性别意识体现在什么地方？

王红旗：21 世纪之所以被人类预言学家命名为女性文学的“她世纪”，其原因有三个方面：其一，全球范围内的女权运动几乎都是从对历代女性文学作品的学习、研读与领悟开始的。尤其20世纪80年代以来，大多数国家的女性与男性接受同等的教育，诞生了比以往任何时期都多的女思想家、女作家与女学者。她们以文学创作、批评与女性研究的多种话语“言说”，促成东西方女性解放运动，推动社会性别平等的思潮声浪迭起。在反思两性生存状况与消解男权传统观念的过程中，获得越来越多的男性思想家的支持而结成同盟，促进国际女性解放运动的勃兴。其二，从母神文明时代的“深远之根”汲取文化“母乳”，认识男女被男权文化从不同层面扭曲、压抑与遮蔽的荒谬，找回人类与“广袤无垠、灵秀神秘的宇宙”之间万事万物和谐共生的希望之路。尤其现代女性生活在开启脑力竞赛的知识经济、信息化科技时代，比智力，女性有机会出类拔萃。当那个男权传统的有形与无形的“玻璃顶”被打破，女性的创造潜能就能够脱颖而出。其三，尤其国际女性解放运动实践，世界政坛涌现出很多杰出的女性，她们以平等与关怀、大爱与责任连接起不同文明国家之间的温暖外交，为各国女性写作提供了性别、种族、家国、政治、经济、生态等“全息性”的观点、存在问题与新鲜经验。

“彰显女性力量”，并不“标志着女性时代的来临”，而是女性超越家庭生育身份的“女性生命之爱”的社会价值得到重估认可，证明爱是人类最高境界的伦理，是人性走向完善的最重要实践。因为发端于西方世界的全球化，现代性工业文明给人类带来丰富物质的同时，将“人”变成纯粹的机器而“延伸”为“消费品”，甚至面临被彻底物化的危险。尤其当代美国带着资本主义追求经济利益最大化的“胎记顽疾”，以极端暴力、战争“拓殖”为手段，在人与自然、物质与精神的关系上彻底走向了“物质至上”，甚至高科技无限度研发的现代战争武器能量可以瞬间毁灭人类。科学技术从分裂人与行为“升级”到分裂人性，甚至灭绝人性。

因此女性文学创作，不仅是为女性争取权利地位，而且是一个关乎人类新文明的问题。古冀州有过“母神文明”的辉煌时代，是人类农耕文明的发源地。在“家国同构”的文化传统影响下，山西女作家在文学写作实践中，体现出试图超越性别对立与“性别战争”，建构平等和谐的性别关系理想，是很可喜可贺的。我不习惯用“女性主义”，如果非要说“女性主义在今天的主导话语”，我的观点是，在重释性别差异的基础上，建立性别平等和谐的新型“合作伙伴关系”。因为女性意识，性别意识，家、国与人类意识，在最高境界上升华为“人类共同命运”所追寻的人类共同精神。人与人、国与国之间应该诚信友善与互利共赢，呈现“亲情感”“家园感”之温暖伦理。

葛水平：优秀的女性都是自己的拯救者。生命只有一次。当我们羡慕这些生命驾驭、统摄一切的力量来自一颗完整强大的心灵时，是否想到还有那些无法拯救自己的女性，她们的比重总是高于男性的。尽管这是一个价值相对论大行其道的时代，也并不意味着所有选择都可以等量齐观。相信相当多的女性，同你我一样，想抗争、想举起小拳头。或者更多的情况下是感觉无力自拔，但这不能成为屈服、沉沦的理由。即使寻找到一千种貌似合理的理由来辩解，但只要认真想一件事实，就会察觉出它的虚假，相应地，也就不再拥有牢不可破的根据。事实再简单不过：我们是“她”。对于性别的呼唤，贯穿了多少个世纪，今天就更迫切了，一颗强大的心灵总是属于汇集了最多的意志力的人，只要愿意，内心的力量就不会失效，所以女性活得卑微。女性抗争，总是用季节的凌厉来证明自己的傲霜耐寒，我想，一定是错误的。

山西女作家写作群体的构筑仅是女性作家创作中的一脉，还有一些未在“风头”上的作家，她们抛却了自恋或女性乌托邦，以平实的态度面对生存与写作，以真实的生存体验诉说着内心诚实的体会，她们面对的不仅是“女性问题”，更有人类生存环境和精神处境共同的困厄，她们同样以女性的细微和耐心给我们以深刻的触动。阅读她们，并没有刺目的性别意识，而是男、女两个世界共同的需要，也正因为如此，我更愿意相信女性作家是一个高出庸常生活的群体，是一个有格调的群体。

我的审美来自一切事物的外表，我喜欢美丽外表下蕴藏的与众不同的心。不计其数的乡亲，他们一辈辈的生命像尘埃一般默默无闻充斥和填埋在街道。他们微弱和快乐的存在是你我做写字女人的理由，这理由足够了，其余都是多余的。

王红旗：在此种意义上，凝聚中国智慧的“宇宙是一个大生命”的自然观，“万物平等”的伦理观，“和而不同”的发展观，为世界全球化注入了文化精神新动力。昭示一种人类新文明的可能性，以人类血脉相连的记忆与经验，创造一种多元和谐共荣的世界新秩序。山西女性文学创作需要进一步发掘那些与人类“无意识的隐蔽维度”深刻关联的文化灵魂与“原乡”精神，强调由表象到本质的人性重塑与文化重建，从性别视角出发而形成“超越性别”的、具有人类普世价值的多元文化诗学。因为，只要人类社会存在性别不平等现象，性别就是女性创作关注的重要视角，但并不是唯一视角。女性文学无论创作还是评论，不仅要摆脱单一性别视角，还要超越本我的性别局限和极端情绪化的偏狭，捕捉到女性性别、情感角色与多种社会身份的坐标与交叉点，呈现出真实生命状态，才能创造出有思想深度与审美个性的上乘之作。

研读优秀青年女作家陈年的《长夜》与小岸的《这个夏天》，我感触很深。这两部小说的核心人物都是“母亲”。母女关系的冷漠，弥漫在小说的字里行间。母亲在独居的“空巢”里变得失去了母爱的能量，生命孤独地变老。女儿也似乎在不理想的工作与日常生活中，磨没了生命的激情与对母亲的敬爱。尤其《这个夏天》中的母亲去世后，为继承母亲房产姐妹兄弟手足相逼，手足之情丧失殆尽。那么，母亲悲惨的命运源自婚姻家庭的破碎，退休生活的寂寞，缺少子女的关爱。连亲生女儿都不会主动关心自己的母亲，何谈社会上其他的人。

两部小说通过两个渴望爱而不得的母亲，揭示现代社会人与人之间被彻底物化的人际伦理。以小喻大的延伸隐喻，故事讲得很有震撼力。两部作品的节奏有着明显的“快”与“慢”的差别，陈年的《长夜》可能是因为“长夜”之长吧，她如《一千零一夜》似的讲故事，运用不枝不蔓不停歇的叙事策略构成“生活流”。小岸的《这个夏天》，“叙事者”深入每一个生活情景的细节，甚至通过人物的语言呈现其深层心理，仿佛一棵母系亲情树上缀满压垮母亲生命的“心果”。但是，造成母亲生命悲剧最本质的力量是什么？需要继续向母亲与自我的灵魂深处探掘。中短篇小说创作结构艺术尤其重要，小说是一个活的精神生命体。更希望在以后的创作中，善于将“现实生活细节”审美化为小说生命的灵魂意象，巧妙地安排在其“心脏”地带，或者需要“燃亮”的节点，引领情节前行与人物性格的境界性“蝶变”，可能会收获更多的精彩。

王姝：最近影视领域的“她题材”的确很火，电影里面有《相亲相爱》《找到你》《狗十三》《送我上青云》，电视剧里有《都挺好》《不完美的她》《三十而已》《二十不惑》，连综艺节目里最火的也是《乘风破浪的姐姐》《妻子的浪漫旅行》。有个叫《脱口秀大会》的节目，里面最火的选手也是两个女脱口秀演员，其中一个还贴着女性主义标签。但是仔细看这些作品，大多还只是传统男性主体审美模式之下，向女性贩卖焦虑，拿着“育儿”“婚恋”“女强人”“上得厅堂下得厨房”做话题，利用剧情中的反转度勾起大众的同情心和代入感，女性形象依然在被物化、客体化、标签化，缺乏起码的女性立场。所以很多剧都是高开低走。像《喊山》这样真正具有女性意识的影视作品还是太少，女性沉默、无声的感受在荧幕上被打开无疑得益于小说原著中女性主体精神的觉醒。一旦女性主题还需要标识，女性力量还需要彰显，就说明女性的时代还远远没有到来。现实生活中，每一个女性应该都能或多或少地感觉到性别为自己贴上的标签，以及这些标签又是如何约束自己、定型自己。当然这也就构成了在今天我们谈论女性写作，成立女作家协会，以女作家群体的姿态出现的意义所在。我们需要让更多的人看到我们是如何自我审视，自我反思，如何用艺术呈现今天女性的生活状态、生活困境和精神气质。来自女性自己的声音不是太多而是太少。

刘媛媛：山西省女作家协会自2008年成立以来，在蒋韵的带领下，做了很多有意义的事，为山西的女性创作作出了贡献。水平接棒后有没有新的想法？王姝在省作协工作，又是优秀的评论家，去年刚获得“赵树理文学奖”，对全省的女性创作从宏观上有什么建议？王老师是研究女性创作的权威，长期关注海内外华人女性创作，研究成果斐然，你对家乡的女性写作有怎样的期待呢？

王红旗：我不是什么权威。女性文学/性别文化艺术研究是我的专业而已。在数十年的学习、研究和实践中，我亲历中国社会改革开放的发展剧变，目睹经济全球化、世界多极化乃至人类文明“轴心”东移的历史演进，自我生命体验着中国女性意识的一次次跃动、顿悟与觉醒，真正认识到女性文学写作是一种特别的创作实践，其中蕴藏生存经验的创造性潜能。多年来国内外的女作家海量的文学作品滋养着我的学术研究，我不仅从中获得丰富的文学审美经验，而且在共同精神追求之上建立了深厚的姐妹情谊。如今中华女性文学创作群体的发展已蔚为大观，举世瞩目。

从广义的文化诗学讲，当女性认识到“自我”是一个独立的生命主体，无论书写黑暗与光明、灿烂阳光下的阴影、灰色极地，还是人类心灵的深层探险与希望憧憬，那种超越性的“内发”与积极性的“外铄”，所汇成的“多元合一”的精神光束，不仅可以赋权于文本思想灵魂，更可以赋格于文本艺术张力。可以说这是一种中华女性文学创作的自我赋权/赋格的文化自省与自觉。

海内外女作家群，驾驭人生“内在时间”寻找人类共同精神诗意栖居，总是朝向宇宙之树的“最高枝”或人性之根最“原初”的终极的善与爱。她们“在路上”捡拾现实与历史生活，重组性别文化秩序，抵御女性被“遮蔽”“物化”“巫化”与“污化”，从“短暂的、稍纵即逝的、有形的、物质的、有限的”现象存在，创造普适性与永恒性的“精神在场”。这不仅是新全球化语境下一种重建性别平等、互补共生的情感伦理诉求，更是一种超越“自我”与“他者”文化之上重建世界和平秩序的新启蒙。

山西女作家创作成果卓越丰硕，各以其独特性成为这个庞大的女作家群不可或缺的一部分。近日中国政府与联合国宣布 2025 年将在中国召开第五次世界妇女大会，希望山西女作家能够创作出最优秀的作品，也希望山西女作家协会在蒋韵与葛水平两位会长的带领下，策划女性文学 / 文化选题，以多种方式结集或者拍摄传记，以山西女性文学集体方阵为“第五次世界妇女大会”献礼。

王姝：女性写作不能仅停留在情感的表达和倾诉上，应该向历史和现实发问，在思考的深度上发力。认领历史、关注现实、想象未来都应该是山西女作家创作的应有内容。总说写作同质化，是因为生活经验的趋同，但事实上文学的异质性从根本上说应该是来自作家看待世界和想象世界的独特性上，要能够提供新的异质的审美经验和价值判断，这才是山西女性写作真正的价值生长点。

葛水平：我肯定不如蒋韵姐时代，那是女作家协会这艘船幸福的日子，只有船懂得，河当然也懂得。

期待，是一个让人驻足盘点欢喜庆贺的词汇，意味着岁月又增添了新的希望，衡量一个人年轻的标志之一是她是否还有期待和希望。期待和希望是一个虚无的门槛，让人必须以区别于平常的姿态走近它。当我装作若无其事的样子竭力迈着平常的步子接替女作家协会主席时，时序给了我一生最重要、最坚韧的一根绳索，我把从此的过去扎紧后，给我肩上放了担子。当我看到有人在女作家协会成立的消息下留言“山西有男作家协会吗”，我突然觉得只有面无表情才足够盛载悲喜。

说得客观一些，我并不想强求女性写作有多重要，只按本性活着，期待只是生命使然，不拘一形一体，只为活出本色，活出个性。一脉绿能碧出一寸光阴足够好，不争春乃有春，不好强而自强。女作家协会的女作家人人都含成仙之道，期待就在努力中。

张桂梅用生命阐释女教师的神圣之爱

丈夫去世改变了我生命的轨迹

王红旗：张老师，据我了解你因为丈夫患胃癌去世痛苦绝望得想要去自杀，因而改变了自己生命的轨迹。

张桂梅（云南丽江华坪女子高级中学书记、校长，全国最美乡村教师，“七一勋章”获得者等）：是的，丈夫的去世我受不了。其实他刚检查出胃癌时，我看到那个结果就坐在医院大院子的地上哭了两个小时，朋友们都说我一下子老了30岁。丈夫知道自己得的是胃癌后，一夜间头发、胡子和眉毛全白了，眼睛深陷，脸色铁青，简直就是一个骷髅头。他病了一年多，我们家就倾家荡产了，真的没办法留住他。什么是万念俱灰，我一下子就体会到了。

所以，活着、阳光、空气对我都没有意义了。那时我想和他一起去死，就选择去撞车，司机动作快（一个急刹车只是把我裤子刮破了），司机很生气地对我说，你不要这样，我也上有老下有小啊。是司机的话惊醒了我，想想也是，我不能坑别人，给别人找麻烦。这个家没有了，我就去医院的太平间，活活地守着这么一具尸体，不让火化。

我没有能力去给丈夫办丧事，甚至连埋葬他的400元钱也没有，也没有给他立碑，就在坟墓的水泥上亲手刻了丈夫的名字：董玉汉。每年的大年三十我都会到丈夫的坟上和他一起过。领导和同事也都尝试过给我再找一个合适的，但是我心里再也装不下别的男人。后来到了儿童之家后，我就没时间去了，要照顾孤儿。

王红旗：这样看来，丈夫在你心目中非常重要，你们的家也是很幸福的。

张桂梅：是的。我一直渴望有一个自己真正的家。丈夫比我大8岁，结婚后在家里他主管经济，可我想怎么做就怎么做。而且他会做衣服，有一次他给我设计的是蓝色上衣，红色裤子，紫色皮鞋，我的学生看到都很惊讶。我在家里什么都不管，他非常爱我、照顾我。他出差去开会，如果日子太久，我就会哭。我站在学校门口，等着他。如今发生这样的事，真的像天塌下来一样。

王红旗：那时你们结婚几年啦？他是一个很有责任心的男人，并能真正懂得你的心里需要什么。

张桂梅：8 年。因为一开始是分居的，后来我考上了丽江教育学院。他就想承包学校可以供我读书，我们就调到他的家乡——喜洲镇。这里是大理的鱼米之乡，风景也好，我家是靠在洱海旁边，有空的时候，他弹琴我唱歌。他还给我买了一辆折叠式自行车，我就可以拿着上下楼。

其实当初我看见他时，还真不是很愿意的。他性格比较内向，不爱说话，还有一只眼睛是内斜。但是为了我，他专门去做了手术，做手术时让医生把他的手绑住不让打麻药，整整两个小时就这么坚持下来。医生问他是不是为了爱情，他点了点头。后来他写信告诉我，我很感动，就答应和他结婚了。

我非常想有一个家，因为小的时候，我几乎都是在姐姐们的家长大的，吃的是邻居的奶。因为妈妈生我的时候就患了子宫癌，她那时已经瘫痪了，而且是“小脚”，不能下地，手指头变得粗粗的短短的，疼得什么都不能做。本来我生下来就给人了，我三姐觉得太可惜了，又把我抱回来了。姐姐说：“我来喂，生生死死在一起。”

那时姐姐还没有结婚，肯定是没有奶啊。那么我饿了，就（她可能是随我）哭，姐姐就说：“随你怎么号吧。”邻居们看不下去，就给我喂几口奶。小时候我有个小名儿叫“小猴子”，就是瘦得不成人样。

王红旗：听说姐姐支援西南时，把你也带到云南一直和她生活？

张桂梅：是的。我非常渴望有个自己的家。其实过节时我会很难过，尤其是过春节，我就不知道该往哪儿藏了。人家都在笑着喊爸爸妈妈，可我真的笑不出来。这个家好不容易拥有了，而且自己特别希望有这样一个人，既能像兄长一样关心着我，我又可以有撒娇的对象，却突然失去了。

教师职业载着我的生命重新起航

汪林仙（全国总工会教科文卫体女职工委员会主任）：是学生的爱在呼唤着你，当老师的责任心在驱使你吗？

张桂梅：到了哪里，我就在哪里哭。可是当看到有一个学生在作文中说："我们再也看不到张老师的笑容，我们不知道怎么面对她和她所讲的课。"我无法回避熟悉的环境，常常不由自主地想起他，想起就止不住哭，身体也越来越差。我决定走到一个陌生的地方，能站就站起来，不能站就死，实际上这就是逃跑。

王红旗：那时候你才30多岁，对未来生活本来可以有多种选择，比如可以选择回到亲人们的身边，回到东北老家，可以寻找新的爱情婚姻，这在这个崇尚自由和物质的时代是无可厚非的。为什么就想躲进深山里去了结余生？

张桂梅：通过别人帮我联系了三个地方，当时华坪是最早接受我的，我什么东西都没带，房子一锁，就直接到华坪上班。有新老师来要住我的房子，我回去后才知道，我走后学生们一直在哭，学生一起坐在院子里等着我回来，让我觉得很有负罪感。我离开之前，学校把孩子们集中在一起，再次做孩子们的工作，说老师是要活下去的，你们挡住老师，那老师以后的路在哪里呢？这样我才能走出来，我认为教师和任何职业都不一样。

汪林仙：是的，教师这个职业非常神圣，你给了学生无私的爱，孩子们也会给你纯洁的爱。这种爱是人间的真情，有很大的威力。它可以鼓舞人、激励人，可以使走向死亡的人重新回头。学生那么爱你，说明你很爱学生。

张桂梅：我觉得老师和孩子是平等的，他们有时可以不喊我老师，可以拍着我的肩膀，可以一起并肩走。

我并不是长辈，也就是跟孩子们的友谊非常深。良师益友，良师不敢说，益友我做到了，我对任何一个同学都不歧视。

王红旗：华坪县那么贫穷落后，你并不是一个特别独立的人，当时的工资也只有800元，你是如何去资助那些贫困学生的呢？

张桂梅：那些孩子穷得让你不知所措，怎么中国还有那么穷的人。但是也真的不知道还有这么一群人能如此坚强，信念还那么的坚定。他们不会说："知识改变命运"，但是，他们知道读书就会改变生活。当时我去学生家里的时候，连个坐的地方都没有，给我倒水，那个水杯子从来没洗过，穿的衣服都是救济衣服，西服的颜色已经没有了。一来是没有水，二来去买洗衣粉要去很远的地方，其实买洗衣粉的钱就够他们几天的吃饭钱。

有的孩子床铺就是一张硬纸壳，是从商店要来的纸箱拆开的，没有被子、褥子、枕头。穿着一双拖鞋，我们叫“撒板孩”（音）。这个学校是在小县城的山谷里，早晚温差很大，那个房子走上去是一摇一摇的。我那个屋里老鼠啊，蜈蚣啊，蛇啊，有的是，一开始吓得我直叫。有一天领着孩子在草地里背课文，孩子当时叫了起来，说“老苏”（音），我抬头一看两条蛇，当时孩子们把蛇抓起来，把我推到一边，那些孩子真的很朴实，很可爱。

有一个女孩儿得了腮腺炎，发烧 40 多摄氏度没有钱去看病，我说老师有钱，咱们去医院。她说，老师你给我弄来片仙人掌，糊在脸上就可以消肿了。我们就是这样给孩子治病的，实在没办法才会去医院。你说现在的独生子女家庭，谁会这么做？这是 7 年以前的事了。最后我也花得没钱了，有的孩子一天吃一顿饭、两顿饭，也没有菜吃。有个女孩儿，她的爸爸病死了也没回家，就是怕耽误她学习。她爸爸临死前，托人带口信，叫她别回家。她爸爸说，回来会耽误功课，山路太远。这样你们可以知道知识对于山村里的人是多么的重要。2007 年这个女孩儿（汪碧映）已经大学毕业，到山里去当志愿者了。

王红旗：你每月的工资就 800 元，要资助孩子们上学，如何分配？

张桂梅：留 100 元的吃饭钱，其他的学生们谁没有钱了就给谁钱，就是不要因为贫困就辍学了。我原来很爱吃肉，跟食肉动物差不多。有一次，我两天没吃肉，老公给我买了 3 斤鱼，我一气吃完了。为了这些学生我不吃肉了。本来我的生活比较优越，一下子这样也受不了，后来慢慢习惯了，到现在反而不喜欢吃肉了。

汪林仙：当时你们民族中学其他老师还有资助学生的吗？

张桂梅：有的也资助。他们常常陪我去找辍学的学生，不然到了山野，我有时是找不到路的。

汪林仙：我们到各地调查，发现教师，有大学教授，也有中小学教师，尤其是西部少数民族地区的乡村教师，常常用自己的工资帮困难学生交学费，给他们生活费，有的女教师甚至带学生到家中与自己的孩子同吃同住。云南山多，教学点也多，不少农村教师，家中上有老下有小，经济也很拮据，还经常拿出自己的工资资助学生。有的女老师困难到自己的孩子有病舍不得花钱去看，但还是坚持资助困难学生。最后由于帮助贫困学生，她们自己也成了贫困户。

王红旗：实际上你的这种做法，给自己的生活带来的压力是一般人很难承受的。孤儿教育是目前的未成年人教育中的最大难题。因为，从小失去母爱与父爱的孩子性格会变得孤僻、偏激、自闭或歇斯底里，甚至有可能染上严重的恶习。形成这个特殊群体的原因是多样的：父母离异，父母被监禁或父母双亡等。可以说他们大多是问题家庭无家可归的问题儿童。

张桂梅：其实我恨透了贫困，当时我就是想帮助学生读书。是有一个环境，那个环境促使我这样做。因为我遇到了这样一个环境，一个阶段一个阶段走过来，最后变成了一种追求。

汪林仙：但是，我觉得并不是所有人都能这样做，而中国确实有这样一部分教师在做奉献，而你是这些教师中的杰出者之一。我觉得一个了不起的人，一个先进人物，并不是一生下来就是，而是有一个成长的过程。

期盼全社会关爱大山里的孩子

王红旗：你是第一次来北京吗？你对北京的印象是怎样的？

张桂梅：不是。我走到了北京就好像走进了天堂，完全是另外一个世界，包括北京人的谈吐，北京的孩子，我心里都有说不出的难过，是为我的那些孩子难过。这个城乡差距是很大的。举例来说，那天晚上采访我的小记者是 9 岁。2007 年我收养了一个孤儿是 7 岁，跟那个小记者差不多是同龄人，他家很穷，他妈妈领着亲生的两个姑娘离家出走，然后他爸爸就患精神病了，把他和牛拴在一起，两年以后他爸爸死了，爷爷没办法就把他送到我这里来。我到处募钱把他送到一个很好的小学里。进学校三四天，老师给我来电话，说这个孩子真的教不了，因为 1+1=2，学了 3 天没学会。不是因为他笨，而是他确实没接触过。这个差距实在太大。

汪林仙：确实应该让党的十七大的报告尽快落到实处，让教育公平在 960 万平方公里的土地上尽早实现，让更多的贫困地区的孩子从小得到良好的教育，这对于提高我们这个民族素质、对于国家未来的平衡发展会大有益处的。

张桂梅：是的，不过这是需要我们努力的。希望全国党员来关注山区和农村的教育，首先是要解决教师的素质问题。我走过 20 多所小学，我一去，那里孩子都跑了，因为不好意思，怕生人。然后老师出来，看到他们我真的是沉默了，老师穿的衣服特别脏。然后，我说让他们唱个歌吧，他们唱的还是我小学时唱的歌。所以，现在进行教师资源、财力资源的整合，把一室一校取缔。不过问题是，有些地方可以解决，有些地方没有这么大的财力，是解决不了的。

另外，我有一个学生在那里当老师，一开始还生机勃勃，现在 7 年过去了也被当地同化了，穿得像当地人了，每天面对的是山和空旷的原野，走到那些地方，几乎静得只能听到狗叫和鸡叫。尤其是把优秀教师集中到一个学校，这是非常不合理的。如果把优秀教师分开，优秀教师会带领其他老师。

汪林仙：农村教师的素质提升确实是个大问题。近几年，我们对一些省市农村做调查，许多农村教师多年没有进修学习的机会，观念陈旧，知识老化，眼界不开阔。近几年虽然大有改观，但是与教育改革发展的需要，尤其与广大农民群众的期望，还有很大的距离。国家应该在农村教师素质提升上多给点钱，多下点功夫，否则硬件上去了，有了好校舍，没有素质高的老师也会误人子弟。

张桂梅：其次是财力。去年我得了"新滇人才奖"，奖金 30 万元。丁王民小整合之后，我就全部拿给他们盖教学楼了。不是这样就能改变教学环境，而是为了激励他们。

汪林仙：怎么想起来往那里捐呢?

张桂梅：我是去学生家中家访时发现的，那里大多数同学是傈僳族，一会儿断电了，一会儿没水了，而且种什么都不长，只是长洋芋。我看那些孩子吃的东西，到现在心里都揪得很难过。350 个人喝一锅汤，一顿麦当劳（到现在我也没吃过）是这些孩子一个月的伙食费。这个学校还好，政府还给资助一点，不过现在这些孩子还住在土楼里。我觉得财力是要整合的。

生命在真爱与磨难中升华

王红旗：你知道自己得了癌症还把钱都捐出去。听说当医院检查出你患了癌症，肚子里长了一个大的肿瘤，医生要求你马上住院治疗，否则后果不堪设想。回到学校你没有告诉任何人，把诊断书装进了口袋，坚持给学生上课，直到把学生们送进了考场。你当时是怎么想的?

张桂梅：调到华坪县半年以后，就查出癌症来了。我 1996 年到的华坪县，当时就想没办法，我自己手里也没有钱，再加上这个县又这么小，我知道，治这种病不是开玩笑的。原来想死没死掉，现在不想死了，想为孩子们做点事，有一种想活的愿望。如果我死了，工资没有了，那么这些孩子肯定要辍学了，而我活着，那么我的这些学生至少不会辍学，那时我的目标就是救一个算一个。当时我就想，我也不治了，在那个小县里真的花这么多钱，我无法张口。后来我决定不治了，就把诊断书锁起来，靠吃“止疼药”活了下来。

王红旗：当时你的癌症天天都那么疼，可是，你教的是初三年级四个班的毕业生，讲课那么多，你还能一直坚持上课，真是奇迹。那是一种怎样的信念？

张桂梅：当时就觉得，别坑人家，别坑这些学生。换别的老师是可以的，但那时 4 月份查出来我得了癌症，7 月份学生就要上考场，这最关键的几个月里，如果换老师，既坑了那老师也坑了这些学生。

反正就豁出去了，哭是哭，觉得真是舍不得死了。因为丈夫死后自己也想一死了之，是为一种情感，这时是自己生病，面对学生是另外一件事，根本就不想死了。我觉得老天跟我开了个大玩笑，想死的时候不让死，想活的时候不让活。所以没事时就坐在那里发傻，空白一片，看看人家再看看自己，好像自己不是生活在地球上。

汪林仙：那时候老师、学生真的一点也不知道你的病情？

张桂梅：不知道。那天下雨，学生们踢的罐头瓶盖就奔着我飞来了，正常人肯定会躲开的，瓶盖过来，轻轻一碰我就倒在雨水里了，不过当时我还是去了课堂。那时学生问我为什么不结婚，大家都觉得这是个谜。当时我为了给学生上课也要活下来。学生初三毕业后，大家借给我几千块钱做手术，拆线几天后，我就又回来上课，切下来的恶性肿瘤，有 5 个月的胎儿那么大。之后又去昆明做了一次手术。

汪林仙：听说你帮助过的孩子大多很有出息，家长也很感激你。

张桂梅：山里面的人很朴实，我每次去一个学生家，她父亲一定要给我杀猪。我班有个彝族的男孩子，有一天告诉我说不读书了，原来是家里供不起了。决定只供他读书，不供妹妹读书，兄妹很团结，哥哥决定也不读书了。我去家访一看他家确实很穷，有 4 个孩子，全家 6 个人睡一张床，父亲是老山前线下来的，已经摘了两叶肺，弱不禁风，不能劳动。当时我说，你们供儿子，我供你们女儿，让姑娘先在小学读书。这一资助几年就过去了，现在这个男孩子明年就要大学毕业，女孩子已经上大二，小女儿嫁人，小儿子在民中读书。后来他父亲听说我是得癌症的人，还供养他的女儿，很感动，心情一舒畅，开始下地干活，现在已经是好劳力。真是积极的态度改变了生活。我也感受到了自身生命的价值。

“爱心接力”传递着亲人相聚的感动

王红旗：为了资助贫困学生，把自己搞得也贫困了，连娘家都回不成了。中国教科文卫体工会才组织了“逼”你回娘家的“爱心之旅”。读你的信，我体会到了骨肉亲情相聚的分量，但是你对大山里贫困学生和孤儿们超越血缘的亲情，诠释了生命更深层的意义。

张桂梅：我老哥老姐非常感谢总工会，把他们日夜挂念的妹妹送回家来了。当时教育工会的车子开进了一条小巷，我看着出来迎接我的人，看不出是谁，白发苍苍。有一个人被人搀扶着慢慢地走了出来，声音长长地颤抖着在喊：小五啊！你不认识我们了，我是姐姐呀。我们互相看着，仿佛时间已经凝固了，我努力把他们还原到30年前的模样，怎么都对不上了。血缘的热力和亲情爆发了，已顾不得在场的还有谁，也不觉得天气的寒冷，我们放声哭喊着、拥抱着，他们喊着我的乳名。这乳名30多年没有人叫了，听起来是多么亲切、多么温馨。我的血液里奔腾的都是亲情，有一种说不清的感觉，那就是幸福，没有语言能够表达出的幸福。

我们哭诉着、抚摩着。从下车到大姐的家里，仅有十步远，但是我们都走得很艰难，半个多小时，才走进了屋里。当大家都平静下来，才想起还有齐齐哈尔教育工会的领导在，可他们连车带人什么时候离去的，我们却不知道，真是对不起。

工会圆了我的梦，我真的非常感谢。我总算看到现在的哥哥姐姐是什么样子了。这次探亲，回云南后没几个月，四姐来电话告诉我，她患上了子宫癌，手术做完后正在化疗；不久又听到哥哥心脏病突发是被抢救过来的。这些离死亡不远的消息，让我难过也让我庆幸，因为在他们健康的时候，我们毕竟见了一面。

汪林仙：我们应该给你更多关爱。其实社会上很多有爱心的人，不仅关心着贫困儿童，也关心着像你这样的奉献者。广东中山大学生命科学学院刘昕教授和他的团队，多年来一直为张桂梅老师捐赠治疗药物和保健品，希望她的健康能为山区的孩子带来更多欢乐。

王红旗：真爱激励着生命的内在力量，“爱心接力”的传递，能让更多的人感受到一个生命温暖着另一个生命。

汪林仙：当时，我们在昆明召开中国教科文卫体工会女职工委员会主任会议，请张老师做了一个知识女性的报告，没有讲完，下面就有人给我讲要给她捐钱。我们当时是捐了 1.2 万多元，因为大家出差带的钱不是很多。我跟云南省教卫科工会王玉华主席商量，按常规钱应该给她，不过我们决定不给她。因为她 30 多年没回老家了，第一，我们要买些保健品；第二，一定要让她回家看一看，因为她得了癌症，不知道什么时候病发了，如果看不到家人，那会是终身遗憾。这些钱由云南省教卫科工会女职工委员会保管，不能再让她捐出去了。

我怕她拖延时间，多次督促她必须在黑龙江下雪之前回去。和当地教育局局长一起做工作，让她马上回老家。给黑龙江教育局打电话让他们到机场接张老师。云南买好机票，直接就送上飞机。钱不经她的手。当她到了黑龙江时教育工会主席和女职工委员会主任买了鲜花迎接她，看到她拿的书包还是破的，工会给她买了一个“高级”包，她舍不得用。回到丽江又把它卖了 400 块钱，钱还是用在了孤儿们身上。

汪林仙：这个“儿童之家”是怎么回事？钱是谁给的？

张桂梅：不是我办的，是一个美国华侨“美国妈妈联谊会”和政府花钱办的，然后让我出任义务院长，开始我不想干，我说这个院长谁都可以干，为什么要找我？但是美国华侨说如果我不干，他们就不办了。然后第一天我进去，这哪是当院长啊？这是当妈。我说这个没法当，孩子一身尿、一身虱子，大小便拉得到处都是。

汪林仙：女童教育，低素质母亲的问题确实应该引起社会重视。如何关心青少年成长，没有母亲和父亲素质的提高是不行的。家长必须承担起社会的责任，不能对孩子只生不教不养。女职工委员会提倡“科学母爱”，倡导更多的家长、教师、社会工作者，用科学的方法教育好学生、孩子。张老师，希望你一定要爱护自己的身体。这也是朋友们最想祝福你的。

张桂梅：会的，为了孩子。

田培培：美是上天赐予女性的礼物

关于女性与时代

王红旗：第一眼见到田培培老师，就感觉这是一个执着于“美”的女性，她得体的衣着，淡雅的神色，由内而外地散发出一种美的气息。也许事业与家庭对于中国女性而言，就仿佛是“熊掌”与“鱼”的相互制衡，能够兼得者，实属凤毛麟角。在常人心目中，“女强人”就应该是一副“巾帼不让须眉”的模样，很难将在事业上卓有成就的舞蹈系主任，和眼前这位充满浪漫情调、美丽睿智的女性联系在一起。请问你作为一个时代新女性，怎样划分“传统女性”与“新女性”的界限？

田培培（首都师范大学音乐舞蹈学院副院长、舞蹈艺术家、教授）：我认为，不同的社会、不同的国家、不同的民族与宗教信仰都会衍生出不同的性别意识，比如日本、韩国和中国的女性在“传统”与“新女性”的认知上就会有所不同。

王红旗：那你认为中国式的“新女性”应该具备什么样的属性？

田培培：首先，我觉得中国的当代女性身上有三种不同属性的美。

第一种我称之为**“正美”**。这样的女性最主要的特质是，她们能够将至少80%的人生命运掌握在自己的手里，她们大多拥有良好的教育背景和积极的生活态度，因此她们的生存空间很广阔，在社会中是令人称羡的女性群体。

第二种我称之为**“纯美”**。这样的女性很简单，很乖巧，小鸟依人，依附感很强，某种程度上，这样的女性是很多男性心目中最向往的对象，但是我会对这样的女性打上一个问号。因为时代不同，人们对女性的要求也会发生改变，一个没有自主意识的女性，如今是无力承担起社会责任和家庭责任的，女性的生存价值无从谈起。

第三种我称之为**“贤美”**。在传统社会中，“贤美”就是女性的一种标尺，它不仅要求女性具有外表的美，内在的温良贤淑也相当重要，只有这样的女性才能承担起“相夫教子”的责任，这种美是一种奉献的美。但是在这个时代，这种完全放弃自我的奉献，是否能够适应时代对新女性的要求，还值得斟酌。

王红旗：根据你划分的这三种时代新女性的美的特征，你认为自己属于其中的哪一种呢？

田培培：我属于比较综合的类型吧（笑）。在工作状态中我是比较追求“正美”的，因为我很幸运，出身书香门第，从小在知识分子的环境中成长，自然而然便懂得了自己应该去追求什么。现代人都强调教育对人的影响，其实我觉得在九年制义务教育的标准之下，人与人之间的差别仅仅在于文化课分数的差异，与人最终的成才与否，并没有必然的关联。

然而，我觉得教养才是对人最综合的考量。我很感谢我的父母给了我良好的教养，让我懂得如何去把握自己的人生与价值。在家庭生活当中，我觉得我是一个“贤美”的人，我为了家庭放弃了不少在事业上的追求，如果不是这样，我应该会在事业上做得更好。不得不承认，这个社会是一个男权的社会，女性要在事业上走向更高的平台，就必然要放弃很多属于女性的生活。所以很多“女强人”会给人一种“男性化”的印象，但是我觉得家庭对于女人而言，是非常重要的，我并不愿意放弃这一部分，我很享受“贤妻良母”的生活。

王红旗：你说到这个社会是“男权”的，作为一个追求完美的女性，你是否感觉到压抑和疲惫？

田培培：在文化背景相近的亚洲国家相互比较，包括日本、韩国、新加坡等在内，我个人觉得，中国女性相对而言是最累的，因为中国的社会系统造就了这一现状。只有中国的女性结婚之后，既得有事业又得照顾家庭，还要扛起来自四面八方的压力和诱惑，比如，中国的女性放弃事业全身心投入“相夫教子”的世界里，她在社会中就会慢慢失去被认可的价值，但是在日本和韩国，“家庭主妇”是受人尊重的职业，她们的价值能够得到全社会的一致认可，所以她们会比中国女性活得轻松一些，没有两头兼顾力不从心的烦恼。

王红旗：除了体力上的疲惫之外，中国女性的内心是否也会有更多的压抑和不安呢？

田培培：当然，中国的男权文化有一个特质，那就是男人的财富和社会地位需要靠“娶妻纳妾”来证明，其实“一夫多妻”未必是一种需要，古代的中国男性之所以执着于“纳妾”，其目的在于自我炫耀，过程和结果都是多余的。也许其他国家的男性为了追求刺激和浪漫，也会有“出轨”现象，但是绝不会像古代的中国男人一样去“包养”另一个女性，所以中国的女性始终生活在矛盾之中，一方面她们渴望自己的丈夫有钱有地位，但另一方面又担心丈夫有了钱和地位，便失去了对家庭、对自己的关注和投入，这种不安和压抑始终存在于中国女性的内心。

王红旗：你认为，中国女性是否会因此对男性、对婚姻和家庭产生抵触的心理？

田培培：目前有一个现象，很多高学历的男性，尤其是有海外教育背景的那部分群体，由于受到西方思想的熏陶和感染，传统的男权观念已经发生了一些改变，他们开始需求自由平等的两性关系，我觉得这样很好，希望有一天这样的两性观在男性群体中能够成为主流。

关于婚姻与家庭

王红旗：我们聊到中国时代新女性的境遇，你认为这种境遇是否会影响到年轻女性面对婚姻的态度？

田培培：这是难以避免的，很多现象不得不让人得出“婚姻就是一种赌博”的结论。因为婚姻中的人永远不知道下一秒钟将要发生什么，所以很多人选择不结婚来逃避婚姻带来的伤害。有一件事情让我记忆犹新，我在美国一所大学参加聚会的时候，看到一位年轻英俊的教授带着一名女子一同出席聚会，他走到我们身旁会牵着身旁的女子，大方地为大家介绍说：“这是我美丽的妻子。”其实这个女子的外表和美丽沾不上边，而且因为重病的关系身材已经严重走形，可是那一刻我觉得她是世界上最幸福的女子，我特别的感动。这种感动在中国的文化圈里是难以找寻的，为什么很多女性对婚姻产生恐惧，因为她们永远不敢确认自己对于丈夫而言有着怎样的意义，这种未知的感觉着实令人恐惧。

王红旗：那作为一个时代新女性，应该以怎样的态度来面对婚姻和家庭？

田培培：首先，一定要有一种独立的精神，要努力把握自己的命运，与此同时，千万不要对婚姻和家庭持消极的态度，任何事情都是左手和右手的关系，维系婚姻和家庭，实质上是一个经营的过程，并不是现成摆在那里的成果，很多女性一拿到结婚证便觉得踏实了，殊不知婚姻的另一方并不会因此而踏实，所以时代新女性在坚持自己的社会角色的同时，还应该懂得花时间花精力去细心营造属于自己的美满家庭。

王红旗：事业与家庭兼顾都要求完美的时代新女性，会不会活得太累了？

田培培：有人也问过我说："你衣食无忧，为什么要活得这么累？"比如，很多父母都会抱怨说早上送孩子上学很辛苦，可是我并不这么认为。比方说我每天很高兴地早早起床，和儿子一同吃早餐，然后开车送他去学校，有时候堵车到校晚点，我会牵着儿子的手一路奔跑，直到看到他在教室里坐好准备上课之后，我才匆匆忙忙赶到自己的工作岗位……辛苦必然是有的，但是做母亲是一个女人必经的阶段，对我而言，人生中的每一个阶段都是幸福的，所以我会尽情享受这份看似辛苦的幸福。

王红旗：看来，孩子在中国的婚姻家庭中也扮演着很重要的角色……

田培培：对，但是也不尽然。中国是一个有着传宗接代传统的国度，很多夫妻之间感情已经淡化了，但为了孩子他们可以勉强维持着同床异梦的生活，这样的婚姻名存实亡。婚姻是需要夫妻相互维系的，仅仅依靠孩子是不够的。

王红旗：所以你认为婚姻是两个人的事？这个家庭，夫妻之间的相互关爱才是根本。

田培培：当然，不过婚姻的经营并不需要刻意为之，很多变化既然是自然而然发生的，就应该让其顺应发展规律，像我和我丈夫之间并没有为了刻意去迁就谁、去适应谁而改变自己的生活方式，但是有一点是从我个人的婚姻经验里总结出来的，那就是如果夫妻之间在彼此的事业上能够相互"助力"，我所说的"助力"并不一定是实质上的"力"，而是你能够从自己的角度或利用自己的优势给予对方一些指引、点拨，或者慰藉，我相信这样的婚姻是相对稳定而坚实的。

关于爱情与美

王红旗：如果用一种颜色来形容爱情你会作何选择？

田培培：我选择咖啡色。我常常和丈夫在休闲的时间一边品尝咖啡一边谈心，有一次我就颇有感触地跟我丈夫说，我们的爱情就好比一杯咖啡，你是咖啡，我是咖啡伴侣，咖啡与伴侣是不可分割的，但是没有甘味的咖啡似乎口感有些生涩，所以要加一颗糖，我们的儿子就是那颗糖，只有咖啡＋伴侣＋糖，才是一杯完美的咖啡，爱情也是这样。

王红旗：好诗意浪漫的比喻，你平日就是一个浪漫的人吗？

田培培：我有点小资情调，常常积极地去营造一些浪漫氛围。我的家就是我一手设计的，凡是去过我家的人都知道，我特别讲究浪漫的氛围，我的丈夫之前是一个军人，军营的生活很难滋养出浪漫来。所以我的浪漫情怀他并不十分理解，只是客观地去接受，等到他转业进入新的领域之后，随着视野日渐开阔，阅历日益丰富，观念也开始慢慢发生转变，现在的他比我还浪漫，我们俩常常相约在一间有情调的小咖啡馆，享受属于两个人的美好时光，或者开车到郊外去爬山之类，其实具体做些什么不重要，重要的是在那个过程中，我们的心会越来越近，感情会越来越浓。

王红旗：男性会担心自己从事艺术工作的另一半，太过于浪漫吗？

田培培：的确，搞艺术的人，都比较容易将生活的角色和艺术创作的角色相互套用混淆，不仅是女性，男性也一样。他们充满了幻想，始终追求浪漫，如果遇上缺少浪漫的另一半，在内心或多或少都会有某种失落感，这种失落感往往会影响到彼此的感情。很多人说艺术领域内爱情和婚姻的稳定系数很低，的确如此，但是也不绝对，关键看自己的把握。

我觉得搞艺术的人未必就没有办法从一段婚姻和爱情中，得到浪漫的满足，我所说的浪漫不一定要很刻意，浪漫并非是想象中需要轰轰烈烈去追求的东西，有时候一点心意就足够了，比如我和丈夫都常常出差，所以上飞机之前我们都会给彼此发一个信息，举手之劳在我看来就很浪漫了，所以关键还是看自己的把握。而且，现在我丈夫身边的同事朋友都希望找一个搞艺术的伴侣，他们平日的工作已经很忙碌劳累了，找一个懂得浪漫的太太可以让生活变得生动，充满情趣，这就是一种生活的调剂，我觉得挺好，挺完美的，人活一生追求的不就是一种完美吗？

王红旗：你是一个崇尚完美主义的女性吗？我心里很赞同知识女性应该有一种追求完美的诉求。

田培培：对，这是我骨子里镶嵌的东西。刚刚我说到了对家庭、对爱情我要求完美，对工作我同样要求完美。其实，我在成长的道路中也并非一帆风顺，也因为太过于完美主义的性格而受到过一些打击和挫折，社会毕竟是人的社会，“对事不对人”的做法，从某种程度上保证了工作质量的完美，但忽略了人与人之间关系的协调性，最终的结果也不会尽善尽美。所以我做系主任这些年，已经慢慢放弃了自己的一些强求完美的心态，无论对待下属还是对待学生，只要顺其自然就好，这样的心态让自己不仅轻松了许多，而且有时候反而能有一些意想不到的收获，所以完美主义也不是绝对的。

王红旗：问一个有些伤脑筋的问题，你认为完美的爱情模式，是选择一个爱你的人还是你爱的人？

田培培：（笑）我会选择爱我的人，我丈夫就不认同我的观点。他觉得女性为什么要放弃自己主动选择的权利，一定要被动地等待有人来追求、来爱呢……其实他说得也有道理，但是我还是坚持选择一个爱我的人，我承认自己比较懒，需要有一个人带着我走进爱情的殿堂，可能在我的概念里，这样的爱情模式是完美的……

王红旗：田老师在即将告别时对我说，有人在她最崇拜的艺术家依莎朵拉·邓肯的舞蹈作品里，看到了政治意识、看到了社会意识、看到了性别意识、看到了行为意识……可是她看到的，却仅仅是一种无以复加的美。美是上天赋予女性的礼物，女性也许拥有强烈的美的意识，这样才会活得充实而满足，正如田培培老师一样。

姜杰雕塑的女性意识与人类精神救赎

粉色瓦：永恒的女性“上层建筑”

王红旗：真正关注你的作品，缘于2006年10月在“长征空间”观看你和喻红那次“别样”的合展。当时我从喻红表达当代女性个性生命“流变图”的思考中，踏入了你创造的那一片粉色瓦的图腾里，有一种气流围过来，甚至感觉到一种力量的撞击，突然明白策展人把你们放在一起做合展的独特创意：别样的对接——女性现实与历史，也许还蕴含着未来。

因为无论东西方文化，粉色都是女性性别的象征。“瓦”与“凹”谐音而形似，与“娃”“娲”谐音而产生一种历史引申义，可以说是女性身体、子宫、生殖、性欲等的象征隐喻。数百件镶嵌着凤与莲的图案的粉色蜡制瓦，一片一片构筑成一座粉色的宫殿，一个神圣的女性“上层建筑”，我在以往的雕塑装置艺术中从未见识过。

作品命名为《之上之下》，更有历史的流动感与沧桑感，它超越漫长的时空隧道，由现实接通远古，进入男权文化还没有降生的母系社会、女神时代。因为只有在那个毫无掩饰的人类童年时代，女性意识形态才属于上层建筑的范畴。而且，这件作品使用的材料是蜡和线，更能给人一种想象，仿佛这座粉色宫殿如梦境般越来越高大，燃亮起来，在为这个大变革的时代注入远古的母爱之光。

粉色瓦当上把龙变成凤，可能是一种艺术家自觉的性别意识。凤象征着女性，凤图腾早于龙图腾，中国的凤图腾是人类最原初的图腾。中国最早的凤图腾是女娲图腾，凤图腾是对女性的生殖崇拜到精神景仰的起点。

从人类女性史的意义上，女性从“之上”到“之下”的“败北”，再到当代的“之下”，虽然男权文化以历史创造者主宰来压抑与遮蔽着女性，但是作品《之上之下》却以独特的表现形式，复活了深藏于地表之下数千年的女性精神灵魂，展示着其亘古的母性。“粉色瓦”作为一种隐形的永恒，它存在于文化历史的底层，存在于人们的潜意识里。“东西方的花园”作为人类两个文明的“轴心”，是两个大圆，如今正在慢慢融合成一个大圆，昭示着一种未来学意义上的人类新文明形态。艺术家正是从历史文化的源头，把被男权文化遮蔽的女性生命之爱的精神形象遗存呈现了出来。这可能就是经典作品对人类灵魂的救赎意义。创作这个作品，你最初的想法是什么？

姜　杰（中央美术学院雕塑系教授、雕塑艺术家）：做这件“粉色瓦”作品《之上之下》之前，还做过黄色瓦的《游龙》。其实最早使用瓦是在2004年中法文化年，在法国巴黎卢浮宫旁杜伊乐里皇家公园，当时展览的主题是“东西方的花园”。我当时用黄色的瓦做了一堵墙，使用的是故宫的黄色琉璃瓦。现在回忆起“瓦”的创作，“东西方的花园”的确是一个契机。

当然，从哪一个点进入是很重要的，同时进入以后你怎么去做这个东西也是非常重要的。东西方花园里有很多元素，有花草，也有砖瓦，还有很多别的元素，提炼哪个特别重要。其实黄色的瓦直观上就更是一个可见的，粉色的瓦是不可见的，粉色瓦是你赋予的，然后把它搁在那儿的，比如刚才你把故宫比作飘浮在北京空中黄色瓦的海洋，粉色没有飘浮在这里，但是粉色在。比如你刚才提到的后宫、阿房宫等等，粉色是在的，但不是直接存在。

当时，开始用黄色瓦，做展览、展示的时候，是非常有直接性的。黄色瓦直观性很强，它非常强硬地存在在那儿。相对来说，粉色瓦还是一个空想，是一种想象，还是有点海市蜃楼的感觉，如果没有黄色的瓦，有些东西很难折射出来。

《之上之下》的粉色的瓦，是按照故宫的样式做的，但是比它的尺寸还大，原来的故宫瓦当上有龙的图案，我把它改成了凤的图案。

粉色裸体女孩儿：在灿烂阳光下的“盲”之眼

王红旗：在《娱乐2006》里，这组象征女性历史遗存形象的粉色瓦，被封存在象征时空的透明玻璃箱内。一个两三岁的粉色女孩儿，裸体，仰躺，两手似乎浮于玻璃箱之上。你一眼就可以看出，她有凸起的乳房，高高在上的轻妄的姿势，跟她的年龄很不相符。从表面上看，是在历史与现实的对比中，揭示女性遭遇“被看”的命运，数千年并没有什么改观。因为，娱乐年代仍是从女性身体的新一轮“被看”开始的，女性身体成为最美丽、最时尚的消费“图画”。

但是，如果你与粉色女孩儿那如黑洞般的“盲”之眼对视，就会发现眼睛作为心灵的窗口，表现出精神指向的盲目，一无所有的虚无和硕大的孤寂。她不知道自己从哪里来，到哪里去。因为，远古女性精神被封存、被遮蔽、被阻隔，文化母体脐带被割断。《娱乐 2006》呈现的，则是现代女性失却文化母体脐带和身份主体的疼痛和迷惘。这样深邃的“盲”，既是艺术家对社会世态痛心疾首的反思，又是向自我内心幽深之处的诘问。20 世纪 80 年代的朦胧诗人顾城，以“黑夜给了我黑色的眼睛，我却用它寻找光明”，来批判疯狂动乱的“黑夜”对青年灵魂的扭曲，诗人翟永明以大型组诗《女人》惊世骇俗地表达出女性的“黑夜意识”，而《娱乐 2006》从“童眼无忌”的另一种层面，揭示出在灿烂阳光下的娱乐年代里，人们视而不见的“盲”区，太阳深处的黑暗与危机。这是艺术家以明亮的“心眼”，对当代都市人、特别是女性心灵的阴影与忧虑的洞见。

从这个层面上讲，粉色瓦和小女孩不仅是女性被消费的身体，更是在娱乐浮躁的、缺失信仰的年代，艺术家对文化“母乳”的寻找，是艺术家敏锐地感知到，当代人类需要远古女性精神的光耀与慰藉。

姜　杰：作品《娱乐 2006》，之所以改名为“娱乐 2006”，是因为故宫瓦当的后面都会有一个年号。我觉得一个作品的形成是挺好玩的，有很多外部的东西在影响着它。我订了手机报以后就会天天看到，2006 年的时候，就是全民娱乐，到处都能看到娱乐，包括有娱乐频道，各种娱乐节目等，就觉得娱乐为什么对中国来讲会这么广泛，比如读书频道通常播的时间是非常短的，但娱乐似乎是无时无处不在。我可能也不知道怎么去解释这个事情，但是出于作为一个艺术家对一些东西的敏感，我会去思考去质询为什么会这样，会觉得很怪，娱乐年代就变成了 2006 年的一个象征，2007 年以后就变成基金，2008 年开始就金融危机。

全民娱乐的时候，同时有一种肤浅在里面，人的精神没有寄托，就变成非常大众化的消费，因为是需要有一个释放点的。不对这个寄托，不对那个信仰，就不知道那个点在哪儿。有一群人娱乐，有一群人就失去了信仰，不知道要干什么。我身边的一些朋友开始看宗教的书，在一个大的娱乐状态下存在分散的东西，但是同时也是非常人性的。

最初做粉色瓦的时候，不管以什么样的形式存在，含义都是很丰富的。我是把黄色瓦之下的东西可视化，它的脆弱、存在、易碎性都那么存在着。那个粉色瓦是蜡做的，常常天一热就变形，我不敢看它，我害怕打开来看时已经全都碎了，特别矛盾。因为易碎性是我的作品需要的，但是真的不适合经常展览，也不适合变成商品，但是既然要这个，很多东西就不能要。有很多原因让我必须用自己的语言和方式把一个已经存在的东西调出来。作品出来以后，靠我个人的这种解释，力量可能不够，我一直在想有什么机会可以把它说得更清楚。

粉色乌托邦：在珍藏破碎里获得再生

王红旗：在我看来，你的《粉色乌托邦之一》是从一个个女性个体生命破碎的经验，表现全人类正在经历的灵魂之痛。而且这种痛是每一位女性可以触摸到的、听得到的，是当下的，也是历史的。因为，全球化绝不是各种异质文化的杂陈，而是不同质地文化的大碰撞，大融合，是生成新文化形态的多元共享时空。现代性就是破碎与重组，毁灭与新生。

作品《粉色乌托邦之一》，是把一片片原生瓦当，装进一个个粉色丝绸口袋里，并且用粉色的丝带束紧唯一的开口。就这样一个、两个、三个……上千个装着瓦片的粉色丝绸口袋，摆放成整齐的长阵，如同一种肃穆的祭奠场景。观看的人，当然也可以说是这个行为艺术的参与者，踏在一个个粉色的“躯体”之上，里面瓦片乍响，是脚下一个个粉色躯体的哀鸣，内心会产生一种绝望的毁灭感。丝的柔韧，能够成就那粉色“躯体”的完整，也指向女性精神的坚韧。在女性原型意识里，粉色口袋作为容器的变形，是女性身体的隐喻。女性为历史承载了太多的苦难却被历史排除在外，当代社会变革中女性更是苦难的先知。你的作品引领观赏者，在体验破碎的疼痛里，寻找自我破碎的痕迹，形成自救与相互救助的一群。从而由女性视角达到一种超性别的艺术效果。

其实又衍生出女性的复杂心理感觉，身处追求梦想、爱情、家庭、人和人之间和谐的困境，社会身份的不被认同，都会存有破碎的记忆，但是只要学会珍藏破碎，就会滋养你的成长，成长是不分年龄的。用粉色口袋包裹着的破碎是用心的深藏，是扔不掉的感情经验记忆。当我看到粉色丝绸包裹的瓦，演绎一个个柔美坚韧的粉色生命“从活生生到破碎甚至毁灭”的行为艺术时，内心的痛苦难以言表。

在中国文化史上，1985 年被称为文化观念年，西方涌入诸多文化艺术观念，各种流派的女性主义也随之而来，女性研究学者、艺术家用“拿来主义”的方式，寻找失去的人性和女性的自我也出现了一种照搬与模仿。在打破种种男权文化束缚的同时，内心的分裂与破碎有时让人无奈和迷惘，正是这样真实的心境引起我对文化母体的重新思考。《粉色乌托邦之一》虽然是在演绎破碎，实际上注重的是破碎后重建的当务之急，破碎之前的美与破碎之后的惨，都直击人心。

姜　杰：《粉色乌托邦之一》最早是在南京做的，用的是当地的小瓦，是瓦的一个延续。刚才说到的粉色瓦有一个想象的东西在里面，黄色瓦象征着皇权，这个作品中的灰色瓦片是非常百姓的。最早想使用旧房子的瓦，本身就有一个时间性，有很多东西在里面。在一个屋檐下，不管是什么样的事情，一定有事情存在着，这本身就特别有意思。在南京没有找到旧瓦，作品用的瓦是新的，但它的特点是民用的，是一片一片灰色的普通小瓦，用粉色的丝绸做了一个一个小的袋子，把每一片小瓦用一个这样的丝袋装起来。

珍惜是人内心的一种本能。在日常生活中，当你喜欢一个东西的时候，你就要把它包起来，给它呵护。而用粉色的丝绸袋子装起一片瓦，就装起一个记忆，装起一个世界的感觉。我想可能是性别赋予了它那样的感觉，丝绸增加了瓦的柔韧度。

南京的那次展览面积不是很大，最近这次在比利时做的展览（欧罗巴利亚中国艺术节“镜花水月中国当代女性艺术展”）面积有差不多 150 平方米，当它们在地上全部铺开的时候，包在瓦上的粉色丝袋，灯光打上去以后看上去柔美极了，很像是女人的内衣，或者像是一面帷幕，有特别琐碎的东西，又是亮极了的东西，墙壁上到处反射着粉色的光，观众进到展场的时候像进入了另一个世界。但是每一片瓦下面，都可能与破碎有关，人的情感的分裂、消失、移动、迁移，都属于这一部分。

但是，我没有让它依然这样的美下去，每次展览的时候都是在可穿行的空间里，观众可以在上面行走，通常走上去的第一个人都是男性。因为一方面男性的观众比较多，另一方面，男性走上去的时候，心情也会特别复杂。当你看到那么漂亮，那么易碎，那么美丽的瓦铺在那儿，一般人都不敢轻易踩上去，踏上第一脚的时候会很颤，很紧张，很不好意思。

因为踩上去就要脏要破，就要出现零乱。在比利时布展时，瓦码放得又特别整齐，到最后观众是退着出去的。开幕式时，别人从另一边走，我就拿着摄像机在这边等着，心里有种特别奇怪的感觉，你所有的工作都为了那一刹那，人走上来的时候瓦即刻破碎，你愿意或不愿意，你能不能承受，都要来。不管是有意还是无意的，伤害都要来了，所有的破碎、零乱、肮脏都来了。有的人特别在意，有的人放慢脚步，有的快跑，有的蹦跳，人们在上面蹦的时候我心里特别难受，当许多人以各种方式过来的时候，很多的东西都浓缩在那段时间里，让你感受到。

从整齐到零乱，就像黛玉葬花一样，非常理想的状态变成零乱的状态，顷刻间就变成混乱了，我拍摄的时候听见的是瓦噼里啪啦破碎的声音。在拍那个展览的过程当中，有一个特别小的小女孩儿，可能是家长带着来的，她一个人把墙角踩乱的瓦重新码好，像重新建设一样，可能她觉得特别乱，特别难看。很多东西都是来自看上去特别偶然的瞬间，但可能是心中的真实反映。一个小女孩觉得它们都碎了，就要重新摆，就像我刚开始在摆，我觉得这是特别有意思的过程，就像这个作品命中注定会出现这样的一幕，对于这件作品也是一种安慰。这个作品中的瓦也是可以拿走的，不同的是，尽管最后的结果可能是零乱的，是破碎的，但无论如何是碎在袋子里的，都跑不了，不管是完整的瓦，还是破碎的瓦，都依然在里面，最后变成一袋一袋，展览结束回来时尽量把它们都带回来。

黄色游龙瓦：遭遇现代性的命运抉择

王红旗：黄色琉璃瓦作品《游龙》，不仅是对至高无上的男权文化的反讽与解构，也是中国文化遭遇现代性的绝妙隐喻。黄色的龙象征至高无上的皇权，是男权统治偏离母体文化的登峰造极之作。但是，回望历史的原初，黄色的龙实际上是中国文化之根的隐喻。当真正目睹黄色琉璃瓦的巨龙一点一点残破时，我联想到百年中国的历史苦难更是感慨不已。

但是作品表达的不是无措的焦虑，而是力挽狂澜的理性与执着。一方面，以“正在消失的事物永远不会消失，你可以拿走每一片瓦”的宣言，以“拆解”游龙、调侃残破的别样形式，让不同国家的人在分享中国文化精华的同时，立起心中的纪念碑。另一方面，渊深则龙跃，游龙之所以残破是因为远离故渊，横卧在都市、沙漠里的游龙就成了一堆“废墟”，人们可以随意拆解和带走它躯体上的任意一片瓦，成为更大的一堆“废墟”的纪念。艺术家以全球大视野对中国文化现代位置的思考，是发人深省的，观赏者参与“拆解”游龙场景的寓意是多重的。更重要的是，作品再次证明不是民族的就是世界的，而是民族的优秀精华才是世界共享的。当然是艺术家超越本土与性别局限，站在大生态的高度，来预示人类新文明的走向，表达出东方黄色文明与西方蓝色文明，亲密接触与融合的现实可能性，生成如当代国学大师季羡林、汤一介先生所言的“美美与共”和“走出古今中外之争，会通古今中外之学”的人类意识新境界。

还有一个细节是“游龙”在法国展览时，一个法国人拿走了很多屋脊部分的瓦，在他家的古堡里重新组成了一条小龙，之后还寄了照片给你。这个看似偶然发生的事件，却从人类追求崇高与美好的同构性层面，开启了艺术认识人性美好境界的另一扇窗，未来文明时代的人格新质是超越自我与“他者”。

虽然，有学者把中国文明比作黄色文明，把西方文明比作蓝色文明，把宗教之国的文明比作红色文明。但，其实红色文明是“人类共一”的“母神文明”，黄色与蓝色文明，是由红色文明的家国之爱和梦想之翼而衍生的。也就是说人类本来就是一个大圆，一个最高境界的大家庭。就像英国诗人艾略特所说“我们所有探索的终点，将达到我们出发的地方，并且第一次认识这个地方”。如比利时小女孩儿对粉色乌托邦的“重建”，法国人在自家花园里对游龙的“重组”，实现了经典艺术对人类灵魂里善的激活与引发，验证了人类良性基因的共通性、互识性与共生性。因此，这样戏剧性的细节的产生也是偶然中的必然。

姜　杰：在法国巴黎卢浮宫旁杜伊勒里皇家公园展览的作品《游龙》，是使用故宫的黄色琉璃瓦做了一堵墙，这堵墙是沉伏的，有蜿蜒感的。因为当时的地面是不许动的，不允许破坏，所以设计时就想到的是如何让它有蜿蜒感和沉伏感。《游龙》有 30 多米长，那种起伏很有一种龙的感觉，尤其是在国外，这种起伏让人想到了历史，有高有低，有从辉煌、完整到破碎、消解的过程，它比之前的作品有更大的外延性，比较宽阔。对每个人而言，每个阶段对一些东西的理解和反映都会不一样，从这个作品开始，以及后面的《长征计划·肖淑娴》，都变成了有观众参与的。

这个作品的参与性在于观众可以把每片瓦拿走，从完整的到可以被拿走的，但是消失的永远不会消失。当然它还有很多别的寓意在里面。跟杜伊勒里的蓝瓦比起来，它虽然没有那么大，但是我们的黄色，在阳光的照耀下一片金灿灿的，是十分绚丽和辉煌的。展览的时候，很多观众拿走瓦，展期有一个半月左右，你可以看到那个作品真的是从一个很辉煌的，完整的到慢慢破碎的过程。我们到最后拍了图片，作品可以说已经是支离破碎的了。

还有一件很有意思的事，有一个法国人拿走瓦的时候给我留了他的地址，他当时是拿了很多屋脊的部分，在他家的古堡里重新组成了一条小的龙，之后他给我寄来了照片。这个特别有意思，也是我想要的，有些东西走了，离开了，是不是会有一个新的可能性，是不是会有另一种方式的新生。后面延续到《领养》的作品也有这样的参与的东西在里面。可以说是从这件作品开始，雕塑不再单纯地是架上雕塑，不再只是一个审美，它开始进入一个跟日常生活和观众发生关系的范畴里面去，这是关于普通人如何进入当代艺术里面去的一种探讨和尝试。

魔针与魔花：寻求疗救时代病症之策略

王红旗：艺术家是无法回避现实的。《平行男女》如“同一平行线”的手术台，头对头平行放置的男女裸体，其孤独和焦虑的病态双眸，蜡制的、医用的纱布裹着的身体，还有医用的银针，医用的来苏水等，这些材料的巧妙结合，形成了以“疗救”躯体来“疗救”灵魂的场景，实际上直接表达了一种试图“疗救”时代病症、探索性别自识、互识与对话的救世情怀。其中暗示着一种对男女平等新方式和全新人格的呼唤。变换一下性别姿态，就可能避免极端的“性别战争”。而这种“平行男女”的绝对平等心态，已经造成人类两大性别群体的心理障碍。其实“性别平等并不是要去夺取男性占领的高地，而是要重新登上女性自己应有的高地，来寻求真正意义上的平等对话”。

作品《魔针・魔花》运用医疗的纱布，医疗的针，医疗的线，构成了凹形的女性躯体，那一根根刺进的银针，如子宫在疼痛中开放的花蕊，孕育生命的羊水变成了医用的来苏水。观之如芒刺在背，感觉到不安、恐慌、焦虑。表现的不是性，不是孕育，也不仅是治疗。男女躯体在弥漫着浓烈的来苏水味的空间里，生成了灵魂与肉体、欲望与精神在现实中挣扎抉择的多重悖论，来表现当代人类个体与社会的病痛，阐释生命的希望在于痛才有我还活着的体验感知。

其实日常生活里的悖论比比皆是。但是，我相信人性本善，遇事总往光亮的方面想，无论男性女性必须不断内外修葺，提升人生境界，才有利于人类的进步与文明。

姜　杰：《平行男女》是1996年做的，是中国进入商品时代的东西。有一次，我到一个模特工厂去干活，看到了那个模特，它本来是要摆到橱窗里的，不是这个作品里的样子，是有胳膊有腿的。我觉得特别有意思就买回来了。它的眼睛特别大，蓝蓝的，所有审美的东西都是有抒情性的，但是我的作品里是不需要有抒情性的。选择一个模特，就是想代表商业的东西，它是中性的，没有性别，我开始用纱布和蜡把性别造出来，而纱布本身有一个特征是医治的过程。其实蜡是非常难做的东西，有一个说法叫“做蜡”，需要反复地一层一层地做，性别、骨骼、肌肉，尤其需要在它化掉之前成型，是很难控制的。

我是受古典教育成长的，面对商业社会的时候怎么做？是完全扔掉古典，还是进入当代和西方？那时候束手无策的状态跟它很像。这个作品里也有很多非常悖论的东西，它既在脱落又在覆盖，底下是商业的，手法又是古典的，同时是医疗的，作品里的这个台子也做得有点像手术台，有很多医疗的痕迹。怎么摆也是我想的，我希望两性不是冲撞和争吵，它其实需要观望，所以我把它们这样摆放，这样躺着是很难看到对方的，但它们又都很努力看着对方，很像两个性别的关系，很难看到对方，之所以有冲撞和不同点，就是因为很难看到对方。

其实好多东西在作品之外，呈现也许很简单，但是在做的时候会考虑很多。《魔针·魔花》使用的针灸针，还有一个含义是巫术的针，这也是对东西方文化误读的阐释，我使用针灸的针的样式、行为都是一样的，但是结果可能会特别不一样。当你对一个部位有了解的时候是医治，当你是出于其他的目的时也可能有一个部位是诅咒。当我对你的行为不是医治的时候，就可能是一种诅咒。但是对于很多西方人来讲他们不去区分这是诅咒还是医治，这样在里面就有一个魔咒。

就说《魔针·魔花》这件作品，花盆里面是凹着的女人，盆里盛着的是来苏水，盆里的针已经变成花蕊了。其实是有医治也有魔咒。我觉得有时候做东西，不知道会是什么引领着我做下去。盆里的来苏水展览时味道会很大的，让人感觉很紧张，不知道是什么东西受到了伤害。的确有时候因为无奈，就使用一个可以转化的精神来寄托。

婴儿形象群：在母腹中躯体残破之隐喻

王红旗： 1994 年的作品《易碎的制品》，原来是艺术家用母腹与婴儿的秘仪关系，来关注现实的独特方式。“婴儿形象”的塑造，实际上仍是女性自己触摸自己，向自己深度敞开。在母性原型意识里，母腹是恩赐宇宙万物生命的“巢穴”——子宫。女性不是由男性创造的，她有着神秘的创造力，男性从她里面产生，而且是从她本身产生。也就是说，“婴儿”只是母亲的孩子，母亲以庇护孩子成长的经验，传递着母爱的“接力”，让人类之大爱延绵无极。

《易碎的制品》是人类子宫的象征。把一个个各具姿态的蜡制婴儿，横七竖八地兜进一个硕大的塑料薄膜里，还有透明的丝线缠绕，如同把这些婴儿放置在一个开放的子宫里。摇摇欲坠的子宫里，肢体残破的婴儿躯体，隐喻母亲和婴儿生命危机四伏，甚至可以听到一位母亲“救救孩子”的呼喊。因为，战争、奴役和屠杀生命，森林被砍伐，海洋被污染，资源被掠夺，人伦道德沦丧，精神信仰式微，大地母腹千疮百孔，已经无法保护她的子民。提出这个振聋发聩的问题，是艺术家以女性的母性经验，对人类生存危机的警示。人类要彻底反思人与自然，人与社会，人与自我，男人与女人的不平等关系，结束奴役式霸权时代，建立平等合作的伙伴关系，否则人类就是自取灭亡。当然《易碎的制品》还可以有更多的寓意。

姜　杰： 20 世纪 90 年代初，生育问题、计划生育问题以及堕胎问题是我们周边经常出现的问题。“计划生育”也是一个关于生和死的问题，生命的出现不是一个幸福而是一个灾难。一个问题出现以后如何解决，在社会进程中每个阶段是不一样的，再加上跟我自己的年龄段也有关系，那时候我 20 多岁，对这些非常敏感，那时候出现作品《易碎的制品》，也有社会性的含义在里面，也是因为年轻，在视觉上冲击力非常强，怎么样把它呈现出来，是一个一个摆放还是全部堆积，是易碎的还是结实的存在，包括薄膜的使用，包括丝线打光以后，像黏膜线。女人看的时候不用说，会天然地想到脐带、黏液等。我觉得女人受到的伤害与大自然很相似。

20 世纪 90 年代开始女性主义对我的创作有一定影响，比较重要的一点是让我知道，除了我们平常可以关注的方式以外，还有另外一个角度可以看到我是一个女人，我是谁，我应该怎么样从不同的角度看问题，我觉得自己吸收了里面非常好的东西。自己是女性当然是原本存在的，没有问题，不管你是年轻的还是年老的都是原本存在的，但是原来不强调这个的时候，你可能就没有意识到，尤其是我们成长教育的过程中，往往容易忽视女性的原本性。

比如我们画素描，可能把男生画得特别壮，特别黑，是特别男性化的，就觉得那是力量。原来的标准是一个，有力量是大家共同追求的。其实慢慢觉得力量不仅是壮，不仅是直接的冲撞，表现出的状态有很多。隐痛也是力量，有一些刺激的东西也是力量，两个拳头相撞是力量，但是拧你，掐你也是力量，你开始知道力量有这么多种，强度完全不次于直接冲撞。在艺术里，不怕你没有个性，就怕你不知道你的个性是什么，你是男性也好是女性也好，这是原本存在的。但是如何强调你自己，从自己熟悉的角度和自己知道的点出发是很重要的。

长征·肖淑娴：红军母亲流动的纪念碑

王红旗：《长征：肖淑娴》的诞生，开掘出革命宏大叙事的性别历史意义，呈现了女红军在长征中另一种艰苦卓绝。把“女红军托孤”的事件从遮蔽半个多世纪的革命历史深处打捞上来，并且演绎成一种生生不息的存在真实，成为对长征路上的红军母亲永远的纪念。

在那个特殊的时期，女红军为革命不仅要与男性同样战胜外在的恶劣环境，还要承受身体的分娩、骨肉亲情的离别。但是，这样的女性叙事，往往会被男性的宏大叙事所忽略，而导致历史性别的偏斜与不真实。

《长征：肖淑娴》的行为艺术，让众多女红军强大的母爱成为永恒的心祭。随着一件件实物、一个个艺术环节的展开，艺术家扮演了一个红军母亲的角色，整个“女红军托孤”的感人过程，形成了一个流动的母亲纪念碑。这不仅是艺术的，而且是现实生活的。从而体现了当代女性艺术特有的魅力。

姜　杰：《长征：肖淑娴》是2004年开始的。这是长征空间卢杰先生做的一个艺术项目，请了很多艺术家参与其中，并在长征沿线上做作品。我记忆中的长征，除了爬雪山过草地，印象最深的是那些长征途中的女战士，她们为自己的理想付出了巨大的代价，比如那些长征途中诞生的小孩儿，这已经不仅是个人理想的问题，而且是人性的问题，是每个时期都存在的问题，这个点是我的切入点，她们到底怎么去处理这个事情，是我要在自己的作品里表现的。

其实我等于用当代艺术的手法把一个历史融合进一个家庭，使艺术和当下的老百姓发生关系，使一个看上去像纪念碑的东西，通过与他们的结合，把一种不可视的变成了一个活的纪念碑。我要表现没有人提及的长征途中的女性，婴儿已经不只是谁的婴儿，而是一个标志。

我把“婴儿”送给当地的老乡，当时准备做二十几个，可能送了两三个。最典型、最成功的是在长征路上，四川泸定县的一家，这家人接收了一个“婴儿”，给她取名肖淑娴，接收以后，这个“婴儿”可以作为一个作品永久在他家里，之后每年的 8 月 26 日都要拍一张全家福的照片，看可以延续多长时间，一方面是纪念长征途中的母亲，这种纪念要延伸下去；另一方面是我自己作为一个纪念碑式的形式延续下去。之后每年“婴儿”的变化是靠全家福中的真实的人的衰老和成长来体现的，现在做了六七年了，最明显的变化是他们家的小孩儿的变化，从刚开始接收到现在，他们家的女儿都已经长大了，长征这个事情依然在人们的心中流动。

还有一个有意思的地方，是一个社会现象的呈现，我希望可以延续特别长的时间，希望将来女孩儿大了有男朋友，将来有小孩儿，都一直进行下去。比如地震的时候会打电话问是不是平安，有一个亲情的关系在里面。这是因为艺术延伸出来很多东西。我觉得作为一个人来讲，很多东西的出发点是一个点，但是延伸出来的更有意思，有意义，也很具体。

婴儿形象：隐藏着人类未知的玄机

王红旗：作品《领养》把 100 个儿童的小头像，分别放进 50 个儿童小车里，那一双双忧郁无辜的眼睛会告诉你很多。我认为，作品反映了一个非常现代性、世界性的问题，与当代婚恋家庭伦理观念的大变局脱不了干系。他们是弃婴吗？他们的父母是非婚还是离异？谁会来领养他们？是拥抱爱情拒绝婚姻的独身女性还是丁克夫妻？他们长大后会受到良好的教育吗？会有幸福的生活吗？默默等待中婴儿的命运变成了一个个谜团，可能还隐藏着难以预料的悬疑。作为一个母亲，我不仅有一种莫名的揪心，而且能够体会到艺术家对社会未来的母爱关怀。

《在》与前几组“婴儿形象”相比的本质不同在于成人的面孔，复杂的表情，所呈现的人类的浮躁与狂欢的怪诞。联系前面一系列的“破碎”作品，实际上是用不同的方式思考破碎与重建，是当代女性艺术向纵深发展的一种趋势。《在》《领养》中的婴儿，隐藏着某种人类未来命运的玄机，而《现在开始》却是理性重建的开始，展示了艺术家由女性性别意识、民族意识，向人类意识的广袤视野的自觉探索。

姜 杰：《领养》仍是“婴儿形象”的拓展与延续。最初是澳大利亚的展览，当时叫亚洲交通。大概还是1998年、1999年的时候，我常常看到和平饭店那里，有很多外国人推着小孩儿，当时我会想怎么那么多中国孩子，后来才知道是领养的。按照中国人的习惯是我们不愿意领养的，西方人领养的大都是女孩儿，或是残疾的小孩儿，他们领养很多小孩儿，我觉得这是一个时期非常特殊的中国现象。“交通”是在路上的感觉，比如孩子被领养固然很好，但是作为东西方的交织，如果“在路上”肯定会有许多未知的事发生，又不知道会是什么，比如领养走了以后将会怎样。所以我去做展览时下载了很多领养的文件，也用了儿童车，也做了一些调查，有问卷，关于儿童的问题，关于领养的问题。领养者会把问卷填上，会有一个特别小的费用，原来想可以捐给福利院，但是在国外做展览的时候，离得太远，只有开幕的当天我在现场，有两个男士是同性恋，他们做了领养，差不多开展3天我就离开了。这属于一个公共交流的东西。我希望有一个长期的交流，包括经常给我发图片过来，但是特别难做下去。

2001年做的《在》，这个小孩儿的样子，我希望它是非常无奈的，思考的，初看是一个孩子，但实际上更像是一个老人，你去看他，他会出现各种各样的表情。不是小孩子的表情，是很有意思的一个状态。另外我们之前没有做过这么大的儿童雕像，它是对童年的记忆，历史上毛泽东、林肯这些伟人像都做得特别大，但在雕塑史上没有人给一个小孩儿做这么大的雕像。我希望可以用我自己的非常专业的纪念碑制作手法做一个非常大的雕像，是对人的一个阶段的纪念。

其实每个人都会有非常幼稚和童真的一面，也有成熟的一面。尤其你会发现越是那些相对成功的人越是会有特别幼稚的一面。现代人的问题就是身上没有丝毫的木讷愚钝，太灵活了。《在》有红、白、黄三个，在“马爹利”的展览上，与之同时展出的2009年的最新作品《现在开始》，也是属于儿童形象的。同时也不太像儿童，很像是20世纪30年代女明星的样子，她有浅浅的媚笑，有妩媚的样子，但又是小学生的感觉。她站在一个破坏后的教室的场景里：倾斜的黑板，上面歪歪扭扭地写着“现在开始”，周围是50多把零乱的木质小椅子。是泡沫以后在思考要干什么？现在要建设一个什么，要打碎什么？在破坏的过程中还是微笑的样子，没有愤怒。在破坏一个东西，要重建一个新的东西。

女艺术家的创作、生活与精神形态

王红旗：今天讨论的主题是“女艺术家的创作、生活与精神形态”。通过共同研讨艺术家绘画作品的鲜明个性特点，她们以女性个体生命体验、文化经验，表达性别与超性别、现实、历史与未来的精神意境求索。一幅幅画面携带着根与翅膀，生成了寻找爱与自由的飞翔姿势，有着轻柔妙曼、深远恒暖的内在理想，表现出女艺术家构建自我艺术世界的时空想象与精神信仰，在艺术审美过程中，抵达一种从自省觉悟，进入对人类社会问题的反思与救赎。她们的画作，是女艺术家心灵深处的温情图腾，有着贴近生活感、现实感的真实敏锐，却没有女性主义艺术的强烈对抗。

从接受美学的层面上讲，是因为我在欣赏她们的画作时，有一种深深的共鸣敲击。我在认真仔细思考她们画作的内涵时，真切地感觉到一种中国的、本土的、本色的女性主义的存在，这才是女性艺术永恒的、精神性的力量，因为就生长与存在于我们每个艺术家的内心。

无岸的飞翔

王红旗：韦老师的绘画作品极为丰富，是当代意笔画和工笔画的代表性艺术家。首先，这一组画的感觉是“母神文明”的一种独特再现，也可以说是当代中国女性艺术对“女性神话的重构”。

你看，个别人物画得那么具体，工笔，但是你仍然命名为“云”；再整体看这批画作，几乎都是在大自然中的女人，女人和山川，女人和草木，女人和云，等等。虽然如天地之间一个小我、一群小我，甚至有着遥远的都市背影，但的确又呈现出一种远离都市尘嚣的、女性原生态的母神性力量。在构思这些作品的时候，你的创作初衷是什么？

韦红燕（首都师范大学美术学院教授、博士生导师、艺术家）：这幅画是我早期的毕业创作，当年参加了第七届全国美术展览。创作之前，1988 年，我和几个同学去云南采风，20 多年前那个时候的都市虽然比现在要单纯安静，但是仍然无法和云南原生态的山寨、田野、丛林相比，云南是一片美丽的净土，地平线的这边是都市，嘈杂、烦琐、苦闷。地平线的那边是美丽的净土，宁静、清澈、圣洁得让人感觉奇妙和神秘。在云南的那些日子真是太好了，稻田中的紫蜻蜓，夜色中的萤火虫，闪着云母光泽的红土，毛毛雨中的吊脚楼，原始森林中的灵芝，从楼板缝射进来的晨光，被“抢走”的哈尼族新娘……这些和现代文明反差太大了，是我向往的境界。

在这张画中哈尼族女人的裙子上，被我放上了卢梭的作品局部，因为我喜欢他那种神话般的意境，它们像打开的一扇扇窗户向外面的人透露着这里的奇妙。在这张创作中，我似乎在寻找着信仰的归属。

王红旗：刚才那幅画上的紫色，是由红、黄、蓝生成“情”的颜色，是一种心灵深处的情感图示，仿佛我们有一种灵魂上的相通。在前面第一张，有一个穿衣服的人，还有一个裸体的人？

韦红燕：我的很多作品中，都喜欢使用红色。比如红色的树林，红色的湖水，红色的头发，红色的衣裙，这些都在画中出现过，而且我还以红色来命名。我还曾动手给自己做过一条大红色的裙子。我喜欢红色给人那种不动摇的、极致的感觉和无法回避的穿透力。

王红旗：在我的审美意识里，红是爱的颜色，它源自宇宙母性之爱。你的画和油画相比，更让人有神秘感、原始感和敬畏感。你认为原因是什么？

韦红燕：你说的“神秘感”是我喜欢表现的。我的很多作品可能也反映了这个特点。我从小就爱听玄幻故事，喜欢幻想。小时候第一想做的事，是当天文学家，但是根本没想那是科学，只是对那些星座的名字浮想联翩。第二想做的事是去考古，特别想知道古代人的事。这两件事情当年对我来说都是神秘莫测的，所以我向往。曾经的理想是破解神秘，而今天成为画家却在描绘神秘，这也是另一种求索的状态。我喜欢在自己的作品与现实保持“距离”。

王红旗：审美“距离”，是艺术家对生活的诗意性、艺术性的提升，本质上是“艺术家以心灵映摄万象，代山川而立言，所表现的生命情调与客观的自然景象交融互渗……”[①] 是情景交融生成的“灵境”。

① 宗白华:《天光云影》，北京大学出版社 2005 年版，第 88 页。

韦红燕：创作《三月风景》时我刚有了孩子，对于女人来说，这是一次身心的巨大变化，无论她曾经有多浪漫、自我、虚无，这时候都会变得相对深刻、忘我和现实（可能是暂时的），这张画就是这个结果的体现。

王红旗：原来是生活中的“母亲”角色，你亲历体验母亲对孩子的那种“生命之爱”，把生活经验升华为一种人文关怀，一种艺术与生命的哲学境界。

韦红燕：1995 年早春，儿子不到一岁，我抱着他在小区花园里晒太阳。当时那里人少、安静，虽寒冷但阳光普照。我忽然意识到周围的植物开始苏醒、萌发，想象着它们发出的声响。人类感知生命的方式是有限的，会有很多眼睛看不见和耳朵听不见的存在。女人天性比男人细腻和感性，可能就是因为孕育生命吧。在这幅作品里，我把树木安排成有节奏感的聚散状态，意在表达敲击的声响。并且我把女人的整个生命的不同阶段，在这张画里完成了。你看，有孕育、出生、儿童、少女、母亲、老妪。

王红旗：是的。这完全是对女性独有的生命经验的深刻思考。从此种意义上讲，你的作品更深层的价值在于对现实或者现代性、都市化的一种反思，或者说是一种批判。因为这样和谐的画面是一种存在性真实，表达的正是都市人心灵深处的渴望，而反思现实的竞争喧嚣产生的悖论。

韦红燕：自从有了孩子，我觉得自己也在成长，对生命有了更多的思考。我的作品也由此发生了一些变化。2000 年以后的作品大都具有这样的特征。《夜寻》也是我比较满意的作品。在画中我描绘了一个非现实的场景，两个身着睡裙的女孩儿在夜色笼罩的罂粟花丛中寻觅。她们停在一棵罂粟花前，花蕊里发出像月光一样神秘的光芒，照亮了女孩儿们的脸庞，她们显出好奇、疑惑、惊恐的神态，显出躲避和碰触的小心翼翼的心态。通过这个作品我想表达的是，当人类在寻找、判断、取舍、迷茫中，在纷杂的诱惑中反省自己而寻觅出路。罂粟花丛象征了由于人类贪欲而产生的种种诱惑。

王红旗：这是从小我走向大我，从外我走向内我，从女性经验或性别出发而超性别的人类关怀意识。

韦红燕：是这样的。我后来大多数的作品不再讲一个人或几个人的故事，而是想探索人性中的某些问题，甚至有些作品减弱了男女性别形象的差异。因为我想讲的是男女共同的事情，没有分别的。比如罂粟题材的作品都属于这类。

对罂粟题材感兴趣，是源于我的一位曾经到金三角拍纪录片的大学同学。

他给我讲那里漫山遍野的罂粟有多美丽和种烟人怎样的一贫如洗。他给了我很多罂粟的资料。罂粟花特别美却与毒品相关，正是人类的贪欲把这么美好的东西变成了最邪恶的东西，变成了使人战栗的诱惑。

如果人性中没有贪欲，诱惑还会存在吗？2000年以来我画了很多罂粟题材的作品，以我的方式来解读它的物语——欲望与诱惑。画中的人物有的在质疑，有的已沉迷，有的在试探，在众人背后有一个旁观者。他是一个旁观者："看人类如何自我救赎。"也许他是一个始作俑者："这是我设的一个游戏，为的是考察一下人类的欲望程度。"这张作品每个人物都可能是多解的。

王红旗：我当时就认为，这个系列作品暗藏着一个批判现代性的巨大隐喻，而且有意隐去了画面上人物的性别。

韦红燕：是男人还是女人，性别在这里已经不重要了，把性别减弱，让人物趋向中性化，人物服装也没有什么区别，为的是对主题的专注，就是想脱筋扒骨地把主题展现出来。

王红旗：表达人类性主题的艺术专一性很重要，去杂乱存纯真，会更有艺术阐释力。还有你最近画的一组画，画面的人物形象全是小女孩，那种童心的单纯的美，很打动人。你从事绘画数十年，为什么想到回归童心？

韦红燕：《桌边女孩》，这些作品画得很轻松，都是想象中的内容，也许是一种潜意识的东西，我的孩子是男孩儿，可是我喜欢画小女孩儿。

王红旗：也许一方面，正因为你生的是男孩儿，内心很向往再有一个女孩儿。另一方面，很可能是你儿时记忆的演化，是意识深层里儿时自己的样子。也许是对自己童心犹存的一种精神记忆、灵魂记忆。那颗内在的童心会永远吸引你。就像你前面的画作，表达的仿佛是人类的"金色童年"，而这些画是记忆中自我生命的"金色童年"。

这种对自我的想象，可能是作为女性或者女艺术家的一种潜意识或无意识的表达。从更深的心理层面上讲，人的内在心灵与现实自我的关系，有时候是和谐的，有时候是分裂的。你当然属于前者。

韦红燕：你说得有道理，可能是一种潜意识或无意识。这些作品都不是从现实生活中看到的或实际发生过的，似乎都是无中生有的，画这样的作品非常有意思。当画女孩儿的形象和姿态时，我有变成她们的感觉，歪着头，抱着花瓶，和朋友手拉手。画裙子时也会想起小时候穿过的衣服款式，泡泡袖儿，周围的环境既不是小时候家里的样子，也不是现实生活中看到的。这类作品创作几乎是逃离到童年里的行为，享受生命中的清明。

王红旗：艺术本身就是对内在心理的真实表达。如果从文化心理而言，记忆也会嬗变。作为“自我”创作的这个阶段，可能你用艺术在享受一种纯粹的精神生命，理想的精神境界是艺术创作追求的终极目标。表达清明的生命意识是你的艺术灵魂，因为它的温暖与单纯，能抵御“风寒”。

韦红燕：你说得非常好，我画画的目的就是用我的方式讲述对现实世界的态度，并且不厌其烦地寻找理想的精神境界，从中获得纯粹精神生命的成长。

王红旗：因此你的好多画作都是穿越现实表象的“飞翔”姿态。那张一个小女孩儿，在早春的林子里飞。仿佛也是我的梦境与心境。前面谈到你有一系列以红色为主调塑造的女性艺术形象。如红衣花使者系列，都是在用红色去描绘女性人物主体。并且这些红色，跟周围的关系会产生不同形式的变化，那个变化可能是有社会性的、有精神性的、有灵魂性的。

韦红燕：我作画时从题材、造型，到色彩都很重直觉，我认为艺术家的直觉最有利于自身艺术的个性和合理性。我的很多作品都用了纯粹的红色，自己没有特别的设计使用红色，只是觉得不用红色好像话就没有说透一样，红色的纯粹性给我极致的感觉，虽有咄咄逼人的情感色性，但使用它时我却有一种冷静和恒定的体验，我甚至觉得红色似乎有宗教意味，这可能是个体的感受。

王红旗：很对。红色本来与人类血缘之爱、先祖的原始信仰有着深邃的文化关系。如画面中有两个拿着秤的女孩儿，一个是在称树叶，一个像是在称小石子。还有红衣使者和黑衣使者。我觉得有意思，是否它就是一个道具，赋予画面更丰富的隐喻？

韦红燕：是的，《花侍者》人物手中的道具是一束花，这里隐喻人们内心深处尚未凋萎的善良与崇高，“花侍者”是守望者的象征。

汪港清（首都师范大学美术学院教授、硕士生导师、艺术家）：我觉得，红燕对自己作品介绍得挺清楚，我跟她在一起这么多年，从同学到夫妻，一直到现在，从生活方面对她的作品产生了一些解释。至今还是非常钦佩她的才华，这是非常值得称赞和骄傲的。她看待人，看待各种事物，都是特别透明的，没有一点杂色，而且是比较直接的，有什么感受马上就表达出来，这种天性和生活态度，才能产生这样的作品。而且她的这种才华，我认为是天生的，不是后天产生的，包括她的想象力，对色彩的感觉。我们结婚以后，我给她留了很多空间，基本上什么事儿都不让她操心，这对她的艺术创作非常有好处。

她对艺术的投入接近 100%。她之所以能创作出这种作品，跟生活方面的单纯是有关系的，而且从她作品的发展脉络来看，最初的作品属于极单纯的，向往那种非常简单的美，让人一眼就看出形式美、色彩美。结婚生子之后，可能对生命状态有一层体验，在作品意境中加入了许多对生命的感悟，不光是简单的形式了。后来在事业发展过程中，也遇到一些不顺心的事儿，包括结识的非常好的朋友之间有一些互相的猜疑，不属于误解了，也就不融合了。这对她有一种刺激，让她对人性背后的东西进行了长久的反思，又产生了一批作品，包括她的一些“秤”，一些“玩具人”，包括一些“羽毛”的形象。那是她对人性背后的那种恶的形容，发展到后来，她的近期作品就是隐喻的、多面性的。刚开始这类作品意境是局部的，较直接的，讽喻的，她近期状态就从当时的情境，即从对人性背后不光彩的东西进行批判中超脱出来了，作品境界应该说是又提高了。

近期画这些女孩儿，确实是很轻松的，但是这种轻松，包括她一直以来的创作，使我们相信好作品就要跟现实生活有一定的距离。在我们的教学当中，包括我们在指导同学、品评别人的作品时，都在强调一定要跟现实保持距离。她画的这些女孩儿的动态、女孩儿的色彩，包括女孩儿的造型，源于她的生活，但是高于生活，她根本不去写生，也不到生活当中拍照，这一点也是特别让我敬佩的。她的这种记性能沉淀又能随时采集出来。所以她的画面中的这些女孩儿，包括她对现实生活中女孩儿的印象，也有对自己小时候的记忆，读这些画我也能感觉到她小时候是什么样的了。看过她的画，我又去观察现实生活中遇到的小女孩儿，我觉得这些小女孩儿特别像她画里面的。有一次在餐厅看到的一个小女孩儿，我说这个女孩儿跟你的画太像了，这种是反过来想，不是看她的画像生活中的女孩儿，而是觉得生活中的女孩儿像她的画中的女孩儿。

王红旗：倾听汪老师对韦老师绘画创作历史与作品的解读，才理解了他们俩是真正的艺术伉俪、精神伴侣，尤其是谈到韦老师的单纯画风，他说这是因为他在婚姻生活中不给韦老师任何负担。这让我很敬佩他对妻子事业的支持与对家庭的担当，他以此方式表现出对她的挚爱。

汪港清：她还有一个最让人钦佩的方面，她的作品的原创性非常强，为什么呢？你很少看她翻画册，很少看她特关注什么作品、去特意学习什么作品，这跟我的反差很大，我是愿意看画册、愿意学习别人的长处的，她做的完全跟我相反，对画面造型的处理，完全就是编出来的。我觉得这跟文学很像，完全是自己用语言创造出来的。如她经常说的，花总是没有落地，是悬在中间的，人物和人物之间的关系，没有结合得非常紧密，总是有距离，这种距离感，就让人产生多解性。

王红旗： 画这张画的时候，你是不是谈恋爱啦？因为画面里有了男孩儿，是对爱情的回忆？

韦红燕： 这是2004年的作品，不过也是跟过去有关，是因为原稿大约是你所说的那个时期，不过放置了很多年，后来拿出来看，觉得还可以用，只需要把人物改成小少年就行了。其实也挺有意思的，少男少女间的感情特别美好，不一定是爱情，可能是爱慕或友情，总之有一种清明的美感。

汪港清： 她在作品里画的男性非常少，她很偏爱画女性。你把她找来做女性艺术论坛非常明智。

王红旗： 她无论从内视觉还是外视觉看都是一位"诚实"的女性艺术家。她的创作是能够直面现实与内心的艺术。比如《祈明》《夜寻》，我不知道她是在什么时候、何种心境下画的，但就好像体现了女性对自我、社会、自然等的更深层的认知。如果纳入她的整体艺术创作，仿佛能够发现韦老师一步一步走向艺术的自觉性体悟，能够看到一个女性艺术家心智成熟的过程。

韦红燕： 这是和那张画同一年画的，这两幅画很接近，多了一个光的感觉。《祈明》《夜寻》和以前"罂粟"作品不同的是，它们是用光来象征人类自我救赎的愿望，希望在一种光明的指引下走出迷雾。

曹海梅： 开始，我可能是被韦老师的工笔重彩画所吸引的，觉得特别好看，感觉技法、意境等方面，和我最开始学的传统工笔画有很大不同。从老师的画里，我感到有很多创新，又有传统的根在里面，这些都特别吸引我。然后慢慢地进了这个门以后，觉得老师画得很松的意笔彩绘画也很好。这是后来才有的感觉，也是逐渐理解的。从整体上来说，韦老师的画就是有一种意境，让我感觉好像那个光能照亮人的心灵。当你在她的画面前，特别是看原画时，心灵就开始光亮，或者很纯净。

比如我很喜欢老师的《花之雾》，确实很震撼，有一种神圣感，正好那段时间我在看一些佛学的书，感觉这就像佛书中说的，所有的物质都是由几类小的元素组成的，这张画让我特别有这样的感受。当我走近画面近看的时候，眼前是无数的小的线条，小的色块，好像很多微小元素组成了一个物质世界，而且里面人的身体和外界，全都是通透的，本身人的边缘和外界的那些花，那些树，那些叶子都是通的，这就是我们这个世界。再退远看，才能看出是什么组成的，人和花都有光感，有亮的感觉，能引起我对人生的某种思考。

韦红燕：在这幅画面上，我使劲追求痕迹的效果，有很多晃动的非造型意义的线条，在这张画面里，我不在乎一个人一朵花的刻画，我只想表达那种气氛（《花之雾》）。我在表达的时候不愿意老用一种方式，想表达不同的内容手法就会有所区别，哪怕这种方法我很生疏，情之所至也只能如此，至少不能让自己没兴趣。

黄　河（若木印象设计有限公司策划总监、硕士、艺术家）：说到老师作品中对灵魂的解读，我想从老师的人格的魅力、灵动的作品、严谨的教学三个方面谈。

首先，韦老师用她健全完美的人格魅力，潜移默化地影响学生，震撼学生，渐染学生，引导学生，让学生健康、茁壮成长。所谓“安其学而亲其师，乐其友而信其道”。可以说，老师的作品体现了她个人品格的魅力，影射着韦老师对待生灵的态度。

其次，我们能感受到她突破精神境界的那种“大我”的探索，那种执着，能让我们看到她为达到这种高度所做的努力。而作品中每一个精灵般细小局部的刻画，都能打动每一位驻足在老师画前的读者。就像老师自己所说的那样，拨开迷雾般的环境，对自我、对社会、对自然展现出的一种更深层的认知，将作品提高到更高的文化精神境界。

最后，韦老师把她在创作作品时的那种超常的想象力和严谨治学精神，融入美术教学中。记得我在创作《清音雅韵》的伎乐图时，宋代的风俗是人物在幞头上插美丽的簪花，老师就要求我，不同花朵和不同样式的幞头要达到内容和形式上的统一，不仅如此，还要把每个花瓣的形态和方向和人物呼应，这使我深刻地体会到，每个花瓣尖端的色彩也要与整个画面统一。当时我想创作一幅作品真难啊！要考虑那么多的因素。可是经过老师的鼓励，加上自己不断地思考和探索，最终我收获很大，“不经历风雨，哪能见彩虹”这确实是真理！

程　敏：首先从艺术的角度来说，韦老师是我特别佩服的一位天才女艺术家，她的天分一是表现在造型的自由与灵动上；另外一个就是色彩的感觉，是一种与生俱来的色彩体系：漂亮、优雅、协调、含蓄、内敛，很多人学她学不来。她的色彩在目前的中国画界，包括男艺术家在内，很少有艺术家可以与她相比。

韦老师的画上有一种超脱的、纯净的气息，她说是宗教的味道，我觉得是有仙气儿的，超脱却又有一种温度，觉得很亲切、很自然。韦老师的作品散发着一种自然、温润、别样的东西，能触及你的内心，怦然心动，接下来会思索。

她的作品不仅是美的，还是对社会、对人生有所思考的，她不仅有才华，而且有知识分子的良知与社会责任感。

汪港清：韦老师谈到社会问题时，曾经用了“社会气象”这个词。她说自然气象可以预报，人们可以利用科学预报，通过有准备地预防、引导、疏散等方式，把灾害天气带来的破坏和影响降到最低。而“社会气象”则没有预报，而它产生的强大影响在当代考量着所有人的思想境界和做人的标准。她还担忧经济大潮下中国绘画艺术的发展与走向，担心不良的社会风气对年轻艺术家的影响。

王红旗：无岸的飞翔，是一个没有彼岸的无限境界，可以说是艺术的最高境界，韦老师一直在向着这个目标探索。

从宋杂剧里复活的伶人梦

王红旗：黄河的三组作品，用绘画复活了从宋杂剧里走出的伶人之梦。我想提问的是，你怎么能够走进这一段历史，发掘其中有意义的题材？是什么样的观念，或者什么样的想法，让你去思考它？

黄　河：当时要进行毕业创作，在毕业创作初期，我一直在问自己最想表达的是什么？用什么样的创作形式最能与自己的内心表达相吻合？我父亲是研究戏剧史的，在我很小的时候，父亲就经常带我去看戏剧演出，有很多的剧目，虽然我不懂，但在心中留下了深刻的印象。

在创作时，我比较注意绘画的立意。长期以来画家们一直追求的是永远贯通、了无挂碍的境界，为了达到此目的，他们进行了很多训练，但是往往会忽视立意。我在创作前，先是发现宋杂剧绘画《图 1》中卖眼药的男子背着有很多眼睛图案的背包，继而寻找其他宋代杂剧绘画中是否也有类似的情形，认真比较后发现在宋代的绘画中有很多装饰意味的图形，最后得出结论：宋代艺术作品本身不仅具有非常高的技法水平，在装饰语汇的应用上也得心应手，传承着唐代遗留下来的装饰意趣，也为后世的艺术创作做了铺垫。因此，我想借助宋杂剧表演时的一些情景，发挥个人的想象力，在自己的创作中体现出具有装饰性的特征来，这就是最初创作的想法，也是在创作时最早的立意。

在美术教学中，我也一直在探索中国传统文化在美术教育中的运用，其中有戏剧在美术教育中的专题研究。受到中国戏曲的形成阶段——宋杂剧的影响，历经了探索、构思，最后绘制出了系列的工笔重彩作品《清音雅韵》和《清音舞韵》。我认为，美术作品可以成为表现戏剧的载体，也可以帮助我们了解中国戏曲的发展，所以选择了宋杂剧作为我的创作主题。

宋代杂剧中的优伶社会地位低下，清秀的面目下隐藏着一颗自卑、受伤的心，他们的苦难生活和印迹，他们那种悠久历史的沧桑感，也是我特别想表达的。运用艺术语言表达历史曾经有过的繁华，诉说古老的故事，感悟古人的精巧工艺和独特匠心，把沧桑的历史感与神韵的现代形式进行强烈对比，将每一段历史进行再现，承载不同色彩带给我们的韵味，这是我想表达出来并呈现给大家的。

通过《清音雅韵》和《清音舞韵》这组画，了解我国历史长河中的那一颗磨灭不了的明珠——宋杂剧绘画，架起现代人们对中国戏剧绘画发展理解的桥梁，体会这种人文的存续，人与物的赓续传承，让古代神秘又有趣味的历史文化沉醉我们的心田，使我们更着迷于丰富的中国戏剧文化。

很多人用走入现实来表达当代性，我更多的想法是利用回顾过去而进入当代人的精神世界，这种想法是想把历史厚度的文化品质显现出来。《宋杂剧伎乐图》组画，是由四张绘画组成的，一为伎乐排箫，二为伎乐琵琶，三为伎乐拍板，四为伎乐吹箫。这四幅作品中的人物均手持乐器，每个人物头部戴有不同款式的幞头，簪有不同姿态的花草，幞头上的装饰物也各不相同，人物身着不同装饰图案的服装，面部绘有戏剧脸谱中所特有的纹样。

利用这些元素，我试图表达历史和当代的关系。伶人们有很多故事，包括悲惨的、快乐的、情感的，我读了这些故事，想把自己对他们的感受描绘下来。

王红旗：画面表现的故事非常迷人，画面凄惨的美给人多方面的想象。第二组低眉的、屈膝的跪姿，与第一组昂扬的姿势不同，揭示着其不同的命运。

黄　河：基本上都是那种远离尘世的、纯净优美的故事，像蝶恋花，还有一种香气袭人，气节高雅的，还有弹琵琶的那个，她们带着不同的乐器，头上簪着不同的花卉，也是我对她们内心感受的一种表现。

《清音古乐图》组画，表达了我的这种远离现实的塑造方式。这是由三张条屏组成的，作品中每人都手持乐器，一边演奏、一边和着音乐舞动着身体，三人都穿窄袖长袍，腰中系带，并有装饰佩物。左边一人，身体前倾，怀抱琵琶，双腿微屈，呈弓形姿态；中间一人，身体端正，两肩下垂，轻捏长箫，沉浸于箫声之中；右边一人，与左边一人动作基本相同，但舞姿相反。不同之处相反而作。三人舞蹈组合在一起，使人感到节奏鲜明、舞姿流畅，动静结合，是优美舞姿在绘画上的表现。

在宋杂剧的表演中，乐舞人充满活力，呈现出各异的舞姿，不但给人以美的享受，还体现了舞蹈的韵律。可以看出其舒展矫健、轻盈柔曼的特点。

那手持琵琶的乐舞者，好像正在构思一曲新颖的《琵琶行》，“嘈嘈切切错杂弹，大珠小珠落玉盘。间关莺语花底滑，幽咽泉流冰下难”。在这里采用唐代大诗人白居易的诗句去揭示乐舞者心中所思所想，相得益彰。优美的音乐及舞蹈使我们沉醉于无穷无尽的声韵中。他们正是宋代伶人生活的真实写照。

王红旗：尤其是画面上的她们，每个人的头上、肩上都有一只变化着位置的蝴蝶，这意味着什么？

黄　河：在每件作品中，都出现蝴蝶的图案，蝴蝶在中国有多种象征意义，美丽、飘逸，还有爱情和忠诚。梁山伯与祝英台这一对生死不渝的恋人最后就化作一双彩蝶，翩翩飞舞于万紫千红的春光里。因此，蝴蝶在我的创作中是一种象征，是一种寓意。这种寓意是一种天生的爱怜，蝴蝶是一种飞翔的精灵，生来就是要恋上花的，之所以有蝴蝶都是因为有花。

我的作品中有“弹破庄周梦，两翅架东风，三百座名园一采一个空”的解读。相传在《庄周梦》的故事中，庄周有一次梦见自己变成了蝴蝶，醒来后感叹，不知道是蝴蝶变成了庄周，还是庄周变成了蝴蝶。美丽的庄周梦是一个艳丽奇特、超脱梦幻的故事，有人说：醒是一种境界，梦是另一种境界。梦如果变成了真的，幻也就成了真的。它可以迎风起舞，也可以翱翔于理想中的天际，追寻着那顺风而来的诱惑，追寻着那渐渐近了的梦幻，那近了的色彩艳丽、香气袭人的梦境，于是我想追寻我对蝴蝶的这种欣喜痴迷，在每一幅作品中嵌入蝴蝶这种精灵，慢慢地寻觅这种超脱的灵感。

王红旗：我觉得蝴蝶是这些伶人的灵魂所化，包括帽子上的那些花，都是宋杂剧里面的服饰特点，当你将其作为一种艺术的资源运用时，就会使之在艺术家的重新发现与解读中获得再生。这些花、蝴蝶可能就形成了那个年代伶人的一种精神的不死鸟。因为伶伎大多是女性，是很压抑而被人歧视的，你的每一幅画，斑斑点点的时空感、历史感，仿佛她们穿越时空生活到现世代而化蝶飞舞，艺术作为重述历史记忆的方式，显示出卑微的伶人崇高的、美好的人性。这应该是作品的要旨。

黄　河：是的，在绘制《伎乐吹笛》时，“寻梅”是我为创作这一作品而配的曲调，采用的是元代乔吉（水仙子）中“笛凄春断肠”的典故，描写的是一位白衣仙子变作梅花的故事，借故事来表现画面中吹笛人的凄惨境遇，以及古代从事演艺职业的人对未来美好生活的渴望。整幅画面人物端正，内心情感丰富，但面部表情却变化微妙，微翘的小指传达出人物内心复杂的情绪。画面人物头戴插满秋葵花的幞头，在古代秋葵也是一种具有喻义的花朵。采用宋代花鸟风格的绘画表现技法，凸显装饰性绘画的特色，细腻而丰富。服装上的图案，采用的是刺绣戏剧人物的团花图案，与宋杂剧的题材相呼应。

王红旗：第三组，你画蝶恋花的时候，可能就更深入了些，比如《倾听》有花和鸟，这个是古乐人和鸟，寓意更丰富了。乐为礼之本，人与鸟共处为天人和谐之境，希望你能够坚持把这个题材表达到极致，一组一组应该有一个跨越，形成一种艺术气势。像韦老师那样，她画的罂粟系列，使人感觉到她一直在攀爬，达到那种高峰。

汪港清：她对这段历史，包括这些故事还是了解挺多的，这些她的论文当中都有叙述。她当时在创作当中，因为选择了这个题材，就必然牵扯到绘画的元素问题，我们特别认可她对乐器的处理、人物动态的处理、乐器和人物的这种比例关系的处理，这三个处理都是她在作品里具有鲜明特色的地方，对乐器的处理，对人物动态的处理，对画面气氛积极的营造，这三点都是增加画面艺术魅力的手段。正因为她有那种家传的杂剧文化，所以她的画面还是能感动观众的，黄河这张画有多大？

黄　河：这张是 80cm × 68cm 的，我还在延续创作这个题材的绘画作品。

韦红燕：黄河这组“宋杂剧”非常棒，她用独特的形态语言描述了她对宋杂剧文化的感受。画面中的蝴蝶给人以多解的意味，你解读为“灵魂的穿越”很有意思，我也会这样解读：黄河用自己的心在探索传统文化的谜底，蝴蝶正是她的探香之心。画中人物头上的插花也象征了杂剧文化的魅力。古时的艺人早已不在，但是他们创造的艺术形象、那些花永远定格在娇艳之时。黄河描绘的蝶和花在画中有着特别的意味，是最具灵性的一笔。她的绘制手法也是很有意思的，有一种很强的神秘感。

汪港清：黄河选择头上的花，费了一番心血，要考虑什么人配什么样的花。

黄　河：作品中的人物是表演宋杂剧的优伶，打开的拍板犹如凤凰展翅的形状，合拢的拍板与优伶所戴的交脚幞头的状态似有收敛交融之势，在幞头中间绘有石刻肌理的纹样的装饰物与两边佩有羽毛形状的饰物相呼应。绘有叶子花的宽袍上正招引着一只美丽的蝴蝶，它直落优伶的右肩。想象得出那应是一种有香气的花朵。蓝绿斑驳的背景与穿着绿色服装的人物和谐统一，而橙色幞头装饰物、紫红色的幞头与整个背景又形成补色关系。画面自上而下飘落的紫红色花瓣，增添了画面的动感，正是“花自飘零水自流，一种相思，两处闲愁”。

王红旗：飘落的紫红色花瓣，更表达了优伶卑微与无力抗争的凄悲命运。但从蝴蝶、花朵等意象，却能想象到当年的繁华气象。画面正是以这样独特的艺术语言与象征饰物，完成了对一段“繁华与沧桑”的女性历史重述。从艺术哲学思考来警示现代人对历史的“遗忘症”。

黄　河：当时的人们都喜欢戴簪有各种花朵的幞头，将幞头造型进行艺术加工后，也将有寓意的花朵——秋兰插在幞头两侧。记得屈原在他的诗篇中，描写了“扈江离与辟芷兮，纫秋兰以为佩”，秋兰承载着文化的象征意义：一是表明追求美好事物，品格高洁；二是佩戴它们，就是象征他的品德高尚。秋兰与幞头的两只“叶子脚”相呼应，起到“泪润玲珑指，多情满地花”之意。在那时，人们还会在高帽上装上金银等装饰物，向下弯曲的月牙形银饰使观看者的视点向人物面部转移，人物的面部戏剧化纹样的装扮不仅具有程式化的色彩，还与宋杂剧演出的程式化相对应。绣有飞鹤图案的宽袍大袖，不仅是宋杂剧演出的服装，也正好与我进行装饰性特征的探索有紧密联系。

王红旗：它是灵的存在，以灵的方式，永恒存在于时空之间。

汪港清：是一种安抚，也是一种使命。她的创作是对过去文化的传承，是对过去的一种花香的延续。人类走到今天，我们可能还会回顾它的香，它的花香，我觉得也是一种时空穿越，给人一种久远的、神秘的感觉，这些东西虽然离我们越来越远了，但是越是远去，反而越值得回顾和反思。黄河正是有这样一种情怀，要把中国古代优秀的文化延展下去、发扬光大。

韦红燕：她把古典壁画千年沧桑厚重的视觉感和高贵细腻的卷轴画手法结合起来了，残破与完整，陈旧与艳丽，把视觉对比处理得很好，给观者一种别样的感受。从这些作品中也能看得出她在对传统的继承与发展上作出了探索。我说她一定要坚持画下去，一定会画出更好的作品。

黄　河：我是在学习工笔重彩画的基本技法之上，适度地融入变形，加上利用三层云龙纸等依托材料，积矾手法作出了丰富的画面肌理，运用传统壁画的勾线填色基本技法和制作剥落效果，使画面效果既有工笔画的意味，又有强烈的壁画效果。在创作实践中，注重画面的写意性与工笔性的结合，力争做到手法细腻而不俗，工致精微而不匠，装饰性强而不空，色彩绚丽而不艳，关注个性，追求创新，坚守严谨的创作态度，这些都是我在现在和将来在绘画道路上的追求。

韦红燕：它是有这种存在感的，这种老墙，墙体的那种脱落、那种蜕变，使人感觉到一种特别神秘的东西，但在这种破旧中间，竟然有这么新鲜的东西，有一个特别强烈的对比，而且她那种画法，我记得当时探讨这个事情，我就说你要有卷轴画的味道，壁画和卷轴画，咱们画国画的人都知道，是两类传统的东西，一个是柔滑丝润的丝绸上的手卷，一个是古老残垣断壁上的壁画，在她的画面里面，同时拥有了二者，在我们眼前显现出粗犷与细腻的对比，仿佛在一堵老墙上面出现了非常娇艳美丽的事物，这也是她画面里的一种意境，感觉非常好。

黄　河：我受到中国戏曲文化的启发，特别是宋代杂剧绘画给我带来的直观感受。将个人的阅历和情感，融入对戏曲的体味当中，把对中国传统戏曲文化的挚爱，转化成进行绘画艺术创作的原动力。寻找绘画中装饰性与戏剧中程式化的共同特点，试图寻找一种适合自己的语言方式并与之对话，与之交流。不断地将两种艺术形式进行碰撞和交融，达到戏剧在绘画中展现其精华，利用绘画形式表现戏剧中的某种状态，从而产生共鸣，达成和谐，找到真谛。将戏曲这一古老而传统的艺术现象传承下去。

无界的信仰

王红旗：海梅的《无界》，我看了原作很惊讶。因为画面整体上把天、地、人、神的精神光耀，全部容纳在一个用笔缔造的时空里，有一种祥和，有一种博大，有一种宗教，有一种神性，仿佛汇聚了天上人间“无界”的生命大气场。连人物的衣服都指定魏晋时期的样式。为什么要选择魏晋时期的服装？我们所谈的魏晋风骨，是指魏晋的人文精神。画面云水间互相变幻，变幻之后就融合了多种时空，谈谈这种创作思路的来源，你当时是怎么思考的？

曹海梅（北京工业大学艺术设计学院教师，首师大美术学院在读硕士，艺术家）：画这张画的想法开始特别简单，应该是源于我的生活。在我的生命中可能和古琴这个乐器有缘，8 岁的时候偶然听过一次古琴就开始向往学习古琴，直到 30 岁那年才开始如愿学习古琴，此后，琴与画就成为我生活中的一部分了。

有一次我在弹琴曲《湘妃怨》时，突然感觉到在燃香的袅袅青烟中，好像有画面在虚空显现，也许这就是一种弹琴人抚琴时的感受，有画面的，有意境的。想到我看过好多描绘弹琴的画，大多是一个人在弹琴，虽然描写操琴者抚琴的角度不同，但我觉得好像不是弹琴人的感觉，而是听琴人和观琴人的感觉。我想弹琴人的感觉，是弹琴时会出现很多的意境，我就想描述这样的意境，于是就画了一张小稿，一张横放的琴和表达琴曲意境的画面。

《湘妃怨》是可唱的琴曲，表达爱情男女的相思之苦，词也非常美，有画面感，其中有这样的句子“一片白云青山内，一片白云青山外，青山内外有白云，白云飞去青山在……”在想人物造型与意境描述的时候，我想起了顾恺之的《洛神赋》，于是又重读了这幅长卷，觉得这幅《洛神赋》中的魏晋时秀骨清像、高古气质的人物造型与那些神仙、瑞兽、云水等的整体意境，正与这首琴曲的意境相合。然后我就将《洛神赋》图按照琴曲的意境打散，重组了一张画稿。在当时我对绘画创作概念比较模糊，只是想画这个就拿着小稿去请教韦老师，老师说可以这么画。然后就是反复的修改构图和定稿的过程了。

在真正进入绘画创作时，我又慢慢地离琴曲《湘妃怨》的意境有了一些距离，融入了其他爱情主题琴曲的意境，在创作中减弱了相思的伤感，增加了对美好爱情的向往，同时也加入了我心中所神往的意境。比如我小的时候特别喜欢《楚辞》，记得屈原的《涉江》里面有“驾青虬兮骖白螭”的诗句。那种感觉，我从小就特别向往，常想象着自己驾着青龙的车，旁边伴随着两条白龙，在云端驰骋。还有比如说“路漫漫其修远兮，吾将上下而求索”，那时候我就觉得，只有特别纯净的人才能写出这样的诗句来。

在构图时，我就选取了三种不同的龙。这个白龙角是像鹿角的，那个龙的角是像羚羊角一样，还有一只角的独角龙。在画面的中间我选取了荷花，我觉得荷花给人特别纯净的感觉，还选取了几组植物叫“芝林”，灵芝的林子。画面上我还选取了日月同辉。在自然界中是有日月同辉的景象的，中国人认为日月同辉是祥瑞的天象。我理解的日月同辉是阴阳平衡的象征。我在做稿子的时候会想象，如果人在灵芝的林子里行走，边上有特别美的荷花，天上看着日月，又和群龙在一起，我觉得那种境界很有意思，特别美好，也很和谐。

画面上我还选用了两只大雁，这里应该是对爱情的希冀。中国过去结婚要拜雁，据说大雁是一夫一妻，彼此最忠贞于爱情。

这张画要我自己来说，应该也有多解。

王红旗：这幅画真正的灵感却是源自儿时的记忆。画面比较宏阔，内容也比较丰富、瑰丽，的确是有很多解释。

曹海梅：在画面中，我也取了一些音乐的感觉，这里有一个雷公，他敲击着天鼓，与古琴有一种音乐的应和。古琴横放在画面的偏下方，画的是抚琴人所看到的角度。这样构图考虑到参加展览时画悬挂的感觉。画悬挂时画面中琴大概就和弹琴时所放置的位置差不多，希望会弹琴的人看到这张琴就有特别想去弹一下的感觉。也就是：“这有一张琴，我可以去弹一下。”

我觉得画者绘画时与画之间也是一种交流，比如说在画中描绘云水的变幻。其实《洛神赋》图中所描绘的云和水就是变幻的，在我这幅画当中可能更夸张了这一点，龙周围是云，在其他的地方就是水，其实云和水是变幻的，从物理学来说，云可化作水，水也可化成云，而且它那种变幻特别自由，你就觉得特别舒服，你可以掌握这个画面，这个创作的过程特别有意思。当然有的时候也特别偶然，比如在当初构图时就觉得右边最上角需要一个物象，就选画了一个在吹气的风神。后来发现他吹一口气，好像使得画面所有的气息都流动了。

王红旗：改变了方向，但是“风神”隐喻可能和你的潜意识是有关的。表现了一种“自为”内力，或“人为”的外力。

曹海梅：当时没有想这么多，后来却发现，这样的安排使得所有的气势都来了。《无界》这幅画，表达了我以前的好多想法，就像是通过这张画做了个总结，它里面描绘了我所喜欢的境界，希望和观者去交流。绘画对我来说是生活的另外一个出口，觉得我可以用我的画和别人交流。

王红旗：画面的艺术境界，比如像鼓乐和鸣，日月同辉，云水变幻，更有画面“人神合一”“男女共生”的形象造型，象征和隐喻。表达出中国传统最理想的万千气象于其中的艺术境界。

曹海梅：我在绘画中追求一种气质，一种精神上的状态，我觉得魏晋时期文人的气质更符合我的理想或者还可更高古一点，感觉更神圣一点，这就是我比较喜欢的状态。

王红旗：有一种深邃的宗教情怀。比如，为什么在这里用的是荷花，应该是有意识的。

曹海梅：这个是有意识的，因为还有别的几种花，但是我就选了荷花，我觉得荷花特别纯净。

汪港清：海梅也是特别纯粹的，其实她的生活压力是非常大的，可是她笑对这种压力，还能创造出这么纯粹的作品，她的自我调节能力特别强，专业上当然也跟韦老师的要求有关系，包括颜料、包括纸张、包括很多东西，她都能做到极致，应该学习她这种追求完美的态度，她画面的精致和纯粹，在精神上达到了一种高度。

韦红燕：这张画，她把顾恺之那个作品进行了重组，但是元素完全是顾恺之的，我们有意鼓励她这么去做的，这些也是很现代的表达方式，直接拿来用，重新去解读，而且她创作过程中在技法上就解决了临摹的问题，并把这些丰富的技法极具创造性地运用到自己的古琴形态塑造上，咱们看到她把古琴刻画得极好，特别是质感，琴漆的裂纹、漆色的蜕变做到了极尽精微的程度。琴弦精微到每一根，从粗到细，都仿佛是拧出来的，哪个扣怎么挽，交代明确，真实可触。如此精致的作品，我觉得如果心不静，是画不出来的。她磨这张画，像打坐一样。作品中渗透了生命，这就是一件能够传世的东西。如果她没有古典文化的沉淀，就不会有这种境界了。

曹海梅：我想再画一张关于古琴的画。

韦红燕：我也非常受她的影响，比方说古琴我也不会弹，她给我弹古琴，讲那些有关的知识，我自己也买了一把琴作为收藏，我都没弹过，但是我也要买，我觉得和琴就是一种神交吧。她说琴声化入虚空，我感觉特别美，就是那种声音，它的境界可能是化入虚空的感觉，在她的作品里面，完全有那样的一个声音幻化出无穷的形象，这样的一种世界，这种感觉真的特别好，我的评价是由衷的。作为一个女性她的细腻都在画面中体现出来了。

她对名利真是非常不追求。这些东西都已经不在她的视线范围里面了，而且她家里面的负担，你看作品中完全感觉不出来什么，跟现实是完全脱开的。我们有一种共同的语言，这种非现实并不是说我们没有现实，就是因为生活中有苦难，所以我们有向往，才能有那种幻想出来的虚空里面的美丽，那是一种光芒。在我早期的作品里面也这样，其实任何一个有思想的女孩儿，在早期的时候都会是多愁善感的，我成长过程中别人看我可能很幸福，但是我自己并不觉得我是多么幸福。因此，我想在我的画里表现出一个没有灰暗和世俗之气的仙境。海梅就是这种感觉的，也是传统文化中所宣扬的一种写意精神。

时代病与母性神

王红旗：程敏的画作最突出的特点，是直面社会问题，《幻城》《浮华时代》是以塑造都市女性形象的方式揭示“时代精神病”，是对人性“异化”的尖锐批判。而《高原礼赞》如同在寻找一种救赎的力量。浮华时代1、2、3，是很有现代性的女性心理表达，有自觉的女性意识、人文忧患意识和社会关怀意识。请你自己解读一下第一组画。

程　敏（中国艺术研究院在读博士、艺术家）：我是比较关注时代的。我绘画的核心，就是希望人们摆脱物质的现实来关注精神，在优秀的传统文化精神中找到心灵的共鸣。

我是70后，亲历并目睹中国改革开放30年社会变迁中的辉煌与沧桑；我是生活在城市中的人，深刻体会到这个时代中人们在物质生活逐渐提高的同时，精神上的压力、空无与失落。艺术也一样在失去精神层面的追求与表达。而我一直希望自己的绘画中除了技术，还可以体现出一种人文关怀和精神层面的追求。

《幻城》是我对时代、对社会以及对人的精神层面的思考，也是我对艺术语言探索的第一张工笔作品。女孩儿用非常写实甚至是超级写实的技法来表现，她代表了中国当今社会中每一个真实鲜活的年轻人；背后的都市用构成的方法表现，代表现代文明；河水中漂游的不是天空云彩的倒影，而是真实的云彩在河中漂游，画面开始给人产生幻觉的感受，实际上我想强调“现实如梦”的思想；我把路面上的电线杆故意拉高，直冲天际，电线杆上的交通警示牌直指向天空中的山水——那是中国传统文化和哲学精神的代表。这也是我绘画的核心，我希望人们摆脱物质的现实关注精神。

我的绘画有很多隐喻的东西，整幅画具有写意精神。人物的超写实与背景的抽象形成对比，工笔与写意交织在一起，又统一在亦幻亦真的氛围当中。

《浮华时代》是我兼工带写的一个创作系列，原计划完成 100 张，目前才完成了十几张，我想用中国传统技法，表现当下社会中形形色色的人，唤起人们精神层面的思考。画面中，一个时髦精致的现代女人，身着皮草，一身富贵，眼睛却空洞无物，眼神里有一点玩世不恭，有一点戏弄……她手上夹着一支香烟，烟雾与背景混合在一起，烟雾也代表时间，中间裹挟的是现代化的高楼大厦，一切都会如烟逝去。永恒的、唯美的是那一抹写意山水，它代表了中国传统文化精神与哲学精神……

这张画中的人物画法近乎中国传统白描。我一直认为中国画具有很高的品质，是艺术中的极致。中国传统白描显现出中国艺术对线的形式美的追求：一笔之内的起伏停顿，一幅画中的浓淡干湿，与后面的水墨山水形成了对比。而人物曲线形嘴唇的一点橙，与三角形衣领的一点灰紫，又形成色与形状的两种对比。

王红旗：你用这样的人物白描，勾画出来这些女性内在的灵魂图像。但是你又不仅仅是画她们的灵魂，比如说那支烟，如红杏似的唇，无瞳的眼，好像又有一点玩世不恭，有些无奈。都市女人在多元选择当中，既不可为又无奈，反正很困惑的心理很逼真。这样一种无根的、无法找到自我，不能按照自我意志去思考、去生活的“时代病人”，用什么去“疗救”她们，到哪里去寻找疗救的“药方”？《高原礼赞》隐喻表达的是“文化母体”，文化母亲的精神乳汁是救赎的原始力量。如果和你的画结合在一起思考，能够体会到一个女艺术家的勇敢与担当。

如果说罗中立的那个父亲有时代特征的话，《高原礼赞》中的人物作为一个母亲，也正是这个时代精神力量的象征，我们到哪里寻找，已成困惑，人精神的堕落，人灵魂的空虚，韦老师表达的纯真也好，海梅表达的无界也好，到哪里寻找精神的“原乡”，灵魂的栖息地，你的绘画理想，是走向高原寻找母性神力，以此来救赎当代人类的精神“病痛”。我曾经有一篇散文《荒原上的金黄色》，就写了一个 80 岁的藏族母亲，她背着一个竹篓，给我一个回眸的笑，让我犹如遇到了女神的感觉，跟你画面上的母亲好相似。这是我特别想说的话。你们师徒殊途同归，都在走向个体灵魂深处的绘画艺术。

程　敏：希望我的绘画能给人思考。这张画有一种迸发的精神的力量。虽然我表面柔弱，但内心相对比较强大。我们都很善良，面对人生的困境，需要有一种更加豁达、宽广的心胸，一种坚强的意志。年轻人会为爱情所困，中年人会为生活烦恼……其实如果跳出每个人的个体生活，放到更加广袤的空间和精神层面来看，就会发现生活当中有很多事是不值一提的。

《高原礼赞》是 2004 年夏和 2007 年冬画的。我去过青海玉树两次，那里的自然条件非常艰苦，那里的藏民身上总是透着一种质朴、坚强、坦然的精神。我不想把藏民仅仅表现为一种少数民族题材，我想体现出的是世人普遍的精神追求，一种崇高的精神境界。这才是我们这个时代最为缺少和珍贵的东西。

藏族老人神态豁达、乐观，舒展的笑容最能打动人心，仿佛不惧任何灾难和困境，给人一种积极的力量。为了突出这种质朴的精神境界，我有意将远处的牦牛、藏民，甚至雪山都画得很小，压低在地平线附近。背景放入了很多元素，虚幻的山和云，重重叠叠，形成一种动感的势，而老人衣服上、帽子上的羊毛装饰，和远处的雪山，天上的白云形成一个相反的动势。色彩的处理上，老人衣服上的橙色给人以一种正能量，与背景的绿色形成一种冲突。左上角的一片白云，面积虽小，却勇敢地迎向大面积绿莹莹的梦幻背景，形成冲突与张力，也象征了一种昂扬的精神力量。这张画比较大，去画室看的人都有一种比较震撼的感觉，并且感觉不像女艺术家画的，这张画超越了性别。

汪港清：内心的强大，是她产生这批作品很重要的一个原因。通过这几年，尤其在李爱国教授的指导下，她的绘画语言表达能力提升得非常快，她的作品显现出来了这种强大，包括造型的严谨性，她对画面的把控力，是她能力的一种体现。她想达到什么效果，她的能力就能驱使她达到，这是她强大的一种表现。她特别注重对背景的处理，把主题所要表达的寓意体现出来，我还是比较赞同的。

韦红燕：程敏大学本科毕业时的作品，是黑白视觉的，很有原创性。那时我就感觉到，她一定会成为有个性的艺术家。从现在的作品中看，她已经成长和厚重起来了。通过这组表现都市女性的工笔作品，我读到了程敏具有当代女性的自觉与批判意识。当下有不少表现都市女性题材的工笔画，大多数作品热衷于表现都市女性的时尚风情，或者是通过对小资丽人形象的描绘来表达某种自恋、孤独、迷茫、闲逸的自我情怀，以视觉唯美为最终结果，可能由于中国的历史原因，中国的绝大多数女性参与社会思考的能力与自觉还不够理想。在品评作品的思想内涵时也能够感到这种遗憾。

程敏的工笔画《浮华时代》和《幻城》，虽然也都是以都市女性形象为主题的作品，但是透过画面的形态语言，我们能感觉出一位女性艺术家对社会和时代的思考。面对现代文明所抱有的观察、质疑乃至批判的态度，以及谋求哲学精神的指引。我一直认为知识分子应有社会责任感，有立场和态度，如果知识分子都是冷漠的、没有思考的，那么这个时代就是病态的。艺术家也是知识分子，其作品中应该有思想引导的内涵。

程敏在《浮华时代》中，对那位身着皮草的富贵时尚女子的刻画就是对拜金和虚华时代的批判。虽然画幅不大，没有追求所谓的视觉冲击力，而是以一种中国知识女性特有的平和典雅的风度，用传统工笔的手法，白描淡彩，却似乎展开了一场严肃的有关人性善恶的讨论，把对现实生活的观察上升到精神层面。这是中国当代女性的自觉，希望她继续努力，期待她创作出更多的作品。

王红旗：《高原礼赞》在某种意义上，也是一种对乡土文明，对人类精神"原乡"的呼唤。从文化研究去思考艺术问题的时候，其实是一种跨学科、跨文化的研究。这样可以拓宽视野，几位艺术家，有的在思考哲学，有的受古代文学、古代戏剧的影响，其实文学、文化和艺术是近亲，我们有机会坐在一起，畅谈思想、智慧、艺术境界，在碰撞中我们都会收获更多。

点燃女性心灵的迷茫

潘小娴（《南方都市报》记者）：这套中国女性文化大系丛书，总体上是从哪个角度、哪个层次上去探讨女性问题的？

王红旗：中国女性文化大系丛书，是中国时代经济出版社策划出版的，其本意是"记住女性的历史、现实和未来"，逐渐建构中国本土化的女性生存学、女性成功学、女性史学、女性生命哲学等，记载中国女性在社会、政治、经济、科技等领域的现代化进程中非凡的智慧与巨大的创造。让未来的人们能够遥视中国女性的精神而再生……

潘小娴：为什么把"女性·社会焦点问题报告"作为中国女性文化大系丛书的"龙头"？

王红旗：一方面，在这个与男性比智力的知识经济时代，中国女性作为社会主义建设发展的"半边天"，在社会各个领域的卓绝实践与辉煌成就引起世人瞩目；另一方面，在男女两性的经济地位已渐趋平等的今天，封建传统男性文化与商业合谋，有时会以文化精华的面目出现，影响当代人的思考，再次形成了女性更深层精神解放的新锁链。我们针对女性生存发展现实与历史的十大问题，首推女性·社会焦点问题报告的宗旨。丛书有精辟的理论思辨，有真诚的灵魂交融，有多彩的人生传奇，还有突围性别的另类故事。文与图有趣的结合进一步增添了美感和生动性、可读性。

潘小娴：《中国女性在演说》《中国女性在对话》《中国女性在行动》《中国女性在追梦》，对女性的言说分别有哪些不同的侧重点？

王红旗：《中国女性在演说》是卜卫、徐坤、艾晓明、郑敏、王绯、刘慧英、周永琴等 12 位著名女性研究专家的演说词。她们以传媒性别误导、家庭婚姻冲突模式、女性说性、为女性独身一辩、人类母爱情怀的新思考、消失在历史迷雾中的女性声音等话题，以独特的视角，站在现代与传统之门的地平线上，呼唤着、追寻着女性精神栖息地。女性的演说，因沉默得太久，似大江东流去……

《中国女性在对话》是一种交流，一种倾诉，一种宣泄，也是一种自省、自救和自我发现。将当前性别文化热点和争议性女性话题，融入与不同领域的国内外名家对话人生的不同话题，以原汁原味的、对话实录的形式呈现，品尝不同人生的酸甜苦辣，对男性和女性的精神健康会有“润物细无声”的思想启迪。

《中国女性在行动》是针对当前女性文化事件、女性生存故事的报告，其中有对女性多种生活方式的分析。这本书以新的女性视角，记录生命救助热线、聚焦非婚流产、审视白领伊甸园、直面性骚扰、反击性强暴、诉说变性人尴尬、同性恋苦恼等，解读女性“行动”的意义，来引起人们的关注和思考。

《中国女性在追梦》是女性在追梦旅途中挑战性别的感人故事。这些在社会文化逆境中奋起的女性精英，无论面对顺境，还是遭遇逆境、困境、绝境，她们都具有笑谈苦难悲欢的非凡韧性。书中不仅有成功女性超性别自我的多彩人生故事，更有知识女性犯罪后的忏悔心语。她们以柔韧的智慧，超性别的胆略和气魄，抵挡金钱、权力、欲望的种种诱惑，激情奔放，勇往直前，一步一步与男性走在同一地平线上，向平等靠近。她们竖起女性独立精神与社会担当的真正脊梁。特别是她们那些鲜为人知的情感经历和创业故事，都会给人以震撼和激励。

潘小娴：《中国女性在行动》有一个栏目叫“特别性爱体验”，为什么会专门做这样一个栏目？

王红旗：因为，“同居”和“做情人”是当下社会最普遍和最有争议的“时代病”。把这两位女大学生的“非婚流产”和“情人——果实”，以特别性爱体验真实坦露出来，是为了疗救灵魂。两位调查者不仅叙述了当事人的亲历故事和复杂心理，并且进行了独特的理性分析。那些把初恋、爱情、性爱看得如此纯洁美好的女性，在两个人偷食禁果后，为什么痛苦只有女性独自一人承担？遭遇自己所爱的人的遗弃、社会的拒绝和冷漠……难道都是性别的原因吗？在阅读的过程中，会告知女性怎样走出“情爱”和“性爱”误区，怎样才能多一份保护自己的自觉意识。这一“行动”是女性对自我、对男性、对社会性别伦理的进一步的再认识。

潘小娴：你说此套书是为女性立言，这是否有点女权主义的倾向？你是一个女权主义者吗？

王红旗：只有为女性立言，女性的精神生命才会生生不息……我不是一个女权主义者，因为我不只为女性争取话语权，我也反对两性关系的二元对立，而是认为，应该用理解、沟通、合作的方式，用两性平等互补共荣的和谐理念，用女性的智慧与实力，来确立女性独立的主体地位，重新审视封建男权文化既定规范对两性不同程度的压抑，对“完整的人”的人性的危害而消除性别歧视，使男女性共同走出集体无意识的“性别怪圈”，才是获得真正意义上的性别解放。

潘小娴：你觉得中国女性怎样才能得到更深层的精神解放？请谈谈这套书在这方面做了哪些特别的探讨？

王红旗：在女性和男性的经济地位已渐趋平等的背景下，中国女性更深层的精神解放，一方面是必须建构中国自己的女性理论体系。许多专家学者在自觉和非自觉的本土化过程中，重新认识中国女性解放的历史经验、贯彻“男女平等”的基本国策，以及对女性社会身份与性别身份、女性生存与发展问题的新思考，一部部为女性立言的著作，像一座座丰碑，已经竖立在21世纪之门。

另一方面是中国女性理论与实践的资源积累。因为，只有建基在中国文化母体之上，中国女性用心、用血汗、用生命凝聚而成的真实鲜活经验，才能升华为中国女性解放的理论智慧。进而以发展的眼光看，任何一种绝妙理论在社会发展流变中都不可能一劳永逸，只有生命之树常绿。西方女性主义的性别理论经验固然值得借鉴，但是对中国女性现状来说，这些经验有时可能是武器，有时可能是误器，有时可能什么也不是。因为它也是在一定的特殊社会、特殊时代产生的。我们必须认识到借鉴西方经验必须坚守自我优秀文化理论的独立价值。

这套书是以全球化视野，本土化立场，试图突破双重思维定式，在世界、西方、本土、主流和边缘的冲撞中打开新局面，逐步走向女性研究理论和实践的真正自觉。让男女两性认清楚中国女性自己的历史、现实和未来。中国女性才能获得更深层的精神解放。不过随着人类社会的进步，人的精神需求的丰富，女性更深层的精神解放将永远在路上……

潘小娴：这套书是否理论过多，会欠缺阅读性吗？

王红旗：不会。这套书的理论和实践互补，故事和人物相生，演说的精彩、对话的真诚都会让人情不自禁。阅读行动和追梦，会心灵震颤，激情涌动。再加上精美雅致的图片和灵活的版式，会让人感到和其他图书大有不同。

潘小娴：这套丛书的72位作者，全是知识女性，这样庞大的女性作者队伍，以图书的形式集中谈论女性的社会和问题，这类作品并不多见。作为这套丛书的策划人和主编，请你谈谈当初缘于何种情态做了这么一个大策划？

王红旗：这个策划缘于我的一个彩色梦境。我把梦里的构思修改成比较完善的选题报告，递交给中国时代经济出版社的社长和总编辑宋灵恩、杨岗两位先生，希望她们能支持中国女性文化的传播事业，同时达成了不定期出版N本中国女性文化大系丛书，首次推出《女性·社会焦点问题报告》，梦里的书名就成为中国女性文化大系丛书的“龙头”。

特别要提出的是，为丛书撰稿的72位专家学者，不仅成就了这套丛书的诞生，而且标志21世纪初中国的女性意识、性别意识的觉醒。你也看到，这套丛书出版后的强大社会影响力，有诸多男女前辈学者、中青年评论家发表评论，报刊网站以大版面报道推介书讯，包括你在内。因此，是大家和我共同圆了一场“为女性立言发声”的梦。特表感谢！

让女性重新认识自我，让社会重新认识女性

王红旗：感谢人民网，给我这个和大家交流的机会，在网上和书斋里的感觉真是不一样。虽然大家不能彼此相见，但是“女性生存与发展社会焦点问题”让我们相聚在一起，希望大家能够共享女性论坛交流的快乐。

网　友：请问嘉宾对于同性恋怎么看？希望你能说实话。

王红旗：我对同性恋持赞同态度，我认为“同性恋”也有很多的快乐，他们也许是天生的同性相吸，也许是在异性恋中遭受了磨难才走进同性恋，无论怎么说，同性恋建立起来的家庭，还是比较平等和快乐的。

网　友：在今天这样一个男权社会，女性仍是弱势群体，你认为呢？

王红旗：尽管男女平等是我国的基本国策之一，但是“男尊女卑”“男强女弱”的封建男权文化观念经历数千年的制度与意识再造，成为大多数中国人深入骨髓的性别观念，即使在当代也仍然在影响人们的思维逻辑与意识形态，性别不平等、歧视女性的现象仍然存在。当然女性是弱势群体。因而我们才需要倡导平等，才需要奋争，才需要用女性的独立人格与思想智慧让社会承认女性的存在价值，别无选择。

网　友：男领导不能配“女秘书”，是一个最现代版的“红颜祸水”说。“女秘书”在四川率先“下岗”了。四川省委办公厅日前出台《关于加强对领导干部身边工作人员管理监督的暂行规定》和《领导干部身边工作人员行为规范》，其中要求不得为男性领导干部配备女秘书。

王红旗：就在前两天，四川省出台了“男领导不能配女秘书”的规定，全国女性界简直爆炸了，艾晓明教授以“震惊世界的性别歧视”为题发表了文章，传到了我的信箱里，当时我也很气愤，但是细想真是一个最现代版的“红颜祸水”说吗？性别平等与解放是两性的事，如果男性觉醒了，不再把女人当作玩偶，不再把美女当作性欲快餐，能够从心里真正做到尊重女性，女秘书不再

遭遇有权力男性“性骚扰”的威胁；如果说女性觉醒了，不再把美丽的容颜和“性”当作攀升的资本，两性有互相尊重的工作关系，做女秘书不也挺好吗？

人性是很复杂的，也不要那么简单地下结论吧。

但是官方规定“男领导身边不能配女秘书”是要反思的。首先，“身边”的距离是多远？女性的职场，怎么可以用男领导的“身边”来规定。其次，国家具有男女平等择业权的法律，不能以牺牲女性的就业权利为代价。从本质上而言，是男权主义性别观对女性的歧视。再次，建议给这些大男子主义决策高官，补上“男女平等是基本国策”这一课。

网　友：我爱上了一个已婚男人，不知该怎么办？（嘉宾给出出主意）在他结婚前，我们就认识了。我们真心相爱，由于种种原因没能走在一起。我现在觉得生命短暂，真的想和他在一起。可这不容易。现在我们各自生活得都不幸福，活得很累。我们虽然离得很远，但心一直在一起。我们都不愿放弃另一方，可他现在还有一个小孩儿。不知该怎么办？我真不想破坏他的家庭，可又不想就这么失去他。很无奈。

王红旗：你选择这份爱，本来就是很勇敢的，你爱他，他爱你，都没有错。就是晚了一步，人除了爱还有社会和家庭的责任，那就看你现在所爱的这个男人能不能走出他那个没有爱的家庭。

女人为什么走不出这个“爱”的结呢？自己的命运还是自己主宰的好。依你现在的状况，你对他的爱已经变成了一种很可怕的精神依赖，当你理智地摆脱这种依赖，冷静地思考什么是真正的爱情时，心里就会轻松多了。你所谓“心在一起”的精神之恋是不是你单相思的借口？走出爱的炼狱，你会更成熟。女人爱一万次，精神还是自己的和自由的才好。

网　友：想必你也赞同非婚同居和非婚流产？

王红旗：关于非婚同居和非婚流产，根据调查，中国的女性是深受其害的。本来两个人是为了爱走在了一起，流产的痛苦为什么都让女人一个人承担？假如你阅读了我主编的《中国女性在行动》中特别性爱体验之后的女大学生的呼喊，你就不会认为我赞成非婚同居和非婚流产了。

网　友：不能把非主流的生活方式美化，在客观上是宣扬这些生活方式。同性恋的家庭比较平等快乐，那是不是从小学开始，俺们就得这么教育孩子们？理解，不干涉，是正确的，但是要反过来，宣扬，俺坚决反对！

王红旗：我并不是宣扬这种生活方式，而是现代社会变得多元化，生活方式也变得多元化，找到一种人生的快乐有什么不好，还是宽容一点好，其实我的话还没说完，同性恋家庭也不都是快乐的。他们也有好多生活的烦恼，甚至也会有婚外恋，他们结合在一起有时候也会分手，情况是很复杂的。

网　友："女性，你应该怎样生活？"你认为自己的生活已经高质量到足够指导别人怎么生活了吗？

王红旗：当然不是，这是我主编的《中国女性在演说》里，张红萍教授提出的一个问题，正因为我们向往高品质的生活，我们才会不断努力，每个人生活在社会上都会有很多的无奈。但是女性的自信很重要。

网　友：你觉得女人在政坛上混好不好？

王红旗：说心里话，虽然我很佩服政坛上的那些女性精英，她们能够眼观六路、耳听八方，但是我还是选择了"学坛"。因为我总是那么浪漫和理想。但是我非常希望越来越多的女性能走上政坛。我相信更多的女性不仅能治家还能治国治天下，这在当代和未来世纪都会得到充分的证实。个人的情况不一样，不能一概而论。

网　友："干得好不如嫁得好"，几乎成为许多女性的共识，她们受教育的程度只不过是性商品资本增值的手段。

王红旗：这也是我们在调查女大学生时，发现的一个重要问题，持这种观点的女大学生占59%，甚至在问她们毕业后的择业问题时，有相当一部分要做全职太太，但是"嫁得好"了，爱离控制又有多远呢？失去自我和精神自由不知道是什么滋味，没尝过，想想没法活。

网　友：你能具体谈谈男性话语权的问题吗？

王红旗：我说的是对男性话语的批判，在当代小说里，像张贤亮、莫言等男作家仍是把女性形象描写成性对象、消费对象，来表达男人的性幻想，李佩甫的小说《羊的门》里面男主角竟然让所谓爱他的和他爱的女人赤身裸体、一丝不挂地躺在他的旁边，女人欲火焚烧，而他却在旁边修炼着他的童子功，何等惨烈。有些小说里面的女主角为了男人的事业奉献，为了男人的欲望奉献，丝毫没有自我，在当代很多男作家的小说里，还是把女人描写成天使和恶魔，体现了男性骨子里对女性智慧的恐惧和不安。这些完全歪曲了当代社会女性的真实形象。

网　友：女人知识越多越反动，还是不上学的好，我的女同学们基本都找不到对象，声称要独身了！

王红旗：假如你是一字不识的白丁，还有那么高的追求吗？高处不胜寒，还是要耐得住，耐得住的就修炼成精了，耐不住的就倒下去了。如果女性失去知识与智慧，也将会失去一切。

就找不到对象而言，也许是我们女性对男性要求太高了，也许是钢铁硬汉的社会文化把男人的魅力“阉割”了，我身边也有好多同学选择独身，但是我相信她们仍在寻找……我认为，遇上了合适的人还是要组建家庭，遇不上也别委屈自己，女性追求高质量的生活，应该直面独身这种新的生活方式。

网　友：怎么看待变性？

王红旗：这个问题应该尊重自我的意见、自我的生活方式，无可厚非。比如说有一本小说《蓝调石墙 T》，作者是一个女变性人，她是在无法忍受自己的性别社会认同的情况下变性的，但是后来又遭遇到更多的苦难。我自己认为，既然自己性别为女，那就要爱这个性别。但是也有极少数人出于生理诉求而改变性别。

网　友：想听你诠释一下“完美女人的生活”。

王红旗：大概由于教育和文化环境的影响，我的生活方式是一种现代与传统的对接。我眼中完美女人的生活是有家庭、有孩子、有亲情、有友情，还有属于自己的一份理想事业，相对独立的精神空间。但是我能够理解独身、非婚同居、丁克家庭，作为女性可以选择独身生活，或者不做母亲。从某种意义上讲，“不完美”是生活的常态，完美才是生活的“非常态”。又有多少人能够完美？但是，我坚决反对把女性作为生殖工具的男权观念。

网　友：请问男人为事业不顾家天经地义，女人为事业不顾家就挨人批评，原因在哪儿？

王红旗：原因是受“男主外、女主内”的性别文化观念影响太深，人们普遍认为男人就是外面的，女人就应该是家里的。我们要呼吁改变这种传统的男权性别观念。尤其是现代社会女性和男性都有一份自己的工作，应该共同分担家庭的责任和义务，无论男女，为事业不顾家都应该挨批评。谢谢各位网友。

婚外恋引发的命案与“第三者”温床的讨论

（**事件介绍**：2009年10月28日7时20分，山西省清徐县西关的服务小姐王梅被人杀死在自家阳台，报案人是他的同居男友罗光。民警从与罗光的谈话中，发现了种种疑点，经侦查却又一一排除了。调查中，罗光的一个朋友说，罗光的前妻侯小文在听到此事时，面无表情，这引起了警方的怀疑。警方调取侯小文在案发前发给朋友的手机短信，发现侯小文对王梅充当“第三者”，破坏她的家庭怨恨极深，有作案动机。但面对民警的询问，侯小文始终以沉默对抗。民警再次深入现场仔细勘验，发现了侯小文的脚印。证据面前，侯小文终于承认：案发前几天，前夫罗光曾答应要回家与她们母子团圆，但侯小文一直等到天亮也没有等到前夫。巨大的失望让侯小文产生了报复的念头，她潜藏到王梅家附近，待前夫罗光离开后，进门对王梅实施报复，用准备好的工具，连扎数刀，将王梅杀死，然后逃离。中央电视台“天网”栏目记者就此“第三者”案件采访了首都师范大学中国女性文化研究中心主任、中国女性文化研究基地主任王红旗教授。）

两个女人为“爱”付出的代价

黄　鸣：这是一起因为婚外恋引发的命案，一个男人奔波在两个女人中间，一个是结婚多年的妻子，另一个是年轻貌美的情人，选择其中哪一个都会有对另一个的不舍，而这两个女人都不愿意放弃这个让她们心碎的男人，于是，一场三个人的畸形之恋便上演了，两个女人也开始了一场争夺男人的大战。最终，年轻女孩儿付出了生命的代价，而另一个穿上囚服的女人，将要在铁窗里度过余生……

王红旗：其实，在这个物欲、道德失衡的时代，这样的悲剧已经不那么新鲜。如今人的生命价值观、道德观、婚姻观、性爱观遭遇到强大的冲击与挑战，曾经被禁锢的中国人，生活情感有了更多选择，却造成一些人在爱中迷失，个性扭曲。以爱的名义发生了诸多婚恋悲剧，这实际上是一种人性的悲剧。这两个女人都是爱情的迷失者。

黄 鸣：40 岁的搞运输的小老板罗光，看上 23 岁之前是歌厅小姐的王梅，他们先是同居，后来罗光离婚了，准备和王梅结婚，你对罗光的这段爱情作何评价？

王红旗：我觉得，他是不是真的喜欢王梅？王梅之前是歌厅小姐，他们认识并不是从内心灵魂沟通开始的，而是美貌、性欲，是一般男性性心理上的“一时新欢”。也并非因为真心喜欢王梅，才拿定主意要和自己的妻子离婚。我觉得，罗光是个小老板，他当时的心态就是想通过到“性场所”来找小姐，表现他的经济、阶层、地位，满足他的虚荣心。也许这个心态很短暂，但它一定是有的。也许和自己的妻子在感情上有了某方面的裂痕，虽然有了孩子。他的心理是复杂的。

黄 鸣：你这样说，意味着他没有爱？

王红旗：假如有的话，也仅仅是性爱，很短暂，很感性，很随意的。至少在发生期是缺乏端正的、真诚的态度的，否则案发前几天，他为什么还答应要回家与母子团圆，说明他离婚后又有些后悔，内心处在一种很矛盾的状态。

黄 鸣：那么请谈谈你对王梅的看法。

王红旗：她是歌厅小姐。这种职业本身就丧失了女性的尊严，使女性变成被消费的物。女性选择这种生活，极少是被逼迫的，有的是一步步掉进这个欲望的美丽陷阱的，也有的希望在很短的时间内，不用艰苦奋斗而凭借自己身体的资源，就可以过上物质优裕的生活。她们表面上好像活得也挺光彩，还盘算攒足钱，干什么事情。但是，无论社会性解放到什么程度，无论是“被看”还是“愿意被看”，把女性的肉体作为交换商品，就是对女性的歧视。如果女性甘愿把自己作为商品，那就是自己对自己的歧视，或者说是消费文化对女性的内在物化、异化。

据朋友的一项调查：现在有些地方，即使丈夫知道自己的妻子去做小姐，也不干涉。在这样的社会环境中，王梅的行为并没有引起大家的关注。这是女性为“物质文明”付出的巨大代价，是精神文明的倒退，势必带来很多的社会问题。这个案件就是铁证。

当然，就像片子中看到的，我们不能回避当代社会“第三者”越来越普遍的现象。虽然，社会舆论都对其开始宽容了。

是因为婚恋观的变化。传统的婚恋观，是海誓山盟，爱情是专一的，执子之手，与子偕老。现在人们追求的不是两性真正的、持久的爱情，灵与肉的合一，而是崇尚两情相悦，什么“拍拍我的肩，我就和你走”“不在乎永久，只在乎拥有”。于是，千年的道德伦理秩序被视为保守落后愚昧，西方的性自由、性解放被很多人效仿，与商业合谋成为一种前卫时尚。

今天我发生“一夜情”没有人指责，明天我找小姐没有人批评，有点钱权的男人甚至“想睡谁就睡谁”。作为女性，我跟谁发生性关系，身体是我自己的，我可以用自己的身体换钱。美其名曰：个性与性的解放。失去爱情的纯洁、婚姻的忠诚、家庭的责任，从而造成性与爱情、与婚姻的分离。“第三者”频频出现，至少是“第三者”自己并没有意识到自己的人格降低了，甘愿为了物质付出自己生命的尊严。于是耻辱心就泯灭了。婚姻家庭问题就出现了。我认为，首先物欲与金钱，造成了王梅尊严与道德的迷失，而自己付出了年轻生命的代价。更要深思的是，两个女人的战争，是由这个男人的所谓的“婚外情”引发的，故事中的男人却逃之夭夭。

在家庭面前谁是“第三者”

黄　鸣：在片子中，王梅这个“第三者”找到那位妻子说：“你是不被爱的，所以你才是第三者。”你怎么看这句话？

王红旗：她只是在给自己寻找一种理由，这个爱是什么？如果你走进婚姻，爱情就会变成一种骨肉亲情和责任，对于婚姻，忠诚是最重要的，其次才是责任。“第三者”就是针对家庭与婚姻之外的插足者而言的。妻子永远不是“第三者”，无论文化道德如何定位，王梅都算不上是一个真正意义上的“情人”，只能是一个“第三者”的角色。我认为，无论男人还是女人，应该尽快解除无爱的婚姻，去寻找新的幸福，这也是一种解放。但是，要有一种善良与宽容的理性心态，不应该是人和人之间的欺骗、仇恨、谋杀。这是因为人性的不健全，而瞬间转化为人性的恶，是极端的病态表现。更何况王梅与罗光的爱情未必就是真正的爱情。

黄　鸣：这几年看到婚姻问题真的越来越多，可能对我，甚至包括我的一些同龄人，我们也会对婚姻产生一些悲观的情绪。在这个片子里边，主人公罗光跟他的妻子认识的时候，他的妻子也才不到20岁，虽然家里很反对，她还是跟他结婚了，其实他们两夫妻已经走过了20年，你说当年他们没有爱情吗？

如果有爱情为什么会走到这个地步？

王红旗：他俩当年肯定是有爱情的，因为那时两个人相对涉世不深，单纯一些。还记得2005年徐坤的长篇小说《二十二个春天的夜晚》吧，两个从东北来的年轻男女，一起在北京闯天下，他们是同班同学，自由恋爱，婚姻仍然走向死亡。其实社会上这样的例子很多。关键在于走进婚姻殿堂后，能否用真心把浪漫的爱情升华为家庭日常生活里的“骨肉式爱情”，不然婚姻一定会成为爱情的坟墓，甚至是生活或生命的坟墓。

因为爱情是流动的。每一个人都是社会的人，每天要接触社会上很多的东西，爱也会受很多观念的影响，才会出现很多问题。就这个案件而言，更重要的问题出在罗光身上。中国的一些男人，都有“三妻四妾”的潜在心理欲望。片子里面有一个细节，他们本来夫妻之间非常恩爱，因为一次偶然的机会，在一个娱乐场所遇到了年轻漂亮的王梅，罗光就被折服了，并且想要抛弃结婚20多年的妻子，甚至抛弃孩子。

从表面上看他找到了爱情，其实罗光对王梅完全不是爱，王梅只是他的一个年轻又漂亮的猎物。包养她并不是为了让她和自己共患难，而是满足自己不正当的欲望。好多男人没钱的时候，可以和结发妻子共度艰难，一旦有了钱，有了房、有了车、有了地位，就会到外面包养女人，这完全是封建男权主义把女性当作性欲望的工具，没有什么平等的爱情，甚至把“包二奶”作为男人价值的体现。社会上流传着，现在哪个男人要是没有情人，就证明这个男人太窝囊了。那么“情人”是什么？真正的情人是“情”，是两个人在灵魂精神上的对接，可以说跟外人不能说的话，在非常无助的时候，你不能跟你的丈夫说，你不能跟任何人说，你能跟他去沟通，他会帮助你分担精神上的痛苦。

还有一个细节，我感觉很有意思，说“一个男人奔波在两个家庭之间”，其实是有问题的。罗光和王梅只是同居，他们组成的不能称其为家庭，是一个男人有了钱之后，包养“二奶”的一个“窝”——“同居窝”。而且他跟原来的妻子已经离婚还经常回家住，两个人还在情感、性生活问题上纠缠不清。离婚后的同居，也是违反法律的。因此，罗光不是奔波在两个家庭之间，是用所谓的爱情在走钢丝，他毁了自己也许爱过的两个女人的后半生。这个男人却逍遥法外。我认为，罗光不仅应该受到道德的谴责，还应该受到法律的制裁，因为对“第三者”的法律的放宽，对“同居”有暧昧的默认，就轻放过他了。他最真实的心态就是想拥有这两个女人，供他所用，因为他是有了钱的小老板。

黄　鸣：如果这样，那么王梅有没有过错？

王红旗：从王梅的角度，前面已经讲了很多。其实她就是精神和肉体的“软骨病”。她要依靠男人生活，她没有独立精神的自我。歌厅小姐的职业是很危险的，因为要跟各色男人打交道，她的命运、幸福都掌握在男人的手里。她付出了生命的代价，也许咱们会“哀其不幸”，但是她生命悲剧的根本原因是她自己的执迷不悟。

爱是婚姻生活中的忠诚与责任

黄　鸣：现在来探讨一下侯小文，她第一次接到了王梅打来的那个电话，劈头盖脸地骂她黄脸婆，这对侯小文会造成什么样的伤害呢？

王红旗：“黄脸婆”，每个年龄段的女人都有自己独特的魅力，没有自信的女人可能才会感觉受到了伤害。我认为，伤害侯小文的不是王梅骂的这句话，给她最大伤害的是她深爱着的男人。如果她理解这个道理，就不会把仇恨撒在王梅身上了。应该冷静反思为什么。并且理智地去处理问题。好像人们应该对这个女人同情，因为她受到了第三者的凌辱，受到了丈夫的欺骗。她竟极端到要想办法花钱把她弄死。这想法就是一个危险的信号。

黄　鸣：你觉得我们应给侯小文提个什么样的建议，使她理性地处理这个问题呢？

王红旗：理性的处理办法肯定不止一个，因为与人的不同心境有关。片子里有一个情节，他们后来经常为这个事情吵架，可见她的积怨和仇恨是日积月累的。最好的办法是用规劝的方式，不要让自己的丈夫和王梅的关系继续往前发展；如果你能原谅他，还爱着他，就认真反思寻找自己婚姻生活情感之间在哪里产生了“空当”，尽快修复挽回情感，让他回归家庭。而不应该去抓，把仇恨撒在另外一个女人身上。一个智慧的、敏感的妻子，丈夫穿的衣服、戴的饰品，或者一些细微的变化，她应该都能够感觉到的，这些是掩饰不了内心的。早些发现应该规劝，也可以主动去找“第三者”谈话，晓之以理。也许“第三者”就是另外一种心态了。实在不行，也可以用协议离婚的方式。用这种极端的方式使自己丧失了后半生的自由，太不值得。

黄　鸣：我觉得，侯小文是在一种极度痛苦、找不到出口的情况下，才作出了这样极端的行为，其实开始她们俩不是都很善良吗?

王红旗: 这是个裂变的过程。她从那么善良，那么爱自己的家庭，变成一个杀人犯，是极端的报复心理导致她从善走向了恶。这是很值得遭遇丈夫“婚外情”的女性思考的。遇到丈夫婚外恋的女性，如果有独立自我，会生活得很好，离开一个男人，可以重新选择一种生活。女人真正的独立，首先是经济的独立，然而在从事社会工作经济独立之后，还要精神独立，真正能够担当自己人生中所遇到的一切。

黄　鸣: 咱们通过这样一个案件，像罗光这样的男人，你会给一个什么忠告呢?

王红旗: 像罗光这样的男人，咱们应该勒令他赶快悬崖勒马。一个男人有了家庭以后，首先是对婚姻的忠诚、承担家庭的责任。作为一个丈夫、父亲，应该让自己的妻子和孩子活得幸福、活得有尊严，应该用爱呵护自己的家庭，提高家庭生活的质量和温度，家庭是用爱的温暖与责任构筑起来的。夫妻之间是忠诚与宽容的，爱是生活相濡以沫的根本。男女伦理关系是相互尊重的爱与关怀。男女有内心的良知与人伦道德尊严，男女之间有可为与不可为的界限。

黄　鸣: 为什么婚姻里边会出现“第三者”，我觉得“第三者”伤害的不仅是妻子。为什么这个男人就偏偏会喜欢这个女人呢?我不知道你是怎么看待这个问题的。

王红旗: 一个男人和一个女人处于恋爱关系的时候，很甜蜜，很浪漫，很有爱的味道。结婚之后，这种爱的味道、浪漫的气息，由于具体生活的琐事与烦恼，就会逐渐淡化，甚至消失。结为夫妻之后，都是自家人了，夫妻之间就会越来越相互不在意了。但是人的内在心理又向往爱，向往浪漫，向往“性”浪漫，自己的爱人不成，从心理上就想去找另一个来补偿。并不是说“第三者”肯定拥有妻子身上没有的东西，而妻子在做恋人、做情人的时候也曾经有过那样的浪漫，只是有些人得了“情感健忘症”。即使“第三者”的确比妻子貌美聪明，有知识又干练，那还有婚约束缚。

几千年传统文化给了男人很多的性别优势，因而他们自以为是的，其实为非。社会封建男权主义意识、性解放论，就是生产“第三者”的温床。在这个温床上的爱是短命的，大多以悲剧告终。

当代中国女性社会地位、现状、问题与困惑

央视《外国人看中国》编导：请你简单概括一下从近代至今中国妇女地位的变化。

王红旗：中国百年女性解放历史，始终与民族国家命运跌宕的血雨腥风相生相伴。19世纪末20世纪初，在早期诸多男性革命先驱、仁人志士的支持下，从倡导“废缠足”“兴女学”“争女权”开始，中国女性走出家庭，走向社会，发起争取恋爱自由、婚姻自主、个体解放的集体呐喊。她们创办女性报刊，为女性立言，批判男尊女卑，男强女弱，男主外女主内，女子无才便是德等封建父权制等级秩序与人伦道德陋习。据史料记载，20世纪初的10年间，不仅形成全国官立、公立、私立并存的“办女学堂”热潮，而且女性报刊就有40多种。尤其到了五四时期达到高潮。

此时，女性独立意识和女国民意识的觉醒，在女性解放思想史上有两大贡献：其一，女性独立意识觉醒，摆脱了贤妻良母式的女学思想；“女国民”命名的诞生，表现出女性国民意识自觉觉醒，女性第一次冲破以血缘为基础的家庭等级秩序，女性的性别具有了国民的社会身份，跃升为一个社会群体，一支社会文化力量；其二，不仅促进了人们对女性认知的改变，更呈现出了女性的价值和作为“女国民”的社会作用。

中华人民共和国成立后，政府倡导“时代不同了，男女都一样”的男女平等观念，中国女性“一夜之间”走完了西方女性200多年的解放之路。女性走向社会，参加社会主义建设，生产劳动和男性同工同酬，获得独立的政治经济地位，成为社会主义的“建设者”与“主人翁”。尤其女性参加集体社会生产劳动，其生活空间突破了传统家庭的生活圈，这从根本上改变了女性的生活方式。

20世纪八九十年代，随着中国向经济体制改革的社会转型，多元文化并

存与商品消费市场形成，以及“95世妇会”前后，西方女性主义社会性别理论的译介，尤其中国政府在“95世妇会”上，把“男女平等”写进基本国策，促进性别平等主流化的逐步深入，为广大女性提供了良好的就业环境。广大女性在下岗失业的“生存大地震”中自强独立，艰辛跋涉再创业，有些女性与丈夫比翼齐飞，共谋发展，相互搀扶成长，共创事业辉煌，殊途同归，走出了一条独特的中国女性的解放之路。

21世纪，中国女性追求精神独立，个体自觉地实现内在的自我认同、自我重塑，进而产生性别关怀与超越性别的人类关怀意识，这成为女性人本的新时代“重生”。中国女性追求精神独立一定会引起女性“四重”（家庭、社会、情感、精神）生活空间的深刻变化。因为实现女性解放的目标不仅是为女人，也是为男人，更是为实现全人类解放的终极目标。

央视《外国人看中国》编导：当代中国妇女在就业方面还会遇到困难与歧视吗？有些单位认为妇女在工作过程中休婚假、产假，会影响用人安排，故在男女性别上会优先选择男性，这些问题如何改观？

王红旗：当然会遇到。虽然男女受教育的差距显著缩小，但是女性在就业方面遭遇性别歧视的现象仍然存在。依据第三期中国妇女社会地位调查数据显示，在就业方面遭遇过性别歧视的女性占10.0%，男性遭遇过性别歧视的仅为4.5%；在工作/劳动/学习中，遭遇过性骚扰的女性占7.8%；在有求职经历的女大学生中，24.7%曾经遭遇过不平等对待。即使是女性高层人才，也有19.8%的女性认为，性别给自己的职业发展带来了阻碍。在整个婚姻生活中，曾遭受过配偶侮辱、谩骂、殴打、限制人身自由、经济控制、强迫性生活等不同形式家庭暴力的女性，占24.7%，其中，明确表示遭受过配偶殴打的已婚女性为5.5%，农村和城镇分别为7.8%和3.1%。

我们首都师范大学中国女性文化研究中心、中国女性文化研究基地2012年的重点研究课题就是：首先，关注知识女性的生存与发展现状，厘清社会文化环境中的男权文化意识与性别歧视行为；其次，关注女大学生的就业现状，考察女大学生在就业过程中遭遇的显性与隐性的性别歧视。因为，女大学生就业应试时，用人单位会毫无顾忌地以“婚假、产假”为由拒绝她们。我身边的女硕士、女博士都有过这样的就业遭遇。

宋寅，获得过中国女飞行员史上“最帅的女飞行员”称号。作为交通运输部北海第一救助飞行队的飞行员，她是上海海事大学商船学院航海系2004级本科毕业生，有赴澳大利亚阿德莱德飞行学院学习的经历，拿到过澳大利亚和中国香港的商用直升机飞行执照，以及中国民航颁发的《商用驾驶员执照》。可以像鹰一样在蓝天中飞翔，完成救助任务是她最大的梦想。作为80后，她完全可以有另一种选择，可是她选择了挑战性别，她的卓越不仅证实了青年女性掌握科学技术知识的游刃有余，而且体现了她内在自我的严谨、坚韧与勇敢，更具有对这份职业的深切挚爱与国家责任。宋寅的故事证明了80后女性，是能够战胜自我，激发潜力，在职场上不怕失败和跌倒、勇往直前奋斗的女性。

央视《外国人看中国》编导：现在，政府在保护妇女利益的问题上有没有采取什么有效措施？有哪些健全的法律机制？

王红旗：在保护妇女利益的问题上，政府一直在不断完善各种措施。首先是保护妇女利益的组织。有两个直线系统：其一，妇联系统，在全国妇联设有“权益部”，各地省市县妇联，都设立有妇女权益部。各地根据妇女的生存发展现实问题，会有具体的维权办法、条例。其二，工会系统，全国总工会设有“女工部”，负责保护妇女权益是其中一项重要职能，各地省市县工会，都设立有“女工部”。其三，一些民间组织，也在积极参与妇女权益的保护。全国妇联召开妇女法律援助工作推进会。

具体来讲：2011年8月12日，最高人民法院发布《婚姻法司法解释（三）》，重点针对婚前贷款买房、夫妻之间赠予房产、亲子鉴定等争议较大的问题，作出解释。

2011年9月20日，媒体报道《中华人民共和国反家庭暴力法》立法工作取得突破性进展，全国人大常委会已将《中华人民共和国反家庭暴力法》纳入立法工作计划，并着手开展《中华人民共和国反家庭暴力法》的立法调研和立项论证工作。政府有职责为遭遇“家暴”的妇女提供庇护所。

2012年2月16日，中华人民共和国执行《消除对妇女一切形式歧视公约》第七、八次合并报告。提出，根据《消除对妇女一切形式歧视公约》（简称公约）第十八条第一款规定，中华人民共和国向联合国秘书长提交执行公约第七、八次合并报告。本报告的撰写遵循了消除对妇女歧视委员会（简称消歧委员会），关于缔约国定期报告的指导原则。第一，制定修订相关法律法规，为实现妇女合法权利提供坚实基础。第二，加强政策措施，妇女权益保护和妇女发展事业取得突破性成果。第三，加强普法宣传教育，为性别平等、妇女赋权创造更有利的社会环境。第四，对不同妇女群体的特殊需求给予特别关注和考虑，确保所有妇女共同发展。第五，强化政府职能，建立政府主导、社会各界力量协作的工作格局。

2012 年 3 月 13 日，成都立法保护妇女土地权益的《成都市妇女权益保障条例》（以下简称《条例》）已正式施行，《条例》在防止家庭暴力和保障妇女健康方面作出细化规定，以进一步保障妇女权益。《条例》规定，妇女在农村土地承包经营、土地征收或者征用补偿等方面，享有与男子平等的权利，任何组织和个人不得以妇女未婚、结婚、离婚、丧偶等理由，剥夺妇女的权利。《条例》明确规定，农村土地承包期内，妇女因结婚、离婚、丧偶等原因分户并申请变更承包合同的，发包方应当按照法定程序办理相关手续。特别是在农村土地承包确权完成后，新嫁入的妇女可以和其他家庭成员享有家庭承包的土地、林地、宅基地等共同使用、收益、处分的权益，为农村进一步土地改革中妇女的权益提供切实保障，使新嫁入的妇女不因未能参加新一轮土地确权而丧失基本生产资料和生活来源。

2012 年 5 月 7 日，国务院发布的《女职工劳动保护特别规定》明确指出，用人单位不得因女职工怀孕、生育、哺乳降低其工资、辞退或解除劳动合同。各地市近几年相继出台这方面的措施。为改变女性就业环境提供了切实的保障。

总之，女性生存发展环境一方面是转变性别观念；另一方面是政府加大政策力度。

央视《外国人看中国》编导：当今妇女现状，包括就业方面，家庭方面，婚姻方面，请结合数据来说明问题。

王红旗：当前女性的生存发展现状，在社会政治经济文化职业地位等方面，有重大进步。根据第三期调查显示：

中国女性健康幸福指数大幅度提高，82.4% 的城乡女性生病后都能及时享受医保治疗，妇联对女性“两癌”的免费筛查体现出政府对女性生命价值的尊重。女性的幸福指数，女性对自己工作、职业的满意度为 86.7%。

女性受教育时间提高的幅度更大。女性接受过高中阶段和大学专科及以上教育的比例明显上升，分别比 2000 年提高了 5.5 个、10.7 个百分点。城镇女性中有25.7%拥有大学专科及以上学历，比2000年高13.3个百分点。2010年，30岁以下青年女性的平均受教育时间为10.9年，拥有大专及以上学历的比例为30.4%，比男性高4.5个百分点。但在就业方面受到了不同程度的性别歧视。

就婚姻家庭状况而言，18～64岁女性中85.0%处于在婚状态，比男性高1.5个百分点；未婚占7.1%，比男性低5.2个百分点。离婚、丧偶的分别为2.8%和5.1%，比男性高0.3个和3.4个百分点，无论城乡，大多数已婚妇女能够得到丈夫的理解和支持，夫妻关系和谐；女性对自己的家庭地位表示比较满意或很满意的占85.2%，男性的相应比例为89.3%。已婚女性中，自己名下有房产的占13.2%，与配偶联名拥有房产的占28.0%；男性分别为51.7%和25.6%。未婚女性中6.9%拥有自己的房产，未婚男性为21.8%。此外，女性拥有存款和机动车的比例均低于男性。

尤其是在家务劳动方面，男女共同分担家务的观念得到更广泛的认同，两性家务劳动时间差距缩小。持“男人也应该主动承担家务劳动”观念的人为88.6%，其中女性为91.2%，男性为82.0%，城镇男性比农村男性更认同这一观念。但是，女性仍存在比较重的家务劳动负担。可能在80后已婚人群中，家务劳动两性会更平衡一些。我觉得，真正实现平衡工作和家庭，更需要社会的支持以及政府政策的具体实施性的关怀。

妇女参与决策和管理仍面临障碍。据调查显示，女性在各级领导岗位上任职的比例偏低，担任正职的女性更少。即使是在社会组织中，女性担任高层和中层管理者的比例也低于男性。2.2%的在职女性为国家机关、党群组织、企业、事业单位负责人，仅为男性相应比例的一半。高层人才调查显示，在高层人才所在单位，一把手是男性的占80.5%，单位领导班子成员中没有女性的占20.4%。最近3年，高层人才所在单位，有20.6%存在“只招男性或同等条件下优先招用男性”的情况；有30.8%的单位存在“同等条件下男性晋升比女性快”的情况；有47.0%的单位存在“在技术要求高、有发展前途的岗位上男性比女性多”的情况。对各级领导岗位上女性数量相对较少的主要原因，被访者排在第一位的是：“女性家务负担重（67.5%）”，其次是“培养选拔不力”。

理解当前中国女性解放，需要解开如何认识女性自我选择不走出家庭做“全职太太”；如何解释女性自我选择的依赖性的“不解放”；如何思考“剩女”自我选择的独身生活；如何评说女性自主选择做“代孕母亲”；如何认识当下女性的“妓女”身份；如何评价当代社会不绝于耳的“女性回家论”；如何辨识现代男权文化、新的等级制度，对女性显性与隐性的性别歧视；如何从纷繁的生活现实检视女性生活方式的动态流变等难题，才能解开形成女性“解放与束缚”之间新的困惑。

湖南卫视记者：男女平等是我们国家的基本国策，法律明明白白地写着公民无论男女都享有平等的权利，女性出嫁后，户口在哪里，就在哪里分有土地和房屋。村委会的规定为什么敢于和男女平等的基本国策背道而驰？

王红旗：首先，我认为这是地道的性别歧视。他们仍然认为，嫁出去的女儿如泼出去的水。“嫁鸡随鸡，嫁狗随狗”，体现着我国偏远农村存在着根深蒂固的封建男权意识，这里是性别平等观念的“盲区”。

这些陈腐的男主女从、男尊女卑、女性不算人的观念，超越法律、亲情而存在着，严重影响着农村女性的生活、生存与发展。在农村流传着一个笑话，有人问，家里有人吗？那个女人忙出来说，没有。因为男人不在家，她从心里就认为自己不是家里的主人。这当然是讽刺女人的。庆幸的是，现在在农村，一些女性也觉醒了，也知道为自己争取平等权利了，这就是希望。我建议女性坚持自己的立场，有理有据地达到自己的目的，我们会在舆论上支持她们。

湖南卫视记者：甚至连自己的同胞亲人都站在村委会的一边？

王红旗：亲情在人类三大情感中排第一位。现代社会的核心是家庭，父母养育之恩，兄弟姐妹手足之情，家庭涵养温暖的亲情之爱，是每个人走向社会“大家”，建立和谐人际关系的良好基础。但是为什么女性，从小和家人生活在一个家庭里，吃一锅饭长大，一旦出嫁就成了“外人”？

从表面上看，一方面，有封建观念的影响，另一方面，在这个重物质轻情感的世俗社会，有更深层的既得利益私欲。那些喜欢男权文化既定规则的人，并非对现行的男女平等不理解，而是明知故犯，以此来为自己丧失人伦道德、谋取既得利益的行为寻找理由。

湖南卫视记者：为何她上告无门，迟迟得不到落实？

王红旗：实际上，尽管政府三令五申，男女平等是我国的基本国策，并且对于出嫁女的土地问题做出了相关法律规定，但是不管是在城市还是在农村，各级领导决策层的干部，他们的男性中心主义，可以通过政策与政权之力获取较大利益，并掩盖其对被压迫者的极不公平的真相。因为封建等级制男权思想，如同意识痼疾影响着他们的性别观念，他们看不到女性的创造力价值，而且不希望改变。不过遇到的问题不一样，去年四川省以牺牲女性就业权为代价，出现了可笑的“男领导身边不能配女秘书”的规定。

我建议，借国家提出大力加强人文社会科学、提高民族素质的举措之际，落实女性平等纳入决策主流之时，应该用多种方式给各级领导决策层办一个“性别平等补习班”，层层扫除性别意识盲区，呼吁全社会保护女性应该有的合法权益。这真是建构男女社会性别平等、共同发展观念的意识形态的大事。我相信，男女两性真正平等之日，才是中华民族的真正崛起之时。

CCTV-NEWS 中央电视台英语新闻频道：

《中国妇女》节目、湖南卫视记者采访

第三章

超越·视野之维

留学日本女性从苦难走向超越的爱情使命

留学日本——带着前辈的爱情与文学使命

王红旗：你长期生活在日本，并在大学教书，对日本华人女性的生存现状非常关注。你是在国内读完大学才到日本留学的，也吃了不少苦。请你先谈谈你在日本的经历。

藤田梨娜（日籍华人作家、评论家、日本国士馆大学教授，郭沫若先生与安娜的外孙女）：我是1980年到日本留学的，一去就是近30年。因为我父母都生长在日本，在日本接受大学教育，受父母的影响我到日本后学的是日语专业，这也使我开始对这个国度的日本文学、日本文化、日本风俗习惯感兴趣。

日本文学专业主要学习日本的古代、近代、现代文学。我对“现代”部分由衷地喜欢。因为日本现代文学与中国现代文学有很大关系，与西方文学也有关系，是一个跨区域、范围广的学问领域。我先阅读夏目漱石的作品，把他与中国的鲁迅进行比较研究。因为鲁迅留学日本的时候，对夏目漱石的作品非常重视，而且鲁迅在日本租住的房子，就是夏目漱石曾经住过的，鲁迅回国后还翻译了夏目漱石的一些作品。

对于这两个人的关系，在中国几乎没有研究，在日本有些人注意到了，但是基本上是否定的。我通过资料的调查、作品的研究，基本上把我想考证的一部分考证出来，我的博士论文就是《夏目漱石与鲁迅的比较文学研究》。

王红旗：我记得你在文章里谈到，你当时是唯一一个留学日本的中国学生。而且生活上很困难，为拿到奖学金，特别刻苦地学习，成绩也非常优秀。

藤田梨娜：我在日本大学的确是这样。20世纪80年代初到日本留学的中国学生很少，学生们也很贫困。我真切地体验到了鲁迅写的“藤野先生”的那种气氛，“物以稀为贵”，而且还有一些民族歧视。我研究日本文学，当时日本文学领域的老师也不太开放，比较排外。我只有取得好的成绩才能争取到奖学金。

王红旗：我很佩服你的勇气和忍耐，你的那种精神力量从哪里来？

藤田梨娜：读鲁迅作品，我真的应该像他那样；一是爱国热情；二是要把自己的学习搞好。最重要的原因就是郭沫若，他的《创造十年》给了我很大的力量。在日本我重读他的《创造十年》，正好是他留学时候的生活情况，跟他的艰难困苦比起来我的困难就差远了，应该更努力。

我博士毕业以后，逐渐开始扩展我的研究领域，从鲁迅发展到郭沫若，再发展到创造社这一段历史，最近又发展到台湾文学。我认为，我的留学实际上背负着一战、二战的历史背景，战争造成的后果影响到现代文学。当时是一个非常动乱的时代，人的流动又产生了一个跨区域的文化交流。现在我主要关注的是韩国、中国、新加坡等亚洲国家，以及中国台湾、中国香港等地区。

爱情力量——没有安娜就没有《女神》的诞生

藤田梨娜：我的祖先本来是日本人和中国人。我的外祖父两次到日本，都得到我的外祖母——一个日本女子的帮助。这是一个日中友好的非常美好的历史记录。

王红旗：据有关历史资料记载，1916 年 8 月，在日本东京的圣路加医院，郭沫若先生身心很疲惫，精神就要崩溃的情况下，突然在医院里遇见了 22 岁的日本姑娘佐藤富子，即你的外祖母安娜，两人一见钟情。自由爱情的力量，让郭沫若先生为追求佐藤写了 100 多封情书。佐藤小姐陶醉于郭沫若的才华，毅然辞去工作与郭沫若同居。后来还有些评论家说，“如果没有安娜，就没有《女神》的诞生”。

《女神》浪漫的激情如大海的恋歌与狂欢，虽然是澎湃的，然而也是作者面对宇宙的呐喊，更是一位清醒者在思考人性和世界如何才能和谐统一。在大学里老师讲授郭沫若先生的诗歌和历史剧，从不讲郭老的私人生活，是后来的阅读和关注，使我对他在日本的情感生活有所了解，真是“爱情出诗人”。

藤田梨娜：因此我总感觉，我是背负着先辈们的爱情在研究文学。其实他们还有更多这样的感情故事，不光是男女之间的爱情，比如对国家的情、对自己家乡的情。在那一段还有很多未被发掘出来的文学家、革命家，我有责任将他们都挖掘出来，让大家知道那个动乱年代曾经有这样的人做过这么大的努力，有这样的爱存在。这是我的使命，也许只有像我这样的人才能做到。

王红旗：这我相信。因为这种责任就潜在你生命的基因里。在国内对于郭沫若先生和安娜的爱情，有些人还有误解，因为从心理意识上，还没有真正解开历史矛盾的纠结。作为他们的亲人，你这种探究历史真相的清醒自觉有重要意义。请谈谈两位老人在日本期间的真挚爱情故事。

藤田梨娜：郭沫若先生前后两次来日本，第一次的“10年”，就是年轻时作为一个留学生来日本留学，两个人一见钟情。那是他第一次主动地、积极地向传统恋爱观念挑战。他们两人的爱情生活是非常幸福的。虽然经济上非常困难，很多方面可能有一些摩擦，但是通过他写的《樱花书简》《三叶集》，以及他们的书信也可以看到，两个人的爱情对于他是非常幸福的经历，还促进了他在文学上的创作，特别是诗的创作。外祖母付出的代价，是在他们的第一个儿子出世后艰辛的生活，为此她甚至与父母断绝了关系。

王红旗：其实，你外祖母受到启蒙主义思潮的影响，也在挑战日本传统文化。因为日本文化对女性来说是比较保守的，外祖母的父母是日本当地人，却能够让她进入中等学校去读书，并且走向社会，在日本他们是比较开明的家长。

藤田梨娜：第二次是政治“避难”。1928年到1937年，也是长达10年之久。那个时候如果没有绝对的爱情，连从上海逃出去的可能都没有。因为那时的船只有到日本的，苏联的船都已经开走了。并且必须有日本人的保护才能上船，避开警察的搜索。到日本以后，因为没有工作，他们的生活非常辛苦，经济上十分拮据。这一切都是安娜姥姥来支撑着家庭生活重担，而且无怨无悔。

王红旗：安娜被郭沫若先生称为“圣母”一样的女性，在他的事业道路上曾伴随着他走过艰难而辉煌的历程，他们的故事却鲜为人知。还是电视剧《郭沫若与安娜》揭开了这个谜团，是伟大的爱情力量使郭沫若先生在文学创作、史学研究上获得了巨大的成功。在抗日战争岁月中，安娜身背日本军国主义分子强加给她的“叛国”罪名，为郭沫若先生支撑着整个家庭、养育着四男一女，直至他们长大成才。安娜付出了一生的情与爱，却未能与郭沫若先生厮守终生，面对几十年“隐居”生活带来的孤寂，她的乐观豁达、匍匐坚韧……电视剧《郭沫若与安娜》，热情讴歌了郭沫若与安娜的纯真浪漫的感情。

藤田梨娜：还有一个复杂的过程。因为外祖母的父亲是一个牧师，她小时候就进入了教会学校，接受了西方思想，还可以讲英文。但是，她和郭沫若的结合完全是她自己的意愿，父母另外给她订了婚，但她逃走了。并且她自己又学了一些妇科方面的知识，可以做医护方面的工作。这在当时的日本社会中是破天荒的事。

教授、专家、妻子和母亲都是我生命的最爱

王红旗：你是日本国士馆大学的文学教授，在事业和家庭之间你有没有感到非常矛盾，甚至无奈的时候，遇到障碍时你是怎么处理的？

藤田梨娜：实际上，日本现在还存在着男女不平等问题。在一些大的公司、学校里，主要是男人起主导作用。在学术上虽然说不分男女性别，但是如果女性做不好工作就会受到一些歧视。

因为我和日本人结婚，现在日本人的教育当中不像中国那样，男孩子也要做饭，会帮助做些家务，但是以前这方面教育在当地是比较少见的。我的先生受的是以前的教育，他不会做饭，家务方面完全帮不上我。我得完全挑起生活的担子，家务全得做。

在做完家务以后再搞我的研究，在大学我又首先必须是学者，在研究上要有业绩。教学不是只教课，还必须开辟自己的学术园地的同时去工作，等于我负担了三项工作，一个是家庭、一个是教学、一个是研究。这“三重角色”确实总使我产生很多烦恼、苦闷和困惑。

要想做好学校的事情处理家务的时间就会少一点，而且体力消耗也很大。但是，我觉得这可能就是我的命运。家庭，有我的爱存在我就要做好；学术也是我的爱，有一个使命存在；教学，在学校把我的研究传授给学生，使更多的人了解我的学术、了解中国，这也是非常大的使命。哪个事业都不能放弃。所以有时身体是吃不消的，但是我能做就尽量去做。因为干起来自己心情特别好。

王红旗：你是一个很阳光乐观的人，只要认为是自己想做的事情，感觉就是一种快乐，一种享受，并不像别人看起来的那样。如果哪方面也不能割舍时，家务劳动的社会化会不会给你带来些帮助？

藤田梨娜：日本和中国不太一样。请人做家务的费用非常高，比中国高出好多倍。另外，日本人的习惯是不愿意外人到家里来。我愿意请一个人来帮助我，但是我家里的人就不太希望那样，我还是要努力迁就他们。

最近几年，我也开始给家里的人提出些要求，让他们分担一点我的家务活

儿，能做到哪儿就做到哪儿，这样我也可以轻松一点。我的家庭比较和睦，家里的人也尽量帮助我，我的心情也会好很多。

王红旗：你认为知识女性，对婚姻应该是一种很宽容的态度，不要给那么多重量，就像你说的，哪怕他们就做一点点，也觉得减轻了你的负担，如果家人都往后退一步，可能家庭幸福就多一些。

藤田梨娜：我的先生可以说既是我的助手，又是我的支柱。在婚姻上，如果真正能够彼此做到这种程度，那是非常幸福的。而且对于男性、女性双方来说这都是必要的。

关爱女性与儿童、“携儿子上班”挑战传统

王红旗：留学日本的华人知识女性，她们在日本的生活和事业发展如何？

藤田梨娜：在日本生活的华人女性，事业和生活应该从两点来看：第一点就是她们对国际社会的贡献；第二点就是作为时代新女性成长的经验。可以看到她们有很多优点。

比如，不一定是留学生，也有从中国大陆、中国香港、中国台湾过去工作的。比如陈美琳，她是一位香港歌手，在中国大陆曾经很有人气。但是可能大家对她的其他方面不太了解，比如她在学术上以及国际和平运动方面的贡献。她是20世纪70年代以歌手的身份来日本的，在唱歌的同时参加了很多国际活动。1984年她参加“国际青年世界和平研讨会”并得奖。20世纪80年代初，她就走访过很多国家，特别是战争地区、难民居住区。回来以后，通过媒体向世界介绍那些战争地区的人民，特别是妇女儿童的生存状况。1999年她担任了联合国儿童基金会日本协会的大使。同时，她又访问了很多国家，比如，柬埔寨、苏丹、摩尔多瓦以及非洲的难民村。她比较重视妇女儿童问题。一是“儿童兵”的问题，二是贫困儿童童工问题，她调查的情况在日本许多媒体上进行过曝光。

她还写了很多书，比如《发自孩子们的心声》是那些难民儿童的情况。还有《阿哥内斯国际交流》《讴歌世界和平》《都是活在世界上的人》《阿哥内斯与世界对话》等。这些都是对国际和平提出的独到见解。战争、贫困最受损失、打击、迫害的就是很弱势的妇女和儿童。她在媒体上呼吁大家重视世界和平，不要打仗。

陈美琳来日本以后又到美国留学，获得美国斯坦福大学教育学博士学位，回到日本在很多日本的大学担任健康讲师，把自己的学术精力集中在儿童教育方面。再就是女性生存问题。1985 年，她与一个日本人结婚并有了三个儿子。她的家庭生活和社会工作肯定负担很大，有一定的冲突。但是她特别热爱这个家庭，三个孩子都教育得很好，有些人在新干线上碰见她和她的家属去旅行的时候，一般名人的儿子都是非常高傲的，吃的东西都非常好，插着耳机，听着西方的音乐等，她的儿子不是那样，他们都很认真地在读书，她会很安静地告诉孩子们要读书。

“陈美琳携儿子上班”,1989 年在日本引起大争论。因为日本还是很封建的，女人上班就已经很有压力了。女人第一要做好家务，然后才能做工作，她居然带着孩子到外面工作，同时她考虑到孩子会影响她的工作，就带着另外一个保姆，要喂奶的时候，到一个指定的地方给孩子喂奶。但是在日本人眼里这简直是“破天荒”的。我特别气愤的是，居然有日本妇女来反对她并提出抗议，在报刊上也有很多议论。而她就是坚持，她说“我不影响工作，但是我要对孩子有责任”。

那时候我也在日本，但是还没有结婚，通过报纸和电视看到这条消息，我觉得，这是我们想做而不敢做的事情。她还写了《如何思考携儿上班》这本书，打破了中国说的“贤妻良母”的固有观念，日本说“良妻贤母”，她家里的生活也要圆满，工作也要做得好，真是为中日女性树立了一个榜样。

“良妻贤母”——日本女性为家庭面对的职业困惑

王红旗：日本“良妻贤母”的定义，实际上也是对女性的性别压抑。请你阐述一下日本文化对于这个词的具体解释。

藤田梨娜：大概意思和中国的“贤妻良母”差不多，不过在“贤母”这点上母亲不光要养孩子，还要教育孩子。所以有时是“教育妈妈”，要带着很小的孩子去学钢琴或学英语。这些私塾都是上完幼儿园以后才去的。然后再考学，也要带孩子去预备学校，一直跟着孩子学习，在家里复习功课，全是母亲。因此，女性就没办法工作，总得跟着孩子。而且学校有很多私塾是不提供伙食的，还要给孩子做饭，晚上还要做夜宵，真是很辛苦。

王红旗：如果要全身心培养孩子，就要等孩子大了再出来做事情。现在日本有家庭的知识女性，是不是不出来工作的挺多？

藤田梨娜：现在挺多。但参加工作的女性也逐渐多起来了。因为知识女性有一个连续性，不能放弃。

王红旗：假如，一个女性在生孩子之前在很好的公司里工作，生孩子肯定要请产假，之后还要继续培养孩子，等孩子三岁，甚至五六岁时再出去工作，这个阶段断掉后，再就业会不会很困难？

藤田梨娜：很困难。在日本女性退休的机会是两个：一个是结婚，一个是怀孕。一个人退下来，马上就有另外一个人补上去，她不知道将来还有没有自己的位置。这是一个很大的问题。日本的国家公务员给一年的产假，以后就不管了，你必须坚持上班。个人企业就很厉害，一看你怀孕了就劝你退休。

王红旗：那挑战性还是很大的。看来女性在家庭与事业的性别不平等，是一个世界性问题。

藤田梨娜：在这种环境中陈美琳就做到这一步。我觉得她很厉害，通过这样的活动她思考女性的出路，她都是用日文写书，比如《新女性》就写在这样的社会环境当中，女人要工作，追求爱情和幸福的家庭。《婚姻生活是什么》是思考当代的婚姻生活，《拥抱爱情》是从她自己的恋爱、婚姻、生产、育儿经验当中总结自己经历了怎样的困难、苦恼和困惑，思考新时代的女性问题，形式类似随笔。她还写了针对育儿问题的《妈妈的育儿心理学》。

她还写小说和诗。比如《子弹戒指》写了几个女人的故事，为了爱情可以死，不惜放弃生命的恋爱。

王红旗：看来在爱情问题上，中日女性因为文化的一衣带水，有着相似的传统。你现在怎么看待这种“不惜放弃生命的爱情”？

藤田梨娜：我觉得没那么严重。女性还有更重要的精神追求，更幸福、更光明的自我发展理想。我特别尊重陈美琳，因为她不仅是一个家庭女性，而且还是一个知识女性。在一个不是她自己的国度——日本，能够扎实着把她的研究工作、家庭生活都搞好，并且向世界提出维护世界和平，争取男女平等和家庭和谐。亲自进行调查、汇报，做了很多有根据、有意义的事。

三位华人女性——在日本创造自己的事业传奇

王红旗：曾听你讲到，一位在日本地震灾难中崛起的女华人艺术家，是田汉的侄女田伟。她20世纪80年代中期到日本，和在日本的一个中国人结婚了，现在生活在大阪。因为她在中国本来是搞戏剧的，刚去日本那几年为了育儿与家庭生活，基本上放弃了工作。1995年日本关西发生了一场大地震，死了很多人，她家的房子也倒塌了。为了安慰灾区的民众，她就约了几个可以唱戏的中国人，组织起一个“东方文化艺术团”，为慰问鼓励受灾的人而到处义演。当时大家都生活在草棚里面。

藤田梨娜：这个灾难给了她一个启示，就是拾起她的本行。她一边生活，一边组织“东方文化艺术团”，这个艺术团一方面培养艺术人才，培养对中国戏剧、音乐感兴趣的年轻人；另一方面到处公演，宣传中国古典戏剧。她还写了自传性质的《从中国来的新娘》，其中很多照片介绍了她和田汉的来往。这部书已经被翻译成日语于2002年在日本出版。她在日本扎下了她自己的根，对中日戏剧交流做出了很大的贡献。

王红旗：你还介绍了在日本创业的两位年轻的华人女性，一个叫“可越”，现在已经30多岁了。她是20世纪90年代到日本留学的，获得东京大学传媒专业的硕士学位。她本来进日本媒体工作是没有问题的，却自己建立了公司——日中影像传播公司，而且是和中国人民网合作。

藤田梨娜：是的。她的活动涉及中国、日本、美国、加拿大等国家及中国香港地区。她创办了《东京聚焦》节目，这档节目主要介绍中国留学生在日本的生活情况，他们怎么和日本人来往，结下了怎样的友谊，日本人怎么帮助她们。她拍的几个片子都在日本获奖，在NHK广播电台获奖，2007年中国已经引进了日本大型专题片——《世界遗产》，并在日本和上海开了世界遗产的展览会，还在中国教育电视台转播。她也很有全球视野，在社会生活中一直向前挺进，在女性生活中，发挥自己的爱心，创造自己的前途和命运。实际上，《东京聚焦》是中国和日本留学生的“桥”。

王红旗：还有那位来自中国台湾的年轻学者陈天玺，才三十五六岁，可以说是最年轻的人类学研究者。她的关于战争造成的“无国籍人种”问题研究，非常前沿。

藤田梨娜：她研究的是尖端人类科学。她出生在横滨，父母都是从中国台湾过来的。她在“筑波大学”毕业以后，进入日本国立民族学博物馆研究政治经济学，并取得博士学位。在日本国立民族学博物馆任副教授。一位这么年轻的华人女性，就能够在异国的国家主管单位任教，是很不容易的。就像在北京大学、东京大学任教是一样的水平。可见她在自己的学业上是非常优秀的。

她也是一位母亲。我在来中国之前跟她通了一个电话，她说她的孩子现在刚刚 10 个月。我说那你觉得怎么样？她说：“我觉得在日本又要养孩子又要工作是非常困难的。”以前她没有想过，现在是亲身体验了。正好她的孩子出疹子，手忙脚乱的不知道该怎么做。我就鼓励她，我说我也有两个儿子，也苦出来了。她说等孩子再长大一点，她还要到国外去调查，参加学术会议。在学术方面，她是对日本、对亚洲、对世界做出贡献的女性。

宽容——女性真正的人格魅力

王红旗：这四位华人女性，并没有因为走出了自己的国土而改变自己的追求和梦想。她们每个人都有非常坚韧的性格，心中已经具有走进地球村的世界公民意识。她们用自己的女性特有的爱心、智慧和行动，影响着整个亚洲，甚至影响世界女性的生存发展，以及人类和平。每个个案都可以证明，走出国门并不可怕，也可能会有更好的发展前景。经历的苦难，都是你所选择的人生应该经历的。舞台更大之后关键要看你自己如何把握。

藤田梨娜：以前我以为就我一个人在苦斗，当我重新把她们的经历再理一遍时，我发现，她们比我的视野更宽、活动范围更广，对我的影响更大。

王红旗：我正在主持一个“寻找时代新女性”活动，就是想把国内外的诸多知识女性聚集在一起，共同感受在社会各个层面，中华女性精神对社会进步的影响力。如今在女性发展的新时代，需要建构新的女性文化形象。

究竟什么是时代新女性？在五四运动时期，时代新女性的追求是以爱情自由、个性解放为目标，百年的女性成长历史说明了自由的爱情也是会变质的。在女性生命历程中有没有比爱情更重要的，更多女性经历现代教育之后成熟了许多，在中国经济现代化进程中以自我亲历成长经验，悟到了生命的多重价值。这是女性意识里一个质的飞跃。

女性不仅要有女性意识和独立精神，还要用女性的爱心、智慧和创造力，对国家民族、对国际社会做出一份贡献。因此，“时代新女性”的标准应该是多元的，应该根据女性承担的家庭和社会角色来思考。首先，要有真诚善良的仁爱品质，有卓越的才华，有社会责任感。其次，无论怎样的生存状况，也许有美好的事业、爱情与婚姻，也许是单亲家庭或者独身生活，但她们都能够以阳光和宽容的心态，爱自己，爱他人，爱事业，爱人类。如冰心所言，有爱就有了一切。

藤田梨娜：这就是一个爱心。以前是女性追求独立自我、事业与婚姻家庭生活。现在向全世界开放，要爱国家，爱人类。现在世界上很多地方都在打仗，我们的爱心更要涉及这些受战火摧残的地方。

王红旗：其实，战争灾难都是人性恶的膨胀所致。现代世界缺失了爱的心灵，为了经济利益最大化的财富掠夺、过度的资源开采和扩张，使得人类灾难重重，地球千疮百孔。女性应该是人类社会爱心之链的创造者、传递者。

关于中美女性文学的经典化问题讨论

王红旗：昨天，你在我们"中心"第五届中国女性文化研究学术研讨会上的讲演很精彩。对于性别、文学与经典化过程，发表了自己的独特观点。作为一位美国资深学者，听到中国女作家、学者的不同阐释，你认为中美女性文学/文化研究有什么不同？

佩姬·麦金托什（美国韦尔斯利女子大学妇女研究中心主任、教授）：很高兴看到大家都在认真地从事女性研究，大会能邀请到这么多女作家，以及专门研究某位女作家的学者来参会，我可以更轻松地参与讨论。我认为，中美在"经典化"主题的研究方法上有所不同。美国女性在谈论"经典化"时比较警觉，因为她们被男性经典排除在外，在谈论"经典化"时比较犹豫和恐惧。

王红旗：我理解。经典是一个历史性的建构过程。一部经典作品需要经过文学批评家、研究学者与读者的鉴赏，经历岁月长期考量才能产生。意大利作家卡尔维诺曾言："经典就是那些你正在阅读并且会再次重读的书。"

女性文学其特殊意义就在于性别平等的文化权利。但是，目前在中国研讨女性文学"经典化"问题，不存在"犹豫和恐惧"，反而是一种性别意识自觉，需要探究女作家作品在当代文学创作、评价体系、传播途径、社会文化影响力等方面，处于怎样的位置，从而提升女性写作的性别反思与人类关怀、精神境界与审美高度。在某种程度上，也是对"经典化"标准的重新审视。

佩姬·麦金托什：如何尊重女性是个问题。可能我不了解你们讨论的"经典化"的含义。但是在我们的文化中，"经典"的含义是一个群体或规范，是对文学作品的品质、主题、写作手法、观念的权威界定。英文单词"经典"源自天主教堂，指的是神圣的、少数命定的，女权主义者努力避免接受这种思想。

王红旗：当然在性别方面，中西方历史存在极其相似之处。因为无论是人类的思想史还是文化史、哲学史、文学史，绵延数千年的人类历史都是以男性为主体、男权制度占据主导地位的历史。即使偶然有个别的女性出场，也只不过是一种点缀。正因为历代文学史女性作品大多被排除在外，如今女作家的队伍越来越庞大，作品越来越卷帙叠嶂，就需要女作家、女学者共同开拓女性文学作品的视野，进而探索“经典化”的意义。

佩姬·麦金托什：不是。这是男性发展的经典概念，是等级思维的模仿。在我的互动阶段理论中，第一阶段是这样一种心态，20世纪50年代，我上哈佛大学时的课程设置，是以男作家为主导、扼杀女作家的特点，在这种架构中我经历的是精神自杀，因为我不存在。这一阶段的重要特点是，你注意不到自己被排除在外。女生在全部由男性主导的课程设置中注意不到自己的存在，因为女性是缺席的。

第二阶段自然要纠正这一思路。20世纪60年代后期和70年代早期，在课程设置中增加了男性认可的几位有名的女作家。比如薇拉·凯瑟、伊迪丝·华顿、凯特·肖邦以及埃德娜·圣·文森特·米莱。男性只认可这几位女性作家，他们想当然地认为，我们会同意他们认可的个别女作家的“经典化”做法。其实这并没有给予女性多少帮助，没有帮助那些贫穷女作家、少数族裔女作家、有色人种女性作家、母语不是英语的女作家。这种“经典”接受的是，你必须是上层社会成员或中上层社会成员，且是受过高等教育的女性。说这些女作家比其他女作家更好，这样不对。

第三阶段是愤怒阶段，女性开始质疑：谁规定了哪些作品是经典？她们很愤怒。谁说《哈姆雷特》很伟大？这些判断到底谁最受益？女性非常愤怒，她们甚至开始咒骂。愤怒的群体说所谓的“经典”，漏掉了信奉共产主义的男性作家、社会主义男性作家，漏掉了女性作家，尤其是贫穷的女性作家，漏掉了所有黑人作家，还漏掉了所有华裔作家。这样的“经典”如同一个私人俱乐部，太狭隘了。

第四阶段是每个人都很重要。所有努力写作的女性都是作家，我们都是作家，都是很平等的人，但有些作家的作品会受到大家的喜欢，在课堂上讲他们的作品，但是不要把他们神圣化，有些作家过些年就被淡忘了，我们无法预测哪些作家能真正滋养读者的心灵。有些女作家的作品现在很畅销但随后就会消失，有些作家可能默默无闻，但最终会出现在人们的视野里。

王红旗：我非常认同你的观点。中国女作家的创作队伍庞大到可以与男作家相比，作品涉及社会各个领域的不同层面，备受关注。近年来，美国女作家是不是也出现得比较多？你讲到所有作家都是平等的，但作品还是有优劣之分的，如何识别作品审美的思想性与艺术性？

佩姬 · 麦金托什：是出版社出的女性文学作品，还是女作家自费出版的文学作品？我发言里第一个就提到了《纽约时报书评》中被评论的作品，当中有一半是女性作家写的，写书评的也大多是女性，美国女作家的产量很大。

王红旗：她们创作的主要内容是什么？

佩姬 · 麦金托什：发现自己的声音。她们写自己写作的过程。这是隐喻。她们不会在书中讲，这是一本关于我写作的书。透过表面看是写一个发现自我的过程，不过我还是要发现她们书中所呈现的关系的社会成因。

王红旗：中国评论家从美学、社会学，尤其是从小说中的婚姻、家庭、爱情和女性的解放，譬如参加革命等形式，来思考女性文学。美国评论家从哪些方面来评价这些小说？

佩姬 · 麦金托什：美国评论家比以往更尊重女性。过去他们常认为小说中有主人公，譬如莎士比亚的哈姆雷特，他也写个人发现，写的都是“独唱家式”的自我，爱默生、梭罗、惠特曼、霍桑、梅尔维尔、马克 · 吐温都写男性如何勇敢地发现自我。他们不喜欢女性写她们自己，因为女性作家会在作品里写孩子、配偶、姐妹、家庭。但他们很难写家庭，因为美国男性作家前辈中没人把家庭当作很重要的主题去写。

但是维多利亚时代的欧洲女性作家开始挣脱这个传统，《米德尔马契》写的是一个社区，整个社区，不只写一个男性，不只塑造一个男性人物。一开始，批评家贬低家庭主题的小说，比如，弗吉尼亚 · 伍尔夫的《到灯塔去》开篇是讲孩子坐在妈妈身边，孩子坐在地上，他们没有做什么了不起的事情。批评家认为这不是故事。再比如，伍尔夫的《达洛维夫人》开篇写大本钟响彻天空，女主人公克拉丽莎 · 达洛维夫人去买花，她同时在思考自己要举办的晚会，想着过去、现在和未来。最初，男性批评家认为这不是故事，因为没有发生什么事情，这是写一个女人出去买花，这怎么能算重要的文学作品？但这一切都取决于你如何界定其重要性。

谈论经典时，提前已经界定了什么是重要的，界定了要在文学作品中寻找什么内容。

王红旗：如果说，特别提出女性文学的“经典化”是挑战传统“经典化”价值标准，那就是“经典化”男权话语对女性作品中文学性价值的忽略或遮蔽，更重要的是女性作品表达的不仅是女性经验，更有与男性作家不一样的性别经验与人类经验，是对传统“经典化”的一种意义扩展，而不是颠覆。因为21世纪以来，中国女性作家群的崛起，是在数量、思想与精神智慧的全方位崛起，女性的生存经验与生命体验、人生价值观与生命观，以及性别关怀与人类意识，不仅越来越被男性认可，而且在社会上产生了深远影响。性别平等和谐理念，在社会、职场与婚恋家庭方面改变了男女两性的“精神结构”。“唯性别”是一种不顾现实的狭隘表现。通过研讨我们可以集中落实具体的理论问题。

江　涛（《中国女性文化》学刊副主编，文学博士）：你是不是说，美国女性作家发现了日常生活，男性作家没有发现？

佩姬·麦金托什：不是这样的，没那么简单。但总的来说，乔治·梅瑞狄斯写了一组有关婚姻生活困难主题的十四行诗，诗中写了人与人之间的相互关系，这是例外。《到灯塔去》的中心主题是晚宴，男主人公很难与人交往，他很孤独，他要了第二份红酒炖牛肉，这是主菜。他要第二份菜的时候，拉姆齐夫人把红酒炖牛肉给他放入盘中，然后她靠着椅背，觉得晚宴比较成功，每个客人都吃到自己中意的菜了，每个人心情都很愉快。她自言自语，或者说是弗吉尼亚·伍尔夫说，这是旋转世界的静寂时刻，一切都可转动，也可停止，这是小说的中心内容。我不认为男性作家会把晚宴这个主题写得这么好。

李　晋（首都师范大学教授，本次会见翻译）：在研讨会上李伟老师比较了当代英国男作家和中国女作家笔下的晚宴主题。

佩姬·麦金托什：我可以相信这一点。当代男性英国小说家写了这类小说，这是受伍尔夫的影响。越来越多的男性作家开始写这类作品，因为女作家让他们认识到，原来可以这样写，这可以是一个有冲击力的主题。如果我可以写部小说，如果你把我关进一间屋子，说除非你写完小说，否则你不能离开，那我要写的小说题目就是“晚宴”。（大笑）这可是唯一能让我写出书的办法。你给我提供食物和水，直到我写完为止。我认为，大多数美国女性不喜欢把写“晚宴”的小说当作经典，黑人社区有句话，人各有所长，文学创作要尊重多样性。

王红旗：女性文学的经典作品，是不同于“同质化体系”传统的，应该是多样性的。你和丈夫已经度过金婚，请分享一下你的爱情与婚姻故事，以及他对你事业的支持。

佩姬·麦金托什：我是在一次音乐夏令营举办的室内音乐会上遇到他的。（室内音乐会指弦乐四重奏、钢琴四重奏。）我爱人是医生和音乐家，不过我爱上他时，他是音乐家。

1948 年，在马萨诸塞州西部，我参加了一次音乐夏令营。他去看他哥哥，当时他 14 岁，也去参加夏令营。我们当时要现场表演，现场表演就是你从未弹过这首曲子，你得照着谱子马上演奏。我们弹巴赫的《第五勃兰登堡协奏曲》，我们是一组，一起演奏，他弹钢琴，我拉中提琴，是中音，所以一共是两个小提琴，一个中提琴，一个大提琴。我们请肯（Ken）一起演奏，他弹的钢琴部分很多，第一乐章末尾有一段华彩段非常难弹，是钢琴独奏，他演奏得非常棒，可是他从未弹过这首曲子。

他非常谦虚，后来我问他："你怎么做到的？"他说谱子映入他眼帘后，就传到他的手指上，他都不用去想。当时他已经学了 10 年钢琴，他说不用去想曲子。他很可爱，也很年轻，那些小姑娘都对他一见钟情，不过借用《简·爱》中的结尾句，"读者，我和他结婚了"。我希望 30 岁再结婚。我写了誓言和他约定，我 30 岁前不结婚。

王红旗：那你们的恋爱时间很长，你和其他人约会后，还是发现他更有魅力。

佩姬·麦金托什：是的。同时我也和其他人约会，包括他的三个哥哥。但是我想和他结婚。当时我在教书，每年夏天都会出国，到现在也是如此。我们俩都很忙，不经常见面，要是应邀去参加宴会，我只想和他一起回家。我们俩一直反复在发现、了解对方。

王红旗：你丈夫身上的哪些品质吸引了你？

佩姬·麦金托什：首先，是他的谦卑。他很有思想，也是运动健将，他是哈佛大学的足球明星，板球和网球打得都很好。他想学英语专业，就修了英语专业的课，尽管他有学医的意向，但他还是想学英语，我们有这个共同爱好。他母亲是纽约巴纳德学院的校长，她对她的儿子们说，"永远不要指望女性伺候你"。

王红旗：你大学在哪里读的？

佩姬·麦金托什：在哈佛大学拉德克里夫女子学院。我和他都在哈佛大学学英语专业，我比他早两年，我今年 80 岁了，他 79 岁。不过，他母亲所说的话和女性研究相关，这个很有意思。我现在明白了，他母亲说的“女性”指的是和她儿子同属一个社会阶层的女性，她根本没有看到那些实际上在伺候她儿子的女性。

他们家有三个全职仆人，一个男仆，两个女仆。她说“永远不要指望女性伺候你”时，她儿子每天都有两个女仆伺候，这就是上层社会白人女性的想法，其他阶层的女性对她们来说并不存在。

不管怎样，他和我一起做家务，他也是好父亲。人们都喜欢他，他得到众人的爱戴。他没有很高的社会地位，不常去参加晚宴，社交活动也不多。但作为医生的他，特别受人尊敬，他在诊断和病菌研究，尤其是艾滋病研究上都有建树。譬如，他对韩国 MERS 病毒传染病有研究，上个月他去韩国做了这一主题的讲座。

我们的女儿喜欢他，孙子孙女都喜欢他。他很温柔，他的姐姐和三个哥哥也很喜欢他。我觉得他的谦卑很重要，他在很多方面都很擅长，但从不吹牛。他刚刚从我俩 1948 年第一次相遇的那个夏令营所在地给我发来电子邮件，他去参加大学同学聚会，他的大学室友当年在夏令营音乐会上是大提琴手，他俩都去参加同学聚会了。他俩都给我写来邮件表示想念。

在我忘记之前，我要告诉你有关第五阶段的内容。我留下的资料里有篇论文讲这一阶段。第五阶段平衡了以垂直形式出现的第一、二、三阶段以及以侧面形式出现的第四阶段，第五阶段是完整的人。此外，我描述的所有阶段我都经历过。你给我发聘书时，我是在第二阶段，我很高兴能得到这个聘书。但我内心还有一个声音在说，我并不比其他任何人更特殊，这是第四阶段。我从哈佛大学毕业时获得最高荣誉，但整个奖励体制是“经典化”的过程，哈佛大学最有创造力的同学可能没有得到奖状，因为“经典化”体制并不了解大家的潜力。我获得的荣誉要比梅甘·马歇尔更高，但她写了很多书，我从未写过书。因此，我希望大家都可以充满自信地毕业，每个人都有自己的能力，有自己的特长，能够意识到他不需要和其他任何人比较，他们可以成为完整的人，不需要竞争。

王红旗：你所坚持的教育平等、多样化教育新方法的核心内涵和宗旨是什么？

佩姬·麦金托什：首先，帮助教师了解自己，这样他们才能更好地了解学生，学生就愿意上学，感觉自己的价值得到认可。因为现在美国学校里很多学生厌学，觉得上学很无聊。课程设置中没有考虑有色人种学生的诉求，这很令人失望。再加上第二阶段的竞争性教学方式，从思想上他们真的退学了。因此，我们的阅读和写作教学成功率非常低。有个办法可以让学生继续上学，就是要选择包容他们的课程设置。要认可他们的族裔、性别、性征以及阶级身份。这意味着，如果要让学生留在学校，不让他们在思想上退学，我们就不能只教经典，还要教许多其他不属于经典的作家，否则你就会失去学生。

王红旗：走到现在，你人生的最大收获是什么？你希望和年轻人说些什么，以分享自己的成长经验和人生经验？

佩姬 · 麦金托什：我觉得这是个悖论。我越是追求自己的理想，我的生活对他人就越显得有意义、有价值。我追求自己的理想得出的最终成果就是我从事的四类工作：阶段理论，是“课程设置与个人纠正的互动性阶段理论”。我写了两篇论文。第三篇论文是有关全球性的阶段理论，文章题目是《感觉像个骗子》。我的文章还有写白人特权和其他形式的特权的，这些文章是最有影响力的。

我总共写了八篇有关“特权”体制的文章。“种子”计划是有关教师需要讲述自己的故事、倾听他人的内容，这样他们就能发现故事所反映出的体制特征。因此，如果你只讲自己的故事，没有人倾听，你或许就看不到你所讲述的故事中的一些规律性特征。但假如你有 10 至 20 人的讨论组，就像“种子”计划组织的研讨小组一样，你陈述的不仅是你的观点，而且是你直接观察到的经历。在“种子”计划组织的研讨小组会上，你可能自己说 1 分钟，倾听他人讲述 15 分钟，从每个人交流的个人经历来看，你就能看出体制存在的规律性特征了。你就会成为自己的政治科学家，能看到政治含义，看到政治含义中的权力。你就能理解为什么学生能获奖，想起你自己为什么会感到无聊。你听完大家的讲述后，就会慢慢认识到边缘化可以有多种存在方式。

我的最大收获是，我跟随自己的思路，朝这四个方向发展。每次我都将呈现在我面前的单元化的内容变得更多元化。这就是为什么我不喜欢经典。

王红旗：韦尔斯利女子学院也招男生吗？

佩姬 · 麦金托什：只收女生。学院的学生如果做了变性手术，仍可毕业。麻省理工学院和韦尔斯利女子学院的学生，可以互修对方的课程，两校学生可以互换学分。但是韦尔斯利女子学院很小，只有2000名学生，也招很多留学生，其中20%是留学生。

王红旗：韦尔斯利女子学院的课程设置与其他大学有何不同？

佩姬·麦金托什：更具有女权主义特点。如果你在韦尔斯利女子学院教学，课上不讲女性作家，女性会批评你。她们不能容忍全部由男性作家构成的课程设置。男教师只需去提前做功课，研究女性作家。如果你想在韦尔斯利女子学院当终身教授，就不能只讲男性作家。试图做到完美对我们的自我发展是致命的。

王红旗：我们今天已是第五次握手。我们从思维方式、做人的准则，那种温暖的、内在心劲的很多相似的地方，你是位慈祥友善的学者。再次感谢各位！

（翻译：首都师范大学教授　李晋）

日本女性教育：按自己的愿望生活与诉说

日本的性别研究与女性、家庭教育

王红旗：目前，在日本这样一个经济和文化比较发达的国家，妇女研究已经涉及女性生活的方方面面。你所在的日本国立女子会馆是一个什么样的机构?

大野曜（日本国立女子教育会馆理事长）：日本国立女子会馆，建立于1977年，是一个直属国家教育科学文化部的女性教育机构。1978年在东京召开了国际妇女大会，促进了日本妇女运动的逐步深入，到2001年成为一个独立的行政机构。其目标就是促进性别平等的社会之建构，通过培训课程提高女性受教育水平，同时做关于开展女性教育的专门研究。

王红旗：你们为了实现这样的目标，具体是怎样做的呢?

大野曜：从1980年到1995年，主要是召开国家级的妇女理论研讨会，从1996年至今，主要是定期举办女性与性别研究论坛。在高等教育机构中开设有关的妇女研究课程，并对妇女生存与发展现状进行调查研究，建立了日本妇女研究与发展的信息数据库。以多种方式普及妇女教育，关注有关妇女与性别研究和其他视角的妇女研究，对妇女与性别研究成果的公开、发布、利用、传播，促进性别平等教育、女性家庭教育等，提高女性的自我认知能力。

这样的妇女研究具有跨学科性和实践性，有社会活动家和研究者合作的特点。在研究机构、高等教育和多元视角的论坛中，都有大量的实践者和活动家的积极参与，远远超越了具体的学术理论框架。为保护妇女权益、妇女参政、政策研究、教育学习、实际执行提供了丰富的理论支持。妇女研究成果在社会教育中的应用，正在影响着社会、学校与家庭教育新体系的建构。

杉森长子（日本女子大学教授）：回顾日本的女性研究历史，日本首先是引进女性研究的历史概念，我所在的日本女子大学和其他大学中开设了女性理论、性别和研究方法的课程。但是，日本的女性研究还要抵制反对他们的保守派，并针对现实研究出新的本土的理论价值体系。这就要对妇女理论的本土历史地位、抵制现象分析、男女如何合作做深入研究，才能建构新的价值体系和性别平等的社会。

王红旗：那么，在近代历史上，日本本土的妇女解放历史情况是一种什么状态？

杉森长子：从历史上看，1900 年到 1910 年主要是日本妇女争取投票权运动，到 1960 年，女性研究才被引入大学。从此女学者和社会上的大多妇女参与解放运动。1975 年是“国际妇女年”，联合国第一次世界妇女大会召开，其后的三次世界妇女大会（1980 年、1985 年、1995 年）发表了一系列关于性别平等公约的宣言，日本政府积极采取措施是兑现世界妇女大会的承诺，1999 年颁布《性别平等基本法》，2001 年颁布《性别平等国家行动计划》。日本政府内阁专门设立性别平等委员会，监督政府措施的落实以及产生的社会效应。2001 年日本颁布《防止家庭暴力，保护受害妇女法》，日本内阁为地方政府提供信息，为制订“性别平等市级计划”提出指导意见，专家参加日本政府、地方政府政策法律制定的每一个环节和程序。

本土化的性别平等政策制定，决策过程中的妇女参与，在工作场合、社会福利和教育中消除一切对妇女的歧视，以上措施的新趋势不断适应妇女的需要，但性别平等改革却遭到保守派的极端反对与批评。21 世纪的妇女研究专家和普通妇女大众，坚决消除根植于传统文化体制中的“保守”问题。但是，消除保守思想，包括消除保守派和大众的保守思维，其任务是很艰巨的，需要建立与各国的网络，联系国内和国际的社会力量。

王红旗：请问日本妇女的生存现状如何？她们在追求自己的社会与事业地位的过程中，家庭、事业、情感等出现了哪些新的问题？

大野曜：日本现在的女性也有很大变化。过去日本女性基本都是专职的家庭主妇，现在有社会工作的女性多了起来，而且结婚后不放弃工作的女性也越来越多。过去已经有了工作的女性，一旦有了孩子就会放弃工作回到家庭。现在一边工作一边养孩子的女性也多了起来，当然这个比例不像中国这么高。日本边养孩子边工作的女性叫小时工，从统计数字上看，这样的小时工就占女性的 80% 以上。但是，有一个问题非常值得注意，就是说小时工和自由职业者是两回事。这些女性的整体社会保障、工资待遇都比较低。尽管在形式上女性有了自己的工作。

王红旗： 这反映出日本女性的自我价值、社会价值观念在发生变化。但是，日本以“相夫教子”尽妇女之天职的传统意识，是不是在现代社会生活中仍影响着日本女性的进步与解放？因为日本文化和中国的传统文化是有渊源的相似关系的。

大野曜： 过去在日本有一种很强的社会意识，就是“男主外、女主内”的观念，即使现在女性不放弃自己的社会工作。但是，在意识上无论是男性还是女性都有这样一种倾向，认为女性走向社会工作后，整理家务、教育孩子还都是女人的责任。为了让整个社会都改变这种状况，日本政府从法律上、社会保障上都试图做一些工作，大力提倡让男性和女性共同分担家务，共同分担孩子的教育和培养的重担。如果在这方面没有一个突破的话，男女平等问题就是不可能的。最近的问卷调查表明，有一半的日本人认为家务和教育孩子是男女共同承担的责任。从这一点上来看，日本女性的发展前景还是光明的。

王红旗： 政府采取措施，男性和女性共同分担家务，一起教育和培养孩子，当然是女性解放很重要的方面。可是生活是具体的，如果男女两性思想观念问题不解决，女性没有独立意识的觉醒，男性没有对女性人格的尊重，没有两性平等和谐的婚姻关系，生活中的“共同分担”是无从谈起的。法律的平等和现实的不平等，充分说明女性仍是弱势群体。实际情况如何呢？

大野曜： 实际情况也是这样有 50%。但是在意识上也有 60% 的女性认为应该保持工作状态。这些和年龄也有关系，年轻人更倾向于接受这种观念。

杉森长子： 对上面的背景还要做一个说明，有很多女性结婚后是保持工作状态还是在家里看孩子，这和女性受教育的程度有很大关系。据调查表明，在日本 32.7% 的女高中生升入大学。46.9% 的男高中生升入大学，以这个比例来说，日本女性受教育的比例也算很高了。40 年前我上大学的时候，女高中生升入大学的比例只有 1% 左右。现代社会女性受教育的机会增多，使女性可以有更多的机会上大学，对其自身的发展当然是很重要的。女性可以读硕士，读博士，女性从事专业性的工作越来越多。越是从事这些专业工作的女性，越是不愿意放弃自己的职业。这一点也是日本女性参与工作的比例越来越高的原因。

独身女性与良妻贤母

王红旗：在中国女性学历越高，年龄越大，结婚成家的比例相对来说就越小，选择独身生活人的就越多。这被认为是一种新的时尚，或者说是一种新的生活方式。当然选择独身也不完全都是自愿的，其中也有多种无奈的原因。在日本知识女性中存在不存在这种现象呢？

杉森长子：日本跟中国的情况有些相似。二三十年前，一个女性有高学历，在一家公司，或在一个集团有比较高的职位，也跟现在一样独身的女性很多。但是那个时候的独身女性和现在的独身女性在选择独身的理由方面还是有很大不同的。过去的女性选择独身，一个原因是整个社会不能给她们提供这样一个条件：她们结了婚，有了孩子就不得不放弃自己的工作。因为那时没有为女性专门准备的幼儿园。所以，女性要保持自己的事业发展，就不得不选择独身。

现在整个社会为女性提供了不少结婚后也可以继续工作的条件，提供了很多的保育院，孩子一生下来就可以送到那里，孩子被照顾得比较好。法律明文规定还可以有产假。从社会保障方面给了女性既能继续从事自己的工作又能照顾到家庭的条件。但是仍有很多女性不想结婚，这可能就得从女性自身方面去找原因。另外一个原因，就是社会变得很宽容了，过去假如你不结婚别人会说你是个女强人，对你另眼看待，而现在社会变得越来越尊重个人的选择，不结婚也会被普遍接受，而且也无可厚非。这一点也是很重要的。

大野曜：我补充一下。这些现象背后也许有一个非常偏激的看法，却说明了另外一个很重要的问题。就是女性可以有自己的选择方式，不过会让很多女性认为或者是被认为指定在一种观念之中，对女性来说通往幸福唯一的道路就是建立家庭，如果女性不结婚，其他道路可以说是无法想象的，所以很多女性就不得不进入婚姻。现在找不到满意的爱人就可以不结婚，女性追求的是一种非从属关系，是平等的婚姻关系，宁缺毋滥，不平等的婚姻也就少了。这也可以说是女性意识觉醒的一种表现。

王红旗：日本的贤妻良母主义有着悠久历史的文化传统。一位日本女学者谈到，“贤妻良母”作为一个整体的词汇，首先是在日本形成、巩固后才逐渐波及亚洲其他国家。我不知道二位对此持什么态度，能不能谈谈你们自己的事业和家庭的关系呢？

大野曜：贤妻良母主义在日本叫“良妻贤母”。这种观念在日本还是很根深蒂固的，至少目前还有很多这方面的影子。很多女性认为，不说做什么贤妻，至少良母还是要做的。至少在孩子3岁之前照顾孩子都应该是母亲的责任。正是因为这样，在育儿期间放弃工作回到家中的女性还是很多的。其实在育儿过程当中，丈夫到晚上很晚才能回来，有什么事连商量的人都没有，也有一些女性在这个阶段患上神经质。这是一个比较大的问题。我个人来说对“贤妻良母”是不能赞同的，我一开始就放弃了做贤妻良母的打算。我现在的感觉，从日本“贤妻良母”的标准来看，我既不是贤妻，也不是良母，也不是好的女儿。直到现在，我养孩子、做家务都是和我的母亲、丈夫共同承担，因为我们一直生活在一起。现在我老伴退休了，所有的家务都由他来做。

王红旗：从你脸上洋溢的幸福笑容可以看出，你和你的先生是平等的亲密伙伴关系。（大家都笑了）

杉森长子：说起贤妻良母，我的经验和她的经验是截然不同的。贤妻良母是在日本战前日本帝国主义之下，为了培养更多的臣民，为女性塑造的一种女性形象。当时用这种“贤妻良母”的意识标准培养出来的那一代人，现在都是75岁至80岁的样子。我的母亲当时28岁，她就是在“贤妻良母”的理念下被塑造出来的典型的日本女性。当时，我虽然是被“贤妻良母”教育出来的，但是我又是战后培养出来的。

我小学三年级的时候，整个日本二战就结束了。所以我是在新的意识中培养出来的，我的家庭又是那种旧式家庭，比如我上大学时就非常不好。我父亲就坚决反对，不让我上大学，他要让我结婚，做“贤妻良母”。可是母亲就支持我上大学，如果你能考上就一定让你上。可见我母亲自己能够很清楚地认识到自己是那种“贤妻良母”制度下的牺牲品，所以不愿意让女儿重蹈覆辙。大学毕业后我要工作，我的父亲很反对。他说，我让你上大学不是让你去工作，我是让你结婚。但是我不同意，他也没有办法。后来我就又上了研究生院。毕业后，爸爸又提出来让我结婚。所以我那时候就结婚了。我当时非常深切地感觉到，过去的那种贤妻良母制度使我们，包括我的母亲都受到了多方面的压制。

王红旗：你以自己的切身体验，讲述了过去的那种贤妻良母制度对女性的束缚和压抑。我认为现在贤妻良母并不是女性的唯一选择，女性有选择多种生活方式的自由，同时对贤妻良母并不一定要全盘否定，而是要对其内涵重新阐释。

杉森长子：我研究生毕业后，父亲就强烈要求我结婚，我知道无处可逃。在读研究生博士期间，我就尽情地享受我的人生。比如，去美国留学，做自己想做的事，包括我的很多研究。那时我就结婚了，生了两个孩子。当时正是日本学生运动强烈的20世纪60年代至70年代。所有大学老师都无所事事，我也可以在家里养孩子，孩子长大后日本环境好一些了，可是我没有办法再回到我的大学里去了。这时我一边养孩子，一边积极投入我所在的社区女性运动中。为女性的权利和教育做了很多工作，还成立了一些协会，也做了多方面相关的女性研究。一直快到50岁的时候，东京大学邀请我到东大做外聘教师。也就是说我50岁的时候才第一次有了自己的职业。很多人听了我的经历后，都非常羡慕我，为什么？我年轻的时候想做的事都做了，我结了婚之后，生孩子的时候是知识女性处境最艰难的时候，而那个时候我正好在家，就没有经历那么多的痛苦。等孩子大了正好我又能找到我最想做的工作，能够回到像东大这样好的大学里教书。因此，她们都很羡慕我。

在日本女性事业发展的“M型”轨迹，就是一开始进入社会，然后回到家庭，然后再进入社会，再回到家庭。这是很多女性都非常羡慕的理想生活。但是没有年轻时候那种种准备的话，到后来不可能达到这种境界。这就是我要告诫我们现在年轻人的，即使你现在在家里，你也不要忘记充实你自己，对女性来说这是很困难而又必须做的事情，你不要忘了自己的学习和进步。

王红旗：你的故事虽然是个性化的却很鼓舞人心。好一个放飞梦想的50岁。这需要耐心努力，永不放弃。我想到曾有比利时的一家杂志对全国60岁以上的老人搞了一次名为“你最后悔的是什么”的调查，并列十几项生活中容易后悔的事情被选择，有72%的人后悔年轻时努力不够，以致事业无成。你的奋斗故事对年轻人很有教育意义。在西方很多女性都会遇到一个“玻璃顶”的问题，日本女性有没有遭遇“玻璃顶”问题？

不可逾越的“玻璃顶”

大野曜：对我来说的确是有这方面的问题。在工作的时候，常有人会对你说，如果你的工作成绩和男性一样的话，你是不会被承认的。你必须做得比男性还要好、还要多，你才有可能被承认。所以我工作非常卖力。另外对我来说是比较幸运的，或者也可以理解为另外一种“玻璃顶”吧。因为我一直从事女性教育工作，这是得天独厚而别人无法代替的。在这方面我又是有优势的。但是，我曾经想过要改行去做别的工作，可是好多人劝解说，女人嘛，只要有一个专门的职业就行了，能有一个自己喜欢的职业已经很了不起了，何必换工作呢，所以我就一直留了下来。这个意义对我来说又是另外一种“玻璃顶”吧。你是怎样走过来的呢?

王红旗：我是一个喜欢“在路上”不停地走的人，我最怕的是失去“在路上”的状态。我常说如果环境很好却不适应你的发展，你应该离开；如果环境根本就不适应你的发展，你应该毫不犹豫地离开。我总是预感到“玻璃顶”来临之际就改变环境，自己也为此付出了巨大的代价。预料到的和预料不到的，能够承受的和不能够承受的，都得没商量地承受。不过，我感到很快乐。

杉森长子：对于我们大学来说也是这样。因为日本女子大学历届都是女校长，女教师也很多，所以我们基本上感觉不到这种“玻璃顶”的压抑。也许这是我们比较幸运的一面，其他大学里可以感觉到这种“玻璃顶”。整个日本所有的国立大学从来没有过女校长，我们女子大学即使有女校长也都是学校自己培养出来的，没有从外面来的。这就是日本知识女性在大学里的情况。最近一两年，日本有两所非女子大学有了女校长，一个是东洋大学（私立），一个是东京外国语大学（国立），而且这两所大学里的很多男教授表示反对，说这是暗箱操作，来表示他们的不满。但是，这两所大学还都是氛围比较自由的大学。像东京大学虽然是国立大学，在东京大学女教授的比例较小，我看的一份最新的资料，这所大学 2800 位教授、副教授、讲师、助教，其中只有 145 位女性。东京大学是一所比较传统的大学。东京大学研究室、办公室这些地方的主任有女性，但到系主任这一级就没有女性了，可见日本的“玻璃顶”现象还是非常严重的。你们中国存在不存在“玻璃顶”？

王红旗：中国与日本的根本区别在于男女平等是基本国策。存在的“玻璃顶”可能要比日本高得多。特别是中国改革开放的 20 多年，女性的发展空间可以说是前所未有的广阔。在政治、经济、科学、文化、艺术各个领域，有女委员长、女部长、女省长、女市长、女总裁、女 CEO、女经理、女科学家、女院士、女网络专家、女教授、女博导、女作家、女画家、女评论家、女导演、女主编等数以千万计，当然机遇与挑战同在。但是，由于男性文化的传统观念积淀太深，或者是改革制度的不完善，或者是人性修养的不健全，等等，“玻璃顶”还是存在的。只是薄厚高低的程度不同而已。

杉森长子：日本的“玻璃顶”是很低很低的，刚才说的在大学里的“玻璃顶”现象，在企业里是非常严重的。在日本的企业法里有一项法律规定，叫男女雇佣平等法。就是说法律规定男性女性之间的工资差别是不能存在的。并且在公布工资的时候不能是男性多少，女性多少。过去是公开的给予差别对待，现在是不允许有差别，即使在这种情况下，刚开始进入一家公司时，男性女性的工资是一样的，但是过了三五年以后，两性的工资差异还是非常大的。这种差异性不是根据性别来说的，而是根据你的各种工作能力、工作经验，比如你有推销工作经验，就再多给你工资；你有宣传工作经验，就再多给你工资；你有出差工作经验，就再多给你工资。但是女性基本上很少能得到这种机会，这种机会都给了男性。对女性来说，看上去是非常平等的，因为她无处可诉。这是一个很理性的歧视。因此，好多女性就采取了这样两种方法：一种就是干脆放弃，感觉到人生没有什么发展希望，结了婚后就干脆放弃工作，回到家庭。另一种是干脆出国，到美国留学，读上几年 MBA 之后，再回到日本到外资企业做事，因为外资企业虽然也有“玻璃顶”的问题，但这个“玻璃顶”要比日本企业的高得多。所以她们愿意在这样的环境里工作，而且在工作当中也能得到满足。只是回到家里的那些女性，生完孩子以后，就会感觉到很无聊，想要再复出时，年龄也大了，离专门职业也越来越远了，专业技术也越来越生疏了，这时候想复出几乎不可能，要想得到一个好的职位是非常难的。在一定程度上，这种“玻璃顶”给日本女性的发展带来的痛苦真是很无奈的。这也是一种日本特色吧。

王红旗：中国女性同样会遇到这样的“玻璃顶”。比如说女大学生分配难，好多女大学生干脆就不去参加工作，去考研，去考博。我采访过一个刚考完研的女孩儿，她说像她这样的女孩儿，首先考虑的是自己的事业发展，什么爱情婚姻等问题是放在其次的。因为社会上有“玻璃顶”，现在考研考博的女孩儿比男孩儿多得多。这样可以改变我们的处境。我非常佩服现代年轻人挑战性别“玻璃顶”的魄力与行为，相信她们的学习与奋斗能够改变自己的命运。另外一种情况，就是“京城闲妇”现象。有些女性认为自己在社会上找工作太难，奋斗太累，就选择嫁大款，做全职太太。还要美其名曰与其遭受“玻璃顶”压抑，倒不如这样轻松潇洒。当前这种生活方式倒也无可厚非，但我觉得这种逃避也是另一种自设的“玻璃顶”吧。

杉森长子：日本女子大学也有中国学生和中国老师。女子大学的研究所有一位武汉师范大学的何老师，她在我的眼里是很有礼貌的，每次见了我们都鞠一个 90 度的非常正式的躬，在日本已经很少有人鞠那种正式的躬了。她对研究也特别认真，每一星期都按时到我们这里。中国的学生也是很认真的，像我们校长带的一个中国学生是研究《源氏物语》的，相当于研究中国的《红楼梦》。《源氏物语》研究对我们来说也是不容易的，但她研究得很出色，日本一个 NAO 这样的妇女联合会都给她奖学金。在我的印象中，中国的学生、老师都特别认真学习，她们的生活态度、生活作风，我们也特别感叹。比如说现在日本的年轻人都不怎么学习，生活自由奔放。从这点上看，中国的学生还是非常好的。

（翻译：北京师范大学　姜因敏）

中德两国女性的职业与婚姻家庭现状

两国女性相似的职业生涯状况

王红旗：谢妮教授好！欢迎你来到首都师范大学中国女性文化研究中心，了解中国女性的职业生涯状况。“中心”成立于2000年，主要从事女性社会文化学、女性教育学、女性文学艺术等理论与实践方面的考察研究。无论学刊还是论坛，都对各界职业女性的生存发展状况，从男女平等基本国策的制度建设，以及爱情、婚姻与家庭的价值观，男权传统文化的刻板印象，社会对女性角色的不同期待，来探索对女性职业生涯发展的不同影响。经过与国内外女性研究机构交流、考察研究中发现，女性自我事业、婚恋与家庭角色的“三重困惑”，是全世界女性面临的共同问题。对“女性与职业生涯”的研究，具有全球性、现实性以及未来性意义。

希望我们能够共谋建立中国与德国“女性与职业生涯”的比较研究项目，从法律、政治、社会、心理、文化等方面，对中德两国女性生存与发展的经验，进行理论与实践的历时性对比梳理，探求在东西方两种不同文明下，相异的社会文化环境，不同的女性解放路径，却有着相同的精神诉求的原因，从而揭示女性生存发展研究的人类性价值。

尤其在当今全人类遭遇不同程度的精神生态、社会生态与自然生态的危机与挑战之时，中德两国知识女性、高校女性研究学者携起手来，以考察研究中德“女性与职业生涯”课题为起点，为国际女性生存发展制度体系的完善提供有价值的政策参照，从而推动人类心性完善与世界和平。这是我们这一代知识女性的社会良知与责任担当，也是女性意识与人类意识的合二为一。

谢　妮（德国不来梅科技大学教授，德国孔子学院德方院长）：我完全赞同。“女性与职业生涯”在德国是一个非常具有社会性和政治性的问题。一方面，预计在不久的将来会面临高质量员工缺乏的情况，而多元化能够促进企业的成功，此项目希望促进男女平等。另一方面，事实表明，对于年轻的妈妈们同时兼顾家庭与事业是一件很困难的事，希望通过制度改革来提高女性 / 母亲的就业机会。我们想在中国考察这种情况，并在法律、政治、社会、心理几个方面与德国对比。这将成为不来梅科技大学的一个专题研究，同时成为中德双方在此问题上合作的开始。

王红旗：以具体的课题项目为起点，组织多方面的研究资源，就会具有更强大的力量。我们曾经策划过几个这方面的项目。如 2003 年出版了女性社会焦点问题系列丛书：《中国女性在演说》《中国女性在对话》《中国女性在行动》《中国女性在追梦》，也就是你说的“女性与职业生涯”之间的矛盾对女性事业发展的影响。尤其关注女性和职业生涯方面的问题，我曾经与中央电视台的《半边天》节目、北京广播电台《星空下的女人》节目、人民网“情感时空”栏目合作，现在正与中国网联合主办“中国女性文化论坛”栏目合作，我们都很关心下岗女职工的再就业问题，以及女博士的事业与爱情婚姻家庭的困惑。我们也曾举办中美女性发展经验论坛，中国与美国 30 位女企业家分享经验故事，赴蒙古国总统府与女法官协会举办国际女性文化论坛，研究中国的女奥运冠军特殊的职业生涯，出版了研究报告《巅峰之道》。

谢　妮：你们做的研究非常特殊，很有意义，你有好多好的想法，而且很有规划性，很完整。

王红旗：很想请你谈谈现在德国职业女性的情况，德国知识女性的职业生涯面临什么样的具体问题？

谢　妮：我在中国搞的调查，是外国女性企业家在中国。先说我是怎么想到这个项目的。当时在大学，离退休还有 5 年时间，退休以后我还想继续做一些对社会有贡献的事。我还有一个朋友跟我一样大，她在企业里面工作，选择这个“女性与职业生涯”项目，是可以共同研究的。说起女性解放的历史，德国的女性解放早就开始了,20 世纪初就有女性可以参政，但是没有很大的改变，直到 20 世纪 70 年代，如果德国女性想到社会上去工作，要争得丈夫的同意。

如果丈夫说你需要在家看孩子，那你就不能出去参加工作。因为，第二次世界大战，德国男性在外面打仗，女性在家要看孩子，又要到工厂工作，第二次世界大战期间女性独立性提高很快，大部分女性都有自己的经济收入。然而第二次世界大战之后，她们的丈夫回来后就是另外一种情况了。丈夫需要有工作位置，国家让女人“回家”。另外，从经济上讲家庭一个人在外面工作的收入足够，没有必要让女性在外面工作。

我是20世纪50年代出生的，那个时候很多女性在家看孩子，我的母亲也在家看孩子。

到我们长大时就越来越好，现在女性大多出去工作挣工资。

王红旗：政府对女性就业有没有优惠政策？女性参加工作之后和男性的工资相比，有男女同工同酬的政策吗？

谢　妮：法律上有规定，男女同工同酬。这样的政策从什么时候开始，我不太清楚。但是很多研究证明，女性与男性一样的工作，女性的待遇比男性的差21%。这个数字很大。另外，真正的高层也不一样。因为女性的工作跟男性不一样，比如说女性更多的是搞托儿所，是护理类的工作，那些工作的工资不高，所以有很大差异。但是如果真是一样的位置、一样的任务，女性的收入还是比男性少7%。这不是法律规定的，而是不同公司自己定的。

王红旗：从国家制度来看，《中华人民共和国宪法》第二章第四十八条第一段：“中华人民共和国妇女在政治的、经济的、文化的、社会的和家庭的生活等各方面享有同男子平等的权利。”《中华人民共和国妇女权益保护法》第一章第二条第二段：“实行男女平等是国家的基本国策。国家采取必要措施，逐步完善保障妇女权益的各项制度，消除对妇女一切形式的歧视。”这些制度的实施使女性职业发展情况呈不断上升趋势。

但从实际的工资结构比例上看，还是男性工资高。因为改革开放以来，出现不同体制的企业，有公有制的国家企业、集体制企业，也有个体企业。就像你说的，很多公司都是自己制定标准，男女工资并不一样多。但我不清楚具体的比例。在高等院校教授的工资是男女同酬的。但是，大学女教授的数量比男教授少，有研究者对我国1000多所普通高等学校女教师正副教授职称从1984年至2000年所占的百分比做了调研统计。1984年，我国高校女性教师人数比例只占教师总数的26.19%，正高职称仅占5.75%。而在2000年，女性高校教师人数比例已经占到45.96%，副高职称有15.80%的差距，正高职称差距最大，为48.64%。虽然我国高校女教授正高职称比例一直呈上升趋势，但与男性相比仍然较低。

21 世纪以来，女性高级职称，特别是女性正高级职称的百分比增长还是比较快的。尽管如此，在女性职业生涯中的“渗漏性”还是很严重的。从北京高校女教师的职称结构来看，金字塔特征表现得十分突出，职称越高女性所占的比例越低，职称越低女性所占的比例越高，教授职称中男女的比例更是相差悬殊。

你说的“女性与职业生涯”在德国是一个非常明显的性别不平等问题。尽管中国政府把男女平等作为基本国策，但仍然存在男女不平等的情况。

谢　妮：特别是在公司的最高层里面，大部分都是男的。现在德国有一个政策，也经历了很长时间的大讨论，决定在大公司的董事会，或跟董事会类似的一个重要组织，我们叫管制（Aufsichtsrat）会，参加这个管制会的应该有 30% 的女性。因为是新的法律规定，各个公司应该执行。现在出现的一个问题是怎么找到这么多的女性参加这个管制会。因为她们应该有经济经验、有管理经验、知道公司企业的发展。德国职业女性也同样有一个“玻璃顶”。

各国女性面临性别“玻璃顶”

王红旗：“玻璃顶”是性别文化偏见与不合理制度造成的，其产生原因既有外在的，也有女性内在自我意识的，“玻璃顶”是一种隐性的性别歧视，就是让女性没有办法突破。其实，无论在发达国家，还是在发展中的中国，显性的性别歧视正在逐渐减弱，而隐性的性别歧视给女性发展带来了种种现实的、心理的压抑。

谢　妮：对，是大量隐性的、看不到的、说不清的理由。

王红旗：这种说不清、道不明的理由，是无形的、微妙的屏障，就足以阻挡女性向上发展。

韩　梅（首都师范大学国际文化学院院长）：是的，在中国，无论是政府、企业，还是高校，都普遍存在高层领导层男女比例严重失调的现象。有一次我陪同校长参加一个校领导座谈会，发现整个圆桌上落座的二三十名高校领导中只有一位女性。相反，我在欧洲，尤其是在北欧访问时，接待我们的大学校长、副校长很多都是女性。我个人的印象是，北欧女性更为独立、强势，享有更宽容的性别环境。在我们学校的干部中，女性还是占相当大的比例的，而且多年来我们学校的一把手都是女性。

王红旗：中国女性经历了 20 世纪 80 年代以来的经济体制改革，“铁饭碗”被打碎，重新创业遭遇“大地震”，面对新机遇与新挑战的艰难历程之后，女性积累了丰富的职业与家庭生活经验，我坚信比智力女性很有机会出类拔萃，当那些有形与无形的“玻璃顶”被打破，女性创造的潜能就会脱颖而出。你谈到在德国对于年轻的妈妈同时兼顾家庭与事业是一件很困难的事，中国女性同样遭遇这样的事业与家庭角色兼顾的两难，这也是女性生活方式重建的困难。现在大多女性的目标不仅为生存，而且是为更好地发展，实现自我人生价值的理想，或者说，是社会自我与家庭自我，工作与妻子、母亲等角色的协调发展，从而实现女性的全方位发展。

谢　妮：德国女性也有这个困难，因为有了孩子以后大部分家务是女性去做的，女性大部分的负担是家庭负担。我们这一代，只有个别的人可能是比较平等的，男人也参加家务劳动，也会照顾孩子，其中男知识分子比较多。大概 10 年前有个新政策，父母有了孩子以后可以一年不工作，或者是妻子或者是丈夫，可以选择，国家给一年工资的 80% 左右。还有一个特别的政策，如果男的不参加工作，就给 12 个月的工资，如果男的参加工作，可以有 14 个月的工资。还是有不少男性很愿意要这两个月的工资的。

王红旗：这个政策很好，鼓励男性做家务，夫妻双方可以一心一意地照顾孩子。中国的政策是，女性生一个孩子，可以享受 158 天的产假，全部发给工资。

韩　梅：在欧洲城市的大街上，时常能看到逛街的一家人中，丈夫抱着、背着孩子，推着婴儿车，一派模范“奶爸”的形象，妻子则坦然受用，气定神闲。

王红旗：也许因为，中国从数千年封建传统社会发展而来，有很多男性骨子里仍是大男子主义。有些高知女性，比如女教授、女博士、女高管、女领导的婚姻家庭经常会遭遇不幸，她们虽然事业特别成功，但不是独身就是离异，在事业与家庭方面很难找到平衡。还有些年轻女性，为了事业而选择独身或延迟走进婚姻，被称为“剩女”。也有些女性认为一夫一妻制婚姻本身就是男权主义的，不结婚表示对男权主义的抗议。尤其是底层的职业女性，离异后的单亲家庭，造成女性生存经济的贫困，也是一个影响女性发展的原因。

谢　妮：实际上，德国也存在这种情况。很多男女不愿意结婚成家。在这方面，两个国家的情况很相似。现在城市里面是自己独身的人越来越多，年轻人结婚也有不少没有孩子，也有不少女性一个人带孩子。她们也有社会保障，退休之后就享受国家的养老金。一般是单亲母亲的家庭，很少是单亲父亲。离婚率也比较高。

王红旗：你是研究经济方面的专家，在德国是不是经济上比较富裕的女性，选择独身的生活方式比较多？

谢　妮：是的。年轻人一般都想找到合适的对象，坚持爱情理想的年轻人还是多数。有些人是独自生活，找一个合适的人生活在一起，可能是几年跟这个，几年跟那个。同居性的，不结婚是很普遍的。

王红旗：这种现象在中国可谓是前卫的生活方式。因此，中国人一向重视家族血缘，家国同构。先哲孟子就有“老吾老，以及人之老；幼吾幼，以及人之幼。天下可运于掌”的训教。就是说，像爱自己的老人一样去爱别人的老人，像爱自己的孩子一样去爱别人的孩子，以这样的关爱伦理秩序治理家庭，家人就会相处和睦，治理国家，国家就会和谐发展。当然要摒弃其中的封建男权等级制思想。

谢　妮：德国也正在建立这样的和谐社会，或者说寻找什么样的社会是人类理想的社会。这是一个国际上讨论的大问题。就家庭而言，我还是怀疑的，我不知道男女怎么能找到一个合适的家庭，这个很难。有了对象会改变你的生活，同时也要求你投入感情。

王红旗：对，婚姻家庭是要投入真爱和情感的，不能斤斤计较。家庭需要女性自己做很多事，这对其职业生涯发展太有影响。我们又回到了原点上，理想的家庭中夫妇、子女之间，应该是平等与关爱的伦理关系。但仅有平等是不够的，凝聚一个家庭的情感核心是爱，要投入很多具体的情感、爱心去经营家庭。中国的女博士，即使就像德国现在最时尚的生活方式，找一个人一起同居，两个人生活一段又分开了，也是在平等和谐的互相关爱当中才会获得幸福的。

谢　妮：女性的第一个目标是得到理想的职业，哪里有合适的、喜欢的工作；第二个目标，才是遇到心爱的人，大部分女性都希望这样。

王红旗：我赞同，这是当代知识女性的情感心理。现在在德国只是同居，没有婚姻契约，不领结婚证的占多大比例？

谢　妮：我估计，在城市独身可能是30%，结婚40%～50%，同居20%～30%。因此，我们现在的生活方式、情感方式也存在各种各样的情况，而且都是很自然的。

这样没有社会压力，没有文化风俗的压力。现在从父母方面也没有什么压力，但在20世纪70年代还是有压力的。可是，有了自由也有了责任。因为就没有这个依赖了，所以责任就很大。

女性可以先择多种生存、情感方式

王红旗：女性只有经济与精神独立，才可以自由选择自己想要的生活方式。中国有句老话，叫“嫁汉嫁汉，穿衣吃饭”。当女性对婚姻没有任何依赖的时候，可能就不存在婚外情了。请问德国对婚外情如何理解，不限制吧？

谢　妮：很少，因为你结婚，或者跟你爱的人在一起同居，或者你不跟一个人在一起都可以，社会方面都认可。经验是，男的经常希望还有别的女的，女性特别受不了。

王红旗：那还是结婚比较稳定些。刚才在谈到女性与职业生涯时，你谈到一个心理层面的问题，根据我们的经验，如果一个知识女性当了女主管，甚至当了女总裁，她会用她经营家庭的经验去经营她的企业，亲和力比较强，是一种温柔的领导力量。目前看来，这种方式要比男领导以威慑力经营企业的效果好。

韩　梅：俗话说“男女搭配，干活不累”，一方面说明男女心理上的需求，另一方面说明男女性格的互补有利于提高工作效率，使工作做得更好。女性春风化雨般的风格和耐心细致的特点，在职场上能够起到男性无法替代的作用。

谢　妮：有一个关于这方面的研究，研究结果就是这样的。当然情况是多样的，如果一个公司男女都当领导，或者一个小组里面有男有女，效果才是最好的。

王红旗：中国企业，跟德国有些相似，中国企业的总裁大多是男性，副总裁大多是女性。这种搭配叫刚柔相济。从领导层的顶层设计方面，女性参与领导越来越多，女性领导力也逐步得到认可。这是30年来真正的大收获。男性大男子主义意识也在改变，而且女性的智慧与力量得到认可，女性擅长平等友善、亲和对话，以分享代替统治，以互利取代附依，以“不同而和”代替战争，这种处世之道会受到世界的崇尚与青睐，对人类和平很有价值。

谢　妮：这也是咱们合作研究当代社会女性与女性职业生涯的目的。

王红旗：在这一点上我们有共同的理想。请问同性恋在德国的现状如何？

男同性恋和女性恋的家庭模式都存在吗？

谢　妮：这种情况德国是比较普遍的，而且还在增加。同性恋在德国是合法的，他们可以结婚，也可以有孩子，只要他们愿意，他们可以向别人领养孩子。我朋友当中有不少这样的情况。但是，想要孩子的人越来越多。

王红旗：你刚才谈到年轻人只结婚不生孩子的问题，现在德国现状如何？

谢　妮：好像有一点波动，比如我们这一代知识分子当中，有不少人没有孩子，以后更多人没有孩子。现在年轻人又开始想要孩子了。这不仅是考虑到社会保障的问题，也考虑到单独住或者没有孩子，也不一定是很幸福的生活，总觉得缺一点什么。

我的看法是，每个人都不一样，比如，我有亲密的朋友，而且我经常跟朋友们在一起。再比如，我有儿子，现在也有孙子，但是我没有丈夫。

王红旗：本质上还是一个情感上、生活上的精神伴侣，这样不孤独。经济上养老，像你的待遇，应该没有什么问题。但有一个特别亲密的朋友可以经常说心里话，是情感上不能缺少的。在有一定经济基础的情况下，最重要的幸福感，来自情感而不来自金钱，可以这样理解吗？

谢　妮：可以，完全对的。经济方面应该有一定的基础。

王红旗：也就是说，在很多方面我们的生活观念、精神诉求是一样的。这就是我们两国能够对女性与女性职业生涯进行对比研究的基础。因为，其本身就有一种同构性，有的是相同的，也有相异的。在不同的社会制度下，不同的解放历程，不同的职业生涯中，遇到了相同的困惑和问题，积累了多种解决办法，使我们的研究在同中求异、异中求同或求同存异，从而达到精神诉求的统一性，这对于世界女性更深层的精神解放、人格成长和完善，是一种非常好的方式。

谢　妮：我的想法也是从两国女性生活与生存、职业发展的比较开始。

韩　梅：20 世纪 80 年代是中国社会转型期，人们的人生观、价值观变化特别大，人们好像都找不着北了，那是社会主义建设和社会主义改革之间的一个夹缝。

王红旗：在职业生涯方面，因时代不同所存在的问题也不同。如 20 世纪 50 年代出生的女性，职场的无奈是性别政治；60 年代出生的女性，职场的无奈是计划经济；70 年代出生的女性，职场的无奈是没有大学文凭；80 年代出生的女性职场的无奈是各种压力。也就是说，50 年代出生的女性，几乎被所有人忽略，包括自己也忽略了自己，你不知道你是谁的，无我；60 年代出生的女性，在职场打拼，直言威胁来自 70 后，因为 70 后后来者居上；70 年代生的人，说前有 60 年代人坐镇，后有 80 年代人追赶，就觉得很紧张；80 年代的女性，是新新人类，她们的尴尬是，对 60 年代人信服但疏远，对 70 年代人崇拜的偶像从此诞生。这是调查得来的结果。

在谈如何解决职场失败问题时，20 世纪 50 年代的女性，应该调整心态魔方，你不应该什么时候都为别人着想，应该有自我主体意识；60 年代出生的女性，要相信自己独特的魅力，不要瞻前顾后；70 年代出生的女性，要放心追逐自己最想要的生活；80 年代的女性，要不怕摔跤和失误，勇敢往前走。

你能不能讲讲德国女性在职场上的心态？

谢　妮： 20 世纪 50 年代，德国的经济越来越好，并且发展很快，女性都在家看孩子，德国也有一个"特别的"工作。有一个流行的叫法"乌鸦母亲"，就是说，在外面工作的，不在家看孩子的母亲，就叫"乌鸦母亲"。这是很不好的意思，那时就有这种说法。所以女性的一个理想就是在家里照顾孩子。

王红旗： 20 世纪 50 年代德国鼓励女性在家，你如果在外面工作就是"乌鸦母亲"。因此女性就想做全职太太，不愿意做在外面工作的"乌鸦母亲"。

谢　妮： "乌鸦母亲"的概念一直到现在都在起不好的作用。20 世纪 70 年代女性解放的时候，靠 70 年代或者 60 年代继续去做女性解放，政府也一直在做关于女性解放、走出家庭、参与社会的工作，但是很慢。现在可能有些人又做回家庭母亲，很模糊，没有一个很理想的模式，都在探索。

王红旗： 目前，在全球化语境下人类的社会文化与生活方式正在重组，以对话解决冲突，推进世界和平事业发展，国际女性之间生存发展经验交流，互相认识与提升很重要。

尤其是，中德文化交流从 13 世纪至今，历史源远流长。两国的哲学、文学与艺术先贤知识分子，把中德文化碰撞喻为"彻底的精神体验"。我们对女性职业生涯的多角度研究，也是从两性关系、女性生存现状与和平的关系出发，共同构筑性别和谐与世界和平的新希望。你们的想法启发了我，很感谢你，谢谢韩梅院长。

菲律宾女性的信仰、事业、婚姻与家庭

双重殖民宗教对菲律宾女性的影响

王红旗：菲律宾的女性解放运动是朝气蓬勃的。而且你对女性问题的研究是比较深入和广泛的。这与中国的女性解放运动还真有些相似。中国的女性解放运动，也是随着国家革命、民族解放运动，历经风雨坎坷走过了100多年。

普若斯宾娜（菲律宾大学教授）：是的。菲律宾的女性解放运动是有一段历史了。但是，形成一种女性学的学科，在大学里开设女性学的教学与研究，是20世纪80年代才开始的。也是近代的。它的起源是和菲律宾的社会意识形态、民族主义和民族解放运动紧密联系的。总而言之，菲律宾的女性解放跟这些运动是分不开的。这样说来的确很相似。你能具体谈谈吗？

王红旗：具体来说，中国在长达几千年的集皇权、族权、父权为一体的中央集权等级社会中，女性一直处于被压迫的地位，是被忽略与遮蔽的历史盲点。到了20世纪初的五四新文化运动时期，中国女性才作为一个“实有的群体”和社会、文化力量真正浮出历史文化地表。从近代史上的“废缠足”到现代史第一个女作家群，“娜拉”们走出家庭，追求婚姻自由与个性解放，再到当代男女性别平等基本国策的确立，中国女性的解放一步一步走在世界妇女解放运动的前列。

普若斯宾娜：你表达得很诗意。我想了解中华人民共和国成立后中国妇女解放的情况。

王红旗：1949年中华人民共和国实施“男女平等”的政策，中国女性“一夜之间”走完了西方妇女200年所走的解放之路，中国女性的社会、政治地位得到提高，在世界范围内的妇女解放程度是比较高的。改革开放以来，男女平等成为基本国策，市场经济为中国女性提供了更广阔的发展空间，同时也存在更严峻的挑战。目前，中国女性在进一步解放的过程中所存在新的问题，这些问题有历史的、文化的、社会体制的，当然也有女性自身的。这些问题引起了社会各方面的关注。本土化的女性解放理论学科的研究和传播在全国各大城市、各大学兴起而势头正盛。北京及全国数百所高等院校都成立了女性（妇女）理论研究与实践调查的组织机构，面向本科生、研究生、社会精英女性和大众女性，开设了20多门女性（文化）学的专业课、必修课、公选课与性别文化讲座。由政府为主导，高校教育为龙头，民间女性文化团体协作，全方位的女性学教育格局已经形成，推动着性别平等和女性深层解放的进程。请问，现在菲律宾的女性生存现状如何呢？

普若斯宾娜：菲律宾以前是西班牙和美国的殖民地。但是在西班牙人入侵之前，在菲律宾的社会里女性其实是很强的。菲律宾的女性可以拥有自己的土地，也可以参加工作，相对来说是比较独立的，地位也是比较高的。后来西班牙入侵后女性的社会角色发生了变化，主要是放在了家庭，不能拥有像以前那么多的权利了。美国人入侵以后，大力提倡天主教教义。这两种殖民文化对菲律宾的女性影响很大。

王红旗：你是说在菲律宾宗教的作用比较大吗？

普若斯宾娜：西班牙的父权制度和天主教的意识，使女性的地位降低了。天主教的“天赋人权”虽对女性争取权利找到了理由。但是天主教的“顺从天意”和西班牙的父权制度又形成了一种意识里潜在的共谋关系。所以菲律宾的女性受到的压抑是双重的。到现在菲律宾女性虽然解放了，可以在外工作，可以拥有自己的财产，但在家里还是要操持家里的一切，既要照顾孩子又要做家务，一般来说都是双重负担。

王红旗：中国女性也同样存在双重负担。就家庭分工而言，男主外女主内的传统文化观念也是根深蒂固的。前面谈到，菲律宾女性本来在历史上是非常强的，表现在什么地方呢？

普若斯宾娜：她们可以是宗教领袖，同时又可以是治病的大夫。

王红旗：是不是运用治病的方式来传授她们的教义，既救治人们肉体的疾痛，又医治人们心灵的病痛。

普若斯宾娜：是的。你说得非常好。在菲律宾历史上，宗教对女性的解放还是有极大作用的。

王红旗：在当时的情况下，女性的参与社会主要是宗教的方式，还有其他参与社会活动的方式吗？比如说政治的、经济的。

普若斯宾娜：经济上是女性和男性一样有同等的工作。

王红旗：女性能得到与男性同等的待遇吗？

普若斯宾娜：应该是有工资的。但不是和男性一样的工资，我也不清楚历史上的事。那些文字记载的数字不一定能真实地反映当时的情况。

从两个女总统谈女性解放与婚姻家庭

王红旗：中国的改革开放可以说是女性的第三次解放。知识经济使中国女性的智慧潜能得到了前所未有的发展空间。据有关方面统计，在理工科大学里，女生的人数占到 40%—50%，有些专业女生的人数还多于男生。在文科大学里，女生的人数常多于男生。特别是文学艺术等专业，女生的人数占到 60%—70%。举个具体的例子，中国社会科学院文学所我的导师杨匡汉先生，近年所带的 9 名硕博士研究生中有男生 3 名，女生 6 名。在竞争比较激烈的政治经济高科技领域，女总裁、女 CEO 也渐渐多了起来，与历史相比，当前中国女性的解放与发展空间是前所未有的。菲律宾的女性发展与历史相比较，解放和发展的程度是高还是低了？

普若斯宾娜：如果这样比较的话，当然是现在的女性生存环境比较好，但很难直接比较的。可是历史上的女人的生存情况都是从书上看来的，具体情况我也不太了解。虽然我们菲律宾已经有了两个女总统。其实女总统也不是什么大不了的事情，因为她们的上台执政与她们的女性身份是毫无关系的。

王红旗：她们参与政治，不是因为女性身份，而是家族背景的原因，是吗？

普若斯宾娜：阿基诺夫人上台是因为她是一位烈士的太太，当人们不满意当局的时候就拥戴她上台了。现在的这个总统呢，因为是前任总统的女儿，所以满意她父亲的一代人又让她上台了。所以你说得很对，不是因为女性身份而是因为家族的背景。

王红旗：在世界范围内，随着女性意识的觉醒，女性的独立精神越来越强，菲律宾的女性解放、奋斗、发展的情况怎么样？

普若斯宾娜：就说这两个女总统吧，现在的总统是一位聪明智慧的女性，有非凡的领导才能，有丰富的政治经验。因为，她在任总统以前就是参议员，她有从政的经历。但是以前的那个总统，她一直是扶助她的丈夫的。

王红旗：现在菲律宾的女性家庭、婚姻、事业发展情况怎么样?

普若斯宾娜：现在女性与男性都有同样的工作，但是，女性的工资是远低于男性的，男女工资的差异是有统计数字说明的。但是这个工资的差异不存在政府的公务员里，在企业和机构里是有的。另外好多女性都参加专业的工作，都是在下层，连升到中层都很难，升到最高的位置就更难了。

王红旗：现在菲律宾的女性受教育和参与社会的情况怎么样呢?

普若斯宾娜：我记得，1975 年联合国的妇女大会提出性别平等与妇女发展，当时无论是从现实还是从学术研究都缺乏本土设计的理论，却开拓了更多女性受教育的机会，比方说大学里头有 65% 的大学生是女生。在研究院里也是女性多于男性。课堂和研究中的材料、案例以及观点都是外来的。甚至发出妇女解放“真的会有本土化理论吗”的疑问。对西方的一系列所谓“女性主义”理论的态度形成了两个极端，要么根本“不用”全盘否定，要么“只用”全盘照搬。

王红旗：这一点也跟中国当时的情况很相似。回眸 20 世纪，从 80 年代中国女性文化研究的发展轨迹，西方女权主义与性别理论裹挟在诸多文学思潮之中纷至沓来，由于东西方女性遭遇相似的性别身份与文化命运，在诸多外来文学口号与主张因水土不服而昙花一现的情况下，它们与中国的女性文学达成了一种亲密的精神性融合。特别是 1995 年第四次世界妇女大会在中国北京召开，这种“亲密的精神性融合”得到了“高峰体验”。女性研究者在本土女性理论缺乏的情况下，以“拿来主义”的方式，“把西方女性主义理论运用于自己的写作实践”。以鲜明的性别立场，对男性文化的历史叙事进行破开、解构与颠覆，试图摆脱女性数千年以来被压抑的话语沉默与精神羁绊。

普若斯宾娜：我认为，妇女理论的本土化，应该从国内与国际两个层面的结合上来解决问题。WSAP 是菲律宾的妇女研究联合会，联合会提出要关注女性历史与现实，建立实践者、教师和研究者三结合的队伍，从日常生活出发，从小处着手，创建本土化的女性研究理论。这个是非常关键的事。

王红旗：的确，要真正改变女性历史，改变女性生存与发展的环境，只有结合本土的实际才能有意义。请问菲律宾的男性主要从事什么职业呢?

普若斯宾娜：在菲律宾男性做什么工作的都有。男性也有做医生和护士的，但是做这些工作的主要是女性。女性也从事什么工作的都有，但做工程师的是比较少的。另外，男性不会去当幼儿园的老师和小学的老师。

王红旗：那是因为女性是比较细心的，男性干这种工作肯定是干不好的。是吗？

普若斯宾娜：不完全是。其中性别限定因素还是很重要的。

王红旗：菲律宾的女性，婚姻、择偶是由自己决定，还是由父母决定？在我的心目中菲律宾女性是很伟大的。因为，昨天和印度的那位专家交谈，谈到印度女性的婚姻、择偶都是由父母做主的，她们没有选择的自由。其实这些方面都体现了女性解放的程度。

普若斯宾娜：当然是由自己决定了。如果是父母为她们决定，她们肯定是要示威的、要抗议的。菲律宾的女性的确多一些选择，不仅可以选择自己爱的人，也可以选择结婚或不结婚。

王红旗：你觉得菲律宾女性对家庭和事业的观点是什么？

普若斯宾娜：菲律宾的女性肯定是要参加工作的，这是一个经济与生存的考虑。如果女性没有了工作就没有了经济收入，那就谈不上什么独立和解放了。不过女性要参加工作，同时也要照顾家庭。

王红旗：在一个有天主教信仰的国家，女性对计划生育有什么样的看法？

普若斯宾娜：（大笑）对计划生育是有争议的。因为她们是天主教会的，正是由于天主教的原因，政府也没有什么计划生育的政策。但是，好多女性不想生很多的孩子。所以有些女性要去非法堕胎。其实政府不是说不能有计划生育，政府也提供一些避孕措施的。因为天主教的观念影响太强了，很多措施也不能很好地贯彻推行。

王红旗：在中国大多数女性也是要选择结婚的。但是，也有好多的女性不想结婚，香港也好，内地也好，选择独身的女性已经越来越多，独身已成为一种比较普遍的现象。

普若斯宾娜：在菲律宾，很多女人还是喜欢结婚的，有时候找不到合适的对象，也选择独身的生活方式，但是不普遍。在中国有没有离婚的呢？

王红旗：近几年，中国的离婚率越来越高。他们想在一起就在一起，不想在一起就离婚，离婚是很普遍的。

普若斯宾娜：印度人是不离婚的。因为他们都是父母安排的婚姻。毛泽东之前那些时代，中国是不是也是父母安排的婚姻呢？

王红旗：在中国，数千年来，人们都是父母安排的婚姻，中国有句俗话叫“父母之命，媒妁之言”。前面讲到在20世纪初，中国女性就开始走出家庭争取婚姻自由。在经历了一百多年的意识进化后又发现了新问题，自由恋爱的婚姻爱情也不是永远的。性别的不平等、文化的多元、物质的诱惑，女性不得不重新思考婚姻和爱情。

快乐单亲家庭与“自由”亲子经验

王红旗：从整体来看，菲律宾女性的解放程度还是比较高的。你作为一个大学教授，对事业、家庭和婚姻有什么看法？

普若斯宾娜：我结婚第五年就离了婚，而且不想再婚。我不是典型。有一点点背景，以天主教为主要宗教信仰的国家正式的离婚是没有的。但是阿基诺夫人上台之后，她有一个德政，就是说天主教里有一个仪式，叫允许分离。因此，从她上台后就多了一些分离的情况。

王红旗：你自己现在的生存处境，与你做女性研究有关吗？

普若斯宾娜：我做妇女研究跟我的生存处境应该没有太大的关系。我自己的离婚，我一直觉得是很自然的。在菲律宾，女性双重的负担还是存在的。比如说我有一个朋友，也和我一样经常到外面开会，她说，为什么我的丈夫出去开会说走就走了，不要管家里的任何事。我去外面开会就肯定得考虑家里要有足够的食物，奶奶要从远远的地方来照顾孩子，安排好这一切才能出发。在社会文化里，家庭就是女性的一个责任。

王红旗：问题就出在这里，家庭由男女两性组成，照顾家庭和孩子为什么偏偏只有女性？在中国这样的情况正在发生着很大的改变。我冒昧地问一句，你有孩子吗？

普若斯宾娜：我有一个女儿，已经结婚了，都快要生产了，现在住在美国。她正好嫁给了一个在美国的印度人，很是有趣，我女儿嫁给的那个印度人的家乡，也是昨天讲演的那个印度教授来的地方。因为她信仰基督教，她的丈夫信仰印度教，他们结婚后，星期六就用印度教的仪式，星期天就用基督教的仪式，我女儿哪个都不肯拒绝。

王红旗：这是跨国婚姻常会遇到的情况。这种宗教文化“中和”的信仰方式，是男女两性的互相尊重，也是一种意识的进步。

普若斯宾娜：他们是在美国学校认识的。我在美国读博士的时候带我的女儿去美国，我去图书馆看书，她也随我一起在图书馆看书。后来我回到菲律宾，女儿就留在了美国读大学。这个男孩儿是她在美国的大学里遇见的。

王红旗：你是一个很成功的母亲。你有一个非常幸福的单亲家庭。其实在幸福家庭里不一定非要有男人。女人在独立生活的情况下也会很好。

普若斯宾娜：（大笑）你是怎样走上女性问题研究这条路的？

王红旗：我和你的经历有点相似。我在中国社会科学院读研究生的时候，也是带着我的儿子在北京读书。那会儿他正读初三年级，现在在中央美术学院的油画系读书。我也有一个非常幸福的家庭，我的家庭里只是多了一个丈夫（大笑），他非常支持我的工作。你对母亲应该怎样教育孩子成长有哪些独特的经验？

普若斯宾娜：中国受孔子儒教影响是很深的。我听说过一个故事，中国有一种传统，马年出生的女孩子一出生就要让她死掉的。是吗？

王红旗：孔子的儒教是影响了中国几千年的历史。特别是对女性有好多禁忌。这个故事我还没听说过。现代社会"马年出生的女孩子一出生就要让她死掉的"是绝对没有的事。我想让你谈谈教育女儿的特殊经验。

普若斯宾娜：我两岁半的时候，我的母亲死了。她是日本侵略马尼拉时，被撞死的。所以我的成长没有一个母亲的典范在心目之中。以前我没有得到的母爱，我尽量多做一些让我的女儿多得到。女儿小时候自己喜欢做什么我就让她做什么，现在我的女儿是博士生，她的生育时间推迟了一些。上大学后，我的女儿想选修什么课我就让她选修什么课，思想上想怎样发展就怎样发展，我几乎不给她限定的。

王红旗：自由发展，从小就是这样吗？这让我想起了美国斯托夫人的《斯托夫人自然教子书》里的话："一个在童年时代充分发展了想象力的人，即使遇到不幸，也能从不幸中找到快乐。这样的人，就算陷入贫困之中也能感觉到生活的乐趣。"

普若斯宾娜：是，从小就是这样。但是你自己必须要了解你的女儿，要看了解她到什么程度以及信任她到什么程度。我在美国读博士的时候，因为女儿没有保姆，我就经常带她到图书馆、到课堂。因为这样的环境和氛围，女儿的兴趣和我差不多。我自信我非常了解和信任我的女儿。

王红旗： 你是在充分了解和信任的基础上，给孩子一个自由的空间。是啊，母亲是孩子最亲近的导师，也是陪伴孩子时间最长的人，因此，母亲的言行举止会对孩子的成长产生非常深远的影响。听你说你的女儿那么热爱学习，完全是那种自由的没有压力的学习环境和氛围，让她感受到了学习的极大乐趣，并在一个个小的成功中建立起自信和独立性的人格。

普若斯宾娜： 我回到菲律宾的时候，我的女儿是独自一个人在美国的。然后，她自己找到工作，找到丈夫。我不是常常都能见到女儿，一年可以见到两次，平常都是电邮或打电话。如果当时我把女儿带回菲律宾，那故事就不一样了。

王红旗： 其实从文化渊源来说，菲律宾的女性在历史上就有很强的自主自立意识。

普若斯宾娜： 虽然是独立性比较强的，但是孩子成长的责任还是在家庭。

王红旗： 这个我赞同。特别是母亲的行为方式对孩子的教育是潜移默化的，在悄悄地铺建着孩子成长的路。我觉得，作为一个母亲，最重要的是任何时候都知道如何爱自己的孩子，永远相信自己的孩子。因为家庭是孩子最早踏入的最小的社会。如今社会上流行的那些“非自然”的现代教育观念与方式，造成了孩子童年生活与其自然本性的背离，应该引起重视。假如你的女儿有了孩子，你是想和女儿一起享受温暖家庭的天伦之乐，还是想一个人在菲律宾生活呢？

普若斯宾娜： 这是个很头痛的问题。现在我的女儿还没有孩子，我选择在菲律宾。我的女儿有了孩子后，我都不知道该怎么办。当我看到这个孩子的时候，也是有可能与女儿的家庭一起生活的。

（翻译：香港大学汤历姬教授）

中法学者谈论新时代的两性关系和家庭

王红旗：2006年3月8日，在三八国际妇女节这个特殊的日子里，应人民网·强国论坛之邀，和法国媒体新闻记者克里斯蒂昂·罗宾先生，法国国家科研中心的研究员、社会学家卡思德兰·莱涅女士以及网友们一起交流，针对"男人眼中的女人，女人眼中的男人，新时代的男女关系和家庭"这个话题展开讨论。

同性恋的尴尬

网　友：嘉宾认可同性婚姻吗？他（她）们所组成的家庭，你又怎么看呢？

王红旗：对同性恋我是认同的。近几年来同性恋越来越多，表现了社会对这个特殊群体的尊重与宽容。据不完全统计，在北京就有600多家同性恋俱乐部。但是，从目前了解到的这种性取向的选择，多数是因为在异性中找不到情投意合的伴侣，才不得已到同性中去寻找情感依托。特别是女性，往往是在异性恋中受到极大伤害，对男性彻底失望了，才把自己隐匿于姐妹情意之中。虽然同性婚姻的自由空间更大些，但是也照样会出现婚外恋或爱恨情仇。因为生活是实实在在的，她（他）们扮演的仍是日常夫妻的角色。

卡思德兰·莱涅（法国国家科研中心的研究员、社会学家）：这表现了对性欲的自由选择和建立一种持久联系的意愿，人们摆脱了一次性强加给他们的角色，以及摧毁个人的束缚。控制欲望产生一种暴力，表示这种暴力的虚伪性的结束，这也是自由的、长期的，表达对他（她）所选的这个人的感情和爱情成为可能。

网　友：嘉宾如何看待同性婚姻？他们/她们的婚姻是否应该合法化？

克里斯蒂昂·罗宾（法国新闻记者）：在西班牙、荷兰以及比利时，同性婚姻已经得到了法律的认可。在未来几年内，法国也不可避免地将同性婚姻合法化。目前已经存在了一种同性同居形式，法国现在有 30 万同性伴侣（男同性恋或女同性恋），选择这种方式结合。

家庭危机的影响

网　友：如果抛开传宗接代的问题，我觉得未来社会不结婚比较好。既然人们都是喜新厌旧的，结婚岂不是自戴枷锁？

王红旗：现实家庭的危机，离婚、婚外恋、家庭暴力，的确让好多年轻人对结婚产生恐惧，不愿意结婚。我觉得结不结婚都是自主的选择。但是，在中国结婚从来就不是某一个人的事情，周围会有各色“好心人”上前劝说，你能顶得住压力吗？再说，结婚在给自己戴上枷锁的同时，不是又多了一份爱的经历和人性的升华吗？因为家庭在某种程度上是爱的大学。反正男人女人的绝对自由是不存在的，横竖也得有个“圈”套着。

网　友：罗宾先生，有些法国丈夫暴打妻子，是否因为他们的妻子没有工作？

克里斯蒂昂·罗宾：在社会的各个阶层都有这样的暴力男性，对一个女人而言，挨打和没有工作没有必然联系。相反，受虐的妇女在经济上越独立，她越难向别人谈及自己所受的虐待，越难从中解脱出来。

王红旗：现在中国离婚率高达 58%，全国有 2.7 亿已婚女性，其中就有三分之一遭受过不同程度的家庭暴力。这种家庭暴力并不是只发生在愚昧落后地区的女性身上，在城市还多发生在白领、高薪家庭里，并且还有精神暴力。不过这几年防家庭暴力的政策法律、救助机构对救助遭受家庭暴力的女性发挥了比较大的作用，还需要政府进一步加大力度。

因为，有些遭受家庭暴力的女性，已经完全失去了反抗和自救的能力，有的碍于面子，在默默忍受中失去尊严，这都是很可怕的。应该予以特别关注。

“性”不可放纵

网　友：法国人讲究浪漫，法国家庭的夫妻周末的时候一般都干什么去？

卡思德兰·莱涅：他们喜欢沿着塞纳河或者在公园里漫步，或去看电影。他们做爱。他们烹饪美味佳肴。

网　友：法国有关于“婚内强奸”的立法吗？

克里斯蒂昂·罗宾：在法国，每 10 个妇女之中，就有一个是婚内暴力的受害者。

网　友：请问，性的欲望是放纵好，还是约束着好？

王红旗：性是建立在爱的基础上的，如果是没有爱的性，肉欲狂欢后的自我尊严往哪里放？更严重的是，性放纵会带来不堪收拾的健康和社会问题。美国"性革命"的教训应汲取。当然性是不可以放纵的。

网　友：性是建立在爱的基础上的？不对吧。男人可以为妓女勃起，那是爱吗？

王红旗：这是交易，不在一个层面上。

网　友：婚姻中的经济和政治倾向，你觉得会对家庭有什么样的影响？

克里斯蒂昂·罗宾：80% 的 25 岁至 49 岁的妇女都是职业女性。40 年间，职业妇女的人数从 600 万增加到 1200 万，整整翻了一番。这就在夫妻之间产生了一种新的经济和政治平衡。父权的结束在家庭中间缔造了一种新的民主。

网　友：现在离婚率居高不下，请问你是否赞同这种观点：是女性地位提高导致离婚率上升吗？

王红旗：离婚率上升的原因是多方面的，一方面是女性主体意识提高了，不愿意在不平等的夫妻关系中充当奉献者、牺牲品。另一方面是男性仍然掌握着社会的中心话语权和财富的制高点，诸多男性对妻子的才华智慧、经济地位产生恐惧和压力。他们能够接受高科技，接受现代化，就是不能接受妻子比自己强，因而选择离婚。精英男性因为财富和权力会得到现形和隐形的双重家庭，精英女性却会因为财富和权力而失去家庭，这是一种新的不平等现象。

卡思德兰·莱涅：当今女性拥有各种权利并且可以拥有一份薪水，确实她们的要求变了，但是男人的要求随着女性的变化也发生了变化，这不容易。每个人都想从另一半身上获得一切，在我的书《男性变性记》里谈到了这个问题。

网　友：社会压力很大的，舆论压力也很大，在中国你能被唾沫淹死啊。

王红旗：这就很需要男女两性改变陈旧的性别观念，无论男女，建立一种新的生存方式当然很难，要做勇士就要敢于承担。当然要建立在爱与关怀的性别伦理之上，以创造平等和谐幸福的家庭情感关系为目的。

网　友：在法国家庭里面，谁每天做饭刷碗带孩子？

卡思德兰·莱涅：还是妇女做很多家务、照料孩子，但是对年轻一代来说情况发生了变化，尤其是父亲与孩子之间的关系发生了变化，对此我做了很多工作，法国设立了14天的父亲假，其间年轻的男人们照料孩子、做家务、照顾妻子。人们认为他们的休假会更好地完成学业和工作。

网　友：那你对私生子怎么看？现在提倡不结婚，一旦不结婚有了孩子，这孩子的社会角色和心理状况怎么办？

克里斯蒂昂·罗宾：在法国44%的孩子都是婚外私生子，这个数字也是逐渐递增的。但是并不意味着这些孩子的出生是非法的。95%的私生子是被父母承认的，因此，有时不是婚姻创造了家庭而是孩子。

王红旗：母爱在孩子人格成长过程中是最重要的。作为母亲对孩子要讲真话，不要瞒或骗，真诚地告诉孩子，你被他（她）的父亲真正爱过，他（她）是爱情的果实。从小让孩子坦然面对自己的真实身份，那么孩子的社会角色和心理状态就会是正常的。

在同一地平线上

网　友：新时代的两性关系和家庭有什么新的内涵？

王红旗：新时代的两性关系，核心内涵就是两性平等和谐、相互尊重。特别是年轻一代，两性能够"在同一地平线上"起飞，共同成就事业与家庭。但是仍存在很多问题。由于人们对物质财富的高山仰止，以为有了金钱就有了一切，因而遮蔽了人性的很多缺陷，拥有钱和权的男人，对女性常持一种消费物化、性化的态度，女性也会把性色相作为改变命运的资本，因而这个时代的两性关系变得越来越复杂。新时代的家庭，以丈夫为核心的家庭模式在逐渐淡化，家庭大事都由丈夫和妻子两个人共同商量和决定，这对家庭的和谐很有好处。但是，现代家庭模式已经不限于传统家庭，比如丁克家庭、AA制家庭、周末家庭。

网　友：你认为中国女性与法国女性在爱情婚姻观念上有哪些不同？

卡思德兰·莱涅：法国女性努力地寻求一种感性的生活，寻求一种美好的性爱，而不感到痛苦，她们在很多方面寻找幸福的生活。我不知道中国女性是否可以在各个方面渴望拥有自由、幸福，我希望年轻人可以做到这一点。

王红旗：法国女性浪漫、时尚、优雅而精致，她们可以谈一辈子恋爱，恋爱和年龄无关，她们拥有婚姻束缚不了的自主。但是，中国女性的情爱观念也早已不是传统的被动等待和守望。她们也在追求爱情的浪漫和质量，她们的爱也色彩斑斓，只是因为文化的差异，表现的方式不同而已。

网　友：你对男主外女主内是怎么看的？你认为这样可以让家庭关系更稳定吗？

家的诱惑力

王红旗：传统家庭观念好像是如此。这种观念显然是偏向“女性回家”论的，但是，问题的关键不在于必须“男主外女主内”，而在于无论男主外还是女主外，家庭都要有很大的吸引力才能稳定。夫妻共同建起来的爱巢，才是最温暖的家，怎么会舍得离开呢？

网　友：法国人结婚是因为爱情，还是现实的考虑居多呢？

克里斯蒂昂·罗宾：结合（婚姻或同居）是个人选择的结果，也是他们爱情的结果。法国的结婚率越来越低（30 年间减少了 25%），因为越来越多的法国人认为他们的爱情纯属私事，不应该被政府控制。

网　友：你对“82、28”配，怎样看？

卡思德兰·莱涅：这是一种对数字神圣的颠倒，如果这是双方的选择，但是我等待反过来的一天，年纪很大的女人选择年纪很小的男人。对年轻一代来说，我发现男人和女人结婚时年纪差不多，这是由我调查得出的。

网　友：没有任何一个场所能像互联网那样实现充分意义上的男女平等，你认为这个观点对吗？

王红旗：当然不对。就像你可以在这个虚幻的世界自由驰骋，但是这对解决现实问题是无济于事的。因为人不能永远在虚幻里生活。正是因为现实中有很多的不平等，人们为了逃避现实才坠入网络，却又走进另外一种陷阱。这是对自我灵魂的一种麻痹。在中国男女平等是一项基本国策，需要两性在社会和家庭中以行为去实践和共同建构。

网　友：就杂志行业来说，中国“重女轻男”很严重！满大街都是女性杂志，根本就没有男性杂志！

新一轮的“被看”

王红旗：你以为满街都是女性杂志就是对女性的重视吗？杂志封面的裸体

美女、汽车广告配美女，各种消费化的取向早就把女性变成了商业时代的新一轮被看对象，我倒觉得是一种商品化、物化的扭曲。更有甚者，一些男性杂志简直是性欲望的狂舞，充斥着各种形态的女性身体，撩拨着男人的性欲，是一种精神的迷失和人性的滑坡。我们期待商业“新文明”，期待男女两性对话的时代。

克里斯蒂昂·罗宾：在法国有很多女性杂志，男性杂志较少。这些杂志通常只谈性、车子和票子。对我而言，我认为生活中还有其他的东西，新的世界应该建立在男女对话的基础上。我的杂志《罗宾》主要面向的是尊重妇女的男性。

网　友：你对“网恋”怎么看？未来“网恋”方式会不会促进跨国婚姻？

卡思德兰·莱涅：我认为，“网恋”体现了男女之间建立一种持久联系的困难，它变成一种真正的约会和交流方式，有人跟我说以这种方式约会有多快乐，以及有多顺利。对女人来说，困难在于躲开色情，所以她们必须提高警惕。

网　友：那在快节奏的生活里，婚姻扮演了什么角色？人们到底需不需要婚姻？

王红旗：现代生活节奏加快，现代人身心疲惫。如果婚姻是一种爱的结合体，夫妻可以共同应付来自不同方面的烦恼和压力，遇到困难可以互相依靠或搀扶，无论是女人投在男人温存的臂弯里，还是男人投在女人的怀抱里，都是一种精神和身体的真正休息和休养，性爱的最高境界更是灵魂与肉体的结合。在婚姻中分享情爱和性爱的幸福快乐是最有安全感的，人们当然需要婚姻了。其实婚姻在生活里扮演什么角色，主动权就掌握在你自己的手心里。需不需要婚姻更是你自己选择的自由。

忠贞、承诺成就婚姻

网　友：嘉宾如何看待中国的“包二奶”现象？

克里斯蒂昂·罗宾：法国是禁止“一夫多妻”制的，70% 的家庭都是传统式的，由父亲、母亲、孩子构成。有 20% 的家庭是单亲家庭（通常是只有母亲和孩子），而 10% 的家庭是再婚家庭（离异后重新组成的家庭，孩子有不同的母亲。你提到的现象在法国并不存在，这值得庆幸！）。

卡思德兰·莱涅：是的。但同时每个人的每段历史都是以男女之间区别和不平等为标志，我们可以说新的交流方式产生了，很幽默而且有时充满诗意，这很棒。

网　友：红旗女士，如果你的先生有了“彩旗”，你是喜欢“红旗”和“彩旗”并肩飘扬，还是要你的先生砍断“彩旗”？

王红旗：中国当然也是禁止“一夫多妻”制的，“包二奶”是不合法的。“婚外情”是对婚姻的补充，绝对是误导。这只是你的一种假设，如果你有绝对的魅力和智慧，“彩旗”怎么会飘过来？

网　友：有的中国家庭结婚后财产就糊一起了，你的就是我的，我的就是你的，你认为这有利于家庭和谐吗？

卡思德兰 · 莱涅：是的。家庭的建立，人与人之间的结合导致财产的融合。当然应该根据法律保护个人的人格和财产，这更有利于家庭的和谐。

网　友：人的内心有很多潜在欲望，是应该被压抑还是应该自由释放呢？婚姻是否就是一种独占呢？

王红旗：你说得很对。但是只要选择了婚姻，就应该用理性来控制欲望，这是人的境界，欲望是人的动物性。对婚姻的忠诚是永远不过时的。如果在婚姻里得到了最想要的爱情，证明有一个人始终在爱着你，虽然婚姻不一定就是两性最和谐的生活方式。那些在“围城”内外跳来跳去的女性，为了得到短暂的快乐，受到的伤害还少吗？

网　友：但是男人生理上的“性欲”和感情上的“爱”是可以分开的，这是客观事实。

王红旗：男人“性”和“爱”的分裂，女性“性”和“爱”的分裂，这都不是社会应该提倡的。人要在之所以为人的修行与责任中完善人性，无论男女，性与爱的分离都是社会家庭离乱的根源。

网　友：请问法国嘉宾，你认为婚姻中忠诚的含义是什么？单一的性伴侣就叫作忠诚吗？

克里斯蒂昂 · 罗宾：如果相信一见钟情，那我们就应该清楚地意识到，爱情也可以在瞬间结束。爱情不是永恒的，可以对过去的一段爱情保持忠诚，同时也可以开始一段新的爱情，这纯属个人选择。

网　友：“婚外情”属于爱情的范畴吗？还是道德领域的问题，法律如何定义？

王红旗：真正的“婚外情”当然属于爱情范畴。但是在婚姻家庭中的忠贞和承诺、责任和义务是第一重要的，这是中国的现实。“婚外情”的产生，在某种情况下源于潜在的“问题家庭”。当代人勇敢地走出无爱的家庭，追求真正的爱情是无可厚非的。但是当下真正的“婚外情”是很少的，而“婚外性”却是泛滥的。

女性就业存在不平等

网　友：问一个问题：法国妇女婚后工作的是多数还是少数？大概比例是多少？

卡思德兰·莱涅：大部分法国妇女在婚后，甚至有一个或两个孩子之后还继续工作，在欧洲婚后工作的妇女人数最多，虽然有些妇女想工作，但是为了抚养孩子还是放弃了。这是一种新的趋势，对她们来说很遗憾。她们想成为模范母亲，这是一种自欺欺人的想法。

网　友：在就业方面女性的劣势是明显的，法律同情女性并不等于男女能做出相同的成就。

王红旗：因为，现在还是男性文化中心的社会，表面上两性平等的就业权遮蔽了很多新问题，女性在职场上，性别歧视处处皆在，女性要做出像男性一样的成就，要付出更大的努力。但是当前的社会毕竟给女性就业提供了更广阔的空间，社会在进步。事实上，数以万计的精英女性已经挑战了自己的性别弱点，在事业上取得了惊人的成绩，这也是事实。

克里斯蒂昂·罗宾：目前对妇女而言，并不存在真正的平等就业权！80%的不稳定工作或兼职都是妇女在做。同一份工作，妇女的报酬要比男性低25%。法国的法律正在试图弥补这一点，规定企业的领导层中必须有20%的女性。

男人目前正在经历着一种“男性革命”，开始认识到自身的不足，并更加关照自己的儿女、妻子的生活，以及夫妻间的身体和心理平衡。男人的未来存在于一种敏感的男性特点中。这种特点对其他人，对妇女，对孩子和他们自己都是十分敏感的。很高兴可以通过网络与你们交流，希望下次在巴黎或马塞，在北京或上海能有同样的机会！

王红旗：中国男性也同样经历着一场性别观念的革命。正在忍痛撕下自己强者的面具，放下至尊的霸气，化解性别“阻隔”，完善自我人格，回归人性的本真。这是中国男性可贵的进步与解放，也是中国女性进一步解放的希望。祝福每一位女性朋友和男性朋友在明媚的春天里有一个好心情！

卡思德兰 · 莱涅： 我很高兴能和大家在一起，就好像我去中国旅游了。我梦想着去中国，我也希望你们来法国游览卢森堡公园，每天早上在巴黎我都透过我的窗户欣赏卢森堡公园和当中的一些浪漫的雕像。

中俄的女性写作与女性婚恋家庭问题

女性写作和女性多元生态

王红旗：中国女性写作从20世纪80年代至今，是一个崛起繁荣的时代，其中的原因很复杂。一个不可忽视的原因，就是女性意识的逐渐觉醒自觉化为了写作的行动。从外部环境来看，1995年联合国第四次世界妇女大会在北京召开，是中国女性写作发展的一个契机。当然，出版商对女性作家作品的商业炒作的持续升温，也促进了女性写作的多元繁荣。但是在繁荣的背后却隐藏着“另一种动机”，那就是文化市场经济利润的诱惑，使女性写作变成大众消费的时尚。而大多数人喜欢女性作品的最根本原因，仍是寻找心灵的沟通和精神的共鸣。

杰米多·妮娜（俄罗斯科学院远东研究所研究员）：以性别来评价作品不太公平，好的作品应该是不分女性作者还是男性作者的。我也看了中国的电视节目，谈女性在家庭怎样表现自己，谈话的有女人也有男人。男人说的话也有道理，比方说大部分女性喜欢跟她的朋友、家人聊天，和亲戚聊自己生活中各种各样的事情。

王红旗：但是男人认为，这个女人身边要是有个好男人，她就会失去这种习惯。对她心爱的男人不是天天只需要打一个电话，来表达自己的感情，而是要两个人在一起聊天说话。以性别来评价女性作品，是因为大量西方女性主义与性别理论被引入女性写作。现在女作家的作品，几乎是以女性受父权制压抑的切身经验，对男权文化观念、机制进行批判。在某种程度上，反映女性真实的生存文化处境，也是女性追求身体与精神解放的心声。

杰米多·妮娜：中国的女性写作大部分对女性有影响，不太影响男性。大部分男性不太看重这些小说，因为是女人写的他们不看。中国的大男子主义思想是很顽固的。

王红旗：的确存在这样的问题。据有关方面统计，购买女性作品的女性占80%，男性占20%。这也许是因为男性中心文化的心理积淀，认为女性写的就是女人那点事儿吧。但也许是因为阅读兴趣的差异，男性更热衷于政治、经济、计算机、现代化等。

杰米多 · 妮娜：女性肯定希望有很多人能阅读自己的作品，并且不论性别。但是，实际上她们就是给女人写的，只能说是女性文学。男人对女性写的作品都不太感兴趣。我问过很多男人，大部分是知识分子，也有的是个体户，他们都有说喜欢历史小说、武侠小说、纪实文学。我问女人这个问题的时候，也有些女人喜欢武侠小说，大多数女性还喜欢女性文学。我问的是中国人，俄罗斯差不多一样。

王红旗：可能更重要的原因是，女性读者在女作家的作品里能够遇见真实的、理想的、梦幻的自己。

杰米多 · 妮娜：现在俄国有好多人不想结婚，一般都说是男人的习惯。可是也有好多女人不愿意结婚，她们宁愿单独生活。有的是她丈夫有他的房子，她有她的房子，他们需要的时候就在一起生活。大部分女性都是做生意的或是想得到很高社会地位的，认为同男人在一起会影响她们的进步。因为他们拒绝做饭、照顾孩子，她们真的从内心里不想结婚。

王红旗：这种情况在中国也有不少。在中国的知识女性，越是年龄大、学位高的，越不想结婚。她自己想做什么就做什么。我们小区有些很富有的独身女人，她们宁愿养几只小狗逗着玩，也不愿结婚成家养孩子。这些其实是无可厚非的，因为当代女人有权利选择自己的生活方式。但是，作为一个女人不结婚，一辈子单独生活，在你的生活中好多女人应该享受的、应该遭遇的，你都没有亲身经历过，是不是也是一种人生的遗憾？

杰米多 · 妮娜：我非常同意你的观点。因为我大部分时间是过单身的生活，对我来说是一种悲剧，我非常难过。我认为一个男人在女人的生活里很重要，女人需要男人。不管是从感情方面还是从生活方面。不仅是生理性的问题。

王红旗：一个女人不管你在事业上有多辉煌，不管你创造了多大的财富，没有一个比较好的家庭，都是一种缺憾。事业很成功，有名誉、有地位、有威望，也是一种幸福。幸福是一种感觉，对每个人来说是不一样的。

杰米多·妮娜：无论是哪个国家的女性，都想得到幸福的生活，这是人性使然。你认为幸福是什么？每个人的答案都不一样。对你来说事业很重要，家庭也是非常重要的。如果让你选择事业与家庭，你会怎样选择？

王红旗：如果说二者必选其一的话，我肯定选择家庭。但是我也决不放弃事业。培养孩子也是女性事业的一部分。我常说，子女永远是母亲最重要的科研成果。如果所有的母亲都能注重孩子整体素质的教育和培养，对一个国家民族素质提高会有巨大作用。尤其是在现代社会。这种矛盾是可以处理好的。因为，现代社会为女性实现社会价值准备的整体环境好多了。

杰米多·妮娜：俄罗斯有很多女人，在经济条件允许的情况下，很多人宁愿不工作，待在家里做全职太太。现在女人这样的选择很多，有的很幸福，有的非常不幸福。这和她的丈夫有关系，如果丈夫有了外遇，那时她就不太幸福了。

王红旗：试想，如果女人失去了自己的工作，停止了社会活动，没有了自己的事业，那时候她的生活空间会变得很窄、很小，而她丈夫的生活空间在不断扩大，两个人认识问题的差距越来越大，就会产生多方面的婚姻危机。因此，这种生活方式不可取。

杰米多·妮娜：有预言家说，21 世纪一定是女性的世纪。其实男性的世界不太理想，不可能给女性带来比较好的未来。两性之间需要的是和谐。但是，男女在一起，“战争”就会一直存在。这仿佛是个世界性问题。

王红旗：在法国、美国、英国，20 世纪六七十年代时的两性矛盾特别尖锐。女权主义极端到不但要打倒男人，而且喊着要割掉男人的生殖器。当然，这与长期以来女性受父权制的压制有关，也许是历史文化的差异。我认为，无论如何这样的态度和行为是很偏激的，产生的结果与初衷是南辕北辙的。

杰米多·妮娜：当然是很偏激的。不管社会走到哪里，男人离不开女人，女人也离不开男人。不能因为男人在历史上歧视女人，现在女性就把他们踩在脚下。如果这样以血还血，以牙还牙的“战争”持续下去，女人还有什么进步可言。

王红旗：中国改革开放时期，男女平等作为基本国策，男女两性“战争”曾一度愈演愈烈。一方面是受西方女权主义的影响，另一方面是中国女性意识与个体生命意识的觉醒。但在某种程度上，混淆了“男权文化”与“男人”，把极端的利刃直指男性而导致性别“战争”，特别是女性文学中的男性形象几乎集体坍塌。其实性别平等的终极目标是两性和谐，男人女人应该从对立逐步走向对话。

杰米多·妮娜：达到两性和谐才是社会的进步，男人和女人才能都得到幸福。你说女人没得到幸福，男人能得到幸福吗？

王红旗：当然不能。性别“战争”只能使两性互相伤害，受伤害最大的还是女性。因为当代社会是男性掌握着中心权。

杰米多·妮娜：在俄国，大部分女性还是处于被动地位。我不知道在中国怎样，听说现在是女孩儿选择男孩儿，而在俄国是男孩儿选择女孩儿。

王红旗：我原以为，俄罗斯可能要比中国开放一些，通过你这么一说，我觉得从女性意识觉醒和女性生存现状来说，可能俄罗斯不如中国。

杰米多·妮娜：中国现在盛传一句话“阴盛阳衰”是不是？

王红旗：你对中国还真是有所了解。“阴盛阳衰”实际上是因为男人以前从来没有发现女人的进步和创造力，有一天他们突然发现女人走出家庭后，能在社会上做那么多事，情况就变了。男人很难接受，就制造出一个词“阴盛阳衰”。再说，当今是知识经济时代，不是用力量而是用头脑，女人的智慧潜能被前所未有地发挥出来，各个领域的女性卓越派越来越多。但是大多单位和企业掌握决策权的还是男性。

杰米多·妮娜：是的。男人还说女人是弱者，他们是强者，女人的所有能力都比他们低。在俄国社会科学院有很多女人成为博士，有的男人不太高兴，就说这个“太太”脑子出毛病了，她只顾事业。

王红旗：男主外、女主内，男强女弱，是男性传统的思维定式，不同国家、不同民族的男性又惊人的相似。习惯了女人的家庭角色与男人的社会角色分工，习惯了男人比女人强而更不容易改变自己。对女人在事业上的成就深感恐惧不安，好像是女人占领了他们的地盘似的。

杰米多·妮娜：我注意到一种情况。比方说，我们上大学时候，男孩子面对女孩子不会说脏话。但是现在情况变了，不管性别，男女生都说脏话，做什么事都不怕羞。比如性解放、非婚同居、婚外情，等等。如果从这个角度来看，这种性别平等我不能支持。对民族精神来说，那是可怕的倒退。

王红旗：当然。我们年轻的时候，谈恋爱就是想着以后结婚，不会去越雷池半步。现在有些大学生交朋友都是玩，我爱谁就要追谁，可以发生性关系，甚至可以同居，即使是有妇之夫也没什么。有些女大学生长得很漂亮，白天上课，晚上就到大酒店去做“夜陪”，美其名曰体验另一种生活。

杰米多·妮娜：在俄罗斯这样的情况也很多，一般的女学生都会有这样的性行为。有的女人想得到更多钱就去做这些事。有的女人是被骗的，比如一个女孩儿从外地来首都莫斯科，一个长得很帅的男人问她，你想当演员模特吗？我可以把你介绍给各种各样的人。这样被逼成妓女的人很多。因为她们来时都是十六七岁的女孩儿。

王红旗：实际上她们签合同的时候都是模特或是舞蹈演员等。这种情况是非常复杂和危险的。在中国的宾馆、大酒店的确有很多服务生或小姐是俄罗斯姑娘。

杰米多·妮娜：在俄罗斯，有的女人是为了家庭，自己决定去当妓女的。有的还是中学的老师，她们工资很低，如果没有丈夫的话，为了照顾、培养孩子，买吃的、买穿的、买房子，所以做这些事。很多情况都不一样，都有个人的原因。在俄罗斯这是非法的。但是无论非法、合法都会有问题。因为是坏人马匪在管理她们。如果女人的家庭有问题，男人有男人的选择，在外面那些漂亮的女孩儿还要追他们，男人是不会非常老实的。

在意大利，男人要是离婚的话会失去大部分的财产。如果有了孩子后跟妻子离婚的话，他要照顾妻子离婚后的生活。俄罗斯没有这种规定，女人离婚后，可以得到男人工资的一部分，但很少。

王红旗：中国颁布的《中华人民共和国婚姻法》（2020年修订），保护女性在婚姻家庭中的权益方面，做了很大努力。离婚后如果孩子判给了母亲，男方要付给女方孩子的抚养费。虽然法律规定了，但在具体实施的时候仍存在很多问题。

杰米多·妮娜：所以，有些男人在外面做什么过分的事，妻子都不管。实在不行，男人的态度就是你想离就离，反正我没有什么责任，因为他知道不会受到什么经济损失。

“爱”遮蔽了千年的性别秘密

杰米多·妮娜：你发现了一个秘密吗？在生活中，一般是男人想说什么就说什么，他们认为自己永远是正确的。女人都是男人想听什么才说什么，要不然你的家庭不会太幸福。

王红旗：这也就是“爱”下面掩蔽的不平等。表面和和美美很幸福，但是被爱情遮蔽了一个个的性别问题延续了几千年。所以女性意识是对自我生存经验的一种感悟。

杰米多·妮娜：我认为女人要有选择的权利，她想发挥很大的社会作用，还是她想待在家里，都由她自己定。当然女性和男性要有平等的权利，在受教育方面、就业方面需要平等，地位、工资也一样。还有就是职务晋升，如果一个女人比男人能干，就应该得到职位晋升。可是在俄罗斯很难做到。

王红旗：在中国也很难。在“中国妇女就业论坛”上，女性就业难的呼声特别强烈。虽然政府想了不少办法，鼓励和扶持妇女再就业。但是妇女失业问题还是比较严重。虽然存在现代化和社会生产力的矛盾，显性或隐性的性别歧视现象在各个领域还是很严重的。

杰米多·妮娜：现在搞社会性别问题非常流行，这是从西方传来的。中国是传统的社会，俄罗斯也是传统的社会，有的好东西可以向西方学，有好多不好的东西不应该学。

王红旗：不要说得那么绝对，家庭里女性意识、平等观念还是很需要的。特别是中国传统的核心家庭正在向现代式家庭转型，以男性为核心的家庭正在向以男女共同决策家庭过渡。在这个过程中，男性文化传统是很顽固的。在夫妻之间大男子主义有时候是以“爱”的名义来行使其权利的。

比如，反家庭暴力机构的成立，北京大街上数百块反家暴的告示牌的竖立，到电视连续剧《不要和陌生人说话》的热播与讨论，揭开了几千年来在“爱”的遮蔽下的性别秘密。因为，中国有句俗话“女人是男人买来的马，想骑就骑，想打就打”。旧式女人的反抗往往惨遭封杀。家庭暴力长期被认为是一个“家务事”而被忽视。现在有些女性照样被自己的丈夫殴打、毁容、锁阴，其残酷程度令人发指。请问俄罗斯的反家暴情况如何？

杰米多·妮娜：俄罗斯的很多传统与中国很相似。打老婆是常有的事，特别是在男人喝醉酒之后。受委屈、受伤害、受摧残的当然还是女性，性虐狂也是有的。但是女性为了自己的“家”、自己的孩子、自己的名誉，总是忍气吞声。这样更导致了那些男性的为所欲为。这和女性的经济地位和社会的进步有着直接的关系。

王红旗：我怎么也忘不了英国保罗·洛克利著的《走出婚姻暴力的阴影》中的开场故事。为什么社会进步了，在西方发达国家，家庭暴力、性暴力的发生率却仍然相当高。特别是美国对伴侣的虐待，其发生率高达已婚夫妇的三分之一。面对这样一个全球性的女性生存的现实问题，应该怎样思考它的根源，显得尤为重要。

杰米多·妮娜：男人想用家庭暴力来控制女性，来保持他在家庭里的永久性统治地位。长期被爱遮蔽的原因，我赞同你的观点，就是以“家庭”和“爱”的名义。具体来说真是很复杂。

宗教、婚姻与自我选择

王红旗：你说现在很多人选择在教堂过结婚礼，是因为到一般的国家单位办结婚，按宗教来说不算是真正的结婚。你所说的“国家单位”是指国家的婚姻登记所吗？

杰米多·妮娜：是的。按宗教要求，你需要在结婚的时候过结婚礼，才算是真正结了婚。东正教的教规是一旦你结了婚，没有教堂的允许就离不了婚。你可以在民间离婚也可以在民间生活，但是你和上帝之间的关系是有矛盾的。因为你没有得到允许。

在革命之前，从教堂得到允许离婚的只有两个原因，第一是丈夫或妻子不能生孩子。第二是丈夫或妻子有婚外恋。从宗教来讲，婚外恋是很要命的罪孽。

王红旗：我想问的是，东正教允许离婚的两条原因，是男人和女人平等享有的权利吗？你是说东正教也承认你有了婚外恋以后，就可以很快去爱另外一个人吗？

杰米多·妮娜：如果你可以证明你的丈夫或你的妻子有婚外恋，教堂就允许你离婚。但是，要拥有确凿的证据很难。你也可以去国家单位办离婚，可是第二次结婚时你就不能在教堂结婚了。所以你的第二次结婚不是正式的。

王红旗：把教堂看得很神圣的，只要信仰上帝，无论谁都可以进天堂。

杰米多·妮娜：差不多是这样，当然没有那么简单，教规很复杂，很严格。这种教义起着比较有控制性的作用，可是很多人希望自己死了以后能够升天。

王红旗：在某种程度上，这不是正好迎合了有些男人的心理吗？他们虽然有了外遇，有了情人，但还是可以不离婚，可以为所欲为。

杰米多·妮娜：假如妻子能原谅丈夫，就可以继续。在我们这个传统社会里，要是真正信仰宗教，就不会做那些事，人们的灵魂里面有控制，因为人们认为死了以后会受到惩罚。

王红旗：现在的中国宗教的力量并不像俄罗斯。比如近现代基督教的传播，不少女人加入教会后能和男人们一起做礼拜，参与宗教活动，有些女人在教会学校还受到良好的教育。可是新中国成立以来到“文化大革命”，中国的传统道德，孔孟之道、外来教会都被当作“四旧”或牛鬼蛇神砸掉了。只是在改革开放后，随着多元文化的形成，宗教活动在民间又渐渐兴起。我认为，宗教教义中的崇高精神信仰追求是扼制人性的恶，弘扬人性的善，是普济众生的。

杰米多·妮娜：俄罗斯的新生代大部分是没有什么宗教信仰的，等年龄大一点会越来越糟糕，真的。（很忧心的样子）

王红旗：我坚信，虽然他们和大部分中国人一样，没有加入什么宗教团体，但是中国人有人性爱与善的内在信仰。新生代会慢慢成熟起来，他们的心灵里正在积蓄阳光、养分和能量。因为真正解放女性的是女性自己。在读 70 后、80 后女作家的作品时，我发现，她们的作品中不仅有青春叛逆的无忌、失措季节的迷惘，而且有自我成长的真实记录，她们始终在冷静地反思，艰难地超越……带着稚嫩的执着，至爱的信仰。这就是希望。

杰米多·妮娜：这是每个人自己的选择。我想说的是，我们国家有东正教的传统，而且现在正在恢复。在新的现代化、全球化时代，很难保住许多有精神价值的东西，宗教将是一种保持伦理道德价值的方式。

王红旗：这样也找到了自己的精神寄托。教堂里的教士也都是人，也照样有善、有恶。其实人性是很复杂的。

在圣诞节的平安夜，我去过两次基督教堂，和信徒们一起唱圣诞歌欢乐颂，有些赞美诗我听不懂，那种温暖与美好的氛围，令我很感动、很难忘。我很尊重宗教文化仪式，特别是它的忏悔仪式。

杰米多·妮娜：是的。比如说婚外恋吧，好像女人婚外恋现象少一些，其实在俄罗斯女人婚外恋现象也很多。这些女人不一定是单独生活的，大部分都是结了婚的。为什么男人只想跟结了婚的女人搞婚外恋？因为他没有什么责任，她回家有她的丈夫，而男人有妻子。如果这些人真正相信宗教的话，婚外恋就不会发生了。

王红旗：那就是说，宗教的约束力对男女而言，假如他（她）做了那些不该做的事情，他（她）心理上就受到了惩罚，灵魂深处时刻在矛盾着，会活得更不舒服，更加痛苦，事实上也未必如此，有时候对他（她）也许会有限制。

男人、女人在哪里迷失？

杰米多·妮娜：可以尽量避免做这些事。在俄罗斯婚姻生活中女性最大的问题是男人喝酒太多，喝多了酒就打老婆，有时候也不一定打，就是天天都喝酒，喝得太多，是真正的酒鬼。而且有钱没钱都要喝，把家里东西卖掉买酒，酒喝足了以后还玩女人，婚外恋就是这样发生的。

王红旗：醉酒只是原因之一吧。其实最重要的原因是男人骨子里对女人的消费心理。在中国，中年男人有金钱、有地位、有威望、有别墅、有汽车，他们把消费女人看作享受生活。而有很多年轻漂亮的女孩儿非常喜欢这种父亲式的偶像情人，走路的时候把他的胳膊挽起来，好幸福的样子。中国有一句非常流行的话，"干得好不如嫁得好，嫁得好不如陪阔佬"。鬼才知道这种甘愿被消费的女性她们的爱在哪里、情在哪里。

杰米多·妮娜：在俄罗斯也有很多有钱、有地位、有别墅、有汽车的男人，莫斯科是一座大城市，像北京这样大，大部分商店里什么都有，比中国价格还要高，有钱的话想买什么就买什么。所以，女孩儿都想找这样的丈夫，要是漂亮的话就能找得到。

王红旗：这实际上是女性的精神软骨病，她觉得自己在社会上闯荡太累，就想找到生活的大树，爱情变成次要或不需要。

杰米多·妮娜：这不是我的性格，所以一直找不着这种大树。（大笑）

王红旗：现代人改变了纯洁的爱情价值观。在爱情上附加了更多的享乐主义、商业主义、实用主义。虽然这种情况以前也有，可现在比例越来越高了，以前可能是遮遮掩掩的、巧立名目的，而现在却是明目张胆的、赤裸裸的。

比如说，本来非常友好和睦，有过一段纯洁爱情、美满婚姻的好夫妻。妻子在公司里感觉到有的男人比她的丈夫有钱有权，只要他能给她一个眼神的暗示，为了达到某种目的，她就可以那样去做。给那些年轻的、美貌的女性机会多一些，悲剧就会多一些。

杰米多·妮娜：知道为什么吗？现在是市场经济改变了所有人的思维方

式，现在俄罗斯的都市生活，物质的诱惑对很多人来说是难以抵挡的。

王红旗：目前中国都市，各个阶层的女人都会受到物质和权力的诱惑，包括我们自己。但是有些女性为了权力、金钱，几乎完全丧失了人格尊严。应该说，她们虽然在物质方面不如那些有钱有势的男人富有，但是生活温饱问题已经得到解决，尤其知识女性经济已经独立了，还要找一个比自己更有钱、地位更高的男人做“情人”，其中的真爱有几分？心理层面的问题很复杂。

杰米多·妮娜：俄罗斯女性能够经济独立的还是少数。大多数女性还是要靠自己的丈夫。但是对爱情的看法我始终没有变。

王红旗：在中国女性都有一份自己的工作，不靠男人是能够活下去的。昨天在研讨会上，几个年轻女博士谈起做“全职太太”潜在的家庭危机时，大家一致认为女性一旦放弃自己的社会职业身份，在婚姻中就丧失了自我主体地位。

杰米多·妮娜：俄罗斯女性工资很低。特别是夫妻离婚之后要分开生活，如果房子是丈夫的，她就得搬走，还要带孩子，有的丈夫把所有的东西留给离了婚的妻子。要是不留的话她去哪儿？她怎么活着？（站起身来）如果是刚生了孩子或者孩子还很小，那生活就更成问题了。社会应该关心和帮助这样的女性。

无奈的“我们的家庭”

杰米多·妮娜：现在莫斯科有一个电视节目叫《我们的家庭》，每星期六播出一次，女人们可以来讲她们的家庭故事。有的家庭有婚外恋的情况，有的结了婚、丈夫有钱后存在钱与家庭的各种矛盾，她们都公开介绍私人的事，甚至包括做爱。我自己不能去做这件事。有很多年龄大的六七十岁的女人，还有很有名望的女人，都愿意介绍自己的事，被丈夫打，或者如何找到爱情、怎么爱，等等。我常听到这样的建议，要是你爱你的丈夫就忍让他，为了维护你的家庭你可以原谅他，因为家庭是最重要的。他失足了现在回来了，你最好原谅他。

王红旗：与中国的现状很相似。现代男人可以用不同方式拥有三妻四妾。《中华人民共和国婚姻法》对“第三者”也持批判否定的态度，但是社会上还是越来越多，对家庭危害越来越大。反过来说，如果把家庭破裂的责任一股脑地推到“第三者”身上也是很不公平的。其实造成离婚的原因有很多。婚外情不一定是婚姻的第一杀手。

杰米多·妮娜：可以说，大部分家庭都有“第三者”，可能是暂时的第三者，也可能是长期的第三者。有的离婚，有的等孩子长大了再离婚，各种情况都有。这个节目就是不要人们离婚。这个节目主张不管发生了什么事，家庭是最重要的。因为大部分人结婚之前都有恋爱的过程。

王红旗：这种保护家庭的倡导，遮蔽了一种性别不平等的真相。女性会更被动，男性会有更多的优越感。现在，中国的单身女人越来越多。虽然有的女人自己的丈夫很不理想，但是只要有了孩子也生活在一起，很无奈。你说一个女人从恋爱到结婚，再到过不下去了离婚，是爱情的内容和感觉变了吗？

杰米多·妮娜：对我来说，爱情的内容、爱情的感觉是一样的。对其他人来说不一定是这样。我的对象常说，你需要的是圣人，但圣人不存在。

王红旗：正因为这样，你认为理想的男人真的找不到。知识女性更容易陷入这种困惑。因为，她们各个方面对男人的要求都比较高，不可能像一般女人那样去迁就或放任男性。

杰米多·妮娜：我的要求不算太高，我只要保持自己的独立。

王红旗：可是男人就是不想让女人独立，这是女性与男性最根本的冲突。如果就像你刚才说的，他就不让我独立，他就不让我做事业，他就让我做全职太太，这是我绝对不能接受的。我认为，全职太太是一个温柔美丽的陷阱。女性可以叱咤风云，也可以小鸟依人。但是“小鸟依人”是暂时的，独立才是永久的。如果有时候两个人处理问题的方式不一致，生活上的相互关心不够，具体生活方面的冲突，还是可以调整的。

杰米多·妮娜：大的问题就是由这些小的问题发展起来的。你说我喝茶你喝咖啡，你为什么不喝咖啡，那你喝咖啡吧，我就是不喝咖啡，你就是这样老不听我的。

王红旗：哈哈！其实根本在于男性潜意识里的控制欲。他就想把你拉过来，让你听他的，他说怎么干就怎么干。大多数男人就希望像你说的这样，而女性往往觉得不能这样。这就是矛盾的关键。

杰米多·妮娜：男人喜欢女人这样，丈夫做事情妻子要支持，丈夫要妻子接受他的态度、他的看法，如果她有自己的看法，就得常吵架。

知识女性的生存与文化困境

王红旗：俄罗斯知识女性的生活情况怎么样？

杰米多·妮娜：比较难。我的地位不算太高，一直需要挣钱，但是在外面挣钱又影响自己的职业。比如我兼职给代表团当翻译，或者给公司当知识翻译都很累，也不会有更多的收入，我觉得很苦。大学教师的工资也不算很高，大体就是100美元，莫斯科的消费又高，工资是不够用的。因此有的女性宁愿有丈夫，因为两个人的收入合起来还可以。

我看到中国女性做生意的要比俄罗斯女性做生意的多得多，特别是中国知识女性，我认为已经非常解放了。

王红旗：其实中国女性内心也是很困惑的。现实生活有时难以预料，会不断出现新问题。有的是出走的当代娜拉何处是归程，有的是娜拉的丈夫出走了，娜拉应该怎么办。最近徐坤的长篇新作《春天的二十二个夜晚》，就写的是一个"娜拉的丈夫出走"的故事。

杰米多·妮娜：这倒是蛮有意思的。现在中国街上的女孩儿都非常开放，她们想说什么就说出来，大部分丈夫都听老婆的。我在中国住久了，和女性交往多了，也觉得有些女孩儿太传统，不那么自信，往往需要人的鼓励。

王红旗：你的观察还真有趣，中国从改革开放以后，女性在各个领域的参与多了起来，就说在家庭里，参与家庭重大事务决策的女性是60%（中国全国妇联2001年9月抽样调查数字）。

杰米多·妮娜：俄罗斯的现实也是这样。当然不是那么被动的、压迫的，只听丈夫的话。实际上你想过幸福的生活，要是你尊重你的丈夫，你可以让步一些，但是互相尊重，互相照顾，互想爱护这很重要。

为什么有那么多的男人会有婚外恋呢？因为家庭生活中他的妻子不照顾性爱的一面，认为我是他的妻子就够了，他要一直爱我，不管我成了什么样子他都应该爱我。但是，要是他认识了非常漂亮的女孩儿，怎么还会爱他难看的老婆呢？在外面漂亮女孩儿太有诱惑力了，你别忘了不总是男人追女人，有时是女人追男人。所以"第三者"的问题常是女的居多。做妻子的，应该用智慧让丈夫一直爱自己。

王红旗：女性自身要自省，很重要的前提是男人不花心。

杰米多·妮娜：女性解放就是要在政治上得到公平，社会地位和男人一样，她的声音和男人的声音一样大，这是很重要的。在一般的普通生活方面，每个人都有权决定自己的家庭方式、夫妻关系，这是私人生活。女性写作写的是什么？私人生活。如果她们写社会对她们造成的压迫，比如上班的时候，在办公室她没有什么晋升机会，男上司不让她们晋升，并且要与她做爱，如果她拒绝，就可能被辞退或被迫下岗。我认为这些东西需要描写。

王红旗：林白的长篇小说《说吧，房间》，就是这类题材的作品。这部小说通过对女主人公身体遭遇的描写，来揭示改革开放初期存在的重大女性社会问题，描写了女性面对生存现实难以承受的双重压力，“憔悴而隐忍地诉说”。

小说《说吧，房间》以老黑和南红的悲惨遭遇，很真实地反映了职业女性在追求事业的过程中，受到的精神上、物质上的重重压力。小说中的女编辑老黑进入报社工作，是因她丈夫的缘故。当她无法忍受丈夫的做爱，给她带来像刑罚一样的疼痛，而主动提出离婚后，紧接着便是单位对她的解聘。因为下岗失业，吃饭的钱、医疗费、女儿的入托费、房租水电费，等等，具体生活问题都无法解决，生活陷入了极度的贫困。为了生存，她开始了艰难的再次求职，但是，终因性别问题无法再就业。

杰米多·妮娜：在俄罗斯这样的情况也是有的，但文学作品表现得不太突出。这是真正的性别权力压迫。

王红旗：这篇小说中还有一个更悲惨的女性就是南红。她是艺术学院的毕业生，工作后因和老板闹翻，空手到深圳闯天下，到深圳后，便是频繁地更换工作单位和男朋友。更换工作单位是因为无法接受那些好色贪婪的男性上司不断地欺辱和性骚扰。更换男朋友是因为那些男朋友其实都只是把她当作一个“玩物”来对待。他们给南红带来的是一次次从肉体到精神的伤害。最后，南红因宫外孕大出血被医院误诊死亡。

杰米多·妮娜：这是女作家应该着力描写的，因为男人自己不想提这些问题。为什么大学生毕业的时候，社会上更重视男生？在外语系招生的时候女学生录取的成绩比男学生要高。在学校学习的时候女学生比男学生成绩还好，但是毕业以后当翻译的，在外交部工作的，大多是男性。他们认为，女性将来要嫁人、要生孩子。

女性，鱼和熊掌可以兼得

王红旗：这完全是男权文化对女性的性别歧视。改革开放以来，中国虽然给女性提供了更广阔的发展空间，但是女性找工作难，女大学生分配难，女性下岗首当其冲，甚至还有“女性回家”的论调。至于大学生录取的分数，是男女都一样。俄罗斯在女性生孩子期间有工资吗？女性生孩子之后，还可以回到原来的单位工作吗？

杰米多 · 妮娜：有的，但很低。产后你可以待在家里 3 年，3 年以后你可以回到原来的单位，这是法律。这指国营单位，私营公司是不可能的。

王红旗：现在的知识更新很快，3 年以后再就业，什么都得重新学了。中国法律规定的产假是 158 天，国企可以回单位继续工作，私营公司不一定给产后女性保留原来的职位。

杰米多 · 妮娜：有男性作家来写这些事就更好了。女性写这些问题很自然，要吸引男性来参与这样的写作或活动，与他们多沟通，找到对话的契机，对立起来当然无法互相理解。

王红旗：我们有一个女性读书小组，刚开始参加的都是女性，后来大家讨论应不应该让男性参与进来，大家争论得很激烈。有的说男性参与只会搅乱会议，影响大家的情绪。有的说男性坐在这儿谈话很不方便。不过，最后还是达成了一个共识，欢迎持各种观点的男性参与讨论，让更多的男性了解女性不是要反对男性，打倒男性，而是要反对男权文化。让更多男性了解自己既是男性中心文化的受益者，也是受害者。

杰米多 · 妮娜：是的。如果男女两性结合起来，在平等的基础上对话、谈判，意义会更大。没有平等就没有对话，世界上国家的关系和男女的关系都差不多。

王红旗：因为男性津津乐道男权文化的益处，对其害处认识不足，策略和态度是很重要的。如果能争取到男性共同解构男权文化对男人和女人的塑造模式，那么男女平等、两性和谐关系就会有希望。从性别观念上来讲，中国女性正在前进，男性还是慢了一步。

杰米多 · 妮娜：俄罗斯的男性也是不觉悟的。建构的目的实际上是政治上、社会上得到平等的地位。当然这是个人的选择。你最想要的东西、你认为最有价值的东西是什么？有两种人：一种是想对社会做出贡献；另一种人想对家庭做出贡献。

王红旗：其实在某种程度上，鱼和熊掌可以兼得。目前这种多元文化的形成，女人怎样生活，男人怎样生活，选择的方式会更多。张抗抗的最新长篇《作女》中，那群激情奔放、极度张扬的都市作女，虽然背叛传统，我行我素，独来独往，但是在经历了心灵“涅槃”后，会得到精神的重生。我坚信：中国当代女性绝不会放弃事业，也将会得到爱情与幸福的家庭。

印度宗教之都的女性生活多面镜像

宗教和男性文化合谋　女性陷入双重困境

王红旗： 你的会议演讲真激动人心，我感觉你还有好多话没有说完。从女性的发展方面来看，印度女性解放教育普及程度还是很高的，应当是对当代的女性思想精神解放起了相当大的作用。请问，印度现在教育教学上这么做，对社会上的女性生存发展有什么影响呢？

瑞卡本德（印度海德拉巴德大学教授）： 印度的妇女运动已经有 100 多年的历史了，起源于反抗英国殖民统治时期。反抗英国殖民统治胜利后，我们国家得到了民主独立，人民得到了自由，从法律上说男女是平等的。但实际上，在社会与生活中女性还是存在很多不平等问题。

王红旗： 印度妇女运动的历史与现状和中国有些相似。中国的妇女运动，也是伴随反帝反封建的殖民与压迫的中国社会革命，走过了百年的女性解放之路。

瑞卡本德： 在印度的大学里，对男学生和女学生的培养投入是一样的。但是，印度有一种种族制度，男孩儿与女孩儿结婚，对女孩儿的要求是不同的。

因为，女孩儿在家庭里没有财产分配权，没有财产继承权，所以在结婚出嫁时必须有很多陪嫁。印度的女孩儿结婚嫁妆制度非常厉害。女孩儿要有很多的嫁妆，在丈夫的家里才可以生活下去。如果没有足够的嫁妆就会经常受到欺负或者被杀死。由于妻子家庭送嫁妆怠慢或者三心二意，导致杀妻的报道数量很多，这样的现象现在还很普遍。

王红旗： 从历史上来看印度女神居多，为什么女性的地位现在还如此低下？再者，印度作为一个宗教之国的“善”的教义又是什么？为何女性受教育后这种状况仍没有改变？

瑞卡本德：从古至今，印度人就匍匐在母亲女神之前，但这并不是心甘情愿的。因为从吠陀时期开始，印度人就以男性的神、竞争的丈夫与女神斗争。

王红旗：我了解的印度宗教是以对雄性上帝的绝对尊崇，逐步把女性置于劣势地位。虽然它综合了许多宗教传统，即包含着各种相互对立或强调男女互补的性别等级结构思想。

瑞卡本德：虽然有些女孩儿受的教育比较多，她要去工作，也很独立，也有经济来源。但是从观念上说，她要结婚，并且要和丈夫在一起，不愿意离开家。在印度都不愿意养女孩子，如果养了女孩子，就等于把家里的东西都陪嫁走了。

因为这种观念现在还很流行，造成男女性别比例相差很大。2002 年女性的比例下降特别厉害，很多村子几乎找不到女孩子。

王红旗：中国传统文化“男尊女卑”的意识，也造成中国偏远落后的农村男女出生性别比例严重失调。但是和印度不同的是，不愿意养女孩儿的原因是“嫁出去的女孩儿是泼出去的水”，不能为家里传宗接代。在城市里男女出生性别比例区别并不太大。

瑞卡本德：印度的现状是，虽然有很多女性受过教育，但她们更多的还是留在家里。在街上可以看到一些有工作的女性，她们开着车，开着摩托，下班之后去采购，去做一些事情，但是绝大多数女性还是在家里处理家务。

王红旗：其实，宗教文化和男性文化的合谋，更使女性解放陷入双重困境。据史书记载，印度婆罗门教的妇女教育是如何侍候丈夫，当其兄弟出门研修时婆罗门教女孩儿则在家里学习家务和家祭宗教礼仪。她们进入成年的标志是结婚，而不是其他仪式，结婚年龄一般都大大早于她们的兄弟，十来岁甚至更早就结婚。与她的丈夫一家生活在一起，在宗教仪式中，听到的是丈夫家祖先的名字，婆罗门教教她学会像敬神一样崇拜自己的丈夫，亲自为他做饭、端饭，以保证食物的清洁，娱悦他并表明对他的忠贞。而女性如今就在传统与现代文化的夹缝中，艰难生存。

瑞卡本德：印度现在有一种酒，它的出厂价是 1 个卢比，经过中间商转手后价格是 56 个卢比，最后卖到 100 个卢比，税收 82 个卢比。这种酒，男人和女人都特别喜欢喝，造成很大损失、很多混乱，政府下定决心取消这种酒，取消这种酒后税收减少很多，引起很多人反抗，扔辣椒粉什么的。这个活动是人们自发的。

王红旗：为什么女性也喜欢这种酒呢？

瑞卡本德：她们要哄孩子睡觉，要唱催眠曲，喝了这个酒后唱歌非常好听。

王红旗：实际原因并没有那么简单吧。极端消费主义有时会让人疯狂。

瑞卡本德：有些穷人一天只吃一些水果，他们非常穷还要喝这种酒。男人喝了酒后经常打老婆孩子，把头发也剃掉了，到处惹是生非。女性就不愿意，女性的项链和首饰都是很珍贵的，为了表示反抗就把首饰都扔掉了，想着不过了。她们提出口号：我们要水，我们要学校，我们要医院，我们不要这个酒。这个活动持续了两三年，虽然政府也采取了一些措施，但是到现在也还是这样的情况。

王红旗：看来印度女性还是很有反抗精神的。虽然印度诸多宗教里女性显然处于"第二性"，但也有一些重视女性权利的传统。因为印度女性认为诸多的女神可以赋予自己巨大力量。

瑞卡本德：现在有一个地方上的议会，有一些女性参与了，参与率已经超过30%。但是在政府议会里，在其他机关里，女性参与度就没有那么高了，还是以男性为主体的，但女性已经意识到这个问题了。当时有12位女性也要参加，但没有被允许。总的来看主要还是男主外、女主内的意识主宰着人们的行为。但是女性已经开始觉醒了。

婚姻乃父母之命　以族姓和宗教决定

王红旗：中国近30年来，女性的婚恋观念、价值观念都发生了很大变化。印度女性的择偶标准是一种怎样的情况？

瑞卡本德：在大学里，男生对女生都非常友好，他们之间的交往也非常多。但是婚姻都是由父母来决定的，而且是以族姓和宗教来决定的。一般女性几乎没有选择配偶的权利，除非是已经移民到国外去的，就不必依照族姓和宗教的规矩，一般来说都是由信仰的宗教来决定的。

王红旗：100多年的印度妇女解放运动，实际上对女性生存现状并没有太大的改变。在中国婚姻大事当然都是由女性自己做主。

瑞卡本德：事实是这样的。在印度，女性解放的道路还是任重而道远。因为我们有不同的族姓，不同的群体，不同的群体对事情的要求是不一样的。你这个族姓说我对女性有什么观念，那么另一个群体可能会说，你们和我们没有共同的语言，我们是主要的。有些保险公司提出为女性上保险，后来这件事受到很多地区各方面人士的反对，他们说这个女性既然到保险公司上了保险，那么就让她所有的东西都到保险公司去要好了，地方各方面不会给予女性任何保护，就等于没有任何的福利措施了。

王红旗：也就是说，在印度，无论在怎样的文化规范制度里女性都属于弱势群体，甚至从文化传统和决策者那里女性都是被忽略的。中国有男女平等的基本国策，有各级妇联组织的倡导、妇女研究机构和大学性别平等课程教育的广泛开展，“反家暴组织”的建立等，女性的多方面权益基本上都得到了保护。但是也难免有时会出现对女性的歧视，因为男尊女卑的传统观念太根深蒂固了。在印度问题也很严重。这是不是你走上女性学研究道路的主要原因？

瑞卡本德：我一直对这个问题比较感兴趣，学生也经常问我这样的问题。在家里和我的丈夫也常常进行争论。我在拉巴德长到 10 岁，拉巴德是个圣地，因为这个地方是印度两条圣河的交汇处，是印度宗教非常重要的地方。在这里有一个非常重要的活动叫 GONY MAI LAN，这个活动就像麦加朝圣似的，是特别隆重的盛会。

我在那里曾遇见过一个寡妇，我会遇见这个寡妇，是因为通常印度人都让寡妇到一个叫 WENNADUN 的地方集中居住，她也去参加 GONY MAI LAN 活动，是因为要到那个地方去沐浴，沐浴完后再回去。我遇到那个寡妇时她告诉我，她从 8 岁开始守寡，一直守到现在已经 79 岁了。寡妇就穿一身白衣服。每天早上 6 点起床，除了吃一点东西，就是天天看圣书。我感到很奇怪，我就问我的妈妈和我的亲戚，寡妇为什么这样？我妈就说我想得太多了。

王红旗：印度男女正常结婚年龄的差异太大，女孩儿往往十来岁甚至更小的年龄就结婚，守寡期可能会很长。在这一段凄凉的日子里，寡妇被认为是不吉利的、不干净的、不幸运的，成为在家庭大事或仪式上最不受欢迎的人。而这些寡妇成为僧侣绝不是她们自己的选择，是宗教文化传统造成的。

寡妇天天读圣书，她希望自己死后灵魂可以转世，可能还包括下辈子转世成为男人。这一点与中国的情况很相似，那些妇女的轮回被描述为一系列的顺从关系。你认为，印度的宗教对女性解放来说是一种束缚，还是另外一种精神的出路呢？

瑞卡本德：宗教对印度女人来说特别的重要。比如从内心来说我是很现代的。但你看我额头中间的红点代表我已经结婚了。因为传统上额头上点红点表示已婚。这又是很传统的。我们戴首饰也是表示已婚。我的头饰有些已经不戴了，但这个红点结婚了的都点着。我和我的孩子们宗教信仰都是很浓的。但到北京以后问北京人，都说没有参加过宗教仪式。所以宗教对人的影响还是很大的。

王红旗：印度宗教对女性解放的影响，无论从哪方面讲都是很大的。古代印度的《摩奴法典》里有如此的表述："那些儿时应服从其父，年轻时应服从其夫，其主子逝去则应服从其子，女子永不独立。"这与中国"三从四德"的妇礼惊人的相似，而对寡妇的限制更加严厉，你现在仍能亲眼看到寡妇这种凄凉的境况。更有甚者是在印度某些地区，仍然可以偶见寡妇在丈夫葬礼的柴堆上自愿或非自愿殉夫的自焚献祭。而这样被誉为"良妻"的行为，这当然是对女性的压迫与戕害。

瑞卡本德：但是，现在这种现象正受到印度女性权利维护者与倡导者的批判。以前可能不是很好。但现在慢慢地在改变，虽然速度很慢。你看印度的传统服装通常是不改变的，我看你们都穿一些现代的衣服。从内心里来说，我们也是很现代的，现代的青年人听的是流行歌曲，但是服装仍保持自己国家的民族特点。

王红旗：中国是一个多民族的国家，56 个民族各有各的服饰文化特点，太丰富了。虽然平时衣着比较随便，但在盛大节日庆典时，还是很有民族特点的。

女性生存呈多元态势　底层女性值得被关注

王红旗：你作为知识女性，当你的事业和家庭发生冲突时，你和丈夫会如何处理？

瑞卡本德：我肯定会大力支持我的丈夫，家庭对女性来说是十分重要的。我和丈夫相处得很好，我们有三个孩子，我外出时他会照顾我的家和三个孩子，即使我一段时间不回家也非常放心。他是非常有家庭责任感的。

王红旗：真是一个平等和睦的家庭。其实现代家庭夫妻双方应该互相配合，共同承担起家庭的具体事务。是不是知识男性还是能够自觉地参与家庭劳动，或支持并参与女性的解放的呢？

瑞卡本德：我们不反对男性。因此男性也会参与进来，也是支持女性搞解放运动的。但是女性与男性的劳动待遇差别很大，存在严重的不平等现象。如印度的制烟业很发达，要有中间商把烟叶采来放到烟厂的加工厂里去加工，很多贫穷的女性就去制作卷烟。大概是做 1000 个给 50 美分，劳动力非常廉价。因为制作卷烟很熏人，工作环境极差，只有女性来做，男人是不做的。她们把烟叶做简单的最初加工，把它卷起来，缠起来，然后男性把它运到烟厂或者运出去。在劳动当中女性不但挣的钱很少，健康也受到严重影响。因为每天要工作 18 个小时，眼睛被烟熏得视力下降，腰也直不起来了。

王红旗：底层妇女参与社会劳动的不平等现象，其根本原因是贫困。她们没有独立的经济地位，精神上没有独立的自我，更何况宗教教化其永远没有权利随自己的意愿行事。

瑞卡本德：是的。这种情况大部分发生在低收入的女性身上。很多乡村里有 1 万多名穷困女性去做妓女，她们碰过的东西别人就不愿意再碰，她们喝过的水别人就不愿意再喝。

她们不被社会法律保护，但她们的孩子是为社会所接受的。根据宗教的观念，孩子可以被社会接受，但母亲不被社会接受。这件事我也很难说清楚到底是好还是坏。妓女的地位比较低，她自己本身是受歧视的，但她生下孩子后要起誓，起誓她的孩子有一天要到比较高级的家庭中去，把孩子放在农村，放在别人家里，让别人去代养，她的孩子就被认为是好的了，然后就被社会接受了。

王红旗：妓女的孩子改姓，转送给别人家或者被社会收养，才能被认为是好的，才能被社会接受。如果母亲自己养，孩子就会受到歧视而不被承认。这实际上是剥夺了妓女做母亲的权利。那么在印度好母亲的标准是什么呢?

瑞卡本德：对我自己来说，也是双重的负担。一方面要处理好教书的工作；另一方面肯定要照顾好家庭。在印度做饭是很费时间的，也是很繁重的家务。但我一般都会认真尽心去做好，平常可能会生活很简单，吃一些面包就算了，但是一到周末肯定要做很丰盛的饭。

王红旗：在印度，知识女性的生活环境相对比较好。有没有不结婚独身的女性?

瑞卡本德：不是很多。在印度绝大多数女性是要结婚的。在中国怎么样?

王红旗：社会上的知识女性尤其白领知识女性，她们所受的教育程度越来越高，事业发展得越来越好，有了独立而高额的经济收入和独立意识，又找不到理想的男性，或者对事业与家庭双重负担的恐惧，再加上社会文化的逐步宽容，知识女性对自己的生活方式有了多种选择。有的不愿意走进婚姻而愿意单身。

瑞卡本德：在印度可能现在没有，但也许会有，越来越多的女性慢慢可以这样生活了。刚开始会有来自各方面的压力，慢慢随着社会的全球化，是否结婚这件事情就会变成私人的事情。在这个时候就会慢慢被接受。现在女孩子还受到来自父母给她们的巨大压力，父母会不断给她们施压，促使她们赶快结婚。

王红旗：你是一位非常好的母亲！你的三个孩子现在多大啦？

瑞卡本德：我有一个女儿20岁，两个儿子12岁，是双胞胎。你的家庭呢？

王红旗：我有一个儿子19岁，在中央美术学院油画系读大二。我丈夫是搞企业的。

瑞卡本德：印度也搞过像中国式的计划生育，当时的印度总理就因为让女性少生孩子而下台了。印度大多数女性反对计划生育，并宣言："生孩子是我们自己的事情，你们控制和决定不了我们。"我看过一些关于中国的书，在中国男孩儿非常受重视，而女孩儿常会被杀掉，是吗？

王红旗：有少数残害女婴的事件，但绝不是女孩儿常会被杀掉。因为中国传统文化认为，男孩子才可以传宗接代。中国的计划生育，鼓励女性只生一个孩子，不管是男孩儿还是女孩儿。

瑞卡本德：听说在中国超生是要罚款的，要罚多少钱？

王红旗：在前些年罚金由当地政府来定，罚几千元或者更多。那时像我们在公有制单位工作的，如果违反计划生育，就会马上被开除公职，用这种方式来限制超生，减轻人口增长所带来的社会压力。那个阶段大多数人能够理解这种政策。

瑞卡本德：在印度如果只有一个孩子，就不知道应该怎样调节心理。因为周围的人会不断给你施加压力说：一个孩子怎么能行呢？怎么适应呢？于是过了好多年后，我又生了第二胎，还是双胞胎。得亏我从丈夫那里得到了很多支持，他在家也做家务，周末他都在家里待着。

王红旗：虽然你们思想上比较传统，但是有一个比较现代化的家庭，比较自由平等。

（翻译：中华女子学院陈丽君教授）

一场中美女性命运与现状的讨论

美国的“W 代表女性”运动与百万妇女大游行

王红旗：这是一次特殊的讨论会，是中美女性表达友谊的肺腑之言。在中国妇女活动中心会议室里，悠扬的乐曲声和温馨的氛围中，美国妇女协会的女性和《中国女性文化》学刊的编辑们，展开了一场关于中美女性生存现状的讨论。请问，就在你们来中国的前几天，美国华盛顿发生百万妇女大游行，这次游行的意义似乎对女性的生活影响很大。

朱迪斯·L. 怀尔德（美国文化革新中心总裁，以下简称朱迪斯）：2004 年 4 月 25 日，在美国华盛顿发生了 50 万人以上的大规模示威游行，这次游行其实关系到布什政府的再一次当选。在美国即将进行大选之前，出现了以前没有的现象：那些以前从未参加过选举，从未行使过选举权的人，开始意识到参加选举的重要性，越来越多的无党派女性，也开始关心起大选。最主要的原因是共和党与民主党的女性政策不太一样。哪一个党派上台，与女性的生活密切相关。

1996 年克林顿以 10% 的选票优势继任美国总统，关键原因在于他的妇女政策得到了许多妇女的拥护。2004 年大选在即，眼看着民主党的总统候选人约翰·克里及其夫人在选民中的声誉越来越高。因为共和党布什想要继任，便将选票的重心放在了女性方面。布什竞选班子使出重要新招———发起“W 代表女性”运动。布什身边许多“重量级”的女性纷纷出动，分别以不同的方式强调布什对女性的重视，积极争取女性选民的支持，为布什的连任加油助威。

但是，这次空前浩大的妇女游行，却是对现任总统布什发起的挑战，抗议布什政府对妇女堕胎权利的过多限制，实际上已经侵害到妇女的权益。因此，美国的各种妇女协会，一个重要的工作是为妇女争取可以自由选择堕胎的权利。2003 年 11 月，布什签署法案，规定胎儿一旦基本成形，就禁止医生为怀孕妇女进行堕胎手术。但是这是违背美国宪法的。1973 年，美国最高法院裁决妇女拥有堕胎的权利。自由选择堕胎是妇女幸福生活的保障，决定权应该在妇女自己手里，而不是在别人手里。如果不让妇女进行合法、安全和干净的堕胎，无异于将她们推离幸福生活，等于让她们自杀。

王红旗：布什为了竞选获胜，一方面发起“W 代表女性”运动，让他身边许多“重量级”女性纷纷出动。另一方面又在禁止医生为怀孕妇女进行堕胎手术，侵害妇女已经拥有的堕胎自由权利，对女性的生育选择权进行控制。这当然对女性的健康和事业发展是非常不利的。那么，当前美国推出了什么样的有利于女性事业发展的新政策来弥补其过失？

玛莎 · 伯克（美国妇女联合会主席，以下简称玛莎）：当然，从法律法规上讲，妇女应该享有的权利都有，但实际上不是这样的。美国对妇女的劳动保护和社会保障很差，应该与男人享有的平等权利也没有，社会福利也很低，即使你的工资很高，但是很大一笔钱都用来缴税了。美国妇女也不能享有 6 个月的带薪产假。但是我们一直在争取。美国是一个比较民主的国家，但是也有许多弊病。

王红旗：中国女性享有 158 天的带薪产假，是指事业单位和国有企业。在外资与合资企业，股份制等民营企业里，实行的都是聘用制，不一定有 6 个月带薪产假这一说。据调查，在女性的生产期各个企业给女性的待遇是不一样的，生孩子可能会造成女性的下岗失业。因此很多年轻的知识女性为了保住工作，有的只能选择独身或丁克家庭。但是这些不稳定因素又常使女性失去安全感，产生婚姻和生育恐惧心理。从而严重影响女性的身心健康和事业发展。我们的各级女性组织都在为争取女性的权利而行动。我想知道美国在争取女性权利方面，有什么具体的行动？

玛　莎：我们现在主要的工作是推动议会颁布相关的法令，并且具体实施保护妇女权益。美国政府不是特别相信女性应该拥有这些权利。我们正在做的最主要也是最紧迫的一件事，便是为女性争取到可以自主选择避孕和堕胎的权利。现在美国议会正在讨论这件事。美国有很多贫困的女人，实际上美国妇女的收入普遍都比男性低。美国政府认为女人摆脱贫困的方法就是结婚，这是非常不正确的。女人应该工作，我们正在为妇女争取平等享有工作的权利。而海迪的工作正好在理论和实践上给了我们很大的帮助。

海迪·哈德曼（美国妇女政策研究所总裁，以下简称海迪）：我们与玛莎的配合主要体现在她们要推动什么政策，我们便针对此政策进行相关的调查和研究。

玛　莎：在过去的40年中，我们所争取的女权并没有达到要求。当然有客观原因存在，法律上制定了平等收入法、平等就业法，等等。但是在一些公司的章程里并没有写明一定要按照法律办事。如果女员工在利益受到损害时，不主动控告公司，就没人理会。即使女员工提出起诉，也会等待很长时间或者遇到各种各样甚至更多的麻烦，于是很多女员工此时便没有了信心，只好撤诉。因此，平等的权利依然无法得到保障。美国的法律应该得到修正。现在我们发现及时马上着手去做，也并不是很现实，要保障女性的权利，法律不一定起到实际作用，真正起作用的是公司内部的规章制度。我们现在转变了策略，让公司制定相关的平等条例并严格执行。

海　迪：我相信女性在工作中的作用将会越来越大。女性非常聪明，充满活力。但是女性退休的年龄越来越小。从55岁降到50岁又降到45岁，这是一个非常不平等的现象。但是要改变这种状况也不是一天两天的事，只能一步一步慢慢地来。可以建议每一年将女性退休的年龄推后一年，将男人退休的年龄提前一年。渐渐地男女退休的年龄就一样了。

没有国界的“性别玻璃顶”

王红旗：女性在工作中仍然会遇到不公正的待遇，仍然会有性别歧视，这个“性别玻璃顶”是没有国界的。虽然美国是经济发达国家，中国是发展中国家，但是男性中心文化却都是根深蒂固的。我们都相信比智力女性很可能出类拔萃，但是在大多数男性决策者制定的倾斜规则里，女性本身就属于劣势，女性的智慧和创造力往往会被扼杀和抑制在成长的路上。美国妇女百年的抗争为女性赢得了不少的权益，但是到了今天美国政府不是仍然认为女人摆脱贫困的方法就是结婚吗？我赞同海迪的观点，打破“性别玻璃顶”不是一天两天的事，而是女性长期的使命。

刘诞丽（美籍华人，作家、社会活动家）：“性别玻璃顶”是目前在职场上非常流行的名词，用来形容女性在职业生涯中遇到的一种障碍，而这种障碍是由她的女性角色带来的。对于大多数女性来说，做到中层领导职位就很不容易了，如果想要进一步晋升，就如面对一层透明的玻璃顶，未来看上去就在眼前，却怎么也跳不过去。

朱迪斯：我认为，在中国这种“性别玻璃顶”非常严重，这种不公平待遇、性别歧视将会继续存在。在美国也一样，女性得不到平等的待遇，找不到满意的工作等。这是以男性为中心的社会，对女性社会角色的不同期待，带给女性无形的困惑，也给女性在事业发展的过程中铸就了一层透明的“玻璃顶”。在传统的男性中心文化中，接受女性领导是一种“耻辱”，即使选择一个具有领导能力和潜质的合适的男性与选择一名合适的女性领导的难度一样大。但是在人们的传统观念中，男性比女性更接近现成的理想老板形象：强劲、果断、待人的度量、看问题的高度和处理问题的策略水准。

王红旗：你对男性的社会文化心理批判是一针见血、正中要害的。这种传统的男性中心文化，不仅为女性发展铸就了一层透明的“玻璃顶”，也为男性自己造就了一个悲哀的神话，在中国 20 世纪 80 年代末 90 年代初，一批中年男性精英为此付出了生命的代价。但是许多男性仍对女性的成长感到极度恐惧和“耻辱”。

因为社会文化里对财富的激赏，一批男性在经济上获得的巨大财富，遮蔽了他们精神和人格的拒绝成长问题，他们高高在上，霸视一切，更感觉到接受女性领导是一种“耻辱”。因此到了 21 世纪初，“性别玻璃顶”仍然存在。虽然男性已经喊出了“太累”，虽然女性在更多的领域里获得卓越的成绩。男女不平等现象还是很严重的。

刘诞丽：比如现在妇女退休的年龄越来越小，以前是 55 岁，后来提前到 50 岁，现在有的地方还出现了 45 岁必须退休的规定。这种缩短女性工作时间的做法，充分说明了对女性能力的否认。这当然是性别歧视。

玛丽 · L. 卡苏尼克（美国地区老年协会的主席兼总裁，以下简称玛丽）：其实在美国也差不多，许多女性只能做报酬非常低的工作，比如保姆、管家、饭店服务员、护士等。尤其那些单亲家庭的女性，即使她们干四五份工作，收入也不能维持生计，而且美国大部分女性都在全职工作。

朱迪斯：当然不全是这样。美国也有相当一部分妇女做到了公司的高层职位，在仕途上也有比较好的发展，有的还升到了公司的董事或总裁的位置，拥有自己独立的企业。这在文化革新中心是普遍的现象。但是低薪阶层的妇女不是亚洲人，也不是白人，而是黑人和墨西哥人。这跟教育有很大的关系。

玛　丽：在美国做总裁或董事长的女性比例非常小。有一个问题是，许多女性在结婚之后，会花至少一年的时间生小孩儿和照顾孩子，或父母年岁已大，身体状况不佳需要照顾，她们通常会中断自己的职业生涯，在家做几年的家庭主妇。而她们的工资也不是很高，缴纳的税款自然也就少。她们的社会福利金和退休金都很少。

家务到底由谁来承担

朱迪斯：今天我和一个杂志社的编辑一起吃饭，问她在家做饭吗，她说通常都是她丈夫做，父母在的时候由父母做。因为她没有时间，也没有兴趣做家务。现在情况变了，越来越多的年轻女性把大部分时间花在自己的工作上，而不是家务上面，而男性越来越多地走进了厨房。这一点，中国和美国非常相似。与我们同桌的一位男士也说他在家几乎包揽了所有的家务。

刘诞丽：你接受的教育程度越高，你做的家务就越多。

王红旗：夫妻共同做家务，是一件非常快乐的事，平时谁有时间就多做点，无可厚非。我常想着法子把家里捣鼓得更温馨些。特别是周末和先生一起买回肉、鱼、青菜，我会做出几道我认为儿子最爱吃的拿手菜，先生和儿子吃得越带劲我就越高兴。年轻的时候也许是事业第一，但人到中年后是家庭第一。在中国看起来很现代的丁克家庭、家务劳动 AA 制家庭，女性却承担了更多家庭破碎的苦痛。家是一个酝酿亲情的温床，家务劳动可以 AA 制，那亲情和夫妻情爱也能 AA 制吗？女性主义的家庭理论是有一定局限性的。

朱迪斯：这种情况在美国也时有发生。为了避免出现这种情况，许多女性都选择在 40 岁以后开始工作。也有一些女性像玛丽一样选择了单身。

玛　丽：我一直到现在都没有结婚，虽然年轻的时候有许多可以结婚的对象，但是我为了工作都放弃了。我从年轻的时候开始就不停地努力工作，当然也换过好多工作。在不同的时期工作都非常不同，但都是我喜欢的。不过单身生活让我有了更多选择的可能性。

刘诞丽：我的女儿，直到现在也是为了工作没有结婚。而我也是到了 40 岁才开始我的事业。我的先生是一位科学家。22 岁一毕业我们就结婚了，有了孩子之后我就在家做全职家庭主妇，虽然偶尔也会参加一些公益活动或写文章之类，但真正的事业是在孩子们长大之后才开始的，而那时我已 40 岁了。

朱迪斯：这也是没有办法的事情。人不可能什么都得到，至少是鱼和熊掌不可兼得。

妇女组织是女性的家园

王红旗：在座的各位都是美国各个妇女协会的领路人，请介绍一下你们的妇女研究机构。

海　迪：美国妇女政策研究所，主要的任务就是研究妇女问题，这跟政府有很多的关联。我们为美国妇女联合会提供各种证据和分析，证明她们向政府提出的那些要求是合理而必需的。

玛　莎：美国妇女联合会，是一个很大的行动机构，要得到美国政府的支持或者认同，我们必须有确凿的证据，必须根据海迪的研究报告制订方案，并向政府汇报。

海　迪：在美国妇女联合会中，有很多会员到大学里给女孩子讲解男女平等的问题，有些人会为选举努力。我们一共有 1000 万名会员。20 年前，我们担心妇女的社会地位越来越低，因为各种政治的原因，妇女会丧失应有的权利。所以有一部分人就联合起来，呼吁保护女性。一年一年慢慢地发展，就形成了现在的美国妇女联合会的规模。

刘诞丽：你们的资金从何而来？

玛　莎：大部分来自个人捐助。但有一个矛盾，是很多从政府拿钱的人怕拿不到钱，所以有些数字也不敢往上面汇报。

我们平均每年用在服务上面的预算是 3500 美元。我们有一个理事会。每年理事会成员都会检查并核对年均预算，制定和确立目标。通过执行会、理事扩大会、基金扩大会、市场和公共关系，以及人力资源等固定的委员会，提供发展方向。每年都会在菲利克斯召开 11 次会议。理事会成员会每 3 年选举 1 次，也有可能继任，但是不能够在理事会连续任职 6 年以上。

林西 · 席尔兹（美国女性总裁协会主席，以下简称林西）：在美国经济领域，拥有自己企业的女性越来越多，几乎占去四分之一的比例。这些女企业家不仅经营家庭企业，而且正以极快的速度成为大公司的总裁。因此，我们成立了女性总裁协会，改善女企业家的经营环境，促进她们在各个领域内的发展。

协会成员都是拥有年销售额在200万以上的企业老板。其实女总裁们更容易在工作中遇到特殊的挑战，更需要获得一些具有创造性的支持意见和资源。因此，我们每个月都会定期在工作以外的时间举办聚会，请一些人来分享她们成功的经验，也帮助一些人解决她们在工作中遇到的困难。

女性自己的生活故事

王红旗：听了你们的讲述，你们在事业上都很有成就，拥有很高的职位，请谈谈你们自己的故事好吗？

取缔役：（美国某公司总裁）：我20来岁的时候就结婚有了小孩儿。在孩子们才十几岁的时候，我的先生就去世了。我找到两份工作，第一份工作是我在做义工的时候接触到的，所有的工作经验都来自做义工的时候。其实，我并没有真正地有意识地选择一个职业，只是偶然地遇到这一份工作，并且在四个不同的领域发展，核心是公共关系。不过很有意思的是，我并不是一个善于与人打交道的人，而且也并不喜欢在公共场合说话。我的四个职业，分别是艺术领域、视觉运用和听觉运用等，我年轻的时候也写诗，但结婚后就不写了。

王红旗：写诗的女性是有梦想的、感情丰富的。你以前写诗是因为你多愁善感吗？

取缔役：不完全是这样的，我只是很喜欢语言文字。觉得通过文字，我可以更好地做我自己，能够更好地理解我自己和世界。我喜欢文字胜于话语，喜欢艺术，会为艺术疯狂，喜欢爵士乐、绘画，还有北京的现代舞等一切艺术形式，公共关系反而是我最不喜欢的。有的人的职业恰巧是她非常不喜欢的，但是却可以挣到钱，而你又需要钱，于是你没有选择也就顺其自然地在这个领域中发展下去了。如果你是一位单身母亲，你不能太挑剔，有钱养家就可以了。于是这个时候你就会很努力地去做，而且会做得很好。

王红旗：你是一位很优秀的单亲母亲，据我了解美国单身母亲很多，她们的生活大多很贫困，然而，你凭着自己的勤奋坚韧，不仅自己走出生活的困境，还帮助诸多女性成立自己的公司，一起富裕起来，怎么一下子就想出了这样的好点子？

取缔役：几年前，我尝试举行了几次大型聚会，获得了巨大的成功。但是我却开始讨厌它。我又开始考虑是否可以帮助一些女性创办自己的公司，而这需要很强的组织能力。于是我开始实施这一计划，后来，我创办了全国性的文化革新中心，这样就挣了 5 亿美元，当然这也帮助了很多女性挣到很多钱。

王红旗：你的孩子们都由谁来照顾？他们与你的关系如何？

取缔役：那个时候我的孩子都十七八岁了，开始懂事，也能够独立生活。所以我不用太为他们操心。他们长大了，我们就像兄弟姐妹一样一起成长。

刘诞丽：玛丽，在你的生命里什么最重要？

玛　丽：我想是我的工作。我所做的事情跟我的生活是并行的，没有什么区别。我的生活就像一艘帆船，哪里风景优美就驶向哪里，没有既定的航向。我曾经想在大学里讲授欧洲历史。在教书的过程中也在不停地学习充实自己。有的时候我担心我会在一个不喜欢的小城一待就是 10 年，生活枯燥无味，会受不了的。我曾经在巴黎学习，为了一个课题在那里生活了很久，但是后来我放弃了，离开了巴黎。

有人曾说，一个优秀的教师不一定要站在讲台上授课，其实任何地点都可以是讲堂，任何事件都可以是讲授的内容，比如图书馆、音乐厅、博物馆、一场舞会、一次快乐的演奏，等等。后来我意识到一个思想与接受这个思想之间的关系。在一次纽约的艺术家、作家和诗人的聚会上，我发现我永远都成不了艺术家，但我可以读懂艺术，并且能够将艺术家聚集在一起。于是我一生都在做跟艺术有关的事情，举办大型艺术展览、策划电视节目。现在又开始为影视界制作网站，将所有艺术网站连在一起。做了这么多事情之后，我发现我已经将自己与所喜欢的事物结合在一起了。

海　迪：小时候，我们家很穷。我妈妈是一个德国移民。在我 4 岁那年，爸妈离婚，我跟妈妈住在一起。她既要照顾我又要工作。美国的好处就是有很多机会，可以受到很好的教育。我也曾经接触过马克思主义，对于男女平等有了自己的看法和理想。

王红旗：经历有时候会成就一个人，但他必须是一个有心人。客观的环境当然很重要，关键是你自己选择的勇气与意志。

玛　莎：海迪何止优秀？她简直就是一个天才。她进了美国最好的学校，获得过各种大奖，年年拿奖学金，是女中豪杰。

林　西：其实在事业和家庭上面，我本人都还是能够兼顾的。我的先生非常爱我，也非常支持我的事业。我想对于任何一个人来说，不管是男人还是女人，家庭的力量都不可忽视。

美国也需要女总统

刘诞丽：我们很好奇，每年的 3 月 8 日国际妇女节，中国妇女都会享受到特殊的待遇，比如说会有半天的假期，会收到一些小礼物，玫瑰、巧克力之类的。但是在发起“国际妇女节”运动的美国，3 月 8 日这天完全没有节日的气氛。

朱迪斯：美国不庆祝三八妇女节，也没有人太注意这一天。原因是大家都认为美国妇女被宠坏了，生活太舒适了，以至于忘记了苦难，所以也就想不起来庆祝了。

刘诞丽：在亚洲某些比较保守的国家，出现了女总统、女总理，在美国宣扬男女平等的国家，却从来没有出现过女总统，这是什么原因呢?

玛　莎：美国的选举制度对女性来说不是很有利。要赢得一场选举，需要强大的经济后盾。欧洲国家通常都是一个政党支持某个候选人，所有费用由整个政党承担，而美国却是私人捐款，这一点给女性带来了很大的不便。即使在同一张候选人名单中，出现了女性的名字，选民们也会投向男性。

海　迪：还有另一个原因，就是美国是一个军事国家。人们认为女性是不能带兵的，所以女性不能当领袖。在美国参议院中也有女性的一席之地，但女性排着队等这个席位，恐怕也要等 300 年才能轮上一回。

王红旗：感谢各位，让我们深入了解美国女性的生存发展现状，看来每个国家都存在性别不平等问题。尤其是在参政方面，没想到美国女性更受到多方面限制。在中国女性参政比例有国家政策的具体规定，相对比较平衡稳定。但在各阶层组织结构的顶级决策层，女性仍然是凤毛麟角。因而追求性别平等，世界女性还要走很漫长的路。

第四章

心得·灵悟之语

乡村里最鲜亮的记忆

——北乔的《刘庆邦的女儿国》序言

目前，中国的女性文学以复杂多元的盛势超越历史上任何时期而方兴未艾，在与世界、本土、东方、西方、主流和边缘的冲撞、对接与融合中正在打开新的视野，正在发生着一个静悄悄的学术转型——从女性立场到性别立场到超性别立场。越来越多的专家学者尝试从女性视角、性别视角，甚至是超性别的多重视角出发，探索中国女性的历史与生存命运状态。就是在这样的背景下，北乔以男性作家和批评家的双重身份，撰写的一部散文评论集《刘庆邦的女儿国》问世了。

其问世的意义在于，在社会意识形态进行全面重构之际，当人们正陷入对都市的疯狂迷恋蜂拥而至，对财富仰止的崇拜锐意攫取，对潮流文化的强势言听计从之时，北乔与刘庆邦在心灵的乡土相遇，捡拾童年记忆的碎片，以一个个女人身体和精神成长的故事，在人性的原点上重合闪光，共同构筑起远离都市奢华的最淳朴、最鲜亮的乡村“女儿国”。以诗性语言和多维视角，拓展着从本土民间“草根”探测女性生存意义的文学空间，讲述着人类本真至爱的“善根”在乡村。因为，那里有乡土的滋润与厚泽。

《幼女与少女篇》中有一组对“小姐姐”形象诗意与哲理的评述。在乡村贫瘠的土地上，“小姐姐”们对小弟弟，对小生物，对小动物，对每一个小生命发自内心的母性真爱，北乔以丰富的感悟和记忆，解读得至善至美，纯洁自然，没有一丝污染。“小姐姐”们面对苦难生活的超然与乐观，忍耐与承担，好像都是“与生俱来”的，希望的阳光总是她们幼小心灵里的最鲜亮的底色。这里的“小姐姐”们已不仅是一组形象，而是一个象征，是世世代代生活在这片土地上的女人“童话母爱”的象征。这与其说是刘庆邦的童年往事“在记忆的血管里流淌”的写照，倒不如说是刘庆邦的描写触动了北乔珍藏在心底的儿时经验，产生了共鸣后的精神交响。又是两人“牵手”对母亲价值文化意义上的探源。

母爱是少女走向母亲过程中产生的一种生命之爱。母爱的宽厚博大，是中国传统对母亲社会人格塑造的文化内核，对母亲神话般的讴歌与延展贯穿着整个文学史的发展历程。但是，在传统的男权中心文化中赞颂母亲神话，却遮蔽了母亲的自我主体，世代的母亲“再造”把母亲以“无名的他者”奉上文化“神坛”。随着社会现代化的发展，女性主体意识逐渐觉醒，传统母亲神话在当代女性文学中轰然崩塌，母亲忠贞、贤淑、博爱、宽容的美德与人格受到质疑而被解构。特别是在20世纪末期，一批崛起的女作家试图摆脱女性数千年来被压抑的话语沉默与心灵羁绊，剥开包裹着传统母亲形象的“伟大”光环，发现了传统的男权中心文化“再造”理想母亲、把“原型母亲”规定为伟大母亲形象、勾画出“女性—母亲—家庭”模式的性别秘密，就是要从根本上剥夺母亲作为一个自由独立完整的女性的成长机会，从而拉开解构传统母亲神话的序幕。

陈染的《无处告别》《另一只耳朵的敲击声》中母女相依为命又相互敌视的紧张关系；徐坤的《女娲》更是在公媳、母子的乱伦中摧毁母爱亲情的底线，彻底颠覆了“以家庭为圆心”的母亲神话。更有甚者，张洁的《世界上最疼我的那个人去了》《无字》、铁凝的《玫瑰门》《大浴女》、徐小斌的《羽蛇》、池莉的《你是一条河》等，其作品中的母女关系集中凸显了“监控与反监控，占有与反占有”的“战争”或极端的“弑母”情节。

但是，解构是一把双刃剑。在追溯母亲血脉的过程中，发现在剔除男权中心文化强加在母亲身上的社会性别本能时却又打碎了母亲的身体，而至今无法完成现代母亲形象的重塑。特别是在近几年的女性文学作品中，正因为女作家们以矛盾、痛苦、决绝的方式把“玫瑰门”萎缩甚至紧闭，母亲形象完全成了一种不在场的“缺席”。这种失去“母亲”的文化焦虑，驱使有社会良心的文化探险者，踏上了在自己的土地上寻找“母亲”的苦旅。

北乔的可贵之处就在于，他突破了男作家按照一条惯有的男性血缘家族的顺序求索历史，而是以自己独特的方式，行走在寻找“母亲”的路上。在他和刘庆邦携手共建的“女儿国”里，大多数的父亲因生命的死亡而“缺席”的隐语暂且不论。从这一群“小姐姐”生长的环境里寻找到了滋生母爱的“大美自然”和“母亲记忆”，在浩瀚的文化传统里寻找到“母爱”的“处女地”，只有天、地、人母“三重根”对人类的光耀，才能成就人性初之美好。因为这一群“小姐姐”年龄最大的也只有12岁。年仅8岁的小姐姐，背负着有残疾的弟弟向田地深处走去的艰难，她给重病的弟弟摸鱼吃而沉入池塘的身影；10岁的她已长成家中的第二个劳力，学着娘的动作，替娘到田里“撺水”的忘我激情；猜小用瓦片扣住小春树，谨防有人来践踏它的生命的细节，在除了家最亲近的地方——父亲的坟上种倭瓜的举动；春穗在娘去世后又当姐姐又当母亲的坚韧；特别是放羊的梅妞与羊为伴侣，以母亲的身份保护羊，喂羊吃自己奶头的故事；等等。这一幕幕感人肺腑的画面与点睛式的评述结合，阐释着乡土与母亲是孕育人类生命之爱的故乡。

北乔认为：“一个在大美的自然中成长的女孩儿，天然的母性就像花香一样在春天的阳光下从生命中流溢。”梅妞的“行为”“来自对成人生活的记忆，更出于她心目中对最美好的母子母女关系的认同。她与两只小羊的相处，实际上就是在演绎她理想中的母亲形象。她是在努力当好一个母亲的角色，可挥之不去的童心，让她时常不经意地流露出孩子气”。这些“小姐姐”虽然生活里弥漫着苦涩味，但是她们可爱的天真，她们的忍耐、温情和奋不顾身的勇敢，都是因为在她们小小的心坎里生出了萌芽的母爱！而这些“小姐姐”在作者的眼里又是一群“潜在母亲”形象的缩影。

《母亲篇》里，那些生活在艰难困苦中的母亲，以母爱之光点亮着黑暗的夜，慰藉着孩子的心。这是北乔对“小姐姐”们母爱萌芽的深层探寻。母亲以庇护孩子成长的经验，传递着母爱的“接力”，让人类之大爱延绵无极。“母爱，在一个幼嫩的灵魂中积累着，变成了温情与仁慈，它使得孩子以后又以爱对待他人，自然也包括她的孩子。”北乔以鲜明的性别视角，理性地揭开母亲在乡村的生存文化处境，忍辱负重的母亲们，面对命运的不公，丧夫的无奈，性别的歧视，家族的冷漠，却坚挺着脊梁，养育着她们的孩子，企盼着孩子早些长大。这是生活对一个母亲母爱的考量。读着北乔灵动诗性的文字，眼前浮动着这样的母亲们，顿感女性理论的黯然失色，生活才是残酷的真实。只有在心中默默祈祷，让这无私博大的母爱永驻。

《娘：被生活扭曲的角色》里的“娘”，就是这样一位母亲。“娘”因为是“娘”，“在乡村，一个女人没了丈夫，孩子又小，全家的重担就全部压在她柔弱的肩上，她得里里外外一担挑”。“娘”拖着疲惫的身体忘我地劳作，可是

“娘”疲惫的身体仍是吃奶的儿子最温暖的床。黑叔是乡村权力的化身，“娘”以一家之主的身份，恳求黑叔排水之事，站着的“娘”比坐着的黑叔还矮。过度的劳累，娘因中暑软软地晕倒在田边。但是，“娘”醒来的笑“凄美而充满力量”。北乔巧妙地截取了作品中几幅“娘”的生存场景，以简短朴实的点评，揭示了“娘”在权势与劳作压迫下，在身心扭曲和性别异化的灵肉与血液的搅拌中，“娘”的精神却升华至不灭。正因为在这片土地上有“小姐姐”与母亲们母爱的沐浴与传承，才使这里的美善人性之河汩汩滔滔！这是我们中华民族的女性文化之根基。这一组“小姐姐”和母亲形象，在当代文学女性形象的画廊里有着不可替代的性别文化意义。

但是，北乔追踪到的仍是一根承受了太多苦难血泪的母爱悲剧之链。这个悲剧之链虽然镌刻着传统男权中心文化对母亲的压迫与不公，但是也蕴含了母亲人格美善之精髓，不能简单分开的。令人惋惜的是他对“悲剧之链”的文化破译显得有些无力。“母亲”用她的身体和精神养育了人类，但是她的身体和精神却被历史双重遮蔽。实际上，母亲是一个在传统的男权中心文化“笑脸”后面“哭着”的女人。但是，这样的母亲形象以弱者展示了她自有的魅力。所以，我并不否定母亲“伟大”的品格，而是否定把她囿为生理性别的“天然”家庭角色，否定把其肉体和性都因生殖和哺育而存在的文化偏见。辨识男权中心文化对母亲的理想化虚构而形成的夸张性虚像，拯救和还原母亲正身，来重塑现代性母亲。

母亲和母性在黑暗中以脐带相连的亲密关系，使母爱具有最自私的一面。《娘：荒唐而舍身的保护》里，母亲把对女儿的保护变成了一种监督和控制，当本村的已婚男人想与女儿发生性关系时，母亲为了保护女儿竟然做出舍身相换的姿态。这样具有侵犯性和愚昧感的母爱是很自私和畸形的。齐美尔在分析《圣母》画后这样说：“圣母在她自身之外的存在中找到了她的意义——圣子虽然是圣母的‘非我’，但又是圣母的‘我’，意味着母性特有的奥秘。”所以，有时候一个母亲爱她的孩子，只因为那是她的孩子。她认为，她掌握着母亲与子女之间最私有的血肉产权。这是因为母亲的本性而产生的最原始和最自私的母爱。也许是因为作者“不在此山中”的性别身份距离而没能做更深层的剖析。

在《新妇与少妇篇》中，女性成长的“疼痛”是剧烈的，失去乡土的心更是悲哀的，滴血的伤口在希望和绝望的撕裂中难以愈合。无论在乡村还是城市都上演着性强权和性交易的欲望躯体剧。如果说女孩儿“心”被人骗到城里被老板强暴而逼迫卖淫，她守不住最后获救的一片净土而心死，是对乡村的祭奠。那么乡村的新媳妇“描”就是在公爹、乌头和村主任三个男人的权钱交易中堕入欲望的深渊；二嫂和会嫂在权力平台上的肉体狂欢，淹没在个人欲望无节制的膨胀里自我陶醉，都是一种更有意义的隐喻。男性往往通过权势占有女性的身体，而女性也通过权势占有男性的身体。这可以说是对以血还血的“性别战争”，对操控着话语中心权与财富制高点的男性霸权与女性霸权的一种绝妙的讽刺。但是，北乔进一步要表达的是在城市化的进程中，乡村的“大美自然”被玷污、人性的美善被扭曲、心灵的乡土被商品大潮冲刷流失的隐忧与关怀。尤其值得关注的是这一切都是以女人的肉体来演绎的。

这部散文评论集，是北乔用叙写与评述相结合的方式，运用多重视角，通过对刘庆邦笔下的50多位乡村女性形象的再塑造，呈现她们在遥远的乡村里最鲜亮的记忆。借一个个女性乡村生存场景把这种美好的记忆锐化成女性形象的长廊，以具有鲜明个性的群像，留在当代女性文学历史上。这是可喜可贺的！以女性为主体探索“母爱”的源头与涅槃之痛，来表达女性在身心远离乡土后的双重劫难，这是发人深思的！这种切入的方法在男作家的作品里也是不多见的。虽然金钱物欲的贪婪正在摧毁着乡村原生的美丽，但是，我相信“女儿国”的“母亲”形象——坚韧与博爱作为一种以弱势求生存的文化精魂会永远根植于每一位读者的内心，也会给人以多方面的启迪，在当今世界，如果人们能够把竞争变成分享，让心灵深处多一分宁静、谦和与宽容，人性就会多一分完美。在两性关系上，如果能够克服戴着镣铐跳舞的偏执，清除传统男性中心文化中的“倾斜”部分对两性的压抑，就会告别“两性战争”，使两性对话沟通，逐步建立起两性平等和谐的亲密伙伴关系。愿当代人能够像珍惜生命一样保护孕育人类和平和人性进步的灵魂乡土吧！因为那里是人世间“至善真爱”的诞生地。

是以为序。

2005年12月1日于首都师范大学校园

母亲颜征在：孔子从生命到精神的塑造者

——林峰、叶长强的《孔母颜征在》序言

《孔母颜征在》一书的出版问世，解开了颜征在与孔子母子关系的千年之谜。作者运用巧妙的叙事策略，在“非虚构”与“虚构”之间，架起了一座“价值重估”的桥。颜征在作为母亲，对中国儒家学派的创始人、思想家，被誉为“万世师表”教育家的孔子的“仁爱”与“礼制”思想具有重要影响。颜征在作为一位中国古代平凡而杰出的女性，以教育与传承“爱与善”“仁与礼”的行动，成为世代母亲的典范。她仿佛穿越历史的时空隧道，浮出男权传统文化历史地表，携带着女性生命的母爱之光，温情款款，端庄娴淑，长发飘袖地向我们走来。

作品“重写”颜征在厌恶乱世战争、渴望和平的家国观念，“爱是一切存在的理由”的教育思想，使人们能够更深入地了解孔子。孔子以家庭伦理为核心的“仁者爱人”“以礼法治国”的哲学思想，源自他从小接受母亲的古圣先贤教育，耳濡目染母亲谦诚博爱的日常善行，从少年时代就奠定了其心理认同的基础，进而发展为儒家学派“修身齐家治国平天下”的人类性普世智慧。

如今，探索新全球化的人类文明之道，构建人类精神生命的共同体，正在向东方转向之时，《孔母颜征在》为母亲立传，以讲述颜征在给童年孔子讲故事的方式，为现代人讲述中国社会“金色童年”“黄金时期”与“大同时代”，传承生生不息的爱的伦理传统，人与自然、人与人、人与社会之间，平等自由相互关爱的和睦相处，其乐融融的浪漫与和谐的生存环境，就更富有世界性的文化意义。

细读文本敬意油然而生！

作品开篇，描述的是一场英雄、战争与仁爱的对话。16 岁的少女颜征在，向 66 岁战胜归来的英雄将军叔梁纥质询发问：为什么会发生战争？为什么一

定要有人死去？难道人与人、国家与国家之间就不能和平相处吗？难道就没有一种力量可以阻止战争吗？因为在她心里，并不认为叔梁纥是在列国享有盛誉的英雄。虽然他多次立下显赫战功，但是也杀了很多人。心怀对战争的厌恶，对英雄的质疑，她主动找叔梁纥当面问个究竟。

正是颜征在“爱就存在于每个人拥有的生命里……爱是一切存在的理由”的观念，深深打动了叔梁纥，他以身经百战的惨烈体验解释战争的原因：战争表面上看是武力的较量，但实际上战争的发生根本不是外在的武力，而是“人的内心”。他告诉颜征在，他将结束武士生涯，用余生去寻找这种永葆和平的力量，并交给天下人……一切都如你说的那样，充满美好与诗意，每个生命都连接在一起，来一场欢乐的舞蹈与歌唱。正是两个人共同的仁爱与和平的理想，成为他们超越门第与年龄，缔结“忘年”婚姻的爱情纽带。

颜征在与叔梁纥的婚姻，不符合当时社会习俗的“礼仪”，被《史记・孔子世家》记载为“野合”。因为他们的结合不只是父母之命，也不只是女性的“英雄崇拜情结”，而是两颗生逢“礼崩乐坏”战争乱世，目睹一次次英雄的凯旋、一车车战死的将士、一个个父母肝肠寸断的场景，渴望天下太平的心的碰撞，激发出了真诚的爱情，体现出一种震撼心灵的历史真实。虽然这些具体细节是《孔母颜征在》的两位作者林峰与叶长强实地考察、遍访民间之作，却让人们如同回到春秋时代的历史现场。

春秋时期是一个大动荡、大变革的社会转型时期。农业技术的进步促进了经济的巨大发展，五霸争雄引起了连绵的战火硝烟，私学兴起促进了文化的广泛传播。此时女性的社会地位高于西周，在社会政治生活中起到重要作用。据《左传》记载，春秋时期女性参政者多达 59 人。那么，颜征在出身于贵族世家，父亲颜襄是饱学之士，父亲从小就给她讲圣贤礼乐、修身治国故事，教她弹琴读书，受到良好的家庭教育。她在这样的生活环境里，不仅养成了女性的独立人格，具有自我生命价值追求，而且更有仁爱之心与家国情怀的崇高理想。

颜征在尤其对牡丹情有独钟。她酷爱牡丹纯洁端丽的从容仪态和坚韧的品格。至今民间仍流传着她与牡丹的故事，她小时候，把父亲为官从外地带回家的一枝牡丹花，亲手栽培在自家门前，绽放出一片国色天香；她和丈夫在陬邑院里也种着牡丹，即使丈夫去世后搬到阙里时，在生活最艰难的日子里，小院里还种有牡丹。牡丹，仿佛成为她个体生命内在的一种精神信仰。如果追溯其胆识与智慧性格形成的源头，也许更有“母神文明”时代，女性人本生命之爱与关怀的基因遗传。

因而，颜征在与叔梁纥在曲阜举行婚礼后，新婚之夜就回到叔梁纥的封地陬邑。怀上孔子后，他们夫妇学习周文王的母亲太任孕育生命的经验以及胎教的方式，“在怀胎的时候，从一开始就坚持做到眼睛不看不好的东西，耳朵不听不好的声音，口中不说不谦逊的话语”。选择尼山脚下山清水秀的颜家庄养胎，在宇宙母亲的怀抱中，吸纳大自然之琼浆，万物之灵气，滋养小生命一天天地成长。孔子出生的离奇传说姑且不论，但是，孔子降生在山洞里的“夫子洞”尚有遗存可证。

女子本不弱，为母则更刚。这个“更刚”，包含了母亲培育子女怀揣希望而坚韧的目标信仰。颜征在独自在荒郊野外的山洞里生产，一个母亲的生命之爱，化作了战胜一切恐惧、焦虑的力量。她从旁边找到一块尖利的石头片，割断了脐带，抱起这个小生命，母子共享天伦的瞬间，赋予小生命溢满全身的爱。因为颜征在与叔梁纥平等和谐的家庭氛围，父母给孔子的精心呵护，父亲的剑影，母亲的琴声，温馨的亲情，一点点地形塑着他乐观向上、勤学好问、心气平和的生命灵性。这也是颜征在最幸福的一段日子。

孔子 3 岁时，丈夫叔梁纥匆匆离世，颜征在独自承担起养育年幼儿子的责任。从表面看，迁居首都曲阜是施氏百般刁难之下的无奈之举，但实际上，是为了孔子从小接受更好的教育早有打算。因为，她从小在鲁都长大，读诗书、学弹琴、习礼仪，还有一手好女红，她了解曲阜是政治经济文化中心，有名师，有官学，有太庙祭祀大典仪式。她认为凭自己的辛勤劳动，定能为孔子营造良好的生活和学习环境。她内心有一个坚定的信念，无论多苦多难，都要把孔子抚养长大，教育成人。这是母爱生成的一种强大力量。

因此往曲阜搬家时，她什么财产都不要，只带走了叔梁纥家祖传下来的“一车典籍”“一只家鼎”。在她和儿子生活毫无着落的情况下，她绝不丢弃与孔子同父异母的哥哥孟皮，待他视如己出。在大雨滂沱、泥泞不堪的路上，她领着孔子、孟皮保护这“一车典籍”“一只家鼎”，迁徙到鲁国首都曲阜，先是暂住到娘家，随后在叔梁纥挚友阙弁的帮助下迁居阙里。她不仅坚持为孔子和孟皮讲述古圣先贤的“仁爱”故事和周公治理周朝直达鼎盛的“礼制”经验，而且集中邻家百姓的孩子在自己家中办起私学，还招收女生，让孔子、孟皮和小伙伴一起接受先贤礼乐知识，运回的这“一车典籍”就成了教材。这不仅燃亮了他们母子相依为命的艰辛日子，而且颜征在的母爱，在“爱吾爱以及人之爱”的教育过程中，向着无私与博大延展，言传身教，潜移默化地影响着孔子的精神成长。

比如，颜征在居住在阙里，从教自己的孩子读圣贤书，到不分男女召集邻家百姓孩子办私学，儿时和小伙伴们共同学习的生命体验，对孔子后来的“有教无类”思想产生了重要影响；还有孔子对周公祭礼特别痴迷，正巧颜征在为季孙氏母亲做女红，季孙氏的母亲对孔子很满意，就吩咐儿子季孙氏，给了孔子自由出入太庙的特权，孔子发现金人像与《金人铭》，在母亲的启发帮助下，实现了“夜梦周公”；更有吴国公子延陵季子来鲁国，孔子很想拜他为师却不得见，颜征在拿出叔梁纥的宝剑，在阙弁的引荐下见到吴公子，拜师不成却结为兄弟。这对孔子的“安乐必戒”“温恭慎德”“仁者爱人”“中庸之道”的哲学思想形成与发展，具有无可替代的重要意义。如果没有母亲颜征在执意搬迁到曲阜，也许孔子的命运会是另一种历史。

颜征在只活了 31 岁，在短暂的一生中，她用自己的爱心与善行体现了社会道义与担当。她爱自己的孩子，也爱他人的孩子，还将这种爱传递到万物之上。这种“爱吾爱以及人之爱”的教育与传授，成为中国千千万万母亲——母爱传统的承载者的典范，并且深深地影响了成年后的孔子。孔子热爱古圣先贤，他编纂《诗》《书》《礼》《乐》，修订《春秋》、“作”《论语》，试图用人类金色童年的辉煌过去开处方，“医治”自己所处的“礼崩乐坏”的动乱时代。这最早的启蒙是母亲的教诲与启迪。孔子平易近人、亲切而坚决、庄重而愉悦的性格，更是受到母亲人格的影响。

因此，在孔子编订的《诗经》里，对女性的歌吟非常多，对女性的赞美、尊重、同情，令人对孔子产生遥远的敬意。还有根据孔子第七十三代外孙、孔子研究院特邀研究员金池先生的列举《论语》旧译语病，考证《论语》中收入孔子所说 18 个“女”字都通“汝”，“唯女子与小人难养也”，其中的“女”意为“你”，是孔子教育弟子说“只有你这几个弟子和小人一样是最难教养的”。那么对“历经两千多年约定俗成的解释，已经对女性产生了难以磨灭的精神伤害”的片面误读，应重新认识。颜征在病重时，孔子上山采药救母的行为，以及在他家庭伦理方面对“孝”的倡导重视，甚至把对父母的孝提升到仁德之本，体现了他对母亲地位的尊重，也体现了他对母爱文化根性意义的肯定，母爱之河承载着人类的“无缝记忆”，世代相传，生生不息。

《孔母颜征在》的两位作者——林峰和叶长强，怀揣为故乡山东、为实现中华民族伟大复兴，献上一份精神礼物的梦想，可以说是十年磨一剑，数易其稿。他们魂牵梦萦，不可释怀，多次前往孔府、孔庙、孔林、周公庙、阙里、尼山夫子洞、观川厅、颜母庙、扳倒井、泰山孔庙有关的历史遗迹，探访口耳相传的民间故事，采访曲阜的颜家、周公庙周公研究会东野家、孔家、阙家的家族后人，从尼山到泰山遍布他们考察的足迹。的确可敬可赞！

正值流火的七月，本书作为“书香三八”家庭书坊藏书系列的第一部，由红旗出版社正式出版了。承蒙红旗出版社厚爱，给予我审读这部书稿的机会，在详细审读、学习文本，并和两位作者多次交谈之后，我对孔母颜征在、对孔子的性别观念有了更全面深入的理解。我坚信，在世界各国呼唤人类“新轴心时代”的到来，为实现中华民族伟大复兴的中国梦而“返本开新”之际，《孔母颜征在》的出版有一种文化母乳寻根之意。孔母颜征在作为一位有独立大爱人格、有精神生命追求的女性，其古代中华母亲的典范形象，会真正走进人们的视野里，生活里，心灵里……

因为，母亲颜征在是孔子从生命到精神的塑造者。

梦境与感动

——《中国女性文化大系丛书之一：女性社会焦点问题报告》总序

梦境，这不是梦……

这里好像是一个极大的露天广场，一排一排装满中国女性文化丛书的书架，比摩天大楼还要高，书奇特的大和奇特的厚，有的很整齐，有的零散地摆放，堆成了书山，色彩斑斓，书的品种多得数也数不清……

有好多的人在看书。有我各个时期的同学、老师，还有我参加多次会议遇到的国内外的专家学者，只是都变成了巨人，在翻阅着那些巨书。有的朋友就是巨书的作者，她们的名字明明白白地印在上面，好大好醒目。还有很多不认识的读者……

我和他们打着招呼，突然发现自己在飞，飞了多长时间我也记不清了，反正翅膀都酸了才飞到书架的尽头。一个惊奇的发现让我目瞪口呆，这里书架上摆放的书似曾相识，有回忆人类童年时代的《地母——阅读女神》，有呼唤两性解放的《走出性别怪圈》，有预测两性关系未来学的《风景这边独好》，还有关注现实的女性社会焦点问题报告——《中国女性在演说》《中国女性在对话》《中国女性在行动》《中国女性在追梦》……这不就是昨天我和导师同学们一起谈论的话题吗？

我想努力记住这些书的书名，多次在心里告诉自己，这不是梦，这是真的。因为导师就站在那里，像平常一样微笑着递给我一支笔，那支笔有大树那么长，好重好重，我接过笔一转身，从天空中飘落下一条又宽又长的大红丝缎，我对导师的意思心领神会，用尽了全身的力气，才在上面写下了这几个大字——记住女性的未来。

这个梦，真实地留在了我的记忆里。也许是梦中的激情仍在心中涌动吧，清晨上班踏雪前行，我产生了一种从未有过的豪壮与轻松。尽管当时是《中国女性文化》最艰难的初创时期，心灵的星光在渐渐地扩散开去，将往日里那种“将登太行雪满山”的感觉驱赶得无影无踪。

这是我平生第二次做彩色的梦。（第一次做彩色的梦，是 1969 年的冬天，那时，我已经无奈地失学 3 年了，梦里火红火红的太阳刚升离地平线，我背着书包，嘴里喊着：“上学了，上学了！”慢慢地，慢慢地，肩上生出两只翅膀，向着太阳飞去……第二天老师就到家里来叫我上学了。）我总是把彩色的梦视为命运之神的恩赐。解梦的书总是把梦解释为对现实的无奈。可是，在我的经验里，梦是心灵的星光，它将引领我在黑暗中求索道路。梦是处在迷茫或困境中的人的一种自救、超越、奋起的意识激励，它会使我在现实中更加清醒、自信、理智。真的，在我的人生道路上，总是被梦激励着……

醒来后，我赶紧把梦里的情景整理出来，到中国社会科学院文学所呈给我的导师看，导师点点头笑了笑，很认真地说：“蛮有意思，只是有点虚。”我自己差点按捺不住要坦白，导师怎么会知道我是根据梦写出来的。后来我把梦里的构思修改成比较完善的选题报告，递交给中国时代经济出版社的社长和总编宋灵恩、杨岗两位先生，希望他们能支持中国女性文化的传播事业，同时达成了不定期出版 N 本中国女性文化大系丛书的协议，并首次推出女性·社会焦点问题报告——《中国女性在演说》《中国女性在对话》《中国女性在行动》《中国女性在追梦》。梦里的书名就成为 N 本中国女性文化大系丛书的“龙头”。

感动，为女性立言，为什么会如此梦绕魂牵？

我们有幸生活在开启脑力竞赛的知识经济时代。比智力，女性很有机会出类拔萃。当那个有形与无形的“玻璃顶”被打破，女性创造的潜能就会脱颖而出。中国女性的卓绝实践与辉煌成就，让世人瞩目，让国人赞叹！

在当代社会，中国女性无论面对顺境，还是遭遇逆境、困境、绝境，她们都具有笑谈苦难悲欢的非凡力量。她们挑战传统女性角色定位，克服女性性别弱点，发挥自身聪明才智，创造了巨大的精神和物质财富，重铸了当代女性精神——信念是真正的脊梁，知识是真正的财富，独立是真正的人格，创造是真正的幸福，成功是真正的追求，快乐是真正的收获。这只是当代中华民族魂的一部分。

在社会文化逆境中奋起的数以千万计的女性精英，以柔韧的智慧，超性别的胆略和气魄，抵挡金钱、权力、欲望的种种诱惑，激情奔放，勇往直前，与男性走在同一地平线上，一步一步向平等靠近。令人为之感动！这才是真正应该总结的中国自己的女性文化经验，是理论家应该研究和创建的中国女性生存学、女性成功学、女性生命哲学的源头，是建构先进性别文化的鲜活因子。因为，它建立在本土实践的基础之上，是中国女性用心、用血汗、用生命凝聚而成的。

但是，在男女两性的经济地位已渐趋平等的今天，传统的男性中心文化与商业合谋，有时会以文化精华的面目出现，影响当代人的意识与思考。不仅女性被商品化、被欲望化、被物化的现象达到了登峰造极的地步，婚姻破碎、家庭暴力、性暴力、性骚扰等社会案件也频频发生。女性的私人写作也陷入了被看的陷阱。而且女性对男性中心文化集体无意识的“性别怪圈”，又形成了女性更深层精神解放的新锁链。

实现中国女性更深层的精神解放，西方女性主义的理论和经验固然值得借鉴，但是，必须建构中国自己的女性理论体系，才能解决中国女性的问题。许多专家学者在自觉和非自觉的本土化过程中，对中国女性解放的历史经验的重新审视，对中国男女平等、女性性别身份的再认识，对中国女性生存与发展的新思考等，他们的这一部部为女性立言的著作，像一座座丰碑，已经树立在新世纪之门，可喜可贺，让人感动！

在全球化的大背景下，中国女性的理论成果更需要重新梳理与认识，重新检视与整合，突破双重思维定式，在世界、西方、本土、主流和边缘的冲撞中打开新的视野，走向理论和实践的真正自觉，才能认清中国女性的历史、现实和未来。社会发展到今天，未来风驰电掣似的向我们驶来，历史、现实和未来的关系可以瞬间发生转换。如果不记住女性历史，女性仍无法进入未来，仍无法让后世的人们遥视我们的女性精神。只有为女性立言——记住女性的历史，女性的精神生命才会生生不息……

我从事中国女性文化研究与传播数年来，每次参加会议、论坛，听专家学者做女性演说，他们的独特视角、精彩雄辩每一次都使我深深感动。我自愧写不出、说不出那样精妙和犀利的句子。在编辑《中国女性文化》的时候，我细细研读一篇篇来稿，专家学者们新锐的观念常引我思考。我总想以《中国女性文化》作为女性安身立命的“半亩方塘”，将大家的声音传播开来，去点亮女性的心灵。可是，我发现一本《中国女性文化》又难以承载如此的重任。经过一次次的感动和思考，我就产生了出版中国女性文化大系丛书的念头。

这样庞大的女性作者队伍，这样以图书的形式集中谈论女性和社会焦点问题，数年来并不多见。这套书的 72 位作者，有的在高校任教，有的在专门研究机构任职，有的在媒体工作。她们均是我国文学、文化、艺术评论和研究界的知识精英。她们在自己的领域都有卓越的成就和丰富的经验。她们真诚、坦率和执着的人格魅力，她们笔下生动的人物故事，常使我感动不已。知识女性的社会良知、历史责任和“女性·社会焦点问题报告”的题目让大家会聚在一起，共同传播一场中国女性立言的大感动。

在编辑的过程中，责任编辑渝岩老师、美术设计雷子人先生，都对这套书付出了心血和智慧。他们的认真、细心和精彩创意也常使我感动！现在我们共创的成果就要问世了，我想大家的心会和我一起感动！广大读者的心也会和我们一起感动！这一层层的感动，会形成强大的女性文化冲击波，去感动每一个女性和男性，两性关系新的地平线会在一层层感动中生成。

和朋友们一起传播中国女性文化，是我的幸运，是我的梦，也是我的事业和生命。这座读者、作者和出版之间的“桥”，我会用心去构筑。这套书是中国女性文化丛书的“龙头”，本来想请我的导师杨匡汉先生为之作序。可是，看着导师刚做完白内障手术不久的双眼，我就不忍心再说出口了。我将真实感受写出来，是以代序。

我坚信：只要每个人的生命中都有梦和感动，人类的生命之河就会永远浩浩荡荡……

一片女性文化精神生长的沃土

——庆祝《中国妇女报·爱生活周刊》创刊五周年

今天是《中国妇女报·爱生活周刊》创刊五周年庆典，作为一名女性文化研究学者、一个忠实的读者，我首先表示最衷心的祝贺！在繁忙的岁末，能够与新老朋友相聚，我更感幸福与温暖。

首先，谈谈我与中国妇女报的深厚情感。因为我所从事的工作之缘与情之所至，中国妇女报在我的心灵深处一直有“家”的感觉。从20世纪90年代我在上面发表第一篇女性文学的评论文章，到朱莉编辑的《女人四十岁的出口在路上》，报道我带着儿子一起读书的乐观，以及中国女性文化研究中心初创时期的艰辛；到记者多次报道我们“中心”举办的女性文化学术研讨会与专题论坛，特别是在举办“寻找时代新女性”的征文活动与国际发展经验论坛的过程中，得到了《中国妇女报》总编辑卢小飞、孙钱斌等各级领导的鼎力支持。今年我又一次成为《爱生活周刊》追踪报道的人物之一，本报记者代刚以《王红旗：知天命的“常青藤”》为题，报道我们“中心”被批准为全国唯一的“中国女性文化研究基地”以及我与儿子在学习中的不断成长。我借此机会表示真诚的谢意！

其次，谈谈我阅读《爱生活周刊》的感想。从哲学层面上讲，爱是人性美德的精髓，是超越性别、种族家国与宗教信仰的人类精神。而当下人们对金钱物质欲望的膨胀，伦理道德底线的下滑，大爱、责任与精神的缺失，导致了人们对自我生活真正价值的迷失。“爱生活”是一种高尚生活理念的倡导，是一种积极生活态度的弘扬，也是一种生活文化的精神境界。“爱生活”，是一种生活的智慧与能力。“爱生活”就是用爱心去创造生活、拥抱生活，用爱心展示丰富多彩的美好生活。因此，《爱生活周刊》在版面栏目设置上，以“爱生活”为核心，讨论女性的社会职场、家庭生活、亲子教育、情感生活、婚恋问题，无论是生活的阳面还是阴面，都能保持一种鲜明的性别关怀立场，鲜亮的温暖底色，以理服人，以情动人，以爱感人，知心如归。的确，如我们的文学祖母冰心先生所言："有爱就有了一切。"当然，也有个别文章，过于形式与表面，比如，对于性骚扰这个问题，女性应该从生活观念上反思的是什么？

再次，谈谈我对《爱生活周刊》人物版的看法。因为我主编的《中国女性文化》学刊中也有人物栏目，10年来，在座的安顿、代刚均为主要撰稿人。《爱生活周刊》的创刊，当时对我触动很大，因为我一直在思考我们"中心"的学刊，如何能更贴近女性生活，如何将理论与实践相结合。因为生活永远比理论精彩得多。《爱生活周刊》人物版报道的城市女性，就职业身份而言，有女总裁、女企业家、女体育冠军、女艺术家、女媒体人、女作家、女学者等，几乎涵盖了城市各种行业的女性精英。这群女性独立自信，有追求精神，有生存智慧，有梦想与激情，有爱心与责任。这样的女性群体形象的出场，不仅遵循了"爱生活"的办刊宗旨，而且更是当下女性文化精神建设的需要，她们感人的生存与发展故事，改写自我人生命运的生活方式与经验，作为一种女性的集体行为，以一种"女性塑造"的文化力量，正在改变着人们对生命意义的认识，改变着人们的生活观、婚恋观、价值观，同时也改变着社会文化，特别是男权文化对女性性别的传统观念，推动着两性平等与和谐的新文化秩序的形成。

记者在采写与塑造这些女性形象时，有很明确的"为女性立传"的意识，记者们通过访谈对话，走进人物的生活深处、心灵深处，把握人物的思想脉络与精神诉求，记录着女性一步步的心灵成长，撰写着一部部女性文化的精神历史。所以，他们是女性文化精神生命历史的建造者，因为有了他们，《爱生活周刊》才成为一片女性文化精神生长的沃土。在这样特殊的时刻，让我们以热烈的掌声感谢他们，向他们致敬。

在我的新作《爱与梦的讲述——著名女作家心灵对话》的题记里，我谈到女性生命的三原色：红是爱的颜色，黄是家的颜色，蓝是梦的颜色。爱、家还有梦，是女人生命的三原色。在新年即将到来之际，祝愿所有的男、女朋友，都能爱自己，爱他人，实现灿烂的梦想，享有生活的本色，因为有《爱生活周刊》相伴。祝福朋友们身体健康，家庭幸福，事业蓬勃！

女艺术家心灵世界的多面历史

——解读姚黛玫的《女性艺术在中国·自我画像（1920—2010）》

女性艺术在中国·自我画像展，打开了当代女性艺术研究的新视野。数十位神态、色彩各异的女艺术家自我画像，不仅展现出不同时代的社会文化历史，而且还揭示出女性心灵世界的多面历史。举办贯穿百年历史的女艺术家自我画像展，在中国当代女性艺术研究史上，是“第一次”全新的独特创意。自我画像超越时空之上，呈现出一种新的个体感和历史变化感。既可以发现不同时期的自我画像独具的个性风格，又能体悟其多样性、个体性形成的微妙张力。当代女性艺术的现代性，就是在纵横肆意的表达中，生成了自己异彩纷呈的历史风景。

这次画展的时间性更具有意义。今天是21世纪10年代最后一个月的倒数第十天，21世纪第一个时代将要成为历史，即将迎接第二个时代的到来。如果与20世纪90年代相比，如今的女性文化艺术已经走进了“静水流深”的新阶段。这个阶段的女性文化艺术会更加个性化，更加审视自我，更加理性和包容。请学术前辈们不要担忧，中国女性艺术绝不可能热闹一阵就销声匿迹，因为女艺术家队伍的逐渐庞大，她们的创作影响力正在改变着中国艺术史的性别结构。如同当代文学，如果不关注女作家的创作，就不能呈现完整的当代文学史一样；当代艺术史，如果不关注女艺术家，就不能呈现完整的当代艺术史。希望这次展览成为21世纪女性文化艺术的第三次浪潮的滥觞。

女艺术家的自我画像被誉为画布上的灵魂，可以说是最真实的自我。无论表现自审、自省、自嘲、反讽、愤怒、焦虑、恐惧、无助等多少样态，其灵魂图像的神奇力量，都来自艺术家内在精神和外部世界的矛盾冲突。自我画像也是女艺术家对自我生存状态、精神追求、心理压抑、文化处境、命运轨迹的生命体验锐化而成的永恒记忆，也是女艺术家对理想的化蛹为蝶式的寻找方式。

如果从当代女艺术家说起，50 后女艺术家阎平的系列油画《母与子》，在当代画坛独具魅力，原因就是她小时候没有得到足够的母爱，她的创作就是从画自己和儿子开始的。画布上洋溢着母亲生命之爱的温暖，母亲的幸福感、满足感，让所有人动容。上海女画家何纪平，在回忆她创作的系列油画《母与子》时说道："我的儿子才刚满 10 个月，一场意想不到的疾病突然降临在孩子身上，一夜之间，三口之家失去了平衡。"[①] 她在 5 年之间创作了 60 幅《母与子》，倾注了她对亲情世界的全部热忱。创作成为她尽情享受母爱亲情的艰辛历程。女艺术家通过自我画像，对女性生命价值的探索，"就算读遍有关女权主义的作品，您也体会不到大多数女性做妈妈时的巨大满足感"。[②]

60 后女艺术家喻红、申玲、姜杰、向京等，她们的自我画像尽管风格迥异，但个性化意蕴中有一种统一的精神意象。喻红的自我画像《28 岁怀孕了》中一位裸体孕妇，低头俯视，并用双手轻轻抚摩腹部，站立在灿烂阳光之下，黄土高坡之上，画面的能指远超越自我由女人成为母亲的意义，而是女性"万物之母"精神的觉醒。可以说是这幅作品最自然、最本质的女权主义诠释。申玲的自我画像，善于探索人类个体的内在宇宙，她的新作《红杏》系列，可以说是放大了的自我，狂飙漫卷的黑色长发与鲜红的唇部，表达出女性原始欲望的灵魂万象，以及对生命理想自由之境的向往。女雕塑家姜杰的作品"救赎的人类意识"体现在她的儿童雕塑上。"在《娱乐 2006》里，这组象征女性历史遗存形象的粉色瓦，被封存在象征时空的透明玻璃箱内。一个两三岁的粉色女孩儿，裸体，仰躺，两手似乎浮于玻璃箱之上。你一眼就可以看出，她有凸起的乳房，高高在上的轻妄的姿势，跟她的年龄很不相符。从表面上看，这是在历史与现实的对比中，揭示女性'被看'的命运数千年并没有什么改观。因为，娱乐年代仍是从女性身体的新一轮'被看'开始的，女性身体成为最美丽、最时尚的消费'图画'。"[③] 巨型儿童雕塑《在》可以说是姜杰隐形在场的"母与子"，儿童面部成人化的复杂表情，是现代人浮躁而迷惘的精神状态，这也是

---

① 何纪平：《感激儿子：一个女画家心海中的母与子》，《中国女性文化》NO.7，首都师范大学出版社 2005 年版，第 118 页。

② ［英］安妮·莫伊尔、戴维·杰塞尔：《脑内乾坤——男女有别之谜》，上海译文出版社 2003 年版，第 200 页。

③ 姜杰、王红旗：《双重阐释：姜杰艺术作品中精神救赎的人类意识》，《中国女性文化》NO.12，首都师范大学出版社 2010 年版，第 195 页。

一种变形的自我。相比较而言，出生在20世纪60年代末的女雕塑家向京，是运用女性自我身体雕塑来触摸人性和灵魂的。她从个体女人的雕像到群体女人的雕像，标示着一种勇往直前的艺术精神，女性身体成为她探索人性善恶的最得心应手的艺术形式。但是，女性自我的符号化对经验的遮蔽所形成的悖论，又是她们共同面临的困境。

因为，每一张自我画像都是女性，或者一个人作为社会存在的缩影。就像赫尔德所言："没有任何一个人是为自身而存在的，他是整个人类的一分子；人类发展的链带延续不断，个人只不过是其中一个节点。"[①] 这次展览的数百幅女性自我画像，揭开了女性丰富的心灵世界，从而发现了女性生存与生活的多面历史。如今在世界女性艺术大格局中，如何思考中国女性艺术自我画像的文化和精神价值，显得非常重要。我在谈到中国女性文化的追求时曾说：女性文化研究，既不是与男性对立的刀枪剑戟，也不是反传统的"躯体写作"，更不是女性书写自我的情感小调，而是在历史与现实的考察叙事中，发现男性/女性作为现代社会的文化产品，是如何被塑造，被虚构，被异化，被复制的，而不只是女性的被生成。从社会政治、经济和文化结构的深层，辨识男性/女性社会生活与家庭道德伦理关系，发现其性别规制既定的男权本质，并揭示社会性别差异性与相似性的"不确定的统一"形态，批判性、超越性与建构性的文化特征，能够为透视多元女性理论的悖论，完善中国女性文化学，提供重要的哲学基础。

因此，女性文化艺术研究者，试图以男女平等对话的两性关怀为要旨，以女性生命体验与文化经验为切入点，改变男权文化单极与偏斜的延展历史，为生命探索一种更理想的境界，为人类寻找一种形而上的人性完善图景，从而建构一种人类新文明的精神。这并不是回避性别，任何一个艺术家创作的时候都不可能放弃他的性别立场，改变的只是方法和策略。有些女艺术家不愿认同自己的女性身份，是因为当代艺术30年以来，以男权为中心的社会文化把女性文化艺术污化和矮化了。这是一种女性文化艺术的误区。作为有社会责任感的学者，应该澄清和改变这种现状，与女艺术家携手同心，共建当代女性艺术的繁荣与辉煌。

---

① ［德］赫尔德：《论语言的起源》，姚小平译，商务印书馆1998年版，第87页。

以生命审美诠释科幻文学的“宇宙之问”

——审读吴言《从流浪地球到三体：刘慈欣星系》评论集的思考

吴言的刘慈欣评论集《从流浪地球到三体：刘慈欣星系》，在中译出版社出版问世，可喜可贺！因为这是第一部全方位系统研究科幻作家刘慈欣创作思想与艺术成就的评论专著，由此填补了当代中国科幻文学史上的空白。

吴言以理性与情感体悟认知的生命审美，以纵横开掘而勘测源头的“灵魂考古”，检视人类“未来往事”集体记忆的神思智慧，阐释刘慈欣作品科幻宇宙的星际宏构，超越单一性的文本批评，试图抵达对作家与文本探察的“双重”深度。吴言不仅揭示刘慈欣的个体生命成长与精神发育历史，而且以其历时性、共时性的宇宙大裂变、大灾难，展现一个科幻作家“与宇宙精神沟通的无限想象力”，以在兼容中锐化差异的重构，所创造的科幻“最离奇的意境”，彰显人类“种植文明”历经的腥风血雨，渴望世界和平、多元共生的精神诉求。

我不禁想到，意大利作家伊塔洛·卡尔维诺在《新千年文学备忘录》里写的：在新环境下，一个“真正的作家的诞生应是像一个人类的诞生——而不是像一个人的诞生——那样独一无二而又合情合理”。作家“已不是勤奋或广纳博采，而是把自己开放给整个宇宙……”[①]吴言正是从刘慈欣的人类意识中发现其破开天极地心众妙之门的宇宙思维和想象力能量超凡或超验的“独一无二”，发现了其怀揣理想，把自己开放给整个宇宙的星际创构与精神飞翔。因为，只有精神的创造才能赋予文本生命，有精神性与想象力的作品才会飞出文本字面，深入心灵海天与社会时空，产生共鸣和意义。此时，吴言的评论文字如同刘慈欣的科幻小说，仿佛也生出了飞向宇宙的翅膀，化解了科幻文学与纯

---

① ［意］伊塔洛·卡尔维诺：《新千年文学备忘录》，黄灿然译，凤凰传媒集团译林出版社 2009 年版，第 10 页。

文学之间所谓的“森严壁垒”。

“文以载道”是文学的使命，是所有文学样式心脉灵魂之本宗。刘勰云：“文之为德也大矣，与天地并生者何在？……”（《文心雕龙·原道》）强调“文源于道”的本原性，“道”即自然之道，可谓宇宙间万事万物的规律性。吴言从本原性意义立论梳理，把这部评论集分为“星云初现”“星系之恒星”“星系之行星”“星际漫游”四辑。新颖独特的宇宙星际延展结构，是吴言与刘慈欣作品中的科幻星群意象无数次的精神相遇、碰撞而生成，呈现人类“个体”与“宇宙”生命审美的哲学逻辑，构成寻找“人类共同精神”的、形而上的“宇宙之问”。

第一辑“星云初现”，以标举“刘慈欣与中国电影科幻元年”的电影《流浪地球》横空出世，荣获第三十二届中国电影金鸡奖开篇，把刘慈欣的科幻小说电影放置于世界科幻历史之中，在与科幻作家阿瑟·克拉克的《2001太空漫游》、卡梅隆导演的《阿凡达》、诺兰导演的《星际超越》电影的比较中，从其对西方科幻作家的仰慕、学习、质疑，到“自我”走向科幻创作的心路历程，表现出刘慈欣创造中国科幻世界的实践与雄心、走向国际舞台的影响力，进而将作品推向世界科幻界的前沿。并且，把刘慈欣丰富的中短篇小说，以末日系列三部曲、大艺术系列作品与战争题材科幻演绎等，划分为10个部分，如不同经纬星罗棋布的10个星座，勾画出刘慈欣科幻宇宙星系的轮廓样貌。以2000年《流浪地球》问世为界，把新千年之始，定义为刘慈欣科幻小说创作的“转折之年”，开启“人与自然”“现实＋科幻”宏大叙事的“流浪地球时代”，把人与自然命运面临的“多重困境”抛入他的科幻宇宙创构之中。

第二辑“星系之恒星”，是对刘慈欣最重要的长篇代表作“三体三部曲”即《三体》《三体Ⅱ：黑暗森林》《三体Ⅲ：死神永生》的文本评析。吴言运用汇通古今中西的转换与拼接，明察秋毫的文本细读与讲述，探索刘慈欣“三体系列”隐喻世界演绎的“察今”之意。详尽分析其严酷的自然环境、极端的霸权专制，以及“三体人”情感冷酷麻木的“金属质地”。《三体》的星座基底，以中国社会现实“文革”为起点，揭开“三体文明”一次次毁灭的内在原因；在《三体Ⅱ：黑暗森林》里，飞向“近未来和近太空”，看到弱肉强食的黑暗丛林法则；在《三体Ⅲ：死神永生》里，飞向“遥远的未来和更遥远的宇宙”，象征人类携带着“原根”的飞翔梦从现实延伸到永远，“初次触摸到宇宙的边缘”，领略到“悲壮之美”的更高境界——“空灵之美”。在人类难以企及、“见之未见”的宇宙边缘，发现了不朽时空的黑夜里，永恒的光明“元境”——宇宙之爱，在于“母性”。

第三辑“星系之行星”，虽然是对刘慈欣“三体系列”之外的其他科幻长篇的评析，却与“三体系列”有着必然的联系。吴言变换为更自由的叙事方式，首先从被誉为“三体前传”的《球状闪电》开始，讲述刘慈欣“球状闪电”的创作灵感来自一种大自然现象的启示，是目睹雷雨天的球状闪电记忆，深藏于心孕育20多年的科幻形象。接着详细解读《超新星纪元》的诞生，这部小说与《流浪地球》有着相似的恒星“氦闪”，以“宏人”与“微人”的空战，“太空史诗与人类历史糅杂”、儿童游戏虚拟的世界大战、美国与中国交换领土等，似是而非的“童心”视角，以“地球童年的全息寓言”隐喻现实“不稳定”的国际关系局势，可谓惊心动魄。进而分析《魔鬼积木》中表现的基因技术伦理困惑，引出刘慈欣与戴锦华的对话，提出“人”的定义由谁来确定的问题，直指现代尖端科技突破人伦底线，尤其是制造的战争武器可以瞬间毁灭人类，科技可以为实现人类梦想服务，也可以为“梦魅”助纣为虐。那么，人是科学技术的创造者、发明者，人的定义当然由人自己的人性来定义。因为“一个人的本性是由他的行为决定的，他所面对的现实是他自己的产物”①。是一种对“拟真”科幻的“神经质社会”的体验、质疑、反思与追问。

第四辑“星际漫游”，是刘慈欣星系全景综论与两场对话。如果说第一、二、三辑，吴言以层层递进、极详尽的叙事与诠释，描绘出刘慈欣科幻宇宙的星系图景，那么“星际漫游”则是以高度概括，整合其科幻世界独创性的“创世纪式”价值，“黑暗森林法则”“宇宙文明公理”“宏细节”等最具特色的“硬科幻”风格，科幻意象的丰富奇异、塑造地外文明类形象，以及更高级智慧文明“他者”的文化意义。尤其对“三体系列”救世主人物形象威慑度、技术与道德指数的分析，以科幻宇宙“零道德”、星际战争的末日体验，喻指人类社会文明进化“路上”的冷酷铁血，论证人性善恶、爱憎与终极悖论。警示人类所面临的现实困境，人类自己才是困境的制造者，揭示刘慈欣的科幻宇宙与人类社会结构病体之间内在联系的真谛，向当代文坛竖起一位科幻宇宙星系雕塑者与星

① 转引［英］乔治·弗兰克尔：《心灵考古》，国际出版文化公司2006年版，第8页。

际沉思者的作家形象。

刘慈欣创作的诸多科幻人物，虽有人名但并非人形，或者只是地外文明类形象的符号代码。但是，当它们与人类社会事件发生遭遇性嵌入或连接后，带来科幻宇宙的漫长黑夜，“三体文明”失败，地球的毁灭与拯救，太阳的陨落与再升。作品中诗云的壮美，空灵的场景，呈现的便是以科幻为筋骨、翅翼，人文为灵魂的“人化自然”，其超验的形象与精神性力量，不仅隐喻中国千百年历史的大变局、家国民族文化结构内部发生的“炸裂式”巨变表征，世界社会秩序动荡浮沉导致人类生存命运之艰难困境。而且对厘清现代性文明的致命“痼疾”，即世界霸权、战争拓殖、暴力掠夺等野蛮的文化“拔根”造成越来越多的“文明黑洞”，作品提供了一种具有攻心力的认识途径。再者，其科幻文本的主题表达，拯救、牺牲、英雄主义、理想主义的内在灵魂，更蕴含着一位当代科幻作家对人类历史、现世与未来的沉思关怀，作品呈现出了大野之恋、济世之梦。

吴言对刘慈欣创作的“流浪地球时代”，《流浪地球》《微纪元》《吞食者》《乡村教师》《中国太阳》《诗云》《梦之海》《欢乐颂》等科幻文本，“多元性”“互文性”的分析阐释，不仅以“未来往事”“星系云图”表现刘慈欣精神星系演化史，而且文本细读传递出刘慈欣的自我生命成长亲历经验，在黄土高坡之间，日常生活的人生小道，思考人类生命价值大义，领悟宇宙星空万物奥秘，是其创作科幻小说的最初灵感来源。尤其目睹社会现实，假托科技之名对资源无节制的开发，产生对人与自然命运的深切忧虑。这种忧虑同百年前爱因斯坦的忧虑有惊人的相似：“原子的分裂改变了一切，就是没有改变人们的思想方式。于是，人类正朝着一场无与伦比的浩劫漂流过去……”①

因为“21世纪是科技的世纪”，不仅科技成为世界强国之间的竞争焦点，而且将成为未来世纪的权力主宰。新千年伊始，人类文明的新生性力量、破坏性力量与强生性力量，展开了殊死博弈。人类未来命运是迈向“多元一体”的合作共赢，美美与共之大同，还是硝烟弥漫的分裂与战争？刘慈欣作为一个人类危机意识的觉醒者，以科幻“拟真”社会的宇宙宏大叙事应运而生。刘慈欣的笔下，尽现人类亿万年进化的“文明病态”与沧桑之悟：人类的理想信仰是

① 余谋昌：《生态伦理学——从理论走向实践》，首都师范大学出版社1999年版，第2页。

不灭的精神之火、希望之光，其生成的文化力量之强大，可以决胜乾坤；人类“智慧生命的精华和本质，是技术所无法触及的”。

尤其《流浪地球》被解读为“中国方案”，一个小男孩儿带着地球（母亲）去流浪的科幻创意，不禁让我想到在新千年之际国际环境伦理学学会主席美国洛尔斯顿曾言：“西方传统伦理学未曾考虑过人类主体之外事物的价值，中国传统的生态关怀伦理，对西方生态伦理学的理论突破，会很有帮助。”中国文化最推崇的是人与自然“天人合一”的生态智慧，如今显现出全球性的人类未来学意义。

吴言在解析刘慈欣《三体》游戏建构的隐喻世界时，最先出现了中国古圣先哲，周文王与墨子、殷纣王与伏羲、神农氏与轩辕氏、孔子与孟子等，还出现了西方科学史上的重要人物形象，哥白尼、教皇格里高利、亚里士多德、伽利略、布鲁诺，接着更出现了牛顿、爱因斯坦、冯·诺依曼，还有秦始皇、居里夫人与吴健雄等。她把一个个古今中外不同时代的哲学家、科学家与思想家，一件件科学历史事件，在其科幻小说里如数家珍地捡拾出来，进行重组，构建成一个中西智慧跨时空的整体“合一”、纵贯人类文明的文化、哲学与科技发展数千年流变历史，论证其科幻场景与社会历史真实之间的本质联系，仿佛把人们带回了被“长期遗忘”的人类童年记忆。

尤其对作品中既遥远又亲近、既陌生又熟悉的“宏细节”的捕捉，更表现出其阐释力的独特性。如《三体》中，遥视到以宇宙法则移用于治理社会的孔子，“因为他试图用礼法系统概括太阳运行，结果成为荒原上的一座冰雕”。其隐喻之奇妙，不仅说明孔子“礼法无法代替科学精神”的时代局限性，而且深藏人类文明进化到全媒体科技时代，人性之本的“仁爱与和平”，孔子为之奋斗一生的“礼乐”社会理想，竟然演化为一座冰雕奇观；还有秦始皇率领统一六国的三千万雄师，在冯·诺依曼指挥下，竟然演化成宇宙绝无仅有的、庞大的“人列计算机”，即使是“中西合璧”的最尖端科技，具有雷霆万钧的威慑力，却仍然未能挽救“三体文明”的毁灭；再有在《三体Ⅱ：黑暗森林》里，人类的两艘仅存的太空舰队“青铜时代”号和“蓝色空间”号，演绎着只有脱离“地球母星”，才是人类文明延续的希望；《三体Ⅲ：死神永生》中，云天明身患绝症安乐死之前得到一笔巨款，为自己暗恋的大学女同学程心买了一颗星星。一个个充满悖论的多重隐喻，自然会联想到人类智慧第一次大觉醒的“轴心时代”至今，东西方两种文明形态的社会历史真实。

如刘慈欣所言，“人类文明不管如何进化或升级，人类文化的根应该保留”。如果“宇宙之爱在于母性、人类之爱在于母亲”，那么“人类文化的根”即是母爱般的生命之爱与关怀。如果“轴心思想的精髓是文明形式和人类意识在内容上的深刻变化，以及规范观点和指导性价值的重新定向”①，那么“宏细节”更深层的内涵，即是呼唤人类文明的“新轴心时代”的到来。

吴言对《流浪地球》与“三体系列”内在文脉进行条理分析，从《流浪地球》里小男孩儿的童年、成年到老年，带着地球（母亲）流浪驶向比邻星，发现了“太阳系的太阳发生氦闪，走向老化而衰亡。地球必须寻找自己的新太阳”。这个寻找“新太阳”的“未完成时”，成为科幻长篇“三体系列”的创意之源。这也是贯穿刘慈欣科幻宇宙星系的精神心脉。吴言在讲述《三体Ⅱ：黑暗森林》时，引用了刘慈欣从“人与自然”向“社会实验”阶段“转型”的回忆：“我看到了科幻文学的一个奇特的功能：现实世界中任何一种邪恶，都能在科幻中找到相应的世界设定，使其变成正当甚至正义的。这个发现令我着迷，且沉溺其中不可自拔，产生了一种邪恶的快感。”②吴言认为，是其“疯狂的技术主义”催生出了《三体Ⅱ：黑暗森林》，刘慈欣也说这是一条歧路。然而这条“歧路上”的黑暗森林，却以“拟真诱惑”撕开了人类智慧对自我信念与意愿的放纵膨胀，完全改变了个人、家国、民族之间生存关系的情感温度，人类文明历史在迸射璀璨光耀的同时，另一面又包裹着漫长的惨烈阵痛。

吴言评论道，在“疯狂的技术主义”驱使下，“黑暗森林法则在互联网界已被誉为从业圣经……成为他们合理化自身的所谓市场行为的理论依据。而若用技术指数和道德指数去衡量互联网这一行业，那么它的技术指数在递增，而道德指数在递减”。③因为全媒体科技时代的“疯狂的技术主义”，会衍生出肮脏、色情与暴力甚至邪恶，恶的传播速度与繁殖能力远比善更快更强。因此刘慈欣在《三体Ⅲ：死神永生》里，把“三体世界”在地球的代表最终显化为一位女性——程心。程心选择了对人、地球与宇宙的爱和责任，却陷入一个接一

---

① ［美］大卫·雷·格里芬：《后现代精神》，王成兵译，中央编译局出版社 1998 年版，第 135 页。

② 吴言：《从流浪地球到三体：刘慈欣星系》，中译出版社 2020 年版，第 288—289 页。

③ 同②。

个的道德困境，从而失去了拯救地球的机会。吴言解开这位具有全人类共同精神与“正确普世价值”的形象很快被人类遗忘与女魔法师之死、精神危机和女性象征的文化联系，意在强调如果世界上没有如圣母般“完整的人”的程心，人类可能早就灭亡了。人类对她的误解甚至“遗忘”才是人类的自毁。

总之这部评论专著，是吴言对刘慈欣的创作理念、历史“心途”与科幻文本的整体考察和跨文化研究，也是吴言对中外报刊网站有关作家作品的报道评论文章，以及作品中涉及的古今人类社会政经、科技与文化历史人物与“元事件”，广泛收集与综合提炼的融会贯通而生成的。吴言的计算机工程师专业背景、从事金融信息工作的科技思维经验，与科幻文学有着“血脉”近亲的优势，更有其对文学具有天赋灵性的情有独钟，因而能够穿越刘慈欣作品的浩瀚文字与在场感极强的科幻星际表象，洞察刘慈欣作品的精神内核即人类学、未来学、历史学、哲学、心理学等多重隐喻，进而深度理解与精准把握其本质深意。吴言不仅摆脱了“学术教条”的呆板套路，而且以科学与文学语言的结合转换，理性与情感之间无处不在的人类关怀意识，对宇宙生命的审美探索，建构起一座令人瞩目的、多维度的刘慈欣科幻“宇宙精神星系”。

这部系统的“刘慈欣星系”，发现了其创作的科幻宇宙，以独有的精神震撼，改变观念、涤荡灵魂的醒世力量，为疗救人类社会的综合症候，重建人与自然、人与人、家与国、国与国之间，爱与关怀的平等伦理，发起了数十年如一日的人类文化“寻根”行动，引领人们找到“回家”的路。其“现实主义在科幻中产生了核裂变般的力量”，“科幻的魔法棒一经同现实结合，就焕发出神奇的、前所未有的生命力”①。希望吴言将来能够超越“自我”与“他者”既定的技术、哲学与文化局限的束缚，为科幻文学批评探照进文学“道义”精神的暖阳，开拓出新的宇宙审美苍穹。

---

① 吴言：《从流浪地球到三体：刘慈欣星系》，中译出版社 2020 年版，第 17 页。

爱情“易位”叙事的两性悲剧

——徐坤的《爱你两周半》悬意阐释

首先，徐坤的《爱你两周半》表现的超越意识和反思精神是中国女性写作走向新阶段的标志之一。

这部小说超越了20世纪90年代女性写作的“女性乌托邦”的自说自话，超越了她的第一部长篇《春天的二十二个夜晚》的极端情绪化心理，以清醒的女性意识，以犀利的调侃和辛辣的讽刺，善意地撕开都市男女的内心，理性地解构他们在“性别极地”发生的“爱情神话”，一步一步逼近人性深处，直指当代社会男女人性的异化裂变——欲望化与物质化的迷惘症，以性别文化批判呼唤真正爱情的人文关怀意义。

本人有感于这些年的女性写作曾写过一首小诗，反思性别理论本土化经验和女性写作的实践，同时反思自我的性别观念，以《放进时间的口袋》为题，发表在2004年4月7日的《光明日报》上，继而重发在本人主编的《中国女性文学》首页：

极端的利刃 / 既然只是一个策略 / 就先把它放进时间的口袋 / 理性地审视 / 女性生命经验中的 / 困惑、苦难、迷惘与无奈……

化好妆 / 听着绯闻 / 在一个春天的夜晚 / 真诚地去赶赴“爱”的约会 / 心灵的距离 / 是“0” / 还是在两万五千里之外 / 有时连自己也说不明白。

重重跌倒后 / 从内到外的痛……/ 挣扎着触摸到了 / 镌刻在历史那头儿的阴阳鱼 / 是谁破坏了这规矩 / 口袋里的利刃 / 融化成了意识的暖流 / 正在治愈受伤的灵与肉。

因为，无论是女性文学创作还是女性研究，“在充盈而杂乱、深厚而沉重的中国妇女理论遗产和西方女性主义面前，我们的研究缺乏超越和原创的功力。同时，面对我国社会转型期出现的新异的、复杂的女性生存与发展的困惑现象，缺乏提炼、提升、概括到理论高度的能力。……往往变成了他人理论概念的‘元件组装’，或是‘照着说’：复述他人的理论建构；或是‘别人说’：印证他人的观点见解；或是‘说别人’，评价他人的成果方法。”① 这种反思，是女作家、评论家与女性研究学者共同关注的问题，尤其是在当下的女性写作中表现得更加突出。但是，像徐坤这样对两性爱情婚姻的反思批判，如此心怀善意的惊醒之意是值得称道的。

其次，徐坤让生活借非典离奇出轨，探索两性情爱婚姻的悲剧之谜。

读《爱你两周半》，徐坤就像一个“坐看云起时”的“神侃”，双腿盘起席地而坐，两手扶膝，双目微闭，用意念之笔，制造“情人”“夫妻”一次次“易位”的撩人情节，一层层剥开男女所谓社会精英的心灵与肉体，赤裸裸地放在人性的手术台上来拷问。让读者洞见其真实的灵魂。京城房地产大亨顾跃进和年轻漂亮的电视台主持人于珊珊，因做爱而睡过了头，一觉醒来已被“隔离”。顾跃进的妻子，一位某大学里颇有威望的地理系主任、女博导，和她的青年男部下董强出走云南，因“隔离”而无法返回京城。于珊珊居住的平民公房，云南大理的小旅馆，却成了这两对情人的“同居窝”，两周半的“夫妻”生活从这里开始……

第一个层面的“易位”：撕破“情人”与权性交易的面纱

电视台主持人于珊珊，把顾跃进作为寻觅已久的梦中“情人”，是因为她把这位在亿万电视观众面前的美男和商界巨头，当作她“开拓自己人生光辉前景的网页”。顾跃进的社会地位和物质财富虽然已达到“想睡谁就睡谁”的性权力高度。但是，他需要聚敛更多的财富，对电视台给他的光环与他的明星楼盘之间的微妙关系他心知肚明。“现在面对一个上赶着前来使美人计的电视美眉”，当然会一箭双雕，将计就计。因此，“这两个相差 20 岁的男女，他把她和‘电视台’捆绑在一起宠爱，她把他和‘出资人’和‘赞助商’打包在一起送抱投怀”。按照当下最时尚的“情人”组合，“怎么想，怎么看都是

① 魏国英、王春梅：《女性学理论与方法》，吉林人民出版社 2002 年版，第 2 页。

天造地设的一对”[①]。

正因为这样的“情人”观念，社会上“干得好不如嫁得好”“仅有爱情是不能结婚的”，才备受某些女性的青睐，才如雨后春笋般涌现出小蜜、情人、包二奶、包二爷和美男鸭子群，才会上演挥霍欲望绝无禁忌的“青春祭”，才会出现毫无情意可言而互偷互泡的“一夜性”，而这种“空心爱情”的时尚，在当下社会里仍有争相效仿、前赴后继之势。某些精英男性仍把“想睡谁就睡谁”作为成功的价值体现和权势的象征，统统在“情人”误区的狂欢迷醉中一点一点地掏空着自己。

其实，在男女两性不平等的权力关系中，某些女性以为年轻漂亮就是本钱，有了色相就是一切，跟人上床一睡，一切随之而来，她们心甘情愿地扮演着消费品和依附者，当然是一种物质利己主义的迷失。那么，某些精英男性占据社会文化和物质财富的中心，牢牢掌控欲望制高点和话语权，居高临下，霸视一切，欲望在倾斜的关系中无限地膨胀，更是一种可悲的迷失。这种迷失来自中国社会转型时期，人们对于物质财富无节制的崇拜，社会文化意识形态对获得巨额财富的男性高山仰止，认为有了财富就可以拥有名誉、地位，光芒四射，有了财富就可以遮蔽一切人格缺陷与阴影。但是，他们真的就是社会精英和栋梁吗？徐坤这部小说的贡献，就是以挑战世俗文化认同的胆略，进一步撕破社会精英的形象，发现了他们肉体和灵魂是如此的颓废，财富和人格是如此的畸形与分裂。

在小说中，梁丽茹和董强的姐弟恋情，仿佛是如火如荼、如胶似漆的美好。但是就本质而言，仍是一场权性交易。所不同的是徐坤用了性别场景的“置换”艺术。故事的主角由精英男性顾跃进，换成了他的妻子精英女性梁丽茹。把北京的平民公房，换成了云南大理美山秀水之间的小旅馆，可能徐坤认为这里酝酿出的浪漫和激情会落差更大吧。

就女性的社会身份，作为某大学系主任兼博导的梁丽茹，当然也是知识女性中的成功人士。但是，10 年的夫妻分居，情感生活的失败，死亡婚姻的压抑，吞噬着她的容颜和精神。未婚的年轻男教师董强，以感恩、功利和轻侮的复杂心态，特别上心地“想找到她的喜好、嗜好、爱好什么的”，想尽一切办法接近她，向她献媚，不露痕迹地寻找溜须拍马的机会，总算窥探到她心灵的秘密。

---

① 徐坤:《爱你两周半》，作家出版社 2004 年版，第 27 页。

他之所以处心积虑地预谋，以夫妻的名义与梁丽茹去云南大理，是因为梁丽茹帮助他评上副教授，保住了他上岗的职位。他非常明白她的权力有多大，分量有多重，他知道现在“改朝换代了，压在头顶上的，到处都是女的”。他拿自己年轻、坚实、雄壮的身体投怀送抱，是为了再一次获得晋升的良机。

然而，梁丽茹压抑多年的情爱欲望被董强点燃了，她感觉自己置身于浓浓的爱与热恋之中。从董强在火车上对她的百般关爱、抚慰、撩拨，到在她的唇上胶住的一个深深的长吻，挑逗了她的一根最隐秘的性感神经，她恨不能把亲密进行到底。因为在女性看来，“男女的好，一定要经历那么一个过程，那么一个深入彼此身体，交付身体的仪式，才算是好，好到了底，才算放心，踏实”。但是，她多年没有与异性亲密的身体是僵硬的，心跳咚咚如鼓，脸上布满火烧云，双手无措。是董强的嘴唇和手指把她“点化成了一条刚从水里上岸的鱼”，然后“把他年轻的力量，全部倾斜到她的里边……”[①]她像沉溺在爱海里淹死了。“她不知道，还能这么好，身体还能这么好。”尽管两个人在性欢娱过后，时阴时晴的对话中有很多的互相读不懂。但她总觉得这是自己生平最快乐的一天，女人被新鲜的“情人”宠爱就是幸福。两个人走在海滨林荫道上，董强“又大献殷勤，主动将枇杷的表皮细细剥掉，一颗颗送到她的嘴里。”她“被爱”得要发疯了。但是，一旦梁丽茹发现了董强是别有用心的逢场作戏，这种“错位”不知道会是什么滋味。

徐坤在此时撕开这两个情爱“易位”的故事，就是想让人们看到在权性交易的背后，真爱的丢失，人性的滑落……而男女主角的性别置换，虽然从超越性别的角度反思了男女两性的心理弱点，但是，徐坤对男性的批判和对女性的同情却是没有变的。就小说中的人物而言，对男性来说，无论他处于哪种位置，他对女性的感情总是利用，对年轻女性的“性与爱”毫不珍惜，而中年女性为什么总是那样的认真，这蕴含着徐坤作为一个有社会责任感的女作家，哀其不幸的心痛和关怀。

第二个层面的“易位”——击碎“性与爱”分裂悲剧的内核

徐坤的高妙之处就在于，让生活离奇地出轨，男女主角的亲密关系再一次“易位”。突如其来的“非典”隔离，把顾跃进和于珊珊隔离在一间屋里，过起

---

① 徐坤：《爱你两周半》，作家出版社 2004 年版，第 57 页。

了“夫妻”生活，把梁丽茹和董强隔离在云南大理山水之间的小旅馆。虽然为了交易、为了达到各自的目的，双方可以暂时客气和忍耐，但是就像于珊珊所说：“一天两天能忍，三天五天能忍，十天八天就忍不下去了。客气一天两天能客气，三天五天能客气，十天八天就客气不下去了。”[①] 徐坤手里如同操持着一把手术刀，两周半的“夫妻”生活，把所谓巨富、著名知识分子的风度、脸面和自尊，一层层解剖得坍塌委地。

“非典”隔离，就像战争和瘟疫，人的生存面具统统卸去，本性的恐惧、无措、脆弱、自私、浮躁和歇斯底里，疯狂暴露，更何况“夫妻”生活的一览无余。在于珊珊的眼里，这位几乎是满身优点、满头光环的时代骄子，这位华服锦绣，宝马香车，信用卡在握的成功人士，脱了衣服躺在床上“只是一堆肉，绷紧的肌腱完全泄了。一堆瘫在床上的老肉。伴着呼噜声。尤其是喝多以后，头发里浓烈的烟味、嘴巴里臭烘烘的酒气，污秽至极。惨不忍睹”。睡觉时的呼噜声“那简直是非人类的怒号、咆哮。老虎、狮子、狗熊在昼夜不停地嚎叫；风箱、汽笛，一阵一阵，抽冷子响起，没一点规律；一万辆火车、坦克轰隆隆开过来，轧过去；一千场雪崩，泥石流，山洪暴发，铺天盖地，滚滚而落”[②]。她用棉球堵耳朵，戴上耳机听音乐，看 BBS 上的帖子，打开 QQ 聊天，一点一点熬到天亮，盼着顾跃进醒来早点儿滚蛋。她想，不是说社会上“四十五岁的男人也是如花似玉的、灿烂如金的年龄段”吗？不是说“干得好不如嫁得好”吗？“怎么就没有人告诉她，这个年龄的成功男人，身体上的零件都该大修了：什么‘三高’，打呼噜，夜晚躺在床上一堆肉……”[③] 这“一夜”就已经把这位年轻漂亮的女主持人折磨得欲死不能。

可见两周半的“夫妻”生活是如何度日如年的。徐坤这种对男性形象夸张的描写，不仅颠覆了男权文化传统把被看对象的女性转换为男性，否定世俗爱情理念里的“男人四十一朵花”的风华正茂，而且通过人物形象身上的老肉、呼噜、臭味，向其灵魂深处开掘延伸，这样的发现，恰恰是借于珊珊亲历体验之感觉来表达。也许是性别极地的角色“易位”，启迪了她意识里的“性别盲区”，顾跃进生理和心理的种种劣迹，使她不得不对眼前这位精英男人重新审

① 徐坤：《爱你两周半》，作家出版社 2004 年版，第 112 页。
② 徐坤：《爱你两周半》，作家出版社 2004 年版，第 68 页。
③ 徐坤：《爱你两周半》，作家出版社 2004 年版，第 69 页。

视和思考："但凡名人和成功人士，都是这样极度的自恋和脆弱吗？""这就是所谓的婚姻生活吗？这就是跟一个大款生活的细节吧？跟一个老男人在一起，必须有足够的克制和忍耐力，容忍他的打呼噜，容忍他对饭菜挑剔不爱吃这不爱吃那，容忍他的躁郁、情绪化，容忍他唱一棵小白杨长在哨所旁，容忍他身上散发的莫名其妙的'老人味'。"①

这种种"夫妻"生活细节导致的冲突，从更深的层面上讲，是不平等的两性关系的冲突，是男性中心和女性主体意识的冲突，是男性仍然想按照自己的文化理想塑造女性的冲突，是女性反男性价值观控制的冲突。他们同床共枕和做爱，但心灵的距离却在"两万五千里之外"，从欲海爬出后还是谁也读不懂谁。其中最根本的原因，不仅在于莫名其妙的"老人味"，睡觉时的呼噜声，关键在于他们之间没有平等的真爱情。隔离解除时，狼奔兔逃的场面，更能说明这一点：

顾跃进听到隔离解除，拾起衣服，兔子一样跑掉，连声"再见"都没有扭过头来说。"这个让他莫名痛苦之地，让他莫名蒙羞之所拜拜吧你！永生永世我都不想再来，永生永世我都不想再见！"他在心里无比憎恶地狂喊。

于珊珊也如蒙大赦。顾跃进前脚刚走，她后脚就跳起来，欢呼雀跃，狂蹦狂跳，嗷嗷叫，大喊几声：噢——解放喽！噢——解放喽！解放喽！爬上床去，扯掉床单，枕套，被罩，将凡是顾跃进沾过的东西，统统换掉，统统塞进洗衣机里。②

徐坤夸张地描写了这个层面上的"易位"，揭示了他们两周半"夫妻"生活相互的怨恨、憎恶和忍无可忍，真正击碎了无爱"夫妻"的内核，不是说现在的爱情婚姻都要加上金钱权势吗？表面上锦衣玉食，宝马香车，风光无限，其实付出的代价是长久掩埋精神与灵魂的苦痛。

梁丽茹和董强在"第一夜爱情发生地"的云南大理，突然听到了北京因"非典"隔离的坏消息。日夜醉酣的浪漫之旅，变成了各自走散。在昆明机场登机的时刻，梁丽茹"忍不住紧紧拥抱董强，静默相拥之中，竟有了些生死离别的滋味"。然而对于董强而言，他的亲人都在北京，梁丽茹只是他利用的对象，

① 徐坤：《爱你两周半》，作家出版社 2004 年版，第 132 页。
② 徐坤：《爱你两周半》，作家出版社 2004 年版，第 170—172 页。

无论如何在这个特殊时期他都要回北京；对梁丽茹而言，北京是一座空城，她的亲人都在沈阳，她只能回到她的父母身边。这场特殊的灾难，可以把所谓的“情人”，硬摁在一起过夫妻生活，也可以把所谓的“情人”分开，合与分虽然方式不同，但是所要表达的同样是两性关系的无爱悲剧，孕育着徐坤对女性生存状态、性别情感关系的深层思考。特别是梁丽茹这个女性形象的塑造，可以说是填补了中年知识女性当代生存状态的空白，被评论家命名为当代女性文学史上的“新陆文婷”形象。

再次，温暖结尾的悬意。

徐坤把社会百态、人性世相浓缩在《爱你两周半》里来针砭评说，在游戏调侃中审视传统文化和世俗理念，重新阐释两性生存之哲学和生命之真谛。无论男人还是女人，生命中，生活中，婚姻中，有爱才会有心灵温暖，有爱才会有人格的健全和人性美善。尽管在性别极地的隔离生活中，顾跃进在极度的不适应中寻找着自己生理和心理的病根：单身生活，极度脆弱，承受能力差，心灵感官麻木，不停地换年轻女人泄欲，逢场作戏……他深刻反思到，感觉没有亲人的家不是家，甚至想到自己的初恋、初婚，自己第一次做父亲。他见到妻子梁丽茹，“仿佛他们从来就不曾分离，没想到到了四十多岁时，她变得漂亮了，是一种说不出的变化。一种成熟的自信和妩媚”。

但是这个温暖的结尾，被梁丽茹交给顾跃进的离婚协议书泼上了一盆冰水。仿佛听到了《二十二个春天的夜晚》里，女主角毛臻在小说结尾那含泪的低语：“爱人啊，不要不告别就走啊！……”那是因为毛臻心中还有爱。而在这篇小说里，梁丽茹面对顾跃进的忏悔和亲近，为什么还要拿出离婚协议书呢？难道是梁丽茹的云南之行，爱情“易位”的生活体验让她明白了什么？掩卷沉思，真是让人欣慰，又让人心痛。

缀满真情大爱的生命之树

——读戴小华散文集《因为有情》的几点感悟

2019年5月25日，著名马来西亚华文女作家戴小华的新作，散文精选集《因为有情》由作家出版社出版，新闻发布与作品研讨会在中国现代文学馆召开。2017年9月3日，就是在这里我曾有幸参加了她的“非虚构”长篇《忽如归》的作品研讨会。我认为两部作品如姊妹血脉相连，如果说《忽如归》是戴小华书写个体生命与家国之痛的历史长河，那么，她的《因为有情》就是河岸上一棵棵缀满真情与大爱的生命之树。二者在互文、互补，相互引证与诠释过程中延展开去，构成其形而上的精神生命的全景图示。

《因为有情》，从戴小华30多年创作的诸多散文里遴选84篇。随着对作者不同时期、不同题材散文的分类检视，不仅体现出其社会身份与生活方式丰富多样的变化，交际圈“生活半径”逐步延伸扩大，而且文本跳跃腾挪穿越时空的四辑分法，辑一“往日情怀”，是血缘、族缘、地缘与文缘记事，是对母国故乡亲人的真情回忆，对文学前辈名家人与文的敬仰怀念；辑二“因为有情”，是对人类共同情感的精辟思辨，对性别双重标准、爱情、婚姻与家庭，中年危机、幸福、爱与温柔的独到揭示。并隐含对性别平等、世界和平与精神家园的理想期盼；辑三、辑四是“桑梓之情”与“寰宇风情”，是游历母国与居住国马来西亚，以及世界各地的秀丽山川云雨、瀑布峡谷大漠、历史名胜古迹的美景沉思与文化共鸣。整部散文集在传承“心物合一”的古典审美传统的同时，巧妙融入自然生命、自我主体与现代人类意识的新审美境界。虽然是“非虚构”的生命亲历，却能够以内心审美精神超越现实真实，以跨文化、跨时空与跨文明的“全球人”视野，构成其生命之树的“四维时空”……

辑一里，开篇散文《小玉》，犹如短篇小说。独特的叙事语言与方式，直入人心的形象塑造，生动地诠释了无论男女、贫富、美丑与地位高低，内在心灵的人性美善才最值得尊重与珍视。尤其散文结尾处写道，大姑到厨房拿了一袋东西交给我："这是小玉给你的，二十个白煮蛋。他说，是你爱吃的。"此时，一个"头发蓬乱、脸皮黝黑"的粗壮贫穷的男子汉——小玉人性的朴实真爱，从外在"审丑"升华为"审心"的内在灵魂之美。这让我联想到在长篇《忽如归》里，迁居台湾的母亲对故乡梦绕魂牵的生死眷恋。

辑二里，散文《我的中国梦》，从"我"对自己文化身份的困惑，"台湾，有人说我是外省人。在马来西亚，有人说我是外来移民。在中国大陆，有人说我是外国华侨"。渴望"一个让自己能安心地去爱与被爱的家"。到"我"1990年4月第一部剧作《沙城》出版，成为中马解禁前的第一位"文化使者"。再到我踏上这片母国土地，认识"与我有着共同血脉的民族"，了解"与我有着共同文化的国家"。在灵魂爱与痛的省思的过程中，仿佛从生命深处走来"母亲"的召唤，真正理解了"家"的概念，不只是地域的、情感的，更是精神的。终于找到了"我梦中的精神家园——中华文化"。并且发现每当我走出这片生活的土地，我就代表着那里的全部，进而走向怀揣人类意识的"第二故乡写作"。

戴小华在散文里，真诚袒露创作中超越身份的困境和寻觅精神家园的心路历程，实际上是海外华文女作家从"故乡"迁徙"他乡"的生存、情感困境书写，转向自我重塑与人类关怀的"第二故乡写作"，这是一种新的创作理念。

辑三里的散文，《永结无情游——姆鲁山洞纪行》，对马来西亚姆鲁山洞里蝙蝠群的视死如归精神的赞美，《盘古选择的这片土地——沧州》，对中国故乡沧州的铁狮子，燕赵大地英雄精神的敬仰，合二为一，才能共同生成长篇《忽如归》里的思想意脉与人物灵魂。戴小华把母亲遗体从台湾送回母亲故乡河北沧州安葬的真实事件，唤醒经验中的心力想象，"浪漫化"为爱的互助、爱的交融与爱的传递的超验力量，达到一种精神在场。

辑四里的散文，在对世界景观的描述里，渗透着作者对不同文明与多元文化共生的信念。如《曼谷的两种风情》《满地神佛的巴厘岛》《骄傲的巴黎》《埃及最耀眼的珍珠：开罗》中，作者将人类文明历史遗存、东西方不同历史神话、种族宗教信仰与风土习俗，诗化为一种人类共同的情感与精神探寻。书写尼亚加拉瀑布此水只应天上有："当美达到了至上的境界，达到了非人力所能及的地步时，是会令人害怕的。害怕造化是如此的不可思议，是如此的伟大。在他面前，人类只有臣服，慨叹自己的渺小，无能。”而且信手拈来李白传诵千古的名句“疑是银河落九天”，也无法和我此刻的感觉完全吻合。《红海写意》最感人的是埃及人的禁忌，“再穷也不能向人乞讨，因为他们视尊严重于生命”。《尼罗河之歌》的联想，更是深入不同民族性格相似弱点的比较反思，“当尼罗河泛滥的时候，人们总是要选一个漂亮的少女，作为对尼罗河的献礼，和中国河伯娶妻的传说很相似。或许就这么逐渐塑成了这两大民族在性格上的共同性，有某种宽容恶势力、得过且过的成分；有圆滑世故、听天由命、逆来顺受的致命弱点”。她总是于交融“审本”的自然性与人文的原初性，感受个体生命置于天地大生命之间的审美体验，赋予游记以历史文化精神内涵。就像她在亚洲文明对话会上所讲到的，文化是游记的灵魂，没有文化的旅游就没有魅力与活力。

散文集《因为有情》，强烈的现实关怀更体现在对女性的关注上。《阿春嫂》里形似秃鹰、外表丑陋而内心善良的女性形象，令人肃然起敬。《上海女人》《女强人》里，有对男权意识的批判，更有女性自我的反思，对一个“完整的人”的人格提出自己的标准：有自尊，有自信，并能刚柔并济，鱼与熊掌兼得。《赌场见到的那位陌生女子》里，她对被做赌博生意的商人作为“性化”与“物化”工具的表演女郎，表现出深切的同情，当她再次遇到那位被两个男人拖走的陌生女子，竟然上前询问怎样可以帮助她。那种对他人关怀的爱心与生俱来。

从整体看来，戴小华《因为有情》的思想、艺术魅力，在于朴实平和与真诚简洁、举重若轻与娓娓道来的理性从容，广纳由家而国，由国而世界，以至全人类的大爱关怀，包罗“天文”与“人文”生态的万象风景。并且在蕴含诗意与激情的深层，融入东西方文化学、人类学、心理学以及多元宗教信仰合一的种种思想，呈现出美妙而深刻的大悲悯与大视野。尤其以“原乡”记忆与现实经验孕育的全新维度，讲述中国故事，重构中国历史，塑造中国形象，书写中国形象的新思想、新灵魂与新精神的世界性价值，探究中国文化与世界文明、中国人性与整个人类心性之间的密切关系，成为她的一种叙写家国 / 人类情怀的新的思维方式。希望戴小华的文学创作为人类精神家园的生命之树结出更丰硕的成果。

在新的历史地平线上创构人类共同精神家园

——读方丽娜的首部长篇《到中国去》

《到中国去》是奥地利华文女作家方丽娜的首部“非虚构”历史长篇。小说以历时10年孕育的“生命写作”，以理性反思、层进揭示的人性“心灵考古”，通过对20世纪三四十年代世界反法西斯战争文献资料的发掘探悉，超越民族、国家、宗教信仰及意识形态的重重屏障，“第一次”撕开中国百年历史的深层皱褶，“重述”人类文明记忆的世界性创痛。当德日意法西斯称霸世界的极权野心，将全球卷入战争的血海汪洋，各国维护民主正义、爱好和平的仁人志士决绝反抗，人类文明进程中的正义、新生力量与法西斯的疯狂暴力，展开了殊死的博弈与较量。

小说背景庞杂、沉重而宏阔，牵动欧美数国战场，结构纵横开阖而井然缜密，人物命运随战争风云而沉浮跌宕，“重述”随叙事者角色转换，“嵌入”在场记忆瞬间片段，以多层再现佐证历史真实，在东方与西方的切换对比中彰显独特的审美张力。小说尤其塑造了一批来自奥地利、英、法、美、俄、德、波兰、加拿大、印度、日本、朝鲜、澳大利亚、新西兰等国的国际知识精英群体，他们有的甚至“失国失家”，携带着不同的文化信念，奔赴中国战地前线，进入革命圣地延安，以不同身份的无畏奉献，竞相参与中华民族反抗法西斯侵略的浴血奋战。在亲历、见证家国民族危亡之时，中华民族精神不屈不挠的坚忍顽强、艰苦卓绝而波澜壮阔之气势，在融入中国革命的同时自我获得救赎，灵魂得以新生。

小说塑造的两位核心人物奥地利犹太人医生罗森与理查德，他们从奥斯威辛集中营的死人堆里爬出来，因遭纳粹追杀而逃亡到中国上海。而德国依赖日本在远东借尸还魂，对上海的犹太人实施灭绝人性的“最后解决方案”。罗森在反法西斯德国记者汉斯的家里，由新四军卫生部部长沈其震引荐，加入了盐城的新四军，由陈毅司令介绍加入了中国共产党。从此他矢志不渝地跟随共产党的军队，救死扶伤，南征北战，由苏北到山东，而后转战“东北小延安——佳木斯”，被任命为东北第一纵队卫生部部长。他是唯一一个同时参加了新四军、八路军和东北野战军的国际知名人士，也是从抗日战争、解放战争直到新中国成立，在中国共产党队伍里担任实际职务最高的国际知名人士。

理查德从上海到了“谍都”天津，在苏联驻中国情报站工作，到北京执行任务期间找到地下党黄牛，为送医疗器械、药品和无线电配件而奔赴延安，期间跟随聂荣臻司令，投身山西五台山“白求恩流动医疗队”。到延安后，毛泽东夫妇亲自探望他，他还在柳树店中国医科大学担任了教员。并经组织牵线搭桥，在枣园的华尔兹舞会上和红军卫生员君珠相识、相爱。一场大轰炸的劫后余生，掩埋一具具延安年轻人遗体的场景，让这位在马克思主义影响下，秘密加入奥地利共产党的犹太青年医生，瞬间滋生出一种生命的紧迫感和责任感，为了降低伤员的死亡率，他果断采取“土法粗制”提取盘尼西林，经过55次艰难实验而获得成功，拯救了无数战士的生命。理查德与君珠的相恋随之瓜熟蒂落，并在宝塔山下的窑洞度过花烛夜。

天津保卫战之后，当他们再次面临身份归属问题时，小说以一封信件、一封电报，自然袒露出他们内心的矛盾纠结，淋漓尽致地表达出两个人的不同选择与殊途同归。理查德看似悬而未决，他一度随命运转轮从北平做地下党，到晋察冀当八路军战士，在延安娶妻生子，当他从天津返回营地时，在找不到妻子和孩子的焦急痛苦中，读完妻子信上留下的具体地址的瞬间释然，已证明了一切。几经辗转理查德最终在中国落地生根。抗美援朝中，他作为志愿军的医疗顾问和野战军医生，再次奔赴朝鲜战场。

罗森回到自己的出生地维也纳，母亲惨遭纳粹荼毒，家已不复存在，他渴望“带着妻子回中国”，却因得不到中方签证许可，而回到祖先圣城耶路撒冷。当弟弟举着来自“中华人民共和国驻东德大使馆”的签证的电报赶到耶路撒冷，就在一步之遥时，他却被中东战争的弹片击中“眉骨”而死亡。弥留之际，罗森“用尽最后一丝力气，遥想那个国度，那色彩，那气味，那人情世故，即使多灾多难，却温暖过他的身心。闭上眼的同时，他的灵魂已漂洋过海，远行到东方”。他漂泊的灵魂终于因回到第二故乡——中国而安息。如此精致的细节，对人物的精神心理分析，堪称深刻而精彩。

更值得深思的是，小说绘塑出国际友人眼中“别样”的延安。这里是他们心里红星照耀的中国，是实现人生理想的圣地。理查德骑在毛驴上惊叹，逐层升高的黄土高坡，光秃秃的嶙峋的山头，既开阔，又空蒙，有一种罕见的超现实色彩。英国无线电专家林迈可教授对他说，你看像不像超现实主义画家萨尔瓦多·达利笔下的一幅画？理查德条件反射般地回想起美国记者埃德加·斯诺的《西行漫记》，意识到这些黄土“是由中亚细亚的大风从蒙古高原吹来的，继而造成了眼前稀奇古怪的景象，犹如风神捏就的另一个世界”。当理查德看到举着刺刀枪列队操练的战士，重峦叠嶂之间，一道坚固的城墙由谷底直延伸到山顶，在群峰之巅上那座神往已久的七层宝塔，千里跋涉数次遇险的艰难疲惫已杳无踪影。这段高山仰止、景行行止的举目对话和简短遥想，道出中国“黄色”文明与西方“蓝色”文明亘古存在着共同的精神根基——人类精神大同本原存在的一致性，远远大于差异性的朴素哲理，进而揭示出中国延安之所以能够凝聚世界各地的仁人志士，其内在的精神结构的生机与艺术魅力。

古人云，乐为人之始。小说别出心裁，在“枣园的华尔兹”露天舞会上，来自世界各国的专家记者、年轻的鲁艺学员与众位领袖纷纷出场，年轻女性排着队跟毛泽东跳舞，美国医生马海德更是舞场上的名人。奥地利音乐家小约翰·施特劳斯《春之声》圆舞曲、中国胡琴、美国提琴、苏格兰口琴、朝鲜的曼陀铃以及塞北的班卓琴与陕北的秧歌舞，汇成多姿多彩、雅俗共赏的神韵旋律，鸣奏出“天人合一”的自然天成、无与伦比的精神交响。美国记者史沫特莱和斯诺在舞会散场后，品尝着陕北菜，调侃着朱德、周恩来、贺龙、毛泽东的有趣舞姿……更有理查德和君珠宝塔山下的“窑洞花烛夜”，聂荣臻主动做证婚人，红军大书法家舒同挥毫写下的“万里良缘，圣地花烛”“白头永偕，桂馥兰馨”的新婚贺词，新西兰人路易·艾黎、朝鲜音乐家郑律成和妻子丁雪松前来贺喜，柔曼的华尔兹舞曲把婚礼推向高潮。此时的延安，自己动手、丰衣足食，平等民主、亲和友善，充满传统与现代生活的纯朴诗意，犹如一个超越血缘、民族与国界，荡漾着人类之爱的国际大家庭。进而成为蕴含勃勃生机的“青春中国”的象征隐喻。

因而《到中国去》，鲜明的思想与艺术价值在于，以一位海外女作家擅长的个体生命体验复调叙事，怀着对“母国乡土”与“第二故乡”的深情眷恋，站在新全球化时代的现实“奇点”，沟通整个人类文明历史的文化情感纽带千丝万缕的深远联结，“重述”历史昭示未来。在新的历史地平线上，向人类意识审美的“原初存在”延展开去，创构出一个人类共同精神的诗意家园。

这部作品，对于她以往的中短篇小说而言，是一种从创作观念到表达艺术的双重超越！

经济生活中两性关系的文学描述

——谈林雪的《本色》考量爱情的特别方式

20世纪90年代的女性立场、性别立场发展到现阶段，应该是以超越性别的“第三种立场”，即用鲜明的女性主体意识与理性的两性关怀，来探索女性生存发展的真实步履与命运状态。两性之间不是战争，也不是独白，而是对话沟通，逐步建立男女平等、和谐共存的两性亲密伙伴关系。虽然，经济全球化的多变多元，早已把传统的“男性神话”消解为散落的碎片，被千年积习塑造着的女性和男性，在进步与迷思的悖论中，感受着文化权力结构与主体文化方向的移位，都引起心理意识的剧烈变化。女性经济独立和精神成长后，发现那个能够为自己“挡住风、挡住雨、挡住狼、挡住虎、挡住一切艰难困苦”的“高山”“大树”“长城”悄然不见了，却在心里还存留一份怀想。男性在向自己人生理想冲刺的过程中，感觉到双重疲惫正在阉割自己的高大与伟岸，看到依附在身边的小女人不经意长得和自己一般高，甚至比自己还高时，心存莫名恐惧而不知所措。

女性写作是女性生命经验的最真实记录。林雪在她的长篇小说《本色》中，描写了白领女性如何面临商场的情感困惑，却冲破了画地为牢的性别怪圈，以“性爱”来考量“情爱”的价值。陈红是新一代在商场成功的女性，她以超越“战争或逃离”的方式，将自己的种种痛苦体验锐化成温暖的心灵阳光，以最深层的女性体验，构筑都市白领女性生命“本色”的现代情爱“伊甸园”。男女两性不仅在事业上相互搀扶，在历练中平等相爱而历久弥深，而且他们之间真爱的清纯，性爱的和谐，灵与肉的完美结合，是一种久违了的情感“还原”色。女性可以实现真实生活的理想爱情，陈红的回答是肯定的，苦难已经成为过去，让两性共同分享爱的快乐而得到灵魂的新生。

陈红表面上温文尔雅，骨子里却桀骜不驯，她的心灵渴望真爱的滋润。当前夫一夜间把公司的财产与家财席卷一空，“爱巢”轰然倒塌，事业与爱情面临双重困境时，她抱着幼小的女儿悲恸欲绝，流落街头，但仍不放弃对生活的信念而执着追求，却似有神助地绝处逢生。女性的坚韧，女性的主动，女性的博爱，女性超越“性别玻璃顶”的创造潜能，在她身上得到了集中的体现。她不像众多都市女性因婚姻失败，对男性的“看透”而心患“婚姻恐惧症”，把自己封闭起来，在痛苦的“黑色心狱”里独自挣扎。她相信爱情就在身边，选择权在自己手上。

陈红先后遇到了几个非常爱她的男性，方龙是一个“从肉体到精神的双重阳痿患者”，却深深地爱着她；向西觉得她太有主见，却赏识她的干练，对她由欣赏到信任，两人成为很好的合作伙伴；叶坤是她柏拉图式的精神恋人。虽然，一段段爱情总是阴差阳错、鬼使神差似的无疾而终，但是她把失去玫瑰的情爱之痛装进心灵的口袋，在痛中思想，在痛中成长，孕育出了女性的爱与宽容，融化成记忆里永远的虹。虽然美好爱情并没有走入婚姻，但是陈红对每一位给过她温暖的男性都心存感激之情。女性丰富的内在魅力点亮了男性的性别意识盲点，情爱力量给女性从头再来的自信与勇气，男女两性在心灵相互救助中，性别平等意识都在慢慢地觉醒，两性意识与行为出现的“新断裂”与“新错位”才会在心与心的对话中慢慢“愈合”。这就是中国两性关系现实的文学描述，是每一个女性发自内心最真实的呼声，与西方极端的女权主义毫无关系。

只要你相信爱情，上帝总会把最爱你的人赐给你。陈红的性格给她带来了幸运。激情潇洒、富有青春活力、比她小两岁的秦鹰，走进了她的生活。与秦鹰生命交融的幸福，让她进入了情爱理想的“伊甸园”。在这里，两性最本真的欲望之舟被全方位放大，两人以赤裸裸的“性爱”考量“情爱”的价值趋向。陈红在对男性青春生命力与身体美的审视交融中，发现了现代男性的新品质——掩埋了倾斜征服欲望的真诚与尊重。其实这是当代女性写作文本塑造出的独特而崭新的人物形象。

“真正美好的性，是需要用爱浇灌、滋润的，有爱才有体贴、宽容，才有付出、配合，才有深入骨髓的快乐、销魂。”这种“情爱”与“性爱”经验的感知与诉说，对当下社会流行的小蜜、情人、包二奶、包二爷和美男鸭子群，以及毫无情义可言互偷互泡的“一夜情”现象，是一种生存的关注与心理的关怀。“爱”的尊严是对人格的相互尊重与宽容，无爱之性是如此不堪，灵肉之合才是爱的圣境。交易的爱情，表面上锦衣玉食，宝马香车，风光无限，实际上内心付出的代价是长久掩埋精神的苦役。这对于社会现实的灵与肉、爱情与婚姻的分离，对家庭危机会引起一种怎样的沉思？

在现实生活中，女学者与作家们对女性主体意识成长的背后所遮蔽的新问题进行了多角度的剖析。虽然女性有了独立的经济地位和精神，但是独立就是健全的人格吗？女性在政治经济地位改变之后，有的像西方极端的女权主义者，绝对的以自我为中心，与男性对峙；有的以女性主义自居，走邪走偏，遮蔽其人性之功利；有的因“厌男”而“自闭”心扉，不再相信爱情。其实两性关系并不是救赎、被救赎，占有、被占有的二元对立，而应该是互依共生，互助共存的亲密伙伴关系。宇宙间的太阳与月亮如转换的“阴阳鱼”，只有获得和谐，这个世界才不至于倾斜。有时男性是太阳，有时女性是太阳，有时男性是月亮，有时女性是月亮。两性在重新定位自己的社会角色、性别角色与家庭角色时，能够多一份平和、宽容与爱心，就会逐渐在不知不觉中发现自己从未了解的两性共荣世界。

虽然女性重建生存方式还存在诸多的困惑，但鱼和熊掌兼得——得到成功事业与幸福爱情的精英女性还是越来越多。她们在经历了爱情与婚姻的沧桑后，更懂得爱对生命的分量，更理性地对待爱情与婚姻。不再“无限度”地向爱情索取，不再“无限度”地对婚姻苛求。多了一份潇洒自主，少了一份心灵羁绊。虽然“婚姻”不一定就是两性最和谐的生活方式，但是无论在“围城”内外，她们都会把真诚的爱情看得弥足珍贵。众多的男性也能够忍痛撕下自己强者的面具，放下至尊的霸气，自觉化解性别“阻隔”，完善自我人格，回归人性的本真。这是男性可贵的进步与解放。男性真正觉醒之际，才是女性获得更深层的精神解放之时，才会离两性平等和谐的性别伦理关系越来越近。

第五章

前沿·焦点之论

追问爱情：来自大学校园里的婚恋观报告

北京新闻广播夜间谈话节目《星空下的女人》与《中国女性文化》学刊在这个温暖的冬天相约。我和主持人晓晏，及各位来自首都师范大学、北京师范大学、北京外国语大学、北京大学的硕博士研究生希杰、晓翠、贾玲玲、云娜、刘睿睿、龙杨之、苏品晶、王娴雅、夕远、谢争艳、张利等人，聚集在绿茶飘香的广播室侃侃而谈，共同追问爱情，守望婚姻。

人生若只如初见

爱情使人忘记时间、时间也使人忘记爱情，本以为爱情可以填满人生更多的遗憾，然而制造更多遗憾的却偏偏是爱情。当爱情来临时，我们当然是快乐的，但是这种快乐需要付出，我们要接受失望、伤痛和离别——从此人生便不再纯粹。

"……我 16 岁那年，1986 年的冬天，我下楼梯，一个男生上楼梯，我看了他一眼。他的眼神非常迷人，就那一眼然后我爱上了他——这一爱就是 20 年，一直到现在。"

"即使对给我带来深伤巨创的前夫，我也不愿意去报复伤害他——而此前，我曾疯狂地想杀害背叛自己的前夫。"

爱情与婚姻，可能是非常简单的事实或最不起眼的常识。

出于人人都知道的原因，我们仅谈论那些目前能够谈论的话题，尤其是以目前能够接受的方式，所能触及的问题的深度。维特根斯坦说过："对不能说出的我们只能沉默。"人们共同隐藏着许多秘密，遵守着共同的游戏规则，尽管程度不一，但无人幸免。除非你不开口，在这个时代，我们每个人都不具备那种道德优势，这意味着在具体形态的社会，婚恋无法成为人们自己心中的真理。

我们很多时候都提问过或者被问过：你相信有真正的爱情吗？是的，我们相信，但是我们中间绝大多数人还没经历过。这就是说，人们还是肯定和探求一种力量——真爱的高尚和持久的力量。这与现实世界中很多脆弱短暂的爱情形成鲜明对比，穷其一生也不能遭遇一次刻骨铭心的爱情。倒是由此衍生的诸多伪激情，这种爱情放在太阳底下存活不到10秒。

爱乃天道。爱情常以隐喻的形式在文学、宗教中呈现，隐喻是人类语言无处不在的原理，隐喻是一种思想之间的借用和交流。文学借有限以表无限，文学把两性之间的情感升华为诗意的、纯净的美感。“由对丰富复杂的色相描写达到最高最深的玄冥境界。”在东西方经典中，爱情都被放到首要地位。中国诗歌的源头《诗经》开篇就是“关关雎鸠，在河之洲。窈窕淑女，君子好逑”。《圣经》在《创世记》就先创造了伊甸园、亚当和夏娃，“人要离开父母与妻子连合，二人成为一体”。天堂与地狱，是宗教化的善与恶归宿的两极。佛教认为，爱是十二因缘之一，源自深刻的自我执着。《圆觉经》“当知轮回，爱为根本”。“缘定三生”东方人希望可以转世投胎，再度为人，顺便吸取前世教训，了却前世未了的心愿，但却在一世世的轮回中，重复着同样的心愿。西方人干脆此生不能达到，我们去天堂，只是不再做人了。在“爱”的追求历经痛苦、幸福之后，我们更有理由相信爱情是一种精神，爱情是一股说不出来的热情力量，它是属灵的。“爱，在生之前，在死之后”（穆旦诗）。

话说回来，爱情是人类社会的一种强大的精神力量，必然会受到世俗伦理对爱情的高度理性化和逻辑化的额外附加。人世间的爱情，都是希望使所爱的人快乐和远离痛苦，但是，因为我们很缺乏超越精神之上的智慧，反而增加了彼此的痛苦。如果我们没有足够的智慧和自持去从宗教中领悟爱情的真义的话，在今天的时代，我们还得相信自己。爱情的灵界，其实是每个人自己创造的灵界，灵界的爱情，是每个人的心念创造出来的两性态度。“随缘”即随一种达观积极、进退自如的心念。我们通常能说出的却不能如愿去做的话可能就是真理。

希杰：嫁给爱你的人　祝福你爱的人

我的爱情是林黛玉式的，我的婚姻是薛宝钗式的。我的爱情和婚姻是分开的。它们分别属于两个男人，今生仅有的两个男人。16岁的冬季，我下楼梯时，一个刚转学的男孩儿上楼梯，他抬头看了我一眼，明亮的眼神照亮了我全部的人生。这一场初恋在“父母之命、媒妁之言”之下，以他先进入婚姻而终结。他娶的女子名字中间有个“宝”字，这一场灵异的初恋足以将另一个人毁灭。20 出头的我曾经用很长一段时间思考得出失败的根源不在我们自己，而在于中国几千年来的城乡差别。从此我牢牢地把命运控制在自己手中。

幸而我有诗歌作为灵魂的口粮，如愿地读了大学中文系，我遇到一个床单洁白、书架整齐的男生，认定他就是我的理想丈夫。走进婚姻，我发现自己由“黛玉”变成了“宝钗”，温柔贤淑、明智通达、敬业求知、持家有方，结婚、买房、生子、求学在人生的每一步作为女人应该有一种监控能力。我得到了凡夫俗子的人间恩爱，“纵然举案齐眉，到底意难平”，但是那只属于我心灵隐秘的一角。20 年来我与初恋只通过同学打听彼此的消息，仅此就足够了，偶然的机会我们四个人竟然在一起吃了一次饭。真爱是一种境界，我达到了。

我是妈妈学生，女性自身要自强自立，一个民族要强大起来必须要有自立自强的母亲。我出来读书很大程度是因为我儿子，这孩子简直就是按照我所期待的样子出生成长的，我时时想我是母亲，我要给儿子（包括他的小伙伴）做个榜样。在论及谁先出来读书的问题时，丈夫对我说：“我是男人，我出来读书你再读的希望就不大了，你先读吧，但是我给你的机会只有一次。”我确如他所说硕博连读，一次通过。他独自抚养我们的儿子已经 4 年了。每年“十一”结婚纪念日，我都会给他寄张只有一句话的贺卡：“亲爱的：感谢你给了我一个可爱的儿子和温暖的家！”

目前我和夫、儿两地分居，也会遇到婚恋内外的问题。对于女人来说，聪明一些，把家一定放在你的心灵控制区内。至于周围的异性，仅有的善意和敬意就够了，因为“曾经沧海难为水”“任凭弱水三千，我只取一瓢饮”。

晓翠：找寻那彼此平等的对视

爱情为何到了研究生阶段被格外关注，忧虑多过欣喜吗？还是学历让步？

习惯地用理论去思考，理论却又消解了感性。或会有两极情况，每个人说起爱情来都是长篇大论，能够预见每种结果，然而一旦自己实践，却是截然不同的状况。

爱情让人的心灵得到慰藉。或许两个人的相识是偶然中的偶然，但是一旦成为必然，则是两人互相欣赏，互相支持的过程。当现实中有太多恋爱的假象时，我所能做的也只有保留自己对于爱情的真相。或许结局并不一定是“王子和公主从此过上了幸福的生活”。但珍重你的付出，珍视彼此间的感情，总是做得到的。

自然地相处，平等地对视，表现出恋人间相处的最和谐的状态。自然，自己本真的状态，可正因为这样，似乎成了一种最难以实现的乌托邦。因为我们生活在一个现实的世界中，“作为硕士，你愿意找个专科生或本科生做男朋友吗？”“若你愿意，他们能够接受自己的女朋友比自己学历高吗？”“在这个城市中生活太难了，你必须为以后的生活考虑……”太多了，却又是事实。这就是现实。在你没有开始选择的时候，你要开始学会排除干扰项，或者干脆设定一个框框，把不合格的全部否定。“否则你不会幸福”在现实中走过的人如是说。噢……现实原来就代表放弃幻想，我还能相信自己所信的“自然”的爱情吗？自然毕竟最不易得啊。

偶然得知“门当户对”的原始含义：“门当”与“户对”是古代居民建筑中大门的组成部分，是一种用于镇宅的建筑装饰。所谓“门当”原指大宅门前的一对石鼓，“户对”即置于门楣上或门楣双侧的砖雕、木雕。有“户对”的宅院必须有“门当”。因此“门当”“户对”常同呼并称，后来渐渐演变成社会观念中男女择偶、婚姻衡量的常用语。“门当”与“户对”是必须同时存在的，失去任何一个，另一个也不存在。这便是相属。只是现在的词典中只作如下解释：“当，相称。对，相合。旧指通婚双方家庭社会政治地位相当。”它的意义被具体化了，却也被物质化了。

爱情并非想象而来，它来自两个真实灵魂的碰撞，再多的理论也不能完全应对现实中出现的状况，拥有爱世界且爱自己的心，生活永远会比故事精彩。好像问题的关键转移到了如何开启这段精彩，恋爱好像不困难，可关键是找谁恋爱呢？很多人因为害怕而却步，生活总是给我们不同于想象的逻辑。在路上，我们走着，为寻找……

贾玲玲：游离在选择与放弃之间

无数次在深夜无缘无故醒来，心中总会情不自禁地想起一些事和人，有些不普通的心绪会跟随你的一生，因为那些往事已深入骨髓，或许现在想起更多的感觉是嘴角的一抹浅笑，而当时却是惘然。在午夜时分，禁不住会叩问心门，你究竟在等待什么？需要什么？选择什么？

爱你的人像一个老情人，什么时候想起来都很窝心。他会把你捧在手心，会像珍视自己的眼睛一样珍视你，天热时为你擦汗，天冷时给你递一杯热茶，他像慈父一样为你抚平忧伤，擦干眼泪鼻涕，揽你入怀，然后轻拍你的肩膀。你几乎挑不出他的任何缺点，但依然会朝他大吼大叫，其实在心底你是明白的，这样做很过分，可他只是无声地笑着你的小脾气和撒泼。但是你总觉得心中少了些什么。

你爱的人对你很挑剔，你会因为他的一句话而耿耿于怀，伤心难过或快乐上好几天，你为他改变爱好，为他换发型，为他而拼命节食减肥，为他心甘情愿地做一切力所能及的事情。你会为他变得连自己都不敢相信。他的粗心，你会找出很多理由来替他辩解。心里真的委屈，只要他的一句话或一个笑容，你的气就被消解得无影无踪。在他面前，你用尽你的温柔与贤惠，你好想与他相伴相携，不离不弃，相夫教子，红袖添香，甚至也开始相信“三从四德”。就像《诗经》里讲的那样，“死生契阔，与子成说。执子之手，与子偕老”。但你还是觉得心中少了些什么。

你也在一直问着自己，这两个男人，哪个才是你所寻觅的，是把两人合而为一的完美爱人吗？可世上不存在这样的人。或许，当必须选择一个时，你会痛苦，不知何去何从。哪里是爱的终点？你反复地问自己。你选择去远远的他乡旅行，想在他乡找到自己心的方向，也许是在大漠的荒凉里，在高原的悲怆中，在大海的宽阔里，在异乡的夜灯霓虹中，在一双双的陌生的眼睛中，你才能找到你的心中向往。

这个并不完美的世界，没有完美的选择，你只有继续游离在选择与放弃之间，因为你坚信终有那么一天，那个他会遇见你，于是你继续等待。于是你情愿孤独地等候，孤独地走。

云娜：爱能承受多少伤害

“与其在一起痛苦一生，不如分开各自寻求一份新的钟情合意的幸福、恰切适宜的快乐，更高质量的生活，即使没有幸福可言，也可寻一份心灵的平静与坦然。”此前，我不能认同这样的观念，经历了致命的婚变后，我在痛苦的深渊里挣扎、反思，我已渐渐接受。

不以伤害他人来获取幸福是我最大的原则和底线。即使对给我带来深伤巨创的前夫，我也不愿去报复伤害他，而此前，我曾疯狂地想杀害背叛自己的前夫。现在的我已超脱，他既已变心，那就给他自由。我已不在乎他，所以不会去害他，反而善待并祝福他和他现在的妻子。为了尊严，我选择离婚，虽然我也想过结束我的生命，然而最后我选择了独自来京做访问学者。

这一切都是为了不再受伤害。我以为自己已心如死灰，可偏偏老天又让我邂逅了心仪的男人，他很绅士，很健朗，很有格调，他的气宇、风度和男人的责任感集合成一道独美的风景，让我不由自主地欣赏与感动，情感是唯一不能按照自己意志输出和收回的，顺其自然却意味着必定有伤害，我命令自己打住，尊重他的妻如尊重他一样。为此，我用了半年时间把那不应有的感觉从内心剥离，为自己带走一份美好的感觉，为他和他的妻子留下一份真诚的祝福。

来京访学，以此来调整平息自己，否则我非死即疯。重度失眠的我，体重仅一个月就下降 10 多斤，推迟开学一个多月，接连两次误机，还将承受访学一年不小的经济损失，但是我仍坚持晚间锻炼，以此保持 2—4 小时的睡眠。在我对男人深深失望的同时，我庆幸世上还有那样一个男人值得我珍惜且珍藏于心。他很优秀，有他的妻子替我收纳他这样优秀的男人就够了，我祝福他们幸福快乐；而对他只愿有一种“风掠悄无声，云卷影无踪”的空灵意会。

女人只有自己才能救赎自己。对前夫我贤良淑德，结果是被弃。杜丽在她的一篇散文中曾说“在人生的某些关头，如果你的手还能抓住些什么，那你就不该失去返回生活的线索”。而在我遭遇离婚劫难、身心几近崩溃的关头，我抓住了“女性文化”，于是便有了新生的力气与激情。

诗人胡茗茗在《生为女人》一诗中说“女人便是伤口 / 是吸纳天地之水的沙漠”。这道出了多少女人秘不示人的辛酸、苦楚、伤痛，女人需要吸纳天地之水润泽、滋养自身，需要女性文化的引领、提升，需要诗意地栖居、飞翔。而爱情是人生中最本质、最美好的部分，是一种积极强大的人生动力，其无穷魅力永远引领着人们去憧憬与追求。即使在暧昧得不置可否的现在，在人们普遍质疑还能为真爱留有多少活空间的时候，女诗人追寻真爱的脚步并未停歇，这是她们人生与写作的动力，即使飞蛾扑火也在所不惜。

正如女性文化研究专家王红旗老师所说：“她们在痛中思考，在痛中成长，将已失去玫瑰的情爱之痛幻化为心中永远的虹，情爱的力量给她们从头再来的勇气。”而我要祝愿她们在女性文化的烛照下，在如洗的晴空下，如芙蓉花一样在枝头绽放。

若我注定是人生的过客，我也要有尊严地、美丽地、实在地走向生命的另一端。我愿在“时代新女性”的旗帜下，不断修炼、净化、超越、提升自己，以自己的语言与他人的文字，在人性与良知的、在适者与开心之间，寻求微妙的平衡与极致的和谐。

刘睿睿：关于网络爱情

现在谈网络爱情已经不是什么新鲜事儿。我的周围就有几个朋友通过网络找到了真爱。网络时代，我们与周围人交流的时长与程度，远远不及与网友交流的时长与程度。我们的寂寞、无聊、痛苦，往往倾诉于网络，甚至在其中寻找爱情。排除通过网络游戏感情、游戏人生的，实际上，网络这一媒介确实为一部分人的感情世界提供了真实的空间。

从网络爱情的形成与发展过程划分，借助网络寻找真爱的人大致存在这样三种类型：顺利恋爱幸福结婚型，顺利恋爱悲痛失恋型和从未找到真爱型。

第一种类型，鲜见于生活之中，偶尔能从书中、电影中看到这样完美的结局。不用多说，这一类型的幸运者站在了时代的幸福前沿，从胜利走向胜利，最令人羡慕。可惜的是很少有人能够幸运地成为其中的一员。

第二种类型，常见于生活之中。其典范莫过于《第一次亲密接触》中的凄美爱情故事了。“痞子蔡”与“轻舞飞扬”通过网络结识、相知到相恋，成为一部分年轻人向往的爱情范本。然而，网络写手聪明地避开了二人相恋之后的故事，用“轻舞飞扬”的“绝症”结束了这段爱情。也许，这里就暗示了大部分网络爱情的结局：虽然网络上有真情实感存在，但大部分感情不会有结果。

面对这一悲剧性的结局，仍然有很多人期待并尝试网络爱情。

一个朋友说：狭小的生活圈子难以寻找爱情。在网上交友总比尴尬的相亲好得多，先交流，了解对方，然后再决定是否值得一见。某种程度上，我同意她的看法。网络拆卸掉很多社会与心理壁垒，为人们创造自由、平等、真实、感性的广阔空间。让人们以最“无我”的方式表现最“本我”的生命底色。网络上的情感多是埋藏在内心的真实感受。碰到投机的对象，相互倾谈，将内心隐藏的秘密吐露出来，成为知己也就成了正常事。

然而这种爱情有时并不那么可靠。柏拉图式的“精神恋爱”固然美好，但往往经不起现实的考验。也许，倾谈了数月的挚友却经不住见面的考验，“网络爱情”在见面后瞬间破灭。这样，胜利在现实的考验中转为失败。

第三种类型也比较常见，抱着侥幸的心理试图寻找真爱，结果无功而返。换言之，这也未必是件坏事。毕竟更多人的爱情不是在网络上寻觅的，而是从自己生活中挖掘出来的。因此，这一类型人的胜利，还是失败了。网络爱情固然美好，若你成不了第一种幸运的人，也不希望像第二种人那样品尝失败的苦果，还是应该珍惜身边的人。

龙杨之：爱情是幸福的累加

《诗经》里说“执子之手，与子偕老”，这确实很让人向往，可以说也是中国的理想婚姻模式，尤其是在恋爱向婚姻转化的过程中很有吸引力。白头偕老对于女性来说可能更为急切，想象一下那样的情景多不容易。但老并不是目的，它是一种长时间的婚姻，能承受生活中的平淡，它可能在平淡中寻找激情，它是一种充分的信赖，是在过了快乐的一天之后，还要想第二天怎么过的一种爱情方式，把它想象成累加可能更具体一些。不过对我来说，好像任何时候也无法给出承诺，这可能对双方是一个很好的警示，绝对不要把恋人或爱人为你做的事情视为理所当然，事实上，每一个人都是为自己而生活的，如果这一个前提没有了，他（她）的幸福就显得很虚幻了。

校园里的爱情相对来说显得理想化与纯粹化，不过这种爱情在受到社会的刺激和诱惑后，能够维持多久？这也是一个问题。毕竟人不能永远待在象牙塔里，也不能幻想生活在一个乌托邦的世界里，也许就是我们在朝乌托邦的世界走去的时候，我们会变得无比世俗起来，因此，我说的校园里的爱情，其实也是需要实践来检验的，我们不能不考虑很多现实的问题。

苏品晶：美女·文化·爱情

史上美女名媛佳丽的名字屈指可数，且都是作为某种陪衬出现。然而，进入 20 世纪 90 年代以来，“美女”这个词也仿佛跟着潮流进入了后现代的指征，各种丰富的意味油然而生。美女消费，美女作家，美女导演……一时间，很多名词的前面都因为冠以“美女”二字而在经济上大获全胜。这种胜利，与其说是美女们的胜利，不如说是经济掌控下的美女文化的胜利。换言之，消费时代的文化一旦用上了美女的标签，文化就变成了一种生产，一种制造美女的乌托邦的生产机制。人们一旦进入了这种文化领域，作为女人，就仿佛自己已然是一个美女。而作为男人则极大地满足了眼球和心理，似乎有把天下名媛握于指掌间的畅快。

因此，我要强调的是，在这种文化生产机制下，男人们实际需要的并不是文化，而是美女。文化只是美女脖颈上的配饰，有了文化的点缀，美女在男人眼中的身价倍增。进一步说，文化在男人眼中，只是女人身上的点缀。单有文化而无美色的女子，似乎只是女人给自己买了一些文化配件，至于美不美，那就另当别论了。

这也就顺理成章地让女博士有了“灭绝师太”的“美名”。在某著名电视栏目中一位成功人士告诉我们这样一个调侃的事实：这个社会不容易走向婚姻的只有两类人——男民工和女博士。紧接着许多电视台也纷纷效仿，做女博士婚恋生活的访谈节目，想要为女博士讨个说法，结局却事与愿违。女博士们如丑小鸭似的在节目中撕心裂肺地呐喊：“我们爱情和婚姻美满。”没有丝毫可信度与说服力。

这究竟是博士的悲哀，还是文化的悲哀，抑或是男人的悲哀。似乎文化与爱情在女人身上永远不能平衡。而女人自己甚至更愿意贬低自己在文化上的能力，抬高自己在爱情上的竞争力，“装傻”成了很多女人的闺中秘籍。

我的一位高学历女友在相亲数次未果之后，隐瞒学历，终于嫁了出去。她的男友四处宣称自己娶的是一个女人而不是女博士。似乎只有这样，才对得起自己身为男人的地位。

文化美女的命运则更为悲惨，一旦文化成了美女的血液，她就成了一根鸡肋，弃之可惜，食之则难以下咽。“红颜知己”在男人那里是无论如何也不能轻而易举地成为枕边人，正式收编的。

我常常思考，在什么情况下，男人世界里可以容纳美女、文化和爱情三个词的共融？结果常让自己头疼，只能想象在仅有一男一女而没有物质的桃花源里，男人才能用他博大的胸襟深深爱着他的文化美人，为爱情传唱一段佳话。此时，肯定有很多男人会心一笑，他们知道，“桃花源”在男人的词典里好像不是那么容易查找得到。大多数男人都是理性的，女人在他们的生活当中，只是规划的一部分，而非全部。就像文化永远是女人的饰品一样，完全不应划归主流。

难怪很多年轻的文化美女都喜欢传唱这样一首歌："请允许我尘埃落定 / 用沉默埋葬了过去 / 满身风雨我从海上来 / 才隐居在这沙漠里 / 该隐瞒的事总清晰 / 千言万语只能无语 / 爱是天时地利的迷信 / 喔，原来你也在这里 / 啊，那一个人是不是只存在梦境里 / 为什么我用尽全身力气 / 却换来半生回忆 / 若不是你渴望眼睛 / 若不是我救赎心情 / 在千山万水人海相遇 / 喔，原来你也在这里。"（刘若英《原来你也在这里》）嘿，难以寻找的爱情啊！

王娴雅：无所不在的爱

爱有很多种，崇高到畸变，异性到同性，广博到狭隘，家庭社会……如滔滔江水，滚滚而流。从古到今，人们从来没有停止过对爱的关注，尤其是爱情。人们对爱的探求与追随，铸就了其永垂不朽的丰碑。

每个人的爱都是不同的，但其中也有共鸣的成分。正如罗兰·巴特所说——眼泪的存在，是为了证明悲伤不是一场幻觉。在爱情这边，眼泪是无药可救的心绞痛压迫泪腺滴出的心之水。我们苦思冥想到底该怎么办？问不得书，求不得人。见仁见智之事，治病未必只有一个处方，更何况是变幻莫测的心病。所以，关键时候，定音还是自己的事。

每一种爱都是错误的。有妇之夫与街头职业者的也罢，诞生在初中时代或许更早的青柠时代的也罢，老少配式的婚姻也罢，恋母恋父的也罢，两男两女甚至两者兼有之的也罢，没有谁可以决定自己最重要的感情会交付于谁。如果可以决定，必定天下大乱；绝大多数人打一辈子光棍，只有少数人成了忙着与雄蜂完成生计大业的蜂后（此处没有特指女性）。感情很独立，它要走自己的路，让别人去说吧，谁也左右不了它。所以讨论谁爱谁是对是错是毫无疑义的，只能讨论爱和不爱。再婚变得普遍，同性之爱与异性之爱的区别，只不过是传宗接代的使命问题。社会在经历一场无止境的变革。如果不用发展的眼光，不与时俱进，更容易陷入思考之后所带来的疑惑和苦恼中。公众媒体对华人导演李安的电影《断背山》的肯定，反映了这不是不可踩踏的雷区。至于他在颁奖典礼上那句“人人心中都有一座断背山”，已成为当下校园流行的经典。同性之爱，深于友情，浓于爱情，是一件奇妙的事情。

讲讲女性的爱情。这个社会，应该对女性关注更多一点。因为她们有别于他们。谁说过，每个女孩儿心里都在爱着一个男孩儿。老妈爱老爸，奶奶爱爷爷……女性更敏感，更柔弱，更注重“感觉”，在“新新”社会的大学校园里，保守的女大学生大有人在。她们注重内心的感觉，即使承认有感情可以培养这回事，也不愿赌上青春试一把，宁可将爱情压在心底保鲜。一旦有了感觉呢？那我说她们应该表达出来，让对方知道。说出你的感觉有 50% 的可能，保持缄默便是 100% 的不可能。默默无闻的女生不受爱情欢迎。中国人的含蓄已经使中国人尝尽了苦涩，走进了迂回，该拨开云雾见天日了。不管结果怎样，起码自己这样便没有可以遗憾的地方，遗憾这东西，没人收藏。

都说爱情这件事让人说起来就滔滔不绝，不就此收笔估计还要讲下去。想知道更多的爱情故事，去找电影、小说、电视剧之类的吧。主流产品满足主流需求。速食让人节约时间。

夕远：门当户对的长久

我想我也许可以从当今大学女生的“价值观形成”（恋爱观、婚姻观等普遍话题）的方面说一点。毕竟大学本科阶段是女性迈向社会之前的一个重要基础阶段，它对我们之后的人生抉择都有很直接的影响。

现在，在我们 80 后的一代人里，百分之七八十都处于恋爱关系中，我们在不断地彼此判断中了解对方也了解自己，这更像是一种互助成长。毕竟在这样的年龄谈论“爱情”总不如单讲一个“喜欢”定位更准确；并且所有这些经历都是双向性的，我认为不存在绝对的“爱你的人”和“你爱的人”。

人总是在不断变化中成长的，而“爱”的对象也会随着经历而改变。当一种喜欢真的到了需要用“选择”这样的词来定义的时候，那也许就是该抽身的时候了——选择意味着你永远也没办法理性衡量自己究竟怎样更好。再者，婚姻又是绝对不同的领域。现在“喜欢”甚至是“爱”在很多时候都不足以成为婚姻的唯一理由。而当下社会对于女性价值观的形成，有着来自四面八方潜移默化的诱惑，很可能使女性发生方向失衡。

“经济实力决定两性地位”的认知，使相当一部分大学女生早早就产生了经济独立于男性的信念，这使我们不至于产生依赖和懒惰的想法，在“养活自己”和“拥有事业”的奋斗过程中，她们要实现个人各方面的独立和完整；然而另外，一些流行文化——比方说“嫁给有钱人”“钓个金龟婿”这样的口号，过分渲染小资情调的爱情小说、电影，以及某些建立在虚荣物质基础上的青春偶像剧，等等。对于现实的误读和误导，也容易成为促发大学女生的判断失衡和道德观架空的诱因。像我身边就有一些女孩儿的男朋友年龄大她们十几岁之多，甚至包括师生恋、婚外恋，这些都是很典型、有代表性的案例，我们应该分析为什么会是这样。也许不仅是女性自身的观念发生了变化，更应该反思一下社会原因、家庭原因。

可能在很多人的印象中，校园爱情还是相对理想化与纯粹化，其实在越来越实际、竞争和压力越来越大的今天，即使我们这些大学生也没有足够的时间、精力去演绎琼瑶小说式的浪漫故事。同样也不存在世俗与非世俗这个说法，只有一个阶段比一个阶段更现实——世俗不是贬义，世俗是成熟化、社会化的一个方面。比方说，在爱情、婚姻中植入地位、财富等问题，并不是现代社会的专利，我们自古以来就有门当户对的说法，它早已是构成大学、大学后女性择偶的标准。

谢争艳：男人·女人·女博士

现在的“高知”（即高级知识分子）女性口中，流传着“世界上只有三种人”的说法，即世界上只存在着男人、女人、女博士三种人，这个说法主要是针对女博士在择偶问题上高不成、低不就的现状。或许这种说法有调侃的意味，却反映了现代的“高知”女性面临的尴尬处境。

关于这个问题，在小说《围城》中方鸿渐那个既可爱又酸腐的父亲有一段精辟的论述：“女人念了几句书最难驾驭。男人非比她高一层，不能和她平等匹配。所以大学毕业生才娶中学女生，留学生娶大学女生。女人留洋得了博士，只有洋人才敢娶她，否则男人至少是双料博士。……这跟‘嫁女必须胜吾家，娶妇必须不若吾家’一个道理。”

到了现代，我们时代认识进步的一面，体现在女性的独立意识的提高上。

女性在我们的现代生活中扮演着重要的角色：政治的舞台上，有“铁娘子”之称的国务院副总理吴仪；商业舞台上，有曾任微软（中国）公司总经理、被称为“打工女王”的吴士宏；艺术舞台上，更有著名的女性导演、演员、歌星、影星、作家、舞蹈家，等等。她们犹如天空中熠熠生辉的群星，把这个世界装扮得这样丰富多彩。在男女平等的思想下，才会有如此多的女大学生、女硕士、女博士。

一方面，一些老观念还停驻在人们脑中，挥之不去，像有着方鸿渐父亲那样观念的人，还不在少数，这成为女博士变为“第三种人”的原因之一。有些人不愿娶学历比自己高、能力也比自己强的老婆，因为这妨碍了他的男性自尊心，有的敬而远之，有的甚至演化为可怕的嫉妒心。而另一方面，“高知”女性自己也受到这种观念的影响。在古代，我们夸奖一个好男人的标准是“貌胜潘安，才过子建”，当然这是古代女人的审美标准。然而到了现代，女人的愿望恐怕还是以嫁给这样的男人为“嫁得好”。

当然，女博士、女硕士自然也想嫁得好，但同时她们所受到的教育决定了她们在现代社会中注定要承担一份不轻的责任。因此，对于仍然单身的女博士来说，挑选一个“佳婿”与事业有成，二者就成为“鱼与熊掌”，不可得兼，这注定了她们成为“第三种人”的尴尬。女性自我意识的觉醒和传统的择偶观念，反映到这些“高知”的单身女性身上，却成了矛盾的两个方面。“让女人回到家中”已被否定，然而“女人留洋得了博士，只有洋人才敢娶她，否则男人至少是双料博士”这样的论调，亦应防范。

男人们，当你爱上了一个可爱的女博士，不妨勇敢地抛弃你那狭隘的自卑心，大胆地对她说“我爱你”；“不幸”被贴上了“第三种人”标签的女博士们，也不妨敞开胸怀，接受真爱；对决意要成为女博士的女孩子们，我倒是祝福你在成为“第三种人”前，已经觅得真爱。

张利：感觉对了，世界就对了

描写爱情于我而言，实在是件很难完成的功课。我一向认为，感情贵在感觉，感觉对了，一切也就对了。苍白的文字是无法使这种情愫跃然纸上的。

曾经不止一位朋友问过我相同的问题：“你会选择爱你的还是你爱的？”爱与被爱，爱情似乎永远得不到圆满……前任男友曾苦口婆心地劝我：“女人一定要选择爱自己的。或许不一定会快乐，但一定会幸福；选择自己爱的，则注定承受痛苦……”听来颇有道理，可细细想来，不快乐怎能幸福？男人一厢情愿地认为，只要自己能为她提供优越的物质生活条件就是爱她，就是给她幸福，这只是他们自己定义中的幸福，又有几位能平心去想一想，她头脑中的幸福是什么？在我看来，能让自己爱的人得到他（她）想得到的幸福，才是真正的爱。爱，更多的是一个人的感性体会，它需要用心体会。

一年前，我和前任男友分道扬镳，尽管他追了我6年，尽管恋爱的两年中他很宠我，尽管我提出分手时他是那么的不情愿，尽管直至现在他仍爱我，可是，我至今也不后悔自己的决定。和他相恋将近两年时光，让我明白了这样两个道理，一是千万不要混淆了感情和感动，前者才是我们判断的标准，而后者，不过是止痛药，最终仍然是治标不治本；二是不同世界的人，终归是要走上不同方向的路，性格本质上的差异谁也无法更改。女人也有自己的思想，爱她的人应努力使她在自己身边更快乐地做她自己。

对自己，委屈什么也不能委屈感情，丢弃什么也不能丢弃自己。这是前段爱情给我的启示。现在，我很幸福，这不是源自物质上的丰盛，而是可以平静地面对自己的内心，做真正的我。他从不要求我改变什么，当我偶尔苦恼时，他会摸摸我的头笑着对我说："亲爱的，放松，做自己就好……"和他在一起，心情总会很平和。两个人似乎有一种心领神会、有一种默契，我们从相识到相恋，没有言语约定，只是某一天，似乎谁都觉得感觉到了，于是开始手拉手出现在朋友面前，每个人都笑得格外坦荡，平静且幸福。我们没有言语承诺，而是心照不宣地默默努力着，我们不愿用这语言浅薄的东西束缚对方，只是希望珍惜现在的感觉，走好眼前的路，让属于我们的这两条路延伸向同一个方向……

感觉对了，你的世界就对了……面对纷繁的生活，我们大多数时间所需要的，就是多一份耐心，和自己的感觉对对话，当事情放置一段时间后，才会渐渐明晰自己的感触，才会发现其实一切并不复杂……

结束语

学历与爱情，为何纠结成为一对矛盾体，并在她们身上成为被关注的话题乃至被质疑的问题？抽出她们与芸芸众生的相同之处，唯一亦是最大的区别就在于读书让她们开始思考且善于思考。这不仅表现在各自的学术上，更主要表现在她们关于世界、关于自己独立的思考能力中。爱情没有定解，正如她们的观点也各有千秋，她们的独特之处，也就是在其中显示的一条条真实跳动的思维。在知识中她们探求自己存在的原因，关于爱情，她们则在认真找寻，听从自己心底的声音，不再盲从。然而情商绝不依附于智商而存在，所以她们也有困惑，也有迷茫，只不过她们在认真地找寻着那条属于自己的爱情之路，用心去走……

依旧是绿茶盏盏。整理完这篇“婚恋观”报告，不觉已是深夜。我感慨良多。

这真是个永远说不完的话题——爱情仍在前仆后继地上演，婚姻也在相互慰藉中坚持；广播间里的讨论是有限的，而感情永远是无限的。却道：

人生若只如初见，何事秋风悲画扇？
等闲变却故人心，却道故人心易变。
骊山语罢清宵半，泪雨霖铃终不怨。
何如薄幸锦衣郎，比翼连枝当日愿。
——自是个懂得怜香惜玉的纳兰容若。

爱与婚姻之外，更要好好爱自己。衷心祝福天下的女人们！

“女德”教育剖析与性别关爱伦理建构

王红旗：尊敬的各位老师，大家好！今天首都师范大学中国女性文化研究中心举办第五届中国女性文化研究基地学术研讨会的先锋论坛。论坛嘉宾是五、六代同堂。有中国社会科学院外国文学所、美国休斯敦大学朱虹教授，她已82岁高龄，是20世纪80年代将西方女性文学传播至中国的第一人，也是邓小平出访美国时的翻译。还有来自北京大学、北京师范大学、北京外国语大学、中央民族大学、北京航空航天大学、中华女子学院、首都师范大学、全国妇联、中国妇女报的知名学者，还有中国网80后、90后的记者朋友们。欢迎各位百忙中来到“中国网·中国女性文化论坛”，探讨思想，相聚友谊。

今天讨论“女德”话题，一方面是看到中华女子学院《思考与关注》的“‘女德班’聚焦与点评”栏目，选载了《“女德班”教现代女性守妇道》《“女德班”是一场封建糟粕沉渣泛起的闹剧》《资本如何通过“伪道德”绑架女性：评“女德学堂”》等文章，很震惊；另一方面是社会上为什么会出现“女德热”现象？都说“女德班”由“北上广”不断蔓延，我们作为有社会良知与责任感的知识女性，应该对这种“女德热”现象进行剖析与反思，发出我们自己的声音。

因为，封建传统的“女德”，是数千年男权文化规范妇女的道德伦理。它的核心内涵是“男尊女卑”“男强女弱”“男主女从”“男主外女主内”，是男权统治把女性囿于男人之下、家庭之内，是千古奇辱的性别压迫与歧视。虽然“女德”体现农耕文明社会家庭劳动分工的特点，但是如今社会从“比体力”发展到“比智力”的信息时代，随着女性受教育程度的提高，“比智力”女性是同样可以出类拔萃的。世易时移，如今再宣扬封建“女德”，对当代女性进行奴性屈从教育，不仅同男女平等基本国策、建构性别平等和谐共同发展的社会伦理背道而驰，而且还会给女性造成更多心理上、精神上的困惑。

我设置了四个方面的议题：其一，当代社会“女德教育”的复杂现象剖析；

其二，封建男权文化“女德”伦理内涵的批判；其三，“女德”文化的历史变迁；其四，如何以性别平等建构当代社会女性道德伦理。希望通过诸位的观点，逐步深入完善。

朱虹：“女德”是“女性”的德，是相对于男人而言的

德，美德有没有性别？比如说，爱国、爱劳动、爱环保……这都是“德”，但没有性别。“女德”应为男女关系、性别关系或者家庭关系里女人的“德”。至于“女德培训班”，我听后吓了一跳。我只知道有些英语补习班，烂得一塌糊涂，纯粹骗钱，哪里想到时下这种所谓的“女德培训班”。但是对于“女德”一部分的家务劳动，我有点想法。

第一，女人在家里面的劳动——做饭、看孩子、洗衣服……这些活儿拿到外面去做，或请人来家里做就得付报酬，说明这个劳动是产生价值的。唯独女人在自己的家里做，她创造的价值就得不到社会的承认。按理，女人的家务劳动，支持了丈夫出去上班，支持了孩子去上学，她创造了价值，年老的时候应该得到“退休”金，不是福利，不是施舍，是她的劳动所得。

不仅如此，家务劳动按照恩格斯所说，虽然创造价值但本身是重复的，所以女人一辈子做家务劳动还是挺亏的。要是教书，你的业务水平逐渐提高，职位不断提升，家务劳动是重复性的劳动，你年复一年地做。不仅女人的家务劳动创造价值，而且还包含一种牺牲。因此更应该给予认可和补偿。这是我从“女德”想到的。

第二，我感到女人的这一生，好像是一条线：童年、少年、青年、中年、老年。我常听到一句话，“家里有个老人真好——接个电话、收个快递、下课了接孩子，准备晚饭……”这种夸奖，常指女性老人，这些“好”都不是为老人本人，都是无报酬地为他人。女人一生就这样一条线画下来？能不能换一个线路，把女人的一生画一个圈？从童年、少年、青年、中年、老年，到了老年能不能沿着圈儿回到“童年”？我发现，老年过得好，也有点像童年：无牵无挂，开心地玩，学新本领，扩大社交圈子，享受生活，虽然时间所剩不多，但都属于自己，要好好支配。譬如，原来没有条件玩的现在可以玩，原来没有机会学的现在可以学，提升生活质量。

我产生这个想法，纯粹是偶然的。我年过 80，想换一个环境，换一个活

法。由此想到，我们生命的这一条“线”可以变成一个完美的“圈”，享受老年。随便翻翻王红旗主编的《中国女性文化》学刊，有一句话，说女人“放飞梦想”可以“从30岁开始”“从40岁开始”，甚至“从50岁开始”……说到“50岁”就变成省略号了，就停下来了，让我给你续上吧：从80岁开始，好不好？

我在电视上看关于人大、政协的报道，听卫计委黄部长说到人体器官捐献问题，我要在这里呼吁我们老年妇女朋友，我们应该推动这件事。我们孕育生命，最懂得生命的价值，最热爱每一个生命，因此应该在捐献器官上做出我们的贡献。1978年我第一次到美国，受环境影响，立刻签字立了遗嘱捐献遗体所有有用的部分。回国后我到我的合同医院——同仁医院，说我这个遗嘱能不能存在你们这儿备用。对方说我们没有这个服务。

魏国英（北京大学中外妇女研究中心教授）：
传承优秀古代传统，构建当代性别文化

2014年底，在舆论关注和政府监管部门的介入下，广东东莞的“女德班”闹剧告一段落。但从新闻报道中得知，“女德班”也得到了某些女性的青睐，学员中还不乏高级知识分子和干部。2013年，《中国妇女报》曾报道广州重点中学真光中学要招收两个“淑女班”，开设烹饪、口才、礼仪等课程，引发了教育界的热议，还有一些大学生在真光中学门口抗议。看来，在国家大力倡导复兴传统文化的背景下，弘扬优秀传统文化，杜绝和防止腐朽、落后的性别观念借机沉渣泛起，的确是需要全社会给予关注的问题。首都师大女性文化研究中心举办“当代女德与性别关爱伦理论坛”，很有现实意义和理论价值。我就当代先进性别文化构建如何承传优秀传统文化的问题，谈点想法。

传统文化是一种历史的存在，传统文化的影响是一种历时的形态。任何时代的文化，除了外来的新东西，都必然是本民族传统文化的批判继承与合理延续。因之，构建当代先进的性别文化，对传统性别文化的纵向继承和横向转化开拓是不可或缺的。

首先，对于优秀传统文化精神，应在承继赓续的基础上，结合时代条件加以弘扬，使其具有新的丰富内涵。毋庸置疑，中华儿女共同创造的优秀传统文化，是中华民族赖以存在的精神标识，是当代性别文化建设的宝贵渊源和巨大财富，也是男女两性修身养性都应汲取的有益营养。例如，“三军可夺帅也，匹

夫不可夺志也”，“老吾老，以及人之老；幼吾幼，以及人之幼”，“穷则独善其身，达则兼济天下”，“先天下之忧而忧，后天下之乐而乐”，“天下兴亡，匹夫有责”，以及效忠祖国、敬重父母、尊师重教、勤劳节俭、谦逊礼貌、忠厚仁义、严己宽人、自强不息、厚德载物等规范个人责任和义务的优秀传统文化精神，是中华儿女共有精神家园的精髓和灵魂，也是当代性别文化建设的源头活水。

其次，对于糟粕性的传统文化，要坚决地加以否定和摒弃。在长达数千年的中国封建社会中，我国是以建立在宗法制度基础上的封建专制主义中央集权作为统治形式的。它必然要求建立与这种制度及其统治形式相适应的家长制和维护以宗法利益为核心的男性支配权。以“三纲五常”“三从四德”“男尊女卑”为基本特征和基本内容的封建女教和女德，严格地说它是历史——包括文化传统历史演进发展的一个必然阶段。从根本上讲，它是为维护男权中心主义和巩固封建制度统治，对广大妇女实行束缚、奴役和压迫服务的。对于这些文化糟粕，在构建性别文化时，理所当然地要给予批判和抛弃，同时还要警惕它披上新的外衣，即以“新瓶装旧酒”的形式重返文化市场。

最后，对传统文化中的某些可贵因素也应该进行现代转化。如同列宁所说，“每一种民族文化中，都有两种民族文化”的表现形式，我国一些具体的文化传统往往又是良莠杂糅，精糟共存。这就要求在分析、鉴别和选择、批判的基础上进行继承和转化。以传统文化的“相夫教子”为例，从本质上说，它主张通过男子——丈夫和儿子的社会价值，来衡量和体现女子的妻和母的功能与作用。在观念上剥夺了妇女应有的主体意识和自主精神；在行为范式上，它把女子束缚在家庭生活的狭小天地中。而与此相关的“母以子贵”“妻以夫荣”的“相夫教子”的目的也就变得虚伪和可怜了，它毕竟是以剥夺女性的独立权益为代价的。但是如何对其进行现代转化，一方面，当代女性要从旧式“相夫教子”“贤妻良母”的生活价值模式和精神枷锁中解放出来；另一方面，可以汲取其中的有益成分，发挥妻子对丈夫的影响和母亲对儿女的教育作用，在一个新的层次上，焕发女性改造世界与周围环境的主体性，为传统的女德文化注入新的生机和活力。

但无论是对传统文化的承继与转化，还是批判与摒弃，都要立足且践行性别平等这一价值标准。在倡导发挥新时代女性“相夫教子”的新功能时，也要积极倡导并推动男性承担起“相妻教女”的职责，因为作为独立平等的个体，夫妻双方具有互相支持、共同承担抚育后代和家务劳动的同等义务和责任。在倡导彻底抛弃“男尊女卑”“男主外女主内”“男强女弱”的传统性别观念时，要明确认识并大力传播这既是对女性的解放，也是解除对男性的束缚。因为不平等的性别文化和传统的性别分工，既剥夺了女性社会参与的权利，也使得男性承受了过重的社会责任，限制了他们充分参与并享受家庭生活的机会，也限制了他们全面而自由的发展。每个人无论是选择做“全职太太”“家庭煮夫”，还是选择做兼顾家庭的“职业人”，都应得到社会的尊重和保障。作为社会的主流意识形态和主导舆论，要以形成认同男女应平等地参与社会和家庭劳动的社会共识为己任。

改革开放后，随着多种思潮的涌入，学界和媒体曾出现一种呼声，认为新中国倡导的“男女都一样”“男同志能办到的，女同志也能办到”抹杀了男女两性间的自然和文化差异，提出“用恢复性差异的概念来‘恢复’妇女的性别身份”，这或许正是眼下陈腐的“女德”杂陈的原因之一。因此，我们在构建当代先进性别文化时，既不能对传统文化消极适应，也不能盲目照搬西方的东西，而是要从我国的国情和妇女状况出发，对传统文化中的精华和糟粕进行辩证合理的区分。

韩贺南（中华女子学院教授）：妇联组织对妇女的角色期待

刚才听了魏老师的发言，很多观点我是赞同的。我们对女德建设应该好好地思考，文化传统的东西是老祖宗一代代人积淀下来的，很不容易改变，都是渗透在血脉里的。甚至有些东西要去改变它，就要和人们的习惯抗争，还要和人们的情感抗争。你说我想要这样的一个女性，他说这样的一个女性就和我想象的不一样，和以前的不一样，以前的好女人都是什么样的。有一个模式在人们的印象里。

“女德”肯定是随着时代进步的，我们赋予它什么样的时代内涵，又继承传统的精华，又有时代特性。不能把老祖宗的“三从四德”拿来，说现在女人太缺少了，应该看到里边封建的东西非常多，不符合现代人的需求，而要建构新的又比较难。那么，现代女德的核心内涵到底应该是什么？首先，肯定要体现女性的主体性，为女性的能力增长、为社会做更大贡献来建设女德。其次，像朱老师说的，为什么专门有女德？它是相对于男性的关系而言的，道德是一种行为规范，仅次于法律又高于风俗的一种规范。不论女德、男德都是与男女之间的关系相关联的。男女之间的关系，大女子主义不行，大男子主义肯定也不符合现代的要求，所以现代女德是要有利于建构平等和谐的两性关系，就不是一方为主，另一方为辅。在具体关系情境当中，不是一方是主要，另一方总是次要的。不是主体与客体、主体与他者的关系。应该是两性之间的平等和谐的互动关系。这是对朱老师发言和魏老师发言做一个简单回应。

我觉得，妇联组织在中国妇女运动的引领和推动方面，起了非常大的作用，最近我认真学习新时期以来的全国妇女代表大会报告，看到妇联组织一直倡导女性要做新时代的新女性。新时期的新女性应该有什么样的特点呢？首先，强调新女性的精神特质，这个精神特质是不同时代有不同要求的。20 世纪 80 年代是做“四有”“四自”的新女性。此时是国家社会主义市场经济初期，对女性的生存发展状况冲击比较大。比较突出的问题就是女工下岗，婚姻家庭问题特别多，女性“被离婚”的比较多。中国妇女五大报告就开始提出“四自”，即自尊、自爱、自重、自强，六大报告改为自尊、自信、自立、自强。20 世纪 90 年代要做“八观”“四德”的新女性，即世界观、人生观、价值观，还有妇女观，婚姻观、恋爱观、生育观、教子观。“四德”即社会公德、职业道德、家庭美德、个人品德。21 世纪以来主要强调妇女的主体性、主体意识与创新意识。倡导女性创新、创造、创业，鼓励女性奋力开拓，永葆敢为人先的创新气魄，创造新岗位、创造新业绩、创造新生活。可以看出，妇联组织对新女性道德是一个很宽泛的概念，有家庭关系的，有社会关系的。我觉得，还是比较注重从个体的、家庭的、社会的各个层面，来塑造女性的精神特质。

还可以看出，妇联组织对女性的角色期待是复合的角色系统，不是强调女性美，“男的负责挣钱养家，女的负责貌美如花”。这里面所说的复合角色系统，就是社会角色和家庭角色融合的角色。这里的家庭角色叫作“家庭内社会角色”。就是说家庭是社会的细胞，家庭是连接社会的。有时人们会以为，似乎妇女天然的就是家庭建设的领导者，好像应该把家庭建设的责任赋予妇女，家庭建设的重任由妇女一个人承担太重了。道德建设、家庭建设一定是男女共建的。一方面来负责对另一方面进行道德的教育，妇女是承担不了这个责任的。所以得好好研究。“五四时期”李达说过这样的话，他从社会系统的角度谈妇女解放，说男女一体的个人是社会的基本单位。我们常说个人是社会的基本单元，但是李达说没有男女两性的结合，人类就不会繁衍，也就不会有社会。其实不仅是繁衍问题，男女之间的合力，思想、能力方方面面的合作和碰撞，一定会产生一个新的力。所以，家庭建设、女德建设一定是男女共建的。

郑新蓉（北京师范大学教授）：社会与家庭道德重建：全民道德自新与合理的制度建设

我知道有“女德班”，而且去年炒得厉害，今年显得声音小一点了。但是，就本质来说，我到现在还认为这个是社会里面非常小面的东西，至少正规教育、公共学校中很少，民间教育里也可能还不是普遍的。因这个议题与社会潮流相逆，所以说会引起特别关注，也有媒体愿意把这种离奇的东西放大。第一，我们应知道这类教育有多少，分别在哪些地区和教育机构中存在；第二，来自妇联的、高校的、研究机构的，能不能齐心协力做一项调查，评议一下现在女性的道德水准，我们可以比较不同代际的女性，也可以和男性比较，拿一些公共议题、私人议题、道德的议题，用网络的方式进行调查，使讨论更有言说的依据。

在我看来，人类社会进步的核心内容不会变，其中之一是，不能依崇一个人的身份、家世、性别而独特地赋予一些人道德规范。比如，对奴隶的道德规范和对主子的是不一样的；又如，在一个民族不平等的年代，对依附性民族或弱小民族的道德规范和对主流民族的规范不一样；再如，传统社会的君臣道德规范不一样，男人和女人也有不同的道德规范。近代以来，社会最大的进步就是建立了依据每个公民个体而不是依据身份特征的普遍道德规范和法律规范。如果单独提女性道德、农民工子女的道德、农民工的道德等，无疑都得重新思考人类社会走过的几百年历程，到底其合理性和进步在哪里？要重申人类社会进步的价值：人的平等和人的解放。

在生活层面，的确有很多现象值得思考：我常常接触一些成家立业的年轻人，丈夫们会说郑老师你劝劝我的夫人，她不想要二胎，担心会付出太多；也有男士半开玩笑地跟我说：“郑老师，年轻人把你的女权主义理论学歪了，两口子在家里洗个碗都要今天她洗明天我洗，分得那么清楚。”原来给我家打扫卫生的是一个 40 多岁的阿姨，干活儿的时候老跟我说像她们这个年龄这么踏踏实实做家务活儿的女人越来越少，今后城里人越来越请不到人，农村女性更愿意去打麻将、在家待着、干什么都不愿意出苦力，不如上一辈那么勤劳了；近期媒体曝光，女孩子为美容不惜花大钱和冒毁容风险，反映出女人不靠劳动靠“颜值”的价值观；前段时间房地产畸形发展带来的“丈母娘现象”；等等。列举的现象堆积在一起，人们需要寻找原因。

如果从经验层面看，近年来的“女德教育”“女德班”是和这些点点滴滴相关的，这为什么就变成教育女人或者“女德”问题了呢？其实中国发展就像一列高速列车，跑得太快了，冲撞了太多的东西：我们的资源、环境、道德。在我看来，冲撞过程当中可能最大的结果，就是社会的分层分化。这个社会可能有太多人的处境、际遇，实际上“挺悲催”的。可能“悲催”的人群中，男性，尤其是社会底层的男性更多，常常比同一阶层的女人还不幸，受到的压迫更深，承受的压力更大。因为男人要成家立业，养家糊口。中国发展光环后面的确有无数男子充当最苦力的劳动者，为炫丽的发展奠基，他们奔波、流动，远离家人，承受着生活和职场的各个方面的挤压、压迫。

这些不幸和压迫都要有一个习惯或社会默许的出口，就是把自身所受到的这种资本主义全球化带来的原子化的个人，所遭受的压力“合理”地转向更弱者。在家庭关系当中，可能会转向名义上或借助传统文化去往下指责的那种人，那就是女人。社会对女人的那种失望和愤怒的感觉是复杂的，会表现在私人或亲密关系中，也会表现为公共话语。诸如女人不劳而获，女人抢男人饭碗，女人虚荣炫耀“颜值”，女人嫁不出去。凡此种种，结集成“女子道德”议题，“女德”在这个意义上是某种社会情绪的“替罪羊”和发泄渠道，而且会在很大层面发酵、扩散。

关于大家谈及的如何重树新女性形象，我们可以谈新男性、新女性形象，但是不能拿“德”去框，不必谈男德或者女德应该怎么样，也不必沿用这些旧概念谈夫德、妻德。新女性在道德建设方面可以讲，但是不能用“女德”约束妇女发展。我谈两点建议：

第一，媒体要客观宣传，甚至放大宣传中国女性的正面形象。目前媒体上关于女性真实、丰富、多样、正面的形象太少。女性不是只有生活在厅堂和厨房的简单面向，大多数女性不是靠和小三打架过日子，但是媒体描绘出来的女人生活就是消费主义的，不安全的，结婚就是要房子的。生活当中大多数的正能量的女性，没有客观反映出来。像在座的翻译家朱虹老师，这样的女性的精彩有多少人知道？

我们能不能有一种声音，包括这个网，就是将精彩的、丰富的、多面向的女性生命，包括男女两性在社会和家庭生活互动和谐的故事，都展现出来。这既有个人价值也有社会意义。现实生活中，夫妻共处有很多模式，其实女强男弱、男强女弱都能和谐幸福，多样态的家庭有很多和谐、正面的案例。媒体要把普遍的、真实的、多样的生活反映出来。这是一项特别重要的性别文化建设。

第二，制度建设和社会建设要特别放在一起谈。按老祖宗的预言，一个社会过分谈德的时候，可能就失大道了，人人谈德的时候，就是一个缺德的时代。

何谓制度建设？其核心内涵是任何一个人他 / 她哪怕有孩子的拖累，家里有残疾人需要照顾（照顾者又以女性为多数），都还能走入公共社会生活，还能发展自己的才能，还有成长为一个健康成熟的社会人的那种空间。一方面是政府提供基本保障；另一方面是社会或社区自治或自助建设（或许家族也是一种力量），两者缺一不可。

在新型的性别文化建设过程中，需要正面澄清一些问题，其中包括道德建设。比如说，消费主义倾向，重财富轻道德、一夜成名，的确多少让男男女女都中了些毒。如何辨析，让民族和百姓能够在道德上自新，在精神上保持健康向上的活力，必须是全社会的事情，而不是单单先从女人开始。北师大女教授协会，连续4年在北师大开设“女教授讲坛”，让各学科女性教授去讲她的人生、专业乐趣、事业追求、家庭劳作、子女教育，讲如何权衡家庭和事业，如何与配偶相处，让年轻人看到原来还有如此有意义的女性人生，知道女性还可以有那么多样和智慧的选择，而不止于功利主义和消费主义。

总之，怎么通过制度建设、社会建设和文化建设，为每个人注入生命的活力、社会的活力，平等而负责任地生活和发展，摆脱传统消极道德的桎梏，这就是我所关注的事情。

姜秀花（全国妇联妇女研究所研究员）：“女德班”的误导危害与女性教育制度性建设

郑新蓉老师说可能“女德”的影响范围没有那么大。从地理分布上它确实没有那么广泛，但是它的负面影响却非常大，其宣传语言特别令人震惊。比如说，“女人要骂不还口，逆来顺受，绝不离婚”；“要做女强人就要切掉你的子宫，切掉你的乳房，放弃女人所有的特点”；等等。有的女德班在招生简章中声明其主要的目标就是培养你怎么做好女儿、好太太、好妈妈、好媳妇、好婆婆……各种好女人，怎么帮助丈夫事业成功，帮助孩子成栋梁，怎么为家里聚财聚福。具有明显地低估女性价值的指向性。尽管这些还只是某些人的言说或行为，但是对整个社会男女平等价值观的确立，是有很大副作用的。所以还是挺值得讨论的。

国无德不兴，人无德不立。道德，是每个时代核心价值观非常重要的组成部分。习近平于 2014 年“五四青年节”在北大说得特别好，“对一个民族、一个国家来说，最持久、最深层的力量是全社会共同认可的核心价值观。核心价值观，承载着一个国家、一个民族的精神追求，体现着一个社会评判是非曲直的价值标准”。有什么样的价值观念、道德信念与精神追求，甚至可以影响民族发展的走向。在推进社会主义文化强国战略、不断推进先进性别文化建设的当下，不少人还在鼓吹落后保守、贬抑女性价值的所谓女德观，我们作为性别平等观念的拥趸者，应该发出自己的声音，对这种逆主流文化价值观潮流的观念和行为，或者趋势发出不同的声音，明确表达自己的立场和观点。

一是在意识形态古今杂糅、中外混搭的情况下，以追求性别平等为己任的社会各界包括在座的各位，应该旗帜鲜明地争取意识形态领导权和话语权，确立先进性别文化在社会主义核心价值观中的重要地位。现在所谓的女德文化为什么这么流行，很大程度上是因为它有很多幌子和包装，很多人很难去判辨它到底好还是不好。比如他们打着国学的幌子，说“三从四德”等是国学的一部分。更甚者，国家一直强调文化和观念建设，党的十六大强调社会主义核心价值体系建设，党的十七届六中全会提出推进社会主义文化大繁荣，党的十八大提出建立社会主义核心价值观，在这样的形势下，一些“女德班”为了使自己合理化、正当化，大段引用核心价值观的一些论述来包装自己，塑造政治正确的形象，实际上卖的完全是另外的药。在这种情况下，要反对传播陈腐妇德观念和规范的行为，正确引领大众确立先进性别文化观念。

二是要推动制度改革，合理分配社会资源，为妇女提供更多发展机会。为什么“女德班”会流行？可能跟女性的社会发展遇到很多性别困境有关。现在社会上很多妇女在公共领域中遭遇不公平对待，在社会上找不到很好的出口，她就要寻求在私人领域有一定的发言权等，希望有人赋予她这种能力、权利，赋予她这样一个角色定位、一种价值，“女德班”的开办正好迎合了一些女性的需求。所以制度的改革和创新就显得特别重要，就像郑老师说的政府责任特别重要，妇女在社会上陷于困境的时候，在公共领域发展不顺畅的时候，怎么进行制度建设，怎样为她提供更好的发展环境，这非常重要。

三是要对传统文化中有关女性角色规范的内容进行甄别。不是说所有的传统妇德都是不好的，像“三从四德”在等级社会产生的非常明确的有等级观念的妇德，是不好的，因为它限制妇女的自由和创造力。但是传统文化中也有一些精华，例如，鼓励妇女慈善友爱、能动自立，但是现在“女德班”宣传的妇德，不是文化精华而是糟粕。所以要系统梳理传统文化资源，确立一种具有正能量的精神追求或者价值观念。

四是要注意发挥妇女的主体性。鼓励妇女去发现自己的各种潜能，学会独立思考，争取自我言说的环境和权利。另外就是鼓励妇女积极行动，培养女性作为一种行动主体、一个社会参与者，在社会上应该有的对社会精神财富和物质财富做贡献的愿望和能力，不能永远扮演被塑造的被动角色。

五是要以妇女为本，了解妇女的需求。调动妇女的主体性和创造性。我觉得，还是要以人为本，要知道妇女在想什么，有什么困难，有什么需求，要调查妇女到底是一个什么状况，不能凭空根据你的价值判断和想象去塑造妇女或者给妇女拟定议题，而要根据妇女的需求，去帮助她们做创造性的人生建设和价值建设。

六是性别平等文化的建设需要男性参与。在中国父权制的传统下，往往男性有更多话语权或者价值导向性，在历史上如果男性觉醒的话，妇女解放的进程就会快一些，从戊戌变法到五四运动都是男性先知先觉的，那个时期的妇女运动发展得特别快。这个时期为什么在男女平等观念和追求上出现了这样那样的问题，可能是父权制塑造下的很多男性面对很大压力时，就希望男女按照传统角色各自归位，女性主要负责家庭，男性的压力可能相对少一些。怎样在日益多元开放的时代，发挥男性的作用，就显得特别重要。其实现在很多男性也是很积极的，像“白丝带运动”的男性。还有特别有平等意识，有社会责任担当，有文化责任感的男性站起来，结局就不一样了。因为受益的不仅是女性，男性也会从中受益。

当然政府、社会媒介、公民的社会责任就不必多说了。

李英桃（北京外国语大学教授）：男女道德不可双重标准与联合国“世妇会 +20”会议精神

我一直从事国际关系研究，所以就从这个角度谈几点。在考虑如何切入并反思“女德”问题时，在微圈里看到一篇写埃莉诺·罗斯福的文章，说她是最伟大的女性和最失败的妻子。转发该文时，我加了一句评论：“她丈夫是最伟大的总统和最失败的丈夫吗？”当谈到女人、谈到所谓“女德”的时候，就如朱虹老师说的，一定是相对于男人和“男德”来讲的。既然是相对于男人来讲的，一个失败的妻子，是不是就一定有一个失败的丈夫呢？但人们一般很少判断丈夫是不是失败，也并不认为富兰克林·罗斯福总统是个失败的丈夫。特别是在这个例子里，富兰克林·罗斯福后来爱上了埃莉诺的社交秘书。弥留之际，这位美丽的秘书一直陪伴在他身边。人们可能会觉得做丈夫的并不失败，是由于妻子失败，才导致自己的丈夫和自己的秘书好上了。

仔细分析发现，不光是中国文化，在西方文化建构中也一样，人们判断男人和女人好坏的标准并不一样。当用双重标准去衡量的时候，女人不是“好妻子”一定是失败的，而男人没做“好丈夫”也不算失败。女人在社会上做得再成功，如果不是好妻子，她的人生就注定是失败的，男人就不一样了。所以当思考所谓“女德”的时候，或者在建设新型性别关系的时候，都必须面对这个问题。性别关系实质上是一种权力关系。经过千百年的社会文化建构，男女之间这种权力关系已经被制度化了，体现在社会的方方面面，影响着每个人的行为。同时我们的行为又反射到这个社会结构中，复制或重塑我们的文化。性别研究中有一个说法叫“do gender”（做性别）说的就是这个道理。这是一个动态的过程，处于不断变化中。近代以来，尤其是第二次世界大战后，随着妇女运动的发展，妇女地位已经有了很大的提高，但迄今为止，世界上仍然没有一个国家真正实现性别平等。判断男女两性成功与失败的双重标准也长期存在着。

姜秀花老师讲得特别好，针对所谓“女德学校”带起的腐朽文化的沉渣，我们要广泛传播和倡导性别平等的理念，同时以自己的行动去实践。或许我们并不是妇女的代表，也没有权力代表全部妇女说话，但从媒体角度或者从妇女研究者的角度，我们可以以身作则去做自己认为对的事情，践行性别平等理念，会有助于挑战不平等的性别结构，重新建构对男女两性的价值判断标准。

不知道大家看到没有，4 月 12 日，希拉里·克林顿已经正式宣布参选美国总统。如果大家看了她的录像的话应该注意到，中间有一个片段，她说，strong family，strong country——家庭强，国家强。对美国是这样，对中国也是这样，现在也在强调家庭和妇女在家庭中的作用，同时也必然涉及怎样建构一个性别平等的家庭的问题。

我在网上查阅我们党和国家领导人，在 2013 年 10 月召开的中国妇女第十一次全国代表大会上的重要指示和讲话。习近平在同全国妇联新一届领导班子成员集体谈话时强调“广大妇女要自觉肩负起尊老爱幼、教育子女的责任，在家庭美德建设中发挥作用，帮助孩子形成美好心灵，促使他们健康成长，长大后成为对国家和人民有用的人”。王岐山在大会开幕式上指出：“希望广大妇女传承美德，促和谐树新风。中华文明源远流长。慈母、孝女、贤妻对促进家庭和美、社会和谐发挥着不可替代的作用。”因为是在全国妇女代表大会上，当然要讨论妇女在家庭中应该承担什么样的责任。已经结婚生子的女人，当然应该尽可能做“贤妻良母”，与此同时，已婚的、有孩子的男人也应尽可能成为“贤夫良父”，像魏国英老师说到的，女人“相夫教子”“相夫教女”，男人“相妻教子”“相妻教女”。实际上，男人要做好男人、好丈夫、好儿子、好爸爸，女人要做好女儿、好妻子、好母亲，都是相互的。既然是两性关系，就是对两性的共同要求。其实已转到我发言的第三个方面：

夫妻双方在家庭中分担家务，在社会上比翼齐飞，是我心目中的和谐家庭和 strong family 的模样。与此同时，我必须说每个男人和每个女人，每个男人和每个男人，每个女人和每个女人都是不一样的，家庭分工很难像切豆腐一样切得整齐划一。在权利、义务、理念、原则上，无论家庭还是社会都必须坚持男女平等原则，不能对男女两性使用双重标准。这并不意味着忽视男女之间的差异，在做每件具体事情的时候，大家可能就会根据具体问题，作出分析和选择。

接下来，我想汇报一下我在美国纽约参加联合国妇女地位委员会第 59 次会议的情况。这次会议提出的一个目标是：到 2030 年实现男女比例 50 : 50。也就是说，到 2030 年实现全球男女平等。回国后我跟不少人谈到这个目标，大家都认为根本不可能实现，现在只有 15 年了，15 年时间能不能在决策领域实现男女平等都是个问题，甚至连达到 30% 这个 20 世纪 90 年代的目标都是个问题，要在各个领域都实现妇女占50%，那绝对是不可能的。也正是在这种背景下，联合国和各种非政府组织都希望各国政府要表现出实现男女平等的强烈的政治意愿，同时要实行全面的问责制。比如在中国，虽然男女平等是基本国策，但人们往往认为这是个“软国策”，执行起来力度不够，如果加上全面综合的问责制，它就可能变成一个“硬国策”了。

这次大会通过的《政治宣言》，最重要的内容就是2030年实现男女比例50∶50。《政治宣言》还特别强调把性别平等意识纳入主流。如果仔细学习王岐山在中国妇女第十一次全国代表大会开幕式上发表的祝词就会发现，其中就有明确地把性别平等意识纳入主流的内容：“要坚决贯彻男女平等基本国策，在立法决策中充分体现性别意识，在改善民生中高度关注妇女需求，在社会管理中积极回应妇女关切，使男女平等真正体现到经济社会发展各领域、社会生活各方面。”中国政府在国际社会和国内都有承诺，现在是怎么做得更好，需要进一步强化的问题。

回应几位老师都说到的男性参与的问题。《哈利·波特》的女主角艾玛·沃特森代言了一个性别平等运动叫“HeforShe”，就是“男人为女人”，其实这也是一个“女人为男人”的运动——SheforHe。在中国，这个运动4月12日刚在清华大学启动。它特别强调男人参与男女平等或者性别平等议程，没有男人的参与，单靠女人是很难成功的。位于主流的多是男人，女人要进入主流，就必须通过男人把守的权力之门、利益之门。男人需要给女人开门放行，甚至帮着推一把，所以男人的参与非常重要。当然男人的参与，除了艾玛代言的这个运动，反对针对妇女暴力的活动的规模也很大，就像姜秀花老师说到的“白丝带运动”。暴力，包括家庭暴力，好多是以性别为基础的暴力，实际上多数情况是男人对女人的暴力，当然也不排除少数女人对男人的暴力。无论施暴者和受害者是男是女，男人的参与都同样重要，我要说解放女人就是解放男人。

最后，我还想重复我在以前的活动中提到的一个观点，就是女人在社会中该怎么做，女人一定要聪明。因为整体而言，男人在社会中所处的地位要优于女性，而女人已经足够努力了。女人要想办法让自己变得更聪明，不仅要比过去的自己聪明，而且要比男人聪明。在多数家庭中，估计女人可能会承担更多家务，女人一方面聪明地安排，聪明地沟通，让丈夫高高兴兴地和自己一起承担；另一方面，在很多时候，女人承担的家务劳动确实仍多于男人的现实，在力所能及的范围内多做一些。我并不是说女人就应该多做，而是说，与其花精力花时间和丈夫争吵，不如自己赶紧处理完事情，该干什么就干什么去，这样效率还高些，心情也好些。有的时候“更努力”本身也是一种“聪明”的办法。

余华林（首都师范大学历史学院教授）：近代中国的“女德”论述及隐形表达

第一，近代中国在西学东渐的背景下，妇女观念开始出现与传统相背离的倾向。三纲五常、男尊女卑的旧礼教，在这个时代受到了前所未有的置疑与挑战。尤其是在维新时期，男女平等的声音逐渐汇为思潮。康有为在 1885 年初步形成的大同思想中，就认为中国古代的“男为女纲，妇受制于其夫”的“私理”“私法”，便因其“与几何公理不合，无益人道”，而在应当废除之列[①]。谭嗣同在《仁学》中也斥责“重男轻女”为“至暴乱无理之法”[②]。梁启超于 1897 年做《变法通议 · 论女学》中痛陈君民、男女不平等的起源，为女学张目。继严复提出“新民德”的命题之后，梁启超又提出“新民说”，其中专门论述了“公德”。虽然，他们对于女德并未特意论述，梁启超甚至自称其所倡兴的女学“内之以拓其心胸，外之以助其生计，一举而获数善，未见其于妇德之能为害也”[③]；但是他们的主张中已明显带有男女平等的色彩，蕴含着对儒教男尊女卑、男主女从的性别伦理的改良与修正。他们以“国族目标”为初衷的性别价值导向，在启发“女智”的同时，已经赋予了女性角色延展和自我赋权的机会和可能，新“女德”已成开“女智”议题中的自有之义。

清末以来，在男女平等和女权的言说声中，“三从四德”已屡受批判。1903 年，金一在《女界钟》中系统地论证了男女平等，明确指出“道德知识，乃天赋此身以俱来，无男女一也”；传统“女德”“女训”使得“中国女子习闻三从七处之恶谚，兢业自持，跬步不敢放纵，生平束身圭璧，别无希望”。并称“括而言之，则三千年来中国女子常注意于个人之私德，而于公德则直可谓之未尝闻也。……公德者，爱国与救世是也。……爱国与救世，乃女子之本分

① 康有为：《实理公法全书》，姜义华、张荣华编校：《康有为全集》第 1 集，中国人民大学出版社 2007 年版，第 150 页。

② 谭嗣同：《仁学》，《谭嗣同全集（增订本）》（下册），中华书局 1981 年版，第 304 页。

③ 梁启超：《论女学》，《饮冰室合集》第 1 集，中华书局 1989 年版，第 39 页。

也”[①]。柳亚子在《女界钟》后叙中，对摧残女权的传统“妇德”又进行了专门的鞭笞：“中国女权之萌芽，其摧折践蹈也久矣！强权暴肆，公理沦亡，谬种流传，暗无天日。……曰扶阳抑阴也；曰夫为妻纲也；曰三从七出也；曰无才是德也。”[②]

此后，对于传统女德的批判已不绝如缕。至新文化运动时期，随着“女人也是人”的发现，妇女的人格独立因而成为许多人的共同诉求。新文化人对于传统女德中的片面贞操观和贤妻良母主义，进行了集中批判。对传统女德的批判热潮从清末延续到民国时期，其批判思路也基本沿袭了《女界钟》。

其一，论证男女道德并无不同。如巾侠在《女德论》中称：“德无分于男女也，同是官骸，同是禀赋，同是社会，喜怒哀乐之情，饮食起息之状，胥圆颅而方趾者，靡有不同。则凡所以立身处世参替化育者，皆宜循乎一轨。”[③]鲁迅在《我之节烈观》中也鲜明地指出：“道德这事，必须普遍，人人应做，人人能行，又于自他两利，才有存在的价值。”[④]

其二，在男女同德的基础上，对“三从四德”进行全新的阐释，将其与爱国、救世相联系。如陆晶清将“三从”解释为“从学问，从事业，从时代潮流”；将“四德”解释为“勤德，俭德，勇德，公德”[⑤]。漆承一认为“四德”除了女诫四德（妇德妇言妇容妇功）以外，还有《小学绀珠》所谓的四德（忠孝信悌），所谓“忠”不仅要忠于丈夫，而且还要忠于民族、忠于国家；所谓“信”就是与朋友交往要守住信义；所谓“悌”就是要“和睦乡里”；并称四德“正是我们国民所缺乏的，不但今日的妇女应该注意，即男子亦该重视”[⑥]。

经过知识界的批判，应该说民国时期在报刊上公然宣扬“三从四德”的言辞已不多见，即使有，一般也是打着民族国家的旗号，对传统的女德进行再阐释，如“新贤妻良母主义”，在此不赘述了。

第二，需要进一步申明的是，尽管晚清以来，知识分子对于传统女德进行

---

① 金一著，李又宁主编：《女界钟》，纽约天外出版社 2003 年版，第 51、52、54—55 页。

② 金一：《女界钟》，“柳亚子后叙”，纽约天外出版社 2003 年版，第 106 页。

③ 巾侠：《女德论》，《中国新女界杂志》1907 年第 1 期。

④ 鲁迅：《我之节烈观》，《鲁迅全集》第 1 卷，人民文学出版社 2005 年版，第 124 页。原载《新青年》第 5 卷第 2 号，1918 年 8 月。

⑤ 陆晶清：《三从四德》，《妇女月刊》第 5 卷第 4 期，1947 年。

⑥ 漆承一：《谈今日的“三从”“四德”》，《妇女共鸣》第 12 卷第 4 期，1943 年。

了大力的批判，但这并不意味着其思想和行为已经彻底摆脱了传统女德的影响，如果仔细探查，我们会发现在思想深处仍能找到传统女德的痕迹。

历任《妇女杂志》主编和《新女性》主编的章锡琛曾感叹，当时道貌岸然的老年人甚至少年人，平常所持的论调，无不痛恶“新式的女子”，骂她们为妖冶、轻浮、多言、好奢侈；然而到了他们自己要寻求配偶的时候，却又觉得“旧式女子”呆板可厌，所以希望找到一个具有“新思想旧道德”的“新女子”[①]。章锡琛对此评论道：“这是一个何等矛盾的名词！然而也正是一个现代极漂亮、极时髦的名词！这样的新女子，正是现代一般女子的唯一的模范！”[②]他还对这样的新女性进行了生动的刻画：新是在思想上的；她们会剪发，会穿旗袍，会着长筒丝袜和高跟皮鞋，她们也会谈女子解放，男女平权，乃至最时髦的国民革命。然而你如果一考察她们的道德观念，她们却依旧崇拜孝亲敬长之风，勤俭贞淑之德，夫唱妇随之乐。在旧式小姐的身上，穿上一件新式的衣服，这正是现代的所谓“新女子”！譬如你问一位新女子，“你赞成旧式的婚姻吗？”她一定会表示极端的反对的。倘使你再问她，“你结婚的时候需要一种仪式吗？”她一定会说是需要，甚且会说非举行一种极隆重的仪式不可。又如你问一位新女子，“你以为贞操应是该崇拜的吗？”她或者也会对你说，这不过是一种迷信。但倘使这位新女子一旦受了强暴的污［侮］辱或奸人的欺侮，她一定会痛不欲生，或者会自暴自弃，至少也要觉到自己背着一种不可磨灭的羞耻。最近某女士在某种女子刊物上主张男女社交公开，但同时又主张采用欧美习惯，青年女子出外的须有“伴护人”监视。这些都是说明新女子的新思想、旧道德的普遍[③]。

至于女德的价值，我认为要具体分析。其一，女德（尤其是四德）仅从表面文辞来看，确实可以算传统美德。如妇德强调妇女要有美好的品德；妇言强调妇女的言辞得体，态度温和；妇容强调妇女容貌端庄，俭朴整洁；妇功强调妇女应有一定的家庭生活技能。但是传统社会对于“三从四德”并不仅是从文辞来理解的，它不仅基于男尊女卑、男外女内的行事逻辑，而且是对于女性“三从四德”的片面强调。如贞操、顺从、少言，已达于极端，事实上确实造成了

① 章锡琛：《旧式女子与新式女子》，《新女性》第 2 卷第 12 号，1927 年 12 月。
② 章锡琛：《新思想旧道德的新女子》，《新女性》第 3 卷第 6 号，1928 年 6 月。
③ 章锡琛：《新思想旧道德的新女子》，《新女性》第 3 卷第 6 号，1928 年 6 月。

对女性的束缚。这正如“贤妻良母”的美名我们无法否认（谁也不能提倡女性都去做刁妻恶母），但是将女性就定位为相夫教子的家庭主妇，显然是错误的。因此，对于女德应该深入分析其内涵，既不能简单地贴上封建糟粕的标签加以全盘否定，也不能打着恢复国学、恢复传统美德的幌子盲目提倡。

其二，所谓传统美德，应该是男女共同遵守的，而非仅针对女性。品行端正、言辞得体、外貌端庄、具备生活技能，不仅是女性应该具备的美德，也应该是男性同时具备的。清末有人称：“孔子有言：己所不欲，勿施于人。今试易地以观，而为男界立一三从之规则，曰从母、从妻、从女，有违之者，在子则为不孝，在夫则为不贤，在父则为不慈。男界诸君，其甘之乎？男界既不甘之，而独施之于女界，揆诸公理，岂可谓平。”① 己所不欲，勿施于人，我想应该是一个基本原则。如果没有一个“男德”的话，那么“女德”也就没有存在的必要。从这个意义上来说，我认为女德是个伪概念，如何构建现代的女德文化也是个伪命题。

时至今日，我认为最重要的道德提倡，不是针对某个群体的女德或者男德，而是针对每一个个体的公民道德和针对社会全体的社会公德。1902 年，梁启超在《新民说》中写道：“道德之本体一而已，但其发表于外，则公私之名立焉。人人独善其身者谓之私德，人人相善其群者谓之公德，二者皆人生所不可缺之具也。无私德则不能立，合无量数卑污虚伪残忍愚懦之人，无以为国也；无公德则不能团，虽有无量数束身自好廉谨良愿之人，仍无以为国也。”② 借用梁启超的概念，我们目前急需重建的恰恰是，人人独善其身的私德和人人相善其群的公德，也就是公民道德和社会公德。

刘娜（北京航空航天大学教师）：
女大学生情感问题、求职困境和女生教育

21 世纪的中国，随着经济改革和对外开放的深入，人们生活的社会和环境发生了翻天覆地的变化，让人应接不暇，有时让人无所适从。如何更有效地解决生活中出现的各类新问题、理解社会上出现的新情况，作为有着两千多年传统文化的中国，在中西方不同思想和文化交锋中尝试着各种解决之道。

---

① 《论三从》，《女报》第 1 卷，1909 年。

② 梁启超：《新民说》，《饮冰室合集》第 4 集（专集之四），第 12 页。

我所从事的高校学生事务管理工作中最具挑战的部分，就是大学生，尤其是女生的人际关系和情感问题。大学阶段正是年轻人开始直面社会交往、情感婚姻和职业选择的敏感时期，这里既有性别伦理、社会角色等常识性的问题，也包括新形势下出现的各种各样的新问题。现在的大学生已经是90后，甚至是95后，他们绝大多数都是独生子女，进入大学后要从“家人主动适应自己”变成要“主动适应他人”。这种人际关系压力将成为大学生活的首要心理困扰。他们在人际交往中出现了不同层次的问题，如在室友关系上，近年来也发生了不少危机事件，以至于最近大学同学之间最流行的问候竟然是“感谢室友不杀之恩”，人际关系的紧张蔓延到睡在上下铺的“兄弟姐妹”之间；在两性交往中更是频繁的出现。由于爱情观不同，“毕业就分手”“练爱”“不求天长地久，但求一朝拥有”的错误观念，情感处理不当必然会影响学业和心理甚至造成人身伤害。

在学生的就业指导工作中，对女大学生求职困境的心理疏导、求职策略指导、岗位推荐，占据了我的大部分精力和时间。女大学生的就业率和就业质量与男生相比都处于劣势，就我的学生而言，水平相当的男毕业生和女毕业生，最后收到用人单位录用通知的比例将近3∶1，而且有一半男生最后都改签了单位。在学校里，表现优秀的女大学生无论是从成绩还是从综合能力上，都不比男学生逊色，但她们在求职过程中就不那么顺利了，也会吃闭门羹。树立女大学生的职业自信和性别关爱是相当一部分高校教育工作者思考和应对的问题。

面对女大学生的一系列包括人际交往、情感和求职困境等问题，高校非常有必要通过课程、讲座、沙龙或个体咨询等形式，来增强大学生对性别差异的认识、女性自我保护意识以及对个体职业生涯发展进行规划。近两年，社会上一些机构或是大学里出现的“女德课”和“淑女班”，也许正是人们尝试用传统的女德教育，来解决现代女性婚姻家庭和职业发展等问题的现象。某些机构和学校开设“女德课”和“淑女班”，也是因为有这样的社会需求，也有它出现的必然性。大学开设“女德班”的主要目的，是希望通过弘扬和践行中国优秀的传统文化，提高女大学生人文素养、职业能力和人际关系能力，进而缓解女性作为弱势群体在社会变迁中所承受的压力。课程以讲座的形式邀请国学讲师或社会成功女性担任授课教师，内容有的从国学经典如《论语》《弟子规》等的经典词句出发，结合现代女性独立意识和典型案例，鼓励女大学生从自我学习、自我管理、自我保护、自我发展的角度提高自身素养和能力，树立当代社会独立女性的地位和形象，以便更好地处理人际关系，解决情感困惑，理解职场的性别差异。

但是，对此类课程，我们要保持审慎的态度，避免将内容局限在只讲授约束女性思想、规范女性行为的“三从四德”落后思想，而是要结合时代特点和社会主义核心价值观，吸纳传统“女德”思想的进步精髓，以培养现代女性的独立精神、创造智慧和社会责任感。当然还要保持清醒的头脑，认识到学校通过讲座或课程来培养、提高女大学生自身认知水平和能力，只能从自身层面应对人际交往、爱情婚姻、职业生涯发展遇到的问题，对于像女大学生求职困境这样的复杂社会问题，还需要依靠全社会的关注和投入。

女大学生的“女德”教育是女性关爱的一种尝试，其出发点是培养女性综合素质、提高职业能力和社会适应力，但是，高校教育工作者还不能就此止步，应采取科学严谨的态度，正面女性所面对的社会家庭个人问题，深入调查研究，探究问题解决的根本之道，从而推动社会的文明进步，高校教育工作者对此责无旁贷。

于玉蓉（博士、中央民族大学教师）：
从《诗经》中的“弃妇诗”看现代女性的“独立”

在座的老师当中，我最了解的可能就是朱虹老师，因为我读博的时候接受新华社《瞭望》新闻周刊的约稿，为朱老师写了一篇人物访谈，在了解朱老师的履历、学术论文、译著以及多次采访她的过程中，对我们中国女性主义有了初步的了解。朱虹老师今天来参加“先锋论坛”，她的确是先锋，她是我国第一代女性主义学者。20 世纪 80 年代初，她在北京出版《美国女作家短篇小说选》，把美国女作家介绍到国内，这部著作被学界认为是当代女性主义文学批评的先声；20 世纪 90 年代初，她又在纽约出版《恬静的白色——中国当代女作家短篇小说选》，把中国女作家介绍给美国，其中包括杨绛、冰心、黄宗英、张洁、张抗抗、铁凝……我为新华社所写的约稿题目就叫“朱虹：中西文学的虹桥”。从我的专业出发，从古典文学的女性形象谈谈“女德”。古典诗词当中提到女性更多的是对女性美包括女性服饰的一种描写。比如之前热播的一个连续剧叫《甄嬛传》，里面有个插曲叫《菩萨蛮》，歌词选自晚唐花间派词人温庭筠的一首词《菩萨蛮・小山重叠金明灭》。整首词实际上写一个女性如何睡到自然醒，然后姿态娇慵地坐在屏风旁边梳洗打扮，梳了个什么发型，穿了什么样的衣服……是对女性容貌以及服饰的描写。古典诗词当中除了有对女性美的描写，当然涉及女性的还有几个类型，这里不做赘述。

以《诗经》出现的“弃妇诗”为例，《诗经》有305篇，其中“弃妇诗”有10余首，其中最有代表性的就是《国风・卫风・氓》。整首诗以一个女子的口吻，回忆了自己与青年男子“氓”如何相识、相恋，冲破父母之命、媒妁之言的约束，与他私订终身，“秋以为期”，为了爱情，这个女孩勇敢地追随爱人，离家而去。进门后的3年里，她没日没夜地辛勤操持家务，“三岁为妇，靡室劳矣。夙兴夜寐，靡有朝矣”。但换来的是什么样的结局呢？“女也不爽，士贰其行。士也罔极，二三其德”，我一心一意地爱你，可是你却变心了，三心二意把我抛弃了。

我当时讲到这首诗的时候怀着很沉痛的心情。当时就让两个女生谈谈对女性命运的看法，女生站起来说这个女子的命运确实很悲惨，但同时又很潇洒地说“只有跟错的告别才能和对的相逢”。她觉得这不就是一段错误的恋爱甚至错误的婚姻吗？我要挥别过去，勇敢地再寻找对的人，她又思考说确实不行，她没有经济来源，现在夫家不要她了，如果她回娘家，娘家也不要她，她的父兄也嘲笑她，“兄弟不知，咥其笑矣”。所以《氓》中被抛弃的女子最后就无所适从、没有归宿。联系周代的社会背景和婚姻制度，学生们仿佛能够对这个女子的悲惨命运感同身受，女生们同时又感到庆幸，多亏咱们生活在现代，感觉好像可以摆脱这样的命运，她们感觉自己是独立的。

其实，我更想追问的一点是，现在的同学们，包括我自己，我们真的是独立了吗？是不是真的可以庆幸自己不再会有如这位女主人公悲惨的命运了呢？其实现在女性远没有达到独立的程度。现在女性看起来好像既可以接受教育，又可以出来工作，赚钱养活自己。但是独立包括精神的，也包括经济的，更重要的是精神的。韩老师也提到现在流行的是“你负责赚钱养家，我负责貌美如花”，这是女性经济上依赖他人、精神上不独立的表现。一旦年老色衰，是不是也会遭遇像汉乐府中所描写的“团扇”的命运，“常恐秋节至，凉风夺炎热。弃捐箧笥中，恩情中道绝”。

我特别喜欢两句诗，就是“北国有佳人，绝世而独立”。当然这里的“独立”

跟我们现在的“独立”不一样，但是我就想选取其中这两个字“独立”。一个独立的女子本身就是美好而动人的。一方面，女性年轻时仰仗美貌过着轻松舒适、任性傲娇的生活，随着年龄的增长越来越没有安全感；另一方面，男性为了养活自己和家人，生存的压力非常大。像魏老师所说的，简单的性别分工“剥夺了女性参与社会的权利，同时也剥夺了男性享受家庭的权利”。真正的独立就是你和爱人携手并行，一起来承担生存的重担，共同面对命运的遭际，经历生活的悲欢，共同成长，互相成就！要有勇气跟男孩子一块儿买房子，一块儿还房贷；至少在精神上，你要有这样的认识，而不仅是坐享其成。我觉得这才是一个女性独立的真正内涵。

李慧波（博士、中华女子学院教师）：
“女德班”存在的复杂原因与女性生存发展路径

第一个方面是“女德班”为什么能够存在。现在社会各界都在积极保护、传承和弘扬国粹，很多地方开了国学班，“女德班”就是搭着这个顺风车借用“国学”这两个字出现，并在全国遍地开花的。有需求才会有市场，“女德班”的盛行说明了社会有这样的需求。在指责“女德班”的不合理的时候，需要从更深层次来思考其存在的原因。改革开放以来，在巨大经济和社会变迁中女性弱者的地位表现得越来越明显，其中既有生理的原因也有社会的原因，生理上的原因就不赘述了。社会原因，比如职场上对女性的歧视、同工不同酬。而且女性一直承担着抚育子女、家务劳动的任务，常常因此中断工作，当一些女性在社会上很难立足，觉得没有出路的时候，当她们得不到社会和他人帮助的时候，就可能从二奶、小三、色情业来寻找出路。

再加上现代人在婚姻道德价值规范方面，都面临着各种迷茫和困惑。比如说裸婚、“丈母娘现象”等，特别是夫妻关系、家庭结构的脆弱化，使得人们希望寻找一条解决问题的出路，于是就有人从传统文化中来寻找答案，包括今天的“女德班”。因此出现这种现象也是社会问题造成的。

第二个方面是我对“女德班”性质的认识。“女德班”要求女性自我奴化，如逆来顺受、打不还手、骂不还口、坚决不离婚等，在遭遇家庭暴力的时候，女性不但不能反抗，还要委屈、退让、忏悔、感激、感恩等。“女德班”扼杀了女性的正常诉求，在倡导男女平等、女性独立的今天，确实让人匪夷所思。

中华人民共和国成立后，于1950年颁布了第一部法律——《中华人民共和国婚姻法》，内容包括婚姻自由、一夫一妻、男女平等。从那时候起，女性解放就已扩展到社会的各个领域，包括受教育权、劳动就业权，以及妇女在家庭中的权利等。“妇女能撑半边天”“男人能做到的事女人也能做到”，从那时候就出现了。尽管这些带有政治革命的妇女解放有片面性，但是女性的社会地位、男女平等的程度都大大提高了。

1995年联合国第四次世界妇女大会在北京召开，可以说这是中国妇女运动国际化的转折点。反对性别歧视，反对性别暴力，社会性别平等，在中国建构起了妇女研究和妇女救助服务机构。以妇女为本，赋权妇女的理念，开始对中国社会公正、性别平等产生了深远影响。近20年来，在各级妇女组织和各界妇女活动家的推动下，中国妇女运动逐渐与国际接轨，实现了政府促进性别平等及妇女发展的庄严的承诺。不难看出，“女德班”在这个时候出现，与社会正在倡导的社会性别平等理念相去甚远，可谓贻害无穷。

第三个方面是针对“女德班”的复杂现象应该如何去做。我从四个方面谈起。

其一，古人将文化传承概括为扬和弃，或者叫有损、有益的原则。“损”指的是放弃，“益”指的是增加，与时俱进地把符合时代的元素放进来，舍弃其中不符合时代的元素。我认为，传统女德中值得借鉴的有很多方面。比如，传统的孝亲观念。老人问题既是社会福利应当关注的事情，也是家庭伦理应该负责的内容，当然古代的孝亲理念含有严重的等级专制，要求女性屈从的糟粕应该被剔除。《女论语》中提到，“居家相待，敬重如宾”“夫有恶事，劝谏谆谆”。在古代是片面强调妻子对丈夫的尊重，如剔除其中男尊女卑的内涵，夫妇相亲相爱和平共处，这个思想还是可取的。又如《内训》的慈幼章。讲的是母亲对孩子的教育。古代母亲在教育和培养子女道德方面留下了丰富的成果，也是值得后人借鉴的。

其二，当代女性不囿于家庭，很多女性已立足于社会各个领域。但是，女性作用的发挥必定建立在其人格尊严获得保障，两性权利、机会和责任平等的基础上。以牺牲女性发展机会和独立人格为代价，去换取社会和家庭和谐的做法，不适合时代要求，也不会使得两性、家庭和社会达到真正和谐，甚至还会给男性的发展、家庭和社会的和谐带来阻力。

其三，我认为“女德班”的出现也警示全社会，应当从政治、经济、法律、文化、健康、心理各个方面关注和帮助女性。

其四，女性主体性的发挥。女性要自尊、自信、自立和自强。

代刚（《中国妇女报》记者）：传统男女分工正在淡化，男女共建社会与家庭的伦理道德

“女德”这个话题对我来讲并不陌生。我所在的单位中国妇女报一直在关注“女”也一直在关注“德”，去年开始关注“女德”这个话题。各位的高见引起我的共鸣。我先结合个人的情况和工作谈几点感受。

首先，工作节奏的加快使很多都市人、年轻人已将男女除生理之外的界限模糊了，男人逐渐开始做着传统意义上女性的工作，女性也是这样。余教授着急去幼儿园接孩子，其实同龄人大抵都是这种紧张的节奏，每天早晚的接送孩子对我们这些人来讲，已经超乎工作。余老师的孩子还在读幼儿园，早晚饭在幼儿园吃，我的孩子读小学，每天要在家吃早饭、晚饭，我儿子每周还有五个共计 13 个小时的课外班。我每天上夜班，早晨送不了，晚上是我接。我每周陪孩子上八九个小时的课，每周给孩子做两三顿饭。比如今天他一会儿有奥数课，往常都是我给他做晚饭。随便选一个校门口或补习班你都能看到，不分男女老少都在以自己的方式参与孩子的教育。“相夫”的工作女性在做，“教子”的工作都根据各自家庭的实际情况来调节，由此展开，我认为在现在的家庭生活中，传统意义上的男女分工正在淡化。

另一个感受，觉得讨论“女德”是一个很矛盾的话题。因为，力的作用是相互的，你要提“女德”的话就应该谈到另一个层面的男性道德。“女德”是对女性的一种道德绑架，这是我个人的理解。

其次，结合个人的工作向各位老师做一个思想汇报。我的工作和各位教授有很大的差别，做新闻有点送快餐的感觉，说完就完、说过就过了。没有深度也不深厚，顶多是个信息时代的搬运工或者炒剩饭的。

我把《中国妇女报》有关“女德”的评论员文章跟大家分享一下。去年 9 月发现这个问题，当时是在广东，还在媒体上为“女德班”做过广告。9 月 18 日发表了一篇评论员文章《“女德班”是一幕封建糟粕沉渣泛起的闹剧》，许多纸媒和网站进行了转载。国庆前后广东就开始查封这个“女德班”，包括从工

商角度。其实是很难用意识形态查的，就用工商办法查封了。从10月10日开始在头版连续刊发评论员文章，第一篇《关停仅仅是第一步》。第二篇评论是《加强监管谨防改头换面》，这是有关“女德班”的反思。第三篇是《推进性别平等，大众传媒责无旁贷》。提到传媒，“女德班”在北京、山东、河北、陕西、广东、海南等地，都有不同的班公开招生，发布的广告有网络广告也有纸媒广告。第四篇是反思，《铲除女德生存土壤》。我个人觉得这个土壤，不只是传媒，不只是舆论，而是你我他构成的这种环境。这个是一个大环境、大土壤，可能也不是一时形成的。

第二天头版就推出了一个好家风故事、好家训的征稿启事。坦白讲这个事是我在做，但是恰巧要配合全国妇联的寻找最美家庭活动。去年我本人参与了这个活动，并负责在新浪网和央视网设立官网，王红旗老师作为专家参与后期的审评工作，来自全国的300个候选家庭的事迹我都很清楚，包括最后评选出来的一百个最美家庭我也很了解。我年前在中国女性文化论坛研讨一部女导演拍的电影的时候说过，很多最美家庭的“美”是因为苦难、劫难。在家庭突遭苦难或劫难的时候，有些所谓的顶梁柱逃避或者逃跑了，留下了能吃苦能耐劳不逃避的女人。

王岐山在中国妇女第十一次全国代表大会上讲话后不久，李源潮在全国妇联十一届一次执委会议上要求，积极发挥妇女在家庭建设中的特殊作用，宣传新时期贤妻良母、孝女善邻的时代典型。贤妻良母咱们不说，为什么要提“孝善”呢？因为“孝善”是为人最基本的道德，我们的社会太需要了。社会的主流是好的，广东“女德班”现象连支流都称不上，应该是暗流，它对社会的影响太恶劣了，对社会主义价值体系建设有毁灭性和破坏性。

2015年2月17日，习近平总书记在春节团拜会上用四分之一的篇幅阐述家庭建设的重要性。他说家庭是社会的基本细胞，是人生的第一所学校。不论时代发生多大变化，不论生活格局发生多大变化，我们都要重视家庭建设，注重家庭、注重家教、注重家风，紧密结合培育和弘扬社会主义核心价值观，发扬光大中华民族传统家庭美德，促进家庭和睦，促进亲人相亲相爱，促进下一代健康成长，促进老年人老有所养，使千千万万个家庭成为国家发展、民族进步、社会和谐的重要基点。这话不是仅针对“半边天”说的，也是对每个人说的。

谈“女德”，我更希望大家一起来谈“德”。

结束语

代　刚：今天各位能够一起谈论“女德”话题，本就是职责所在。古话说，从善如登，从恶如崩。但是有些优秀的传统、优秀的文化，在当下所释放的能量很微弱，往往负能量的东西较之更易形成气候，是值得全社会深刻反省的。各位老师精心准备和亲身参与，为学子、为年轻人进行着价值引领，释放着正能量。围绕着舆论环境、历史遗存、社会现实等，就“女德”或者公德，进行了一次思想的碰撞和交会，是知识分子的一份社会关怀。感谢各位的参与和支持。

女博士后的社会选择与自我认同

于玉蓉（中央民族大学）：各位博士后同人，我们今天的论坛是高知女性系列访谈之一，今天到场的都是来自各个高校和科研单位博士后流动站的科研人员，主题就是女性博士后的社会选择及自我认同。首先有请王红旗老师为大家介绍一下“中国女性文化论坛”的发起以及宗旨。

王红旗：首先感谢诸位博士后百忙中抽时间来参加今天的论坛。中国女性文化论坛是从2010年的7月17日开始，由中国女性文化研究中心和中国网联合主办，中国网是国务院新闻办外宣的主流网站，覆盖全世界的一百多个国家和11种语言，是我国对外最强大的主流媒体之一。中国女性文化论坛关注各个方面的女性问题，有女性文学、女性文化、性别理论、女性历史、女性艺术、女性现实生存发展问题。一方面反思批判显性与隐性存在的男权文化机制，改变主流的或者民间的男权文化观念；另一方面展示各界女性更丰富，更优秀的人生经验和科研成果。主要包括女性的社会生活、家庭生活、情感生活、精神生活的四重空间。

我发现诸位博士后，来自哲学、文学、经济学、财经、医学等不同研究领域，我很愿意结识像你们这样优秀的、年轻的知识女性。我有幸和大家坐在一起，向全世界展示中国女博士后的风采和智慧，并且留给社会，留给历史，让未来知道，在男权主义观念显性和隐性的压抑机制仍然存在的现实环境下，曾经有一大批女性拥有富有独立与自觉的精彩生命。我是一个理想主义者，认为人活着，有没有精神是截然不同的。如果说一个人的灵魂是大海，你的精神就是生命的高峰或高原，拥有精神高原的人，无论遭遇什么磨难都会有一个顶天立地的强大自我。女性建立这样的自我，人生就有了足够的底气。

于玉蓉：其实社会上很多人并不了解什么是“博士后”，有很多误读。实际上博士后不是学位，而是一个深入研究的经历。国外的博士后制度是19世纪末建立的，而我国则晚了近一个世纪，到目前为止还不到 30 年，取得了显著成绩，但很多政策和制度还有待完善。1983 年至 1984 年，诺贝尔奖获得者、华裔物理学家李政道先生两次致信邓小平同志，建议中国实行博士后制度。1984 年 5 月，邓小平同志在人民大会堂会见了李政道先生，并仔细听取其关于实施博士后制度的意见和方案，当即表示："这是一个新的方法……是培养使用科技人才的制度。"次年 7 月，国务院批准了设立博士后科研流动站，试行博士后制度方案——博士后制度在我国正式确立。到目前为止，该制度已成为我国培养高层次青年人才的一项重要制度。

曾洋博士：我为这种充实喝彩

于玉蓉：曾洋博士目前在清华大学做博士后，堪称一个完美的典范。她不仅科研工作做得很出色，并且家庭幸福，她的老公我见过了，很帅、很优秀、很靠谱；孩子我也见过了，健康聪明又可爱。最近，曾洋当选了北京博士后拉丁舞队新一任的队长。曾洋来谈一下，你是如何协调这些不同的身份和角色的呢？

曾　洋（清华大学）：大家下午好！完美肯定是谈不上，我也有很多不足的地方。因为我一直忙于做实验，没能抽出时间充分准备，感谢玉蓉帮我罗列了几条提纲，按照提纲我谈一下我的个人情况。首先，我为什么选择到清华做博士后。

我的博士是在协和医学院读的。博士毕业的时候在协和重点学系生化系参加了教学岗的面试，当时好几个人面试，包括两个海归的博士后，面试成绩我排第一，生化系也准备招我到教学岗进行分子生物学的教学工作，但后因户口指标等问题，未能顺利留校。我很喜欢教学工作，本以为可以确定留校做老师，所以当时就没有去找别的工作，错过了一些好的就业机会。后来积水潭医院也给我提供了一个科研岗位，而且很希望我去，但是那会儿我觉得如果真的要做科研，还是要先去一个科研氛围浓厚的地方踏实地进行系统的科研深造，我感觉在博士阶段时科研做得还不是很充分，如果要往做科研的路上发展，就应该让自己的科研能力更上一层楼。

众所周知，清华的校风很好，科研很严谨，所以我就联系了清华的合作导师。另外我觉得清华的环境也可以给我的小孩儿提供良好的成长环境，比如，清华的居住环境很不错，清华的幼儿园也很不错。再者，我老公当时在中关村的一家律所工作，离清华很近，如果住在清华的博士后公寓，也会方便我老公上班。其实可能我平时考虑问题，比较不太考虑个人发展的宏观和长远的方面，我考虑很多家庭方面的因素，自身的话，我觉得只要认真努力，任何事情都能做好。

于玉蓉：这是一个挺好的选择，家庭和工作不仅没有彼此干扰，反而相互促进。

曾　洋：是的。我现在的专业就是生物医学工程，我的研究方向是成体干细胞结合生物材料的应用基础研究。比如我做课题之一是椎间盘退变的再生治疗。我们平时总是听到身边的人说腰疼、脖子疼，我们希望用我们研究的生物材料结合干细胞去治疗这个疾病。现代人的生活节奏快，很容易觉得腰、颈部不适，特别是长期待在电脑前面，椎间盘退变发生的概率会增加很多，而且椎间盘一旦发生退变，是不可逆转的。我们希望可以用我们现在研究的材料和细胞再生修复退变的椎间盘组织。

我的工作节奏是非常快的，我的导师是一个很年轻的科学家，他的学习和工作经历让他养成了高标准、严要求、快节奏的领导方式，对我们的要求非常高。我刚到实验室的时候特别不适应，因为在协和读博士的时候，节奏还是比较慢的，到了清华非常非常不适应，觉得很难接受导师的高标准、严要求，压力很大。不过从我内心来讲，我是要求自己把每一件事情做好的。无论是身为母亲、妻子或者科研人员，我都希望可以把自己的角色扮演好，每一件事情都做好，不能留下不好的印象。经过一段时间的磨合，我和现在的合作导师相处得比较融洽了。

王红旗：看来读博士与做博士后，因为培养的核心目标不同，从博士研究生转向科研创新的博士后，是两种不同的工作和心理状态。现在是你快了还是他慢了？互相有影响吗？

曾　洋：主要是我适应了他的节奏，然后他也会妥协一些，按照我的特点来指导我，我很感谢导师。刚去的时候，我感觉导师按照带本科生或者研究生的方式来带我，我很不适应，自己的主观能动性也受到了限制。后来我跟他谈过一次，我说我是博士后，我可以有一些自己的想法，我很想在工作方面变被动为主动，用自己的内驱力引导自己做事，而不是被逼着做事。导师后来给了我一定的自由度，工作的各个方面都变得比较顺畅了。晚上加班加点，周末继续工作我都不会觉得难受了，只要是工作需要的我都会去做，没有了逆反心理，内驱力变得很强大了。我后来帮导师谈成了两个合作课题，也获得了博士后科学基金面上二等资助。导师也慢慢地对我产生了信任感，相处越来越融洽。其实我身边有很多这样的女博士后，我觉得女博士后很能坚持、很有韧性，无论在怎样恶劣的情况下都能坚持到最后，并且基本上都能把事情做好。

王红旗：你的讲述令我感受到，当代青年高知女性的生命坚韧，对科研事业的责任意识与奋斗精神。处理人际关系的自信、坦率与友善。以自己的实践行动改变着社会上对女博士的莫须有的偏见。

曾　洋：但是有的时候，会遇到女博士后和导师发生矛盾的情况，比如有的博士后在站期间怀孕了，导师很难理解，觉得短短两年时间，应该积极工作，个人生活应该先放在一边。我认为，一方面导师应该充分理解女博士后，另一方面女博士后也应该理解导师，好好沟通，总可以找到解决的办法的。人和人之间的相处是可以沟通协调的。并且任何时候考虑问题，都不应该只从自己的角度出发，导师和博士后都应该做到这一点，才能和谐愉快地相处。

王红旗：我非常赞同。因为导师一方面是站在工作方面讲。另一方面男导师因性别心理差异，在观念上有一种你都是博士后了，应该绝对地把事业放在第一位，而看轻了女性生育的本质意义。也许某种情况下真诚沟通是可以协调的。但是在当下社会职场，这种传统性别观念很普遍，成为一种性别歧视的集体“无意识”，可以说导致了高知女性生命价值实现全面发展的多种障碍。你提出了一个至关重要的女性问题。现在的年轻男导师性别平等意识会更强一些。这是一个很大的进步。

曾　洋：我就是在攻读博士期间生的小孩儿，说实话那会儿我的导师也会有一些不开心，毕竟我不能全心全意工作了。我生孩子的时间刚好在暑假，利用暑假来做月子，开学后仅休息了一个多月就开始上班了。为了照顾小孩儿也不耽误工作，我在离学校最近的地方租了房子。然后我开始疯狂做实验，拼命想要把之前耽误的时间补回来，真的是不分白天黑夜。并且我一直坚持母乳喂养，有的时候实验做到中间先停一下，赶紧回家给孩子喂奶，不到半个小时又回到实验室开始实验。后来，我用一年多的时间做出了两篇 SCI 论文的工作，顺利拿到了博士学位，也得到了导师的认可。你跟导师相处的话，他会记得你都做了什么，会看在眼里的。

王红旗：你这样兼顾自己的科研与哺育孩子的方式，获得了鱼与熊掌得兼的成果，其中付出的辛劳只有自己知道，那是因为你对事业、家庭与孩子深切的爱与责任。你把来自多方面的压力转化为内在动力的自觉勇气，更多激发出自己的潜在智慧，这种形而上的人生态度，导师可能内心非常认可。

曾　洋：对。只要我自己做好了，导师肯定也会认可的，这是相互的，而且我们也要理解导师的压力。我博士后时合作的导师比较年轻，他的职业压力很大，我也能理解。所以我也拼命工作，希望在站期间，可以为我们的团队多做一些贡献。

于玉蓉：工作这么忙，你怎么协调工作和家庭的关系？

曾　洋：我有一个很给力的婆婆。我婆婆特别善良，小孩儿主要是她照顾，我跟婆婆相处得特别好。对于家庭我一点也不肯放松，家里有什么需要，维持家庭的正常运转，我都需要去操心。因为现在我老公是律师，换工作后上班很远，工作特别忙，周末往往也只能看见他的背影，几乎一直在电脑前工作。整个家庭平时要买什么，我婆婆生病了，小孩儿哪儿有问题，我都得操心。不过，我老公也很积极为家庭付出，也很理解我的辛苦，只要他有时间，常常会帮着一起处理家里很多事情，会花时间陪宝宝玩。

这怎么平衡呢？我住的地方，尽可能离我的工作单位近，这样我可以一边工作一边照顾家庭。我现在就住在清华学校里面的博士后公寓，比较方便。我原本是学临床医学专业的，但是我不想做医生，一个很大的原因就是医生的时间被限制得太死，很不自由。做医生的话，可能每天早上 7 点就得上班查房，还经常会值夜班。我选择做科研，我的时间很自由，早上可以腾出时间带孩子去打预防针、去看牙医，可以带着他奶奶去看病，那么工作可以顺应地推迟到下午和晚上做，只要不耽误应该做的事情，有的时候晚上会工作到晚上 12 点以后。我觉得生活还蛮充实的，各方面都能够照顾到，每天也总会有一点时间陪陪小孩儿，跟小孩儿玩一会儿，虽然陪小孩儿的时间非常有限。

王红旗：从你身上，我看到了一个现代与传统观念融为一体的真实自我。现实中有好多高知女性埋怨自己的社会生活环境，其实关键是你在这个环境里，能否准确找到自己的位置，无论男女生活成什么样的人际关系与环境，都是自己创造出来的，因为人在某种程度上也是可以改变环境的。有些女性总是说没有时间教育孩子，没有时间管理家庭。但是只要你真把它放在心上，作为你人生理想的目标信仰，有时就会激发出连你自己都惊讶的潜能与智慧。对于所有你想做的事都是如此。

曾　洋：可能我自己的性格比较乐观。

王红旗：人生是一种经历，拥有勇于主动担当、积极乐观的态度很重要。

曾　洋：我不太抱怨，当然有的时候也会抱怨一下，导师怎么总是施加压力什么的。不过我总会以乐观积极的态度去处理，处理好了，自己也会觉得开心。我就是要活得开心，我不要每天活得那么压抑，抱怨科研辛苦，抱怨生活不如意，那些都是没有用的。当然在本职岗位上，我一定要把事情做好，这是肯定的。其实我的本职岗位有很多，在家里是小孩儿的妈妈、丈夫的妻子、婆婆的媳妇，在单位是一名研究人员，各个方面尽可能做好，也不会有什么遗憾。王老师说得很对，人生是一种经历，我觉得各个阶段的经历我都尽可能把它经历得更丰富多彩一些。这也是我去参加北京博士后拉丁舞队的原因。我从小就比较喜欢唱歌跳舞，对这方面的兴趣比较强烈。

于玉蓉：曾洋唱歌可以说达到了专业水平，尤其是唱王菲的歌，特别好听。她本科时代还曾荣获西安交通大学校园歌手奖项。

曾　洋：西安市有一个校园歌手大赛，学校的初选赛我是第一名，到市里去比赛是第三名。我当时还参加了学校的健美操协会，是健美操的领操员。那会儿真是年轻啊，精力非常充沛。（笑）

王红旗：唱歌、跳舞，艺术的确能够让人愉悦、陶冶情操、修养身心。

曾　洋：唱歌还 OK 了，拉丁舞完全是一个陌生的领域，我希望去尝试一下。还有一个原因是我生完小孩儿以后就一直忙，没有时间锻炼身体，身体素质差了一些，我觉得跳拉丁舞可以锻炼身体。为了让自己坚持锻炼，我主动参与拉丁舞队的组织工作，让自己参与感更强，责任心更强，更可以把这个爱好一直发展下去；但是没有想到队里工作量特别大，尤其是元旦晚会排练期间，当时我感觉好像科研成了副业，拉丁舞成了主业了。拉丁舞队的队长戴凌龙也是清华大学博士后，各方面都非常优秀，现在已出站留在清华任教了。他是一个非常细心和领导能力特别强的人，拉丁舞队也办得有声有色，这个集体很有凝聚力。我虽然科研很忙，也一直坚持参加拉丁舞队，不仅学会了跳拉丁舞，现在身体素质比以前也好多了。因为工作本身很忙，如果不锻炼身体，没有强健的体魄真的不行。在拉丁舞队，我认识了很多各行各业的博士后，特别是女博士后，大家都朝气蓬勃，神采奕奕，一点都不像外人描述的死气沉沉、呆板迂腐的形象。现在我各方面都还比较满意，科研很努力地去做，看年底或者是明年什么时候能不能再出一些成果。

最后，非常感谢今天有这个机会跟王红旗老师和各位优秀的女博士后一起探讨，我获益匪浅。女博士后是很有特色的一个群体，我们有我们的精彩，有跟常人一样的喜怒哀乐，都为了活出最真实的自己在努力着。就我个人而言，我尽量协调好家庭、工作、孩子，博士后这两年可能会是我人生里面最辛苦的两年，但是我一定会为这种充实喝彩，我会努力让自己的生活更有意义。生活中难免会遇到困惑，希望还可以有机会跟大家一起讨论工作和生活中的点点滴滴。

向晶博士：博士后社保问题需要关注

于玉蓉：感谢曾洋博士的精彩分享，她聪颖、活泼、多才多艺，最重要的是那份乐观的心态很有感染力，是一个非常有代表性的个案。下面有请中国社会科学院的向晶博士从群体的层面谈一下女性博士后的生存状况。

向　晶（中国社会科学院）：我们最近刚好在做关于博士后社保问题的研究。这个课题旨在了解：目前博士后的社保缺失的程度到底有多大，应该如何保障博士后群体，为他们提供怎样的社保服务体系。

我简单介绍一下关于博士后的社保的情况。首先，这里面所有的数据是根据我们社科院的数据统计而得。其次，具体有两个，第一个就是从年龄来看的话，我们现在博士后的平均年龄可能比以前会趋于年轻化一些，因为以前都是已经工作的人进入博士后工作站。按照目前的统计，平均年龄大概是 32.19 岁。另外，我们发现女性的平均年龄比男性还小，这是因为很多博士毕业就直接进入博士后阶段，而且这个比例也是女性高于男性，博士毕业就进入博士后阶段的女性，比例大概是 60%，而男性大概只有 30% 的比例。

这和另一个问题是相关的。正因为她们都是毕业之后直接进入博士后阶段，所以大龄“剩女”在这个科研单位里的比重也是突出的。从调查可以看到：未婚的博士后里面，女性的比例大概是 63%，而男性是 36%，而且未婚的女博士后的平均年龄大概会比男性高一些，女性的平均年龄在 32，而男性约为 30。

现在看一下这个社保的基本情况，因为我们博士后制度到现在为止，设立差不多 30 年了，大部分人都是以脱产方式来进行博士后研究工作的，但是在目前接近 98% 的人是没有社保的，大概有 67% 的人认为，这种状况对自己的工作和生活产生严重的影响，女性对承担风险的那种感知程度比男性略高。在男性群体里面，认为对他们科研造成影响的大概是超过 56% 的人，但是女性这一比例接近 80%，即 80% 的这些没有社保的女性，都会认为社保的缺失对自己的安全感有影响。

于玉蓉：有的学校也是有一定的社保的。

向　晶：问题就在这儿，我们想想看，哪些学校有，哪些学校没有，哪些机构有，哪些机构没有，如果说要把你们这些人补齐的话，我们参照的水平该怎么样，像正常职工还是以城镇职工，这是我们调查研究的内容。从我们这个调查数据里面看，医保是非常重要的一块，如果生病你就得自费。我们做博士后，好像也没有正常的途径参加医疗保险，还没有政策去引导说，你可以通过商业保险的途径来购买这种医保，好像政策上也不支持，相当于这两年里面，这个社保是空缺的。

尤其在北京，住房确实也是一个问题，但博士后基本上没有住房公积金，而我们国家规定住房公积金缴满一年才可以申请住房贷款，所以对于这些博士后而言，被调查的这些人里面，你会发现住房公积金也被认为是很重要的问题，就是排名第一是医保，第二个是住房公积金。我们再对比一下，就是对于这个保险的覆盖范围，男性要求如果有三险一金就觉得不错了，也差不多了，觉得基本上覆盖了这个需求，而女性基本上会认为五险一金最好都有，因为女性涉及生育的问题，并且就业中存在明显的性别歧视，所以生育险和失业险也很重要。

王红旗：的确生育险和失业险很重要。因为女性的就业比男性要难很多，第二次就业更是很难，因为你有了家庭，有了孩子。在这样一个以经济利益为核心的环境下，企业机构的利益成本核算决定了女性的不利地位。这不仅是观念问题，也是有关部门必须思考的政策问题。

向　晶：是。所以就是从保险需求角度来看这个问题。因为博士后的经费是有限的，收入可能跟正常职工相比略有差异，所以在关于社保的这个缴费的状况里面，我大概统计了一下，67% 的人认为，每个月可以缴费的部分最好不要超过 500 元。而且这些人他们还关心一个问题是我们这个社保该如何衔接，超过 97% 的人非常关注这个问题。

王红旗：这就是政策的缺漏，在人才流动速度不断加快的情况下，社保衔接关系到基本生存与尊严的问题，一定要通过提案、报告引起官方的重视，才能有所改善。

向　晶：对。不应出现在全国大社保的范围内，还有高知人员居然没有社保的情况。尤其关注女性博士后。从总的情况来看，整个的博士后队伍在扩大，而且其中女性博士后的比例增长幅度更大，然后她们普遍会感受到工作压力的存在；因为你要争取留在所里面，所有东西都得自费，而且在博士后这段时间，你的收入本身不是很高，所以尽量缩减自己的开支，这个心理压力会比较大。尤其是未婚女青年的比例是比较高的，她并不依赖于谁，高知女性是把自己视为完全独立的人，从经济负担上也不太希望依附于谁，这就难免会压缩自己的空间，所以我觉得值得关注。

季仙华博士：女博士后科研工作现状问题

于玉蓉：向晶博士让我们了解到社科院目前正在开展的这项非常有建设性、有意义的项目的最新进展情况。下面有请中央财经大学的季仙华博士谈一下她个人对女博士后科研工作状况的看法。

季仙华（中央财经大学）：我今天主要从如下四个方面来谈一谈自己的看法。

其一，博士后研究经费相对短缺。按规定，博士后研究人员有5万元/年的研究经费，但博士后们缺少独立的、由自己支配的、从事自己感兴趣的研究的科研经费。

其二，中国女博士后面临的问题。自我国设立博士后制度以来，越来越多的女性加入这个队伍中来。但有很多女博士后面临着成家和就业的双重问题，俗话说："有家才有业。"只有家庭幸福了，事业才能更圆满，才能更专注地投入博士后科研工作中去。目前，一些女博士后普遍反映的问题，都是找对象难和就业难的问题。由于还没有结婚生子，很多单位对女博士后也出现了一些歧视，担心女博士后入职后，又要结婚生子，在生孩子期间要花费一定的时间，会影响工作，干脆就不招女博士后；也有一些男士认为女博士后学究气太浓，缺乏女人味，因此给女博士后封上一个"灭绝师太"的称号。面对此现象，很多女博士后也感到很无奈。

其三，女博士后具有很强的综合能力。为了丰富女博士后的科研生活，我们组织了一些科研外的学术交流和文体活动。比如，2012 年我们成立了博士后拉丁舞团、博士后合唱团，定期举办了学术交流沙龙与郊游等，丰富女博士后科研以外的生活，充分发挥和展现每个女博士后各方面的综合能力。我曾经做过一些调查，社会上有很多人都评价女博士后是“老学究”，缺乏“女人味”，不了解女博士后的人不知道，其实并不是这样，女博士后不仅学术做得好，其个人的综合能力也是非常强的，是一个很优秀的女性高知群体。

其四，对未来女博士后科研工作的政策性建议。第一，对女博士后多一些了解和认识。希望社会有更多的人群能够关注和理解这个女性群体，在工作和生活上对女博士后更多一些包容与理解，让女博士后不再受到社会的歧视，在 2013 年 4 月进行的第二十四届北京博士后联谊会选举中，最终竞选成功的领导层中，女博士后就占据一半的数量，这也表明了女博士后的综合能力，俗话说：“女人能顶半边天。”这句俗话是有一定道理的。第二，女博士后是构建国家人才战略的资源之一。国家人才战略中，女博士后是其中的一部分，要实现人才的优化更新和国际化离不开女博士后。在已经出站的女博士后中，既有活跃在学术界的精英，她们有的已经是院士或长江学者等国家高级人才；也有商界和政界的精英，有的政府高层女领导也有过博士后经历，我国综合国力的提升离不开女博士后。第三，给予女博士后一些政策性支持。女博士后不仅要从事科研工作，还承担着生儿育女的责任和压力，这也是男人体会和承受不到的痛苦，而且很多女博士后是高龄产妇，所以在自身能力和就业上就更不能用歧视的眼光来看待这个高知女性群体。

王红旗：你归纳得很好。女博士后在就业上确实面临更大的压力。从根本上说，是一个女性知识分子的双重压力问题。

季仙华：是的。女博士后大部分面临成家和就业的双重问题，今年 7 月在北京举办了一场全国博士后人才引荐会，很多去找工作的博士后，也谈到了这个问题，即就业歧视。

王红旗：这种歧视的政策要引起关注，我们合起来将来做一份提案，通过我们的女委员把这个问题递交给“两会”，给中央的决策层参考和建议。这是我们做这个课题的价值。

季仙华：未来的发展都是不确定的，不能量化你现在是什么样的情况，你未来就是什么状况，风物长宜放眼量。最后还是说几点建言：第一，给予女博士后高龄生育补贴和生育假期。女博士后高龄生育其产假比一般产假可以稍长一点，因为女人年龄越大，生孩子承担的风险越大，高龄产妇本身就有危险。第二，科研奖励。适当地给一点科研上的奖励，女博士后有一些困难和男性不一样，有科研经费奖励会使她们有更大精力更好地投入搞科研工作中去。第三，给予就业政策上的支持。这几点也是我希望社会共同关注的问题。

希望女博士后都能够在社会上实现自己的才华和找到自己的位置，实现自己的价值，非常感谢中国网给我这个机会能与在座的各位这么优秀的女博士后一起交流和探讨。

徐平博士：绚烂之极终归于平淡

于玉蓉：正如季仙华所说，无论是在学界、政界还是商界，都能看到已出站的女性博士后们的靓丽身影，她们都在各自的工作岗位上发挥了自己的聪明才智，做出了卓越的贡献，为我们做出了很好的榜样。最后一位发言者是来自中共中央党校的徐平博士。徐平是我在社科院读博时的同学，非常有才华，她的专业是中国哲学，或许能从哲学的高度带给我们更深入的思考。

徐　平（中共中央党校）：社会上各行各业，有人从政有人从商，然后有人做学问，我们博士后就是做科研，做学问。《左传》里面有一句话，它说“太上有立德，其次立功，其次立言”。立德就是做人，立功就是做事业，立言就是要有真知灼见的言论，也可以把它理解为学问。牟宗三是一个贯通中西的哲学家，他说他一直在旁观历史，为什么？因为他没有参与历史，去从政，去从商，从他这个狭义的角度来讲他只是写文章、做学问，成为一代大哲。历史上把学问和事业结合到一起，做得最好的应该是王阳明和曾国藩，把学问真正在事业上体现出来。

那么我们博士后处在科研的顶端，我觉得以这个学问作为事业，应该是一种幸运。《师说》里面有一句话叫作“术业有专攻”，就像曾洋做干细胞方面的研究，仙华做财经方面的研究，向晶做经济方面的研究，玉蓉做文学方面的研究，每一个人都特别专业，而且学问越高，学历越高，研究的对象越窄，越专业，这就是术业有专攻，这意味着你在这个社会上以此可以立业了，我觉得这就挺好。术业有专攻还不行，《庄子》有一个寓言叫“庖丁解牛”，“庖丁解牛”里面有一句话叫“近乎技者，道也”，我们掌握的是技，还要再往上走那就是道，道就是王老师提到的，人身上都有人还有神，神其实就是天人合一，就是一种融合。我昨天见一个画山水的画家，我问他画山水的最高境界是什么，他说他画的最高境界是他忘了自己，有人支配他的手来画，激发了他个人的潜能，没有什么神秘性，就是潜能达到了，就像庖丁手里那把刀一样游刃有余。我很希望我的专业也能做到这个程度，但是我悟性有限，很难达到。

达到一定高度还不行，到了道也不行，还要落下来，儒家讲究“极高明而道中庸”，别觉得自己很牛，为什么呢？庄子《齐物论》里面还有一个典故叫作“昭文之古琴”，他说他古琴最好也只能成全一个音，其他的音他成全不了，所以“有成与亏，故昭示之鼓琴也，无成与亏，昭氏之不鼓琴也”；因为任何事情都是利弊互见，有其优就有其劣，你成就一个事情，成就了你的专业，可能其他方面就比别人稍微逊色了一点，所以没有什么牛的，你的心态应该是平和的。我们在社会上看到很多女性觉得自己很牛，那都没用，都是外在的，大家都是普通人，我就是一个普通女人，没什么特别的，因为社会太复杂了，你只是在社会这个网络当中一个小点，有的时候你一定要顺从于整个大的客观形势，你自己一个“主观的牛”没有用，要顺应它，你才能把你应该做的事情做好。

于玉蓉：不能孤芳自赏，不用妄自菲薄，不要活在别人的眼睛里。

王红旗：这个是中国传统女性的最可怕的缺陷。因为男尊女卑、男强女弱的封建男权传统，把女性人格压抑到异化或者扭曲。在无意识状态下，可能会变成像男性那样以自我为中心，或者不相信自己，或者以男性要求女性的标准来要求自己，等等，唯独不是那个自己真正想成为的自己。从哲学角度看，是“内我”与“外我”的心理分裂症。徐平从中国经典哲学角度分析得很精辟透彻，即使儒道先哲也很注重修心养性。尤其高知女性，无论从事什么专业研究，都从“中和”“坐忘”的“入境”里汲取其精神养分。我个人最喜欢庄子的以出世之心做入世之事，这样可以心气和平超越世俗羁绊。

徐　平：这个状态其实就是一个是中和态。我看人，第一看眼神，第二看气场，看女人跟欣赏一幅画一样，跟五官没啥关系。另外还有一个就是看修为，我觉得女人的美，美在修为上面，只有智慧还不行，修养也很关键，你可以很聪明，有的人智商特别高，但是你不能说她有修为。

再谈一点，就是女博士后的婚恋角度。《易经》里面有一句话，“一阴一阳谓之道”，所以作为自然规律一定是雌雄结合，男女结合，要有婚姻，要有家庭，这也是雄霸中国传统社会2000多年的儒家思想主张的，讲究“家国同构”，一定要保持家庭的稳定，一步一步走过来，“修身、齐家、治国、平天下”。在当下的男权社会里，这个“一阴一阳谓之道”情况之下组成家庭，女人是一个什么样的角色呢，我觉得在理论上讲，女人一定要柔顺，《道德经》里有句话叫作“柔弱胜刚强”，女人如水，“水善利万物而不争”，“弱者道之用”，女人通过示弱辅助丈夫的事业，维持和经营好家庭。

王红旗：也许某些时候女性需要示弱，某些时候需要刚强。尤其在当代社会竞争激烈的环境下，女性“刚柔并济”才是生存发展之道。对于日常生活的非原则问题，女性以爱心的包容、示弱营造温馨氛围，当然是一种智慧。

于玉蓉：让整个家庭有一个合力。

徐　平：对，我看到一些例子之后，总觉得有一些特别压箱底的话。我在读研究生的时候，有一个女硕导，她的婚姻生活特别不幸福，但是她说的话可有道理了，毕业的时候跟我们说，你们一定记住我的一句话：就是女人一定要学会示弱，往往一示弱问题就解决了。此外，女人要精神独立、经济独立，万不得已的情况下可以回到自己的王国里。我嫁给我自己，我保持我的独立性，我可以非常美，塑造完美的生命本质。女人活出自己这一面就涉及女性的自由，这个自由绝对不是说我毫无顾忌的自由，自由是一种责任，是一种限度，人之为人，能够成为人，一定有一个责任和约束力在；所以孔子讲“随心所欲不逾矩”，这个随心所欲恰恰是责任和一定限度之内的；所以自由的前提是责任，有了责任之后你的自由可以无限大。

社会上诱惑很多，大家可能只做科研，大多时间在校园里。一个女人一定要尝试走出校园，校园不是社会，只是半个社会，社会太复杂了，但是也挺好玩，进去之后你会发现诱惑很多，这个时候应该怎么办呢？我觉得，女人应该对自己下手狠一点，这个狠一点说的不是宋丹丹的那个买貂绒的狠，这个狠是要灭掉很多欲望，把这个欲望灭掉你才安全。我们看到很多刑事案件，就是因为女性没有警惕性，没有敬畏感。安全第一，安全比什么都重要，你的身体安全，心灵安全，你的周围一切都是安全的，没有那么多操心事，我觉得就挺好的，我说的自由是在责任之下的自由。

然后我谈谈女博士后的自尊、自重和自爱，最近我在外面谈事情的时候，形成一个观点，你不要把我当女人，不当女人不是说我弱或者是强，而是希望跟你超越性别，不希望跟男人之间有暧昧。这个时候他反而特别尊重你，而且他越尊重你事越好谈下来。

比如说你做科研，不需要进入社会的。但是只要一进入社会，你接触的人就会特别多，这时候，要极其成熟和理智才能安全。

于玉蓉：我稍微加一句背景介绍，徐平博士不但学问做得好，并且社会参与度很高，非常出众，今年的“博士后趣味运动会”她也拉了赞助。阅历和经验比我们这些单纯待在校园里的要丰富得多。

徐　平：宗白华先生曾提炼苏轼的一段话：“绚烂之极而归于平淡。”很多人很光鲜，她穿得好，披金戴银，开着好车……现在很多开好车的人很穷，女人也是的，所以一定不要被他（她）的外表所诱惑，其实平实是最真实的生活。

我再谈谈以一个坚韧的心态来面对世事无常。因为这个世事太无常了，不幸的人有很多，比不幸的人更不幸的人还有很多。我们不知道未来会发生什么，在保证自己安全的情况下，努力往前一步一步走；但是真的无常出现的时候，应该怎么办呢？我觉得应该以一个坚韧的心来面对。比如韩国女总统朴槿惠来北京的时候，我之前不了解她，她说她喜欢中国哲学史，喜欢冯友兰，我就断定这个女人一定在低谷里面待过。为什么？因为但凡喜欢中国哲学，喜欢儒释道的人，他（她）的人生一定经历过绝望。后来我发现她写了一本书叫作《绝望拯救了我》，因为她“三无”——没有父母，没有丈夫，没有孩子，其实作为一个女人来讲是很失败的。她没有这一切，她说她把一切都奉献给国家，她其实就是用一颗坚韧的心来面对这些世事无常。

谁也搞不定无常。不知道大家有没有看过电影《走进非洲》，这个女主角的人生不断起伏变化，也有无常出现，她就总是在坚韧地去面对，因为客观形势她搞定不了，就只能往内心里面向内求，以乐观的心态来面对。女性的坚韧有些时候可能要胜过男性，女性更柔韧，更坚韧，女性撑起的不是半边天，可能是一面天。她以柔韧辅佐男人成就事情的时候，其实她的智慧已经超过了男性。女人包容男性的时候，男性在前锋去打，女性在后面出招——这个出招的女性其实是容纳了刚强，这个智慧是很高的。

我一直崇尚的生活状态叫作清静自在，就是每个人都是入世做人，做事业，大家都在忙活着；可是你能跳出来，在入世和出世的张力当中找到一种平衡，进去了还能出来，这个很牛。为什么能出来呢？因为每个人都是赤条条地来，再赤条条地走，导师告诉我四个字，叫作“一切皆无”。事实就是，我们生活中的每一天，你穿衣服，你吃饭，你带孩子，这些看起来是“有”，其实它不过是一个人的喜怒哀乐、各种感受的结合体。既然这样可以不用执着，放下它，超脱它，然后清静自在。

当然可能每个女人、每个男人都会有一种激情，关于爱情，关于生命的激情，为了这个激情可能努力去追寻，去飞蛾扑火，但是你愿意付出代价，你就可以去做这个飞蛾，你不愿意付出代价就不去成全这个激情，你平静下来，你安全，你清静地活着。你去扑了也行，毕竟有人生中这样一个精彩的经历，才能有更深的体会。我觉得清静自在地活着，无论生活是枪林弹雨还是和风细雨，都可以泰然自若，安然处之。说得挺好，但是做起来可难了。（笑）

结束语

王红旗：结束也是开始。这次论坛完全超过我的预期。大家第一次见面，就像一见如故的好朋友，没有任何的学科、学界、专业之分。我们坐在六楼上却感觉这是很接地气的论坛。每位都谈出了自己的精彩，不仅是专业的，而且是生活的，学术性的，精神层面的。

徐　平：王老师，从我见到你谈到现在，我发现你谈的女性研究真有哲学和美学的高度。你谈女性怎么样追求男女平等，不是简单地讲男女要平等，是在一种互动的制衡当中，为女性争得一种话语权。我觉得你还是有传统文化的情结。

王红旗：对。我们是立足于中国文化母体之上的，我不赞同解构、颠覆，提倡改良、改革、修正。因为，我们离不开这个文化母体如同离不开地球。更重要的是要重新审视、汲取中国古典哲学里人类文化的原初性精神，体现女性生命的价值。

徐　平：对，我觉得非常好。

于玉蓉：我作为女博士后群体的一分子，感谢中国女性研究中心、中国网给我们提供这样一个平台，提供一种话语权。这是一个绿色通道。另外我也作为主办方的一分子感谢各位博士后的到来，感谢各位姐妹对我的支持！

如何铲除滋生“家庭暴力”的文化土壤

家庭暴力在中国有其特殊土壤

代　刚（《中国妇女报》记者，《中国妇女报》新闻网络总裁）：王行娟老师是中国第一家民间妇女组织——北京红枫妇女心理咨询服务中心的创办者。20 世纪 80 年代，她开通了中国第一条妇女热线，也是国内对家庭暴力受虐女性进行心理救助的第一人。她不仅进行实际的救助活动，而且对家庭暴力做过多方面的研究。她希望孩子们的童年和每个家庭的每一个成员内心都充满阳光。

王老师出身于没落的地主家庭，她曾直言：母亲的命运如同她的一双手，她为王家生儿育女，但是她在家庭没有赢得起码的地位和尊重。童年时期的王行娟也成了母亲的出气筒而屡遭暴力。王行娟老师，你从家庭暴力的受害者，到如今向家庭暴力受害者施与援手，耄耋之年不言退，是不是与这段刻骨铭心的童年有关?

王行娟（北京红枫妇女心理咨询服务中心名誉理事长、研究员）：我出身于一个破落的地主家庭，因为我的大母亲长期不生育，所以我父亲娶了我的母亲做妾来传宗接代。我母亲是一个穷人家的孩子，到了王家以后非常压抑。母亲生了好多孩子，活着的就有 7 个。我是中间的一个，既享受不到长子长女的尊重，也没有妹妹弟弟那样受宠爱，在缺失爱的环境下长大。母亲对现状不满不能说，只能用打孩子来发泄她的怨气。我从小就切身体会到，打骂对孩子心灵的伤害是很严重的。从工作岗位上退下来以后，我愿意做一个爱的传播者，对处在困境状态中的人伸出我的手。这就是我带头创办中国第一家民间妇女组织的初衷。

蔡　鑫（首都师范大学社会学与社会工作系副教授）：我对王老师在“反家暴”领域的贡献非常敬佩。我曾经到过王老师的红枫中心，也安排学生去做过志愿者。王老师的红枫中心坚持了20年，几乎从未得到来自政府的资金支持，其中的种种艰辛是可以想象的。

王行娟：我从自己的童年体会到，爱的情绪和情感是人生存的基本心理需要，直接影响到一个人的人格能否健康地成长。最近开展流动家庭每日家教3个10分钟项目，倡导的口号就是“爱哺育出爱，冷漠哺育出冷漠”。现在有的青少年，为了一点小事，就杀父亲、杀母亲、杀同学。这种事情会发生，就是因为他们从小在冷漠的家庭环境中长大，从来没有感受过爱，不知道什么是爱，也不知道要爱生命、爱他人、爱社会。他们只看到人和人关系中的冷漠自私的一面。因此形成偏激型的人格，一切以自我为中心，为了个人的利益、取乐或者寻求刺激，什么都去做，杀人放火什么都敢干。

我们是国内最早研究家庭暴力的组织。从1992年妇女热线开通时起，就对家庭暴力的个案进行单独的统计和分析，1994年对热线的家庭暴力个案进行研究，并且到北京郊区进行农村家庭暴力个案的访谈，写出了调研报告。1995年联合国第四次世界妇女大会在北京召开，红枫中心在这次会上组织了“妇女群体与社会救助”论坛，把家庭暴力作为一个重要的议题。这在当时是一个很前卫的行为。论坛办得很成功，产生了很好的国际影响。从那以后红枫中心一直开展家庭暴力的研究和活动。

这些年来，我们做得最出色的工作，就是将一些国际上最先进的理念、理论和方法，整合到防治家庭暴力的活动中，在天津市创建了在社区防治家庭暴力的全新模型半边天家园。这个模型涵盖了以人为本、性别平等、志愿精神、心理疏导及社会工作的理论和方法，大大地提升了妇女在家庭中的地位和话语权，从而减少了家庭暴力。半边天家园的模型得到了天津市政府的高度认同，把它作为构建天津市和谐社会的新支点，在全市3000多个社区中推广，目前已经实现了全覆盖。

代　刚：红枫中心曾做过一项调查，根据调查的1858份网民答卷显示，有高达54.6%的受调查者遭遇过家庭暴力。暴力形式涵盖所有列项，38.4%的求助者为自己或自己的家人朋友。而选择自己默默忍受不敢大声说出来的竟占57.9%。有统计显示，近四分之一的女性遭遇过家庭暴力，每年约有10万家庭因家庭暴力而分解。我觉得这个数字有点悬，你接触过很多非常具体的受害的案例，你觉得这个四分之一和10万的数字，与实际情况相比是高了还是低了？

王行娟：其实很多妇女是不报案的。找妇联的或者找派出所的，这些才能有统计。特别是在法院，法院起诉离婚的案件中有多少是由家庭暴力引起的，是有统计的。据红枫中心的统计，有 57% 的妇女表示，遭受家庭暴力后不会报案。近几年我多次去日本和韩国出席“国际反家暴”的会议。红枫中心和韩国、日本、菲律宾等国家的非政府组织，共同成立了一个“国际反家暴”网络，每年轮流主持一次交流会，分享大家的经验。应该说，这些国家妇女的地位是相当低的。不要看现在韩国的朴槿惠当了女总统，这不表明韩国妇女的地位有多高，朴槿惠只代表韩国社会中女性精英的一部分，她们是在韩国改革时期兴起的一批精英。

代　刚：朴槿惠是妇女，但不是家庭妇女。

王行娟：对。韩国每年有 35.3% 的女性遭受家庭暴力，日本达到 33.2%。日本在 2011 年家庭暴力的绝对数字是 3 万多起，到 2012 年上升到 4 万多起，增长了 28%。中国是 24.7%，接近四分之一。

代　刚：相对而言，中国女性比她们要独立一些。蔡教授，从你的研究看，女性地位的提高和两性地位的平等，是否会减少家庭暴力？

蔡　鑫：不能一概而论。一方面可以减少因为歧视女性和男权至上文化产生的对女性的暴力，尤其在农村地区；但另一方面，女性地位的崛起和向男性主动权的挑战，也会引发伴侣之间的暴力冲突。这种冲突目前在城市中已经较为普遍了。女性地位提高并不会必然带来伴侣冲突的减少；相反，可能带来伴侣之间冲突的增加，这一点几乎是可以肯定的，但冲突是否一定表现为暴力则不一定。两性越平等，他们越会成为对手而不是伙伴，平等是成为对手的基础。双方价值观念差别越大，则冲突越显著，两性平等恰恰意味着两性观念的冲突可能越来越激烈，越是接近的则越是难以分出高下。只要有冲突发生，暴力的发生就是难免的，这就是西方发达国家仍然无法遏制家庭暴力的原因。

代　刚：我们知道安顿作为中国第一位采访情感隐秘的记者“窥他人隐私”，已经整整 18 年了，在这 18 年中有没有让你记忆深刻的家庭暴力案件。你所接触的跨国婚姻中有没有发生过家庭暴力，你的外国朋友怎么看中国的家庭暴力？

安　顿：我们对欧美、对外国朋友的印象仅局限于印象中，因为我们去的地方不多，接触的外国人不够多，就想当然地认为他们的经济比我们发达，他们有更好的照相机，更先进的计算机，更漂亮更现代化的城市。从所有这些表象看起来我们得出一个可能并不准确的结论，认为他们比我们更文明，实际上在我这么多年的工作当中，我觉得这也是一种偏见——一种带着赞美和仰慕的偏见。

在外国人中有没有家庭暴力，比如说像李阳的婚姻就是很典型的例子，刚才王老师讲到的，他们是一个中国人和一个外国女性的组合。实际上20世纪90年代的时候，在北京这个城市跨国婚姻的数量远远没有今天这么多，那个时候的跨国婚姻通常是中国女性嫁给外国男人比较多，各种肤色的、各种民族的、各种宗教信仰的，但是仍然没有像今天这样平常。90年代的时候，它是占了舆论的两端，一种是被大家所歧视，你看她怎么会嫁一个外国人呢，这是文化差异带来的不理解；还有一种就是她嫁了一个外国人，我们很羡慕，好像她从此去过好日子了。在90年代我有机会采访到很少一部分跨国婚姻，其实也是存在家庭暴力的，他们的暴力方式只不过比我们更先进，可能我们是用茶壶直接砸脑袋，他们可能是用冷落、忽略、语言上的羞辱，包括由于种族和文化所带来的歧视，给你进行一个非常强大的心理暗示，以这种辱骂让你觉得你不如他，特别是在这种婚姻当中的中国女性，其实在心理地位上她们是很低的，在精神上很多人其实很痛苦。90年代的跨国婚姻能维持到21世纪前10年的，我认为并不多，但是我不知道有没有数据的支撑。

我也特别想跟王老师请教，其实情感破裂是有过程的，这是一个漫长的从爱到不爱的过程，一定会发生很多种行为。这种行为，不管是在民政部门还是在司法部门，在离婚的时候我们能问到多深是我不知道的，是我特别想请教你的。因为你有一个热线，可以很深入地了解他们离婚的真正原因，也可以很深入地了解在这个过程当中到底有没有发生家庭暴力；所以我觉得这一部分，应该可以生成一组数据，就是有多少人是因为家庭暴力离婚。还有一个比例，有一个数据之后还能算出一个比例，比例的分母部分是怎么来的，这个是我们要关心的。比如说在日本、在韩国，据我所知日本女性的就业率也是很高的，她们受教育程度也是很高的，这33%多的比例是以什么为基础的？

王行娟：日本政府下面有一个女性委员会，每三年要进行一次全国性的调查，所以它的数字应该是准确的。统计的数字只是统计报案的，其中包括跨国婚姻中的家庭暴力，特别是从越南和中国嫁到日本和韩国去的受虐妇女，她们在庇护所中的比例占到了一半。韩国还专门建了一个新娘收容所，帮助嫁到韩国去的挨打的越南的和中国的受虐妇女。它反映了很多跨国婚姻不是很幸福，她们以为那边的经济发达，生活会过得很好，实际上她们在那里真的是举目无亲，生活得并不好，就是这么一种状况。

安　顿：其实在20世纪90年代的时候我采访过一部分跨国婚姻的个案，每个人在接受这种采访的时候都会比较谨慎，会讲他们的婚姻基础是爱情，但是因为口述的过程很长，偶尔可以从里面生成一部分推断，当然这个推断是无法证实的。比如说，可以推断出其中夫妻双方在精神地位方面的一些不平等。从这些个案中有时候可以感觉到，有些中国人对外国人带着仰慕的偏见，比如可能由于经济发展水平的不同、文化传承的不同和价值判断方式的不同，让有些人先天地认为他们比我们更有优越感。这种偏见在一些个案中决定了一种认识，认为跨国婚姻比普通的两个北京人或者两个中国人的结合，可能更容易使其中的一方脱贫。在90年代的时候，因为存在一些这样的偏见，使得一些跨国婚姻中的中国女性产生了心理上的落差，简单说就是有一部分女性带着爱情之外的物质需求，“跪着”嫁出去。想象一下，一名女性“跪着”嫁出去，之后在婚姻中怎么站起来？这种状况，从20世纪90年代开始的很长一段时间里，集中出现在我采访的跨国婚姻案例中。

受虐女性首先要走出自我束缚

代　刚：家庭暴力是恶魔。它严重侵害了妇女的基本人权与个体尊严，它既根植于性别不平等的文化和体制，同时又加重了性别的不平等，对妇女的健康与发展，对家庭的幸福与安康，对社会的和谐与稳定都构成了严重危害。如若生活中出现了家庭暴力，需要社会对受害者进行关怀救助，而受害者也需要通过自身的努力来改变这一切。王红旗老师，你长期从事女性文化研究，中国女性文化研究中心也有10多年历史了，你认为中国家庭暴力是传统文化的体现，还是具有时代性？

王红旗：“反家暴”在很多人看来是一个很边缘的问题。在我看来，对女性现实生存、心理状态而言，是一个非常重要的问题。如果这个问题不解决，对真正的女性独立自主、心理健康，以及儿童成长、生活的幸福指数的影响真是难以预料的，可以说是灾难性的。

据我了解，在改革开放初期的时候，人们是不愿意说这个事的，说出来别人会笑话，宁肯忍受家庭暴力，也不去向外人说出自己所受的屈辱。到了20世纪90年代，热线开始的时候，还是有一些人不敢说出来。因为，无论是农村还是城市的女性，大都认可“家丑不可外扬”的传统观念。甚至有些女性因长期遭受家庭暴力而失去反抗的能力，认为自己就应该挨打受气。2012年李阳的妻子遭受家庭暴力，敢于借助各种媒体维护自己的权利，得到全社会的支持。这种勇气与胆量产生于强大的内在自我。这当然是和女性的社会地位、经济独立分不开的，也是和女性的自我主体觉醒分不开的。

现在都市里的家庭暴力，形式越来越多样，而且越来越隐秘。“反家暴”如何根据新时期家庭夫妻关系出现的现实问题由表及里地深入下去？研究不同形式的家暴，对女性肉体与心理不同程度的伤害，总结经验、探究切实有效的疗救措施成为当务之急。从某一方面讲，“反家暴”的社会力量也在慢慢强大，民间组织机构也多了起来，高校、妇联也都在进一步联合推进。在这些方面，王行娟老师做了大量的研究工作，以及救助帮扶等具体实践。

代　刚：蔡教授对家庭暴力做了大量的研究，家庭暴力到底是心理原因还是生理原因？

蔡　鑫：关于家庭暴力的发生原因，实在是非常复杂，仅靠某一种理论难以解释。嘉宾们都有了非常精彩的评论。目前在全世界范围内，恐怕还没有哪个国家完全消除了家庭暴力。家庭暴力的研究主要有三个研究角度，分别是心理学、社会学和女性主义观点。家庭暴力是一种复杂的社会现象，每一种理论都在其各自领域内具备优势和解释力，但毕竟也有局限，用哪一种理论来解释和研究家庭暴力显然都是不够的。

代　刚：梁景和教授主要从事中国近代社会文化史和思想史的教学与科研工作，梁教授专著《近代中国陋俗文化嬗变研究》获北京市第六届哲学社会科学优秀成果二等奖。在你的眼中近代中国的陋俗都有哪些，如果一定要给这些陋俗排序的话，家庭暴力在你的眼中应该在什么位置？

梁景和：我也没有排过这个序，也不好排这个序。家暴确实是一个很严重的社会问题。我个人理解，家暴是不是可以分为广义和狭义两个概念，广义的家暴就是对家人实施的一种肉体上或者精神上的有形或无形的伤害和折磨。

我们现在谈的家暴，更关注的是女性被家暴，这是个重要的社会和家庭问题，可以看成是个狭义的家暴。平辈对平辈的家暴，长辈对晚辈的家暴，晚辈对长辈的家暴，都属于广义范畴的家暴。具体说到平辈之间的家暴、有夫对妻的家暴、妻对夫的家暴、兄对弟的家暴、弟对兄的家暴，等等。长辈对晚辈的家暴有父对子的家暴、母对子的家暴，等等。晚辈对长辈的家暴有子对父的家暴、子对母的家暴，从广义上来讲，这都应当是家暴的范围。那么历史上家暴在陋俗当中的位置，我们不能说婚姻中的“父母之命、媒妁之言”是第一陋俗，女性中的“女子无才便是德”是第二陋俗，家暴是第三陋俗等等，不能这么排序。但是家暴在历史上就存在，今天的家暴是一个很重要的历史问题，也是一个很重要的现实生活问题。

代　刚：我个人理解，在我们探讨社会环境、法制环境的同时，对家庭暴力的受害者来讲，最重要是要让她内心强大。

王行娟：这就是刚才红旗说的，很多妇女受到传统观念的束缚，就是在家从父、出嫁从夫、夫死从子，这种“三从四德”的封建伦理观点，束缚着妇女的头脑，一些妇女认同了这个观念：天字出头夫为大，夫把天都捅破了，他在家里就应该说一是一，自己应该服从他。传统的观念使一些妇女具有弱者的心态，既软弱又依赖，觉得离开男人就活不了。

王红旗：主要是这些女性心理上的依赖性，或者是男权文化对女性、夫妻日常生活观念的异化。被家暴的女性并非都是为了保住家，有两个极端的情况非常值得关注：其一，被家暴的女性对施暴者恐惧到从“不敢说不”到“不会说不”，她作为弱者离开这个家就无法生存，因此施暴者就更加肆无忌惮；其二，被家暴的女性的反抗，并不是诉诸法律，而是与施暴者直接对抗，施暴者会更丧心病狂，以更暴力的手段使受暴女性致伤、致残，甚至致命。

曾有调查者说，因为对惩治家暴的施暴者没有明确法律规定的实施细则，受害女性投诉无门，施暴者还声称打的就是反抗者。而反抗者有时也会“以暴制暴”“以恶制恶”，为维护自己的权益而触犯法律，甚至走极端，杀夫却被判重刑。2013 年 3 月全国“两会”期间，全国政协委员张抗抗向最高人民法院、最高人民检察院提交了《扭转对家庭暴力受虐妇女以暴制暴杀夫案的重刑现象的提案》，从提案列举的案例看来，受家暴女性“以暴制暴”的杀夫案有增无减。毫无疑问，家暴使人性扭曲，使人性的恶膨胀。因此，让女性心理强大、学会用法律手段保护自己就显得尤为重要。

王行娟：很多受虐妇女把家作为人生的归宿，为了维持这个家，挨了打也要忍辱负重、委曲求全；所以要让受虐妇女离开家庭暴力的环境，不受暴力的侵害，最重要的一点就是红旗说的，一定要让她内心强大起来。让她认识到自己是一个独立的人，能够养活自己，没有男人、没有家也能活得很好；单亲家庭也是一种家的形式。我们的工作是要消除家庭暴力，不能仅停留在没有暴力上，而是要促进人的成长，实现性别的平等，成为一个真正的“大写”的人。

梁景和：王行娟老师这段解释非常好，就是说要心理强大，心理强大是一个什么概念，我想还是观念的问题，观念改变了，心理就强大起来了。我认为，还是要从传统文化观念怎样向现代文化观念过渡出发。由于妇女受传统文化的束缚，有很多固有的传统观念，所谓的心理强大其实就是要改变和超越传统观念。

代　刚：其实心理强大，首先要突破心理认同。无论男女，从一出生就“男女有别”了，生了一个男孩儿就说他们家生了大胖小子，生了个女孩儿就说生了个小丫头，这已经是两个不同的感觉了，从语言层面对女性进行暗示，从而形成了女性自我的一种心理暗示。

梁景和：其实中国传统文化有它的精华，也有它的糟粕。中国的文化精英们对中国文化有自己的认识，特别是对中国传统的阳刚阴柔的男权文化，就有新的认识。明末清初已经有人批判过中国的男权文化。随着社会的进步，特别是到了近代以后，对男权文化的批判相当多。比如康有为，他说中国文化使妇女被抑之、制之、愚之、闭之、囚之、系之，中国文化对待妇女是一个什么方式呢，就是使妇女受压抑、受制裁、受愚昧、受封闭、受囚禁，这样一种文化让女性变成了什么呢？康有为说“为囚”“为刑”“为奴”“为玩具”。所以康有为最后得出结论，说这实在是天下最不公不平之事。为什么呢？把女人都变成奴隶，变成工具，变成玩物，变成花瓶，变成摆设，当然不公平。那么近代谈论这个问题是不是为了解放妇女呢，这是值得思考的，当然你不能排斥，但是我个人认为，他更多的是从国家民族这个角度来谈妇女问题。

每天一小步最后一大步，制度是保障

代　刚：如今的很多女性都在不同的岗位上创造财富，也赢得了社会的肯定，应有的权益也逐渐得到保障。2000 年湖南在全国率先制定反对家庭暴力的地方法规，到今天全国 31 个省市区中的 28 个都已出台相应的地方法律文件，全国性的反对家庭暴力立法已纳入 2013 年全国人大立法预备计划。

请问王行娟老师，从制度层面和政府层面看，立法反对家庭暴力肯定是社会的进步，但是现在还是有很多人认为，家暴是自己的家事，你怎么看这个问题？

王行娟：家庭暴力是一个外来语，它是从国外引进的。过去我们叫夫妻打架，夫妻床头打架床尾和，没有是非、对错之分。刚才梁老师说中国有很长的家庭暴力的历史，但是没有引起社会的重视。1995 年第四次世界妇女大会在中国召开，引进了家庭暴力的概念。中国政府发布了 1995 年到 2000 年的妇女发展纲要，第一次把禁止家庭暴力写进了纲要。2001 年《中华人民共和国婚姻法》修订，把禁止家庭暴力写进了法律，成为法律的概念。2005 年《中华人民共和国妇女权益保障法》修订，再次重申禁止家庭暴力。从 2000 年地方开始立法到推动中央立法，走了近 20 年的历程，应该说发展还是很快的。我们现在最重要的工作是推动家庭暴力专项立法。

这部法律必须是具有可操作性的。比如说举证，要实行举证责任倒置。就是说，妻子提出来，丈夫打她，丈夫说没有，那丈夫要拿出证据来证明没有动过手，举证的责任不完全由原告一方提出，等等这些问题都要解决。

代　刚：梁老师从男女社会地位平等的角度来讲，我们国家有没有哪个朝代相对好一点？

梁景和：男权社会之后的时代，它的底色就是男权，男的压迫女的，这是一直到今天依然存在的一种底色。至于你说哪个朝代好一点，我觉得这都是个案。刚才谈到中国遭受家暴的女性是四分之一，日本是三分之一，这样的数据是怎么生成的？回过头来还是讲这个底色问题，中国的家暴问题不能看轻，其实是一个现在或者未来怎么来逐渐解决的问题。

代　刚：立法，只能说是给予我们以期待的空间，至于什么时候启动相关程序现在还没有定论。2008 年 8 月 6 日，江苏省无锡市原崇安区法院根据受害人陈某的申请签发我国第一道“人身保护令”。该裁定禁止作为丈夫的被申请人许某殴打、威胁妻子陈某，首次在民事诉讼中将人身安全司法保护的触角延伸至家庭内部和案件开庭审理前。王行娟老师，像这个保护令在国外是不是非常普遍？它大概出现在什么时候？

王行娟：全世界大概有 80 多个国家已经制定了专门的防治家庭暴力法律，包括菲律宾、越南这些小国家都有专门的法律，中国到现在还没有。很多国家的防治家庭暴力的法律，都设有人身保护令，妇女遭到家庭暴力以后，可以到派出所或者法院申请人身保护令，禁止施暴者在一定时期内（比如3个月）靠近受虐者，以避免暴力的再次发生。中国至今并没有真正的人身保护令，它的范围只适用于因家庭暴力起诉离婚的过程中，男方继续实施暴力的案例，如果不是离婚，遭到了家庭暴力，是不可以申请的。

代　刚：俗话说家家有本难念的经，就是每家的情况不一样。这个法规出台以后，有没有可操作性，有没有针对性，怎么样能够让这个法律真正庇护到每一个人？

王行娟：所以妇女界都在关注防治家庭暴力法的制定，全国妇联说起草了一个防治家庭暴力法，但是至今没有拿出来，任何人都没有见过。“反家暴法”网络上起草了一个，但是在这个草案中轻罪不入法。事实上80%的妇女挨打受的都是轻微伤，受到轻微伤害后，受虐妇女的上诉连民事自诉法院都不受理，如果80%的受虐妇女被打成轻微伤，法律不保护，这样的法律有什么用呢？红枫中心2012年给全国人大递交的议案，就是关于家庭暴力轻微伤害要入罪的建议。应设立家庭暴力罪，可以有轻罪、有重罪，暴力程度轻的入轻罪，可以判决施暴者在社区服务，接受心理矫治的教育。

代　刚：作为一名知名的媒体人，安顿的工作跨度很大，又是采访社会精英，又是穿梭往来于草根中间，你怎么看待这样一个酝酿中的法规对遏制家庭暴力的社会效果。

安　顿：1995年我开始当记者以后，有遭遇家暴的女性到报社来找记者，通过媒体来找到妇联的求助电话，包括像红枫中心这样的妇女救助热线，还有其他的妇女救助热线，这一部分人已经是遭遇家暴的女性群体当中的先知先觉者，除此之外她们没有更多的方式可以去自我表达。

首先受制于观念，我记得当时采访的时候，不光有红旗老师说到的“打是亲骂是爱、家丑不可外扬”这样的话。有一个我采访过的案例当中的女性告诉我说家是重情不重理的地方，也就是说挨打，被暴力残害，是属于情理之中的。20世纪90年代我遇到过很多案例，案例中的女性大多数有这种心理基础和情感基础，也基于这样的观念。但是21世纪有一个非常巨大的变化，就是互联网的普及。在2002年，我建立了一个个人网站，其中有一个最重要的板块叫作安顿论坛，在这个论坛里面有相当多的女性讲述自己的婚姻故事。在这里每个人都是匿名的，不会有个人隐私的泄露，没人知道她是谁，她可以宣泄，她可以讲她所遭遇的婚姻当中的不幸。

随着互联网的发展，我们开始有了手机，也因此带来了更多的表达和沟通渠道上的变化，开始由论坛发展到博客，又从博客发展到微博，这是一种完全的、全方位的个人面对社会诉说自我的平台。包括李阳的妻子，她最早的发布和求助也是在网络上，她所遭遇的一切引起微博和网友的关注。信息社会的发展，也带来一定层面的女性意识和自我保护意识觉醒，这其实都是非常令人高兴的转变。

去年，北京在新浪平台上线了包括 71 个政府部门官方微博的北京政务微博，其中包括市公安局的微博，有受家暴的女性向平安北京求助。我们说北京人有句话“有困难找民警”，实际上根据 110 出警记录，里面也有很多夫妻吵架最后女性遭遇暴力威胁打 110 求助。110 承诺 24 小时在市民身边，所以这样的求助也是有效的。我觉得这是一个城市、一个国家在进步，我们可能还面临着很多立法方面的缺失，可能还有更多的女性需要有更深入、更自觉的主体意识的唤醒，但是我觉得作为记者，看到这一步一步扎扎实实的可喜的变化，还是很欣慰。

代　刚：社会是进步的，包括我们说的立法预期也是社会进步，王行娟老师多次在不同场合下提议民政部门建立“反家暴”庇护所机制。目前国外的庇护所机制现状是怎么运作的，中国应建立什么样的庇护所才能真正符合中国的国情？

王行娟：庇护所也是一个外来语，是与反家庭暴力的概念同时引进的。1995 年世界妇女大会以后，湖北女企业家张先芬自己遭受过家庭暴力，就带头搞了一个庇护所。她开了一个工厂，就把厂房中的 200 平方米拿出来作为庇护所，受虐妇女来了后，可以在这里吃饭住宿，都不收费。如果她们想工作，可以在她的工厂干活，按劳取酬。这个庇护所办了一年多，来了 1000 多人，最远的来自新疆，但是这个庇护所最终关闭了。原因一是不保密，一些施暴者找上门来吵闹，捣乱；二是社会上有非议，说她这样做是获取廉价劳动力。张先芬受不了，有口难辩，只好把它关掉了。

后来有的地方的妇联、企业家也办过一些庇护所，但是寿命都不长，一个是没有钱，一个是得不到支持。

王红旗：在她的庇护所里有工作可干，有生存的基础和保障，其实这个方法真是挺好的。造成社会舆论偏颇的原因，仍然是人们的观念问题，更重要的是没有得到当地政府的有力支持。

安　顿：在我的采访过程中，常常会有一种很深的感受，就是爱莫能助。所谓爱莫能助是什么呢？每个人都有自己的生活和生存的内在逻辑，包括自我的需求，在20世纪90年代的时候有很多人，我们聊到婚姻或者家暴，我问一个问题："你为什么不离开他？"她会问我离开他之后怎么办，实际上就是娜拉出走之后怎么办。如果娜拉不能生存，她还是要回家，那个时候我发现，对于很多婚姻当中的女性来说，从心理到生理有一种惰性，这个惰性就会一直让她产生不断的自我暗示，让她开始产生恐惧。所以每次聊到最后都会是我和我的受访者两个人一起陷入绝望。

我知道我帮不了她，因为如果是我，我就会走，但是她不是我，这种时候她就会说"因为你不是我，所以你没有办法理解我为什么不走"，我们两个人开始在心理上对抗了。采访通常到这个程度只能是收集一个案例而已，很难对她有真正的帮助作用。王老师在红枫中心工作的过程当中，是不是也有这样的情况呢？

王行娟：是的，我们有很多的无奈。但是并不是无所作为，而是能够给她们很多的帮助。我可能不能给她提供庇护所，但是我可以给她指出并非只有默默忍受暴力这一条路。我会同她一起分析，还有什么方法是过去没有采用过的，还有什么路可以试着走一走，帮助她挖掘她拥有的资源，告诉她可以找什么组织或个人求助。比如说，我们跟众泽妇女法律服务中心主任郭建梅建立了联系，将一些已经下决心要离婚的受虐妇女，转介到她们那里，她们会帮助受虐妇女打官司，脱离暴力环境。我们还可以为受虐妇女提供有用的信息，告诉她可以运用哪些社会资源。

代　刚：可不可以这么理解，红枫中心是受害女性心理上的庇护所，但是还需要有一些真正意义上的受害者能够触摸到的庇护所，因为可能不管是从精力还是从财力各方面有些事情红枫中心还是做不到，有些事情可能需要政府部门来提供一个场所。

王红旗：这只是其中的一个办法。救助受虐妇女是一个很复杂的系统工程，要集合政府的与民间的，甚至全社会的力量。因为社会救助是一个完整的系统。

梁景和： 政府要这么做的话，要建设硬件设施。另外，到了庇护所，能够受教育，请王老师这样的专家给她们上上课。但又不是收容所，庇护所和收容所不一样，她要有事做。我觉得在时间上是要有限制的，不是无限的，是一段时间，它要有多方面的功能，最后达到一个明确的目标。

王行娟： 防治家庭暴力，在全世界都是国家的责任。国家承担防治家庭暴力的责任，一个是用法律保护妇女不受家庭暴力侵害，惩罚施暴者；另一个是设置社会救助支持系统，对已经遭受暴力的妇女给予救助。设立庇护所，是整个社会救助系统中的重要一环。我国 2005 年修订的《中华人民共和国妇女权益保障法》明确提出：公安、民政、司法行政部门及城乡基层群众性自治组织等，应在各自的职责范围内为受害妇女提供救助。2007 年，由妇联牵头 7 个中央部委，包括民政部在内，联合签署了《关于预防和制止家庭暴力的若干意见》，其中提到，民政部门要受理受害人求助，提供庇护和其他必要的临时救助。世界各国的庇护所大部分是政府出资建的，有一部分是国家出一半钱，另一半由民间组织去筹集。

蔡　鑫： 中国这么大一个国家，很难想象中国内地几乎没有真正意义上的女性庇护所，香港人口比北京少得多，类似的女性庇护机构接近 10 家，这就是差距。现在我们的政府有钱了，希望能够更多地关怀这些受难的女性，真正维护社会公义。同时，民间机构需要大力发展，动员全社会力量来做女性服务工作，不能只是指望政府来做。

代　刚： 这个庇护所是一个时间的概念和空间的概念，就是让施暴者有一个反思甚至检讨的余地，让受虐者有一个自强的外力。但是我有一个疑问，在国外有效果非常好的庇护所，那边有批评教育、有警示，对受害者能够提供应有的帮助，有没有可能我们建立的庇护所将矛盾激化了，最后她们的婚姻就不存在了？王行娟老师从你的角度来讲有没有这种比较适合庇护所生存的土壤？

王行娟： 我觉得庇护所作为受虐妇女在走投无路的时候的一个安全的临时栖身之地，是特别需要的。中国法学会有一个调查，女性犯罪案件中，有 40% 是以暴抗暴。在辽宁省，有 50% 女犯致人重伤或死亡，其中 90% 是因长期遭受家庭暴力侵害所致。目前，我们的社会无论是预防还是救助的机制，都不完善，主要是妇联组织和一些民间组织在推动，很零散，形不成完整的社会支持系统。今年 3 月的“两会”上，民政部副部长姜力在全国政协的一次记者招待会上说，民政部决定将救助的范围扩大到儿童和妇女，正在制定救助的制度，而且要在全国各地建立两个中心：一个是儿童保护中心，一个是妇女保护中心，妇女保护中心接收家庭暴力的受虐妇女。这说明国家在行动。

代　刚：联合国秘书长潘基文，在今年“三八”妇女节致辞时说，对妇女的暴力在任何时候都不能接受，不能原谅，不能容忍。潘基文说的三个不能，这也是给我们一个旗帜，我们可以打着他的旗号来呐喊。梁老师也说观念的变化要先于习俗的变化，然后包括有王老师奔走呼吁各界关注，大家做一个预期，什么时候红枫中心的这个机构没有存在的必要，什么时候庇护所这个事我们也没有谈论的必要，我们心目中的大同世界就实现了。

梁景和：现在的目标还是在搞男女平等，怎么才能男女平等，搞到一定程度才发现，只搞男女平等不行。这是个漫长的过程。

代　刚：在相关的法律出台前，有关部门其实可以出台相关的司法解释，从法律实践的层面既能保护受害者，也能对有家庭暴力倾向的人形成震慑。

王行娟：你说得对，应该有一个司法解释，或者是判例，作为各地法院判决的参考或依据。美国就是采用判例法来指导审判，一个判例出来了，以后同样的案件可以参照着进行。我们现在有的地方轻判，有的地方重判，不平衡，就是缺乏一个司法解释。有了统一的尺子，以暴制暴案件的轻刑化，就可能普及全国。

蔡　鑫：关于“反家暴”立法的情况，我完全赞同王行娟老师的观点，现行“反家暴”法律是基本没有什么威力的。我的观点更极端一些，现行法律有不如没有，因为事实上起到了阻碍推出专门“反家暴”立法的效果。现行“反家暴”的《中华人民共和国妇女权益保护法》和地方法规，在司法实践上效果极为有限。王老师都谈到了，一是轻伤不立案，不公诉，受害者还要负担全部举证责任；二是公检法无法可依，打击困难，而法院判决时却可能因为是夫妻关系而从轻判决；这真是非常滑稽，家庭成了暴力免受法律制裁的保护伞。很多立法界人士大概担心出台“反家暴”专门立法会导致家庭混乱、官司横飞，很多人进监狱。这实在是一种想当然的错误想法，按照这个思路，没有《中华人民共和国刑法》世界反而更加和谐？这种观点实在不值一驳。专门法规的出台可以影响和促使社会风气改变，对家暴犯罪产生严正威慑，引导形成真正非暴力的家庭文化。

代　刚：现在最高法偶尔出典型案例，我觉得可能也就具有一定的引导作用，大家可以参考，要不没有必要非要这个典型案例。

王行娟：这反映了立法问题，我们需要制定专门的法律，所以现在一切的重心就是推动立法。

代　刚：每天一小步，最后一大步。希望我们的行动对那些受害者有所帮助，希望如此，最后结果肯定也会如此了。

王行娟：我是充满希望的，国家一天天真的在前进发展，而且我们的推动也不是说都没有效果，还是在发展的。

王红旗：从更深的层面讲，“反家暴”不仅是一个性别平等的问题，更是人格修养、人性美善的问题，一个建构社会的人文生态的问题。因为，当代女性家庭与事业双重角色的沉重负担，社会文化对家庭暴力本质认识的集体无意识，夫妻在家庭生活的重压之下，如购房、买车、福利分房、评职、提拔、考博等，由于性别平等观念的缺失，更容易因情感隔膜、灵魂疏离、无法沟通而导致家庭暴力。

因此，首先，要创建以性别平等为核心的家庭生活伦理关系。从社会、政治、法律、经济、文化结构的深层，来一场男女两性共同参与的、彻底改变男权文化传统婚姻家庭观念的“大变革”。其次，推进立法，建立“反家暴”官方法律救助机制。也就是说，要认识“反家暴”对社会、对女性的迫切性。要不断呼吁政府的、民间的、学术的、学院的、媒体的力量都来参与推进有关“反家暴”的诸项立法。庇护所虽然只是一种救助的方式，但却是最基础、最实际的方式。一开始推进立法很难，但是庇护所的建立可能相对来说会容易实施。

让我们再次感谢王行娟老师！

总结语

代　刚：今年在3月全国“两会”期间，全国政协委员张抗抗向最高人民法院、最高人民检察院提交了《扭转对家庭暴力受虐妇女以暴制暴杀夫案的重刑现象的提案》，提案的核心问题是，对遭遇家庭暴力忍无可忍而杀夫的被告人应依法从轻减轻酌定量刑。这个提案受到社会各界，特别是广大女性研究学者的重视。

6 月 14 日，首都师范大学中国女性文化研究中心与中国网共同举办“第二十五期中国女性文化论坛”，北京红枫妇女心理咨询服务中心创始人王行娟研究员、首都师范大学历史学院梁景和教授、《北京青年报》记者安顿、首都师范大学社会学与社会工作系蔡鑫副教授以及首都师范大学中国女性文化研究中心主任王红旗就“铲除滋生家庭暴力的文化土壤，对家暴受害者建立庇护机制”的论题，家暴产生的文化土壤、我国“反家暴”的发展历程及如何采取措施才能铲除滋生家暴的文化土壤等进行广泛的探讨。

当代中国婚恋热点问题论坛

——一场寻找“爱”与“家”的校园行动

在由首都师范大学和北京市妇联联合举办的“第二届中国女性文化研究基地学术研讨会暨当代中国婚恋热点问题论坛”上，北京市妇联主席赵津芳、首都师范大学党委书记张雪和论坛现场的百名硕士生、博士生学子就个人成长、婚姻爱情等话题进行了贴心交流。美国文心社总社社长施雨、《北京青年报》著名记者安顿、著名青年作家崔曼莉则分别以跨国婚恋面面观、采访北京外来务工女性生存与情感的收获与感悟、女人有一个问题叫作“我是谁”为题，纵论女性面对“爱”与“家”的困惑，并且亮出不同阶层、不同年龄、不同地域的女性所持有的打开幸福之门的“金钥匙”。中国婚姻家庭研究会副会长、中国政法大学教授夏吟兰，全国妇联《妇女研究论丛》杂志副主编姜秀花，对诸位作家的演讲做精彩点评。

赵津芳从深化女性研究理论、探索性别平等和谐的文化路径逐一阐述，强调婚恋问题的讨论对构建当代女性文化的现实意义。多年来，正是在赵津芳、张雪等领导的努力与推动下，首都师范大学中国女性文化研究基地项目于2020年7月正式启动，并举行了启动仪式，召开了“第一届中国女性文学论坛”。“师范院校从教师到学生，女性的比例都大大超过了男性。唯其如此，中国女性文化研究基地自其诞生之日起，就被赋以重任，成为全校师生的关注对象，更成为海内外女性文化学术界的目光聚焦点。”一直致力于推动女性文化研究的张雪认为，婚恋问题已经成为当代中国人较为关注的社会问题之一。

在论坛现场，硕士生、博士生学子们纷纷就自己关心的婚恋问题与专家交流，普遍反映出论坛参与嘉宾讲述生动真实、点评高屋建瓴、沟通互动坦诚的特点。研究生们向嘉宾提出问题，填写“论坛现场婚恋观念调查问卷”，他们积极踊跃认真的态度，体现出当代大学生强烈的社会责任感。他们发表的婚恋宣言发人深省。

北京外来务工女性生存与情感的“原色”

安　顿（《北京青年报》记者、作家）：2010 年，我出版了记录外来务工女性情感和生存状态的《原色》。《原色》的出版是我记者生涯中一个很重要的转折，在此之前我一直在通过做口述实录的采访来了解社会，40 岁我开始问自己一个问题，到底认不认识这个社会，认识它多少？在 2006 年我升级做了妈妈，做妈妈后我接触的人不一样了，要买馒头就要接触卖馒头的大姐，要买菜就要接触卖菜的小贩……那时候我发现我从来没有关注过他们。女儿来了，我必须请保姆来帮我，保姆对我来说是完全陌生的人，她要进入我的家庭，我对她的一切完全不了解，我却要把孩子交给她，那种恐惧和焦虑是空前的。

我们家的保姆，给我介绍了很多她的亲人和朋友，我一个个去接触。做这个采访时我有一个强烈感受，就是文化差异。但是采访的时候我觉得讲文化差异，显得虚伪。我其实过着跟人家差不多的生活，在同一个城市里，但我就是跟他们不同，甚至他们在城里受到欺负、受到不公正的待遇，也往往来自与我更接近的人群。如果我去强调差别，真的于心不忍，特别是当我成了他们的朋友之后。我在《原色》的序里这样写道：“这种主题的采访在最初都是困难的，因为他们的不善言辞，对记者本能的戒备。后来，他们给我机会听他们的故事，听他们丰富多彩的个人传奇。在忙碌的都市的喧嚣中，他们坐下来慢悠悠地给我讲他们的日子，带我进入他们的心灵深处，他们让我认识了一个新的世界。他们让我们感到不安，我们真的不同吗？如果我们一直这样不同下去，我们的社会将来会成什么样子？”我们的这种不同最终会走到哪里，会出现什么结果？有几个关键词可以概括他们的处境。

第一是恋爱不自由。我们都知道城里女孩子到恋爱年龄强调自由，但对于这些女孩儿来讲，恋爱自由是不完全的。她们生在农村，很多人的恋爱婚姻从出生时就已经确定下来，特别是穷人家的女孩儿用自己的结婚换来的彩礼帮兄弟娶媳妇，帮家里买农具等。举个例子，在两周以前，我采访了一个甘肃陇南来的女孩儿，她到北京是因为逃婚，她是老大，她下面的 8 个孩子都是儿子，对她来说下面有 8 个弟弟太不幸了，她要承担这个家里最多的责任，她跟她二弟弟差一岁，她妈妈为她选了一个丈夫，她回忆和她丈夫的见面，说看到这个人的时候，一下子想起她爸爸，所以逃婚逃到北京。

第二是逃避超生。很多女人生了女孩儿，要跑到城市里，就像小品里的“超生游击队”，怀着孩子躲躲藏藏，居无定所。我曾经拍过那样的照片，卖菜的夫妻把三个女儿放在卖菜的筐子里面，让人看了非常辛酸。

第三是没有能力离婚。城市里的离婚率非常高。但是我采访的很多底层女性没有能力离婚。因为她们不知道离婚以后怎么办，她们要靠人养活，在农村离婚以后会失去家园、失去孩子，所以她们会选择忍气吞声。这样的例子在我的采访当中非常多。

第四是对身体和情感不能完全自我保护和支配。对于农村妇女，身体的解放包括感情上的自我保护。这是非常难的。因为没有相应的法律援助，她们会对“家暴”忍气吞声。

第五是希望得到社会福利保障。我总是说妇联做了一件特别了不起的事情，就是女性的免费“两癌”筛查，让每个女性提前发现自己的疾病，提早治疗，减少生命损失。但农村妇女很多人不去查，因为她不懂，不知道这个是免费的，一想到花钱会特别紧张。我觉得也许通过媒体的力量可以帮她们，让她们知道有人在关心、帮助她们。刚才赵主席讲到的“巧娘”组织，我看过她们的作品，很多作品让我感觉到每个人都有可能成为艺术家。如果在你们学习和研究的过程中，能分出一点精力来，从城市白领的生活，转移一点点注意力到这些更普通的人身上，也许她们会受益更多。

【专家评议】

夏吟兰（中国政法大学教授）：我看到这么多同学，特别认真，目光聚焦地看着安顿，听她讲课，大家一定被她感动了。安顿用她非常优美、非常流利的语言和我们一起分享了她对生活的感悟。现在她把目光放到了最贫困的女性身上，看到了她们在恋爱婚姻方面存在的现实问题，我觉得这恰恰是我们这些学生，无论是本科生、硕士还是博士，我们可能在未来研究和工作中都需要更关注她们。对于城市人包括同学们情感方面的感受，我们是比较了解的，但是对于社会的边缘人群，特别是生活在都市里的外来打工的底层女性的情感方面，其实我们是了解很少的。今天安顿分享了她的感悟，她有三个关键词，第一个是自主婚姻。所谓自主婚姻，不完全是自由的，但当事人是自主自愿的。

婚姻法颁布已经 61 年了，但是我们仍然看到还有一群女人，她们由于生活困顿，不得不放弃自己追求爱情婚姻的自由，委曲求全。这些人的生活状态是必须引起关注的。第二个关键词就是家庭暴力，这是我研究的问题。我家有一个保姆，跟我在一起十几年了，她是西北人，她觉得这在她们家是司空见惯的。家庭暴力不仅仅发生在农村，不管文化程度多高，在博士、硕士，还有高级的知识分子之中都会发生。在你开始进入婚姻的时候一定要对暴力行为说不，不管你是什么阶层的人。第三个就是社会保障，我们生活在北京，无论男性还是女性其实都是很幸福的，刚才都提到了妇联、政府给了很多保障，这些保障的阳光已经照耀到这些贫困的底层妇女的身上。但是还远远不够，她们需要更多的关心，更多的帮助。

姜秀花（全国妇联妇女研究所研究员）：安顿通过非常有感染力的描述，让我们了解她的访谈和记录妇女情感和婚姻的历程，特别是源于什么样的思考让她把眼光从上层移到社会底层的女农民工身上，她讲的故事对我们有很多启发。在对中国阶层的认识中，我们习惯于把农民作为社会最底层，而女性农民工又是这个底层当中更底层的人。跟男性农民工相比，流动的女农民工社会地位更为低下。由于社会地位低下，在婚姻关系当中会处于更为不利的位置。通过安顿的讲述我们看到，性别因素以及社会文化、社会制度，包括社会的城乡二元体制种种因素的累加，使这些已经出来的或者将要出来打工的农村女性，在精神上还处于不充分自由的状态，并体现在很多方面。首先，她们要牺牲，为家庭做出牺牲，无论是对大家庭还是小家庭，无论是对上一代还是对下一代；其次，她们在与城市文明融合的过程中，既感受到城市文化的排斥，也感受到和她们的身体一起移植到城市的农村两性关系，受到的来自城市文明的冲击；最后，身体的不自由，在很多时候女性支配不了自己的身体，她们作为生育的工具，如果完成不了传宗接代的任务，自己的命运可能就要受到很大影响。由于在社会当中边缘化的地位，她们获得的社会支持特别不足，在很多时候没有能力和资源对自己的权益进行维护。所以，我们应该特别关注这个群体，特别是中国流动人口占了一亿多，每 10 个人中就有 1 个人在流动，而女性流动人群又占到一半的情况下，相当于中国有六七千万女性游离于城乡之间的边缘地带，关注这些女性的生活与情感也是我们知识分子的一种社会责任。

【答硕士、博士问】

任　磊：我想针对你的第一个关键词提问。恋爱自由作为重要的婚恋价值观体现在哪里？底层外来务工女性面对现实生活中的婚恋不自由，她们怎么表达内心对自由的渴望？

安　顿：我在每次访谈的时候，都会问她们理想的婚姻是什么样的，接下来会谈到你的下一个问题，她们会不会改变呢？大多数人不会改变。这些底层女性对感情没有这样那样的要求，或者她知道要求也没有用。第一是不大可能得到，第二是她没有办法对自己的婚姻进行新的经营，然后去发掘和启发对方的回应。这是做记者的一种无奈。比如说，遭遇家暴的时候，我会告诉她“你丈夫不可以打你”，但接下来就会有一个更痛苦的发现，她挨打以后，第二天早上还给他做饭吃，又挨打又做饭周而复始。后来我才知道，我没有办法改变她，她的生活里面有很多很多是我们不了解的、看不到的更深层的内容。这样也就得出一个很悲哀的结论，婚姻对她们来说更像是经济合作关系。他们共同承担着创造物质财富的责任，共同承担养育子女的责任，其实女性付出的代价更大。

朱　舸：在我所住的小区可以接触到一些普通的女性，有保洁员、保安、卖水果的、收停车费的，她们收入都不高，其中一些人不乏不为人知的辛酸故事。虽然我们不知道她们的内心冲突，但她们朴实、乐观向上的面貌，却能看在我们眼里，给人的感觉特别好，似乎她们通过自己的努力获得了新生。不可否认，社会底层的妇女特别有韧性。那么，在口述采访底层女性的过程中，你对此的体会如何？

安　顿：有读者说在《原色》里，从这些生活在最底层的人身上看到的是光明与温暖，也许这也是我在工作中刻意追求的。我要采访妇联的那些典型的优秀女性，为什么？因为我觉得她们有一种榜样的力量。前些日子遇见一个卖围巾的阿姨，我买了好多她的围巾，不是因为围巾有多漂亮，而是觉得她活得真漂亮。她在电影院门口摆一个架子，上面挂着围巾，都是自己做的，就是拼布，漂亮又时尚。我喜欢和她聊天，虽然可能在她们生活当中会有很多不高兴的事情，但是她们有一种特别的能力，就是让自己在琐碎的生活中找到快乐和温暖。

我认为女性身上有一种特别伟大的力量，就是隐忍。这种力量决定她们有能力从很平庸的人生中去找到让自己开心的事，让自己有价值，让自己活出亮点，她们用这种亮点去烛照更多的人，非常可贵。

吴信英：你的访谈工作体现出强烈的社会责任感。你的访谈对象似乎是进城外来务工的女性多一些，实际上在一定程度上也涉及仍然留在农村生活的女性。我就来自农村，能借助父母的力量并通过接受教育，而过跟她们不同的生活，我很幸运，但我更关心以什么样的方式能够对她们有所帮助呢?

安　顿：我自己理论水平比较差，总说记者就是提出问题。事实上也有一个感触，工作中通过长时间的采访，感觉到可能只能像现在这样去更多、更深入地呈现问题和提出问题，至于解决问题，我想它是个系统工程。刘副主席坐在我旁边，最有发言权，就说“两癌”筛查，很多农村妇女不去做检查，在外人面前暴露她只能给她丈夫看的身体部位，她认为这绝对不可以，宁可不检查。

我写过很多外来女性和她的孩子在教育方面的冲突。我相信女性的文化水平和道德素养是决定民族素质非常关键的因素，我们的第一个老师就是自己的妈妈。我在采访过程当中格外关注母女之间的冲突。很多女性从乡下来，受过不完善的教育，但是她们会有一种理想，希望把自己的孩子培养成像你这样的大学生。我采访一个小阿姨，她用木棍子打孩子，一边打一边哭，她说：“我这么辛苦挣钱让你读书，你不好好读，人家在吃饭的时候，你妈妈趴在地上擦地看到的都是别人的脚……”我从这里面听出来她希望孩子将来是什么样子，一定是你这样子。这种母爱的情感是值得关注的。

刘　颖（北京市妇联副主席）：这位同学讲得非常好，我们青年学生能够有这种责任感和认识，让我非常感动。家庭暴力问题的成因是比较复杂的，妇联组织也在努力推动消除家庭暴力的工作。要根本解决女性在婚姻中的被动，第一要靠社会分担一部分家庭责任和风险，主要在教育、医疗、养老等领域，这会让女性有更强的自立性和自主性。为什么北京的情况比较好，这与北京良好的社会经济文化条件和环境是分不开的。第二要靠女性主体自我意识的觉醒，就像两位老师都说到要敢于说不，能够说出“不”来，它的基础在于对自我的认识，对自我的尊重，这靠的是教育。妇联每年要做很多的教育培训工作，一方面教育女性要自尊自信自立自强；另一方面教育男性要尊重女性，培养性别平等和谐观念，此外还要推动形成良好的社会舆论环境。第三就是努力建立维权救助机制，这种工作我们在很多社区已经开始。根本改变还需要一个过程，我们新中国才成立 60 多年，男女平等作为基本国策是 1995 年提出的，能够有今天的良好局面，已经不容易了，当然还需要继续努力。

女人有一个问题叫作“我是谁”

崔曼莉（作家、书法艺术家）：今天论坛来了很多女硕士、女博士，男硕士、男博士也挺多。我的发言如果让在座的男士稍稍有一些不愉快，我先做一个道歉，各位都非常优秀。各位在年龄上跟我相差不大，大概是 70 后、80 后。不管是 70 后、80 后还是 90 后，差不多处在同一时代。对于女人从 20 多岁到 30 多岁的过渡，在做人的方方面面，可能我比各位稍稍多一点经验。同时我也是一个写作者，我今天的演讲来自我对人生的四个方面的情感体验，也来自我对很多方面的反思。

第一个方面就是我们所处的时代背景，是一个非常好的和平年代，经济快速发展，每个人都穿得非常时髦，面对的问题不是饥饿而是减肥。从文化方面来讲，尤其对于女性，是一个破碎、重构的时代背景。其一，我们从小所受的教育。对于传统文化的缺失，我们跟中国传统最灿烂、最光辉、最应该了解的文明，其实是有一个割裂。其二，我们所接触到的西方文化。西方的文明到底有多少是西方的精华，有多少是糟粕。在我看来今天我们所受西方的影响不是一个文明的影响，准确地说是一个大众消费文化的影响，而大众类的消费文化即使在西方也是非常糟糕的。对于今天的女性来说，不能接续自己的传统，对西方的了解也如此有限，在什么基础上去建立我们和自己的关系？

我经常讲人有三个关系，人和自身、人和社会、人和他人的关系。而今天可能对于大部分人来说会忘记一个关系，就是和自己的关系。当我们忘掉这个关系的时候，就只能依靠他人的标准去做自我评判。如果说他人的标准是你过了 26 岁就是一个“剩女”，你只能做出嫁的选择。你只有和自己建立一个关系，才能够从这个出发点上和社会、和他人建立关系。举个例子，从穿衣说起，服装给予人气质，但在今天表现为我们自己和身体的关系已经失去了。现在的时尚杂志是让你失去思想，失去判断能力，它告诉你现在流行什么，你就要追求什么，这是一个商业的阴谋。真正好的时装大师是坚持自己的路线，并不走大众的路线。

女性很了解时装杂志的标准，身高多少、体重多少、三围多少，然后照此标准对自我进行衡量。但我并没有看到一个女性说，我的曲线大致是什么样的，我喜欢自己的身体，我会根据自己的曲线穿出属于我自己的时装风格。我以这样的态度面对我的人生，面对我的男朋友。可遗憾的是，大部分的女性都在按大众消费类的时尚杂志穿衣、待人。

小到穿一件衣服，大到你的爱情观，再大到你的人生观。我和自我的关系是需要每一个女性，甚至男性去反复思考的问题，也是人一生当中必须去追逐，必须去探索，必须去讨论的问题。人们在整个大众的或者说所谓的时代标准下生活，只能人云亦云，只能在这个时代当中茫然地失去自我。

第二个方面讲讲今天女性的处境，每个人都会有盲点。在座各位女士都已经是知识女性，接受了高等教育，未来走向社会是社会的栋梁。这个层面的女性最糟糕的问题是什么，处境是什么？今天的社会只接受女孩儿文化，不接受女人文化。今天的社会和男性，只承认小女孩儿，不承认大女人。刚才安顿很有勇气，她说她是大女人。我们经常看到30多岁、40多岁，甚至50岁、60岁的女人装嫩，而不是表现出她这个年龄层应该拥有的女人气质。中国传统社会中，女孩儿文化其实是不被尊重的，是讲究女人文化的。

中国是一个家族制社会，而掌握家族管理的往往是女性。大家不要小看管理家族，这不是很容易的事情。大的家族，可能有几十口人、上百口人，甚至由几十个小家庭、上百个小家庭组织在一起。要让这个家庭良性运转，并且让每一个人在各自层面各自阶层安心工作、安心生活，不是一件容易的事情。孔子讲“齐家治国平天下”，过去齐家男人是一方面，女人更是重要的一方面。作为家族管理者，小女孩儿是不行的。相夫教子，是既要懂经济又要懂政治。成熟女性在传统社会里是非常受尊重的，没有谁想娶一个小女孩儿回家。

但是，今天为什么没有女人文化，可能是男人文化出了点问题。如果男人不知道自我的成熟，男人对这个时代的担当不够那么大的时候，他怎么去驾驭一个有头脑、有知识，甚至聪明成熟的女人。他只能要求你最好无知，最好单纯，最好一片空白。在这样的背景和处境之下，先生们或者女士们，大家都要想一个问题，中国的女人文化到底怎么啦？

第三个方面谈一点解决方案，我不认为我能想出什么好一点的方法，但是我觉得既然是女性文化论坛，就从女人层面可以给在座的女性提一点建议。既然时代没有给我们提供一个良好的女人文化，可能女人文化的建立，还要依赖我们自己。安顿提到连一个农村的妇女都意识到对教育的责任。当一个女人明白女人文化是什么的时候，她会对整个社会产生深远的影响。上可以影响父母，中间会影响自己的丈夫，下会影响自己的子女。我们需要什么样的女人文化，从我们做起，如何让各位女士未来的先生们和现在的男朋友去爱上一个有意思的大女人，而不是一个很无趣的小姑娘，是各位的重任所在。在我看来，女人文化很简单，就是每个人和自己的关系，就是自信的问题。当时尚杂志不再成为标准的时候，你会发现你的体形很美，当你不以他人的物质条件和精神条件来衡量自己的家庭的时候，你就会很好地处理你和丈夫的关系。一切问题都来源于自己。在我看来每个人女人都很美，只不过有的女人按照别人的标准来打扮自己，所以变得不美。

第四个方面我想讲讲探索是什么。刚才讲到传统文化，讲到西方。在新中国成立以后，在女性解放方面国家和政府做了很大的努力。而恰恰是国家和政府的努力，才需要每个个体的自发觉醒来支持。每个人从幕后走到台前的时候，这里面就有一个幕后、台前的关系。而这个关系如何平衡，如何选择，这是一个值得探索的话题。就我本身来讲，我从 2002 年开始写作到今天，差不多 9 年时间，其实这里面有一个平衡，如何解决经济问题。因为写作不见得就能赚钱，父母希望我过一个比较平稳的生活，在这个过程当中又有一个问题，怎么去建立自己的生活，但同时又得说服父母，支持这个生活标准。到今天为止，我也同样面临我的写作和我的生活的冲突。我觉得其实人生是不断调整的，你是谁，你能够成为一个什么样的人，而每一种命运的选择都不是那么简单的，有妥协，有斗争，甚至有各种各样的困难。但是我觉得只要不放弃这种探索，其实做女人是很有意思的，而且只要建立了和自我的友好关系，其实衰老并不可怕。每个年龄段的女性都有各自的精彩，我祝愿各位老师、同学在我们建立和自己的关系的基础上，建立一个社会女人文化的基础上，都拿到各自年龄段最精彩的东西，也请各位先生们多多支持。

【专家评议】

夏吟兰：她的命题是多元文化所带来的选择的困惑。我相信在座的每位同学都会有这个困惑，关键是你选择的标准是什么？崔曼莉提出来，我们要不要按照现在这种商业的阴谋，所谓时尚的标准来为自己做选择，你的婚姻、你的爱情、你的时装、你的打扮，按照什么来为自己做选择。她自己是一个非常自信、自立、自强的女性，我是很敬佩的。我年轻的时候也曾经想当作家，大家都有那种梦想，但是我做不到，我觉得很多作家是哲人，对生命有很多思考，才能写出惊世骇俗的作品。我也很赞同她的一句话，每个年龄段都有自己的精彩，每一个人都要活出自己的精彩，不要按照别人的标准、别人给你的模式来走别人给你选择的路。

我们讲社会性别观念，实际上每个女性或者男性都会受到社会的影响，男人是什么样子，女人又是什么样子，这就是社会性别观。作为男性或者女性你有自然的属性，我们强调社会性别主流化，包括今天崔曼莉女士提出来的，我们社会所加给我们女人的标准是必须小鸟依人，必须让自己活得让男性欣赏。实际上应该走自己的路，做自己能做的事是非常重要的，重要的是你要有选择的能力。刚才安顿也提出这个问题，无论是底层的还是所谓的精英的女性，都有自己心中的目标。我甚至觉得那些生活在底层的、最贫困的女性，她们也可以活出自己的精彩，在自己生活当中看到亮色，为自己的理想奋斗。这是崔曼莉给我们带来的深刻的思考。

姜秀花：崔曼莉的讲话印证了一个女权主义者的非常重要的观点，“女人不是天生的，而是变成的”。每个人都是社会化的产物，女人也是这样的，在整个社会化的过程当中，女性可能被各种文化形塑，容易迷失自我、缺少自我认同和自我肯定。由于社会对男女两性价值判断或者审美态度上的双重标准，这个文化已经出现一定程度的病态。

我们经常会看到很多二元对立的观点，比如郎才女貌、男尊女卑、男外女内、男强女弱等。在当今这个时代，虽然万象更新，同时也是各种价值体系交错，特别在性别文化方面可能非常主流的东西，还会受到传统的、落后的观念的冲击和影响。怎么找准自己的文化定位，女性以及男性要共同确定一个对男女共同发展都有益的一个文化形态，现在还是一个探索阶段。文化的改造比任何事情都来得缓慢和艰难。崔曼莉讲要创建女人文化，实际上我更愿意用创建先进的性别文化的说法，因为每个人都生活在与另一个性别的关系当中。她提出一个很好的命题，男性是这个文化的积极的建构者和文化的维护者，男女共同建构才能形成一个共同认同、共同接受、共同推进的价值体系，也希望大家在今后对先进性别文化促进方面发挥重要作用。

【答硕士、博士问】

杜宪兵：作为男士我想提两个问题，首先，你刚才更多强调女性自我的崛起或反思，那这方面你有什么建议？其次，我们80后这一代男女都处于相同的背景下，不但女性需要自我反省，男性也需要反思“我是谁”，那么能不能对男士提出一些建议？

崔曼莉：我很希望每个人了解一下自己的身体，从美学角度了解。比如人体的比例、服装的风格、造型的风格，你有什么样的身体适合什么样的造型，一定要在造型的基础之上建立自己的美学标准。另外一个是大家多去了解中国的传统文化，或者说多去了解中国古代文明，目前我们对古代的了解非常少。我是中文系的，从中文系教育来说是有缺陷的，比如我们去读《史记》《春秋》这些书，很难体会到那个文明到底有多灿烂，它并没有对整个的文明做过多的描述。我到后来去西方看很多博物馆，非常惊讶，很多文明在那里做展示，我几乎不能相信，中国的传统文化有那么的繁荣。突然发现我离这个传统很远，我们的所学是非常有限的。

再举个例子，我们讲中国画，看古代最早期的中国山水画，是所谓的中国大山水。画里面的人在生活，这个叫可居；往上有小山，有一些路，这在中国当时理解就是一个可游的状态；再往上就是只能看到层层叠叠的山峦，山上有云，你根本不知道那个地方到底有多远，这叫作可望。人生有一个境界叫可望而不可即，综合起来就是人和自己的关系、人和自然的关系、人和宇宙的关系。而到了明清以后，因为西方文化介入，山水画渐渐变成文人笔下的玩意儿，可望基本取消了；到了今天，整个时代连可游的境界也取消了；大家局限在可居的层次里。我对80后、90后的建议是，经过高等教育，自我教育刚刚起步，要不断去学习，一定要跨行业、跨领域，来弥补自身的不足。

男人应该怎么做？这个问题我特别困惑。女人应该做什么我可以想想。男人很简单，就是大男人才能对付大女人，什么是大男人呢？成功人士不一定就是大男人，也许就是小男孩儿。他在知识层面和生存层面成熟了，但是在文化层面并没有成熟。大男人有很多担当，你是否愿意理解一个女人，甚至帮助一个女人成长和成功。在这个过程当中你关注这个女人，大到她的生存层面，她的性格发展，她的人生成长，小到情感细微的变化，今天男人说到对女人的体贴都是非常无聊的体贴。与其情人节送玫瑰或考虑求婚是单腿下跪还是双腿下跪，总之是很表面化的东西，不如关心自己夫人目前这个年龄，她的事业阶段，生理阶段，等等，还有两个人怎么保持自己的个人空间，营造一个真正的幸福的人生。当然了，当大男人很辛苦，但是能做成大男人的男人，他的事业、他的人生肯定都没有问题。

姜晓东（场外提问）：我国传统文化虽好，但对女子不甚公平，大抵教给女性的糟粕多于精华；而现代社会传统迅速丧失，是一个完美华丽却糟糕透顶的时代，我母亲在思考一个问题——我是谁的谁，我当初觉得她很可怜，如今我几乎用另一种形式在问自己和母亲一样的问题。请问高学历女性迈出校门，该以何种心态踏入职场？如何当好领导？对所谓“剩女”在恋爱与择偶方面，你有何建议？

崔曼莉：这个问题很多大学生都在问，因为硕士和博士在校园待的时间比本科生更长，校园相对来说是单纯的世界，同时出去之后，他面对的反而不是一个底层要求了。本科生去做底层工作，即使你什么都不懂，也会得到方方面面的指导。你现在快 30 岁了，这么高的学历做一个相对不太基层的工作，大家觉得你有知识，有文化，可能会忽略你在校园的这种单纯，我相信硕士和博士找工作在专业上没有什么问题，就是要找一个自己真的愿意去做的工作才能够付出，每个人将生命当中的热情投入这个事业当中才能更好。第二个不能再单纯下去了，要得到这个社会的理解，要宽容社会上人跟你不一样，有的人拿自己的标准去要求你，还要学会妥协，一个不会妥协的人也不能够进步，在妥协当中会学会什么是失败，什么是无可奈何，什么叫爱莫能助，同时也会体会到什么叫作“曲线救国”，什么叫作用别的方式完成另一个方式的成功，什么叫坚持和永不放弃。

另外，二十八九岁在我看很年轻，可以建立一个恋爱关系，了解自己能爱上什么样一个男人，不应急于出嫁，结婚是责任，结了再离也折腾。至于说如何当领导这个问题，应该请教刘主席。

刘　颖：当领导是一种责任。第一是要对民生疾苦有一种天然的感同身受，学人文学科学的在这方面恰恰有优势，作为一个能够有所作为的建设者来讲，第一要对社会问题有一种理性的判断和认识。感性的同情心要深化成为理性的规律和方法，从而找到思路和措施。第二确实要有一种实践的勇气。毕竟我们要解决问题，还要协调社会的资源，争取队伍的支持等许多工作要做；也许你做了一百分的努力，可能最后只有一分收获，但也是值得的。我们有很多青年学生到了社会以后，正是在这种执行过程当中体会到了压力和困难而放弃了。为什么我的看法是，在今天的中国解决问题比提出问题重要，因为我们国家今天能有这样的成就已经很了不起了，但我们面临着很多前辈没有遇到过的新问题，这些问题只能靠我们自己去解决。所以年轻一代绝不能轻言放弃。

第三个特别重要的是团队精神。因为任何社会工作的完成，靠的都是团结和协作，要把自己融入一个团队组织当中去，才能够争取大家最大的支持；然后才能够在这个基础上，通过一个点形成一个面，通过一个面形成一项政策；最后推动形成制度和法律。这种意识可能不仅仅是做领导时需要，做任何工作都是需要的。总之，我们要努力让自己成长为知行合一的建设者。

王红旗：崔曼莉学养很好，她对古典文化非常了解。她是边工作边写作，是英派公司的执行总裁，与此同时，她又是一个书法家，曾经参加法国的世界书画展。她谈话里有真诚的魅力，内在的自省力，都是我们这个时代非常需要的，是每一个人完善人性所需要的。希望能够引起各位同学的思考，“我是谁”的问题是一个形而上的根本问题，知道了“我是谁”，就可以找到我应该嫁给什么样的男人，娶什么样的女人，而获得理想的爱情与幸福的婚姻生活。其实，面对任何的情感问题和家庭的问题，没有谁能坐享其成，有付出才会有收获。

跨国婚恋面面观

施　雨（旅美作家、医生）：与前面两位嘉宾不同，我看到的另一群中国女性，她们完全是另一种风格与风情。她们冲出亚洲走向世界，嫁给了西方人。王昭君出塞，古代女子和藩，她们是派出去的，这些姐妹是主动出去的。中华民族的勤劳、勇敢的优良传统在女性身上有很好的体现，当然男生也是。我们不知道是文化根源还是什么，中国男性有一个特点，无论你是20岁、30岁，还是50岁、80岁，都喜欢20岁、30岁的女性，谈恋爱结婚都是找这个年龄层的。我并不认为20岁、30岁的女性全部都是单纯的，好驾驭的。事实上，她们的生存能力，创造能力，生理能力都是非常强的。从这方面来看，中国男人把目标对准20岁、30岁的女性，还是非常勇敢的。

对比之下，西方男性就不是这样的。他们喜欢选择志趣相投的，有年龄相近的，也有悬殊的，甚至女方比男方年长的。他们主要看重谈得来的，不以年龄为主要的参考因素。东西方还有一个很大的文化差别就是，中国男人对传宗接代特别重视，对自己的孩子看得比较重。中国现在的离婚率也蛮高，再婚的男性都希望对方是单身，带着孩子会认为是拖累。在西方，生与养，他们更看重抚养，而不在乎究竟是谁的孩子。西方男人与相爱的女性结婚后会爱护随妻子到这个家庭的前夫的孩子。他们喜欢说，娶妻是买劳力士表，妻子带来与前夫或者前男友生的孩子则是小闹钟，是馈赠，会认为自己是赚了。他们对领养孩子也很热衷，甚至自己有亲生的子女，还会去领养。这是东西方文化不一样的地方。

现在有个不容忽视的现象，就是跨国婚姻。跨国婚姻的人数在高速增长。现在中国有一群女性被叫作“剩女”，这群年龄比较大的女生，还有离婚的中年女性，在国内找不到合适的结婚对象，就通过网络或婚姻介绍所，认识了海外男士，然后嫁出去。这些西方男子除了以上我说的特点之外，还有温柔体贴，擅于把“亲爱的”“我爱你”等好听的话挂在嘴上，女人多数喜欢听甜言蜜语。为家庭，为丈夫、子女劳累了之后，若是听到好话，再辛苦也是心甘情愿的。

我出国20多年，在美国考了西医执照，现在弃医从文，在读文学博士。在我认识的海外女作家当中，有四分之一到三分之一的比例是跨国婚姻。若是从整体海外华人的家庭来统计，有可能跨国婚姻中的女性比例要高，她们对文化差异与冲突感觉和体验很强烈，比一般的女性更需要拿起笔来书写。她们有更强烈的表达和宣泄的欲望，当作家的比例就高了。听安顿的演讲，我听到了“文化差异与冲突”，感觉很新鲜。我一直以为，在海外的华人才有文化差异与冲突。没想到，城乡文化的差异与冲突也这么明显。海外华人喜欢写乡愁，写对故土亲人的怀念、对母国文化的依恋，等等，对海外华文作家来说，我们是通过写方块字来怀乡的。

再说回来跨国婚姻。都说相爱容易相处难，在跨国婚姻中也是如此。爱情没有国界，爱这个东西，其实很神奇，可以眉目传情，不太懂英语和西方文化的女子，一样可以爱上西方男子。他们相爱了、结婚了、出国了，接下去过日子的难处就出现了。跨国婚姻不仅是地理时空上的跨越，还有心理、情理、常理和伦理的跨越。婚姻是一个名词，也是一个动词。一床被子盖着中西两种文化，必定存在差异与冲突，然后是和解与融合。衣食住行，哪一样不是文化？

那种文化差异，就像鞋子穿在脚上，身在其中才会感觉到婚姻中的种种不易。中国人报喜不报忧，很多跨国婚姻表面上很幸福，中国女子嫁给一个西方人很“体面”，但实际上，跨国婚姻中的问题还是不容忽视的。我从美国回来的前几天，还看到美国《侨报》的一个报道，说一个中国女孩儿嫁出去，她喜欢跟华人接触，喜欢讲中文。她的先生则希望把她拉到他的圈子，跟西方人交朋友，所以很快两人发生冲突、口角，甚至大打出手，最后，这个女子被丈夫关在门外。

讲到中西方文化差异，我再讲东西方对离婚问题的不同认识。我们中国人经常讲夫妻感情没有了，但为了孩子不离婚，是要给孩子一个稳定的家庭，所以我们劝和不劝离。西方人完全相反，离婚理由也完全是为了孩子，他们认为夫妻没有感情了就要离婚；否则两个人吵架，不和谐的家庭氛围，不利于孩子的健康成长。离婚了，再找个合适的，对孩子的心智成长是有利的。很多跨国婚姻的文化冲突都表现在对子女的教育和理财两个方面。美国的法律，父母养育子女到 18 岁之后就没有义务了。无论穷人还是富人的孩子，18 岁之后就离家自己独立生活。相对于中国式的亲子关系，西方人是比较独立和疏离的。甚至亲子一起外出用餐，他们都会采取 AA 制。这是我们中国人所不能接受的。但中国家庭也有自己的问题。亲子关系太过密切，太过依赖，哪怕是子女已经成年、结婚，还没有表现出应有的独立，也没有拉开适当的距离。亲子双方心理断乳遥遥无期。这就很容易产生家庭和社会问题。

现在来谈谈跨国婚姻中的个性问题。崔曼莉说，现在中国的社会是提倡女孩儿的文化。无论是大女人还是小女人，一律把自己装扮成小女孩儿的样子，以青涩、娇嫩、无知、顺从来博取异性的青睐。我觉得这样非常危险。在性格上互补的婚姻比较和谐。大男人找小女人，小男人可以找大女人哪。无论男性还是女性，装，又能装多久？我有个作家朋友，她北大毕业出国留学，特立独行，非常有主见，也很外向。她嫁的先生也是中国人，不是特别和谐，结婚 10 年之后离婚了。离婚之后她“海归”，她想利用“海归”工作的机会，再找合适的中国男士结婚。回到北京之后，她通过北京的一个婚姻介绍所，见了 3 个男士，都没有成功。

在跨国婚姻里还有遇到婚后改姓的问题。西方女子出生后随父亲的姓，结婚后随丈夫的姓，离婚之后又改回父亲的姓，再婚了，重新改成再婚夫婿的姓。有些中国女子对此是不认同、不接受的。我有个朋友就是这样，她说：“平心而论，姓名不过一串字符而已，其意义见仁见智。姓名于我，是生命之初，父母为我搭建的一座屋宇，幼小纤细的心灵在屋宇下成长，一路过来，它为我挡风避雨，逐日与我的生命融为一体，我连旧衣都难以舍弃，又怎么能够舍弃家一般的姓名？”改姓是一种冲突，饮食也是一种冲突。总之，跨国婚姻并不是过神仙的生活，在每个俗常具体的日子里，婚姻里的中国女子要认真、聪明地对待和解决各种矛盾和冲突，化干戈为玉帛，好好经营自己的婚姻和感情。

【专家评议】

夏吟兰：施雨就中西方的婚姻观念与家庭观念的不同，娓娓道来，事实上跨国婚姻从 20 世纪 80 年代就开始出现并逐年增多。但是 20 世纪 80 年代，涉外婚姻必须要经过上级部门的批准，不是喜欢老外就可以嫁了，当时涉外婚姻的婚姻自由受到很大限制。随着我们经济文化的发展，中国人越来越自信了，现在很多人到国外去学习，结识了外国朋友，跨国婚姻越来越多。这里面反映了中国的整个经济文化的发展，整个社会制度的变化，包括中国人观念的变化。刚才施雨谈到两点差异，一个是妻从夫姓，法律叫妻冠以夫姓，中国的台湾、香港也有这种传统，但国外是结婚后妻改姓夫姓。我去美国时有家夫妻正好在离婚，也正在改姓，离婚之后妻子改回父姓了，从法律上来讲是有无独立姓名权的问题，可以看出有没有独立人格。我们受到的教育是新中国成立之后的教育，是妇女享有独立的姓名权，从这一点看到中国妇女的地位就世界范围内来讲还是比较高的。

另外提到了关于和孩子之间的问题，包括 AA 制，一方面父母当然要关爱抚养照顾孩子，另一方面作为子女也有义务赡养照顾父母，一些西方国家的学者说中国制度真好，赡养老人在中国是法定的义务，在很多国家子女是不需要赡养父母的。中国有养老育幼的传统。就涉外婚姻而言，婚姻是自由了，但当你爱上一个外国人时你可能要慎重考虑，你认真想是不是该走入这一段婚姻，你能不能接受这种结合，能不能很好地进行沟通和交流。中国人可能有时候对男性的期望值太高，都希望丈夫是大男人，其实互补型婚姻是很好的，可以是性格不同的互补，这样的婚姻可能会更幸福。

姜秀花：施雨把我们带进了一个和安顿所讲的完全不同的婚恋世界。实际上现在无论是跨国婚姻还是跨境婚姻，人们对这个问题的关注都越来越多。从施雨的讲述当中，我感觉每一个民族的文化都已经渗透到每个人的血液和毛孔里，当两种文化相遇，当国家与国家的文化交流的时候，人们常说的民族的就是世界的，是非常响亮的口号，也是非常重要的战略，大家都可以接受。而当你具体到一个家庭的时候，再讲民族的就是世界的，可能已经应付不了这种文化冲突带来的矛盾，这时候怎么保护本民族的文化，同时又能够尊重另一种文化，更有策略地使两种文化适当合理地融合，这确实是一个非常需要智慧和策略的事情。可能在恋爱的时候，你身上渗透的民族文化是你吸引力的一部分，但是当走进婚姻和家庭的时候，这个民族文化的吸引力就会被日常生活的琐碎所消解。这个时候，文化就变成了一种生存的技巧，怎么运用这个技巧就变得更加重要了。

【答硕士、博士问】

王　芳：你谈到跨国婚恋，也谈到文化差异，那么在中西文化差异背景下，跨国婚姻的子女教育，就可能会产生一些矛盾。如何处理好子女教育问题呢？你身边有没有成功的例子，能够把中西方教育理念融合到子女身上的。

施　雨：这个问题不只是跨国婚姻的家庭里有，我先生是中国人，我自己的孩子生在美国。我有两个儿子，大的 20 岁，小的 17 岁，在整个教育过程中，我自己就有这种困惑，到底该用中国式的教育，还是听任西方老师教他们全盘西化。其实，任何一种教育都不是完美的，也都需要因人而异。因为每个孩子都不一样，没有办法用一个标准的教育方式去对待每一个孩子，更何况像我们这样的有中方背景的父母，我自己也需要探索。

我作为母亲，见证了小孩儿的成长，我自己也随着他们成长。父母不成长，孩子不认同你，他们会排斥你的。我曾经也想用中国传统的教育对付孩子，因为我的父母就是这样教育我的，我学校的老师也是这样教育我的。我觉得这样的教育方式也挺好。但是，这跟孩子们学校和整个社会的文化有冲突，行不通。让孩子选择的话，他们一定是抛弃父母那一套，接受学校和社会的规范和理念。我们不能百分之百坚守自己母国的传统，只能寻找一条综合两国所长的教育方式。选择西方好的和中方好的给孩子，这是唯一一条能够成功的路子，至于东西方教育百分比各占多少，这个需要摸索，做父母不能偷懒，需要细心观察孩子，努力学习异国文化，与孩子共同成长。

张　弛：跨国婚恋当中，外国男性迎娶中国女性的比例远高于中国男性迎娶外国女性的比例，这是不是一种性殖民？对此你怎么看？

施　雨：如果外国男性到中国找中国女性做配偶，是搞性殖民的话，那么，中国女性到美国去嫁给西方男人，是不是也是搞性殖民？性是平等的。选择也是公平和自由的。人们总是想找到喜欢的人来爱，来性，来共同组织一个家庭的。有的中国女性在跟中国男人谈恋爱、结婚之后失败了，她想尝试着找外国人，看是不是更好、更合适，这无可厚非。同样，西方男人来找中国女性，也是满怀美好梦想和憧憬的。说实在的，这十几二十年来，跨国婚姻的比例增加，与在欧美宣传我们的东方文化密切相关。西方人正是受了这种影响，发现了好处和美景，才有这样的选择的。

这么多华人到海外，把东方文化带出去传播。我们的中秋节、春节，现在很多外国人都知道的。我记得 20 世纪 80 年代刚出国的时候，有些美国小镇上的人并不了解中国的现状。他们甚至以为，中国男人还是穿长衫、马褂，梳长辫子。中国女人还是裹小脚。中国千百万的留学生出去了，留在当地定居了，过自己的节日，还把同事和邻居请来，一起中秋吃月饼，一起分享嫦娥奔月的故事……这样慢慢靠时间来感染，他们也觉得中国文化很好，东方女性很漂亮，值得找来爱，找来做妻子。至于为什么东方男子找西方女子结合的比例少，这还是个人选择文化习惯的问题，并不是一个国家后面的压力，应该不算是殖民。

张安玉：刚才各位老师都强调文化的冲突，同一个文化背景下的人们尚有距离感，更何况面对完全不同的文化。在跨国婚姻中，文化融合成功的因素有哪些呢？

施　雨：成功的因素就是应变能力。文化差异最后其实成了生存能力的问题，这个是非常重要的。你认识到这一点，你懂得入乡随俗，到了别人的地盘上谋生，需要适应当地的人文习俗，需要按当地人的游戏规则来玩。外国人到中国来，他们也是要入乡随俗的。我们可以坚守自己的文化，但这不等于不能变通。不要把我们的优良文化变成了枷锁。为什么很多海外作家坚持用汉语写作？这就是一种坚守。不能因为我们工作和生活的环境都是西化的，就使自己改变，也西化，我们血液里的传统一直在与之冲突。拿笔写汉字，我们得到一种心灵的安慰，就像我们回到了故乡。唐人街、中餐、汉字在异域是治疗乡愁的良方。我觉得回到家了，我们可以保护自己，用自己熟悉的、母国带来的方式去表达是一件很幸福的事。

王宁宁：你觉得在一个家庭中，西方男性对妻子的审美要求和中国男性有什么不同，这种不同会不会造成跨国婚恋不稳定、不成功呢？

施　雨：东西方的标准肯定是有差异的，萝卜白菜各有所爱，天生我貌必有人欣赏。跨国婚恋中的女性，至少在外形上是符合西方男士的审美标准的。至于其他方面，因为文化不同，导致审美不一样，若是无伤大雅的，夫妻可以保持自己独立的选择。若是对方特别在意的，那得需要慢慢磨合，文化传统是自幼养成的，不是一两天就能来个一百八十度的大转身。不只是审美，跨国婚恋还存在价值观、政见等的差异和冲突。

宋家东：你认为中国人在美国生活的时候，对子女教育时中西文化的比例应该几几分成呢？是否小孩儿全盘西化会更好？如果对自己国家的文化保留过多，会不会使小孩与同龄人有文化上的隔膜？

施　雨：你问得很好。父母若是过多地保留中国的传统，排斥西方文化，父母自己是无法融入美国社会的。若是强迫自己的孩子接受纯中式的教育，这个孩子长大之后，很可能会是个边缘人，一样无法融入社会。对孩子来说，这是一生的悲剧。但是，全盘西化也不太可能。我们来自中国，血液里有很强烈的中国因子。我们的中国父母来探亲，也会介入对第三代的教育。可以说教育在华人家庭冲突中，占的比重很大。我一直在探索一种中西合璧的教育方式，也写了几本关于素质教育的书，尤其我写的“家有 ABC 系列”影响很大。所谓 ABC，就是“America-born Chinese”（在美国出生的中国人）。

刘　颖：面对你们这些风华正茂的青年学生，我还想谈几句我的体会，第一就是其实我们的家长、我们的祖先给我们留下的很多东西，并不会因为今天时代的变化，它的意义就消失了。比如我们很多人听到说“男怕入错行，女怕嫁错郎”，其实男女都怕入错行，也都怕嫁错郎或娶错新娘。我们在青春时代，也要努力承担起人生这个开始过程的一些责任，尽可能用更成熟、更理性的眼光看待自我、看待社会，看待别人的幸福、别人的痛苦、别人的收获、别人的付出，我们都会有相似的经历和收获，没有天上掉下来的馅儿饼。

第二是不管结婚还是恋爱，都是生命过程当中的一个组成部分而已，它很重要，但不是全部。我们每个人的人生，除了爱情和婚姻，还有亲情和友情，除了婚姻的责任还有社会的责任，还有自己的工作、自己的爱好。我们受过教育之后，还会意识到人生还应该有理想和追求，我们恋爱的过程很甜蜜，但是一定要有自己的独立性和独立的判断。每个人只有把自己活好了，才能让丈夫或妻子尊重你、让儿女尊敬你。施雨老师讲到一点，其实教育更多是环境，你的言行举止才是孩子最好的教材。我到妇联工作以后，通过感受其他姐妹的酸甜苦辣，体会到女性怎么活才算精彩，这个精彩不是爱情或者婚姻带给我们的，而是我们自己活得精彩才有幸福的恋爱，才有幸福的婚姻和幸福的未来。

王红旗：说得非常对，女人的灿烂人生，不是别人给的，而是自己创造的。自己给自己营造氛围，自己给自己创造环境。就是在这个时代，文化虽然存在很多问题，我们内心也存在很多困惑，但女性的心灵是在渐渐强大，而且女性塑造和女性文化给这个社会逐渐注入了坚韧和亲和力。这是每一位男性和女性希望看到的。

【答记者、学者问】

白军芳：夫妻关系建立以后就是很亲密的关系，这个关系应该有包容。在民间家庭暴力是普遍存在的，任何一个家庭，男的没有对女的动过手，或者女的没有对男的动过手是不真实的，有人说“打是亲，骂是爱”，建立新型家庭怎样对待这样的传统？

安　顿：不仅仅在夫妻关系里，任何一种关系都不应该含有暴力。这是基本的原则，打人是不对的，我们从孩子懂事起就会告诉他，在这个世界上暴力是孱弱的行为。夫妻两人相处，因为有好感，至少认为可以在一起生活，没有大的原则上的问题才会选择牵手，在这个过程当中尊重是非常重要的。在我的采访当中，由于受教育不同，大家对夫妻关系的容忍度是不同的。我们通常认为受到更多的教育以后，会对婚姻更包容，但是16年的采访经历告诉我事实刚好相反，越是没有受过特别好的教育的人，对家庭暴力越是会容忍，因为她没有选择、没有自我。

受过良好教育的女性，对自己的生活质量要求更高，伴随着教育水平的提高，她们对婚姻的要求会细化起来，暴力是绝对不允许的。我特别不理解“打是亲，骂是爱”。你有女儿，你会告诉她“有一天，有一个男人特别爱你，你离开父母嫁给他，跟他生活，他打你是爱你”吗？这是多么诡异的思维方式。

梅　佳：在这些务工女性中间有没有体现从农村到城市的变化？想听听你

来自一线工作的体会和相关的情况。农村妇女生活状况和家庭关系，是不是跟地域有关，有的地方稍好一点，有的地方稍差一点，在你的采访当中南北有没有差别？

安　顿： 关注外来务工女性大体上有三个基本要点，也就是采访的时候一定要问的问题——她们的教育背景、童年的生活环境，接下来是城市文化对她的影响，她走进城市从最初不适应到后来找到谋生的方式，给她带来的世界观、人生观方面的变化。还有一点是身份认同，当她在城市生活不愿意回到农村的时候，怎样解决身份认同的问题。我刚才讲的文化差异是城乡之间的，乡村女性到城市以后，绝大部分选择不回去。我们做过一个调查项目，叫“你不愿意离开北京返乡的一百个理由”，大家的回答基本还是比较一致的，就是城市文化对她们来说更有吸引力。“老家”这个词温暖而伤感，本来我们之间有文化差异，因为这个词，一下就近了。我也存在老家的问题，我小时候生活的大院现在已经没有了，她们的故乡的很多东西也不见了。她讲她离开故土，和我离开我出生的大院在感情上是相通的，这种相通是超越差异以后作为人共同的东西。说到变化的话，很多离开老家进入城市的女性，她们在年节返乡时带回去的城市文化，再影响家乡的女性，这个力量很强大。

与其说南北差异，我更愿意说是沿海地区和内陆之间的差异。你到天津就能够感觉到，天津的底层低收入的女性和北京底层低收入的女性有差别，越开放的地方，人融入城市越快，同样也存在一个问题，这样的女性底线更低，想快速改变自己，看到的比别人多，更容易找到捷径。

赵智熙： 今年 3 月上海十佳代表提出“贞操是送给夫家最好的嫁妆”，你如何看待这个问题？目前广东省提出要在 9 月 1 日从小学开始进行女性教育，并且提出一个叫“男不包二，女不做三”，王老师你如何看这个问题？

王红旗： 首先说贞操问题，批判这个观点的一篇文章，跟我的一篇论文正好发表在《中国妇女报》同一天的同一个版面上。从传统文化观念上讲，贞操问题已经在人们的意识里，特别是在男性心里成为解不开的心结。我对这种现代版的封建“贞操观”是坚决否定批判的。因为，它曾戕害过多少代女性的生命。如今女性教育的缺失，是女性自我塑造教育的缺失。无论是传统文化还是现代的、外来的文化，都是在演绎女性被社会塑造、被文化塑造的被动者。

然而作为具有独立自我、主体意识的现代女性，正在以女性自我塑造改变着过去的“被动”，女性开始从各个方面进行探索与发现女性的内在力量。女性的塑造和女性文化，正在给社会注入坚韧、谦和与包容的特质。这是一个女性自我教育的过程。“男不包二，女不做三”不仅是一个炒作的问题，而且遮蔽了一个性别不平等的陷阱。女性和男性的人格重塑、自我解放与自我认识有密切关系。现代很多男性还会把女人作为一种被看的消费品，彰显其性别优势。女性应该凭自己的知识与智慧改变人生，认识到嗟来之食、失去自我的“小三”是不长久的。社会上比比皆是的“婚外情”“一夜情”，有几个有好结局？这一点安顿访谈了数百位当事人，是最有体会的。我周边的人也有很痛苦的经验。这实际上是一个爱情、道德与物质的关系问题。

论坛现场婚恋观调查问卷分析简报

王　唯：在论坛现场发放的100份“论坛现场婚恋观调查问卷”，回收问卷92份，问卷回收率92%，填写者中女性占73.6%，男性占26.4%。问卷问题的设置扣准6个方面的婚恋问题，其中5道题是选择题，1道题为开放题。第1、2、4题为单选题，第3、5题为双选题，第6题是问答题。问卷调查情况简报如下：

第1题：“你对恋爱与婚姻的关系是如何理解的？”其中选择“恋爱是婚姻的基础，只有通过恋爱才能有美好的婚姻”的人占79.2%；选择“婚姻才是爱的升华，恋爱并非那么重要”的占2.8%；选择“恋爱才是纯粹的爱，婚姻只是一种责任”的占2.8%；选择“两者关系说不清”的占15.3%。第1题说明，大部分现场的硕士生、博士生比较认同“恋爱是婚姻的基础，只有通过恋爱才能有美好的婚姻”的婚恋观点。

第2题：“你如何认识你的另一半或者希望采取何种方式认识？”其中选择“父母、朋友介绍的相亲形式”的占8.3%，选择“网络交友”的占1.4%，选择“最好能是身边的人，如朋友、同事、同学”的占76.4%，选择“社交活动，如联谊会、舞会”的占8.3%，选择“其他”的占5.6%。第2题说明，大部分现场的硕士生、博士生选择婚恋交友的对象比较倾向于身边的朋友、同事、同学。

第3题：“你的择偶标准主要是什么？（限选两项）”其中选择“对方的学历”的占3.5%，选择“对方的经济状况”的占6.3%，选择“对方的身高和相貌”的占 4.9%，选择“对方的人品”的占 40.3%，选择“对方的能力”的占 27.1%，选择“对方的脾气性格”的占 16%，选择“其他”的占 2.1%。第 3 题说明，大部分现场的硕士生、博士生的择偶标准，更看重对方的人品和能力，而对方的学历、身高和相貌并不是主要的因素。

第 4 题：“你对以下传统婚恋观念认同吗？”其中选择“门当户对”的占“43.1%”，选择“男主外，女主内”的占 8.3%，选择“女方在婚前婚后有贞节”的占 15.3%，选择“三从四德”的占 1.4%，选择“先结婚，后恋爱”的人数为 0，选择“以上都反对”的占 31.9%。第 4 题说明，对于传统婚恋观念很多硕士生、博士生都不是很认同，尤其是“先结婚，后恋爱”无一人选择，但对于“门当户对”有近半数的人是比较认同的。

第 5 题：“你认可下列婚恋现象吗？（限两项）”其中选择“闪婚”的占 4.9%，选择“裸婚”的占 22.9%，选择“同居”的占 22.2%，选择“一夜情”的占 1.4%，选择“网恋”的占 3.5%，选择“婚外情”的占 1.4%，选择“相亲”的占 43.8%。第 5 题说明，在场的硕士生、博士生最认同“相亲”的婚恋形式，较为认同“同居”和“裸婚”的形式，不倾向于“婚外情”和“一夜情”。

第 6 题：“爱情是激素，婚姻是拘束？爱情有时徒有虚名？婚姻是一场男人和女人争夺话语权、经济权、掌控权的战争？请用一句话表达你的婚恋观念。”其中代表性的观点是：

现场硕士生、博士生婚恋观宣言：

- 真正的恋爱不是轰轰烈烈，真正的婚姻也不一定平平淡淡，而是两个人习惯有了对方的存在和陪伴。
- 真诚对待，尊重彼此，负有责任。
- 爱情不是幻想，也没有那么现实；爱情不是一见钟情，需要经营。
- 爱是人类最伟大的情感，“我爱”因为我是人类的一分子。爱是两个灵魂的合二为一，相互拯救着走过一生。
- 一个懂事的女人同一个懂事的男人相爱了，会是相对完美的。由于价值观、人生观……不合适，也许再好的一个人，在对方眼里也会成为讨厌鬼，也许没幸福可言。
- 男女在爱情与婚姻中拥有平等的权利与义务。
- 爱情是婚姻的基础，婚姻是爱情的延续，婚姻要双方性格的互补，相互关爱，相互扶持与合作，是相亲相爱的关系。婚姻不是战争而是和谐的爱。

- 婚姻 = 爱情 + 责任（缺一不可）。
- 不离不弃，相濡以沫，生同衾，死同穴。
- 婚姻是坟墓，但没有婚姻就死无葬身之地。
- 婚恋是人生的一件大事，既然两个人相爱结合在一起，就应承担各自的责任，共同赡养老人，培养下一代。

“女性回家论”的社会历史与文化成因

王红旗：2011 年是中国政府在联合国“95 世妇会”宣告把男女平等作为一项基本国策的第 16 年，是辛亥革命 100 年，是女性解放运动 100 年。但是今天一位获得话语权的女性，却重提“女性回归家庭”，我们作为知识分子，应该有一份责任，为什么百年女性解放历史上“女性回家论”的争论总是不绝于耳。对此做出历史的、文化的理性分析，请大家各抒己见。

关于“女性回家论”形成的规模比较大的激烈争论，大概有 6 次。第一次是在 20 世纪 30 年代，当时鼓吹“女性回家”，让妇女争取做家庭的“贤妻良母”，实际上是一种走出家庭的女性解放与贤妻良母之间的争论。它的核心就是，母职才是女性的天职，以夸大母性和母职作为反对民国时期女权启蒙的理由，忽略了女性作为一个人的人性和人职。请各位先谈谈第一次“女性回家”的争论，从历史和文化渊源的角度，探讨民国时期“女性回家论”的深层原因。

百年来“女性回家论”之争的意识症结

梁景和：百年来中国女性解放历程，所要追问的根本问题就是男女平等、性别平等和妇女解放。在近现代史上主要表现在几个方面，比如身体的解放、生存的解放、教育的解放、政治的解放、伦理的解放，等等。这个解放过程不是齐头并进的，一个时期有一个时期的主要内容。

戊戌维新时期，当时国家比较贫弱，贫弱的原因在哪儿？有一种观点认为是中国人的身体素质问题，中国人身体的残弱是由什么造成的呢？当时认为主要是两个原因，其一是男子抽大烟，其二是女子裹小脚，这就造成了中国人身体素质的低下，所以要禁烟，要禁缠足。戊戌维新时期女性解放就是从禁止女性缠足开始的。清末在分析国家落后的原因时，有一种观点认为是占人口一半的女性不工作、不生利，导致了国家的贫穷，所以有人提出了女子自立观，女子要出去工作。20 世纪初还有一种“新民”文化观，其中包括开民智。中国开民智不但包括男性，也包括女性。这就涉及教育问题，包括女性教育，要求女子去上学。这就是女子教育解放的问题了。

民国时期，一些女性提出了女子参政问题。新的国家政体，男人要参政，妇女也要参政，女子政治解放的直接表现形式就是女子参与国家管理，即直接参政。到了五四时期，陈独秀、李大钊等文化精英提出，国人最后的解放是伦理的解放，这种观念是对中国传统文化的反思，文化意义更加深刻。在中国不但男人要有伦理的解放，妇女更需要一个伦理的解放。近现代以来，女子解放是一个全方位的解放过程，这个过程今天还在继续，还未完结。

今天讨论的这个话题是女子解放中的一个重要问题，是女子生存解放或经济解放的问题。20 世纪以来，中国有几次关于“女性回家”的争论。1933 年到 1937 年一次，20 世纪 40 年代前后一次，80 年代初一次，80 年代末和 90 年代初一次，世纪之交一次。这几次的争论都有不同的历史原因。但是有一个共同的原因就是就业问题，一般都是在就业紧张的时期出现“女性回家”的争论。当就业的岗位有限时，就出现了“女性回家”的争论。比如 1933 年到 1937 年的争论，是 1929 年世界经济危机后造成的，中国“九一八”事变很多企业倒闭，就业岗位少了，出现了“女性回家”的争论。40 年代前后的，是抗日战争引起的，很多中国人往大后方跑，出现岗位紧缺又出现了“女性回家”的争论。80 年代初也是这样，那时就业是很紧张的，新毕业的初高中学生不再下乡，插队知青又要返城工作，就业难，怎么办，还是女性回家吧。90 年代前后，是经济体制改革不断深入的年代，经济结构变化很大，贫富差距也大了，有富人，也有穷人，这时“全职太太”出现了。一些人觉得女性回家是好事，可以避免双重负担，生活很幸福。世纪之交那一次争论与这一次有共同之处，在制订“第十个五年计划”时，有人提出是不是可以搞阶段性就业，这也是指妇女的阶段性就业，这可能跟国外的影响有关。比如说日本、韩国和欧美一些国家，就是妇女读书毕业之后找工作，结婚后就回家做全职太太，等孩子长大了再去工作。这次一位政协委员的提案，也引起人们的关注，她提出女性回家也与就业问题，与国家的经济发展、经济体制、企业的发展状况有关系。

王红旗：那为什么每次都要把女性回家提出来呢？

梁景和：这就是问题的症结。在大家都“抢饭碗”的时候由谁来“让饭碗”，在中国好像就应该是女性“让饭碗”，要不怎么都叫女性回家而不叫男性回家呢？出现这样的现象我觉得原因很多，其中之一就是与传统观念有关。中国传统社会的基本理念就是“男主外，女主内”，男强女弱，男的在外工作，女的照顾家里，已成国人的价值理念、世俗理念，都这么看问题和想问题，男性这么看，很多女性也这么看。

王红旗：请问中国传统社会数千年，女性囿于家庭，如奴仆的单极生活是女性自己想要的生活吗？

梁景和：在中国和整个国际社会，有相当一段时期是男权社会。男人说话算数，男人说什么是什么，你看这几次“女性回家”的争论，大部分都是男人主张女性回家，而女性在积极地反抗着，特别是新中国成立后的这几次。比如说 20 世纪 80 年代初，最后妇联出来说话了，妇联不同意女性回家，政治局书记处觉得妇联说得有道理，就按照妇联的意愿办了。世纪之交关于阶段性就业，也因为妇联的意见，所以国家没有搞阶段性就业。

王红旗：女性是扛起双重负担，还是回家？社会在进步，这是需要女性自己去选择的。

梁景和：现实生活存在这个问题。比如女性非常能干，和男人一样下地劳动，而男人在外面劳动回家就休息了，喝水、抽烟当大爷了，女人却要抚养孩子、做饭、做家务。20 世纪 90 年代以后贫富差距拉大了，社会上出现了一些全职太太，她们觉得女性回家挺好，女性不再有双重负担了。那么既然可以有全职太太，是不是可以有全职老公呢？这样想的人不是很多，因为传统观念在起作用。所以变革观念很重要。一直提“女性回家”而不提“男性回家”原因就很清楚了。社会发展到今天，关于就业或回家的话题，我认为要遵守一个基本原则，就是所谓的自愿原则，有些女性就愿意回家，不是强迫的，这是可以的。包括男性，他不愿意在社会上谋职，却愿意在家做家务，也是可以的，男性或女性回家都可以。但是要避免把它变成一种法律，一种制度，一种硬性规定。

王红旗：还有文化导向。更不能把社会制度不完善造成的问题，归罪于女性不回家。这从根本观念上就是很荒谬的。如男性承担相应的家务劳动和子女教育，同样会提高家庭幸福指数的，因为男女是平等的家庭成员。

梁景和： 中国社会经济发展到一定程度，大多数人不会为吃饭、穿衣服犯愁，至于吃穿的好不好是另外一回事。有了温饱的保证，人们可以想是不是再工作，男性和女性都可以决定自己是否去工作了。另外家务的社会化、市场化和商品化问题，也有助于解决“女性回家”问题。男女平等也要体现在对待家务的态度上，还是要共同分担。

“是否回家”“谁回家”应该是自由的选择

韩贺南： 什么叫男权？梁老师解释得很具体，简单说是男人说了算，男人是主导的。这样一种性别权力框架下，你说的我很赞同，不同群体有的时候很多利益是共同的，也有一些是有矛盾的。比如男女两性矛盾是永恒的，女人的解放要靠女人自己。在男性是社会主导的时候，有些女人总想讨好男人。男人喜欢相夫教子的女人，喜欢性别观念很传统的女人。她为什么这样，其中有一种权力观念的失衡和讨好在里面。“你们都跟男人挑战，你们都不可爱，男人都不喜欢你们。我这样做得乖，男人喜欢我这样的。你们争取做工作，你们双肩挑，你们这些人都不可爱。”有的人甚至给职业女性戴上很多帽子，认为这个社会不和谐都是职业女性捣乱的，我觉得这个特别特别悲哀。

梁景和： 这就是男权社会。如果是女权社会，就是男人讨好女人，女性的目标就是把男权社会变成女权社会。我说的这句话是一个玩笑，不是目标。我们不需要女权社会，需要平等社会。

韩贺南： 我觉得我们应该看到这种声音背后其实是一种对权力的屈服。

肖　巍： 我认为，“女性回家论”在今天的中国是逆历史潮流而动的，如今的中国女性同男人一样受教育，拥有各种各样的权利，因而不能笼统地说让女人或者男人回家，这要看具体情形。在激烈的社会职业竞争中，自然有劳动力的淘汰，在一个男女公平竞争的社会中，被淘汰者也不可能都是女性。目前在国家发展过程中，应当逐步出台一些有利于家庭服务社会化的福利政策，如幼儿园和养老院的社会补偿福利政策，花钱少又解决劳动女性的后顾之忧。还有如同瑞典社会一样的“父母假期”等，例如中国家庭特别重视孩子的两大考——中考和高考，为什么我们不设置一个父母的“孩子大考假”呢？还有孝亲是中国社会的伦理传统，我们也应有子女照顾生病父母的假期，如“父母大病假”。中国建设和谐社会的一个重要条件是家庭和睦，在一个家庭中，是否回家，谁回家都是一种自由的选择，不能成为一种社会的政策导向和制度的建构。而社会应当做的是鼓励更多有才智的人参与社会劳动，减轻他们的家务负担，让他们在各自的领域施展才华。

宋少鹏：我不太赞成把女性作为一个群体对立于男性。从近代社会历史角度讲，我们应该问压迫机制是什么？压迫妇女的是男人，还是一个宏大的社会制度——基本制度。这个制度对女性不友好，对男人未必就友好。这样才能理解为什么“男娜拉”和“女娜拉”联合起来一起打倒父亲。因为压迫机制是父权制度，父权制对女性不友好，对青年男性也不友好，所以才结盟一起推翻父权社会。到了20世纪二三十年代，“父亲”没有了，父亲遗留下来的权力需要重新分配，“男娜拉”和“女娜拉”之间又产生摩擦，这是后来的故事。我非常同意梁老师的分析，但谈到自愿的原则，就涉及怎么看社会基本制度和个人之间关系的问题，如果我们只看到个人，看不到整体制度对于个人的制约性，就会变成男人和女人的战争，或者女人和女人之间的战争。所以，我们应该审视背后的社会基本制度。

梁景和：你把问题更具体化、更深入化了。我说男女是永恒的矛盾，是一般意义的陈述，因为社会就是由各种矛盾构成的，性别上男性、女性是一对矛盾，这个矛盾是永恒的，你分析的是具体的社会、具体的制度，这是很有实际意义的。

宋少鹏：张晓梅委员提到的鼓励部分女性回家、制造和谐家庭的提案，“部分妇女”是指中产阶级，并不包括打工阶层，可见，张晓梅委员是非常清楚劳动阶级家庭需要夫妻双方共同工作，才能养活和支撑这个家庭。这是一种“温情脉脉的中产阶级”形象，创造了一种“家庭主妇”的神话。

韩贺南：那么这种现象是在什么样的背景下提出来的？贝蒂·弗里丹写的《女性的奥秘》，背景就是美国二战以后妇女回归家庭，我觉得可以给我们一些启示。《女性的奥秘》里解决的问题是美国妇女无名的烦恼。那种烦恼就是回归家庭做全职太太以后，有一种说不出来的苦闷，莫名的烦恼。这些人都是中产阶级，在郊外有别墅，家里有车有花园，别人都不理解她们的烦恼，她们自己也没法说出来。贝蒂·弗里丹发现，这些人确实很烦恼，给她们打电话时，她们在电话里哭。以至于这些人的烦恼没有办法排解，只好去找心理医生。这些心理医生有的是弗洛伊德的弟子，告诉她们说你们可能性不满足，你们应该找一些异性朋友，结果她们找了异性朋友之后更烦恼了，又说做女人做得不好，贤妻良母没有做到位，回来做贤妻良母又更烦恼了，不但没有找到问题的症结，反而加重了病情。这用我们中国话说，就是做贤妻良母的烦恼。

贝蒂·弗里丹特别追问一个问题，是什么力量使妇女接受做贤妻良母的安排。一个是战争，战争把整个社会秩序打乱了，战争使人们不能做母亲，因为儿子上战场了。年轻人恋爱中断了，谈恋爱没有对象了。战争结束了，人们要追回补偿自己的母爱和爱情，怎么办？最好让女人回家做贤妻良母。还有政府的打造。战争时期，男人上战场，妇女顶起了所有的岗位。一战的时候，男女之间有冲突，男人从战场回来，男人觉得女人抢了他们的岗位，女人又认为男人抢了她们的岗位。但这时候社会和女人都认识到，妇女啥都能干。美国二战时也是这样，政府为了缓解就业压力，重新来打造女性。男人上战场，媒体怎么宣传，打仗需要武器，做枪支弹药，女人在工厂里做枪支弹药，告诉女人你别不自信，枪支弹药好做，就像做三明治一样简单。繁重的劳动使女人的身体瘦了，以至于比基尼泳衣做得都要瘦一点。当男人从战场上回来了，要女人把岗位给男人，比基尼泳衣做得都肥大了。因为在家待着女人变得丰满了。告诉女人你天性就不适合在社会上工作，这太苦了，所谓时尚女性就是在家里做太太，有“女人味”，“档次高”。还有一种是消费主义的，生产要发展，没有消费拉动不了经济，女人在家里很无聊，才买东西，商家想得可周到了。

回应“女性回家论”，必须多长点心眼儿，这到底会给我们带来什么影响，谁在说什么，这个必须问清楚。谁在打造“女人味”，还有时尚。我觉得有很多值得去思考的问题。当时美国还有科学主义的打造，自从我们相信了科学以后，就特别相信科学家说了些什么，但是科学家有时候是没有性别平等意识的，仍然用生物决定论解释性别问题，真的应该反思学术。性别是一种文化，性别不仅是每个人的生理特征，也有很多文化的标记，没有文化就不能称为人类，为什么要回到生理结构层面来谈男女社会分工？

宋少鹏：这是我们现代性的陷阱。

韩贺南：对，现代性有很多迷宫在里面，我们的科学又回归到生物决定论上。打着科学的口号，其实贩卖的是反科学的东西。

对改革开放多种观点碰撞的反思与反驳

宋少鹏：第一，我们需要反思这些观念下面的知识论基础。现在认为理所当然的知识是在近代才产生的。近代最重要的知识转型，是把生物性作为人的本体存在的基础。在传统儒家观念中，人与禽兽之区别是人伦秩序。比如孟子骂墨子“无君无父是禽兽也”。由于近代生物进化论的传入，生物性成为人的本体性存在的基础。生物性，把人从儒家人伦秩序中超拔出来，为人的个体性奠定了基础。同为人类的同类意识是男女平等原则的基础，同时生物性也种下了男女两性的生物性差异，即类分原则。生物进化论是以“科学”的名义传播的。科学对于女性性别建构中的作用，我们至今从未很好地反思过。

读张晓梅在博客上讲的话，她论证“女性回家”的理由是“生理决定论”，所谓女性的本能。要解构这种所谓的“科学”，必须要用历史的研究来说明近代的“性”别观念是如何建立起来的。谁在打造这种性别观念，为什么，如何打造的。当我们能用女性的建构历史来说明，所谓“自然”的“女性”是近代才建立起来的，那么这种女性观念当然就可以打破和重构。百年历史中出现了四五次“女性回家”的争论，每次争论背后的社会背景有它的差异性，支撑论证的理由也有差异性，我们需要做更细致的分析，需要质问是什么力量使女性回家。要分析造成这次“女性回家”的原因，除了反思支撑这个观念的知识论基础，还需要当代中国女权主义思想做自我反思。

特别是 20 世纪 80 年代女权思潮需要自我反思。现在“性化的女性”很大程度上是对极“左”路线泛滥时“无性化铁姑娘”的一次反动。80 年代对女权思潮、对“无性化铁姑娘”的解构，动用的策略是分离主义。第一个分离是把性别从阶级中分离出来，第二个分离是把妇女从马克思主义妇女解放理论中分离出来，也就是说解构了“生产劳动解放妇女”的说法，建立起一个个体化的、性化的个体，性化的种子就种下了。我们需要认真反思80年代的女权思潮，在当时有其历史进步意义，但是这样的解构方式，某种意义上是在搬起石头砸自己的脚。现在反对女性回家的人在论证时处于两难困境，一个是若支持自由和自主选择的话，就不能完全彻底否定女性自愿回家；另一个是解构了“生产劳动解放妇女”，以什么理由要求女性走向工作？

王红旗： 20 世纪 80 年代提出了“娜拉何处是归程”的问题，是因为近代以来女性与中国社会经历了太多战争、饥荒的苦难，在那个特殊环境下，社会革命取代了女性的真正解放，至于如何解放，女性认识并不那么深刻。而新中国的“男女都一样”虽然让女性一夜之间走完了西方女性两百年的解放之路，在社会上获得了政治身份和经济地位，但是以男性为标准却导致了女性性别特征的雄性化。在这种情况下重提“娜拉”，是一种对女性解放经验的反思，是对更深层解放之路的寻找，并不是反对马克思主义的“生产劳动解放妇女”。如 80 年代初，张辛欣的小说《在同一地平线上》，谌容的小说《人到中年》，都谈到了女性的家庭与事业的双重负担问题，男女并不在同一地平线上，表达了中国女性在现实生存困惑当中寻找出路的呼喊。

宋少鹏：第三个分离是把妇女和妇女运动从国家中分离出来。把妇女解释成被动的客体。为了实现这三种分离，挪用的是“女性的身体”，用“自然的女性的身体”来对抗第二性的国家，国家是人造物，“自然”高于“国家”了，第二性不能对抗第一性。20 世纪 80 年代的女权思潮是新启蒙思潮的组成部分，但“女人的性化”在这里种下了，那时候创造的女性的“女人味”，到了消费主义时代被资本主义俘获，女性的身体和女性的主体性不断被消费主义重造和张扬。

在生产领域再也解放不了妇女的时候，女性的身体成了妇女能够张扬主体性的唯一场所。后来发展出来的身体写作、“二奶”现象，难道我们能否定这不是女性对自己身体的控制？这就是“性化的个体”的后果。同时也体现在话语上的微妙转化。现在人们不太爱用“妇女”，用“女性”取而代之，不太爱讲“妇女解放”，爱讲“女性主义”。只看到个体，只看到主体性，看不见宏观社会制度，“女性主义”变成了“站在女性立场上，张扬女性的个性”。一方面女性主义失去了对社会制度的批判，同时把男性推到了对立面。另一方面意识形态的再造是为了配合某种新的社会制度转型。这次重提“女性回家”的背后，有一个急剧化的市场化转型。市场化转型是从“再造家庭”开始的，同时跟“再造女性味”连接在一起。企业制度改革是与建构公 / 私领域同步的，也就是“家庭私人化”。

20 世纪 90 年代创建现代企业和企业改革中，有一种提法是“企业不能办社会”，言外之意是跟再生产有关的职能要退回社会，实际上是退回个人和家庭。绝大多数家庭不可能把与再生产有关的职能实现市场化，只能让家庭内部的分工来解决问题。于是只能由双方老人来带孩子，或者夫妻分工。在这种背景下，重新兴起了对家庭美德的呼吁，主流意识形态再造了“好女人”。现在，家庭早已不再是生产单位了，而是消费单位。加上消费主义对拥有主体性的女人的再造，你可以通过消费展示自己的权力和能力，可以控制男人的钱去消费，通过消费来控制家庭，家庭被塑造成了女人不仅可以安置自己身体，也可以安置自己主体性的地方。而且，科学主义的“母性”，加上传统性别观念的母职，市场化之后家庭重要性的加强，独生子女政策加强了对女人的母职的要求。换言之，在看到塑造“女性”、重构家庭伦理、再造家庭的意识形态的力量的同时，更要看到需要这种意识形态的社会基本制度以及发生的转型。

在集体主义时期，家庭的观念跟现在是不一样的，以前是“小家”和“大家”的关系。马克思主义妇女解放理论里与“生产劳动解放妇女”相配套的是“家务劳动社会化”。但是当社会化职能国家和社会还无力承担的时候，妇女成了毫无疑问的承担者。这是马克思主义妇女解放理论的问题，但有一点要强调的是，马克思主义妇女解放理论是承认在社会主义国家应该承担家务劳动社会化的职能。这就不同于市场化转型之后，把生育、养育都看成是私人的事情，被推回家庭。在这样一种刚性的宏观制度安排下，妇女能回到哪里？讨论“女性回家”，不能只看到主体性和个人选择的自由，还要看到社会制度的转型和大的宏观制度对个人选择的约束性。

韩贺南：我觉得，这里面我们有很多思维是很刻板的，不是回家就是工作，然后一回家就是女人回家，就是不给人多样的选择。这背后的声音到底是什么？我们要倾听回家到底是真的要回家，还是某种无奈。我经常说机遇与挑战共存，压力与机会并存，我们背着压力往前走，有时候在压力面前不想往前走了，传统的女性的话语还能给我一个逃避的港湾，我太累了。这不是双重压力问题，双重压力是指工作和家庭的压力，其实我们有很多压力，比如年轻人生存的压力，比如买房子，有的人挣一辈子钱买不来一套房子，怎么办呢？最好嫁一个有房子的老公，所以丈母娘承担了罪过，其实她是心疼女儿，我女儿养这么大，现在女儿受了高等教育了。我的孩子现在为了买房子，拼命去工作。也有这样的，男人说不干了，我回家了，别人就觉得这不是一个好男人，女人不能嫁这样的男人；女人回家了，自己还贴上一个“全职太太”的标签。我是说回家背后是真的要回家，还是有某种苦衷，应该是思维上坚持辩证法，看事物看得深刻一点，不要把眼光盯在谁回家不回家上。“回家”背后是压力，是一种无奈。另外，我也很同意从性别文化角度讲，我的一个朋友跟我说，“‘女性回家’，不正好跟你说的马克思主义妇女观——妇女参加社会劳动是妇女解放的重要先决条件相反吗？”马克思主义妇女解放理论是挺好的，但是需要一个大众化、民族化的过程。

宋少鹏：这个我不同意，20 世纪五六十年代共产党轰轰烈烈宣传“妇女解放”“男女平等”，这些概念还深入人心呢。

韩贺南：在学术上，对中国共产党的妇女理论还需要进一步努力挖掘，逻辑到底是什么？有时候只看到一个口号，学术界也是有责任的，理论的抽象化、教条化和空洞化，使大家违背这个理论原则，都还不知道错。

梁景和：“女性回家”的争论可能会不断出现，但可能永远是个似是而非的问题，你怎么争论，在中国现代制度下很难实现“女性回家”，很难变成一种制度，遥远的未来却可能打破了家庭的概念，没有家庭了，她就无家可回了。只要现在还有家庭，“女性回家”的问题就可以永远争论下去，但是很难有一个最后的结论。刚才韩老师讲的背后是有很多深刻的问题的。

韩贺南：新中国妇女是国家的主人翁，这是她的身份，当家做主了。

宋少鹏：主人翁和主体是不一样的。

韩贺南：主人翁的身份不要把它架空了，你就来参加国家建设。

宋少鹏：我谈一谈百年女权运动中“责任平等”的问题。中国百年女权运动和西方女权运动的路径是不一样的。西方女权主义运动是在现代民主国家框架下追求男女平等的“权利”的。中国的女权运动发端于国家建立之前，发展于为创建一个独立的民族国家的过程之中。百年女权运动，首先谈的是责任，而不是现在理解的权利和义务。20 世纪 80 年代市场化以后才强调“权利”、个人的“权利”。辛亥革命后成立“中华民国”、1949 年成立中华人民共和国。作为近代国家的理想是共和国。所谓共和国是共同所有的国家。女权运动产生之初，首先追求的就是国民资格，“女国民”的称谓就来源于此。女人也是国民，是共同体的成员，所以就要为国家尽责任。早期的女权运动，通过争责任平等来践行男女平等。“同为国民，同担责任”。民国成立之后，军阀割据、外强入侵、30 年代的抗日战争，中国社会面临着民族危机，一个民族国家成立的过程并没有完成。女权很大程度上是通过履行对共同体的责任来彰显男女平等。当然我们也不能无视民国成立之后，在国家框架下争取参政权、职业平等权、法律平等权等男女平等权利的运动。“责任平等”这条线索一直延续到社会主义时期。

1949 年成立中华人民共和国，如何建设一个社会主义国家是共同体成员共同的问题，讲贡献实质上是讲对共同体的责任问题，是责任不是权利。共同体，可以是全人类，也可以是一个国家，一个阶级，我为共同体做出了贡献也赢得了承认。从责任的角度来讲，就不能简单理解为“被动员”。权利的单位是个人，是个人与个人之间有一个界限，不能相互侵犯。共同体，是成员资格问题。回到女性回家的论题上，就不是回不回家自由选择的问题，还有一个共同体成员资格的问题。即使放在公私领域分野的结构里来讲，退出公共领域进入私人领域，就会逐渐失去一个共同体成员的资格。很简单的一个例子，农村社区是集体所有制，出嫁和离婚的女儿之所以被“剥夺”土地权，是因为在男系制下，村庄里的人认为嫁出去的女儿不再是村庄共同体的成员了，所以，权利是与共同体成员的资格联系在一起的。争妇女的土地权，就要争出嫁女是村庄共同体的成员资格。

“部分女性回家”背后隐藏着怎样的一种力量

王红旗：女人真的回家以后，这个家庭已经私有化了，家庭已经不是原来集体主义时的国家的生产单位了，而是一个个体。家庭成为这个社会集体里一个特别边缘的东西，那女性就会被抛弃在边缘位置。女性在当代生存选择的方式多元了，真正解放是国家建立男女公平的社会制度与措施，而不是女性回归家庭或者说部分女性回归家庭的问题。

宋少鹏：1952 年，我们批判消费主义，整个延续下来了。那时鼓励大量女性回家是因为解决不了就业问题，国家和社会承担不了这么多家务劳动社会化，那时候有一个概念，家务劳动是社会主义劳动的一个部分，这就被承认了。

王　唯：女性天生就会做饭洗衣服吗？那为什么社会上著名的厨师、服装设计师都是男性？看来男性也可以做家务，女性洗衣做饭应该是社会性别文化建构出来的。女性回家就可以构建和谐家庭吗？女性在建构和谐家庭中的身份实际上是“他者”的，国家需要建设，你就出来工作，就鼓励你来建设社会主义，说国家劳动力多了，女性就回家。女性并非自主选择而是被动地被安排。现在是一个生活成本高的社会，这位委员所说的部分女性，其实是有条件的家庭中的女性，如富豪家庭。我觉得女性必须创造一种自我。我代表 80 后的一种声音，女性如何打造自我？女性固然有她的特质，但是这种家庭分工也绝对有社会文化的因素。

说女性在社会中缺少了“女人味”，的确存在这样的问题，我在参加一个课题时有机会和北京市的一些领导吃饭，他们说：“你们得喝酒，不喝酒以后没有发展。”我们的确看到很多女性在职场上像男人一样喝酒抽烟，很强势的样子。难道女性就不能用温暖、平和、发自女性内心本质的自我来扮演职场角色吗？现在就是男性化的职业标准。我们不难发现这位领导实际上给女性戴了一个“帽子”，我们一个家庭是一个小家，社会是一个大家，把小家照顾好，就是把大家照顾好，从这个角度上讲女性也是为社会做贡献，这个“帽子”是想假借为国家做贡献，实际上控制了女性的自由。

韩贺南：不同历史时期，“女人味”的标准是不一样的。比如说像我们的母亲辈、祖母辈，是缠足的，在她们的时代缠足就叫“女人味”。20 世纪的中国妇女解决运动是从废缠足和兴办女学开始的，我们每个人都要在这个社会上发挥聪明才智，为社会做贡献，也为我们自己创造生活，如果我们的文化给人的压力太大，就不是好文化。

王　唯：女性首先作为一个人，也有自我实现的需要。我看了叶圣陶写的《倪焕之》，倪焕之的妻子金佩璋和他谈诗歌，每天生活觉得特别好，突然间这个女人怀孕了，这个女人就变成母亲，每天操持家务。他说我有了一个妻子，但失去了一个恋人、一个同志。

王红旗：所以男性的进步，你如何看待这个东西，不同的视角是不一样的。她说鼓励部分女性回家，提高社会家庭幸福指数，这种幸福观是建立在什么样的基础之上的？

韩贺南：幸福是什么？我们通常说要为社会做贡献，同时实现个人价值理想，幸福是不是养尊处优？

宋少鹏：从 20 世纪八九十年代起，女权话语中就特别强调主体。但是只看到了主体，却看不到制度对主体的约束。制度既可能是文化、习俗这类非正式制度，也可能是各种国家制定的正式制度。对行为产生规范性约束的都可以称为制度。每个人都生活在这个制度框架之中，人们的行为和选择，是受生存在其中的制度框架约束的。所以不能只看到主体自由地做出偏好性的选择，而是要问主体做出偏好性选择背后的力量是什么。

我认为作为女性，我有自己独特的立场。我们要把个人选择和大的社会制度结合起来看，鼓励哪些女人回家，这不是她个人的意愿，背后有一种力量，绝对不是一个人的声音，否则不会赢得人们的赞成。

王　唯：尤其我们80后，我是独生子女，对男女不平等的感觉不是特别强烈，家里没有重男轻女的情况。上学的时候，我唯一一次男女不平等的经历是高考。当时提前招生，我考的北语的德语，文科招两个人，规定招一男一女，但是最后看分数，女生570多分进的，男生五百零几分进的，连当年北语的高考分数线都不够，我觉得很不公平。还有看到身边的师兄师姐找工作，他们会告诉我女孩子找工作可费劲了，招女生的很少。男生会说女生最重要的是找一个好老公。我也在网上看到过，张委员曾说过“剩女”就等于剩饭，我对生活质量有要求，即使饿死，我也不愿意捡一个烂馒头、馊馒头。问题是婚姻和饥饿是绝对不能画等号的。

现在的社会，女性就能回家吗？这么高的物价、房价，找一个老公，除了找一个富二代，没有可能回家的，男人供不起这个房贷和车贷。从构建和谐家庭角度看，女性也该走出去，女性回到家庭肯定会围着老公、孩子转，慢慢会丧失自我。一个丧失自我的人，孩子会爱她吗？丈夫会爱她吗？最近热播的电视剧《回家的诱惑》里，林品如是个典型的家庭妇女，对丈夫特别好，所有家务事都干，最后丈夫还是跟女强人跑了，后来她为了报仇，变成一个职业女性，把那个男人的心赢回来了。不是说女性就该围着男人转，实际上说的是，作为一个女性首先是作为自我的存在，只有找到了自我才可爱。从和谐家庭教育的角度看也是这样，女性回家之后，她的视野必然变小，虽然受过高等教育，却有很多有关的社会经历无法告诉孩子，这有利于家庭教育吗？从建设和谐家庭来说，女性应该走出去，女性需要平衡事业和家庭，如果我结婚了，首先要求我的丈夫和我共同承担家务劳动，有条件的情况下可以请小时工。

除此之外，张委员是不是为了保护女性才这样说？因为女性是弱者，所以就要被同情，面对这个压力回到家里，从而规避这个风险。我们能不能解决这个矛盾，去平衡事业和家庭，需要去不断创造，有障碍就要克服障碍，解决问题，不断超越。如费孝通先生指出的，男女共同生活，越向着深处发展，相异的程度也越深，求同的阻碍越是大，用来克服这阻碍的创造力也越强大。浮士德说生命力也因之越强，生活的意义也因之越深。事业和家务需要夫妻共同商量解决。张委员说的所谓的女性的幸福人生，就是没有任何压力的安逸人生，但是没有苦痛的人生怎么能强烈体会到这个幸福的深刻性呢？如果从这个角度来讲，我愿意去面对困难，面对社会的压力，去解决这个问题，活出一个真正的自我，活出一个精彩的人生，包括好的也包括困难的，这样才能打造一个完整的女性自我。

宋少鹏：我们应该分析“剩女”的说法中，主语是谁，宾语是谁，是谁挑谁剩。挑的过程中谁是“人”谁是“物”。张晓梅的博客中，表现出一种忧虑，忧虑女性过分强势了，对男女平等片面理解，缺少母性，造成了家庭不平等，社会不稳定。

韩贺南：这是社会来解决的问题，共建和谐社会的问题却都让女人背了。

王红旗：女人造成社会不和谐，女人造成家庭不幸福；女人回到家庭就幸福了，社会就和谐了，就业就不存在困难了？也许这样的观点能代表社会上的某类人的观点，但与大多数女性的现状与愿望是相悖的。

宋少鹏：表面上看张晓梅委员非常看得起女性，非常承认女性对家庭、对社会的崇高作用。就像传统儒家伦理秩序并不是看不到妇女和性别，夫妇正天下正、家正天下正，妇女非常重要，性别秩序是儒家人伦秩序的基础，这个基础不正了，整个秩序就倒塌了。“剩饭理论”“女人回家论”的背后问题是女人等待着被安排。

重新思考基本制度安排与价值观念改变

笑　问：“女性回家”到底是这个社会应该让一部分人回家，还是女性自己想回家呢？这是一个社会问题，社会给女性的压力比给男性的要大得多。举个例子，我和我老公都是80后，邻居有一个小孩儿，我们跟邻居谈，你们两口子怎么照顾这个小孩儿？他就说，我们给他雇一个保姆每月2000块，雇一个出租车司机每月也是2000块钱。将来我们的小孩儿也要这样养吗？一个月单纯照顾费就4000块钱，你把工作一辞，等于节省4000块钱，你在家照顾小孩儿不比那两个人强得多吗？我非常赞成王唯说的，但如果一个女性的月薪是2000块呢？她就会选择放弃。

宋少鹏：这就是把妇女推回家的力量。

韩贺南：我们提得很抽象。我们的视野可不可以更宽阔一点呢？要不要发展一些托幼机构？价值观也需要改变。

宋少鹏：确实应该反思当今社会的主流价值。为什么要用别墅、名表等来体现身份呢？ LV 从功能性而言，跟一个布袋一样，为什么大家都要去买？现在的阶级概念和以前的阶级概念区别很大。现在阶级概念变成文化概念，它代表文化、身份、教养，等等。以前说阶级指的是阶级压迫，是人与人之间的不平等。官方的正式话语也许没有放弃“生产劳动解放妇女”，但在实际生活中，在民众观念中，有多少人还会相信“生产劳动解放妇女”？这不仅是语言解构的问题。在市场制度下，我们作为劳动力本身是物化的，在劳动力的买卖过程中，我们能获得多少自豪感？本身就是物化的劳动力，巴不得退出劳动力市场，变成人。所以，在资本制度和市场制度中，劳动并不能给我带来快乐。关于这一点马克思主义的批评是非常有道理的。对于很多厌倦冷冰冰地异化的生产单位，也许家庭更温暖。

韩贺南：为什么我们的主流价值观，不能深入实际生活层面上来。

宋少鹏：我想追问的是基本制度，韩老师强调的是价值观念的重新塑造。

韩贺南：我们的思维应该是全景的，多方面并重，可能价值观也要改变，但是价值观的改变不是空中楼阁。

宋少鹏：现在个人与国家的关系发生了变化。在社会主义国家的框架下，个人、家庭、国家是一种内嵌关系。小时候我们都说自己是祖国的花朵，现在我们说孩子是父母的、家庭的。当职工把孩子留在保育院里，不是用金钱来购买服务，而是共同为社会主义做贡献。在市场化社会里，保育服务是需要购买的。在自由主义框架下，个人要跟国家划界限。所谓的自由就是国家不控制我。家庭被塑造成私人领域、个人领地。在重塑的个人和国家关系中，国家撤出了很大一部分公共服务的职能。这是一种结构性的变化。我们要进一步分析这种结构性的变化对妇女产生的影响，包括负面的影响。

王　唯：在谈“女性回家”的时候，这样一个私人领域和公共领域交叉的领域如何建构，女性要选择，但不能被动选择，不能不是自我地选择。《绝望的主妇》中有一个人物丽奈特，我特别喜欢她。她也是家庭主妇，她在没回家之前收入比她丈夫高，她回到家里后做家务也不是很擅长。有一次她丈夫的一个领导去他们家了，她丈夫本想在领导面前卖弄一下，没想到这个风头被丽奈特抢走了，丽奈特的工作能力很强。看到后几季，孩子稍微大一点的时候，她还是走出了家门，最终获得了价值实现。

王红旗：从晚清到民国一百多年走的路，不管体制如何改变、如何安排，女性必须参加社会劳动，必须走出家门，才能构建一个真正的自我，一个由内到外的自我。如果说女性回归家庭只是一个缓兵之计，是短暂的，如果只看到这个也是一个短识。假如说你嫁给一个很有钱的老公，实现了财务自由，真的3年、5年把孩子养大之后能走出去吗？你的命运掌握在别人手里，你不可能不思考如何实现自己的人生价值，很多问题就出来了。我曾听过这样一个故事：一对夫妻相遇的时候就像是在一条起跑线上，之后女人为了让男人跑得更快，把所有的包袱都拿来自己背着，让男人轻装上阵，渐渐地，男人越走越远，女人喊他，他听不见。这一对夫妻在精神上已经越走越远。女性选择暂时回家，只是一种缓兵之计，不是女性解放的终极目标，女性真正解放的终极目标是与社会相融在一起，实现自己美丽的、有价值的人生。

笑　问：我还是坚持我的看法，第一我觉得回不回家还是一个自我的选择，不可否认，有些人一辈子都是家庭主妇，也很幸福，这种人也是存在的，这样的家庭也是有的。

王　唯：她不能代表我这样的80后的女性。

韩贺南：据我了解，一些研究者已经批评日本国家主义的选择，完全追求金钱，以经济为目标，把男人当机器，把女人当压力阀。中国共产党坚持男女平等基本国策，坚持马克思主义妇女观，这是很优秀的。

毅　鸥：这两位80后说得非常对。现在社会上有一种看法，女人要自强、要自立、要独立，但是不要逞强，意思就是做能做的。如今女性确实能胜任很多工作，但不可否认也有一些工作不适合女性来做。在这种情况下，女性应该坚持自己“什么工作都能胜任”，还是应该合理调解自己的心态，“有所为有所不为”？各位老师对这种观点有什么看法呢？

宋少鹏：不逞强，讲到生理条件，但是这个逻辑和张晓梅说的，这个活儿女人也能干，男人也能干，你的同事也能适应的时候是不是不逞强。

毅　鸥：我也在思考这个问题。如果男性与女性，或者女性与女性之间存在竞争的时候，很多女性就会产生一种“他可以，我也可以”的争强心态。先不论这个争强的心态本身存在是好还是不好，如果女性对这些东西原本是无所谓的，但一出现竞争，就认为这是好的，想尽办法得到它，这是不是一种逞强的心态呢？

韩贺南：有一个先在的理念——女人别去争，意味着女人潜意识里认为这就应该是男人的，女人要去争了，就不是女性了。

毅　鸥： 但有可能一些女性她本身是具备这个素质的，如果她非常适合这个岗位的话，是不是也不算逞强？

王　唯： 比如说，我有一个竞争岗位，看我想不想去做，如果想，就去做，还是一个个性选择，假如说你不想，很多各种各样因素逼着你必须做的时候，我觉得是文化或者社会对女性的戕害。“逞强”意味着有部分女性，可能能力不够，她会用“潜规则”而最后获得了机会却丧失了自我。有些女性因为文化造成的，她没有自信，如果她不逞强怎么知道她能做呢？然后怎么发挥她的潜力呢？

韩贺南： 文化规则使女性进退两难。我个人的观点是不去责怪哪一个人，谁都是在文化规则下来做选择的，除非改变规则。

宋少鹏： 现代制度把人设计成平等的人，但这个人是抽象的人，不考虑性别的，是不会生儿育女和不需要照料别人的独立的成年人；但是，现实生活中，总是有人需要被人照料，从劳动力的再生产来说，也需要人来培育新的劳动力。这些工作到目前为止，基本上仍是女性在承担。劳动力是无性别的，但劳动者是有性别的。资本可能只需要高效的劳动力，但为了获得高效的劳动力，资本家是知道劳动者的性别的，当然也知道劳动者在其他社会属性方面的差异，比如城乡差异，并充分利用了这种差异，以获得廉价且高效的劳动力。

现代社会里，我们总是喜欢抽象地谈平等，当抽象平等遇到具体差异时，问题就出来了。比如，若是抽象地问“是否支持男女平等”，我相信绝大多数的人都会说支持男女平等，但是当问到具体的分工时，有些人仍会支持传统的性别化的分工，特别是问关于家庭内部的照料工作。在无性化设计的劳动力市场中，需要承担照料责任和养育子女的女性就成了不合格的劳动力。这是产生就业市场性别歧视制度的根源。解决这种性别歧视，需要国家在基本制度的安排上作出调整，而不仅仅是观念上的改变。

如果男性和女性一样有育儿假，结果会怎么样？比如，目前的育儿假的安排中，如果丈夫放弃休半个月假，妻子就可以多休一个月，这种制度安排当然是鼓励妻子多休，而丈夫不休。要解决生育保险金社会统筹的问题，生育保险金就不应该由企业来缴，而应由社会成员共同来缴，不管她 / 他是否生育子女。反过来，每个社会成员的养老金也是由每个劳动者共同支付，统筹安排，这是对等的。总而言之，讨论“女性回家”的问题，除了观念问题，更应该关注社会基本制度的问题，关注社会基本制度对于女性是否公平，有没有让女性回家的隐性和显性的制度安排。当然，现在对女性的歧视大多都是隐性歧视，让女性哑巴吃黄连，有口难言。无论是国企还是私企都存在这种问题。

无论东西方，“女性回家”就等于女性自我放弃未来

王红旗：制度上的安排是很重要的，文化是一个软性的，改变一个人的观念是慢性的。肖巍教授认识的一位瑞典社会学专家尼尔森，恰好在举行本次论坛之前见到我们，肖教授就以这个话题与尼尔森先生进行了讨论，请听听这位国际友人的看法。

肖　巍：在目前中国正在召开的“两会”上，一位女政协委员提出一个议案，让女性回家。其实社会上也有一些人有同样的主张，理由主要有：第一是女性回家可以缓解就业压力，中国正处在严重的就业困难期。第二是会促进家庭的和谐，正如中国传统文化所主张的那样“女主内，男主外”。第三是有助于女性的身心健康。因为，如果女性外出工作的话，既要照顾家庭又要完成自己繁重的工作，会有双重的压力。第四是女性出去工作不会刺激经济的增长，因为女性是否出去工作与 GDP 的增长无关。

尼尔森：那她们应该做什么样的工作才会对 GDP 的增长有益呢？

肖　巍：还有一种说法，如果女性待在家里，就有精力教育孩子，因为“母亲决定孩子的未来”。但是，中国大多数女性反对这种“女性回家论”，理由主要有：如果女性回家了，那么女性解放的成果也就前功尽弃了。因为在中国，女性参与社会生产劳动是女性解放的重要标志。另外，形成中国严峻就业形势的因素很多，不能说女性参与社会生产劳动是关键性因素，这种说法本身就是不正确的，对女性也是不公平的。我个人的看法是，如果目前的中国家庭必须有一个人回归的话，也不应该是由性别决定的，可以根据每一个家庭的具体情况进行不同的选择。就此，我们想了解一下瑞典女性的情况。她们的社会地位如何？当她们面临工作与家庭的冲突时是怎样处理的？

尼尔森：以瑞典的情况来看，在短时期内，大多数女性还得出去工作赚钱来养家糊口。至于如何处理家庭与工作的关系，各国情况是不同的。在欧洲，家庭主妇占有相当大的比例。而有许多工作的女性没有要孩子，也不会遇到这

样的冲突。在瑞典，劳动力市场的分类是比较细的，很多女性从事服务行业的工作。这些行业如果没有女性参与的话，就很难维持下去。而瑞典的情况与中国不同，我们的就业局面是由经济体系导致的。在意大利，女性劳动力较少，失业率却比其他国家高。我并不觉得在女性就业率与整体上的失业率之间，存在着必然联系。19 世纪末到 20 世纪初，劳动力市场发生了变化。出现许多女性在男人主宰的行业中工作，但获得的工资却不如男人。在 20 世纪初的瑞典，女性被禁止进入工业领域，因为那种工作既危险又对身体有害。西方国家家庭主妇的盛行是从 1945 年开始的。在二战期间，男人忙着打仗，而女性则在工厂工作，生产武器。男人成了士兵，那么家庭主妇则由 40 至 50 岁的女人担任，这是在战争时期的一种处理方式。对于女性劳动力与 GDP 增长无关的说法，我并不认同。因为没有实际的利润，并不代表没有产出，不能说女性的家庭劳动没有价值。

肖　巍：瑞典有什么好的政策支持女性参与社会劳动吗？

尼尔森：在 20 世纪 70 年代，女性劳动力有了很大的改变。在 60 年代，劳动力短缺，有大量的移民涌入瑞典。在国内政策方面，有很多针对女性劳动力的改革措施。1973 年，瑞典进行了税收改革，从家庭纳税转变为个人纳税。这样对工作与家庭都有益。直到今天，德国仍有家庭纳税的传统。因此男人开始工作，而女性待在家里。在瑞典，如果你有一个有钱的老公，那么女性工作后纳税也就无所谓了。德国的经济体制和家庭税收政策实际上推动了传统家庭的发展。

肖　巍：女性参与社会劳动和市场与消费有什么关系呢？

尼尔森：从历史来看，强大的劳动力转移导致更多的女性参与工作，这对社会的总体消费产生更大的压力。而更多福利的获得则需要财政的支持，因而需要更多的人参与工作。今天在许多国家，只有一小部分人工作需要缴纳较高的税。正是由于经济原因，我们才活得更加悠闲。市场越开放，社会消费越大。当你面对更多的市场问题时，你就需要更多的社会保障。如果你失业的风险增加了，这种情况下，社会保障体系必须更加强大。这就是市场开放与社会消费之间的联系。

王红旗：事实上，女性解放是一个永远在路上的问题，与人类社会不断进步的文明进程紧密相连。但是女性解放，是从“女性做社会独立人，过有尊严的生活”开始的，无论是男性还是女性，对女性社会与家庭角色都要有清醒的认知。我自己是女人，但我不偏袒女人，在爱情和婚姻中，男人和女人都必须付出才能收获，你做了多少，决定你能得到多少，没有谁有权坐享其成。希望能通过对话的方式，让男性进一步了解、关爱和尊重女性，达成两性的和谐互助、平等合作的伙伴关系。应该认识到，中国传统性别制度压抑女性的砝码，也不同程度地压抑男性。男性应该走出这种集体无意识，就不会被“英雄情结”阉割，也不会对女性的智慧和才华产生恐惧，从而获得男女两性的共同解放。无论女性作为独立家庭，还是作为妻子和母亲，女性的精神和事业的独立，绝对不能必须以牺牲爱情、家庭和婚姻为代价，更不能以牺牲女性的社会角色、自我发展为代价。

“女性回家”就等于自我放弃未来。我们相信，一定有更多好的政策和方式，让女人的生命更完整。我们希望共同寻找创造两性和谐的出口，承担起两性必须承担的爱与责任。智慧和善良并存的女人是男人的老师，也是社会的老师。女性有一天会成为母亲，做母亲是一个新的学习和成长的过程，而孩子是最好的科研成果。这应该是我们进行女性文化研究和开展女性性别教育的目的之一。

附　录

媒体报道

王红旗：女人的出口，在路上

北京市妇女联合会宣传部　董静

她是一个美丽的女人，一位睿智的学者，作为中国女性研究专家，她多年来一直从事女性文化与文学研究，致力于呼唤女性的真善美，呼唤女性的仁爱品格、独立意识、柔韧毅力，以及对社会、对自我的责任意识，用以构建新时代中国女性的文化形象、文化人格。她就是今天“人物”栏目的主角——首都师范大学中国女性文化研究中心原主任，北京市三八红旗奖章获得者王红旗。

她叫王红旗，无须解释，她生于那个红色年代。名如其人，她没有惊心动魄、气壮山河的英雄故事，但富有那个年代的激情。认识她的人评价她时，用得最多的词是“梦想”和“激情”。她的硕士导师这样形容这位以 40 岁“高龄”入师门的学生：“她身上有一种属于勤劳质朴的女性特有的执着理想和勇于克服困难的精神，她激励自己的同时也在感动和带动她的同伴。”

她是一个感性的人，却对人生有着理性的规划。她自小好强，学习成绩优异，1978 年恢复高考后考入山西师范大学中文系。从中学老师到报社编辑，再到 40 岁时选择攻读研究生，她一直探索和寻找自身生命的精神支点。她相信，女人的出口，在路上。

研究生毕业后，她放弃杂志社的高薪聘请，来到首都师范大学中国女性文化研究中心，与志同道合的朋友一起，创办《中国女性文化》学刊，致力于性别文化研究与传播事业。

随着女性接受的现代教育越来越多，对社会和家庭的贡献越来越大，无论是在精神还是物质的财富创造中，都足以骄傲。可是女性的力量和经验，却没有形成更为系统的女性文化精神财富，呈现给时代、留给历史、影响后人。这是她所担忧的，也是她执着从事女性研究的原动力。

为了重塑中国女性的现代精神，她做研究、写书、做论坛……借助最现代的手段，实现着最纯粹朴素的追求。她曾策划主编《中国女性文化》学刊共21辑，“中国女性社会焦点系列”丛书36部，专著与合著《爱与梦的讲述——著名女作家心灵对话》《灵魂在场》《21世纪中国女性文化本土化建构研究报告集成》《1978—2008北京性别平等与妇女发展状况》《北京妇女社会地位研究（2001—2010）》《新家庭文化概论》等6部。

她曾主持北京市教育委员会高等教育专项：科研基地—科技创新平台—中国女性文化研究、中国女性文化本土化建构研究、中国女性文化理论与实践研究、北京市“京津冀一体化”中国女性文化性别教育研究，主持教育部“十一五”人文社科规划项目“性别的颜色——海内外当代女性文学形象研究”，主持与德国不来梅大学开发的“中德女性职业发展、女性领导力与家庭比较研究”项目等。

她发起由男女两性共同参与的中华女性文化百年寻根“寻找时代新女性”活动；她与有志于女性文化研究传播的学者朋友们一起，筹备性别文化研讨会、性别文化讲师团，在全国启动“女性文化万人读书工程”；她组织开展“首届中美女性发展经验”论坛、“纪念中国妇女解放100年”中国女性文化论坛、“第二届中国女性文化研究基地学术研讨会暨当代中国婚恋热点问题论坛”等一系列学术文化交流活动……

她还多次参与北京市妇联的调研活动，了解北京市妇女职业发展的新动向、新困惑，婚姻家庭、子女教育等现实新问题，针对性地进行分析，为北京市妇女全面发展与精神成长提供新理论与新策略，为新家庭文化建设注入新鲜的经验。

她说：“我研究女性文化与文学，就是为了寻找女性生命的双重价值，在这种寻找中，我能感觉自己和众多女性朋友在一起成长，这是最快乐的事情。”

10多年来，由她担任旗手的中国女性文化研究中心，在中国女性文化创新研究的理论与实践方面取得了丰硕的学术成果，还与中国港澳台地区，与新加坡、美国、加拿大等多个国家的女性研究组织和学者，建立了战略合作伙伴关系。2010年初夏，该中心正式被北京市教委批准为全国唯一的中国女性文化研究基地。2015年与京外8所高校合作共建中国女性文化研究实践基地。

一路品味着女性这个性别带给她的思考走来，她希望她和同伴们的付出，能缩短女性发现自我生命精神价值的过程，让更多女性以真诚、热情和智慧点亮两性和谐美好的幸福生活之路。

《北京女性·人物》2016 年 6 月 1 日

王红旗：知天命的“常青藤”

《中国妇女报·人物周刊》主编　代刚

2010 年的 7 月 17 日，一个闷热的夏日。这一天，北京的闷热敌不过人们对全国唯一的中国女性文化研究基地挂牌的热情。

中国女性研究的新地标——首都师范大学中国女性文化研究中心这一天正式挂牌启动，全国妇联妇女研究所所长谭琳、北京市妇联主席赵津芳、中国作家协会副主席张抗抗等参加启动仪式。

来自全国各地近百位专家用热烈的掌声表达着内心的祝贺，也表达着对中国女性文化研究中心主任王红旗的敬意。

10 年来，她一直坚守自己的理想，在学术与实践的贫瘠中拓荒，在众多同好者中树起一面红旗，使同好者蜂拥般招之即来，这是个人的力量，更是信仰的力量。

追梦：迷信“梦”的力量

十几年前，美丽的北海在北京飘雪的季节经常出现一幅美丽的画卷：一个懵懂少年，在白色世界中用手中的画笔描绘着世界，也描绘着自己的未来。在少年的旁边，一个女人在长廊下踱着步读着《西方文学史》。

这幅画卷每天存现的时间长达十几个小时。天黑后，母子携手回到临时的“蜗居”中，继而又在一个台灯下各自与书为伴，常常会忘掉时间。这种简单得有些枯燥的日子，在她看来是最好的日子，一点也不苦。因为母子俩都有梦在心中。

几年以后，儿子如愿以优异成绩考入中央美术学院。

王红旗说，“儿子同时成就了我 40 岁的梦想。”当年在北海边捧读的《人类的孩提时代》给她留下的印象至今记忆犹新，那个时代的神话故事所彰显的和谐与美并存的状态使她向往。

山西省洪洞县，系伏羲画八卦之地。生于斯长于斯的她，有些迷信，迷信“梦”。

1969年的冬天，多梦的王红旗第一次做了个彩色的梦，“梦里火红火红的太阳刚刚升离地平线，我背着书包，嘴里喊着：‘上学了，上学了！’慢慢地，慢慢地，肩上生出两只翅膀，向着太阳飞去……”

此时，无奈的她已经失学3年。

做这个梦的第二天，老师就到家里来叫她上学了，她重新背起珍藏3年的书包。

这个梦为王红旗一生中最为重要的转折点，也让孩提时代的她延续着梦。否则，也许她今天仍在洪洞县做一个基层的民俗文化传承的节点。

“我总是把彩色的梦视为命运之神的恩赐。解梦的书总是把梦解释为对现实的无奈。可是，在我的经验里，梦是心灵的星光，它将引领我在黑暗中求索道路。梦是处在迷茫或困境中的人的一种自救、超越、奋起的意识激励，它会使人在现实中更加清醒、自信、理智。真的，在我的人生道路上，总是被梦激励着……”王红旗说，和朋友们一起传播中国女性文化是她平生做的第二次彩色的梦，“这是我的幸运，我的感动，是我的事业生命。这座读者、作者和出版之间的‘桥’，我会用心去构筑”。

川流不息的汾河水，“抓一把沃土就能攥出古老文明的液汁”，厚重的土壤滋养着她，也给了她足够的能量做这个彩色的梦。

在担任首都师范大学中国女性文化研究中心主任后，为了丰富自己主编的《中国女性文化》学刊，更为寻找女性生命的精神支点，王红旗联合人民网、《中国妇女报》等媒体发起“寻找女性精神之旅”的征文大赛活动。

不经意间，王红旗掺杂了很多个人色彩于活动中。首都师范大学及相关部门最大限度地支持着这个坚守默默无闻领域的旗手，但活动资金有限，她找朋友支持却无以回报对方，自掏腰包请专家吃饭是常有之事。

同时，她把自己对“梦”的理解也渗透到活动的主题中：“女人，从放飞梦想开始……”“女人，从30岁开始……”“女人，从40岁开始……”“女人，从50岁开始……”

王红旗想和不同年龄的姐妹一道分享梦想的力量。在这个女性才华大施展的世纪，她希望姐妹们各自经历不同的人生故事，也希望能够给予每个有梦想、有追求的姐妹以自信，以榜样，以力量，找到各自生命的精神支点。

追梦，这个追梦的女人希望每个女人都有梦，都有力量。她将追梦人的故事浓缩于《中国女性在追梦》，希望向身边的姐妹、陌生的姐妹传递出梦的力量。该书与《中国女性在演说》《中国女性在对话》《中国女性在行动》一同组成“女性·社会焦点问题报告”丛书，出版之后在学术界引起轰动，评论界认为该丛书在倡导两性和谐的同时，使女性的真诚、热情和智慧得到了空前的传播，让更多女性的灵魂燃烧起来，激情地面对一切。

激情，王红旗就是不缺激情，无论是辍学的 3 年，三尺讲台，还是在中国社会科学院研究生院攻读硕士研究生的求学生涯。

她用激情为自己的梦铺路。

行动：一直在路上

王红旗说，激情和行动是自己前行的两只翅膀，是这两只翅膀载着她掠过高山沟坎，领略别样的人生风光。

她自小好强好学，即使是辍学在家也没有放弃。“文化大革命”中断了门门成绩优异的她的求学路，敏而好学的她在整个国家长时间高教停滞的时期，一直给自己加油。1978 年恢复高考后，王红旗轻松地拉开了山西师范大学中文系的大门。

1982 年，26 岁的她大学毕业被分配到一所省级重点中学任教。在三尺讲台上，她用自己的学识和激情带动着学生，颠覆了孩子们“学好数理化，走遍天下都不怕”的认知。走下三尺讲台，她却常常突然“失踪”。在家中，门一关，钻进自己的小屋，窗帘一拉，做起了中学语文教学的教材研究。

1990 年，她的《中小学语文新教材古诗文重难词句释析与全译》系列，在北京学苑出版社出版，为她人生中的第一个“十年计划”提前画上句号。

每个临汾人都会说：好酒不怕巷子深。

在那个教辅稀缺的年代，藏在“深闺”的王红旗因这套教材的出版，招致伯乐登门求贤，她的当代文学老师山西师范大学校长兼语文报社社长陶本一先生，找她谈话，并把她调到了语文报社。

自此，她又迈上了另一个舞台。

在这个舞台上，她可以将自己的能量、激情通过《语文报》的方寸之地传递给更多的孩子。但坐在编辑室里每天一成不变地看着稿子的她，慢慢地开始反思，意识到自己需要改变，需要更新知识，“如果环境很好，适应你的发展，发展几年后，虽然还不错，但是当你感觉不能使你更上一层时，你就应该离开；如果环境根本就不适应你的发展，你就应该毫不犹豫地马上离开”。

她感觉自己在中学的9年时间里耗得太久，她意识到“温水里被煮的青蛙感觉不到疼痛，就渐渐地奄奄一息了”。她不愿再熬下去，40岁的她选择离开，寻找新出口。

她选择攻读中国社会科学院的硕士研究生，用新的理论武装自己。虽然在这个年龄开始知识框架的重筑，并非一个优美的梦所能及，但她自得其乐地坚定着自己的选择。

一个信念始终没变：文学是成就人的灵魂的事业。

40岁的改变，夹杂着难咽的苦楚。她常说，要改变就要学会承受，预料到的和预料不到的，能够承受的和不能够承受的。她在读研究生时，儿子在中央美院附中考前班学习油画，就在那间租来的不足十平方米的小屋里，她不仅自己学习，还要给儿子辅导功课和做饭。晚上静静地躺在床上时，眼泪才止不住地流下，她对自己知识结构定式无能为力，原来从事的中学语文教学研究和编辑工作，与现在所学的追新求异的当代文学和另类的西方文艺理论是格格不入的，那种求知的饥渴难耐，精神苦痛的折磨，远远超过了生活的艰辛。但是，她从不停止，每天深夜仍然做着“寻飞的梦”……

她自小就明白知识的重要，改变命运也只有从知识开始，从上大学时一人带着年幼的妹妹在城里上学，到读研究生时又是一人带着儿子，她在成就自己的同时也在成就着自己的亲人。她刚考入大学时，妹妹读小学六年级。她不愿意让聪明的妹妹在农村荒废，她趁别的同学午休时，点着煤油炉给快要放学的妹妹做饭，她在别人静静读书时给妹妹辅导功课。她在四年大学生活中有三个寒假都留在学校的宿舍中独自学习。

这种坚持使她一步步走到了40岁，也因为坚持和积累，她的寻找与改变就很顺其自然。

她还在阅读中积累，40岁以后她重读张洁、张抗抗、铁凝等当代女作家的经典作品。

在阅读中积累，在积累中反思，她在反思女性的人性弱点，甚至劣根性。她的导师，中国社会科学院文学所研究员杨匡汉先生，常推荐她参加文学所的各种研讨会，带她去北大、北师大参加博士论文答辩，她自己还挤时间就读北师大文学院的现当代文学高级研修班。

每天快节奏的生活，让她根本无心感受艰辛与疲惫。

就是这样，她走过了 40 岁。

研究生毕业后，王红旗转身。她放弃了《语文报》的优厚待遇和小读者杂志社的高薪聘请，来到首都师范大学中国女性文化研究中心，带着她多年的办女刊计划，与一位朋友创办《中国女性文化》学刊，致力于女性文化与文学的传播。

虽然是白手起家，但她乐此不疲。因为有肯定她、支持她的学校领导和同事。导师、同学、国内外朋友亦是安慰她、鼓励她。她的丈夫和儿子更是关心她、体贴她，就是创业起步再艰难也值了。

10 年间，在首都师范大学的支持下，王红旗担任旗手的中国女性文化研究中心一直致力于探索男女平等和谐的先进性别文化，关注各阶层女性生存现状，在中国女性文化创新研究的理论与实践方面，取得了丰硕的学术成果，还与港澳台地区，新加坡、美国、日本、加拿大、俄罗斯等多个国家的女性研究组织和学者建立了友好关系以及战略合作伙伴关系。

2010 年初夏，该中心正式被北京市教委批准为全国唯一的中国女性文化研究基地。

十年树木。

10 年后，在一心要“经得起诱惑、耐得住寂寞”的王红旗的辛勤浇灌下，中国女性文化研究中心从种子到树苗再到如今的枝繁叶茂。

心灵：超越时空的碰撞

中国女性文化研究基地，在张抗抗眼中有望成为“一个呈现性别生态平衡的美丽花园”。

这个美丽花园和美丽的愿景，基于王红旗的个人以及“中心”多年精心凝聚的学术文化资源。该基地以北京为核心，整合国内外多方面的学术资源。王红旗心目中的中国女性文化研究科研基地是一个温暖社会、重铸民魂、影响世界的平台，“在这个平台上，我们将汇聚学界的力量打开问号、解开困惑；在这个平台上，我们将释放学界的激情与温情、关心关怀女性的成长成才；在这个平台上，我们互通有无、共同为和谐社会的中国女性文化理论本土化建设，推动性别平等和谐提供理论支撑”。

“风光不与四时同，”王红旗说，“50 岁的女人即是如此。”

其实，行走在路上的王红旗也有着自己的困惑与彷徨。“在得到回报的时候，痛苦可能更痛，”王红旗并不讳言曾经的艰难与苦涩，“我有很多的困惑，自己生命中的每一个坎，都是对自己人性与人格的历练。平和地面对困难，平和地承受，平和地付出，人生才有质量。”

在心灵的碰撞后，她选择了坚持。

“从事中国女性文化研究与传播数年来，我多次参加会议、论坛，女性演说的独特视角、精彩雄辩、亲历经验，一桩桩、一件件，每一次深深的感动都历历在目。我自愧写不出、说不出那样精妙和犀利的文字。在编辑《中国女性文化》的时候，我把一篇篇来稿细细研读，专家学者们新锐的观点常伴随我的思考和成熟”，王红旗希望《中国女性文化》学刊作为女性安身立命的“半亩方塘”，将大家的声音传播开来，去点亮女性的心灵。

可是，她发现一本《中国女性文化》又难以承载如此厚重的责任。一次次的感动和思考，就产生了出版 N 本中国女性文化大系丛书的念头。

当 N 本中国女性文化丛书的“龙头”付梓之时，王红旗心中不免产生了一丝遗憾。原本想请导师杨匡汉先生为之作序，“可是，看着导师做完白内障手术不久的双眼，我就不忍心再说出口”。

不久前，中国社会科学文献出版社出版了王红旗的新作《爱与梦的讲述——著名女作家心灵对话》，她提出了“性别三原色”理论：红是爱的颜色，黄是家的颜色，蓝是梦的颜色。通过作者与迟子建、张抗抗、严歌苓、虹影等女作家“性别三原色”的深度互动访谈，以多重视角对中国女性生存的本质原色状态与新的精神质地予以探究，寻找女性文学发展的优势，发现其困境所在，并探讨女性弱势文化如何在强势的异质文化中存活。

王红旗的恩师杨匡汉先生在序中这样评价《爱与梦的讲述——著名女作家心灵对话》：女性人生经验与艺术念想的一次灵魂对话，既有文献意义，又有学术价值。

这位向来对自己的弟子要求甚严的老先生，对王红旗的学术研究并没有太多的肯定，反而更肯定她的追求及行动，老先生说："王红旗和她的谈伴们进一步告诉了我们：人生难得糊涂，就这么简单……书中慷慨对话，并非是才智的表演。研究者和女作家们都没有离开人类最基本、最朴素的情感，都坚守着也呵护着诗意栖居的一方领域，在这里闪烁着智慧与才情。"

王红旗说自己成不了先生的骄傲，但为了不给老师脸上抹黑，也一定会倾心尽力做人与做事。这也是她很少对朋友提及曾经的母校中国社会科学院及恩师杨匡汉先生的原因所在。"我现在的学术进展与收获相比先生的期望相差甚远，与师妹们亦是相差很远，唯有在心中自我激励，自我鼓励，才不负杨匡汉先生弟子之名。"

王红旗曾说过，婚姻在许多时候是两个人之间的一种"妥协"，而长久的婚姻沉淀后产生的爱情往往会更加默契，更加凝重。时光可以侵蚀芳华与容颜，但无法销蚀爱与责任。

对于自己的家人，王红旗说："我这辈子给我支持最大的就是我们家的'老李'。退休以后要去好好陪陪我的'老李'，我现在暂时是停不下来了。他为了我和儿子默默地辛苦了半辈子，退了以后好好给他做妻子。我要让他感到，他当年的选择以及这么多年的坚持都是正确的。"对于儿子的成长，她常说："儿子是我最重要的科研成果，更是我做母亲的自豪，最近他又要赴泰国曼谷举办个人画展了。尤其是在和他的交谈中，不仅能感觉到他的成长，而且他会给我的思维融入青春的活力，但有时候冲突也很尖锐，他的一语中的，会让我反思自己。"

从播下种子的那天，到中国女性文化研究基地挂牌诞生，整整 10 年。

10 年，这是一个女性最富有创造力和想象力的 10 年，她将自己的青春芳华转化为温暖贫瘠土壤的阳光。

10 年，清贫而不清闲，寂寞而不落寞。她不是暴风雨中的雷电，但拥有滚烫的热血和生命；她不是寒冬冰雪中傲开的红梅，却拥有深厚的柔情与坚贞的风骨。

2011 年 4 月 16 日，"第二届中国女性文化研究基地学术研讨会暨当代中国婚恋热点问题论坛"，在首都师范大学学术报告厅举行。论坛是由首都师范大学与北京市妇联联合举办的，现场气氛热烈，嘉宾与百名硕士生、博士生思想的碰撞，精神的沟通，在激情演说与心灵对话中进行。王红旗说："这是我们共同发起的一场点燃真爱圣火，探寻幸福之门的校园行动，一次以女性婚恋情感经验为切入点，思考女性理论本土化如何建构的实践性尝试。在大学校园这个多元婚恋价值观冲突与困惑的文化领域，通过学术研讨，倡导以爱为核心的婚恋观念、抵御当下婚恋的物质化。因为以爱为核心的婚恋文化是人性最本质的诉求，也是人生的幸福之源。"

王红旗办公室的外墙被绿油油的爬山虎覆盖着。爬山虎是一种常青藤植物，无论是爬山虎还是常青藤，用来概括王红旗的大写意人生都不牵强。

她叫王红旗，无须解释，她生于那个红色年代。名如其人，她没有惊心动魄、气壮山河的英雄故事，但富有那个年代的激情。即使人生五十，仍激情不减。

梦想在前，红旗在前，路在脚下！

《中国妇女报》2011 年 5 月 17 日

女性文化研究的一面红旗

《北京青年报》记者　安顿

王红旗，山西洪洞人，长期从事中国现当代女性文学艺术与性别文化研究及女性社会工作，现任首都师范大学中国女性文化研究中心主任，中国女性文化研究基地主任，《中国女性文化》《中国女性文学》学刊主编。

人们评价她，用得最多的词是“梦想”和“激情”

2010年，对王红旗来说是她女性文化研究生涯中最重要的一年。她在11年前筹建的首都师范大学中国女性文化研究中心，正式被北京市教育委员会给予高校教育专项资金支持，批准为中国首家女性文化研究基地，她本人成为“科研基地—科技创新平台—中国女性文化研究”项目的主持人。在立项报告中，基地的主旨定义为：“以北京地区为样板中心，向全国、向国际发展。以北京中国女性文学与文化研究为核心，整合国内外多方面的学术资源，梳理中国女性的生命经验历史和生存发展文化困惑。重新挖掘与阐释中国传统文化中女性文化的精华，打开中国女性文化理论本土化研究的新领域。温暖社会，重铸民魂，影响世界。”

认识王红旗的人评价她时，用得最多的词是“梦想”和“激情”。她的硕士研究生导师、著名文学评论家杨匡汉，形容这位1997年以40岁“高龄”入师门的学生时说道：“她身上有一种属于勤劳质朴的女性特有的执着理想和勇于克服困难的精神，她激励自己的同时也在感动和带动她的同伴。”中国网是王红旗主持的“中国女性文化论坛”的合作伙伴，一直在无条件为她提供网络支持，副总编辑张梅芝谈到这档在学界广受好评的“高端女性智慧对话”栏目时，谈得更多的是如何被王红旗感染：“她是特别有‘煽动性’的人，单纯，固执，不达目的不罢休。她有一种感染力，只要你跟她对话，就能强烈地感觉到。她坚持了这么多年，一直得到学术界多方人士的支持，是真正在关注女性生存和成长、关注中国性别文化建设。了解了她的学术理想和她这些年所付出的努力，看到她和她聚合起来的优秀女性工作者共同取得的成果，中国网愿意为她们尽最大努力提供推广和传播的平台。”张梅芝说出了很多与王红旗和她的“基地”合作的机构与专家的共同感受。

作为女性文化研究学者，王红旗的工作领域相对小众，更多的时候，她用简单平实的解释来阐述自己为什么会走上这条路：“我之所以觉得这项工作适合我，与我成长经历中一直对性别身份有困惑有关，也源于西方的女性研究与中国女性的真正生存现状不太相符。我总想，有没有可能找到女性理论研究的中国式方向和性别和谐的出口？女性会经历很多苦难，有很多苦难是文化意义上的，探索女性心灵成长或者成熟的独特方式，挖掘女性潜藏于内在的精神力量，就要从研究这个性别的苦难开始。”而分享多年来她很少提及的成长故事，也从这里开始。

少年时的经历，是她追求做“独立女性”的开始

她意识到性别与命运的神秘关联，是在少年时代。有几件事，王红旗说是“永世难忘”。

王红旗的生日是阴历九月初一，那天菊花开了满院子，爷爷给她起名香菊。童年时与父亲生疏，从亲戚口中，她知道她的出生是父亲的“心病”，在城里当工人的父亲骨子里仍是个农村“大男人”，他觉得没有儿子让他在乡亲们中抬不起头。“知道了这个原因，我就明白了父亲为什么会那样对我和母亲。小时候他从不跟我亲近，很少给我笑脸，在别人面前提起我就皱眉，后来我进了学校，成绩特别好，再后来我是我们学校当年唯一考上大学的学生，他还是觉得我就是个女孩儿，不如儿子。我曾跟他说过，你虽然没有儿子，老觉得不如人，但是你记住，我要让你比有儿子的人活得更幸福。我很爱我的父亲，也很孝顺。的确，我半生都在兑现对父亲的承诺。可是没用，他就是觉得，女孩儿不如男孩儿，生了闺女，他的生活不完美。还是先后把我的堂弟、表弟过继到家里做儿子，抱着亲孙子，脸上才乐开了花。我小时候大家都知道这件事。上学后老师给我改名叫红旗，有时代烙印，也有老师对我的希望，女孩子也可以

有光明的未来，就叫红旗。”在10岁之前，王红旗说父亲在她的生活中是缺席的，她跟着母亲和爷爷奶奶生活，印象中家庭里的男性形象，就是穿灰色长袍的爷爷在院子里牵着她的小手看菊花。

“其实父亲的重男轻女是有渊源的，我奶奶就有这样的思想。史料中有很多饥荒年代家里卖掉亲生孩子的描述，被卖的大多数是女孩儿。”王红旗的姑姑就是当年在逃荒路上被卖掉的。“那时奶奶带着孩子从河南回山西老家（山西洪洞大槐树下），路上全是逃饥荒的人，没有盘缠，没有吃的，她只有姑姑这么一个女儿，卖给了一个有钱人家当童养媳。后来新中国成立了，她到那家去找，人家拉来一个女子说这就是你女儿，虽说看着不像，但奶奶还是认了。很多年后，有人从江苏新沂市带回来一封信给奶奶，一看才知道，这写信的人才是姑姑。这个姑姑命运很惨，她被那家人又一次转卖到了江苏。”在王红旗的童年记忆中，有两位银花姑姑，每年春节都是正月初三回娘家，但因距离远近，她们恰好岔开时间，一个初三来初六走，一个初六晚上才到，两人碰不上面，乡亲们不说破。“这是听起来很传奇的故事，但我那时总在想，同样是卖孩子，为什么奶奶不卖掉大伯或者我父亲，而选姑姑？很简单，因为她是女孩儿，女孩儿在一个家庭中的地位远没有儿子高。”大学三年级，热衷阅读西方文学的王红旗问过奶奶这个问题，她忘不了奶奶看着她时困惑的眼神：“谁会卖自己的儿子？舍不得呢。”

如果说银花姑姑的故事让王红旗意识到，作为女性在很多特定情况下对自身命运的难以掌控，母亲的遭遇则进一步告诉她，在一个男权为上的社会中，女性要过上自己想要的生活是多么艰难。“我母亲是新中国成立后第一代妇女主任，县里看重她，给她机会上学，学习结束后留在县里工作。在当时这是男人也向往的，但母亲最后不得不放弃。我父亲是工人，不算什么特殊身份，可他有优越感，性别给他带来的优越。他跟母亲说，‘你要敢去，就跟你离婚。’当时奶奶也是这个态度，明确告诉母亲，‘不能去，你走了孩子谁来管？’我曾问过母亲，那时为什么不一狠心就走了？她说没办法狠心，因为有我，本来我在这个家里就不受重视，她要是走了不知道我的命运会怎么样……”王红旗在10岁时随母亲到山西投奔已失去工作的父亲，等待她们的是一孔黑暗狭小的窑洞，父亲离职时积蓄已花光，母亲安置下来立即出去劳动。“从母亲身上，我能看到女性有种特殊的力量，在很多时候，女性对苦难的承受力超过男人。

当年母亲和父亲一起靠扣土坯养活我和妹妹，一眼望不到顶的黄土高坡，母亲站在底下显得特别弱小，到现在我闭上眼睛仍然能看到她光着脚踩在泥水里，用脚去搅拌黄泥……她本来可以有更好的工作，只要她能放弃我。”在从事性别研究的过程中，王红旗有机会见到无数这样的案例，这些和自己母亲一样的劳动妇女的命运，基于她们作为女性面临无法克服的母性和责任时的痛苦选择。

至今王红旗会有意识地关注女性的“性别资源”和女性的“被看”与“被消费”，也是源于她少女时的经历。她的中学时代在农村度过，曾是品学兼优的好学生，但连年的政治运动屡次中断了她的大学梦。因为能讲流利的普通话，她有机会在农村担任民办教师，后来又成为电影放映员。“这些工作让我有机会接触到当时一些农村底层社会中的当权者，他们属于在一方拥有话语权和特权的男性。从他们对待女性的态度，我能感觉到很多不平等甚至是对女性的欺侮。比如说他们对村子里漂亮女孩儿的狎戏，拿手里的特权和这些女孩儿交易，多记些工分，多分点儿粮食，答应女孩儿去当小学老师，去供销社卖东西，进城念书……女孩子相信这种许诺，他们就能得手。实际上用现代语言解释，就是女孩子为了物质或者改变自身处境，用自身的性别资源与男性做交易，根本还是女性的被消费。当时我还不会这样去理解，只是想有没有一种可能，完全拒绝这样的交易，凭自己的力量来改变自身处境？那时我能想到的就是参加高考，考上大学，离开这个环境。”王红旗说，这是她“一生要求自己做独立女性，过有尊严的生活”的开始。

自身经历让她相信，女性精神和事业的独立，无须以牺牲家庭为代价

从事女性文化研究近 20 年，王红旗对西方女权主义和女性主义理论常有一种警惕，总结个人见解，她最喜欢说的两个字是“和谐”。建立文化中心 11 年，就“女性社会与家庭角色的自我认知”这个主题，她主办和组织过多次学术研讨会与女大学生之间的对话。“希望能通过这样的方式，和年轻女性一起认识自身，让男性通过进一步了解、关爱和尊重女性，达成两性的和谐互助、平等合作的伙伴关系。其实，中国传统性别制度压抑女性的砝码，也不同程度地压抑男性，男性应该走出这种集体无意识，就不会被‘英雄情结’阉割，也不会对女性的智慧和才华产生恐惧。”王红旗反对两性之间的对立和西方女性研究中过度强调的“性别战争”。她认为男性和女性之间的很多矛盾，源于双

方付出和索取的不对等，也源于双方对自身角色与责任的认识不清。

“我自己是女人，但我不偏袒女人，在爱情和婚姻中，男人和女人都必须付出才能收获，你做了多少，决定你能得到多少，没有谁有权坐享其成。”王红旗的这种认识来自工作中的案例，更来自她的情感经历。

1978 年恢复高考，王红旗考入山西师范大学中文系。大学第三年，她青梅竹马的男朋友、现在的丈夫老李退伍回乡。她把老李叫到临汾，直接拿出从学校开好的结婚介绍信给他看，俩人就去登记结婚了。“我 10 岁时就认识他。母亲带着我投奔父亲，家境最艰难的那段时间，是他奶奶收留了我们。当年他奶奶带着他，我奶奶带着我，一起住在同一间窑洞里，我们就像兄妹一样。后来他参军了，我考上了大学。我们俩一直有联系，虽然那时候的人比较保守，但是我们俩的书信联系很频繁，最后结尾总是‘此致革命的敬礼’，不会写太多有感情色彩的话，感觉到的是一种踏实的爱情。我知道此时该怎么做。”至今，王红旗结婚的故事在同学当中还是段佳话。

他们的第一个家在临汾市自来水厂的一间仓库，两个水泥台搭上王红旗从学校借来的木板就成了婚床。全班同学凑了四块五毛钱，买下一块绣花桌布，那是他们新婚收到的唯一礼物。“我们年纪都不小了，回老家也没办事，说好结婚不收礼，一切简单。”回忆清苦的婚后生活，王红旗说很多艰苦的事都忘了，记得的全是幸福。“我们那个仓库外面是荷塘，到晚上，蛙声一片，月光如银时，我常会在荷塘边吟诵朱自清的《荷塘月色》。后来老李被安置做政治工作，他白天上班，我在学校教书，晚上回家吃完饭，一起写蒲剧剧本，我还记得叫《侠义风月传》……”记得这段日子的人，还有王红旗的妹妹。从她上大学开始，就把家乡的妹妹带到临汾读书，整整 6 年，妹妹和她一起生活，“我不想她留在老家，她也是女孩子，我希望她能有独立的未来”。

“我觉得女性对感情的态度必须明朗，你觉得这个人好，对人家承诺也是对自己承诺，承诺了就要去兑现。”王红旗这段兑现承诺的主动求婚，换来的是至今 30 多年稳定的婚姻，与老李之间的默契。当她研究生毕业决定带儿子留在北京发展时，老李毫无怨言地追随她到北京，当年她开始胼手胝足从一本需要自己投资的小册子，开始创办《中国女性文化》学刊时，老李是她最可靠的司机、助手……

王红旗的儿子李锐是油画家，在 80 后同辈中颇有名气。李锐说他最难忘的是少年时与母亲在北京学画的日子。他在临汾读完初中，因为从小痴迷画画，当地的学校让他觉得备受约束。他把苦恼告诉母亲。孩子无心的抱怨，让王红旗做出了一个决定，带孩子到北京，让他接受正规的专业美术教育。“实际上那时我自己也面临着瓶颈，在语文报社做编辑工作已经进入了稳定状态，我有大量的时间读书，读书越多越觉得这样下去不行，我想，我还可以做更多更有意思、有意义的事。很意外地知道中国社会科学院在招现当代文学专业的在职研究生，导师是杨匡汉先生，我知道想做什么了，我要到北京读书。”那年王红旗40岁，到社科院求见导师，陈述自己的想法和愿望，最终赢得老师的肯定。她在东四十四条租下一间不足10平方米的小平房，母子俩在北京安了家，老李常来往于临汾与北京之间，为他们娘儿俩安排生活。她在社科院读书，儿子在美院附中的考前班学习，“那段时间日子很清苦，冬天，租来的房子特别冷，和房东老奶奶共用一个搭建在院子里的小厨房，妈妈每天都是跺着脚做饭，饭菜端上来是热的，她手脚冰凉。妈妈带着我到北海写生，我画画，她读书，每天如此，下棋聊天的老人都认识我们。下雨天我在北海画画，妈妈在身后为我撑伞……”李锐曾写过这样一篇作文。

李锐至今收藏着当年妈妈写给他的信。“儿子越来越大，有些话不知道怎么说，我就写信给他，我想告诉他，既然你有成为艺术家的理想，就要学会为此努力，付出辛苦是必需的。我每次写信都会跟他交流，说我最近看了什么书，想到了什么，我是想让他明白，妈妈已经过了不惑之年，还在学习，你还在少年，没有理由不努力。我觉得对女性来说，做母亲是一个新的学习和成长的过程，而孩子是最好的科研成果。”在亲友之间，教子有方的王红旗被称作“诗意的母亲”，也是因为多年来她与儿子不间断的笔谈。

从自己做妻子和母亲的经历出发，王红旗坚定地相信，女性的精神独立和事业独立，绝对不是必须以牺牲家庭和婚姻为代价的：“一定有更好的方式，让女人的生命更完整，我希望找到创造两性和谐的出口，让女人从女孩儿时代开始，认清自己的社会角色和家庭角色，承担起女性这个性别应该承担，也必须承担的责任。我一直相信，智慧和善良并存的女人是男人的老师，也是社会的老师，女性有一天会成为母亲，而母亲是孩子的启蒙者，一个社会的整体素质和女性的素质密切相关。这应该是我们进行女性文化研究和开展女性性别教育的目的之一。”

希望为还没能实现社会价值的劳动妇女创造一些脱颖而出的机会

2000年，王红旗调到首都师范大学中国女性文化研究中心，她做的第一件事是和朋友创办《中国女性文化》学刊，后来又推出《中国女性文学》年选刊。11年来，这两本学术刊物集合了国内外女性文化研究和女性文学创作方面的顶级学者和作家，她们当中的大多数人是从11年前在没有分文报酬的情况下为学刊写稿的。著名作家徐坤是王红旗的同门师妹，也是学刊的元老级作者，她说她的这位师姐有一种“特别的本事”，“用她的梦去照亮别人，让你心甘情愿地和她一起为这个梦想去感动和奋斗”。女性文化研究作为一个跨领域的交叉学科，必然会有不同的门派，有人持不同观点和见解，也会有学术上的争议和争论，但王红旗却能让每一位作者和专家都在这本刊物中各抒己见，让他们在一次次研讨会上，一边赤诚相见一边成为良师益友。

文学评论家白烨将王红旗的这种“特别的本事”称为人格魅力。她自己说：“多年来和专家学者共同传播中国女性文化，就是寻找女性生命的双重价值。有专家学者的智慧支持、温暖友谊相伴成长，我连性格都变得越来越平和与包容。这是我人生最快乐的事情，也是最珍视的收获。”

王红旗的办公室里，存有从2000年至今出版的全部《中国女性文化》学刊，从第一本的单薄和简陋到2010年版的精美厚重，记录了她和朋友们做中国女性文化研究的每一点进步和每一项成果，也记录了她11年间的辛勤付出。“11年前我只有一本小册子赠送给作者，说谢谢人家的劳动和支持，现在这本刊物已经能固定在每年出版两次，并且还付得起稿酬。这让我很欣慰。更重要的是，这本学刊已经不再是一本单纯的学术刊物，它还是一个平台和纽带，把海内外最有影响的诗人作家、女性文化专家和女性社会工作者团结起来，通过集体的声音，推动这个学科的发展，传播文明和先进的性别理念。”

至今，学刊的固定作者已经达数百人，每一位作者都是有建树有成果的学界精英。书架上摆放的，有《爱与梦的讲述——著名女作家心灵对话》，是她主持的教育部项目“性别的颜色”的结项成果；《中国女性在演说》《中国女性在对话》《中国女性在行动》《中国女性在追梦》，是她主编的中国女性文化大系丛书；《女性·社会焦点问题报告》曾两次获奖女性优秀读物；还有她主编的《巅峰之道——中国女奥运冠军成功奥秘》《世界女性文学专刊》……电脑前正摆放着 2011 年 4 月 16 日即将召开“第二届中国女性文化研究基地学术研讨会暨当代中国婚恋热点问题前沿论坛”的策划案，和 9 月份“中国女性理论本土化建构圆桌论坛”的计划。从中能够感受到她作为一位女性学者的社会责任与学术使命感。

如今，伴随着中国女性文化研究基地的建立，王红旗有了新的设想：“一个学科的发展固然重要，但我更希望我们的工作能切实为女性带来实际的帮助，特别是那些有理想、有才能却因为种种原因没有机会实现社会价值的劳动妇女，她们被埋没也是我们社会的损失。所以我也一直在和一些专家学者探讨，如果我们这个文化基地还能为这些女性创造一些脱颖而出的机会，才算是真正做到了脚踏实地。”

王红旗一路品味着女性这个性别带给她的甘苦和思考走到今天，她希望她和她的同伴们的付出，能缩短更多女性发现自我的过程，也能够唤醒更多男性。

《北京青年报》2011 年 3 月 29 日

一位如荷的女人，为中国时代新女性文化立标

《城市黄页·北京2008封面》杂志记者　李珊

中国的传统文化从近代开始，在经历了民族革命与社会改革的大震荡中碎裂了。如今越来越多的人致力于寻找、拯救这些文化碎片，但同时似乎忽略了什么。对，就是人性的进步。因为任何文化的背后都是人性的力量，民族的文化就是民族的品性。那么当中国女性文化随着传统文化被揉碎之后，中国女人的品性也亟待被重新审视、拯救与确立……

在首都师范大学，那幢被绿色爬山虎环抱的教科楼里，王红旗老师（以下简称王老师）讲述着她们发起的“寻找时代新女性”活动：“这是一场男女两性共同参与的中华女性文化寻根与传播活动，是从中国女性解放百年历史出发，针对现实女性生存、发展和情感的焦点问题，寻找时代新女性生命之灵魂，传播性别平等、两性和谐之精神，重塑时代新女性的文化形象，呼吁全社会形成关注女性成长与成才之风。”从她爽朗的话语里，能够感受到一种社会责任感。

一位如荷的女人

她是一个美丽的女人，半个世纪的岁月也未忍苛待她，似乎并未在她的脸上留下太多风霜的痕迹。她的睿智含在她的眼中，但绝没有锋芒。从她的身上散发出那种知识女性独有的魅力——谦和、宽仁、从容，始终带着干净的微笑，一直暖到人的心里。

坐在她的办公室，简约、整洁的空间，一架书、一张桌、一台电脑、一条绿色的长沙发，交映着窗外墨绿的爬山虎，颤悠悠在风中掩映着阳光；窗旁，一个蓝瓷花圆肚罐，随意地插着三枝荷花，“中通外直，不蔓不蔓”，顿然觉得

伊人如花。

王老师说："我研究女性文化与文学，就是为了寻找女性生命的双重价值，在这种寻找中，我能感觉自己和众多的女性朋友在一起成长，这是最快乐的事情。"作为中国女性研究专家，王老师多年来一直从事女性文化与文学研究，现任首都师范大学中国女性文化研究中心主任，是《中国女性文化》学刊主编。她还策划主编了中国女性文化大系丛书《中国女性在演说》《中国女性在对话》《中国女性在行动》《中国女性在追梦》，已经出版，并两次获奖。2005 年她又主持教育部海内外女性文学研究项目"性别的颜色"。

2006 年 3 月 1 日，她与有志于女性文化传播的朋友们一起，召开了"寻找时代新女性——中国女性文化百年寻根在行动"圆桌论坛，拉开了这场活动的序幕。接着与北京新闻广播《星空下的女人》节目组合作，以"来自大学校园的文化与婚恋观"为话题，与北京大学、北京外国语大学、北京师范大学、首都师范大学等北京名校的大学生、硕士生、博士生代表，共同探讨现代大学生情爱观的多元化和误区。在人民网《情感时空》节目上，与行走在地球经纬线上的海外女作家与评论家们，共话跨国婚姻爱情、情人写作现象与"生命移植"的艰难与风采。目前她们正在筹备"中国女性生存、发展与情感焦点问题高校论坛"，组织女性文化讲师团走进高校。她想让更多女性以真诚、热情和智慧点亮两性和谐的生命之路。

中国女性在今天的经济的舞台上，对社会发展的贡献越来越大，在各个行业缔造了神话。但是商品经济对女性的日益欲望化、商品化、物质化，又让女性产生了更多的困惑与无奈。那么如何做一个时代新女性？"我希望对女性成功背后的人文精神进行挖掘，对女性文化形象进行梳理与树立"，"呼唤女性人性中的真善美，呼唤女性仁爱品格，独立意识，柔韧毅力，对社会、对自我的责任意识，用以构建中国女性文化形象、文化人格。"

"学校放假了，可我却更忙了"。一个简单的开场，我已经被震撼。

凝望与反思中国女性文化

新时代的女性，不是单纯、肤浅的时尚，那些成长是有剪不断的文化脐带的。

中国女性自古就被男权压抑、禁锢和奴役着，最经典表现这种两性关系的就在《易经》之上：乾道成男，坤道成女；阖户谓之坤，辟户谓之乾；乾，健也，坤，顺也；乾，天也，故称父，坤，地也，故称母。说白了便是天照地，天施恩，地承恩报恩。中国传统女性标准形象便跃然纸上了。

中国女性意识的觉醒，是随着近代的现代性一起到来的，这种解放与西方是不同的，女性觉醒后便投入了最为伟大和惨烈的革命与战争。这种解放是急剧的。然而解放永远是带着时代开创性和对传统的破坏性，女性在解放成长的同时，连同一些传统美的东西一同丢失在历史的长河里。

近20多年来女权理论借助西方强势文化（包括性解放），虽然对打破中国的男权中心文化坚冰有一定积极意义，但是对西方文化肤浅的理解、盲目的信奉，甚至过度的照搬，使中国女性对于美、性、身体、财富、爱情、婚姻、幸福的理解，产生了一些新的误区。人们对经济财富的高山仰止，似乎有钱就完美，钱可以掩盖许多人性的缺点，或者说钱在遮蔽人的劣根性，有钱人的人格缺失也被供奉。于是，女人在金钱面前丧失了自我。而这种解放不叫作人性的进化，而叫作人性的堕落。

随着女性接受的现代教育越来越多，对家庭和社会的贡献越来越大，推动社会的力量越来越强，在中国社会的影响力越来越广，无论是在精神还是物质的财富创造中都足以骄傲。可是女性的力量和经验，却没有形成更为系统的女性文化精神财富，呈现给时代，留给历史，影响后人。传统的男权中心文化以新的形式出现，并与商业文化在利益上合谋来驱使女人，按其利益需要来界定所谓“女性价值”。这都使中国女性陷入了“性别怪圈”，使中国女性价值观产生混乱。

这也正是王老师所担忧的，并成为她执着从事女性研究的原动力。

在寻找的过程中发现

为了重塑中国女性的现代精神，王老师做研究、写书、做论坛……她借助最现代的手段，实现着最纯粹朴素的追求。

寻找时代新女性的精神，好像是王老师的一种社会责任。在继续寻找女性文化之根的同时，还要推选出推动女性解放、影响社会进步的千名卓越女性，包括海内外的女性华人。王老师笑着说：“是的，女性真正的人格魅力，是在情感、事业、家庭、婚姻、爱情中找到平衡点，并且能够游刃有余。虽然有好多女性的生存方式选择了拥抱爱情而拒绝婚姻，但是一定要有独自面对大海的爱与宽容。”

同时开启的网上征文活动，将针对中华女性的生存与发展状况和感情焦点问题征文。为的是让更多的人来关注女性成功的经验，成长的困惑，让女性的精神在思想的碰撞中升华。

女性文化焦点问题论坛，尤其会对当代社会婚恋观的巨大变化展开大讨论，主张在复杂多元的婚恋观面前，保持两性平等，保持女性精神的独立与人格的尊严，爱情的真诚与婚姻的责任。针对很多人都在否定婚姻这种形式，把不幸福的责任推诿在婚姻这个形式上的说法，王老师很严肃地说：“自有人类以来，两性的结合方式就没有哪一种比婚姻的形式更进步。不是婚姻的形式出了问题，而是婚姻中的人性出了问题。改革开放以来，中国的男女把现代的丁克家庭、周末家庭、非婚同居的试验家庭等诸多形式都演练了一通之后，看到的仍是诸多意识错位和人性缺失的悲剧，人性如果完整，婚姻自然完整。”

“万米女性精神文化签名活动”，就是要女性签出自己心目中理想女人的标准，象征着自己的理想追求，无论是历史的还是现实的，这将成为我们追寻的鉴证品。

但是，这种寻找不会走向另一个女权主义的极端。谈中国女性的文化树立，仍然是由两性共同参与的追寻，因为无论是女性文化，还是男性文化，最终的诉求还是两性的平等和谐幸福。正如当初女性解放运动是由男性参与发起的，男性仍然承担着参与、实践的责任，我们的时代才能够体现出人性的进化，而绝不是：“男人迷惑，在英雄的神话中——累死；女人迷惑，在美貌的神话中——物化。”

这次寻找的关键不在于给时代新女性一个具体的定义，而在于在寻找的过程中的发现。但是发现之后我们不会再丢失。

为中国女性构筑精神家园

媒体的误导，使女人对于外在美疯狂追求，而女人应该是有灵魂的，内外兼修的。不能将女人作为一种东西，作为一种商品，不能将女人全部物化，商品化，媒体要承担传播的责任，而不是在经济利益与人性进化之间制造恶性的循环。

王老师最关注的是女大学生的成长。“让寻找新女性的讲师团进入大学，演说的核心要放于大学”，要让新一代知识女性健康成长，扩展自己的眼界，让自己活出最灿烂的梦想。“我们要寻找女大学生的精神，把几代女性的精神对接，使社会对于女大学生的情感问题有重视，在寻找中解决情感迷惑。比如对婚恋观的理解和形成，防止她们在还没有步入社会之前先步入误区。”

王老师和众多朋友携手，正在为中国女性构筑着精神的家园。在越来越多的女性的共同参与中，中国女性文化会温暖地延续生长，以至于在世界女性中成为美丽的文化。

王老师的事业是在为中国的女人准备一场春雨，洗涤一片灵魂，滋养一片灵魂。告别王老师的时候，总觉得有些不舍，就像在告别一位慈母似的恩师。但是你能感到她沉静的目光，会意的微笑，犹如那推帆的风，使你向着那希望的方向，安然前行。

原载《城市黄页·北京2008封面》2006年第1期

王红旗：40岁，女人的出口——在路上

《中国妇女报》记者　李晨

她是一个感性的人，却对人生有着理性的策划。她自小好强，学习成绩门门优异，在“文化大革命”10年中没有荒废，恢复高考后的1978年考入山西师范大学中文系。

1982年，她26岁，大学毕业分配到一所省级重点中学做老师。她给自己的人生定了第一个“10年计划”。第一个10年是教学的10年，她下课后常常突然“失踪”，窗帘一拉，门一关，钻进自己的小屋，做起了中学语文教学的教材研究。1990年，她的《中小学语文新教材古诗文重难词句释析与全译》五本系列，在北京学苑出版社出版，提前两年完成第一个“10年计划”。

人生的进步并非突发性的，而是基于一步一步的积累。这样，机会悄然而至：山西师范大学校长兼《语文报》社长陶本一先生找她谈话，并把她调到了语文报社，她又迈进了另一个领域。

每天一成不变地看着稿子，知识不能更新，编辑室里的沉闷，都使她不能满足。“如果环境很好，适应你的发展，发展几年后，虽然还不错，但是当你感觉不能使你更上一层时，你就应该离开；如果环境根本就不适应你的发展，你就应该毫不犹豫地马上离开。”她后悔自己在中学时没有及时离开，她意识到“温水里被煮的青蛙感觉不到疼痛，就渐渐地奄奄一息了”。她不愿再消耗下去，所有这些促成她40岁的离开，再次寻找出口。

就这样，咬着牙，她给自己定了第二个“10年计划”：丰富自己，要有新的理论性的东西出现。她选择攻读中国社科院的硕士研究生，虽然在这个年龄开始知识框架的重筑，并非一个优美的梦所能涵盖，但她自得其乐。她自小的信念一直没有改变：文学是成就人的灵魂的事业。她还是把自己的梦寄托给了

文学，希望人性更完美无缺。

40岁的改变说来辉煌，那份难咽的苦楚也许只有自己才知道。她常说，要“改变”，就要学会承受，预料到的和预料不到的，能够承受的和不能够承受的。她在读研究生时，儿子在中央美院附中考前班学习油画，就在那间租来的不足10平方米的小屋，她不仅自己学习，还要给初三的儿子辅导功课和做饭。晚上静静地躺在床上时，眼泪才止不住地流下，她对自己的知识结构定式无能为力，原来从事的中学语文教学研究和编辑工作，与现在所学的追新求异的当代文学和另类的西方文艺理论是格格不入的，那种知识饥渴的难耐，精神苦痛的折磨，远远超过了生活的艰辛。但是，她从不停止，每天深夜里仍然做着“寻飞的梦”……

40岁寻找出口，不是一蹴而就，她自小就明白知识的重要，改变命运也只有从知识开始，从上大学时一人带着年幼的妹妹在城里上学，到读研究生时一人带着儿子，她在成就自己的同时也在成就着身边的人。那时，她刚考入大学，妹妹小学六年级，她不愿意让聪明的妹妹在农村荒废，她在别的同学午休时间点着煤油炉给快要放学的妹妹做饭，她在别人静静读书时辅导妹妹做功课，她在四年大学生活中有三个寒假都留在学校的宿舍中独自学习，这种坚持使她一步步走到了40岁，也因为积累，她的寻找与改变就很顺其自然。

40岁出来了，不是一个单纯的点，之后更是漫长的路途。她重读张洁的《爱是不能忘记的》，张抗抗的《北极光》《爱的权力》，张辛欣的《在同一地平线上》《我在哪里错过了你？》《最后的停泊地》等，这些女作家不是也在寻找女性精神的出口吗？她读伍尔夫的《一间自己的房间》，波伏娃的《第二性》，弗里丹的《女性的奥秘》《女性白皮书》等，还有介绍女性主义思潮的理论著作。她顿时觉得心中一亮，但是在联系到中国女作家的作品和女性社会现实处境时，她感觉存有深层的不适和悖论。这个问题困扰了她很长时间。徐坤的《厨房》、毕淑敏的《女人之约》等作品，对她触动很大，她在反思女性的人性弱点，甚至劣根性。她的导师杨匡汉先生，常推荐她参加文学所的各种研讨会，带她去北大、北师大参加博士论文答辩，她自己还挤时间就读北师大文学院的现当代文学高级研修班。她把自己学习的时间表安排得满而又满。

飘雪的北海美丽优雅，她在冰天雪地里陪着儿子写生，还在长廊下踱着步读着《西方文学史》，十几个小时的寒冷谁又能够美丽优雅？然而，《人类的孩提时代》一章给她留下的印象至今记忆犹新，因为那个时代的神话故事所彰显的人类的和谐与美的生存状态使她向往，寒冷早已被忘却，天黑后和儿子手拉手离开。一到晚上，她和儿子在仅有的一盏台灯下各自读书，常常会忘掉时间。这种简单干净的日子她觉得是最好的日子，一点也不苦。儿子后来以优异的成绩考入中央美术学院，她觉得儿子同时成就了她 40 岁的梦想。

看上去文静柔弱的她，就是这样自信地走过 40 岁，研究生毕业后她放弃了《语文报》的优厚待遇和小读者杂志社的高薪聘请，来到首都师范大学中国女性文化研究中心，带着她多年想办女刊的计划，与一位朋友创办《中国女性文化》，致力于性别文化传播事业。虽然是白手起家，但她乐此不疲。因为，在她事业最低谷的时候，学校领导肯定她，支持她。导师和同学、国内外朋友安慰她，鼓励她。她的先生和儿子关心她、体贴她，就是创业起步再艰难也值了。

40 岁寻找出口是对自我的挑战和重塑。当那个有形的和无形的“玻璃顶”被冲破，创造的潜能才能脱颖而出。她崇尚团队精神，深信集体智慧。为进一步办好《中国女性文化》，她广泛听取专家学者建议，组织《中国女性文化》策划小组，在多次讨论后将办刊宗旨定为：《中国女性文化》要以大文化视野，多元的视角，在争鸣中建构与传播先进性别文化，推动全社会的性别平等意识。关注各阶层女性的生存与发展，让男女两性共同走出“性别怪圈”，精神上得到更深层次的解放。在形式特点上，确保学术品位，文章体裁多样，理论与故事结合，知识与趣味相生，容纳百派而争鸣。她主编的《中国女性文化》（NO.3）已经与读者见面。她联合数家女性媒体发起寻找女性精神之旅的征文大赛活动———女人，从放飞梦想开始……女人，从 30 岁开始……女人，从 40 岁开始……女人，从 50 岁开始……就是要在这个女性发展的世纪，和女性们一起，以亲历的人生故事，找寻自我，找寻自信，找寻女性生命的精神支点。

她为中国时代经济出版社策划的中国女性文化大系丛书《中国女性在演说》《中国女性在对话》《中国女性在行动》《中国女性在追梦》，近日即将出版。为了大面积、高时速地提高女性的整体素质，她与有志于女性文化传播的朋友们一起，在全国启动“女性文化万人读书工程”，一起筹备性别文化研讨会、性别文化讲师团。她参加社会性别读书小组，和朋友们互相学习，共享读书的快乐。因为，她不愿坐在象牙塔里，她想让更多女性的灵魂燃烧起来，以女人的真诚、热情和智慧点亮两性和谐的生命之路。

40岁的女人在找到出口得到回报的同时一样会有痛苦，她在回望艰难时的酸涩，也许仍是只有在夜阑人静时才会迸发，别人不会看到。她在难以逾越时，总是以平和、理智的心态面对现实。她相信人性的弱点可以改变，不论男人还是女人。她在迈过40岁后也许还有很多我们不解的遗憾与困惑，但她认为自己生命中的每一个坎，都是对自己人性与人格的历练。自己的生命做了努力，承受的更多，人生才有质量。她的坚韧执着成就了她，在许多人想都不敢想的年龄，做了自己寻找的梦。

梦总有醒来的一刻，无论那个充满和谐与美的人类的孩提时代多么让人向往，在现实中总要面对无奈和艰难；她的爱人原来是一位企业的党政工作者，为了她来到北京，失去了很多，她虽然在自己的圈子中忙碌充实，但总不忘多给他一些温暖。因为，幸福的家是她生命的“充电器”，是她在路上的驿站。

有时人会感到对把握自己命运的无能为力，这时有的人坚信冥冥中神的存在，有的人却继续自己生命的张力，因为始终保持在路上的状态的人最终会背叛神，因为始终有属于自己的一份坚持。

她如今正在精心策划和实践着她的第三个“10年计划”，“在路上”的步伐更加稳健了。

原载《中国妇女报》2003年3月17日